2018

2018
中国广播收听年鉴

CHINA RADIO RATING YEARBOOK

丁　迈 主编

中国传媒大学出版社
·北京·

《中国广播收听年鉴（2018）》
编写委员会

主　　编　丁　迈

副 主 编　郑维东　肖建兵　肖海峰

编写人员　（排名不分先后）

梁　帆　解永利　秦　政　马　超　卢文钊　吴　东
龙长缨　肖　珊　张天莉　周欣欣　杨金姝　王建平
潘　琪　韦　唯　胡旻琦　娜布琪　何庆金　冯莹斐
李忠毅　王　平　蔡　啸　张　嫣　张晶晶　包凌君
彭辰豪　王洁馨　陈　吉　施泽昊　戴静怡　郑剑龙
李蓓蕾

出版说明

为更好地服务于业界，尽可能地满足各方面对收听率数据的需要，作为我国视听率调查行业的领跑者，CSM媒介研究自2005年起，每年编写出版一部《中国广播收听年鉴》。《中国广播收听年鉴（2018）》是CSM媒介研究编写出版的第十四部广播收听年鉴。

《中国广播收听年鉴（2018）》主要包括以下四部分内容：第一部分：综述。主要从收听环境、听众特征、听众收听行为、频率竞争格局、节目竞争格局以及广播广告投放与竞争格局等方面对2017年中国广播收听市场进行全景式描述与分析。第二部分：专题研究。本部分除了对2017年新闻综合、交通、音乐、文艺、都市生活几个主要频率类型的收听状况进行分析之外，还包括2017年广播广告市场洞察、早高峰时段收听特征及典型节目分析、从听众角度出发塑造节目品牌形象、线下活动助力线上收听、传统广播发展面面观、我国广播媒体生存现状及发展策略，以及数据如何重塑广播等内容。第三部分：收听数据。这部分是CSM媒介研究2017年进行收听率调查各城市网及各省网的收听统计数据，主要内容涉及人均收听时间、全天收听走势、听众构成和频率竞争状况等。第四部分：附录。这部分主要包括CSM媒介研究各城市收听率调查网和各省网的基本情况。

《中国广播收听年鉴（2018）》的出版具有非常重要的现实意义，它为广大媒介从业人员既可提供有关2017年中国广播收听市场的全面分析，又可提供2017年全国31个重点城市及3个省翔实的收听数据，是媒介从业人员必备的一本工具书。

编者

2018年9月

目 录

CONTENTS

第一部分 综 述

第二部分 专 题

第二部分　数　据

第四部分　附　录

第一部分
Part One

综 述 Overview

综　述

2017年是我国“十三五”规划的重要一年，也是我国广播业全面深化改革向纵深推进的关键之年。在习近平新时代中国特色社会主义思想的指引下，在党中央、国务院和中宣部的正确领导下，我国广播业认真贯彻落实中央部署和总局要求，坚持正确方向，锐意进取，扎实工作，继续保持了良好的发展势头，顺利完成各项任务，各方面都取得了显著成绩。

2017年，在以习近平同志为核心的党中央的坚强领导下，我国广播业全面贯彻落实党的十八大精神，牢牢坚持正确政治方向、宣传导向、价值取向，大力宣传阐释党中央治国理政的新理念、新思想、新战略，把习近平总书记核心地位宣传摆在首位，圆满地完成了宣传党的十九大精神、“一带一路”国际合作高峰论坛、庆祝香港回归20周年、朱日和阅兵、金砖国家领导人厦门会晤等重要会议和重大活动的任务，广受社会各界好评。2017年，我国广播业始终坚持以人民为中心的工作导向，面向基层，服务群众，坚持为民、惠民，公共文化服务提质升级，广播内容产业发展方式从以数量规模增长为主向质量效益提高为主转变，推进创新创优，精品创作取得了新成效，广播节目质量得到进一步提高，人民群众的精神文化生活更加丰富了；融合发展取得新进展，广播数字化、网络化有了显著发展，智慧融媒体建设明显提速，实现了媒体建设战略升级，事业产业不断发展壮大；广播业认真落实意识形态工作责任制，阵地管理不断加强，确保意识形态和文化安全，安全播出保障能力进一步提高；广播业深入实施管理创新工程，提高科学管理效能，科技创新与应用步伐进一步加快；广播业进一步加强了国际传播能力建设，讲好中国故事、传播好中国声音，走出去战略取得新进展，国际传播能力显著提升。

本部分将从收听环境、听众特征、听众收听行为、频率竞争格局、节目竞争格局、广播广告投放及竞争状况等方面来对2017年我国广播收听市场进行全方位分析。

一、收听环境

1. 全国共有广播电台134座，广播电视台2338座

根据《中国广播电视年鉴（2018）》的最新统计，截至2017年年底，全国共有广播电台134座、广播电视台2338座。国家级广播电台有中央人民广播电台和中国国际广播电台，每个省、自治区或直辖市、每个地级或以上城市都至少有1座广播电台或广播电

视台。全国现有中、短波广播发射台847座。全国广播在国内的人口综合覆盖率达到98.71%。2017年全年公共广播节目播出时间为14,918,862.92小时，其中，播出新闻资讯类节目2,973,288.78小时、专题服务类节目3,226,311.83小时、综艺益智类节目3,853,327.25小时、广播剧类节目948,162.62小时、广告类节目1,330,122.32小时、其他类节目2,587,650.12小时。2017年全年全国广电系统制作广播节目7,888,253.93小时，其中，新闻资讯类节目1,426,058.98小时、专题服务类节目2,144,051.30小时、综艺类节目2,106,228.00小时、广播剧类节目231,143.35小时、广告类节目766,344.33小时、其他类节目1,214,427.97小时。

2. 在全国31个重点城市中，音乐类、交通类和综合类频率数量最多

根据CSM媒介研究掌握的2017年全国31个重点城市可接收的广播频率数量分布资料，在不包括境外频率的500个广播频率中，音乐类（85个）、交通类（70个）和综合类（68个）频率的数量最多（表1.1.1）。“跨领域”频率的现象比较普遍，在名称定位于“新闻”的61个频率中，有22个频率同时在名称中涉及了其他领域；在名称定位于“音乐”的85个频率中，有19个频率同时在名称中涉及了其他领域；在名称定位于“综合”的68个频率中，有18个频率同时在名称中涉及了其他领域；在名称定位于“交通”的70个频率中，也有15个频率同时在名称中涉及了其他领域；在名称定位于“城市”29个频率中，涉及其他领域的频率也高达10个。在各类型频率中，以“综合、新闻”进行双重定位的频率数量最多，达到了18个；以“音乐、交通”进行双重定位的频率有6个；以“新闻、资讯”进行双重定位的频率有3个；以“音乐、城市”进行双重定位的频率也有3个；以“经济、交通”双重定位的频率有2个。城市中专门给有车族人群开办的频率发展态势良好，在31个调查城市中有14个针对有车族的广播频率。与2016年情形类似，目标受众的细化仍然是广播频率发展的重要特征之一。

表1.1.1　2017年31个重点城市各类型频率的数量分布

序号	频率类别	频率数量（个）	涉及其他类别的频率数量（个）
1	综合	68	18
2	音乐	85	19
3	新闻	61	22
4	交通	70	15
5	经济	49	2
6	文艺	64	5
7	城市	29	10
8	生活	25	9
9	资讯	23	7
10	体育	8	1
11	外语	4	2
12	健康	4	2
13	教育	13	5
14	旅游	12	3
15	农村	19	2
16	其他	19	0
不重复合计		500	65

数据来源：CSM媒介研究

3．全国拥有正在使用收听设备的家庭比例达到39.8%

根据CSM媒介研究全国网2017年基础调查数据，在全国范围内，有39.8%的家庭拥有正在使用的收听设备，比2016年上升了1.8个百分点；收听设备的百户拥有量为47台，与2016年持平。2017年，在全国城域拥有正在使用收听设备的家庭比例为45.7%，比2016年上升了2.1个百分点，在乡域这个比例是35.5%，比2016年上升了1.5个百分点。在收听设备的百户拥有量方面，2017年城域为56台，比2016年增加了2台；乡域为41台，比2016年减少了1台。在拥有收听设备的家庭中，绝大多数家庭只拥有1台收听设备，拥有2台及以上收听设备的家庭比例还是比较小，全国只有5.5%，且与2016年相比下降了1.0个百分点（表1.1.2）。

表1.1.2　2010～2017年全国正在使用收听设备的拥有状况

年份	区域	1台（%）	2台（%）	3台及以上（%）	无收听设备（%）	百户拥有量（台）
2010	全国	22.6	4.2	1.9	71.3	38
	城域	30.2	7.3	3.1	59.4	56
	乡域	18.3	2.4	1.2	78.1	27
2011	全国	25.0	4.2	1.6	69.2	39
	城域	32.7	6.6	2.8	57.9	56
	乡域	19.8	2.6	0.9	76.7	28
2012	全国	26.8	4.5	1.9	66.8	43
	城域	33.5	7.0	3.5	56.0	60
	乡域	22.1	2.8	0.8	74.2	31
2013	全国	28.3	5.8	3.3	62.7	51
	城域	33.9	7.6	4.3	54.2	64
	乡域	24.3	4.5	2.6	68.6	42
2014	全国	28.4	5.2	2.3	64.1	47
	城域	33.0	7.1	3.0	56.9	58
	乡域	25.2	3.8	1.8	69.2	39
2015	全国	29.9	5.9	2.7	61.5	51
	城域	34.6	7.5	3.3	54.6	61
	乡域	26.5	4.8	2.3	66.4	44
2016	全国	31.5	4.8	1.7	62.0	47
	城域	35.8	5.8	2.0	56.4	54
	乡域	28.5	4.0	1.5	66.0	42
2017	全国	34.3	4.5	1.0	60.2	47
	城域	38.0	6.3	1.5	54.3	56
	乡域	31.6	3.2	0.7	64.5	41

数据来源：CSM媒介研究

根据CSM媒介研究全国网2017年基础调查数据，在全国七大行政区中，华北、西北、东北、华东和西南的收听设备拥有率较高，均达到35%以上，每百户均拥有收听设备也在45台及以上。其中华北地区收听设备拥有率最高，达到50%，平均每百户收听设备拥有量达到59台；西北地区收听设备拥有率也达到了45.4%，平均每百户收听设备拥有量最高，为60台；华南和华中地区是七大行政区中收听设备拥有率较低的地区，华中地区收听设备拥有率为32.3%，华南地区仅为31%，每百户拥有收听设备华中为36台，华南地区仅为35台（表1.1.3）。

表1.1.3　2017年全国各大行政区正在使用收听设备的拥有状况

大行政区	1台（%）	2台（%）	3台及以上（%）	无收听设备（%）	百户拥有量（台）
东北	35.3	6.0	1.5	57.2	52
华北	43.0	5.7	1.4	50.0	59
华东	37.6	3.8	0.8	57.8	48
华南	28.2	2.2	0.6	69.0	35
华中	29.3	2.4	0.5	67.7	36
西北	34.0	9.3	2.1	54.6	60
西南	28.4	5.8	1.5	64.4	45

数据来源：CSM媒介研究

4. 全国广播听众中使用车载广播作为最经常收听途径的比例高达56.1%

根据CSM媒介研究全国网2017年基础调查数据，在全国范围内，广播听众中使用车载广播作为最经常收听途径的比例高达56.1%，比2016年上升了5.1个百分点；收音机的比例为22.8%，比2016年下降了3.3个百分点；手机内置收音机或者手机APP的比例为14.4%，比2016年上升了1个百分点。在城市广播听众中，61.7%的听众最经常使用车载广播收听，比2016年上升了3.3个百分点；21.5%的听众最经常使用收音机收听，与2016年相比有所下降；12.7%的听众最经常使用手机内置收音机或者手机APP收听，比2016年增长了0.4个百分点。在农村广播听众中，使用车载广播作为最经常收听途径的比例为48.9%，虽然远低于城市听众，但与2016年相比大增了6.8个百分点；使用收音机的比例为24.4%，稍微高于城市听众比例，但与2016年相比有所下降；使用手机内置收音机或者手机APP的比例为16.6%，比2016年增长了1.8个百分点，增幅远超城市地区（表1.1.4）。

表1.1.4　2017年全国及分城乡广播听众最经常使用的收听设备或途径（%）

收听设备或途径	全国	城市	农村
车载广播	56.1	61.7	48.9
收音机	22.8	21.5	24.4
手机内置收音机	8.2	6.7	10.1
手机APP	6.2	6.0	6.5
音响	1.0	0.4	1.7
有线（数字）电视	0.4	0.3	0.5
收录机/随身听	0.4	0.4	0.3
MP3/MP4	0.2	0.1	0.3
平板电脑/PC	0.1	0.2	0.0
其他	4.7	2.7	7.4

数据来源：CSM媒介研究

从各大行政区来看，根据CSM媒介研究全国网2017年基础调查数据，在全国七大行政区中，广播听众中使用车载广播作为最经常收听途径的，比例最高的是华东地区，高达66.0%；其次为华北（60.2%）和华南（57.2%）；比例最低的是西北地区，仅为29.2%。与此相对应，在全国七大行政区中，广播听众中使用收音机作为最经常收听途径的，比例最高的是西北地区，高达48.2%；其次为东北（33.3%）和华北（22.7%）；比例最低的是西南地区，只有9.7%。另外，在华中地区，有21.1%的广播听众最经常使用手机内置收音机或者手机APP收听广播；在华南地区该比例也高达20.5%；但在西南地区，此比例仅为9.7%（表1.1.5）。

表1.1.5　2017年全国各大行政区广播听众最经常使用的收听设备或途径（%）

收听设备或途径	东北	华北	华东	华南	华中	西北	西南
车载广播	48.9	60.2	66.0	57.2	56.7	29.2	49.1
收音机	33.3	22.7	18.9	19.0	19.2	48.2	9.7
手机内置收音机	9.1	6.7	6.1	9.1	11.9	13.8	5.7
手机APP	5.8	7.0	4.2	11.4	9.2	5.7	4.0
音响	0.0	1.6	0.0	1.5	0.1	0.6	4.7
有线（数字）电视	0.6	0.3	0.4	0.5	0.3	0.1	0.4
收录机/随身听	1.2	0.4	0.4	0.0	0.2	0.5	0.1
MP3/MP4	0.4	0.2	0.1	0.0	0.7	0.5	0.0
平板电脑/PC	0.3	0.1	0.0	0.6	0.0	0.0	0.0
其他	0.3	1.0	4.0	0.6	1.7	1.4	26.2

数据来源：CSM媒介研究

二、听众特征

1. 全国10岁及以上听众规模达563,661,000人

根据《中国广播电视年鉴（2018）》的数据，截至2017年年底，全国广播人口覆盖率达到98.71%。但是，在广播实际收听方面，由于部分家庭不购置收听设备，或者一些家庭的收听设备已经闲置，所以实际的广播听众规模要明显小于广播覆盖的人口规模。我们所说的广播听众，指拥有正在使用的广播收听设备或家庭成员中有人在近3个月内收听过广播的家庭中10岁及以上人口。

根据CSM媒介研究2017年全国网基础调查数据，2017年全国广播听众规模为563,661,000人，占全国10岁及以上人口总数的46.4%；其中城域广播听众规模为260,553,000人，占全国城市10岁及以上人口的53.2%；乡域广播听众规模为303,108,000人，占全国农村10岁及以上人口的41.8%。与2016年相比，2017年全国、城市和乡域广播听众规模占人口总数的比例均有不同程度提升。2016年，全国广播听众占全国10岁及以上人口总数的43.8%，这一比例在城域为50.7%，在乡域为39.4%。

2. 广播听众中男性占比略高于女性，与全国人口结构基本一致

根据CSM媒介研究2017年全国网基础调查数据，在全国广播听众中，男性比例略高于女性，男性占51.1%、女性占48.9%，这个构成与全国10岁及以上人口的性别构成基本一致。在城域广播听众中，男性占51.4%、女性占48.6%，男性所占比例略高于女性，并且与全国城域10岁及以上人口性别构成也基本一致；在乡域听众中，男性占50.9%、女性占49.1%，男性略高于女性，与全国乡域10岁及以上人口性别构成基本一致（图1.2.1、图1.2.2）。

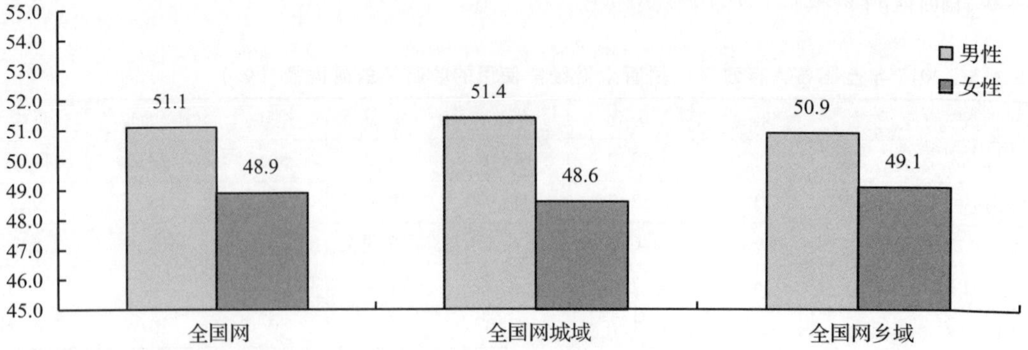

数据来源：CSM媒介研究

图1.2.1　2017年全国广播听众性别构成（%）

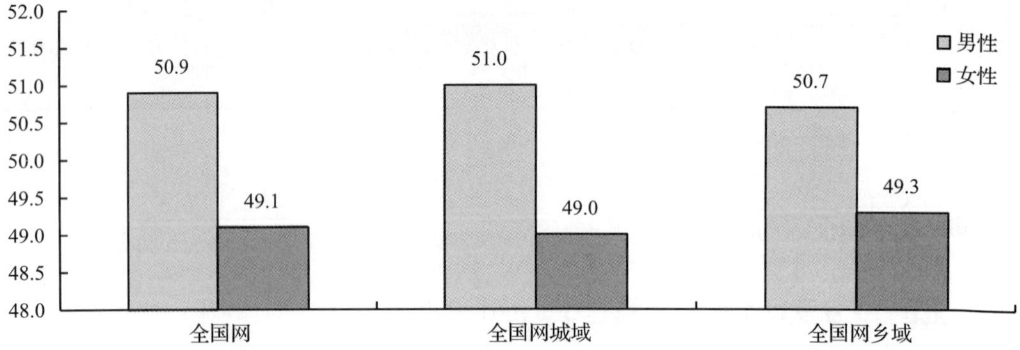

数据来源：CSM媒介研究

图1.2.2　2017年全国10岁及以上人口性别构成（%）

3. 35～44岁听众所占比例最高，城乡听众年龄构成存在差异

CSM媒介研究2017年全国网基础调查数据显示，35～44岁、25～34岁和15～24岁年龄段听众是广播听众中所占比例相对较大的群体，其中35～44岁听众群体在全国、城域和乡域中所占比例均超过20%，占比最高；25～34岁听众群体在全国、城域和乡域所占比例也均超过20%；15～24岁听众群体在全国、城域和乡域所占比例分别为19.3%、20.0%和18.6%，占比也接近或平于20%；各年龄段听众构成与各自的人口比例基本保持一致。从城乡各年龄段广播听众所占比例比较来看，城域广播听众中，15～44岁人群所占比例高于乡域，乡域广播听众中则是10～14岁和45岁及以上群体所占比例超过了城域，反映出城乡听众年龄结构存在着差异（图1.2.3、图1.2.4）。

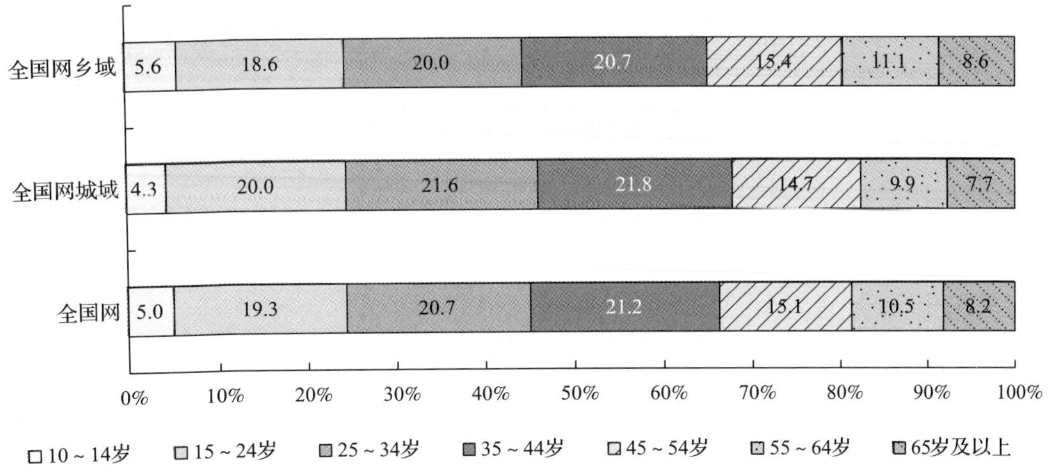

数据来源：CSM 媒介研究

图 1.2.3　2017 年全国广播听众年龄构成（%）

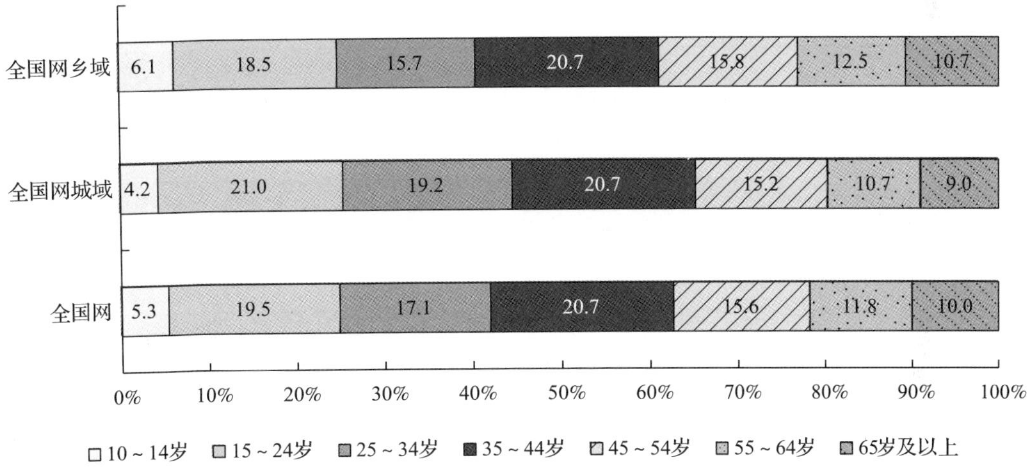

数据来源：CSM 媒介研究

图 1.2.4　2017 年全国 10 岁及以上人口年龄构成（%）

4. 初中学历听众占比最高，听众受教育程度城乡差异显著

2017 年 CSM 媒介研究全国网基础调查数据显示，广播听众受教育程度的城乡差异显著，这与全国城乡人口受教育程度差异较大的特点相符（图 1.2.5、图 1.2.6）。在城域听众中，具有大学及以上和高中/技术学校文化程度的听众所占比例分别为 27.4% 和 26.9%，远高于乡域听众中同类型群体的 10.7% 和 21.0%。未受过正规教育、小学文化程度听众所占比例在城域分别为 2.4% 和 12.9%，远低于乡域同类型人群的 5.4% 和 21.3%。在全国网、城域和乡域，初中文化程度听众均是占比最高的一类听众，所占比例分别为 36.5%、30.4% 和 41.6%。

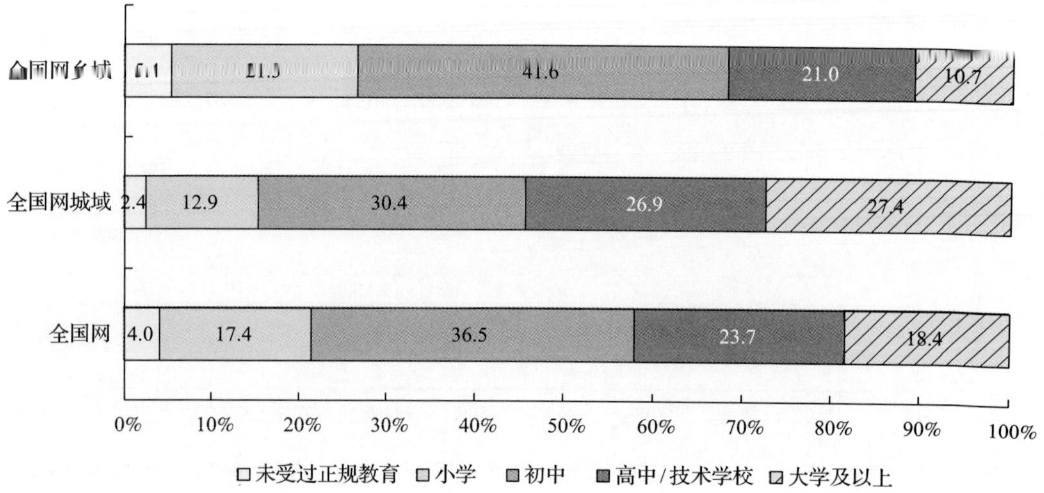

数据来源：CSM 媒介研究

图 1.2.5　2017 年全国广播听众受教育程度构成（%）

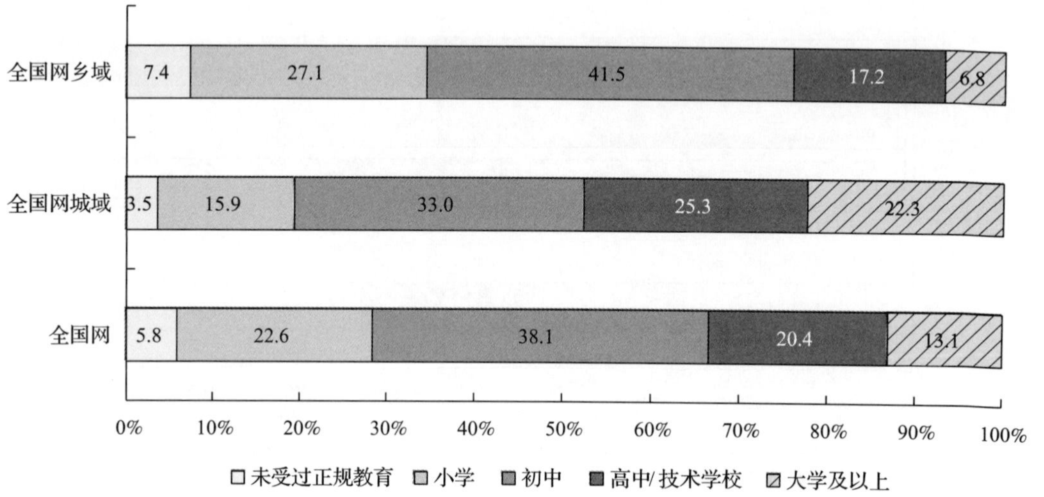

数据来源：CSM 媒介研究

图 1.2.6　2017 年全国 10 岁及以上人口受教育程度构成（%）

5. 城乡听众职业构成差异明显，初级公务员/雇员和其他职业人群分别在城域和乡域听众中占比最高

2017 年 CSM 媒介研究全国网基础调查数据显示，城乡听众职业构成差异明显，这主要是由城乡居民职业构成的差异所决定的。在城域听众中，初级公务员/雇员群体占比最大，所占比例高达 22.6%，接近四分之一；包含退休人员在内的无业人群所占比例也达到了 19.3%，接近五分之一。在乡域听众中，以农、林、牧、渔为主的其他职业类别听众所占比例最大，达 29.6%，超过四分之一；位列其后的是个体/私营企业人员，所占比例为 18.5%（图 1.2.7、图 1.2.8）。

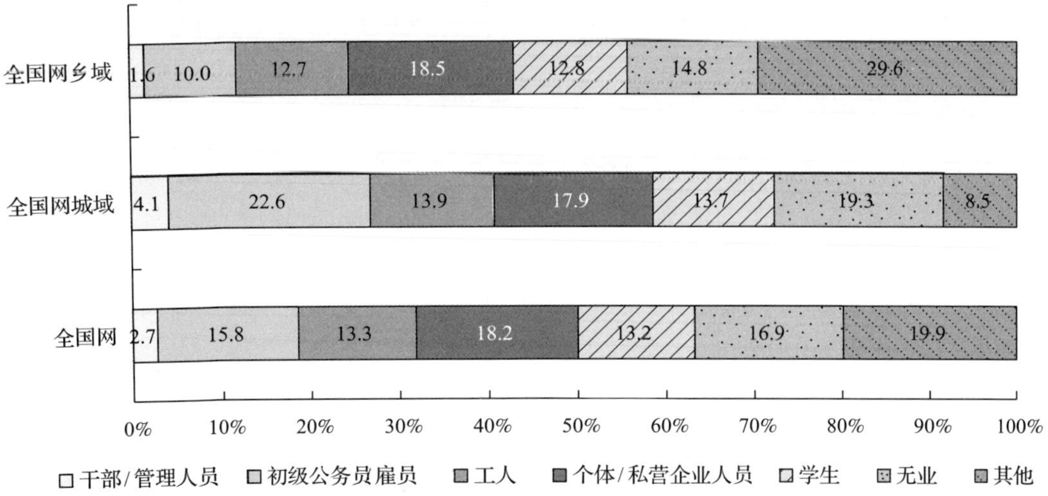

数据来源：CSM 媒介研究

图 1.2.7　2017 年全国广播听众的职业构成（%）

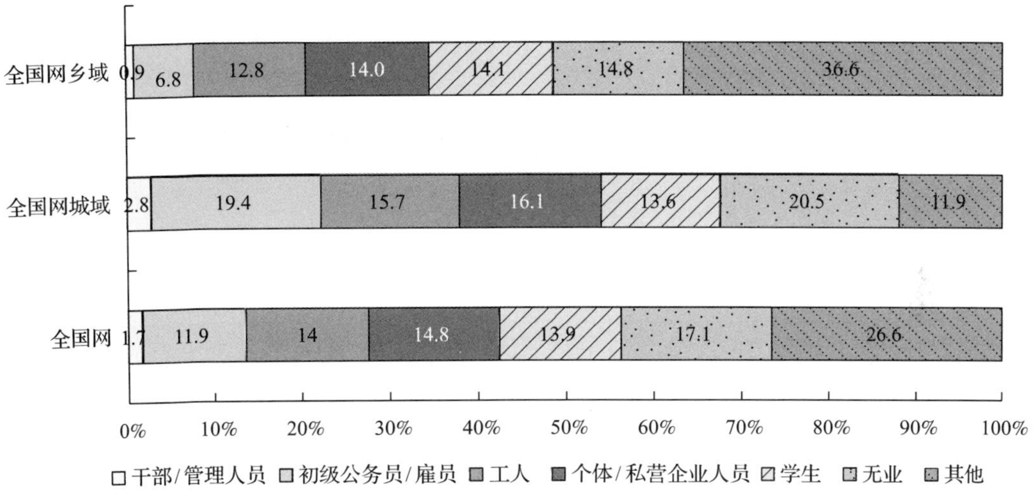

数据来源：CSM 媒介研究

图 1.2.8　2017 年全国 10 岁及以上人口的职业构成（%）

6. 2001 元及以上个人月收入听众占比较 2016 年有明显提升，乡域表现更为明显

2017 年 CSM 媒介研究全国网基础调查数据显示，广播听众收入构成的城乡差异较为明显，这与我国目前城乡之间经济发展不均衡、城乡居民收入水平差异较大有直接关系（图 1.2.9、图 1.2.10）。从全国广播听众的收入构成来看，个人月收入 2001 元及以上的中高收入听众所占比例共计 53.5%，高于相同收入群体的人口构成比例（45.3%）；从城域的情况来看，个人月收入 2001 元及以上的中高收入听众所占比例为 64.5%，高

于这一收入群体的人口构成比例（59.7%）；乡域也表现出同样的情况，个人月收入2001元及以上的中高收入听众所占比例为44.0%，也高于这一收入群体的人口构成比例（35.7%）。

对比2016年、2017年的听众收入构成我们看到，城域个人月收入2001元及以上的中高收入听众群体所占比例由2016年的62.9%提升至2017年的64.5%，上涨幅度为2.5%；乡域个人月收入2001元及以上的中高收入听众所占比例由2016年的41.3%增长至2017年的44.0%，上涨幅度达6.5%。由此可以看出，2017年无论是城域还是乡域，听众中个人月收入2001元及以上的群体所占比例较2016年均有不同程度的上升。这反映出随着社会经济的发展，城乡听众的整体收入水平均有不同程度的提高，这一趋势在乡域表现得更为明显。

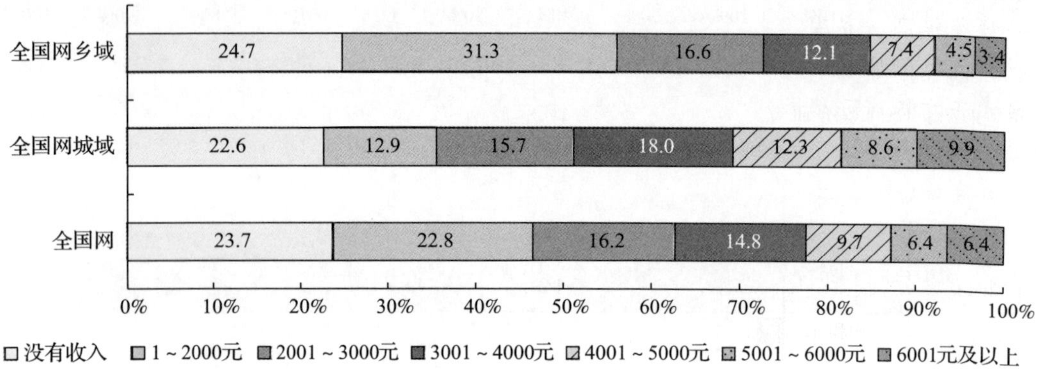

数据来源：CSM媒介研究

图1.2.9 2017年全国广播听众的个人月收入构成（%）

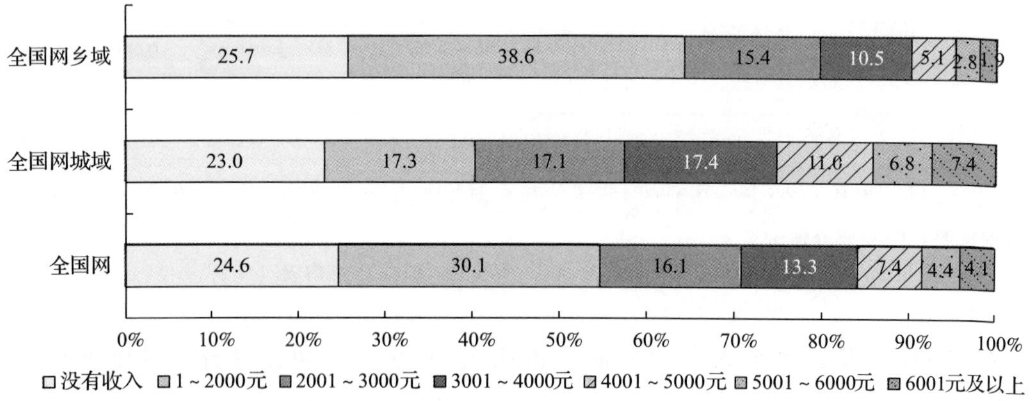

数据来源：CSM媒介研究

图1.2.10 2017年全国10岁及以上人口的个人月收入构成（%）

三、听众收听行为

（一）收听地点①

1. 私家汽车仍是听众最经常收听广播地点选择比例最高的场所

2017 年，私家车仍然是听众最经常收听广播地点选择比例最高的场所，选择比例高达 59.9%，接近六成（图 1.3.1）；在家位列第二，选择比例为 29.7%，仍是听众最经常收听广播的场所之一。最经常选择在公共汽车/轨道交通上收听广播的比例也达到了 4.1%；然后依次为出租车、工作/学习场所、班车、其他和骑自行车/步行。近几年听众最经常收听广播地点选择比例的变化，充分说明随着社会经济的不断发展，人民生活水平日益提高，私家车数量日益增多；同时随着新媒介和新技术日新月异的发展，受众对媒介的接触途径和方式也发生了翻天覆地的变化，传统收听模式正在日渐被打破，新的模式正在逐步形成。

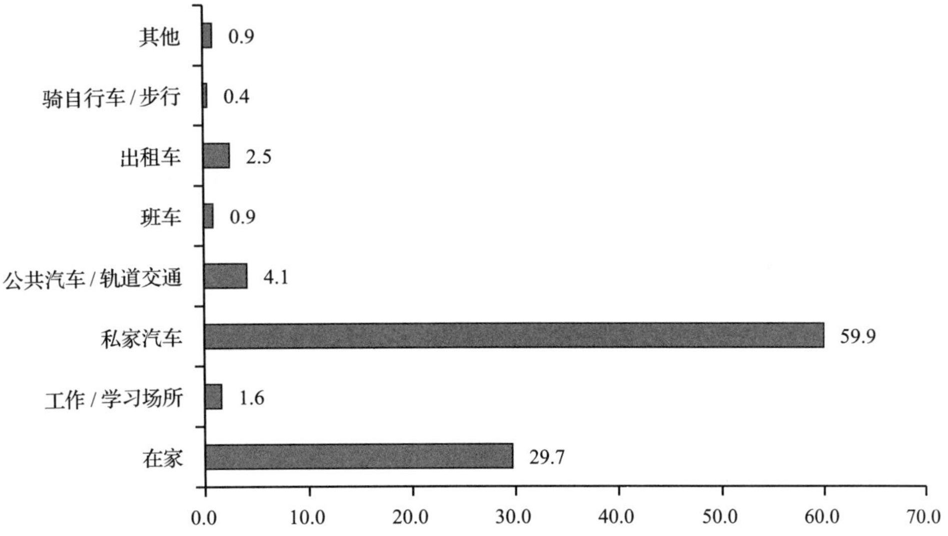

数据来源：CSM 媒介研究

图 1.3.1　2017 年 31 城市 15 岁及以上听众最经常收听广播地点的选择比例（%）

① 对听众收听地点及听众最喜欢收听节目的分析主要基于 2017 年 CSM 媒介研究全年进行收听率调查（包括连续调查和四波调查）的 31 个城市的基础研究数据，这 31 个城市分别为：北京、长春、长沙、成都、重庆、大连、佛山、福州、广州、杭州、哈尔滨、合肥、济南、昆明、南昌、南京、南宁、宁波、泉州、上海、沈阳、深圳、石家庄、苏州、太原、天津、乌鲁木齐、武汉、无锡、厦门和郑州。

2. 私家汽车在29个城市成为广播收听首选地点，在家仍是最经常收听场所之一

社会经济飞速发展，国民生活水平日益提高，私家车逐渐普及，人们的生活习惯和出行方式也发生了翻天覆地的变化；同时受新技术、新媒体发展的影响，受众对广播接收方式和收听地点较之以前也产生了颠覆性的变化。2017年31城市听众在最经常收听广播地点选择上表现出的最大的特点就是私家汽车作为听众收听广播首选地点的城市较2016年进一步扩大，具体有深圳、宁波、北京、苏州、厦门、佛山、泉州、重庆、长沙、福州、昆明、南昌、无锡、成都、太原、杭州、济南、乌鲁木齐、合肥、石家庄、武汉、郑州、南宁、天津、上海、南京、广州、大连和长春29个城市，较2016年增加了5个城市。最经常选择在私家汽车上收听广播比例最高的是深圳，高达87.2%；其次是宁波，该比例也达到82.6%；位居第三的是北京，该比例为77.1%；紧随其后的是苏州、厦门、佛山和泉州等23个城市，最经常选择在私家汽车上收听广播的比例均在50%以上。广州、大连、长春、沈阳和哈尔滨5个城市该比例相对较低，均低于50%（表1.3.1）。

表1.3.1 2017年31城市15岁及以上听众最经常收听广播地点的选择比例（%）

城市	在家	工作/学习场所	私家汽车	公共汽车/轨道交通	班车	出租车	骑自行车/步行	其他
北京	19.5	0.0	77.1	1.7	0.0	0.3	0.0	1.4
长春	32.1	1.8	40.1	12.4	0.7	12.5	0.3	0.1
长沙	16.3	1.9	71.2	2.3	0.0	7.1	0.3	0.9
成都	25.5	2.8	65.9	2.7	0.6	0.5	0.5	1.5
重庆	13.6	0.0	71.6	2.7	1.3	8.8	0.6	1.4
大连	42.4	3.4	47.1	1.6	2.5	2.8	0.0	0.2
佛山	21.1	1.7	74.2	2.0	0.6	0.0	0.4	0.0
福州	23.6	1.2	70.7	0.3	0.6	1.8	1.5	0.3
广州	38.5	1.5	48.2	1.4	2.0	6.1	0.5	1.8
杭州	24.0	1.5	64.1	5.4	0.6	1.7	0.8	1.9
哈尔滨	40.6	2.8	29.5	23.1	2.0	1.5	0.3	0.2
合肥	31.2	2.6	58.1	0.0	0.5	5.1	1.0	1.5
昆明	21.9	2.5	70.5	1.3	0.9	0.0	0.4	2.5
济南	33.1	3.0	61.3	0.8	0.2	0.2	0.4	1.0
南昌	26.9	1.3	70.0	0.0	0.0	0.5	0.4	0.9
南京	41.0	2.9	50.1	0.3	0.8	0.3	2.2	2.4
南宁	26.9	5.0	54.4	0.8	1.6	8.4	1.0	1.9
宁波	12.7	0.5	82.6	0.8	0.5	2.4	0.3	0.2
泉州	13.7	2.7	74.2	0.4	1.5	6.5	0.0	1.0
上海	41.9	0.9	51.0	4.8	0.4	0.0	0.4	0.6
沈阳	46.1	2.6	36.9	6.0	2.0	6.2	0.0	0.2
深圳	7.9	0.6	87.2	1.6	0.9	1.6	0.0	0.2
石家庄	34.6	2.0	57.9	0.5	1.6	0.0	1.2	2.2

续表

城市	在家	工作/学习场所	私家汽车	公共汽车/轨道交通	班车	出租车	骑自行车/步行	其他
苏州	22.2	0.3	75.8	0.4	1.0	0.3	0.0	0.0
太原	28.0	1.9	65.4	0.7	1.2	1.8	0.4	0.6
天津	44.1	0.8	54.4	0.3	0.4	0.0	0.0	0.0
乌鲁木齐	33.5	0.8	60.9	0.6	1.6	1.7	0.0	0.9
武汉	33.9	1.6	57.2	2.1	1.2	1.6	1.2	1.2
无锡	29.3	0.4	68.3	0.0	1.1	0.3	0.0	0.6
厦门	8.6	1.1	74.3	5.1	1.4	9.5	0.0	0.0
郑州	20.8	1.7	55.0	15.3	0.9	4.2	0.7	1.4

数据来源：CSM 媒介研究

2017 年，在家仍是听众最经常选择收听广播的地点之一，具体到各城市之间，听众选择的比例存在较大差异、参差不齐（表 1.3.1）。沈阳有超过 45% 的听众把在家选为最经常收听广播的地点；天津、大连、上海、南京和哈尔滨 5 个城市的听众选择在家为最经常收听广播地点的比例在 40% ~45% 之间；广州、石家庄、武汉、乌鲁木齐、济南、长春和合肥 7 个城市最经常选择在家收听广播的听众比例在 30% ~40% 之间；无锡、太原、南昌和南宁等 18 个城市，30% 以下的听众选择在家为最经常收听广播的地点。

2017 年，听众最经常选择在公共汽车/轨道交通上收听广播比例最高的是哈尔滨，高达 23.1%；郑州该比例也达到了 15.3%；长春位居第三，该比例为 12.4%；其余城市该比例均在 7% 以下。其中沈阳、杭州、厦门和上海 4 个城市的听众最经常选择在公共汽车/轨道交通上收听广播的比例在 4% ~7% 之间，处于中间水平；成都、重庆、长沙、武汉、佛山、北京、大连、深圳、广州、昆明、济南、南宁、宁波、太原、乌鲁木齐、石家庄、苏州、泉州、天津、南京和福州 21 个城市的听众最经常选择在公共汽车/轨道交通上收听广播的比例较低，不足 3%；合肥、无锡和南昌 3 个城市该比例为 0，这可能与当地的道路交通状况以及听众习惯的出行方式有关。

出租车已经成为一个城市的标志物之一，也是广播媒体重点开拓的市场之一。由于各地出租车起步价、人们乘坐习惯等存在差异，选择出租车作为最经常收听广播地点的听众比例在各城市之间差异也较大。2017 年，长春最经常选择在出租车上收听广播的听众比例最高，达 12.5%；然后依次为厦门、重庆和南宁 3 个城市，该比例在 8% ~10% 之间；其余长沙、泉州、沈阳和广州等 22 个城市的听众最经常选择在出租车上收听广播的比例不高，均在 8% 以下；上海、佛山、昆明、石家庄和天津 5 个城市没有听众把出租车作为最经常收听广播的场所，该选择比例均为 0。

最经常在其余地点收听广播的听众选择比例相对以上地点较低，但也有个别城市存在选择比例较高的地点。例如，大连有 2.5% 的听众把班车作为最经常选择收听广播的场所；南宁有 5% 的听众把工作/学习场所作为最经常选择收听广播的场所，大连该比例也达 3.4%，济南也有 3% 的听众把该场所选为最经常收听广播的地点；在南京，还有 2.2% 的听众选择在骑自行车/步行时收听广播。这充分体现出广播的伴随性特征，听众可以边听广播边进行其他活动。

3 各目标听众群体最经常收听广播地点的选择与其自身身份属性高度相关

分目标听众来看，最经常收听广播地点的选择与目标听众自身的性别、年龄、受教育水平和职业定位等自然和社会属性高度相关（表1.3.2）。相比女性，男性听众相对更多地选择在私家汽车、工作/学习场所和班车上收听广播，这与他们日常更多选择的出行方式和生活习惯有关；相对而言，女性听众最经常选择收听广播的场所则更多集中于在家、公共汽车/轨道交通和出租车等地点。

受自身年龄、工作生活和出行方式不同的影响，各年龄段听众最经常收听广播地点的选择比例也存在明显差异。45岁及以上听众，年龄越大，选择最经常在家听广播的比例越高，选择最经常在私家汽车、公共汽车/轨道交通和出租车上收听广播的比例越低。随着年龄的增长，听众的健康状况也逐渐下降，尤其是对于55岁及以上的老年人而言，他们乘坐公共汽车/轨道交通、出租车的困难和不便也日益增多，导致他们选择在这些地点收听广播的比例也下降。35~44岁和25~34岁这两部分听众属于社会的中坚力量，有更多机会驾驶和乘坐私家汽车，因此这两个群体是选择最经常在私家汽车上收听广播比例最高的，分别高达76.8%和76.7%，不分伯仲。15~24岁青少年群体受经济状况和生活习惯的影响，选择最经常在公共汽车/轨道交通上收听广播的比例是各年龄组中最高的，选择比例为9.3%。

表1.3.2 2017年31城市不同目标听众最经常收听广播地点的选择比例（%）

目标听众	在家	工作/学习场所	私家汽车	公共汽车/轨道交通	班车	出租车	骑自行车/步行	其他
男	26.3	1.9	63.2	3.6	1.3	2.3	0.5	0.9
女	34.1	1.2	55.7	4.7	0.4	2.7	0.3	0.9
15~24岁	24.2	1.8	57.3	9.3	1.1	5.2	0.5	0.6
25~34岁	13.5	1.0	76.7	3.8	1.0	2.9	0.7	0.4
35~44岁	16.0	1.6	76.8	2.3	0.8	1.8	0.4	0.3
45~54岁	32.5	2.3	57.9	2.1	1.6	1.6	0.4	1.6
55岁及以上	75.2	1.6	16.9	3.0	0.2	0.7	0.1	2.3
未受过正规教育	78.6	4.7	12.5	1.0	0.0	0.0	0.0	3.2
小学	60.2	2.8	28.5	3.4	0.3	1.0	0.8	3.0
初中	42.2	2.7	47.2	3.7	0.7	2.3	0.3	0.9
高中/技术学校	31.8	2.0	56.4	4.4	1.4	2.4	0.4	1.2
大学及以上	19.1	0.7	71.4	4.2	0.8	2.8	0.5	0.5
干部/管理人员	12.8	0.6	79.4	3.3	0.7	2.3	0.7	0.2
初级公务员/雇员	17.0	1.3	73.2	3.7	1.3	2.5	0.5	0.5
个体/私营企业人员	16.2	1.6	76.2	2.5	0.6	2.1	0.4	0.4
工人	29.8	4.0	53.3	5.7	2.2	3.3	0.4	1.3
学生	26.0	2.8	54.3	10.5	0.3	4.1	1.1	0.9
无业（包括退休）	63.3	0.2	29.9	2.9	0.0	1.8	0.1	1.8
其他	56.4	9.4	27.1	4.1	0.0	0.8	0.0	2.2

数据来源：CSM媒介研究

听众所受教育程度的高低一定程度上会影响该听众的工作和生活状况，由此决定了其对最经常收听广播地点的选择也会出现相应的变化。2017 年，延续以往的一贯特点，随着受教育程度的提高，听众选择在家收听广播的比例逐渐降低，受教育程度低者，包括未受过正规教育和小学学历听众选择最经常在家听广播的比例最高，分别为 78.6% 和 60.2%。选择私家汽车、公共汽车/轨道交通和出租车上等各类交通工具上作为最经常收听广播地点的比例则与在家相反，基本呈现出学历越高、比例越高的正相关态势；其中大学及以上学历听众群体最经常选择在私家汽车、公共汽车/轨道交通和出租车上收听广播的比例分别达到了 71.4%、4.2% 和 2.8%，尤以在私家汽车上的比例为最高，这与该类人群属于社会中流砥柱，有更大概率驾驶和乘坐私家汽车有关。

听众对最经常收听地点的选择与其职业也有较强的相关性。职业层次低和赋闲在家的无业听众最经常选择在家收听广播的比例较高；社会地位较高或者收入水平较高的从业者，最经常选择在私家汽车上收听广播的比例相对更高；无业（包括退休）人员和其他职业人群选择最经常在家收听广播的比例较高，分别为 63.3% 和 56.4%；工人和学生的该比例也分别达到了 29.8% 和 26%；干部/管理人员、个体/私营企业人员和初级公务员/雇员选择最经常在私家汽车上听广播的比例分别达到了 79.4%、76.2% 和 73.2%，远高于其他职业类别人群。

各目标听众对最经常收听广播地点的选择的特点可以为广播媒体进行对象化编排和节目定位，为广告主定向投放广告提供重要的参考依据。

（二）人均收听时间①

1. 2017 年全国 31 城市②人均收听时间较 2016 年有所下滑，城市间参差不齐

在全国 31 个城市中，2017 年人均每日收听广播的时间为 60.4 分钟，较 2016 年的 69 分钟减少了近 9 分钟。2017 年各城市之间的人均日收听分钟数参差不齐、差异明显。哈尔滨、乌鲁木齐、沈阳、天津、石家庄、佛山、太原、长春、大连、济南、无锡、苏州和成都 13 个城市人均日收听分钟数均高于 31 城市平均水平；哈尔滨最高，达 104.6 分钟；其次为乌鲁木齐，99.8 分钟；沈阳和天津也都超过了 90 分钟。相反，上海（M）、长沙、泉州、南宁和宁波等 12 个城市人均收听时间较少，平均每人每天的收听量不足 50 分钟，特别是武汉，人均每日收听时间仅为 27.7 分钟，不足排名第一的哈尔滨的三分之一（表 1.3.3）。

① 目前 CSM 媒介研究在不同城市分别采用日记卡法和虚拟测量仪法进行广播收听率调查，这两种调查方法的目标人群有所差异（日记卡法为 10 岁及以上，虚拟测量仪法为 15 岁及以上）。本年鉴综述部分对 2017 年广播收听状况的分析针对 15 岁及以上人群展开，主要原因有以下两个：一是 10～14 岁人群在广播听众中所占比例很低，对广播收听的贡献很小。2017 年 CSM 媒介研究进行广播收听率调查的 31 城市中，10～14 岁的听众构成比例仅为 1%；10～14 岁人群平均到达率（000）为580,000人，仅占 10 岁及以上人群的 1.14%，人均日收听时长为 23 分钟，远低于其他年龄段人群。二是为了便于 31 城市整体相关指标的计算以及同一指标在不同城市之间的比较。

② 本年鉴在有关收听状况的分析，主要采用 2017 年全年 CSM 媒介研究进行收听率调查的 31 个城市（包括四波调查城市和连续调查城市）的收听调查数据，这 31 个城市分别为：北京、长春、长沙、成都、重庆、大连、佛山、福州、广州、杭州、哈尔滨、合肥、济南、昆明、南昌、南京、南宁、宁波、泉州、上海、沈阳、深圳、石家庄、苏州、太原、天津、乌鲁木齐、武汉、无锡、厦门和郑州。

表 1.3.3　2017 年各城市听众人均每日收听广播时间（分钟，四波调查数据）

城市	人均收听时间	城市	人均收听时间
哈尔滨	104.6	郑州	54.1
乌鲁木齐	99.8	福州	53.9
沈阳	91.8	杭州	50.2
天津	91.1	上海	47.9
石家庄	89.4	长沙	47.8
佛山	85.5	泉州	47.2
太原	84.8	南宁	45.6
长春	79.3	宁波	42.4
大连	75.0	广州	41.9
济南	70.1	重庆	38.3
无锡	64.6	南京	37.7
苏州	62.3	厦门	34.7
成都	60.8	南昌	34.1
北京	56.6	深圳	37.4
合肥	56.3	武汉	27.7
昆明	54.2		
31 城市平均		60.4	

数据来源：CSM 媒介研究

2. 冬季人均收听时间略长，哈尔滨和乌鲁木齐两城季节性收听表现突出

CSM 媒介研究实施的四波收听率调查分别在2月至3月、5月至6月、8月至9月和11月，基本能够代表春、夏、秋、冬四季。对 2017 年 31 城市在各个调查波次的收听情况（其中，连续调查城市取各个调查波次时期的数据）进行分析发现，2017 年全国 31 城市整体冬季（第四波）人均每日收听量略长于其他季节，春、夏季人均每天收听时间基本持平，秋季人均每天收听时间略少（表 1.3.4）。

具体到每个城市，季节差异不尽相同。乌鲁木齐春季的人均收听时长在 31 个调查城市中排名首位，长达 114.3 分钟。乌鲁木齐属中温带大陆性干旱气候，昼夜温差大，寒暑变化剧烈，无霜期短。乌鲁木齐城区的冬天每年从 11 月 3 日持续到次年 4 月 8 日，长达 150 天①，因此在第一波调查期间还属于寒冷的冬季，人们的户外活动少，听众在此时间段内对广播的收听时长在各季节中最高。位于我国最北方的哈尔滨第二波、第三波和第四波的人均收听时长在 31 个城市中均排名首位，尤以第二波为最长。该城市收听很有特色，因为是我国纬度较高、气温较低的大都市，4～6 月份为春季，气温回升快且变化无常，人们户外活动相对少；夏季和冬季是该地区的旅游旺季，人们的户外活动多，相对而言车载收听的表现就比较显著，因此第二波、第三波和第四波整体收听水平相对较高。可见，气候条件和听众生活习惯在一定程度上会影响听众的季节性收听行为（表 1.3.4）。

① 百度百科。

表 1.3.4　2017 年各城市听众在四波调查期间人均每日收听广播时间（分钟）

城市	第一波（2017.2.26～3.18）	第二波（2017.5.21～6.10）	第三波（2017.8.20～9.9）	第四波（2017.11.5　～11.25）
北京	53.8	60.0	55.4	57.3
长春	81.4	78.7	77.5	79.7
长沙	47.6	45.3	47.4	50.7
成都	57.8	58.4	67.7	59.4
重庆	40.6	36.1	37.3	39.4
大连	80.2	75.9	73.1	71.0
佛山	78.3	84.1	87.1	92.3
福州	48.2	53.7	55.0	58.8
广州	43.9	44.6	40.2	38.9
杭州	51.4	47.3	50.2	51.9
哈尔滨	108.8	104.5	103.0	102.3
合肥	58.4	60.6	54.4	51.7
济南	67.5	69.7	74.1	69.2
昆明	51.1	52.9	56.3	56.4
南昌	33.9	32.2	33.2	37.3
南京	33.9	38.3	36.6	41.8
南宁	44.7	45.6	45.9	46.0
宁波	42.2	43.5	41.4	42.6
泉州	51.6	45.9	44.8	46.6
上海	47.4	47.4	47.0	49.7
沈阳	94.4	96.8	90.3	85.7
深圳	39.0	36.8	36.7	37.2
石家庄	89.3	89.9	88.4	89.7
苏州	64.0	70.4	60.4	54.2
太原	87.7	80.2	81.9	89.4
天津	92.6	93.0	87.5	91.3
乌鲁木齐	114.3	102.6	88.7	93.4
武汉	36.0	26.3	24.4	24.1
无锡	65.9	66.2	63.7	62.6
厦门	35.0	33.8	33.7	36.4
郑州	49.2	52.9	57.7	56.7
31 城市	61.0	60.7	59.5	60.5

数据来源：CSM 媒介研究

3．不同目标人群收听表现各异，男性、老年、中低学历和中等收入人群收听水平较高

2017 年各目标听众群体的人均收听时长具有差异。男性听众人均每天收听时长为 62.8 分钟，较女性听众人均收听时长多 5 分钟。各年龄段听众呈现出年龄越大，人均收

听时间越长的正相关关系，15～24岁青少年听众人均每日收听时长仅为34.9分钟，不足55岁及以上人群人均日收听时长的一半，传统广播听众老龄化的现象凸显。

从受教育程度来看，小学学历人群人均每日收听广播的时间最长，达到了71.6分钟；初中学历听众次之，人均每日收听广播时长为71.1分钟。在各类职业群体中，无业（包括退休）人员人均每日收听广播时间最长，为86.9分钟；然后依次是个体/私营企业人员和工人，平均每人每天收听广播的时间均超过1小时；学生受学习和生活习惯的影响，收听广播的时间最短，仅为30.6分钟。

从不同收入水平听众来看，个人月收入1～2000元听众人均每日收听广播时间最长，为77.9分钟；其次为个人月收入2001～3000元人群，其人均日收听时长也超过了70分钟；个人月收入5001元及以上群体的人均日收听量则较少，均少于60分钟（表1.3.5）。

表1.3.5　2017年31城市不同目标听众人均每日收听广播时间（分钟）

目标听众	人均收听时间	目标听众	人均收听时间
男	62.8	干部/管理人员	56.1
女	57.5	初级公务员/雇员	50.7
15～24岁	34.9	个体/私营企业人员	63.0
25～34岁	50.4	工人	62.3
35～44岁	58.9	学生	30.6
45～54岁	68.5	无业（包括退休）	86.9
55～64岁	89.1	其他	50.9
65岁及以上	99.5	没有收入	37.3
未受过正规教育	47.5	1～2000元	77.9
小学	71.6	2001～3000元	75.5
初中	71.1	3001～4000元	64.9
高中/中专/职高/技校	61.1	4001～5000元	60.2
大学及以上	51.2	5001～6000元	57.0
		6001元及以上	48.1

数据来源：CSM媒介研究

（三）全天收听走势

1. 早间出现全天收听最高峰，高峰时段工作日收听水平明显高于周末

与电视观众全天收视走势不同，广播收听全天的最高峰值出现在早间，早晚高峰时段工作日收听水平明显高于周末。2017年全国31个城市，工作日早间07:00～09:00时段正值上班高峰，开机率高，收听率基本均超过10%，其中在07:15～07:30时段收听

率最高达12.08%。上午09:00之后，收听率开始逐步走低，在13:15~14:00时段收听率跌至不足3%。直至傍晚17:30~18:30下班晚高峰时段，收听率回升至7%以上，随后下跌，虽然在20:00~21:00时段有短时小幅回升，形成一个收听小高峰，但峰值远不及早晚高峰（图1.3.2）。

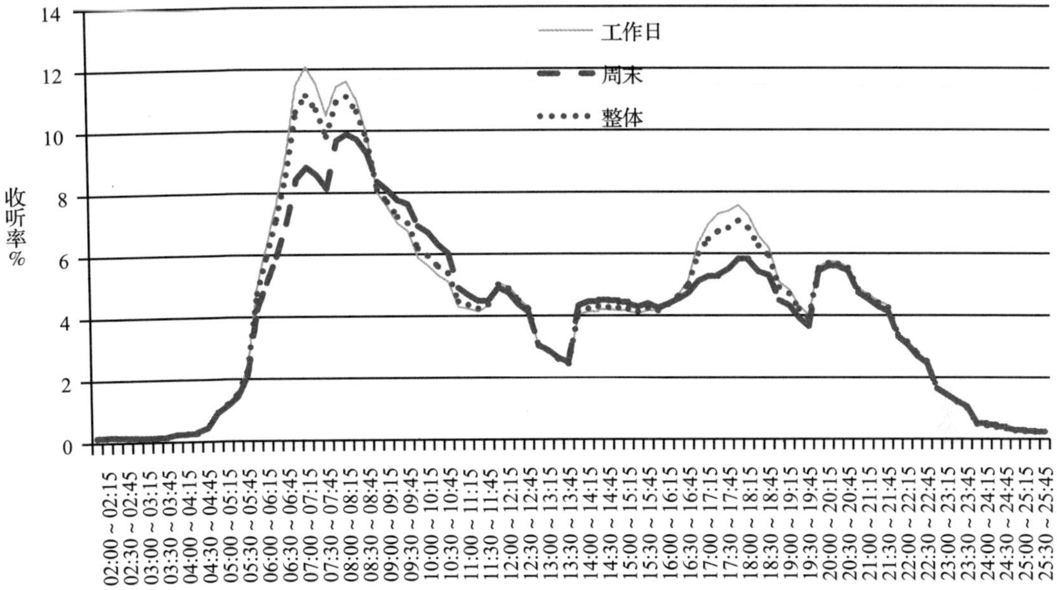

数据来源：CSM媒介研究

图1.3.2 2017年31城市全天收听率走势

受听众工作生活习惯的影响，周末与工作日的收听率在高峰时段也表现出明显差异。在早间06:00~09:00和傍晚17:00~19:00收听高峰时段，工作日的收听率明显高于周末同时段，其中在07:15左右，两者之间的收听率差距达到3个百分点。而周末则在上午09:00~12:00和下午13:30~16:15时段收听率高于工作日。收听数据一定程度上反映了听众的生活、工作作息习惯：工作日早上听众通常会在洗漱、吃早点和上班途中收听广播，白天则处于工作或学习状态中，而周末则会把起床和出行时间推后，再加上可能会外出游玩，因此在上午、下午部分时段的收听水平高于工作日。

2. 四季全天收听走势趋同，不同季节收听水平略有差异

2017年全国31个城市听众在四波调查中的全天收听率走势大体趋同，均显示出早间收听最高峰和傍晚及晚间两个收听次高峰。相对而言，第一波（春季）调查期间，白天09:00~17:30和晚间21:00~22:30时段的收听率更占优势，高于其他三波调查期间同时段的收听水平（图1.3.3）。

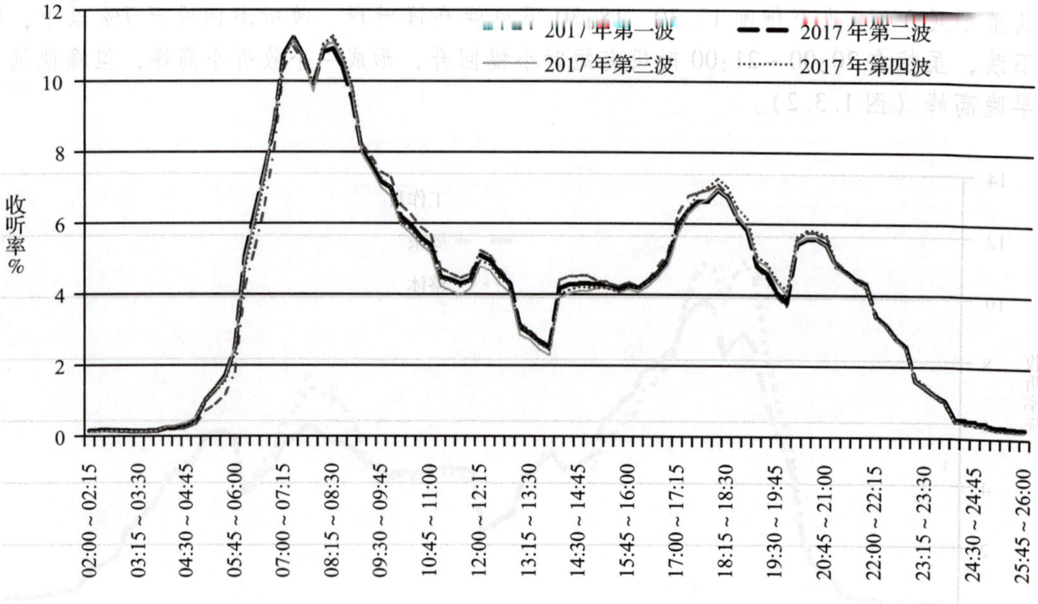

数据来源：CSM媒介研究

图1.3.3　2017年31城市四波调查全天收听率走势

3. 北京、上海全天收听走势趋同，且与全国平均水平类似，广州收听高峰自成一体①

北京地区听众的全天收听走势与全国31个城市的平均收听率走势基本一致，工作日早间07:15～7:30时段创下全天收听最高峰，峰值达11.89%，远高于周末同时段的收听水平。在傍晚18:00左右下班时段形成全天收听次高峰，峰值为4.57%。随着夜生活的展开，听众收听广播的时间也出现了一定的延伸，一直持续至深夜仍有收听（图1.3.4）。

上海地区听众全天收听率走势与全国31城市整体情况大体趋同，早间07:00～08:00时段出现收听率超过10%的收听高峰带，其中07:30～07:45时段创下全天收听最高峰，峰值达11.05%。之后收听持续下滑，直至傍晚18:00左右出现全天收听的第二个高峰，峰值为4.04%。伴随着大部分听众就寝前的夜生活，听众收听广播的时间也出现了一定程度的延伸，在20:00～22:00时段有小幅回升，随后慢慢回落。工作日05:30～08:30和16:30～23:00时段的收听水平显著优于周末，周末则08:45～16:15时段的收听水平高于工作日（图1.3.5）。

① 该部分北京、上海和广州三城市使用虚拟测量仪连续调查数据，北京、上海为2017年全年数据，广州为2017年4月1日～12月31日期间数据。

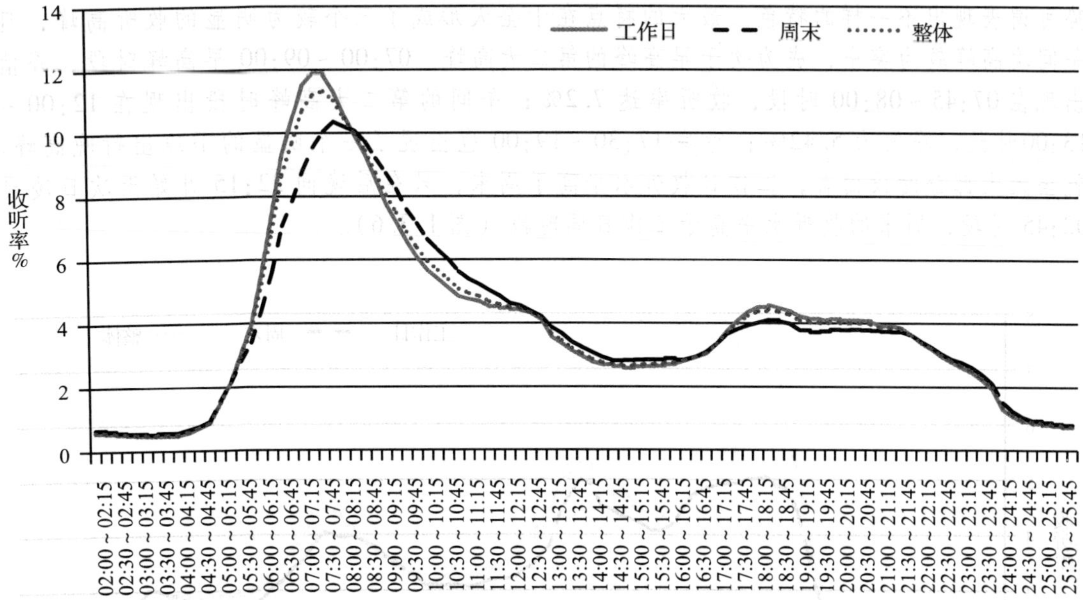

数据来源：CSM 媒介研究

图 1.3.4　2017 年北京全天收听率走势

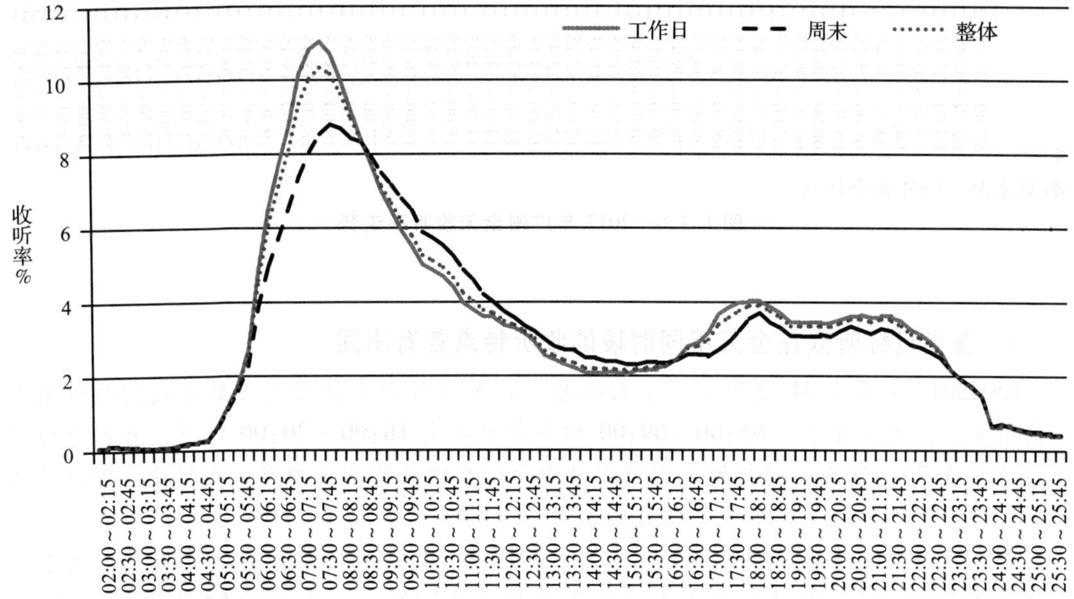

数据来源：CSM 媒介研究

图 1.3.5　2017 年上海全天收听率走势

与北京、上海乃至全国31个城市全天收听走势相比，广州地区听众的全天收听走势可谓表现出了别样的特色。最大的特点在于上午形成了一个较为明显的收听高峰，且午间次高峰较为突出，成为次于早高峰的第二大高峰。07:00～09:00早高峰时段，峰值出现在07:45～08:00时段，收听率达7.2%；午间的第二大高峰时段出现在12:00～13:00时段，峰值为5.42%；傍晚17:30～19:00也出现了一个明显的下班出行晚高峰。就全天大部分时段而言，工作日收听水平高于周末，只在后晚间22:15开始至次日凌晨02:45时段，周末的收听水平高于工作日同时段（图1.3.6）。

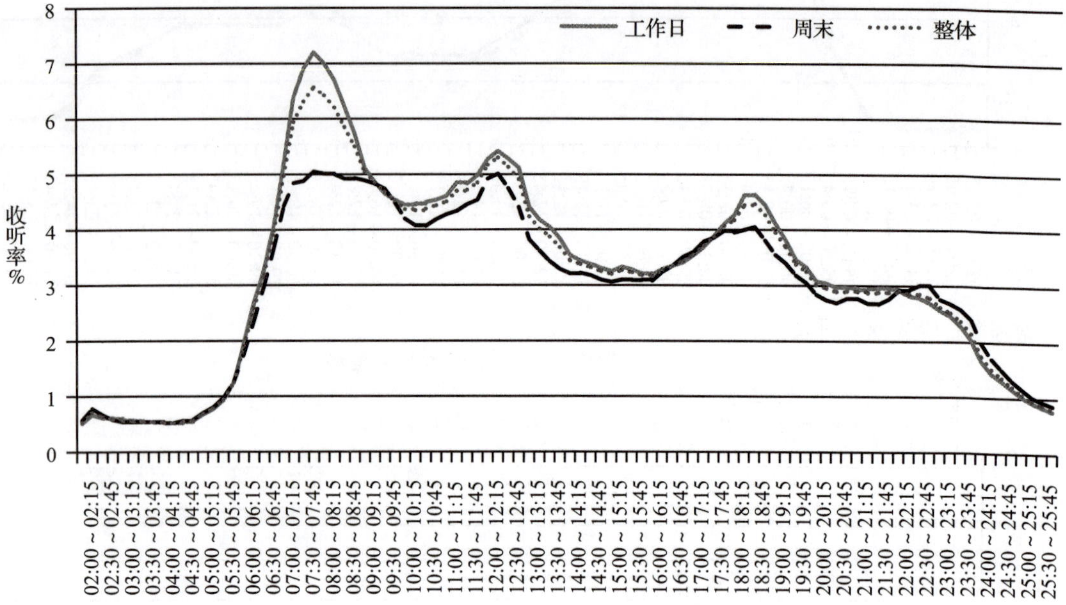

数据来源：CSM媒介研究

图1.3.6　2017年广州全天收听率走势

4. 各类目标听众在全天不同时段的收听特点各有不同

CSM2017年全国31城市收听率数据显示，男性听众在全天大多数时段的收听水平均高于女性，尤其在早间06:00～09:00和下午至晚间16:00～20:00时段，表现尤为明显（图1.3.7）。这在一定程度上说明男性听众是移动收听的主力军，在早晚上下班的高峰时段，较女性听众具有更明显的收听优势。

中老年人群是传统广播收听的生力军。2017年31城市数据显示，55岁及以上中老年听众在全天大部分时段的收听水平都明显高于年轻听众，尤其是65岁及以上听众，他们在几乎全天所有时段的收听水平均位于各年龄层之冠（图1.3.8）。

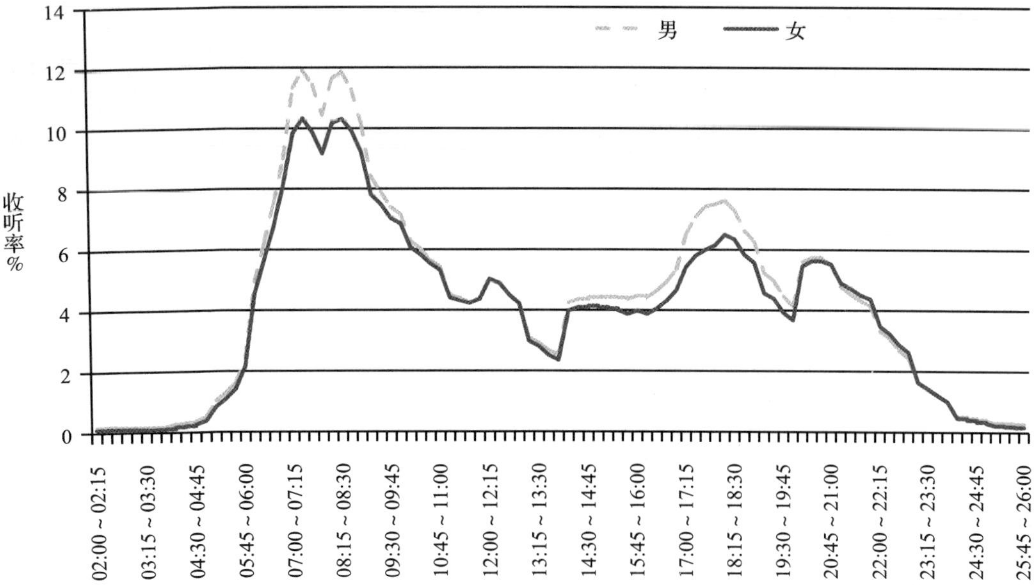

数据来源：CSM 媒介研究

图 1.3.7　2017 年 31 城市不同性别听众全天收听率走势

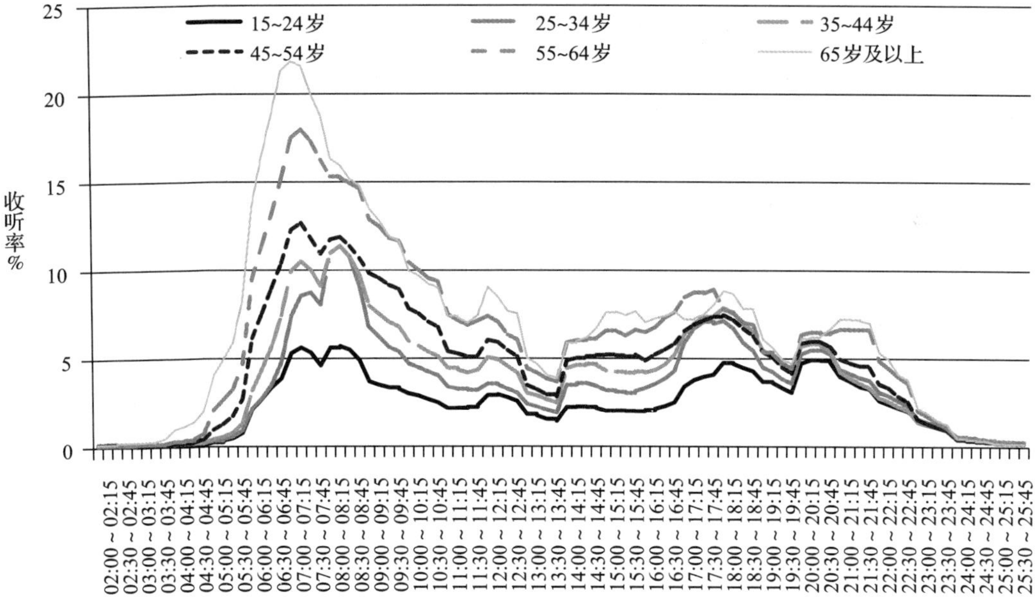

数据来源：CSM 媒介研究

图 1.3.8　2017 年 31 城市不同年龄听众全天收听率走势

从受教育程度来看，高中和大学及以上学历人群表现出更为明显的收听“潮汐”现象，在早间 07:00～09:00 和傍晚 17:00～19:00 的上下班高峰时段，其收听表现明显高于在其他时段，这可能与高学历人群工作相对高端、社会地位高，在上下班高峰时段有更多机会乘坐和驾驶汽车有关。因此，在这些时段有的放矢地安排一些适合该类人群的节目和广告投放比较适宜。相比较而言，低受教育程度群体在00:00～23:00时段的收听水平均较高，广播电台在进行节目编排时可以考虑安排与这些人群相适应的节目内容（图1.3.9）。

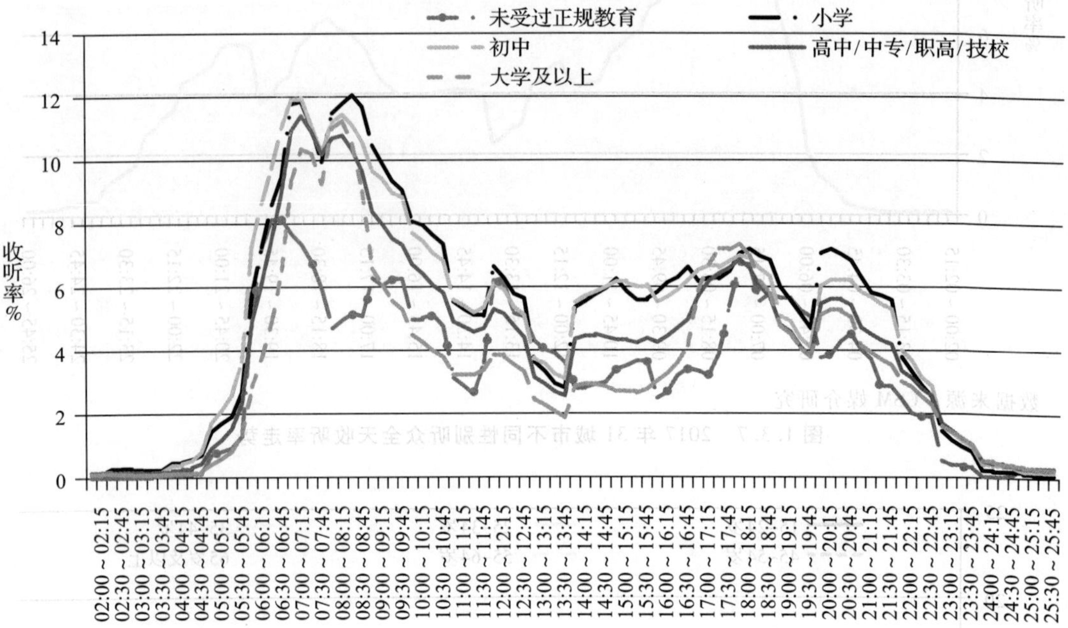

数据来源：CSM媒介研究

图1.3.9　2017年31城市不同受教育程度听众全天收听率走势

不同职业听众的全天收听走势显示，无业人员（含退休人员）的全天收听表现均不错，几乎在全天各时段收听的水平均遥遥领先于其他职业人群，一枝独秀；其他职业人群分别在06:00～09:15、11:00～14:00、19:00～20:00和22:00～23:00时段的收听水平高于除无业人群外的其余职业类别人群；干部/管理人员在上午10:15～11:00和晚间20:00～21:00时段表现出明显的收听优势；个体/私营企业人员以及工人群体在上下午和晚间部分时段有较好的收听表现；学生群体受生活和学习习惯的影响，全天收听水平偏低（图1.3.10）。

不同个人月收入水平听众全天收听走势显示，中低收入人群全天收听一路领先，明显优于其他收入水平人群。个人月收入1～2000元和2001～3000元人群全天收听水平高于其他收入人群，个人月收入3001～4000元群体在18:00～20:00时段的收听水平明显冲高，与个人月收入2001～3000元人群基本持平（图1.3.11）。高收入群体收听表现平平，基本呈现出收入水平越高、收听水平相对越低的负相关关系。基于不同收入群体在不同时段表现出的收听特点，广播媒体可以有针对性地进行内容编排和广告投入。

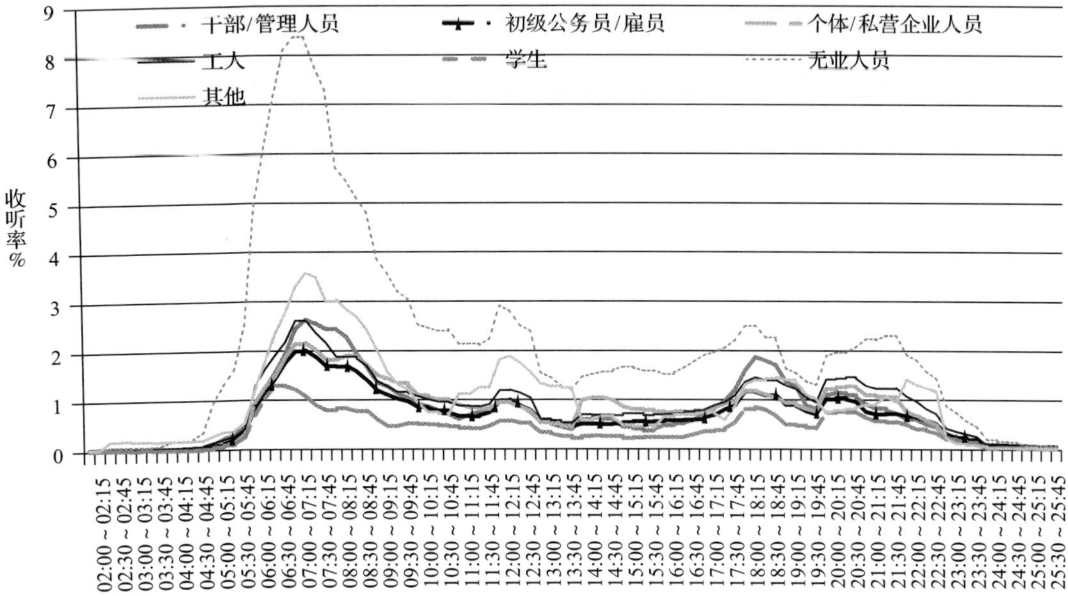

数据来源：CSM 媒介研究

图 1.3.10　2017 年 31 城市不同职业听众全天收听率走势

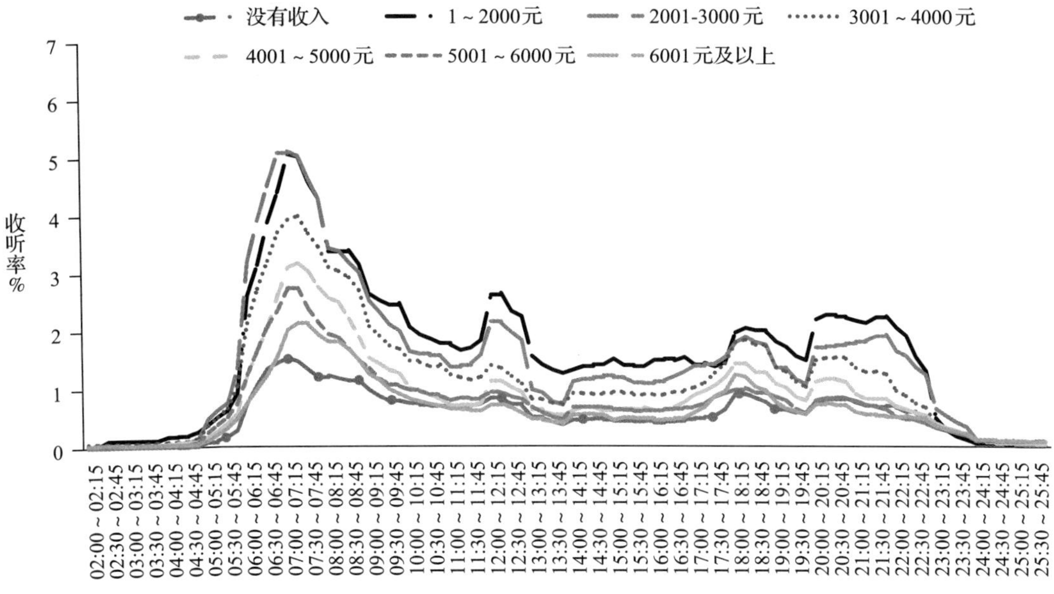

数据来源：CSM 媒介研究

图 1.3.11　2017 年 31 城市不同收入水平听众全天收听率走势

(四)听众最喜欢收听的节目类型

1. 新闻/时事、音乐和生活服务类节目位居听众最喜欢收听节目类型选择比例前三甲

CSM媒介研究将广播节目共分为10个大类，涵盖了当今广播媒体的各个节目类型。CSM媒介研究2017年全年进行收听率调查（包括连续调查和四波调查）的31个城市基础研究数据显示，全国31个城市15岁及以上听众最喜欢收听的广播节目类型较为集中：提供新闻资讯的新闻/时事类节目以66.2%的选择比例摘冠，成为听众选择比例最高的节目类型；集休闲、放松功能于一身的音乐类节目以56.8%的选择比例位居次席，竞争实力不容小觑；与听众日常生活息息相关，集实用性、专业性、权威性和亲和性于一体的生活服务类节目也受到了42.5%铁杆“粉丝”的青睐，发展前景大好；排名第四位的是文艺类节目，有23.1%的听众钟情于该类节目；其后依次为法制类节目（5.6%）和财经类节目（5.3%），二者所占比例均在5%以上；体育类节目（4.8%）、社教类节目（1.7%）、其他（1.2%）和外语类节目（1.0%）分居后四位（表1.3.6）。

表1.3.6　2017年31城市15岁及以上听众最喜欢收听广播节目类型的选择比例（%，多选）

排名	节目类型	比例（%）
1	新闻/时事	66.2
2	音乐	56.8
3	生活服务	42.5
4	文艺	23.1
5	法制	5.6
6	财经	5.3
7	体育	4.8
8	社教	1.7
9	其他	1.2
10	外语	1.0

数据来源：CSM媒介研究

2. 新闻/时事、生活服务和音乐类节目在绝大多数城市中受青睐，排名在各地各有差异

CSM媒介研究调查数据显示，在2017年全国31个城市15岁及以上的听众中，新闻/时事类节目普遍最受听众喜爱，其次是生活服务类和音乐类节目。以传播新闻资讯为主，信息量较大的新闻/时事类节目最受听众青睐，占据了20个城市的榜首，显示出该类节目在满足听众广泛需求方面的独有优势。生活服务类节目在成都、济南、沈阳、石家庄、太原和乌鲁木齐6个城市居首位。音乐类节目在重庆、广州、南宁、宁波和武汉5个城市位列第一（表1.3.7）。

表 1.3.7 2017 年 31 城市 15 岁及以上听众最喜欢收听的广播节目类型排名前 6 位

城市＼节目类型＼排名	1	2	3	4	5	6
北京	新闻/时事	生活服务	文艺	音乐	法制	体育
长春	新闻/时事	音乐	生活服务	文艺	法制	体育
长沙	新闻/时事	音乐	生活服务	文艺	法制	体育
成都	生活服务	新闻/时事	音乐	文艺	体育	法制
重庆	音乐	新闻/时事	生活服务	文艺	法制	财经
大连	新闻/时事	生活服务	音乐	文艺	体育	其他
佛山	新闻/时事	音乐	生活服务	文艺	体育	财经
福州	新闻/时事	音乐	生活服务	文艺	财经	法制
广州	音乐	新闻/时事	生活服务	文艺	财经	体育
杭州	新闻/时事	音乐	生活服务	文艺	财经	体育
哈尔滨	新闻/时事	生活服务	音乐	文艺	体育	法制
合肥	新闻/时事	音乐	生活服务	文艺	其他	法制
昆明	新闻/时事	音乐	生活服务	文艺	财经	法制
济南	生活服务	音乐	新闻/时事	文艺	法制	体育
南昌	新闻/时事	音乐	生活服务	财经	文艺	法制
南京	新闻/时事	音乐	生活服务	文艺	其他	法制
南宁	音乐	新闻/时事	生活服务	文艺	体育	法制
宁波	音乐	新闻/时事	生活服务	文艺	财经	体育
泉州	新闻/时事	音乐	生活服务	文艺	财经	体育
上海	新闻/时事	音乐	文艺	生活服务	法制	财经
沈阳	生活服务	文艺	新闻/时事	音乐	法制	体育
深圳	新闻/时事	音乐	生活服务	文艺	法制	财经
石家庄	生活服务	新闻/时事	音乐	文艺	法制	财经
苏州	新闻/时事	音乐	生活服务	文艺	财经	体育
太原	生活服务	音乐	新闻/时事	文艺	财经	体育
天津	新闻/时事	文艺	音乐	生活服务	法制	财经
乌鲁木齐	生活服务	新闻/时事	音乐	文艺	体育	财经
武汉	音乐	新闻/时事	生活服务	体育	法制	文艺
无锡	新闻/时事	生活服务	音乐	文艺	法制	财经
厦门	新闻/时事	音乐	生活服务	文艺	社教	体育
郑州	新闻/时事	音乐	生活服务	文艺	法制	社教

数据来源：CSM 媒介研究

排名第二的节目类型则主要集中在音乐、新闻/时事、生活服务和文艺四类节目中，反映出各地听众在收听偏好方面存在较强的共性。与排名第一的节目类型不同，在排名第二的梯队中，音乐类节目稳居首位，共有17个城市的听众最喜欢收听该类节目，新闻/时事类和生活服务类节目分列后两位，分别有8个和4个城市的听众钟情于该类节目。二人转盛行的沈阳和被誉为“曲艺之乡”的天津2个城市的听众表现出了对文艺类节目的极大关注，该类节目成为当地听众第二喜欢收听的节目类型。

排名第三的节目类型与排名第二的基本类似，区别在于排名先后不同。生活服务类节目占据主体，共有长春、长沙、重庆、佛山和福州等19个城市的听众对该类节目情有独钟；音乐类节目获得了成都、大连、哈尔滨、石家庄、天津、乌鲁木齐和无锡7个城市听众的另眼相看；新闻/时事类节目讨得了济南、沈阳和太原3个城市听众的欢心；文艺类节目则得到了北京和上海2城市听众的垂青（表1.3.7）。

由此我们不难看出，各地听众基于自身生活习惯和当地媒体发展的状况，在最喜欢收听节目类型的选择上有共性，但也表现出了一定的差异性。因此，广播电台在发展共性的同时，也要重视各地听众在收听内容偏好方面表现出的差异性。针对听众收听喜好“投其所好”是提高频率竞争力的重要策略之一。

3. 听众对各类节目类型的喜好与自身身份相契合，新闻/时事类节目受众范围广泛

2017年，新闻/时事、音乐和生活服务类节目仍是各类目标听众最喜欢收听的三大节目类型。具体到各目标人群对各类节目的喜好程度排名，基本与细分受众自身的身份特征相契合，这为广播媒体生产出定位准确、投听众所好的节目提供了重要依据。

抛开排名先后，可以看到31城市的男女听众对新闻/时事类、音乐类和生活服务类这3类节目都表现出了深深的喜爱之情。此外，在男女听众最喜欢收听的前6位节目类型中，女性听众选择了法制类节目，而男性听众则对此并不感冒；女性没有选择体育类节目，而男性听众则对此情有独钟（表1.3.8）。

表1.3.8　2017年31城市不同听众群体最喜欢收听的广播节目类型前6位

目标听众 / 节目类型 / 排名	1	2	3	4	5	6
男	新闻/时事	音乐	生活服务	文艺	体育	财经
女	新闻/时事	音乐	生活服务	文艺	法制	财经
15～24岁	音乐	新闻/时事	生活服务	文艺	体育	法制
25～34岁	音乐	新闻/时事	生活服务	文艺	体育	财经
35～44岁	新闻/时事	音乐	生活服务	文艺	财经	法制
45～54岁	新闻/时事	生活服务	音乐	文艺	法制	财经
55岁及以上	新闻/时事	生活服务	音乐	文艺	法制	财经
未受过正规教育	生活服务	新闻/时事	文艺	音乐	法制	社教
小学	新闻/时事	生活服务	音乐	文艺	法制	其他

续表

目标听众 \ 节目类型 \ 排名	1	2	3	4	5	6
初中	新闻/时事	音乐	生活服务	文艺	法制	体育
高中/技术学校	新闻/时事	音乐	生活服务	文艺	法制	财经
大学及以上	新闻/时事	音乐	生活服务	文艺	财经	体育
干部/管理人员	新闻/时事	音乐	生活服务	文艺	财经	体育
初级公务员/雇员	新闻/时事	音乐	生活服务	文艺	财经	体育
个体/私营企业人员	新闻/时事	音乐	生活服务	文艺	财经	法制
工人	新闻/时事	音乐	生活服务	文艺	法制	体育
学生	音乐	新闻/时事	生活服务	文艺	体育	外语
无业（包括退休）	新闻/时事	生活服务	音乐	文艺	法制	财经
其他	新闻/时事	生活服务	音乐	文艺	法制	体育

数据来源：CSM 媒介研究

不同年龄听众对最喜欢收听节目类型的选择倾向受其自身心理成熟度、社会阅历以及生活经历等因素的影响。听众年纪越小，越喜欢收听音乐类节目；年纪越大，则越对新闻/时事类、生活服务类节目感兴趣。15～24 岁和 25～34 岁群体的收听偏好与其他听众群体明显不同，他们最喜欢收听的前 3 类节目依次是音乐类、新闻/时事类和生活服务类，偏重于娱乐休闲类的节目；35～44 岁的听众对新闻/时事类、音乐类和生活服务类节目的关注度更高；45 岁及以上中老年听众群体则更偏好于收听新闻/时事类节目，其次是生活服务类节目。

从受教育水平来看，除未受过正规教育人群最喜欢收听生活服务类节目外，其他学历听众均对新闻/时事类节目青睐有加。未受过正规教育的听众还喜欢收听新闻/时事类和文艺类节目，其后依次为音乐类、法制类和社教类节目；小学学历听众第二喜欢收听生活服务类节目，其后依次为音乐类、文艺类、法制类节目；初中及以上学历人群喜欢的前 4 类节目都相同，依次为新闻/时事类、音乐类、生活服务类和文艺类节目。不同之处在于：初中和高中学历人群更偏好于收听法制类节目，而大学及以上学历人群则更倾向于收听财经类节目，同时初中和大学及以上学历人群对体育类节目也较为关注，高中学历人群对财经类节目也有关注，但在选择次序上落后于大学及以上人群。

不同职业听众最喜欢收听的节目类型选择与不同教育水平听众有一定的相似之处，排名的前 3 位都集中在新闻/时事类、音乐类和生活服务类节目上。大体上可分为 3 种类型，第一种类型是学生，此类人群对各类节目类型的喜好与众不同，依其喜好程度排在前 3 位的节目类型依次为音乐类、新闻/时事类和生活服务类节目；第二种类型包括干部/管理人员、初级公务员/雇员、个体/私营企业人员和工人，按其喜好程度排在前 3 位的节目类型依次为新闻/时事类、音乐类和生活服务类；第三种类型包括无业（包括退休人员）和其他人群，依据他们对节目的喜爱度，排在前3位的节目类型依次为新闻/时事类、生活服务类和音乐类。

四、频率竞争格局

2017年，在全国31城市收听市场中，各级频率的竞争格局基本保持稳定。区域化、本土化仍然是各级市场频率竞争的主旋律，本土频率的表现可圈可点，中央级频率也依托特定优势在不同市场斩获颇丰。本小节基于CSM媒介研究2017年31城市市场的四波收听率调查数据以及北京、上海、广州市场的全年连续调查数据，对广播收听市场的频率竞争格局①进行分析。

（一）全国31城市市场整体的频率竞争格局

1. 全国广播收听市场竞争格局稳定，市级频率市场份额继续上升

2017年，在全国31城市广播收听市场的频率竞争中，各级频率所占据的市场份额与2016年相比变化不大，整体市场竞争格局稳定。省级频率仍然在竞争中居于领先地位，2017年共获得53.5%的市场份额，较2016年略降1.1个百分点；市级频率的竞争力逐年上升，由2015年的31.2%增至2016年的33.9%，2017年市场份额进一步上升至34.7%；中央级频率在31城市共获得9.7%的份额，较2016年进一步增长了0.4个百分点（图1.4.1）。

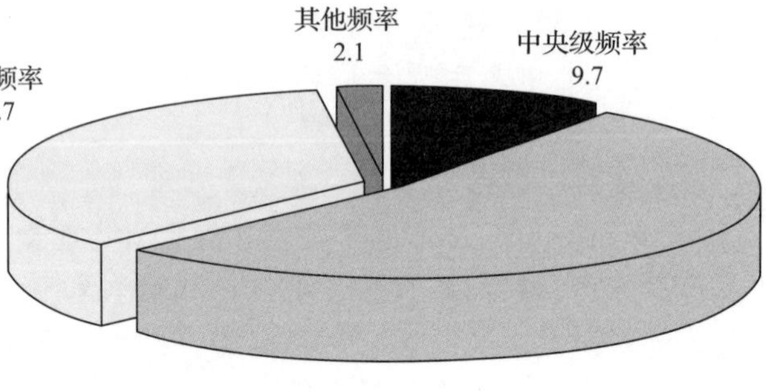

数据来源：CSM媒介研究

图1.4.1　2017年31城市市场各类型频率的市场份额（%，四波调查数据）

2. 省、市两级频率全天时段竞争力此消彼长，中央级频率清晨及后晚间时段相对竞争优势较强

在全天各时段的收听竞争中，各级频率依然延续了在整体市场的竞争态势。从整体走势上看，省级频率在全天时段竞争力保持领先，尤其在上午时段和晚间时段，市场份额波峰突起；市级频率的市场份额全天走势与省级频率呈现此消彼长之势，在省级频率

① 鉴于部分城市已经采用测量仪方式采集数据，故本部分分析数据计算范围为15岁及以上所有人。

稍微弱势的下午时段和晚间 21:30～22:30 时段相对竞争力较强；中央级频率在全天时段的竞争力虽然无法与省、市级频率相匹敌，但是在清晨 05:00～07:00 以及后晚间 22:45 之后时段却拥有相对竞争优势（图 1.4.2）。

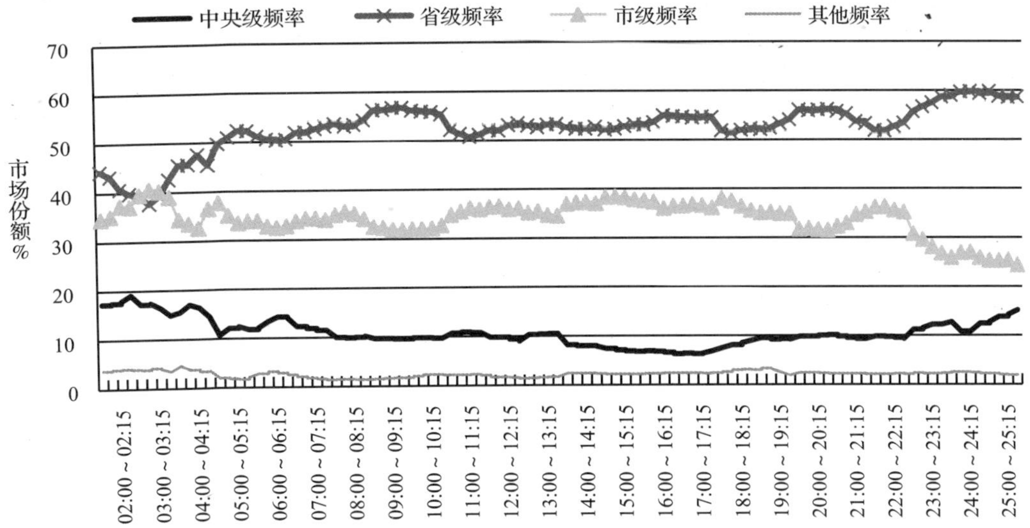

数据来源：CSM 媒介研究

图 1.4.2　2017 年 31 城市市场各类型频率全天不同时段的市场份额（%，四波调查数据）

3. 中央级频率更吸引男性、高学历等听众，省、市级频率重度听众差异互补

2017 年，在细分受众的收听竞争中，各级频率在延续整体市场竞争格局的同时，也凭借自身特色和传统，在各类受众中形成了差异化竞争特点。中央级频率相对而言更吸引男性、高学历等听众；省级和市级频率在吸引的听众类型上则形成了差异互补，表现出不同的竞争特点（表 1.4.1）。

具体来看，在以性别为细分标准的收听市场上，中央级频率在男性听众中的市场份额略高于其在所有听众中的平均水平，而省、市级频率则分别对女性和男性听众具有更强的吸引力。

在以年龄为细分标准的收听市场上，中央级频率对 55 岁及以上中老年听众具有较强的吸引力，其中在 65 岁及以上老年听众中的市场份额达到 13.6%，与其在 15 岁及以上所有听众 9.7% 的平均水平相比有较大幅度的提升；省级频率对 45～54 岁中年听众的吸引力较强，市场份额达到 55.7%；市级频率则对 25～44 岁中青年听众的吸引力最强，市场份额超过 36%，较 15 岁及以上所有听众 34.7% 的平均水平明显更高。

在以学历为细分标准的收听市场上，在未受过正规教育和大学及以上学历听众中，中央级频率的市场份额明显高于其在 15 岁及以上所有听众的平均水平；省级频率更吸引高中及以上学历听众；市级频率则在初中及以下低学历听众中的市场份额明显更高，达到 39% 以上，与省级频率的竞争优势群体各有侧重。

表 1.4.1 2017 年 31 城市市场各级频率在不同目标听众中的市场份额（%，四波调查数据）

目标听众	中央级频率	省级频率	市级频率	其他频率
15 岁及以上所有人	9.7	53.5	34.7	2.1
男	10.1	52.9	34.9	2.1
女	9.3	54.1	34.3	2.3
15～24 岁	9.1	53.5	35.0	2.4
25～34 岁	8.6	52.8	36.7	1.9
35～44 岁	8.4	52.1	37.0	2.5
45～54 岁	8.9	55.7	33.5	1.9
55～64 岁	10.9	53.4	33.5	2.2
65 岁及以上	13.6	53.7	30.7	2.0
未受过正规教育	13.4	40.0	40.1	6.5
小学	9.4	44.2	40.8	5.6
初中	8.4	50.0	39.3	2.3
高中/中专/职高/技校	9.8	54.9	33.5	1.8
大学本科及以上	10.8	56.7	30.7	1.8
干部/管理人员	8.9	57.5	31.5	2.1
初级公务员/雇员	10.7	54.5	32.5	2.3
个体/私营企业人员	7.5	48.6	41.7	2.2
工人	7.7	52.6	37.3	2.4
学生	9.8	57.3	30.6	2.3
无业（包括退休人员）	11.6	53.7	33.0	1.7
其他	8.2	67.1	21.0	3.7
没有收入	9.1	56.0	32.4	2.5
1～2000 元	10.0	48.8	38.6	2.6
2001～3000 元	8.8	52.2	37.5	1.5
3001～4000 元	10.3	54.7	32.8	2.2
4001～5000 元	9.4	53.8	34.6	2.2
5001～6000 元	9.6	54.2	34.0	2.2
6001 元及以上	12.0	54.5	30.8	2.7

数据来源：CSM 媒介研究

在以职业为细分标准的收听市场上，在初级公务员/雇员和以离退休人员为主体的无业听众中，中央级频率的市场份额较 15 岁及以上所有听众的平均水平明显更高；省级频率在干部/管理人员和学生听众中收获了更高的市场份额，达到 57% 以上；市级频率则在个体/私营企业人员和工人听众中吸引力更强，市场份额均超过 37%，明显高于市级频率在所有听众中 34.7% 的平均水平。

在以收入为细分标准的收听市场上，在个人月收入3001～4000元、6001元及以上的听众中，中央级频率的市场份额高于15岁及以上所有听众的平均水平，达到10%以上；在没有收入和个人月收入3001元及以上的听众中，省级频率的市场份额相对较高，但在各收入群体中差异不大；市级频率相对更吸引个人月收入1～3000元的低收入听众。

(二) 北京广播收听市场的频率竞争格局

1. 中央级频率与本土频率三七分天下，北京人民广播电台占据近七成收听市场

2017年，在北京广播收听市场，中央级频率和本土频率之间的竞争格局呈现三七分天下之势。本土频率北京人民广播电台共占据近七成市场空间，以68.1%的份额领跑收听市场。在北京拥有较浓厚地缘优势的中央级频率共获得31.9%的市场份额。其中中央人民广播电台实力较强，市场份额达25.4%；中国国际广播电台也获得了远超其在其他市场的竞争优势，市场份额为6.5%（图1.4.3）。

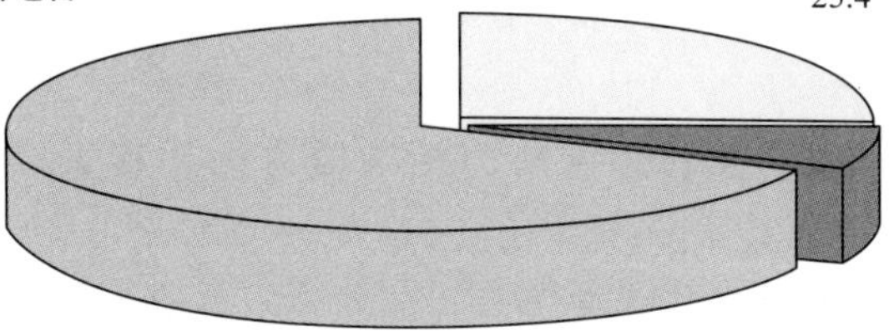

数据来源：CSM媒介研究

图1.4.3　2017年北京市场各类型频率的市场份额（%）①

2. 北京人民广播电台竞争优势遍布全天各时段，中央人民广播电台多个时段竞争力上升

在全天各时段的收听竞争中，北京人民广播电台继续保持自己的竞争优势，在所有时段均呈领跑之势，尤其在午间11:30～13:30两个小时，其市场份额进一步冲高，超过70%。中央人民广播电台虽然总体竞争实力不如北京人民广播电台，但也凭借特色节目资源和在受众中的传统影响力，在深夜至清晨时段、06:30～07:00、上午08:30～10:30以及16:00～19:30时段获得了市场份额的上升，形成了自己独特的收听高峰。中国国际广播电台市场体量较小，但在清晨04:30～06:30以及晚间22:00之后时段市场份额攀升，最高时超过13%（图1.4.4）。

① 北京、上海、广州由于采用测量仪进行收听率调查，因此不存在“其他频率组”。

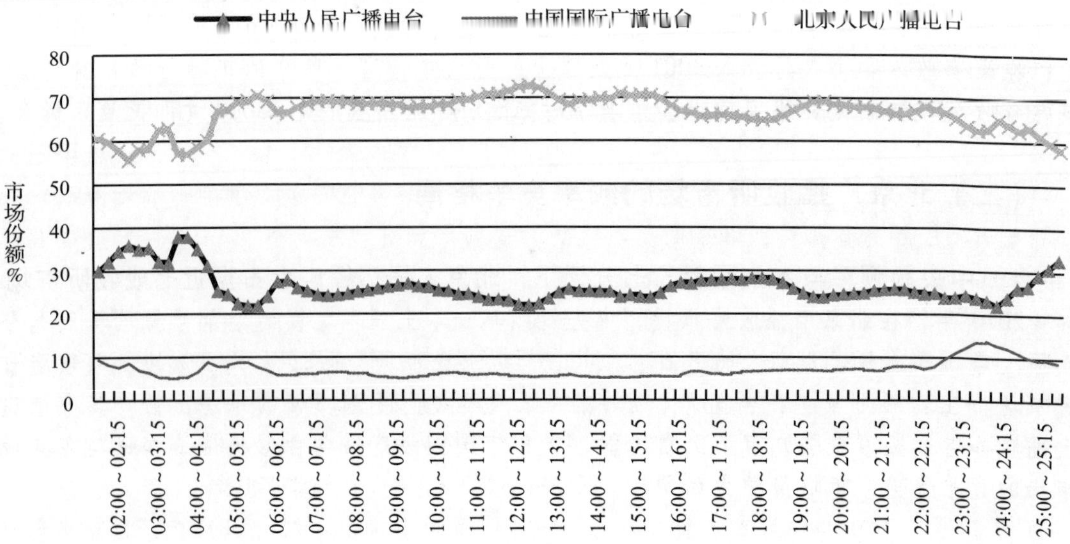

数据来源：CSM 媒介研究

图 1.4.4　2017 年北京市场各类型频率全天不同时段的市场份额（%）

3. 中央级频率在高端收听群体中竞争力相对较高，北京人民广播电台更吸引大众群体

在对北京收听市场细分收听群体的竞争中，包括中央人民广播电台和中国国际广播电台在内的中央级频率在男性、高学历和高收入等高端收听群体中的市场份额较其在15岁及以上所有听众中的平均份额明显更高。相对而言，北京人民广播电台更吸引女性、中老年、中等学历以及中等收入群体，受众范围更加大众化（表1.4.2）。

在以性别为细分标准的收听市场上，中央人民广播电台和中国国际广播电台在男性听众中的市场份额高于女性听众，北京人民广播电台则在女性听众中的市场份额明显高于男性听众。

在以年龄为细分标准的收听市场上，中央人民广播电台更受65岁及以上老年听众的喜爱，市场份额达到36.6%，远高于其在15岁及以上所有听众中25.4%的平均水平。中国国际广播电台受25～34岁年轻听众和65岁及以上老年听众的追捧，在65岁及以上老年听众中的市场份额达到10.5%，较其在15岁及以上听众中6.5%的平均收听份额上升明显。北京人民广播电台在45～64岁的中老年听众中的市场份额更高，达到72%以上，较其在15岁及以上所有听众中68.1%的份额明显上升。

在以学历为细分标准的收听市场上，中央人民广播电台对大学本科及以上高学历听众的吸引力较强，市场份额达到28.4%，远高于其在15岁及以上所有听众中25.4%的平均水平。中国国际广播电台显然更受高中学历听众的喜爱，其市场份额达到9.3%，高于其在15岁及以上所有听众中6.5%的市场份额。北京人民广播电台对初中学历水平听众的吸引力较强，市场份额达到76.4%。

表 1.4.2　2017 年北京市场各类型频率在不同目标听众中的市场份额（%）

目标听众	中央人民广播电台	中国国际广播电台	北京人民广播电台
15 岁及以上所有人	25.4	6.5	68.1
男	26.4	7.1	66.5
女	24.2	5.8	70.0
15～24 岁	22.9	6.6	70.5
25～34 岁	24.2	7.9	67.8
35～44 岁	25.2	4.0	70.8
45～54 岁	21.8	5.0	73.2
55～64 岁	22.0	5.9	72.1
65 岁及以上	36.6	10.5	52.9
未受过正规教育	*	*	*
小学	*	*	*
初中	21.6	2.0	76.4
高中/中专/职高/技校	22.4	9.3	68.3
大学本科及以上	28.4	5.6	65.9
干部/管理人员	21.6	5.8	72.6
初级公务员/雇员	25.6	5.6	68.7
个体/私营企业人员	15.3	9.7	74.9
工人	18.7	1.7	79.7
学生	25.6	8.9	65.5
无业（包括退休人员）	29.0	8.2	62.8
其他	25.2	3.7	71.1
没有收入	24.5	8.1	67.3
1～2000 元	25.7	3.2	71.1
2001～3000 元	24.2	7.9	67.9
3001～4000 元	24.2	5.2	70.6
4001～5000 元	21.8	8.2	70.0
5001～6000 元	29.5	4.2	66.2
6001 元及以上	29.7	8.0	62.3

注：“*”表示该目标听众样本量不足，无法进行统计推断。

数据来源：CSM 媒介研究

在以职业为细分标准的收听市场上，以离退休人员为主体的无业听众对中央人民广播电台表现出更大的收听兴趣，市场份额达到 29%，高于其在 15 岁及以上所有听众中的平均水平。中国国际广播电台对个体/私营企业人员、学生和以离退休人员为主体的无业听众吸引力更强，市场份额达到 8% 以上。北京人民广播电台在干部/管理人员、个体/私营企业人员和工人中的市场份额明显更高，达到 72% 以上。

在以收入为细分标准的收听市场上，在个人月收入5001元及以上听众中，中央人民广播电台的市场份额更高，接近30%，高于其在15岁及以上所有听众中25.4%的平均水平。中国国际广播电台对无收入和中等、高收入群体吸引力更强。在个人月收入3001~5000元的听众中，北京人民广播电台的市场份额超过70%，高于其在15岁及以上所有听众中的平均水平。

4. 北京人民广播电台两频率占据近五成市场份额，中央人民广播电台中国之声跻身前三甲

2017年，在北京广播收听市场单个频率的收听竞争中，北京人民广播电台在前5位中占据了4个席位，其中排名前2位的北京人民广播电台交通广播FM103.9/CFM95.6和北京人民广播电台文艺广播FM87.6/CFM93.8就占据了近一半的收听市场，份额合计46.4%。中央人民广播电台仅有一个频率入围，中央人民广播电台第一套节目中国之声以10.3%的份额位列第三，竞争力也较强。其后是北京广播电台新闻广播FM100.6/AM828/CFM90.4和北京人民广播电台音乐广播FM97.4/CFM94.6，收听份额也在6.0%以上（表1.4.3）。

表1.4.3 2017年北京市场收听份额排名前5位的频率

排名	频率	收听份额%	收听率%
1	北京人民广播电台交通广播FM103.9/CFM95.6	32.0	1.2
2	北京人民广播电台文艺广播FM87.6/CFM93.8	14.4	0.6
3	中央人民广播电台第一套节目中国之声	10.3	0.4
4	北京广播电台新闻广播FM100.6/AM828/CFM90.4	9.1	0.4
5	北京人民广播电台音乐广播FM97.4/CFM94.6	6.5	0.3

数据来源：CSM媒介研究

（三）上海广播收听市场的频率竞争格局

1. SMG集团频率占据近九成收听市场，中央级频率逆境中谋求发展

广播是一个地域性媒体，本土频率在受众的日常收听中往往占据主导地位。尤其是对不具备首都等特性的城市来说，中央级频率和本土频率之间的竞争角逐往往会呈现出不一样的特征。2017年，在上海广播收听市场，SMG集团所属频率以绝对的优势垄断整个市场，占据的市场份额近九成，一家独大的局面尽显。在本土频率的强势压力之下，中央级频率在上海广播收听市场举步维艰。中央人民广播电台共获得9.8%的市场份额，较之在北京市场25.4%的收听份额差距明显；中国国际广播电台仅获得1.2%的市场份额，处境较为窘迫（图1.4.5）。

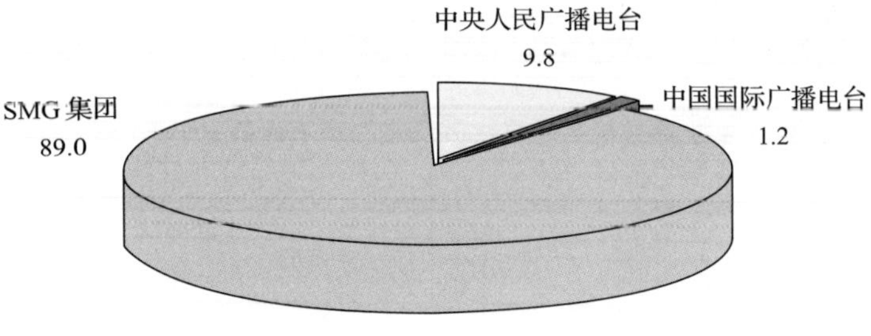

数据来源：CSM 媒介研究

图 1.4.5 2017 年上海市场各类型频率的市场份额（%）

2. SMG 集团竞争优势遍布全天，中央人民广播电台相对优势仅在清晨

在整体收听市场竞争中处于绝对领先地位的 SMG 集团频率，在全天各时段的收听竞争中继续保持了这种优势，仅在午夜至清晨时段市场份额有所回落。中央级频率在如此强势的本土频率竞争之下，全天时段难获突破，仅在清晨 04:00～05:00 时段收听份额高峰突起，形成全天的收听最高峰。中国国际广播电台更是举步维艰，仅在傍晚 17:00～17:30 时段市场份额略有上扬（图 1.4.6）。

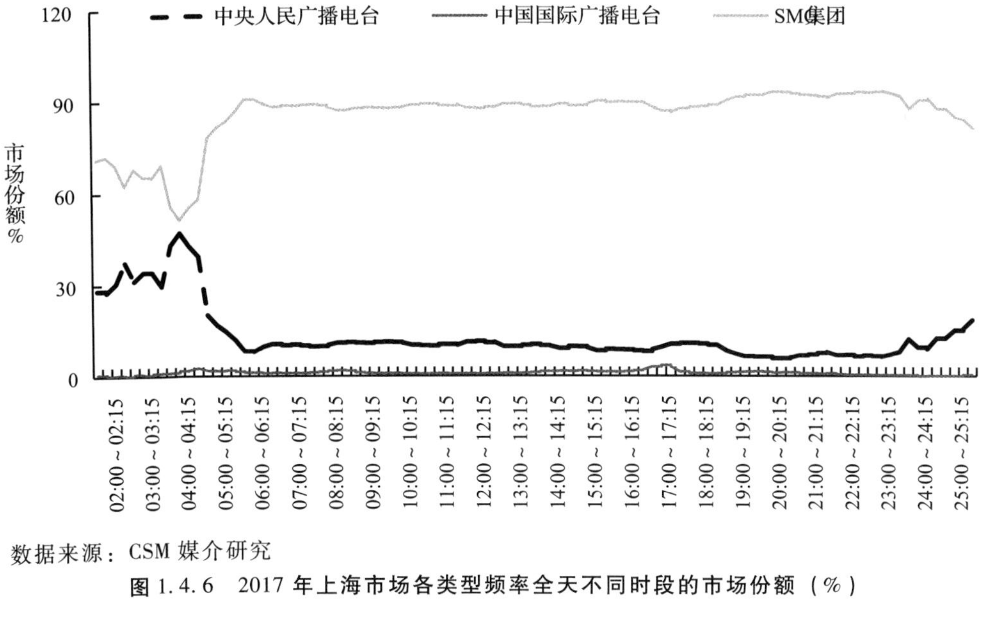

数据来源：CSM 媒介研究

图 1.4.6 2017 年上海市场各类型频率全天不同时段的市场份额（%）

3. SMG 频率更吸引年轻有活力的听众，中央级频率重度收听群体更显成熟

尽管在整体收听市场的竞争中，各级频率之间的实力与差距既定，但在更为细分的收听群体的竞争中，各级频率依托自有资源经营核心受众，形成了多样化、差异化的竞

争格局。总体来看，本土 SMG 频率的重度受众更为年轻有活力，而中央级频率相对而言对于成熟、稳重的听众更具吸引力（表 1.4.4）。

表 1.4.4 2017 年上海市场各类型频率在不同目标听众中的市场份额（%）

目标听众	中央人民广播电台	中国国际广播电台	SMG 集团
15 岁及以上所有人	9.8	1.2	89.0
男	11.0	0.8	88.2
女	8.4	1.6	90.0
15～24 岁	7.2	0.4	92.4
25～34 岁	5.8	1.4	92.8
35～44 岁	7.0	2.2	90.8
45～54 岁	12.9	0.6	86.4
55～64 岁	10.3	1.1	88.7
65 岁及以上	14.3	1.0	84.7
未受过正规教育	*	*	*
小学	*	*	*
初中	10.7	1.9	87.4
高中/中专/职高/技校	11.4	0.8	87.8
大学本科及以上	8.0	1.3	90.7
干部/管理人员	6.1	2.6	91.3
初级公务员/雇员	8.9	1.3	89.8
个体/私营企业人员	6.6	2.0	91.4
工人	10.4	0.8	88.8
学生	8.4	0.2	91.4
无业（包括退休人员）	12.8	1.1	86.1
其他	7.1	0.5	92.4
没有收入	7.0	0.4	92.6
1～2000 元	18.6	0.1	81.4
2001～3000 元	5.2	1.7	93.1
3001～4000 元	11.8	1.2	86.9
4001～5000 元	11.8	1.0	87.2
5001～6000 元	8.8	0.4	90.8
6001 元及以上	8.9	1.9	89.1

注：“*”表示该目标听众样本量不足，无法进行统计推断。

数据来源：CSM 媒介研究

在以性别为细分标准的收听市场上，中央人民广播电台在男性听众中的市场份额高于其在女性听众中的市场份额；SMG 频率和中国国际广播电台则是在女性听众中的市场份额高于其在男性听众中的市场份额。

在以年龄为细分标准的收听市场上，SMG 频率在 15～34 岁年轻听众中的市场份额明显更高，达到 92%以上，对这些重度收听群体的把握能使 SMG 频率在整体收听市场的竞争中更胜一筹。中央人民广播电台在 45～54 岁、65 岁及以上中老年群体中的市场份额较其在 15 岁及以上所有听众中的平均水平更高。中国国际广播电台在 35～44 岁听众中的市场份额表现相对突出。

在以学历为细分标准的收听市场上，在大学及以上高学历听众中，SMG 频率的市场份额略高于其在 15 岁及以上所有听众中的平均水平。中央人民广播电台则对高中学历听众的吸引力相对更强。中国国际广播电台更受初中学历听众的喜爱。

在以职业为细分标准的收听市场上，在干部/管理人员、个体/私营企业人员和学生群体中，SMG 频率的市场份额明显更高，达到 91%以上。中央人民广播电台受到工人和以离退休人员为主体的无业听众的喜爱，他们对中央人民广播电台的收听份额达到 10%以上。中国国际广播电台对干部/管理人员和个体/私营企业人员的吸引力相对更强，市场份额是其在 15 岁及以上所有听众中平均水平的 2 倍左右。

在以收入为细分标准的收听市场上，在个人月收入 2001～3000 元的听众中，SMG 频率的市场份额较其在 15 岁及以上所有听众中的平均水平更高；而在个人月收入 1～2000 元的听众中，中央人民广播电台的市场份额明显高于其在 15 岁及以上所有听众中的平均水平，达到 18.6%；个人月收入 6001 元及以上的高收入群体对中国国际广播电台的收听份额高于所有听众的平均水平。

4. 上海本土频率垄断市场排名前 5 位，上海流行音乐广播占据二成以上市场份额

2017 年，在上海广播收听市场单个频率的收听竞争中，整体强势的本土频率依然表现优异，垄断了收听份额排名的前 5 位，其中排名前 2 位的频率所获得的份额逾四成；排名首位的上海流行音乐广播 动感 101 FM101.7 一个频率的份额就超过二成，达到 23.3%。上海人民广播电台上海新闻广播 FM93.4/AM990 和上海经典金曲广播 LoveRadio 最爱调频 FM103.7 的份额也在 10%以上，两者分别以 17.4%和 13.6%的份额位列第二、第三（表 1.4.5）。

表 1.4.5 2017 年上海市场收听份额排名前 5 位的频率

排名	频率	收听份额%	收听率%
1	上海流行音乐广播 动感 101 FM101.7	23.3	0.8
2	上海人民广播电台上海新闻广播 FM93.4/AM990	17.4	0.6
3	上海经典金曲广播 LoveRadio 最爱调频 FM103.7	13.6	0.4
4	东广新闻台 AM1296/FM90.9	8.2	0.3
5	第一财经广播 FM97.7	7.8	0.3

数据来源：CSM 媒介研究

(四)广州广播收听市场的频率竞争格局

1. 本土频率占据九成以上收听市场,广东广播电视台市场份额逾五成

与北京、上海广播收听市场不同,广州广播收听市场更具地域化特点。一是参与竞争的广播频率层级更为丰富,中央级、省级、市级频率各有所长;二是本土化气息浓厚,广东广播电视台、广州广播电视台、佛山人民广播电台基本垄断了收听市场,中央级频率可谓在夹缝中生存。具体来看,2017 年[①]居于竞争首位的广东广播电视台共获得了 55.3% 的市场份额,竞争优势明显;广州广播电视台也以 35.7% 的份额位居其次,在竞争中也显强势。相对而言,佛山人民广播电台市场份额较小,仅为 2.2%。中央级频率在夹缝中共获得 6.8% 的市场份额,其中中央人民广播电台占主体,市场份额为 5.1%,中国国际广播电台仅获得 1.7% 的市场份额(图 1.4.7)。

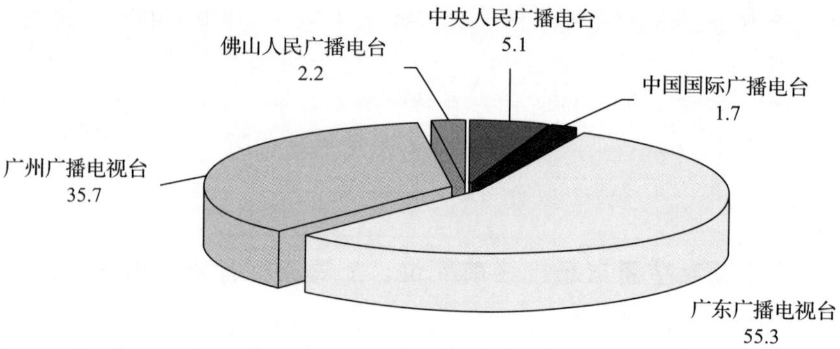

数据来源:CSM 媒介研究

图 1.4.7　2017 年广州市场各类型频率的市场份额(%)

2. 广东广播电视台以明显优势在多数时段保持领先,广州广播电视台在清晨时段获得突破

在全天不同时段的收听竞争中,在整体市场中居于前两位的广东广播电视台和广州广播电视台仍表现突出,其中广东广播电视台以较为明显的优势在多数时段保持领先地位,尤其在午间 12:45~13:45 和晚间 20:45~23:15,竞争优势更为明显,市场份额达到 60% 以上;广州广播电视台在市场份额走势上与广东广播电视台此消彼长,但仍位居其次,仅在清晨 06:00~06:45 时段获得突破,超越广东广播电视台而跃居市场首位。中央级频率整体份额较小,但也有相对优势时段,其中中央人民广播电台在清晨和后晚间时段形成小高峰,中国国际广播电台则在 05:00~06:30 时段市场份额明显上升(图 1.4.8)

① 广州自 2017 年 4 月 1 日起正式采用测量仪调查,因此本小节数据范围为 2017 年 4 月 1 日~12 月 31 日。

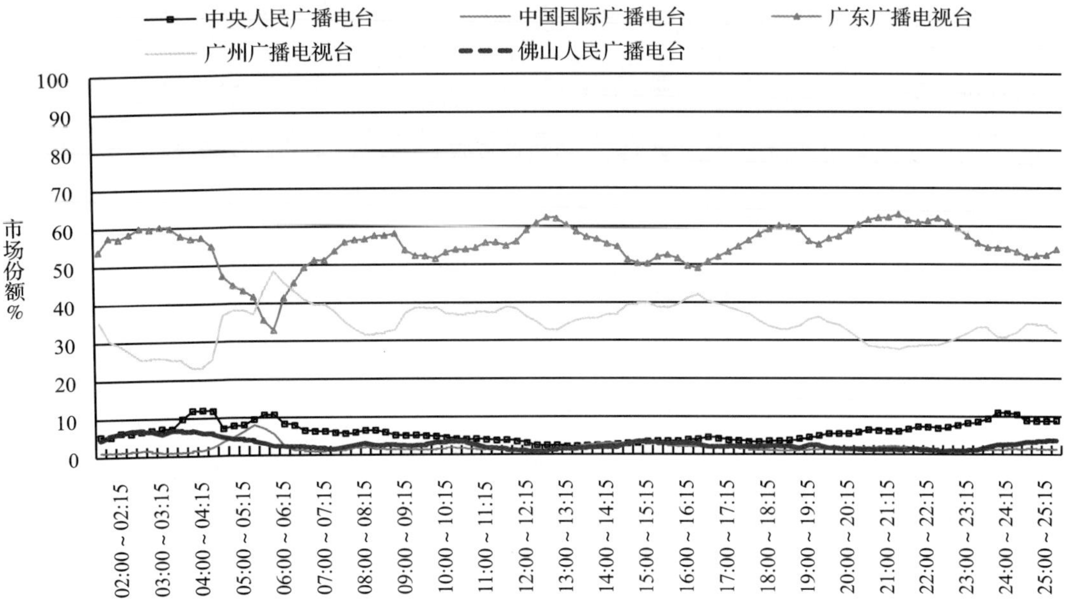

数据来源：CSM 媒介研究

图 1.4.8 2017 年广州市场各类型频率全天不同时段的市场份额（%）

3. 细分市场收听竞争格局仍丰富而多元，各级频率细分受众差异互补

整体市场层级较为丰富的广州市场，在细分受众收听的竞争中仍然保持了丰富多元的格局，各级频率依托长久以来在本土地域文化中的精耕细作，收获了各自的忠实拥趸，在收听竞争中互为消长、互为补充（表 1.4.6）。

在以性别为细分标准的收听市场上，广州广播电视台在女性听众中的市场份额远高于其在男性听众中的市场份额，而广东广播电视台、佛山人民广播电台、中央人民广播电台和中国国际广播电台则是在男性听众中的市场份额领先。

在以年龄为细分标准的收听市场上，中央人民广播电台对 25~34 岁听众的影响力更强，市场份额达到 9.9%；中国国际广播电台在 35~44 岁听众中的市场份额更大；广东广播电视台更吸引 35~44 岁和 55~64 岁的听众；广州广播电视台和佛山人民广播电台则在 15~24 岁、45~54 岁听众中的市场份额明显高于其在 15 岁及以上所有听众中的平均水平。

在以学历为细分标准的收听市场上，中央人民广播电台受到大学及以上高学历听众的追捧；中国国际广播电台和广州广播电视台在高中学历听众的市场份额较高；广东广播电视台在小学学历和大学及以上学历听众中的市场份额更大；佛山人民广播电台的重度听众集中于大学及以上高学历群体。

在以职业为细分标准的收听市场上，中央人民广播电台更吸引干部/管理人员；中国国际广播电台和佛山人民广播电台在初级公务员/雇员中的市场份额更是明显高于它们在 15 岁及以上听众中的平均市场份额。与之形成差异的是，在个体/私营企业人员中，广东广播电视台的市场份额更大，广州广播电视台更吸引学生群体进行收听。

在以收入为细分标准的收听市场上，在个人月收入6001元及以上的听众中，中央人民广播电台和中国国际广播电台的市场份额较它们在15岁及以上所有听众的平均水平明显为高；广东广播电视台对个人月收入1～3000元的听众吸引力相对更强；广州广播电视台在个人月收入3001～4000元的听众中市场份额最大；佛山人民广播电台更吸引个人月收入1～2000元的听众，市场份额达到18.1%。

表1.4.6　2017年广州市场各类型频率在不同目标听众中的市场份额（%）

目标听众	中央人民广播电台	中国国际广播电台	广东广播电视台	广州广播电视台	佛山人民广播电台
15岁及以上所有人	5.1	1.7	55.2	35.7	2.2
男	5.7	2.1	56.3	33.5	2.4
女	4.0	1.1	53.1	39.9	2.0
15～24岁	4.6	0.5	49.5	42.3	3.1
25～34岁	9.9	2.2	48.8	36.9	2.1
35～44岁	4.2	3.6	61.2	28.9	2.1
45～54岁	2.3	0.8	55.0	38.4	3.4
55～64岁	4.3	0.5	62.0	31.8	1.5
65岁以上	5.4	2.3	55.3	35.5	1.6
未受过正规教育	*	*	*	*	*
小学	3.1	0.7	58.9	36.8	0.4
初中	4.9	0.7	55.9	36.0	2.5
高中/中专/职高/技校	4.4	2.5	52.0	39.1	1.9
大学本科及以上	6.3	1.6	57.8	31.7	2.6
干部/管理人员	16.6	0.4	43.3	38.5	1.2
初级公务员/雇员	5.4	2.4	56.4	31.7	4.2
个体/私营企业人员	1.6	1.6	59.4	36.1	1.3
工人	5.0	1.1	56.4	36.6	0.9
学生	5.3	0.8	50.2	41.5	2.2
无业（包括退休人员）	4.7	1.8	54.7	37.0	1.8
其他	*	*	*	*	*
没有收入	4.0	1.3	54.3	38.7	1.6
1～2000元	1.3	0.3	62.3	17.9	18.1
2001～3000元	1.2	0.3	63.9	32.2	2.4
3001～4000元	4.9	0.5	51.8	40.3	2.5
4001～5000元	4.2	3.3	58.9	31.5	2.1
5001～6000元	6.2	1.0	57.2	35.1	0.5
6001元及以上	9.1	4.1	50.9	34.3	1.6

注：“*”表示该目标听众样本量不足，无法进行统计推断。

数据来源：CSM媒介研究

4. 广东广播电视台频率垄断收听市场排名前两位，广州交通电台位居第三

2017年，在广州市场单个频率的收听竞争中，广东广播电视台频率垄断了竞争力排名的前两位，广东广播电视台羊城交通广播台FM105.2、广东广播电视台珠江经济广播电台（E FM财富974）分别以15.3%和13.8%的份额位列冠、亚军。在广州广播电视台的频率中，广州交通电台FM106.1以12.1%的份额排名第三位，与第二位的差距不大；广东广播电视台音乐之声FM99.3也以微弱差距紧随其后；广州电台青少年广播（MY FM88）FM88/AM1170排名第五位，收听份额不足10%（表1.4.7）。

表1.4.7　2017年广州市场收听份额排名前5位的频率

排名	频率	收听份额%	收听率%
1	广东广播电视台羊城交通广播台FM105.2	15.3	0.5
2	广东广播电视台珠江经济广播电台（E FM财富974）	13.8	0.4
3	广州交通电台FM106.1	12.1	0.4
4	广东广播电视台音乐之声FM99.3	11.5	0.4
5	广州电台青少年广播（MY FM88）FM88/AM1170	9.3	0.3

数据来源：CSM媒介研究

五、节目竞争格局①

（一）北京广播收听市场的节目竞争格局

1. 生活服务类节目领跑北京收听市场，新闻/时事和文艺类节目位居第二、第三

2017年北京广播节目收听市场，生活服务类节目位居冠军地位，收听份额达23.7%。新闻/时事类节目居北京节目收听市场的亚军位置，收听份额为19.2%。文艺类节目排名第三，收听份额为17.6%。音乐类节目收听份额为12.3%，位列文艺类节目之后。社教类节目收听份额为6.9%，财经、体育、法制和外语类节目的收听份额均不超过3%，市场竞争力相对较弱（图1.5.1）。

① 本部分对节目竞争格局的分析，主要针对央视市场研究（CTR）所提供的具有节目监播数据的频率进行，听众群体为15岁及以上。

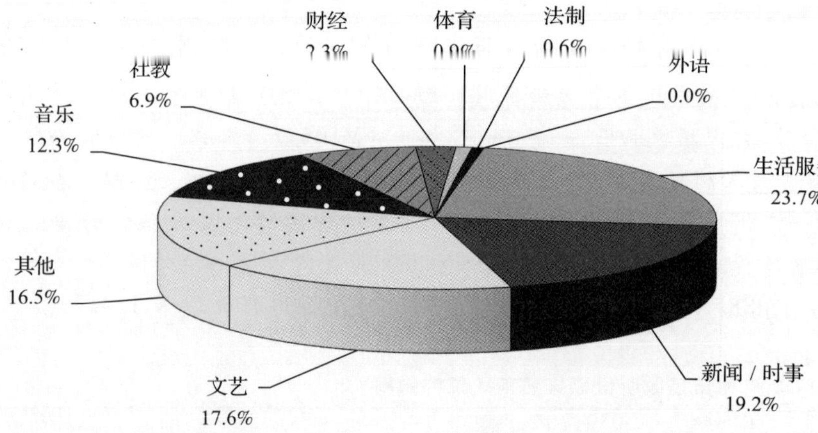

数据来源：CSM 媒介研究

图 1.5.1　2017 年北京市场各类节目的收听份额（%）

2. 北京人民广播电台主控本地多类节目收听市场，中央级电台在财经类和外语类节目市场称雄

2017 年北京节目收听市场，北京人民广播电台在大多数类型节目市场领先。在法制、体育和生活服务类节目市场，北京人民广播电台的收听份额超过或接近95%；在社教和文艺类节目市场，收听份额在80%左右；在新闻/时事和音乐类节目市场，收听份额均超过一半。相比之下，北京人民广播电台在财经和外语类节目市场的竞争力较弱，收听份额均未超过15%（图 1.5.2）。

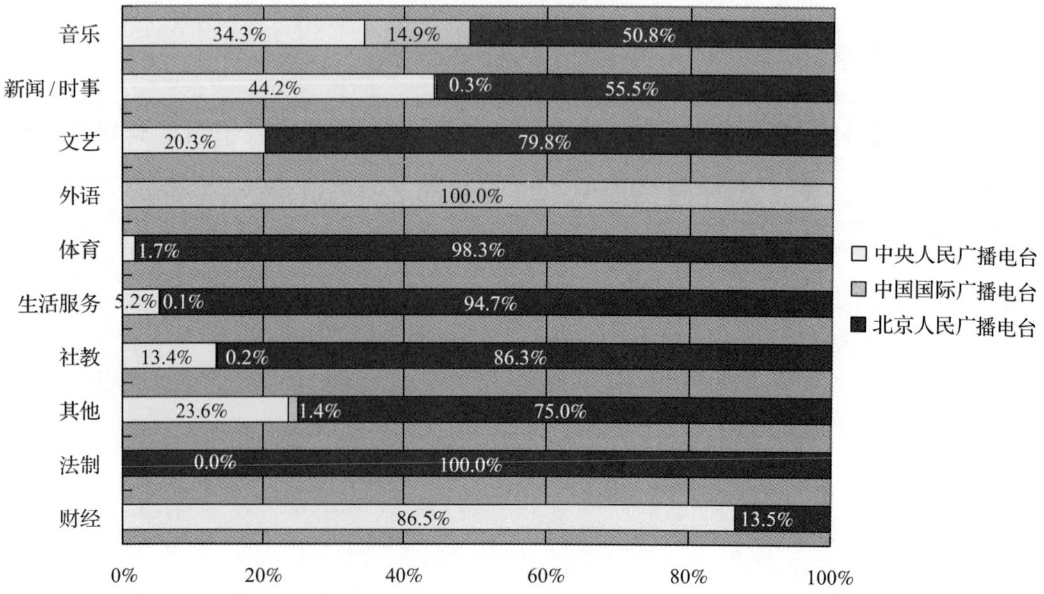

数据来源：CSM 媒介研究

图 1.5.2　2017 年各级广播频率在北京市各类节目市场上的收听份额（%）

2017 年中央人民广播电台在北京财经类节目市场占据首位，收听份额超过85%；在新闻/时事、音乐、文艺、社教、生活服务和体育类节目居亚军位置，其中在新闻/时事和音乐类节目市场的收听份额均超过30%，在文艺类节目市场的收听份额超过20%，在社教、生活服务和体育类节目市场的收听份额均不超过15%。

在2017 年北京节目收听市场，外语类节目市场由中国国际广播电台独占，其收听份额为100%。2017 年中国国际广播电台在音乐类节目市场的收听份额接近15%，在其余类型节目市场的市场竞争力微弱，收听份额均不超1.5%。

3. 北京不同类型听众节目选择有所差异，类型节目满足不同群体收听需求

2017 年北京市场15 岁及以上听众中，男性听众对除外语类和音乐类节目之外的各类型节目收听兴趣明显，女性听众对外语和音乐类节目更感兴趣，收听集中度均超过100%（表1.5.1）。

2017 年北京15～44 岁听众收听兴趣较为单一，15～24 岁听众在音乐类节目上的集中度为135.4%，在各年龄段听众中最高；25～34 岁听众对外语和音乐类节目感兴趣，集中度均高于100%；35～44 岁听众在财经和外语类节目上的收听集中度超过100%；45～64 岁听众的收听兴趣较为多样，对外语和音乐类节目之外的各类型节目的收听集中度均高于100%，其中55～64 岁听众在财经、法制、生活服务、体育和文艺类节目上的集中度在各年龄段听众中最高；65 岁及以上听众在除音乐类节目以外的各类型节目上集中度都超过100%，在社教、新闻/时事类节目上的收听兴趣高于其他年龄段听众（表1.5.1）。

表1.5.1　2017 年北京市场不同性别和年龄听众收听各类节目的集中度（%）

节目类别	性别		年龄					
	男	女	15～24 岁	25～34 岁	35～44 岁	45～54 岁	55～64 岁	65 岁及以上
财经	103.9	95.5	44.5	66.1	104.8	101.6	229.2	125.0
法制	106.5	92.4	70.3	88.0	83.0	122.1	164.0	115.2
社教	109.2	89.2	77.6	81.1	86.9	119.0	133.4	147.7
生活服务	100.4	99.5	71.5	81.0	81.8	134.0	147.7	127.5
体育	133.8	60.4	61.1	49.7	66.8	131.5	221.9	190.8
外语	99.3	100.7	44.4	111.5	126.9	85.2	81.1	136.5
文艺	107.0	91.8	65.6	91.4	92.1	112.5	140.1	128.9
新闻/时事	104.7	94.4	67.0	52.4	78.9	102.2	164.2	258.6
音乐	96.7	103.9	135.4	134.7	89.8	79.2	64.9	52.7
其他	105.3	93.8	80.4	86.8	85.8	116.9	132.5	134.5

数据来源：CSM 媒介研究

2017 年初中和高中受教育程度的北京听众收听兴趣较为广泛，初中受教育程度听众对除财经、体育和音乐类节目之外的各类节目都有较明显的收听偏好，高中受教育程度听众对除财经、新闻/时事和音乐类节目之外的各类型节目的收听集中度均超过100%。大学及以上学历听众的收听偏好相对集中，仅对财经和音乐类节目表现出明显收听喜好（表1.5.2）。

表 1.5.2　2017 年北京市场不同受教育程度听众收听各类节目的集中度（%）

节目类别	受教育程度				
	未受过正规教育	小学	初中	高中	大学及以上
财经	*	*	67.1	90.0	113.0
法制	*	*	147.5	114.5	81.8
社教	*	*	152.2	101.4	89.1
生活服务	*	*	125.8	120.0	82.7
体育	*	*	60.5	167.3	64.1
外语	*	*	102.3	123.1	85.0
文艺	*	*	125.2	109.9	89.7
新闻/时事	*	*	140.3	90.7	96.7
音乐	*	*	67.3	96.3	109.3
其他	*	*	117.7	105.7	92.8

注："*"表示该目标听众样本量不足，无法进行统计推断。

数据来源：CSM 媒介研究

2017 年北京没有收入的听众对音乐类节目收听兴趣突出，收听集中度接近 200%。个人月收入 1～2000 元的听众对社教、生活服务、文艺和新闻/时事类节目有较强的收听兴趣，集中度均超过 100%。个人月收入 2001～3000 元的听众偏爱收听法制、生活服务、体育、文艺和新闻/时事类节目。个人月收入 3001～4000 元的听众收听兴趣多元，对除音乐类节目之外的各类型节目收听倾向明显。个人月收入 4001～5000 元的听众对体育和文艺类节目收听倾向突出，其中在体育类节目上的收听集中度高于其他个人月收入听众。个人月收入 5001～6000 元的听众对外语类节目收听兴趣突出，集中度超过 150%。个人月收入 6001 元及以上的听众偏爱财经、外语和音乐类节目，对财经类节目的收听集中度在所有类别个人月收入听众中最高（表 1.5.3）。

表 1.5.3　2017 年北京市场不同个人月收入听众收听各类节目的集中度（%）

节目类别	个人月收入						
	没有收入	1～2000 元	2001～3000 元	3001～4000 元	4001～5000 元	5001～6000 元	6001 元及以上
财经	43.9	52.9	82.7	120.4	96.1	79.8	137.5
法制	79.7	69.5	130.6	110.8	96.6	74.9	98.7
社教	95.3	132.2	96.2	129.1	89.6	81.1	84.5
生活服务	79.5	112.5	104.0	129.2	89.6	83.6	84.0
体育	83.6	72.4	110.2	120.8	139.4	52.2	71.1
外语	87.7	64.3	71.0	109.9	65.1	155.3	104.0
文艺	82.9	131.2	104.2	116.2	114.8	81.2	75.9
新闻/时事	61.5	139.5	107.3	121.3	86.9	97.0	85.2
音乐	192.1	69.7	86.5	99.3	97.1	75.7	103.3
其他	92.3	103.2	103.5	116.5	94.2	86.9	92.4

数据来源：CSM 媒介研究

2017年北京干部/管理人员对法制、社教和外语类节目收听倾向明显；初级公务员/雇员的收听兴趣主要集中在财经、体育、外语和音乐类节目上；工人喜欢收听的广播节目类型相对多样，法制、社教、生活服务和文艺类节目的收听集中度均超过100%；个体/私营企业人员仅对法制和音乐类节目收听倾向明显；学生听众仅对音乐类节目表现出突出的收听兴趣，收听集中度超过200%；无业听众（包括退休人员）的收听兴趣最为多元，对除音乐类节目之外的各类型节目的收听集中度都超过100%（表1.5.4）。

表1.5.4　2017年北京市场不同职业听众收听各类节目的集中度（%）

节目类别	职业					
	干部/管理人员	初级公务员/雇员	工人	个体/私营企业人员	学生	无业（包括退休人员）
财经	58.0	104.8	69.7	86.4	49.2	129.8
法制	108.2	75.6	167.4	133.6	76.1	153.8
社教	103.0	85.8	125.4	80.8	97.8	144.4
生活服务	95.8	86.5	121.8	94.1	82.8	146.0
体育	16.7	105.2	20.2	31.0	91.5	153.8
外语	103.8	114.6	84.1	43.4	63.7	100.1
文艺	88.4	91.3	117.7	83.1	87.6	136.2
新闻/时事	83.9	78.6	81.5	82.0	68.0	191.8
音乐	85.2	105.2	81.6	105.6	215.7	60.3
其他	98.3	88.7	116.5	90.6	98.2	136.0

数据来源：CSM媒介研究

4. 北京收听率前十节目类型丰富，新闻/时事类节目《交通新闻热线》高居榜首

2017年北京市场收听率排名前10位节目中，北京人民广播电台交通广播占9席，节目收听表现突出。其中，北京人民广播电台交通广播FM103.9/CFM95.6的新闻/时事类节目《交通新闻热线》深受北京15岁及以上听众的喜爱，以3.8%的收听率位居榜单首位；同频率播出的生活服务类节目《一路畅通》和社教类节目《今日交通》分别以3.1%、2.9%的收听率获得北京市场亚军、季军；新闻/时事类节目《1039新闻早报》、文艺类节目《欢乐正前方》和社教类节目《徐徐道来话北京》收听率均超过2%。北京人民广播电台文艺广播FM87.6/CFM93.8文艺类节目《空中笑林》是北京收听率排名前10位节目中唯一的非北京人民广播电台交通广播节目，收听率为1.9%，排名第八（表1.5.5）。

表 1.5.5　2017 年北京市场收听率排名前十位节目

排名	节目名称	频率	收听率（%）	市场份额（%）
1	交通新闻热线	北京人民广播电台交通广播 FM103.9/CFM95.6	3.8	32.6
2	一路畅通	北京人民广播电台交通广播 FM103.9/CFM95.6	3.1	34.5
3	今日交通	北京人民广播电台交通广播 FM103.9/CFM95.6	2.9	31.4
4	1039 新闻早报	北京人民广播电台交通广播 FM103.9/CFM95.6	2.8	30.7
5	欢乐正前方	北京人民广播电台交通广播 FM103.9/CFM95.6	2.4	35.6
6	徐徐道来话北京	北京人民广播电台交通广播 FM103.9/CFM95.6	2.1	33.9
7	汽车天下	北京人民广播电台交通广播 FM103.9/CFM95.6	1.9	35.2
8	空中笑林	北京人民广播电台文艺广播 FM87.6/CFM93.8	1.7	15.2
9	警法时空	北京人民广播电台交通广播 FM103.9/CFM95.6	1.4	32.9
10	1039 慧旅行	北京人民广播电台交通广播 FM103.9/CFM95.6	1.4	32.1

数据来源：CSM 媒介研究

（二）上海广播收听市场的节目竞争格局

1. 音乐类和新闻类节目统领上海收听市场，平分市场过半收听份额

2017 年上海广播收听市场，音乐和新闻/时事类节目的收听份额均超过 25%，大幅领先于其他各类型节目，这两类节目的收听份额合计达 56.0%；生活服务、文艺和财经类节目的收听份额都在 7% ~9% 之间；社教、体育、法制和外语类节目的收听份额合计为 5.1%，各自的收听份额均不超过 3%（图 1.5.3）。

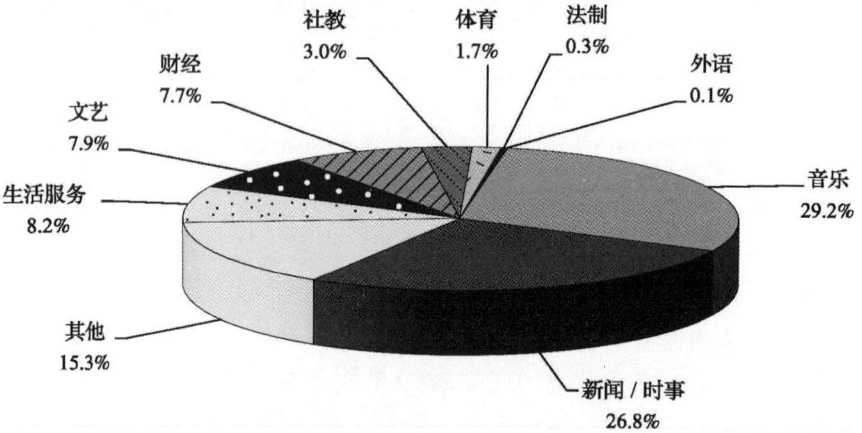

数据来源：CSM 媒介研究

图 1.5.3　2017 年上海市场各类节目的收听份额（%）

2. 上海广播电视台频率在沪占压倒性优势，细分节目市场收听份额均超 75%

2017 年上海广播电视台频率在本地节目市场表现强势，在音乐、体育、生活服务和法制类节目市场，收听份额均超过 95%；在新闻/时事、文艺、外语和社教类节目市场，收听份额均超过 85%；在财经类节目市场，收听份额超过 75%（图 1.5.4）。

2017年中央人民广播电台在上海财经类节目市场拥有一定的竞争力，收听份额超过20%；中央人民广播电台在上海新闻/时事和社教类节目市场的收听份额都在10%～15%之间，在音乐、文艺、生活服务和法制类节目市场的收听份额均不超过10%。

相比之下，中国国际广播电台在上海各类节目市场的竞争力均不强，仅在外语类节目市场占据了10.9%的收听份额，在其余各类节目市场的收听份额均不超过1%。

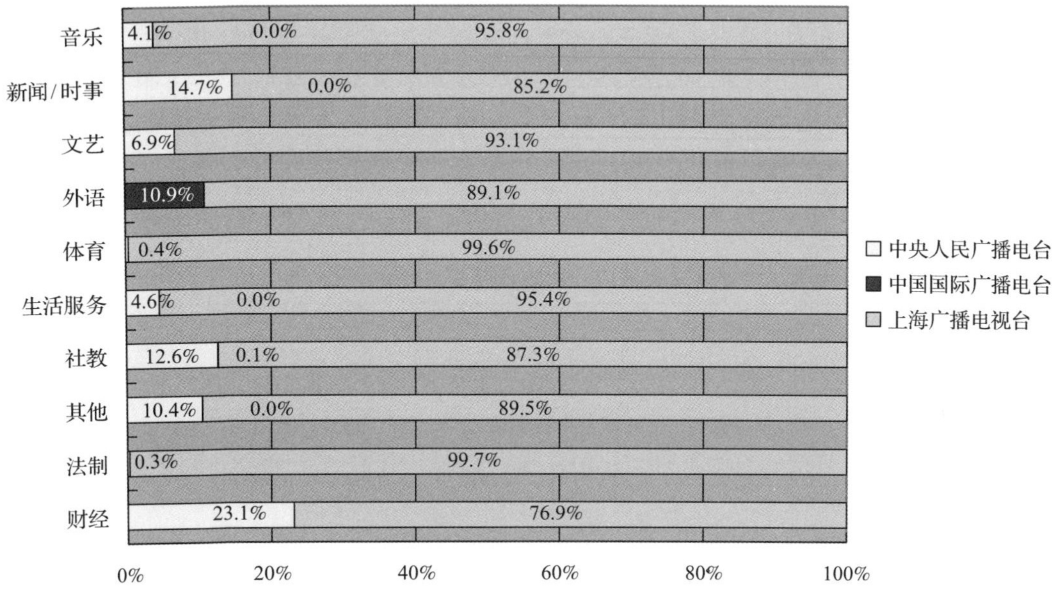

数据来源：CSM媒介研究

图1.5.4 2017年各级广播频率在上海各类节目市场上的收听份额（%）

3. 不同听众群体节目收听各有侧重，类型节目满足听众多样化收听

2017年上海男性听众对除音乐类节目之外的各类型节目的收听集中度都超过100%，收听倾向明显，而女性听众仅对音乐类节目有较强的收听兴趣（表1.5.6）。

表1.5.6 2017年上海市场不同性别和年龄听众收听各类节目的集中度（%）

节目类别	性别		年龄					
	男	女	15～24岁	25～34岁	35～44岁	45～54岁	55～64岁	65岁及以上
财经	137.6	60.7	26.3	71.4	48.4	123.7	187.8	182.9
法制	112.5	86.9	76.0	70.4	61.8	100.6	172.6	157.6
社教	117.0	82.2	54.6	59.2	71.0	121.7	156.0	177.2
生活服务	111.8	87.7	41.6	60.0	70.3	118.8	189.2	158.7
体育	123.7	75.3	101.0	172.0	51.8	44.7	111.1	99.4
外语	123.8	75.1	68.4	66.3	57.4	193.5	127.9	117.3
文艺	103.0	96.9	98.3	81.6	73.0	91.2	101.0	184.0
新闻/时事	111.3	88.2	49.2	50.4	44.2	102.2	149.2	268.3
音乐	91.2	109.2	114.0	120.5	109.0	117.4	78.9	38.2
其他	103.7	96.1	81.7	91.7	82.4	114.4	120.4	121.6

数据来源：CSM媒介研究

2017年上海中青年听众的广播节目收听兴趣相对集中，15～34岁听众明显偏好体育和音乐类节目，35～44岁听众收听音乐类节目的倾向突出。45岁及以上听众的收听爱好更为丰富，其中45～54岁听众对除体育和文艺类节目之外的各类型节目的收听集中度都超过100%，55～64岁听众对除音乐类节目之外的各类型节目都表现出浓厚的收听兴趣，65岁及以上听众对除体育和音乐类节目之外的各类节目都有明显的收听倾向（表1.5.6）。

2017年上海广播收听市场，初中和高中受教育程度听众的收听爱好较为广泛，大学及以上听众的收听兴趣较为单一。其中，初中受教育程度听众对除音乐类节目之外的各类型节目的收听集中度都高于100%，高中受教育程度听众对除外语和音乐类节目之外的各类型节目都表现出明显的收听偏好，大学及以上受教育程度听众仅对音乐类节目有明显的收听倾向（表1.5.7）。

表1.5.7　2017年上海市场不同受教育程度听众收听各类节目的集中度（%）

节目类别	教育程度				
	未受过正规教育	小学	初中	高中	大学及以上
财经	*	*	136.4	131.4	69.8
法制	*	*	168.0	116.9	74.7
社教	*	*	153.4	111.3	80.9
生活服务	*	*	153.0	112.8	80.6
体育	*	*	103.2	134.9	72.7
外语	*	*	204.9	89.1	83.4
文艺	*	*	167.5	103.4	84.3
新闻/时事	*	*	174.8	131.0	63.2
音乐	*	*	53.2	93.0	114.1
其他	*	*	106.7	108.3	92.6

注：“*”表示该目标听众样本量不足，无法进行统计推断。

数据来源：CSM媒介研究

2017年上海没有收入的听众收听喜好集中于体育类和音乐类节目，其余各类节目的收听集中度均低于100%；个人月收入1～2000元的听众对外语、文艺和音乐类节目收听倾向突出，收听集中度超过100%；个人月收入2001～5000元的听众收听兴趣更多样，其中个人月收入2001～3000元的听众对财经、社教、生活服务、新闻/时事和音乐类节目收听倾向明显，个人月收入3001～4000元的听众对除体育和音乐类节目之外的各类型节目的收听集中度都高于100%，个人月收入4001～5000元的听众更偏爱收听除法制、体育和音乐类节目之外的各类型节目。个人月收入5001～6000元的听众的收听兴趣集中于社教、生活服务、体育和音乐类节目。个人月收入6001元及以上的听众仅在音乐类节目上集中度高于100%，收听兴趣相对单一（表1.5.8）。

表 1.5.8 2017 年上海市场不同个人月收入听众收听各类节目的集中度（%）

节目类别	个人月收入						
	没有收入	1~2000元	2001~3000元	3001~4000元	4001~5000元	5001~6000元	6001元及以上
财经	79.5	20.0	117.5	148.6	109.4	81.2	81.5
法制	66.8	15.4	64.4	176.1	97.2	94.5	78.0
社教	54.8	46.6	110.6	143.7	124.1	108.6	76.4
生活服务	52.0	13.3	123.0	138.8	121.1	117.4	79.5
体育	188.5	7.3	70.5	86.8	74.1	105.9	78.5
外语	73.9	110.9	51.9	125.8	173.5	49.4	79.1
文艺	93.3	160.3	80.5	133.7	109.9	87.2	80.6
新闻/时事	70.9	67.5	167.5	179.6	116.9	78.9	53.2
音乐	107.9	130.0	100.5	75.0	83.5	108.1	118.5
其他	89.7	87.9	111.1	117.6	101.3	98.0	92.9

数据来源：CSM 媒介研究

2017 年上海的干部/管理人员、初级公务员/雇员和学生的节目收听倾向较为集中，这三类人群均对音乐类节目表现出明显的收听倾向。除此之外，干部/管理人员对法制类节目、学生对文艺类节目也较感兴趣，收听集中度都超过 100%。相比之下，上海的工人、个体/私营企业人员和无业（包括退休人员）听众的节目喜好更加多元，其中工人在除文艺和新闻/时事类节目之外的各类型节目上收听集中度超过 100%；个体/私营企业人员明显偏爱法制、社教、生活服务、外语和音乐类节目；无业群体对除体育和音乐类节目之外的各类型节目都有突出的收听兴趣，并在财经、法制、社教、生活服务、文艺和新闻/时事类节目上的收听集中度居各职业类别听众之首（表 1.5.9）。

表 1.5.9 2017 年上海市场不同职业听众收听各类节目的集中度（%）

节目类别	职业					
	干部/管理人员	初级公务员/雇员	工人	个体/私营企业人员	学生	无业（包括退休人员）
财经	91.1	54.5	151.6	57.5	23.0	182.9
法制	102.9	71.6	118.4	127.6	76.4	153.4
社教	94.3	80.7	115.5	117.3	49.4	157.4
生活服务	69.7	81.5	139.4	131.1	47.9	159.9
体育	29.6	74.4	137.6	67.9	70.6	98.0
外语	89.3	57.4	235.9	188.1	94.7	121.6
文艺	83.0	84.0	85.2	89.5	111.8	146.4
新闻/时事	90.6	54.3	77.7	67.4	58.2	223.2
音乐	107.1	108.6	133.1	122.7	118.9	57.2
其他	95.7	88.6	115.1	102.3	85.2	122.6

数据来源：CSM 媒介研究

4.《990 早新闻》位居上海节目收听榜首，新闻/时事类节目占据半壁江山

2017 年上海市场收听率排名前10 位的广播节目均由本地频率播出，节目类型包括新闻/时事、音乐、生活服务和文艺，其中新闻/时事类节目占5 席。由上海人民广播电台上海新闻广播 FM93.4/AM990 播出的 07:00 ~ 08:00 档和 08:00 ~ 09:00 档《990 早新闻》、转播中央人民广播电台的《新闻和报纸摘要节目》，以及《清晨新闻》《八点新闻》5 档新闻/时事类节目占据了收听率榜单的前5 位，收听率均在 1.9% 及以上。同为上海人民广播电台上海新闻广播 FM93.4/AM990 播出的 09:00 ~ 11:00 档《2017 春节特别节目情怀中国年》收听率排名第六。上海流行音乐广播动感 101 FM101.7 的平日版和周末版《音乐早餐》，以及《越夜越动听》《绕着地球跑》分列节目收听率排行榜的第七至第十位（表 1.5.10）。

表 1.5.10　2017 年上海市场收听率排名前 10 位的节目

排名	节目名称	频率	收听率（%）	市场份额（%）
1	990 早新闻（07:00 ~ 08:00）	上海人民广播电台上海新闻广播 FM93.4/AM990	2.7	27.1
2	转播中央人民广播电台新闻和报纸摘要节目	上海人民广播电台上海新闻广播 FM93.4/AM990	2.5	32.4
3	清晨新闻	上海人民广播电台上海新闻广播 FM93.4/AM990	2.1	39.9
4	990 早新闻（08:00 ~ 09:00）	上海人民广播电台上海新闻广播 FM93.4/AM990	2.0	24.0
5	八点新闻	上海人民广播电台上海新闻广播 FM93.4/AM990	1.9	21.8
6	2017 春节特别节目情怀中国年（09:00 ~ 11:00）	上海人民广播电台上海新闻广播 FM93.4/AM990	1.6	22.4
7	音乐早餐（平日版）	上海流行音乐广播动感 101 FM101.7	1.5	17.4
8	越夜越动听	上海流行音乐广播动感 101 FM101.7	1.3	39.3
9	绕着地球跑	上海流行音乐广播动感 101 FM101.7	1.3	24.6
10	音乐早餐（周末版）	上海流行音乐广播动感 101 FM101.7	1.3	16.9

数据来源：CSM 媒介研究

（三）广州广播收听市场的节目竞争格局

1. 音乐类节目独占广州市场节目收听之首，生活服务、新闻/时事和文艺类节目共筑第二梯队

2017 年广州广播节目收听市场，音乐类节目凭借 23.4% 的收听份额独占鳌头；生活服务、新闻/时事和文艺类节目构成节目市场的第二梯队，收听份额均超 14%，合计达 45.1%；体育和社教类节目的收听份额在 4% 及以上；财经、法制和外语类节目的收听份额相对较小，均不超过 3%（图 1.5.5）。

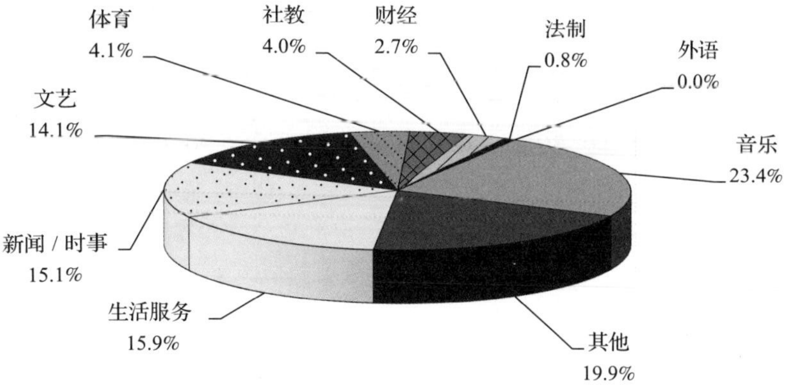

数据来源：CSM 媒介研究

图 1.5.5　2017 年广州市场各类节目的收听份额（%）

2. 地方台竞争表现强势，广东广播电视台和广州广播电视台在大多数节目收听市场分居冠亚军

2017 年广州节目收听市场，广东广播电视台在除外语类节目之外的各类型节目市场的收听份额均居首位（图 1.5.6）。广东广播电视台在生活服务类节目市场的收听份额超过 70%，在音乐和体育类节目市场的收听份额在 60% 以上，在文艺、法制和财经类节目市场的收听份额均超过 50%，在新闻/时事和社教类节目市场的收听份额均高于 40%。

2017 年广州广播电视台在本地多数细分节目市场的收听份额居亚军位置，收听竞争力强劲。其中，广州广播电视台在文艺、社教和法制类节目市场的收听份额均超过

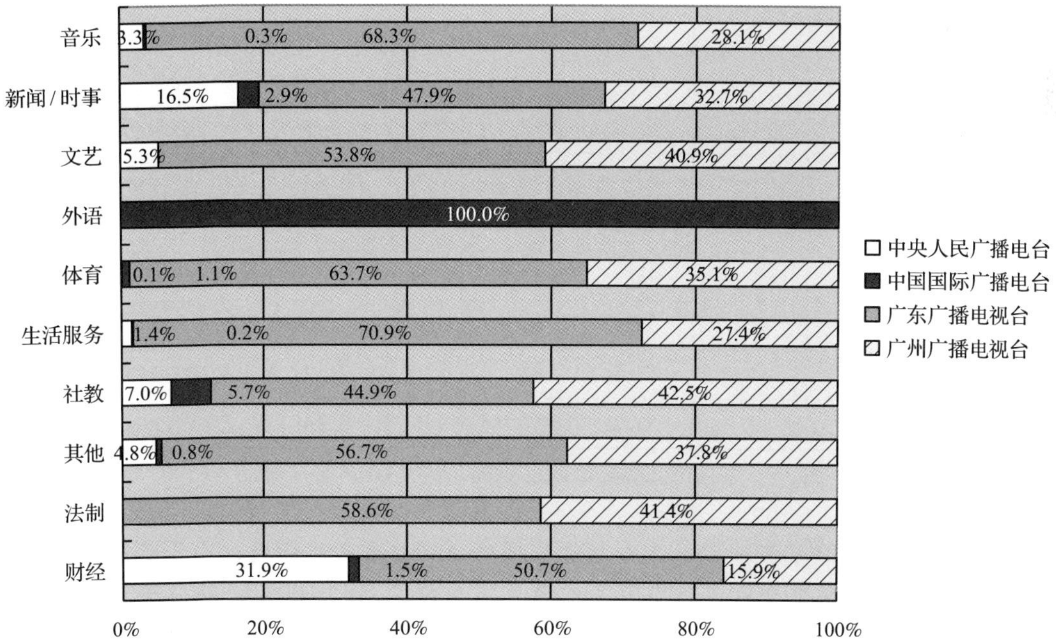

数据来源：CSM 媒介研究

图 1.5.6　2017 年各级广播频率在广州各类节目市场上的收听份额（%）

40%，在音乐、新闻/时事、体育和生活服务类节目市场的收听份额都在20%～40%之间，在财经类节目市场的收听份额不超过10%，位居第二。

相比之下，2017年中央人民广播电台在广州各类型节目市场的竞争力较弱，仅在财经类节目市场的收听份额超过30%，居细分市场的亚军之位；在其他各节目市场的收听份额都不超过20%，市场份额小于地方台。

2017年中国国际广播电台在广州外语类节目市场以100%的收听份额居首位，在除外语类节目之外的各类型节目市场的收听份额都不超过6%。

3. 细分节目市场契合不同听众需求，不同听众群体节目收听各有侧重

2017年广州市场男性听众对广播节目的收听兴趣突出，对各类型节目的收听集中度都超过100%；女性听众对各类型节目的收听集中度都低于100%，仅在音乐节目上接近100%（表1.5.11）。

广州15～44岁听众对广播节目的收听兴致不高，对各类节目的收听集中度都不超过100%。45～54岁听众在除财经和外语类节目之外的各类型节目上收听倾向明显。55岁及以上听众对各类型节目的收听偏好都十分突出，收听集中度都高于100%，其中55岁及以上听众对财经、法制和新闻/时事类节目的集中度都超过200%。

表1.5.11　2017年广州市场不同性别和年龄听众收听各类节目的集中度（%）

节目类别	性别		年龄					
	男	女	15～24岁	25～34岁	35～44岁	45～54岁	55～64岁	65岁及以上
财经	107.9	88.1	36.3	56.9	77.3	75.0	216.8	267.8
法制	113.9	79.1	55.7	42.2	70.2	125.1	248.7	205.8
社教	111.8	82.2	57.1	50.9	70.7	126.4	192.5	217.2
生活服务	114.1	78.8	52.3	48.7	91.2	156.1	168.9	192.7
体育	125.6	61.5	39.7	59.5	62.7	152.1	149.2	238.8
外语	111.6	82.6	38.9	47.0	94.2	62.2	115.5	332.4
文艺	105.0	92.4	43.7	57.6	68.1	133.3	158.2	242.3
新闻/时事	114.1	78.8	39.9	64.5	72.0	100.7	200.8	238.4
音乐	101.7	97.5	82.1	62.2	98.8	127.0	137.8	154.7
其他	107.1	89.4	53.2	52.9	82.1	146.4	161.2	206.4

数据来源：CSM媒介研究

2017年广州小学、初中和高中受教育程度听众的收听兴趣广泛，小学受教育程度的听众对除外语类节目之外的各类型节目的收听集中度都超过100%，初中和高中受教育程度听众对各类型节目的收听集中度均超过100%，大学及以上受教育程度听众收听兴趣低迷，对各类型节目的收听集中度都低于80%（表1.5.12）。

表 1.5.12　2017 年广州市场不同受教育程度听众收听各类节目的集中度（%）

节目类别	教育程度				
	未受过正规教育	小学	初中	高中	大学及以上
财经	*	169.2	112.3	163.7	56.9
法制	*	168.9	131.6	145.9	63.0
社教	*	143.1	158.6	140.3	62.4
生活服务	*	147.8	170.9	125.1	68.6
体育	*	112.5	187.5	139.4	59.0
外语	*	59.4	106.6	171.1	59.5
文艺	*	180.4	214.7	117.6	62.5
新闻/时事	*	103.6	154.9	138.2	66.8
音乐	*	125.5	220.9	105.3	71.5
其他	*	147.9	204.3	121.1	64.4

注：“*”表示该目标听众样本量不足，无法进行统计推断。
数据来源：CSM 媒介研究

2017 年广州收听市场，没有收入的听众收听兴趣不高，对各类型节目的收听集中度都不超过100%。个人月收入 1～2000 元和 5001 元及以上的广州听众收听兴趣相对集中，其中个人月收入 1～2000 元的广州听众仅对生活服务类节目感兴趣，个人月收入 5001～6000 元的听众在财经和生活服务类节目的收听集中度达到或超过 100%，个人月收入 6001 元及以上的听众仅对外语类节目收听倾向明显。个人月收入 2001～5000 元的广州听众收听兴趣广泛，个人月收入 2001～3000 元的广州听众对除财经、体育和外语类节目之外的各类型节目的收听集中度均超 100%，个人月收入 3001～4000 元的听众对除外语类节目之外的各类型节目的收听集中度高于 100%，个人月收入 4001～5000 元的广州听众对除音乐类节目之外的各类型节目收听倾向明显（表 1.5.13）。

表 1.5.13　2017 年广州市场不同个人月收入听众收听各类节目的集中度（%）

节目类别	个人月收入						
	没有收入	1～2000 元	2001～3000 元	3001～4000 元	4001～5000 元	5001～6000 元	6001 元及以上
财经	26.2	88.3	89.9	132.6	139.5	100.0	66.3
法制	62.0	21.0	152.6	122.5	123.1	77.7	69.1
社教	72.2	43.7	133.3	117.6	116.2	99.9	69.6
生活服务	49.3	100.7	126.6	119.0	112.2	100.7	78.4
体育	44.4	63.3	92.5	137.2	113.9	59.1	96.0
外语	51.7	31.0	77.5	65.2	209.0	47.9	117.6
文艺	50.4	48.8	118.7	128.0	122.3	95.0	69.5
新闻/时事	27.3	42.9	119.9	131.6	116.4	71.7	90.9
音乐	97.7	74.8	157.5	121.2	89.8	81.4	71.0
其他	55.9	71.3	141.3	128.2	106.1	86.4	72.6

数据来源：CSM 媒介研究

2017年广州干部/管理人员、初级公务员/雇员和学生对细分广播节目的收听倾向不明显，对各类节目的收听集中度都不超过100%。工人和个体/私营企业人员的收听兴趣相对集中，工人对法制、生活服务和体育类节目的收听集中度超过100%，个体/私营企业人员对生活服务和音乐类节目收听倾向明显。无业人员（包括退休人员）的收听兴趣最为广泛，对各类节目的收听集中度都超过100%（表1.5.14）。

表1.5.14　2017年广州市场不同职业听众收听各类节目的集中度（%）

节目类别	职业					
	干部/管理人员	初级公务员/雇员	工人	个体/私营企业人员	学生	无业（包括退休人员）
财经	50.8	55.3	68.0	74.7	20.3	259.6
法制	18.5	57.6	113.1	99.9	52.2	209.7
社教	38.9	61.5	92.5	82.2	62.9	214.0
生活服务	46.2	65.1	121.6	108.0	41.3	182.9
体育	25.4	51.1	124.0	95.0	43.5	217.5
外语	17.9	49.3	95.6	82.5	51.8	244.0
文艺	45.6	60.0	90.3	93.9	36.9	221.7
新闻/时事	77.9	63.0	88.2	58.0	21.7	230.5
音乐	44.4	77.7	94.0	100.0	90.8	163.3
其他	42.8	64.1	98.5	108.2	45.5	199.8

数据来源：CSM媒介研究

4. 广州收听率排名前10位节目类型多样，新闻/时事类节目《珠江第一线》位居榜首

2017年广州市场收听率排名前10位的节目由新闻/时事、生活服务、文艺、社教和法制类节目构成，其中文艺类节目4档，占席最多（表1.5.15）。2017年收听榜冠军由新闻/时事类节目《珠江第一线》获得，收听率为1.5%。广东广播电视台珠江经济广播电台（E FM财富974）的《小说连播》、广州交通电台FM106.1的《早晨友约》和广东广播电视台羊城交通广播台FM105.2的《朝朝早，精神好》收听率均在1%及以上，分别排名节目收听榜的第二位至第四位。广东广播电视台羊城交通广播台FM105.2的《早安，亲爱的》以0.9%收听率排名第五位。广东广播电视台珠江经济广播电台(E FM财富974）的《一些事一些情》和广东广播电视台羊城交通广播台FM105.2的《大吉利车队》《钟律师说法》《有车有得挥》《宝宝私家车》排名收听率榜单第六位至第十位，收听率均为0.8%（但市场份额不同）。

表 1.5.15　2017 年广州市场收听率排名前 10 位的节目

排名	节目名称	播出频率	收听率（%）	市场份额（%）
1	珠江第一线	广东广播电视台珠江经济广播电台（E FM 财富 974）	1.5	22.1
2	小说连播	广东广播电视台珠江经济广播电台（E FM 财富 974）	1.2	22.7
3	早晨友约	广州交通电台 FM106.1	1.0	34.3
4	朝朝早，精神好	广东广播电视台羊城交通广播台 FM105.2	1.0	14.8
5	早安，亲爱的	广东广播电视台羊城交通广播台 FM105.2	0.9	17.4
6	一些事一些情	广东广播电视台珠江经济广播电台（E FM 财富 974）	0.8	26.8
7	大吉利车队	广东广播电视台羊城交通广播台 FM105.2	0.8	17.9
8	钟律师说法	广东广播电视台羊城交通广播台 FM105.2	0.8	17.4
9	有车有得挥	广东广播电视台羊城交通广播台 FM105.2	0.8	16.9
10	宝宝私家车	广东广播电视台羊城交通广播台 FM105.2	0.8	16.1

数据来源：CSM 媒介研究

六、广播广告投放与竞争格局

1. 2017 年中国广播广告投放额同比上涨 6.9%

根据央视市场研究（CTR）发布的广告监测数据①，2017 年中国整体广告投放额在连降两年之后同比增长了 4.3%，其中传统媒体广告投放额同比上升 0.2%。报纸和杂志广告投放额继续断崖式下滑，同比 2016 年分别下降 32.5% 和 18.9%，电视广告投放额同比上涨 1.7%，广播广告投放额同比上涨 6.9%。

2. 京、沪、穗三地广播广告投放额同比 2016 年上涨 13.8%

2017 年京、沪、穗三地广播广告投放额合计为 97.3 亿元，同比 2016 年上涨 13.8%。三地广播广告投放额最高的前 5 位行业是商业及服务、交通、药品、金融、邮电通讯，合计占到广播广告投放总额的 60%（图 1.6.1）。在所有行业中，广告投放额增长较快的行业有药品、食品、IT 产品及服务、家居用品。

2017 年北京广播广告投放额排名前三位的行业是商业及服务、交通、家居用品，金融行业由 2016 年的第二位下降到 2017 年的第四位。2017 年上海广播广告投放额排名前 3 位的行业是交通、邮电通讯、金融，商业及服务性行业由 2016 年的第三位下降到 2017 年的第四位。2017 年广州广播广告投放额排名前 3 位的行业是药品、商业及服务、食品，金融行业由 2016 年的第二位下降到 2017 年的第五位，交通行业由第三位下降到第四位（表 1.6.1）。

---

① 2017 年广告投放额以 CTR2017 年监测范围为基准进行统计，2017 年广告投放增长情况以 CTR2016 年监测范围为基准进行比较；广告投放额以媒体公开报价为统计标准，不含折扣；广告监测时间为 17:00～24:00。

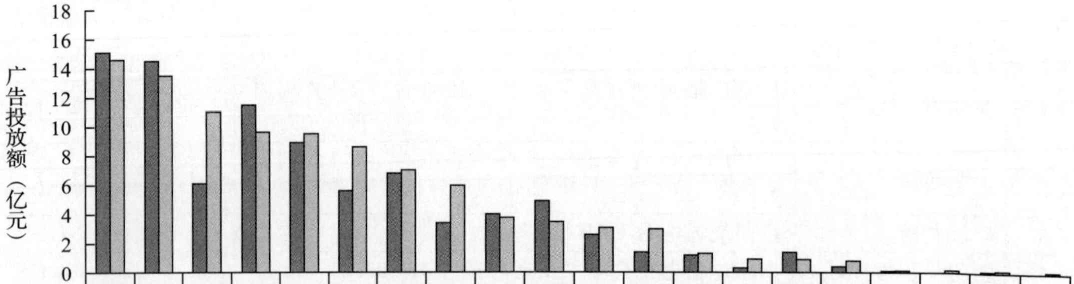

	商业及服务	交通	药品	金融	邮电通讯	食品	娱乐及休闲	IT产品及服务	活动类	房地产/建筑工程	饮料	家居用品	家用电器	个人用品	酒精类饮品	工业用品	农业	衣着	化妆品/浴室用品	清洁用品
2016年	15.1	14.5	6.1	11.5	8.9	5.6	6.8	3.4	4.0	4.9	2.6	1.4	1.2	0.3	1.4	0.4	0.1	0.0	0.1	0.0
2017年	14.6	13.5	11.0	9.6	9.5	8.6	7.0	6.0	3.8	3.5	3.1	3.0	1.3	0.9	0.9	0.8	0.1	0.1	0.1	0.0

数据来源：央视市场研究媒介智讯（CTR MI）

图 1.6.1　2016 年、2017 年京、沪、穗三地分行业广播广告投放额（亿元）

表 1.6.1　2016 年、2017 年京、沪、穗三地广播广告投放额排名前 10 位的行业

排名	北京		上海		广州	
	2016 年	2017 年	2016 年	2017 年	2016 年	2017 年
1	交通	商业及服务	交通	交通	商业及服务	药品
2	金融	交通	邮电通讯	邮电通讯	金融	商业及服务
3	商业及服务	家居用品	商业及服务	金融	交通	食品
4	邮电通讯	金融	金融	商业及服务	药品	交通
5	活动	邮电通讯	活动	饮料	娱乐及休闲	金融
6	娱乐及休闲	活动	房地产/建筑工程	活动	邮电通讯	邮电通讯
7	家居用品	IT 产品及服务	娱乐及休闲	房地产/建筑工程	食品	娱乐及休闲
8	食品	娱乐及休闲	饮料	娱乐及休闲	房地产/建筑工程	IT 产品及服务
9	酒精类饮品	药品	电脑及办公自动化产品	食品	电脑及办公自动化产品	房地产/建筑工程
10	电脑及办公自动化产品	食品	食品	IT 产品及服务	活动	活动

数据来源：央视市场研究媒介智讯（CTR MI）

3. 京、沪、穗三地药品和食品广播广告投放额同比上涨较大

2017年，京、沪、穗三地广播广告投放额同比呈正增长的行业有13个、负增长的行业8个（图1.6.2）。广播广告投放额同比增长超过2个亿的有3个行业，即药品、食品和IT产品及服务，同比2016年分别增长了81%、54%和75%。在广告投放额同比呈现负增长的8个行业中，金融、房地产/建筑工程的广告投放额下滑较大，同比2016年分别下降了16%和29%。

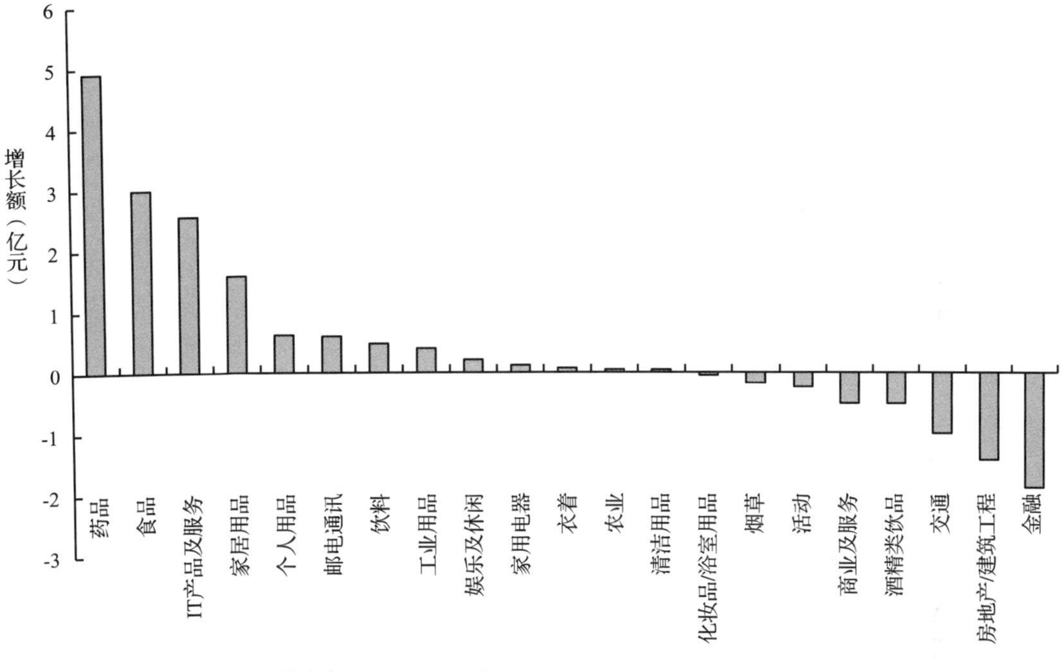

数据来源：央视市场研究媒介智讯（CTR MI）

图1.6.2　2017年京、沪、穗三地各行业广播广告投放额同比变化情况

4. 京、沪、穗三地广播广告投放额排名前10位的品牌差异较大

2017年北京广播广告投放额排名前10位的品牌主要来自家居用品、IT产品及服务、金融等七大行业，排名前3位的品牌是全包圆、好司机养成记APP软件和中国人民财产保险。2017年上海广播广告投放额排名前10位的品牌来自饮料、商业及服务、金融等五大行业，排名前3位的品牌是光明、平行和中国平安保险。2017年广州广播广告投放额排名前10位的品牌来自食品、邮电通讯、药品等六大行业，排名前3位的品牌是燕之屋、顶呱呱和好视力（表1.6.2）。

表 1.6.2 2017 年京、沪、穗三地广播广告投放额排名前 10 位的品牌①

排名	北京		上海		广州	
	品牌名称	所属品	品牌名称	所属品	品牌名称	所属品
1	全包圆	家居用品	光明	饮料/邮电通讯/活动类/食品/IT 产品及服务	燕之屋	食品
2	好司机养成记 APP 软件	IT 产品及服务	平行	商业及服务	顶呱呱	邮电通讯/商业及服务
3	中国人民财产保险	金融	中国平安保险	金融/IT 产品及服务	好视力	药品/个人用品
4	同仁堂	药品/食品/酒精类饮品/饮料	上汽大众	交通	天草	药品
5	香河国际家具城	商业及服务	爱回收	邮电通讯/活动	峻可威	商业及服务
6	天猫	邮电通讯	链家	邮电通讯	AA 大状	IT 产品及服务
7	红星美凯龙	商业及服务	上汽通用	交通	吉盛伟邦	商业及服务
8	交通银行	金融/活动	天天拍车	邮电通讯	精正	药品
9	北京银行	金融	中国人民财产保险	金融	南湖 & 西部假期	娱乐及休闲
10	摩圣	交通	上汽通用别克	交通/活动	国美	商业及服务

数据来源：央视市场研究媒介智讯（CTR MI）

5. 京、沪、穗广播广告投放额排名前 5 位的频率同 2016 年相比略有变化

2017 年，北京广播广告投放额排名前 5 位的频率中除北京人民广播电台交通广播 FM103.9、音乐广播 FM97.4、文艺广播 FM87.6 和新闻广播 FM100.6 外，排在第五位的由 2016 年的体育广播 FM102.5 变为 2017 年的动听调频 FM94.5。上海广播广告投放额排名前 5 位的频率除上海人民广播电台动感流行音乐广播 FM101.7、交通广播 FM105.7、魅力流行音乐广播 FM103.7 和新闻广播 FM93.4 外，排第五位的由 2016 年的第一财经广播 FM97.7 变为 2017 年的五星体育广播 FM94.0。广州广播广告投放额排名前 5 位的频

① 由于同一品牌有不同的产品线，根据央视市场研究（CTR）的分类标准，以广告当中的产品判定品牌所属行业类别；此处统计的是某一品牌整体的广告投放额，所以可能出现某一品牌同时属于不同品类的情况。

率是广州交通电台 FM106.1、广东广播电视台珠江经济广播电台 FM97.4、广东电台羊城交通广播 FM105.2 、广州汽车音乐电台 FM102.7 和广东电台音乐之声 FM99.3；其中广州交通电台 FM106.1 由 2016 年的第三位跃居而成为 2017 年的第一位（表 1.6.3）。

表 1.6.3 2017 年京、沪、穗三地广播广告投放额排名前 5 位的频率

排名	北京	上海	广州
1	北京人民广播电台交通广播 FM103.9	上海人民广播电台动感流行音乐广播 FM101.7	广州交通电台 FM106.1
2	北京人民广播电台音乐广播 FM97.4	上海人民广播电台魅力流行音乐广播 FM103.7	广东电台珠江经济广播电台 FM97.4
3	北京人民广播电台文艺广播 FM87.6	上海人民广播电台交通广播 FM105.7	广东电台羊城交通广播 FM105.2
4	北京人民广播电台新闻广播 FM100.6	上海人民广播电台新闻广播 FM93.4	广州汽车音乐电台 FM102.7
5	北京人民广播电台动听调频 FM94.5	上海人民广播电台五星体育广播 FM94.0	广东电台音乐之声 FM99.3

数据来源：央视市场研究媒介智讯（CTR MI）

2017 年，北京广播广告投放额最高的频率是北京人民广播电台交通广播 FM103.9；其广告投放额前 3 位的行业是家居用品、商业及服务和交通。上海广播广告投放额最高的频率是上海人民广播电台动感流行音乐广播 FM101.7；其广告投放额前 3 位的行业是交通、邮电通讯和金融。广州广播广告投放额最高的频率是广州交通电台 FM106.1；其广告投放额前 3 位的行业是商业及服务、交通和食品（表 1.6.4）。

表 1.6.4 2017 年京、沪、穗三地广播广告投放额最高的频率中投放额排名前 10 位的行业

排名	北京	上海	广州
	北京人民广播电台交通广播 FM103.9	上海人民广播电台动感流行音乐广播 FM101.7	广州交通电台 FM106.1
1	家居用品	交通	商业及服务
2	商业及服务	邮电通讯	交通
3	交通	金融	食品
4	金融	商业及服务	邮电通讯
5	IT 产品及服务	饮料	娱乐及休闲
6	邮电通讯	房地产/建筑工程	金融
7	活动	活动	药品
8	娱乐及休闲	娱乐及休闲	房地产/建筑工程
9	食品	食品	IT 产品及服务
10	酒精类饮品	IT 产品及服务	饮料

数据来源：央视市场研究媒介智讯（CTR MI）

2017年，北京人民广播电台交通广播FM103.9广告投放额最高的三大品牌是全包圆、好司机养成记APP软件和香河国际家具城，它们分别来自家居用品、IT产品及服务、商业及服务性行业。上海人民广播电台动感流行音乐广播FM101.7广告投放额最高的三大品牌是光明、爱回收和上汽大众，它们分别来自饮料、邮电通讯和交通行业。广州交通电台FM106.1广告投放额最高的三大品牌是燕之屋、顶呱呱和峻可威，它们分别来自食品、邮电通讯和商业及服务性行业（表1.6.5）。

表1.6.5　2017年京、沪、穗三地广播广告投放额最大的频率中投放额排名前10位的品牌

排名	北京人民广播电台交通广播 FM103.9		上海人民广播电台动感流行音乐广播 FM101.7		广州交通电台 FM106.1	
	品牌名称	所属品类	品牌名称	所属品类	品牌名称	所属品类
1	全包圆	家居用品	光明	饮料/活动类/IT产品及服务/邮电通讯/食品	燕之屋	食品
2	好司机养成记APP软件	IT产品及服务	爱回收	邮电通讯/活动	顶呱呱	邮电通讯/商业及服务
3	香河国际家具城	商业及服务	上汽大众	交通	峻可威	商业及服务
4	同仁堂	药品/食品/酒精类饮品	中国平安保险	金融业/IT产品及服务	中国平安保险	金融业/IT产品及服务
5	中国人民财产保险	金融	一汽大众奥迪	交通	南湖&西部假期	娱乐及休闲
6	天猫	邮电通讯	上汽通用	交通	吉盛伟邦	商业及服务
7	业之峰	家居用品	途虎养车	邮电通讯/IT产品及服务	鼎汉	商业及服务
8	西国贸	商业及服务	天天拍车	邮电通讯	美巢	工业用品
9	牛栏山	酒精类饮品	上汽通用别克	交通/活动	大金	家用电器
10	西单	商业及服务	徐鸿飞	食品/活动	胜记	娱乐及休闲

数据来源：央视市场研究媒介智讯（CTR MI）

第二部分
Part Two

专 题 Analysis Report

2017 年新闻综合类频率收听状况分析[①]

新媒体、新技术的不断发展，网络电台的逐渐兴起，形形色色互动平台的诞生，都对传统广播形成了冲击。但不可否认，无论是外界竞争使然，还是自身进取也罢，广播这一传统媒体在目前媒介生态环境中已焕发出新的生机。作为最主要的广播频率类别之一，新闻综合类频率在 2017 年的收听状况如何？呈现出哪些新的特点？为回答这些问题，本文主要基于 CSM 媒介研究 2017 年 31 个城市收听率四波调查数据，对 2017 年新闻综合类频率及典型节目的收听状况进行分析，以期让业内人士有所借鉴。

一、新闻综合类频率的市场竞争地位

1. 新闻综合类频率所占市场份额首次低于交通类频率，位居次席

2017 年各专业类型频率所占市场份额表明，新闻综合类频率以 24.42% 的市场份额位居次席，仅次于交通类频率（该类频率所占市场份额为 27.73%），这也是近三年来交通类频率首次超过新闻综合类频率荣登榜首。音乐类频率排名第三，所占市场份额为 19.96%，然后依次为都市生活类、文艺类和经济类频率，所占市场份额均在 5% ~10% 之间（图 1）。其中交通类、都市生活类和音乐类频率所占市场份额均明显高于 2016 年，同比涨幅分别为 12.45%、11.28% 和 5.95%。新闻综合类频率所占市场份额则呈现逐年下滑态势，且这种下滑态势表现出进一步蔓延之势。如何及时止跌、把受众重新拉回来是广大广播新闻人要考虑的问题。

2. 新闻综合类频率拥有较大的听众规模和较高的听众黏性

平均到达率和平均忠实度分别反映了频率所拥有听众规模的大小和听众对频率的黏性的高低，二者的结合可以反映出某一类频率的竞争实力。2017 年各类型频率的平均到达率和平均忠实度数据显示，新闻综合类频率拥有较大的听众规模，且听众对频率的黏性也较高，该类频率仍属于竞争实力强的频率类别（图 2）。

---

① 如无特殊说明，本文中涉及历年对比数据时所用城市组合为各年独立城市组合。涉及 2017 年数据时所用城市组合为 2017 年 31 城市组合，31 城市具体包括：北京（M）、长春、长沙、成都、重庆、大连、佛山、福州、广州、杭州、哈尔滨、合肥、济南、昆明、南昌、南宁、南京（M）、宁波、泉州、上海（M）、沈阳、石家庄、苏州、太原、深圳、天津、乌鲁木齐、武汉、无锡、厦门和郑州。

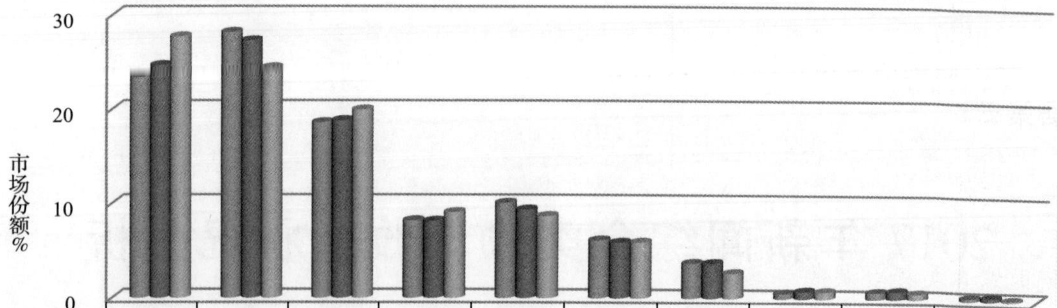

	交通类	新闻综合类	音乐类	都市生活类	文艺类	经济类	其他类	农村类	体育类	教育类
2015年	23.40	28.20	18.61	8.21	10.07	6.14	3.72	0.57	0.73	0.32
2016年	24.66	27.30	18.84	8.16	9.37	5.91	3.73	0.80	0.85	0.40
2017年	27.73	24.42	19.96	9.08	8.69	5.93	2.67	0.76	0.63	0.14

数据来源：CSM 媒介研究

图 1　2015～2017 年各专业频率所占市场份额（%）比较

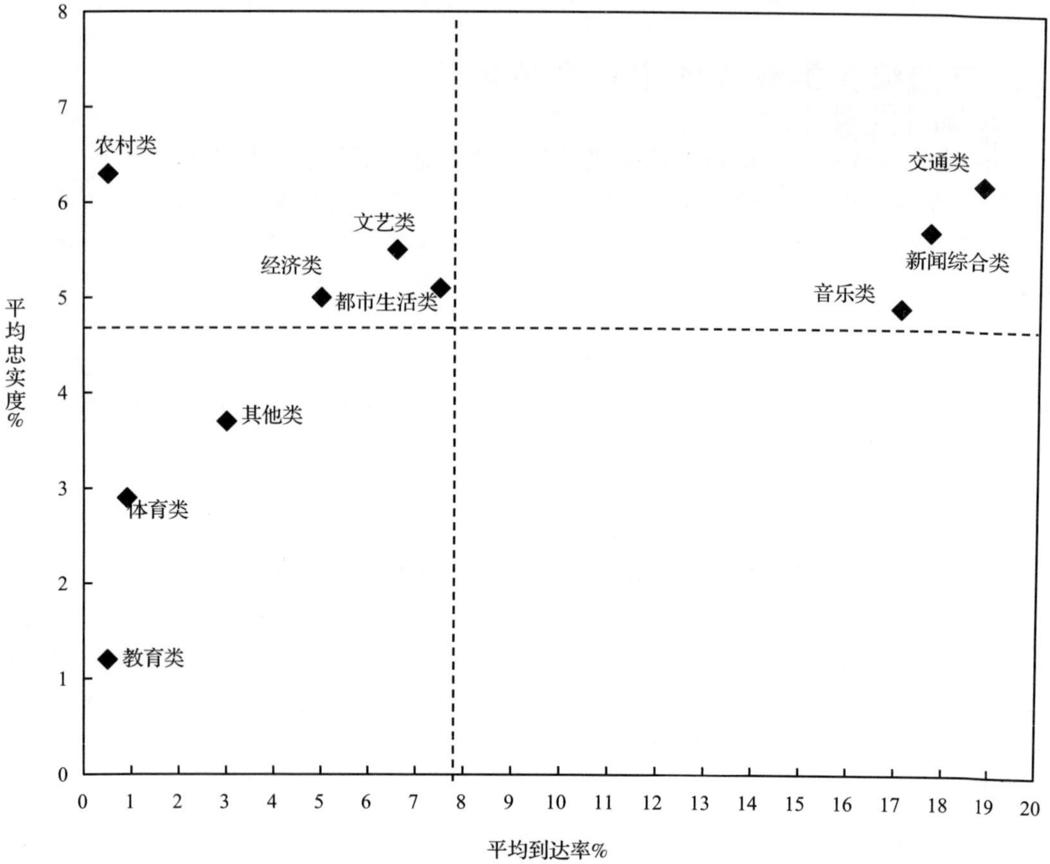

数据来源：CSM 媒介研究

图 2　2017 年各类专业频率的平均到达率（%）和平均忠实度（%）

3. 新闻综合类频率在家听众规模以微弱优势领先，所有场所和车上听众规模位居第三

2017 年各专业类别广播频率在不同收听场所的到达率数据显示（图 3）：在所有场所，交通类频率以绝对优势位列榜首，音乐类频率位列其次，新闻综合类频率排名第三，其后依次为都市生活类、文艺类和经济类频率。从在家听众规模（到达率）来看，新闻综合类频率以微弱优势领先于其他类别频率，位居榜首，音乐类和交通类频率分居第二、第三位，其后依次为都市生活类、文艺类和经济类频率。与所有场所类似，车上的听众规模，交通类频率独占鳌头，音乐类频率紧随其后，新闻综合类频率位列第三。由此不难看出，相较于交通类和音乐类频率，目前新闻综合类频率的听众规模在家略有优势，但在所有场所和车上则逊色于交通类和音乐类频率，究其原因，可能与这两类频率所播出的内容更实用、更具有休闲放松性不无关系。

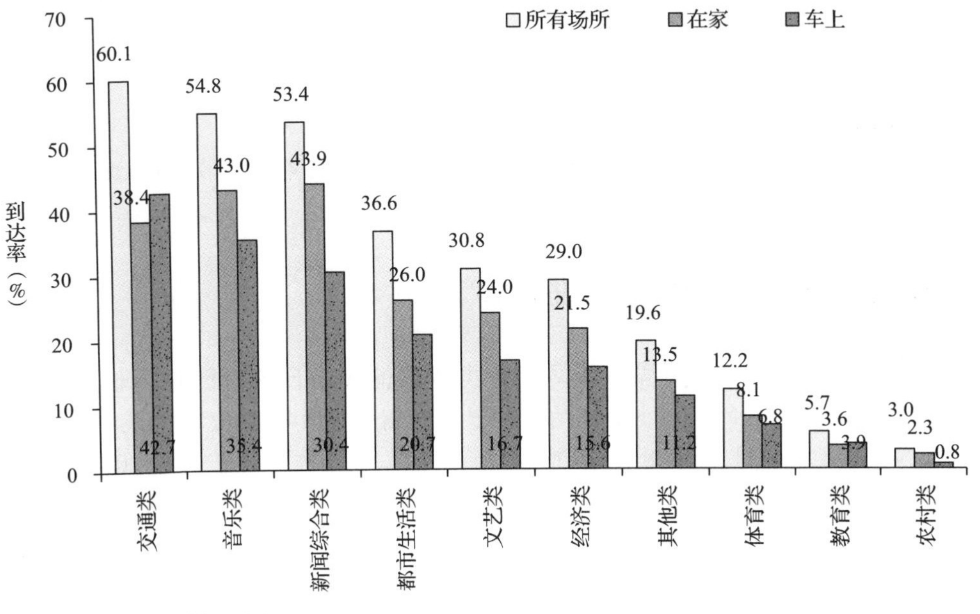

数据来源：CSM 媒介研究

图 3　2017 年主要收听场所各类专业广播频率的到达率（%）

各类别频率听众规模 2017 年较 2016 年增减幅度数据显示，所有类别频率在所有场所、在家和车上的到达率均有不同程度的提升，其中新闻综合类频率相较交通类和音乐类频率，在车上的增长幅度更为明显，文艺类、经济类和都市生活类频率在车上的增长幅度则更为突出（图 4）。结合图 3～4 我们可以看出，新闻综合类频率的车上听众规模虽然目前优势并不特别大，但就发展态势而言还是相对乐观的。

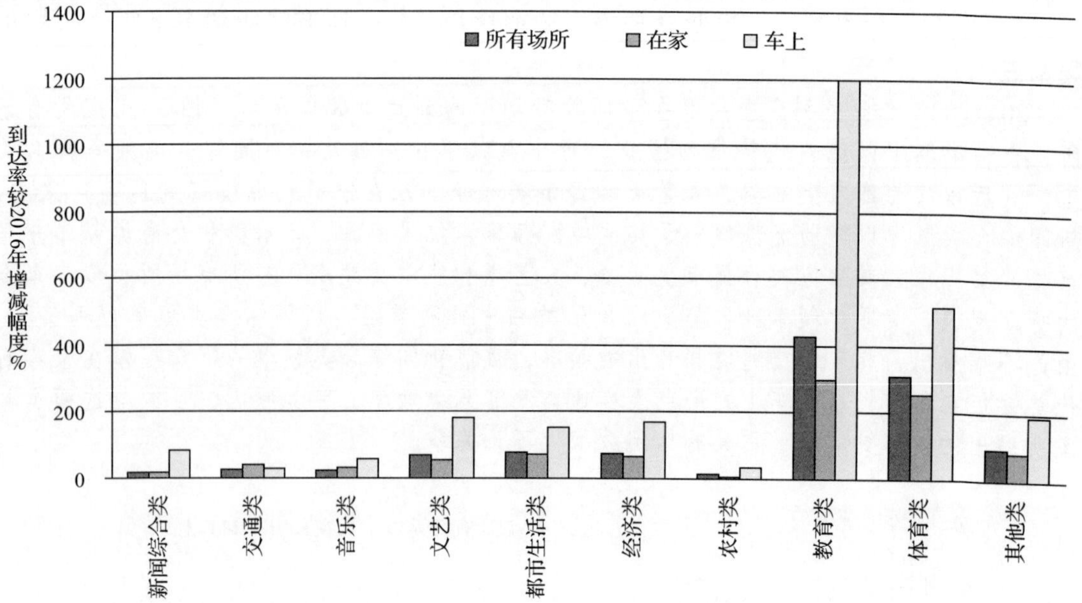

数据来源：CSM 媒介研究

图 4　2017 年主要收听场所各专业广播频率到达率（%）较 2016 年的增减幅度（%）

二、新闻综合类频率整体收听状况

1. 中老年和中低收入人群对新闻综合类频率的人均日收听时长更长

2017 年，听众对新闻综合类频率的人均日收听时长为 14.76 分钟。从分目标人群人均每天收听新闻综合类频率的时长来看，男性听众人均日收听时长为 15.07 分钟，高于平均值，女性听众为 14.42 分钟，低于平均水平；不同年龄段听众整体呈现出年龄越大，收听该类频率时长越长的特征，15 ~44 岁人群人均日收听时长低于平均值，45 岁及以上人群人均日收听时长则高于平均值，尤其是 65 岁及以上人群，人均日收听新闻综合类频率的时长达到了 41 分钟，以较大优势领先于其他年龄段人群；与不同年龄段听众对新闻综合类频率人均收听时长的变动特征相反，不同受教育程度听众收听新闻综合类频率的人均时长则呈现出学历越高，人均日收听时长越短的特征，大专及以上学历人群对新闻综合类频率的人均日收听时长均低于平均值；从个人月收入水平来看，收入越高的听众，对新闻综合类频率的人均日收听时长越低，无收入人群对该类频率的人均日收听时长也较低，个人月收入 1 ~4000 元人群对新闻综合类频率的人均日收听时长均高于平均值。整体而言，中老年和中低收入者收听新闻综合类频率的时间较长，均高于平均值（图 5）。

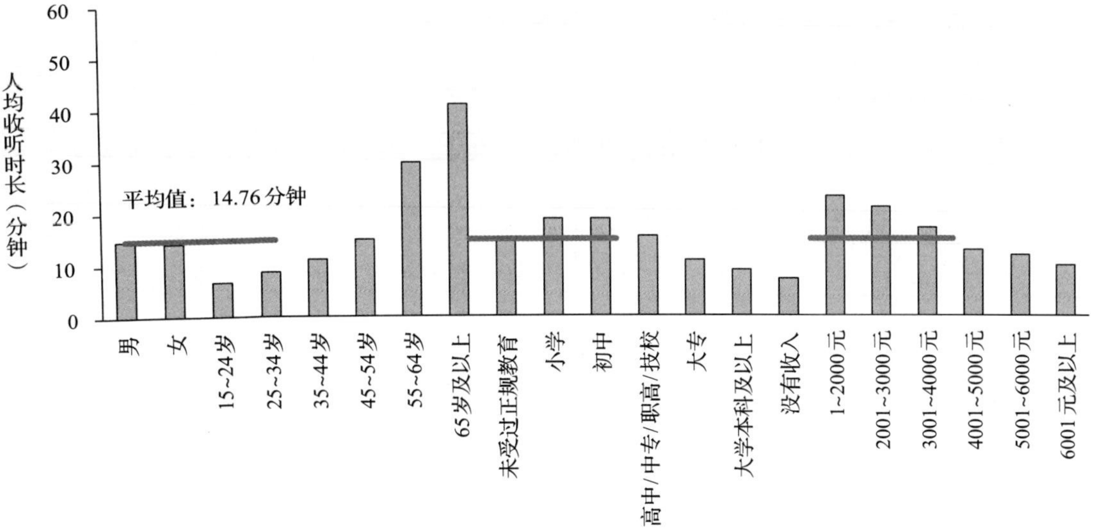

数据来源：CSM媒介研究

图5　2017年不同目标听众新闻综合类频率的人均日收听时长（分钟）

2. 新闻综合类频率早间收听表现一枝独秀

新闻综合类频率在全天部分时段引领广播收听市场，早间时段收听表现更是一枝独秀。07:15~07:30时段达到全天收听峰值，收听率为3.49%；午间11:30~13:00时段和晚间21:15~23:00时段的收听表现也优于其他类别频率，居首位。交通类和音乐类频率全天也均有良好的收听表现，其中交通类频率在早晚上下班高峰期间的收听峰值突出，音乐类频率全天收听走势相对较为平稳，这一点与其他各类别频率相类似（图6）。

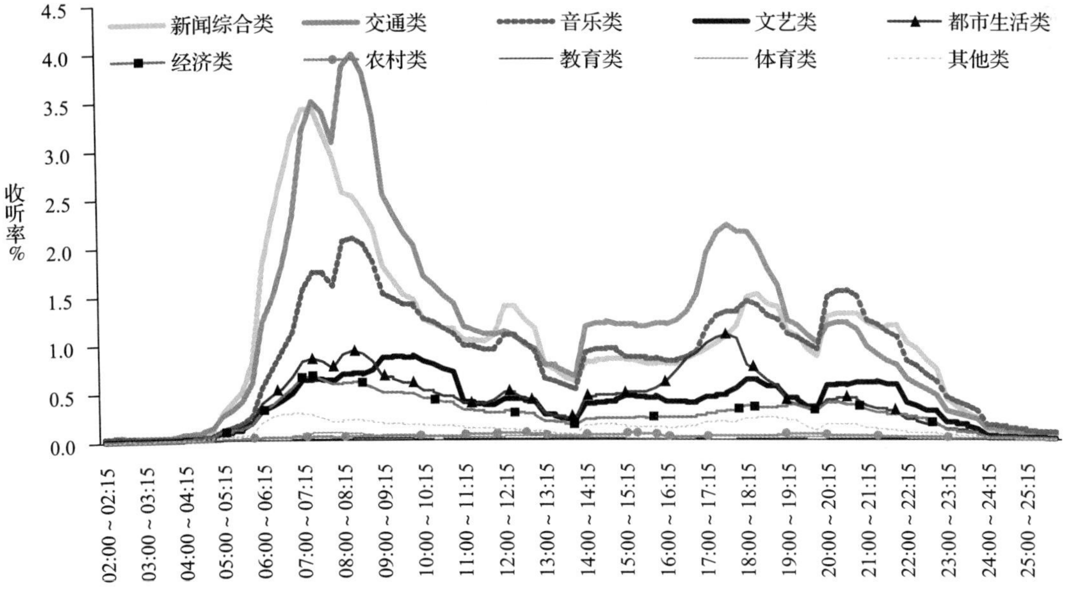

数据来源：CSM媒介研究

图6　2017年各专业频率全天收听率（%）走势

3. 在家是新闻综合类频率的主要收听场所

新闻综合类频率在家全天收听走势与所有场所趋同，全天收听高峰基本同步。在家收听的早高峰出现在早间07:00～07:15时段，收听率峰值为2.55%，占同时段所有场所收听率的74.78%；傍晚18:15～18:30和晚间20:15～21:00时段分别出现两次收听次高峰，峰值分别为1.01%和1.03%，分别占同时段所有场所收听率的67.33%和79.23%。总体来看，在家收听构成了新闻综合类频率全天收听的主体部分，贡献了70%左右的收听量，其余大约30%左右的收听量则来自在家以外的其他场所（图7）。

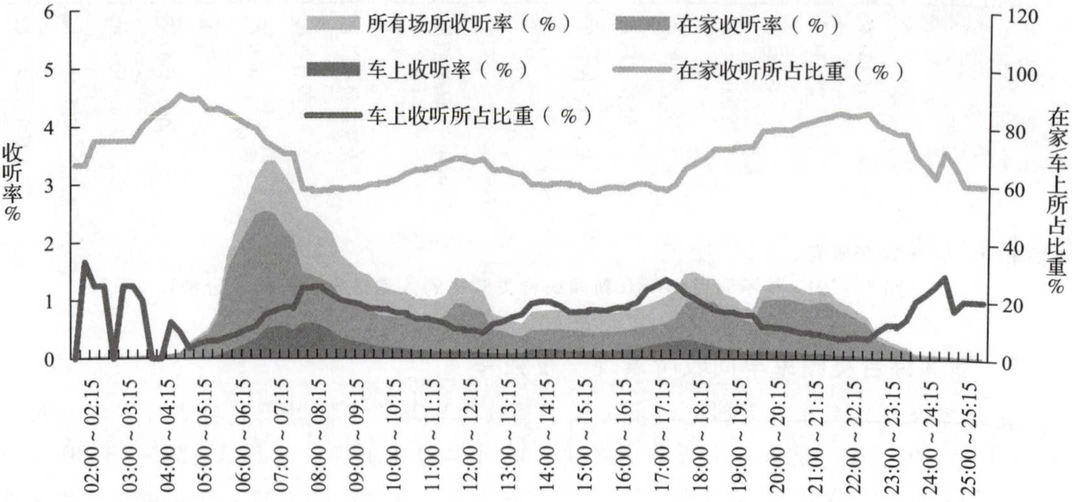

数据来源：CSM媒介研究

图7　2017年新闻综合类频率主要场所全天收听率（%）走势及不同场所所占比重（%）

三、新闻综合类频率听众特征

1. 所有场所和在家受众群体特征异同，车上主体受众群体含金量更高

新闻综合类频率在所有场所和在家的听众特征既有相同之处，也有一定的差异（图8）。二者的相同之处在于：55岁及以上、初高中学历和个人月收入2001～4000元的受众是这两个场所占比最高的受众群体；55岁及以上、高中及以下学历和个人月收入1～4000元的听众群体更喜好收听新闻综合类频率。不同之处在于：在所有场所，男性听众的比例较高且更倾向于收听新闻综合类频率，在家则是女性比例较高且对该类频率的喜好度更高。

相比所有场所和在家，车上的听众特征独具特色，含金量更高。男性、25～44岁、高中及以上学历、个人月收入4001元及以上的高学历、高收入社会中坚力量构成了新闻综合类频率车上收听的主体受众群体，且这些目标人群对该类频率的喜好度更高（图8）。

2. 不同目标人群身份属性与收听场所高度契合

不同目标人群与收听新闻综合类频率的场所对应分析表明，受众本身的自然、社会属性和自身的工作生活习惯等因素决定了他们与自己所“心仪”的收听场所高度契合。低

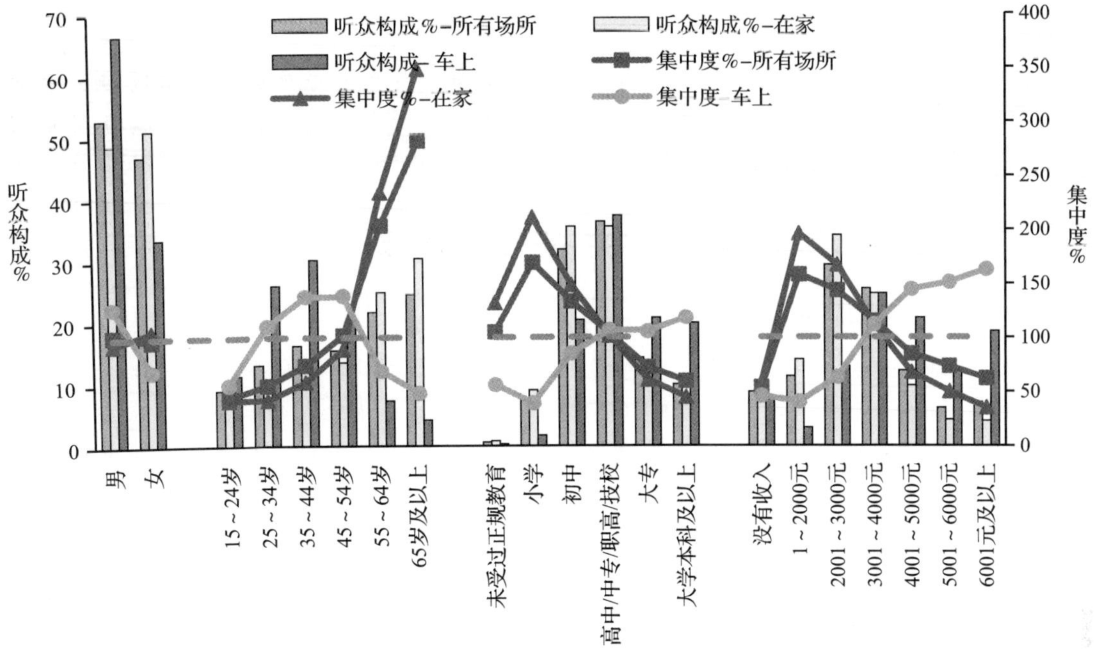

数据来源：CSM 媒介研究

图 8　2017 年新闻综合类频率听众构成（%）和集中度（%）（所有场所/在家/车上）

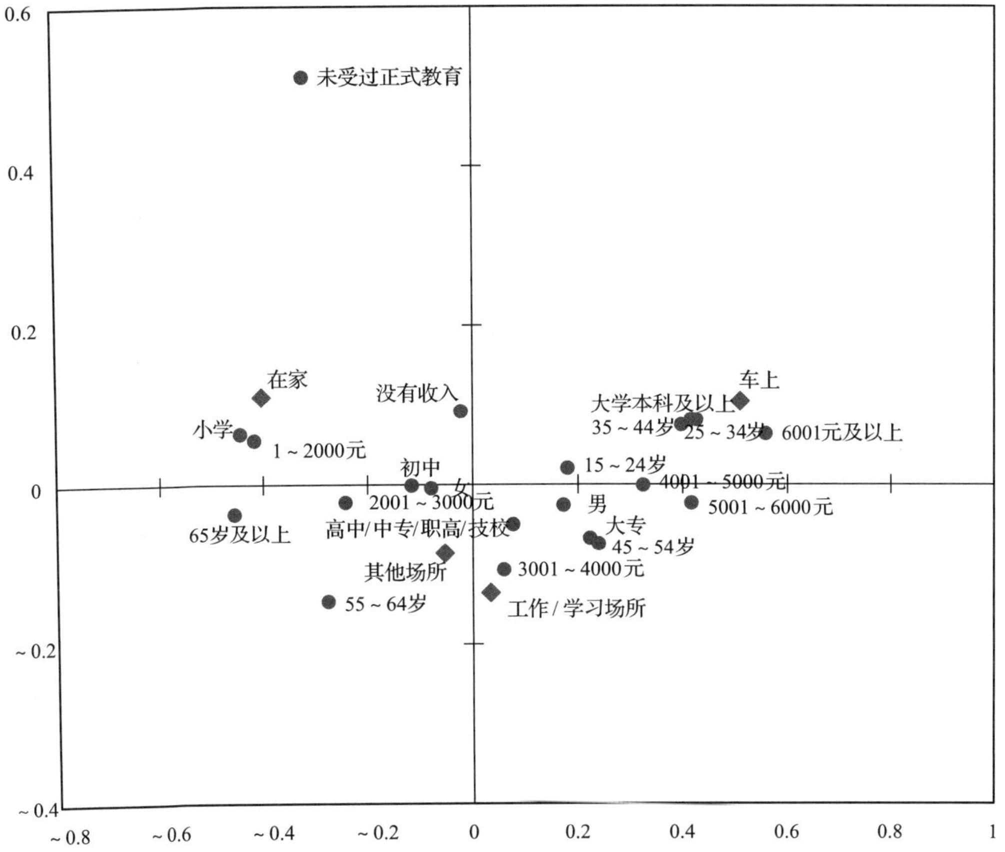

数据来源：CSM 媒介研究

图 9　2017 年新闻综合类频率各目标人群与不同收听场所的对应分析

学历和低收入人群更倾向于在家收听新闻综合类频率；白天大部分时段都在上班的中等收入、中等学历、中年男性更多地在工作/学习场所收听该类频率；选择在车上收听新闻综合类频率的听众身份特征更为鲜明，主要由一些高学历、高收入、高频率开车或乘车的“三高”人群组成（图9）。

四、新闻综合类频率在各城市的收听表现

1. 新闻综合类频率在各城市竞争力水平参差不齐

受地域和各地受众对广播消费习惯不同等因素的影响，新闻综合类频率在各地的竞争力水平参差不齐、各有特色。在根据2017年新闻类综合频率在各城市的平均到达率和平均忠实度所划分的四象限图中（图10），处于第Ⅰ象限的佛山、石家庄、乌鲁木齐和济南等城市的新闻综合类频率受众规模广泛、黏性较高，该类频率在当地属于优势频率，竞争实力强劲；处于第Ⅱ象限的大连、福州、南宁和无锡等城市的新闻综合类频率拥有一批忠实拥趸，但受众规模较小，对于这些城市的新闻综合类频率而言，如何在保

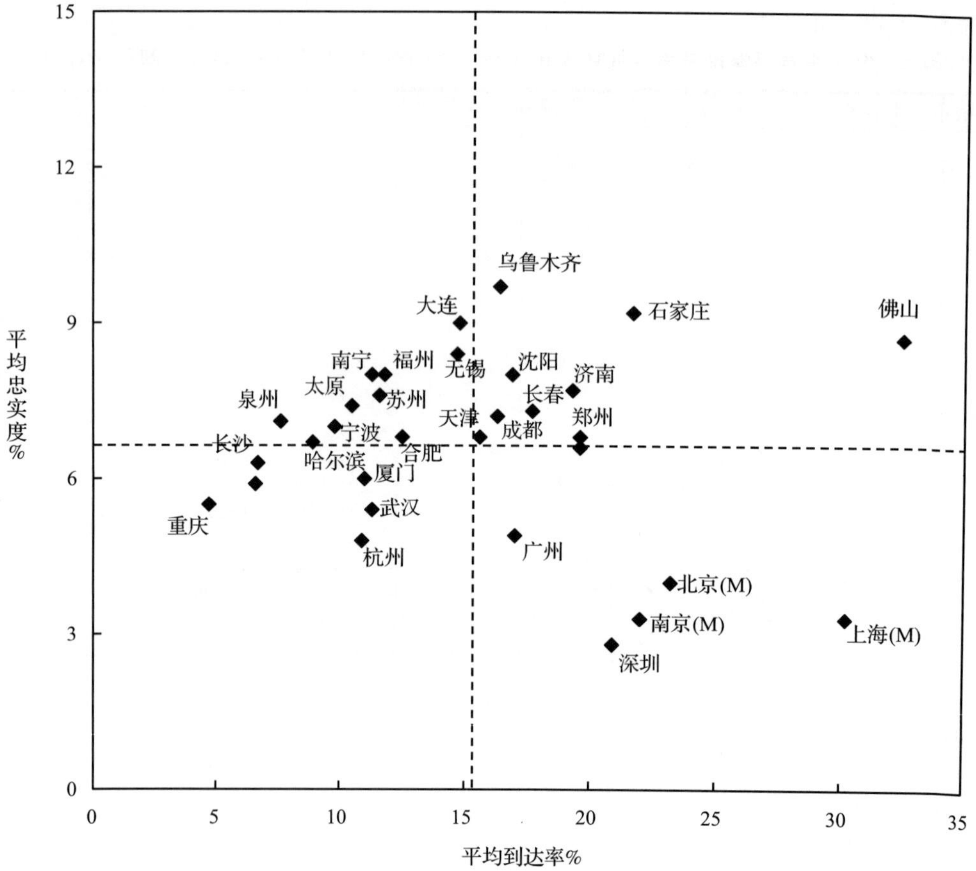

数据来源：CSM媒介研究

图10　2017年新闻综合类频率在不同城市的平均到达率（%）和平均忠实度（%）

有现有忠实受众的基础上进一步扩大听众规模是需要考虑的问题；处于第Ⅳ象限的上海、北京、南京、深圳和广州等城市的新闻综合类频率受众规模较大，但黏性较低，如何在现在听众规模的基础上培养出频率的“铁杆粉丝”是这些城市的新闻综合类频率需要深度思考的问题；而处于第Ⅲ象限的杭州、武汉、厦门和重庆等城市的新闻综合类频率竞争实力相对较弱，仍需努力（图10）。

2. 本地新闻综合类频率在当地竞争实力较强

数据显示，本地新闻综合类频率在当地市场竞争实力较强，各地收听率排名进入前10位的新闻综合类频率都以本地新闻综合类频率为主。在31个城市中，中央人民广播电台第一套节目中国之声在24个城市，中国国际广播电台环球资讯广播FM90.5/AM900、中国国际广播电台环球资讯广播FM91.7和中央人民广播电台维吾尔语广播FM90.5分别在1个城市进入了当地收听率排名前10位，其余频率均为本地新闻综合类频率。特别是佛山人民广播电台FM94.6、济南新闻广播FM106.6、郑州人民广播电台新闻广播AM549/FM98.6，它们在佛山、济南、郑州3个城市所占市场份额更是位居榜首。本地频率更贴近当地人的生活，更能满足当地人的需求，因此更具竞争力（表1）。

表1　各城市主要新闻综合类频率（收听率进入前10位的频率）在当地的市场份额（%）排名

城市	排名	频率	收听率（%）	市场份额（%）
北京	3	中央人民广播电台第一套节目中国之声	0.39	10.04
	4	北京广播电台新闻广播 FM100.6/AM828/CFM90.4	0.37	9.33
	7	中国国际广播电台环球资讯广播 FM90.5/AM900	0.17	4.31
长春	3	吉林人民广播电台新闻综合广播 FM91.6/AM738	0.54	9.77
	4	吉林人民广播电台资讯广播 FM100.1	0.29	5.29
	6	中央人民广播电台第一套节目中国之声	0.26	4.75
	8	长春人民广播电台新闻综合广播 FM88.9/AM900	0.21	3.74
长沙	7	湖南人民广播电台新闻综合频道 FM102.8/FM93.0	0.14	4.20
	8	长沙人民广播电台新闻广播 FM105	0.12	3.51
	9	湖南人民广播电台潇湘之声 FM93.8	0.12	3.50
成都	4	四川人民广播电台综合广播 FM98.1/AM1116	0.36	8.60
	5	四川人民广播电台新闻频率 FM106.1	0.29	6.92
	6	中央人民广播电台第一套节目中国之声	0.25	5.93
	8	成都人民广播电台新闻广播 FM99.8/AM792	0.24	5.68
重庆	4	重庆人民广播电台重庆之声 FM96.8/AM1314	0.20	7.41
	6	中央人民广播电台第一套节目中国之声	0.03	1.19
	8	中国国际广播电台环球资讯广播 FM91.7	0.02	0.69
	10	四川人民广播电台综合广播 FM98.1/AM1116	0.01	0.40
大连	2	大连广播电视台第一套综合广播 FM103.3/AM882	0.85	16.33
	3	中央人民广播电台第一套节目中国之声	0.40	7.71
	10	辽宁广播电视台资讯广播 FM90.6	0.06	1.14

续表

城市	排名	频率	收听率(%)	市场份额(%)
佛山	1	佛山人民广播电台 FM94.6	1.66	28.06
	3	佛山人民广播电台 FM90.1	0.78	13.15
	7	鹤山人民广播电台 FM104.7	0.13	2.23
	9	广东广播电视台珠江经济广播电台（E FM 财富 974）	0.10	1.62
	10	广州新闻电台 FM96.2	0.07	1.21
福州	3	中央人民广播电台第一套节目中国之声	0.37	9.90
	4	福建人民广播电台新闻综合广播 FM103.6/AM882	0.33	8.94
广州	2	广东广播电视台珠江经济广播电台（E FM 财富 974）	0.41	14.00
	5	广州新闻电台 FM96.2	0.27	9.13
	10	广东广播电视台新闻广播 FM91.4/AM648	0.10	3.31
杭州	7	浙江之声 FM88/FM101.6/AM810	0.21	5.96
	8	中央人民广播电台第一套节目中国之声	0.12	3.48
哈尔滨	7	黑龙江新闻广播（龙广新闻台）AM621/FM94.6	0.33	4.52
	10	哈尔滨广播电视台新闻综合频率 AM837/FM106.2	0.14	1.87
合肥	5	中央人民广播电台第一套节目中国之声	0.28	7.09
	6	合肥新闻综合广播 AM666/FM91.5	0.23	5.86
	7	安徽新闻综合广播	0.18	4.62
济南	1	济南新闻广播 FM106.6	1.28	26.19
	8	山东人民广播电台 AM918/FM95	0.12	2.51
昆明	2	中央人民广播电台第一套节目中国之声	0.55	14.51
	5	云南广播电视台新闻广播 AM576/FM105.8	0.25	6.64
	7	昆明广播电视台 FM100.8 新闻资讯广播	0.20	5.22
	9	昆明广播电视台 FM105 城市资讯广播	0.13	3.43
	10	云南广播电视台香格里拉之声 FM99	0.12	3.06
南昌	3	中央人民广播电台第一套节目中国之声	0.28	11.78
南宁	3	中央人民广播电台第一套节目中国之声	0.47	14.90
	6	广西电台综合广播（新闻 910）AM792/FM91.0	0.24	7.55
	8	南宁人民广播电台综合广播 1014 新闻台 FM101.4	0.19	5.96
南京(M)	2	江苏新闻广播 FM93.7	0.49	18.60
	7	南京新闻广播 FM106.9	0.11	4.12
	9	中央人民广播电台第一套节目中国之声	0.07	2.50
宁波	3	宁波电台新闻综合广播宁波之声 FM92.0 AM1323	0.26	8.82
	5	中央人民广播电台第一套节目中国之声	0.19	6.49
	7	浙江之声 FM88/FM101.6/AM810	0.14	4.66
	8	浙江电台 FM99.6（民生 996）	0.10	3.35
泉州	4	泉州广播电视台 889 新闻综合广播 FM88.9	0.29	8.70
	5	中央人民广播电台第一套节目中国之声	0.16	4.80
	9	福建人民广播电台新闻综合广播 FM103.6/AM882	0.08	2.50

续表

城市	排名	频率	收听率（%）	市场份额（%）
上海（M）	2	上海人民广播电台上海新闻广播 FM93.4/AM990	0.56	16.92
	5	东广新闻台 AM1296/FM90.9	0.26	7.88
	8	中央人民广播电台第一套节目中国之声	0.17	5.01
沈阳	4	沈阳广播电视台新闻广播 FM104.5/AM792	0.71	11.11
	8	中央人民广播电台第一套节目中国之声	0.34	5.39
	9	辽宁广播电视台辽宁之声 AM1089/FM102.9	0.29	4.57
石家庄	2	石家庄广播电视台新闻广播 AM882/FM88.2	1.04	16.73
	4	中央人民广播电台第一套节目中国之声	0.53	8.54
	9	河北广播电视台综合广播 AM1278/FM92.7	0.21	3.36
	10	河北广播电视台综合广播 FM104.3	0.21	3.36
苏州	3	苏州广播电视总台综合广播 FM91.1	0.35	8.10
	4	苏州广播电视总台综合广播 AM1080	0.30	6.86
	9	中央人民广播电台第一套节目中国之声	0.13	2.94
太原	8	山西广播电视台综合广播 FM90.4	0.31	5.29
	9	中央人民广播电台第一套节目中国之声	0.23	3.87
深圳	3	深圳广播电台新闻频率 FM89.8	0.38	14.62
	5	广东广播电视台新闻广播 FM91.4/AM648	0.15	5.69
	6	中央人民广播电台第一套节目中国之声	0.09	3.43
	7	广东广播电视台珠江经济广播电台（E·FM 财富 974）	0.08	2.93
	8	中国国际广播电台环球资讯广播 FM107.1	0.07	2.84
	10	中央人民广播电台华夏之声	0.07	2.81
天津	3	天津人民广播电台新闻广播 FM97.2/AM909	0.76	12.08
	10	中央人民广播电台第一套节目中国之声	0.14	2.27
乌鲁木齐	5	中央人民广播电台维吾尔语广播 FM90.6	0.36	5.25
	7	中央人民广播电台第一套节目中国之声	0.26	3.81
	8	新疆人民广播电台维语广播 FM101.7/AM855/AM558	0.22	3.18
武汉	1	中央人民广播电台第一套节目中国之声	0.28	14.77
	5	武汉广播电视台新闻综合广播 AM873/FM88.4	0.16	8.56
	6	湖北之声 AM774/FM104.6	0.16	8.28
无锡	2	无锡广播电视台新闻综合广播 FM93.7	0.71	15.88
	5	无锡广播电视台新闻综合广播 AM1161	0.31	7.01
	10	江苏新闻广播 FM93.7	0.11	2.35
厦门	3	厦门人民广播电台综合广播 FM99.6/AM1107	0.25	10.37
	4	闽南之声广播 AM801/FM101.2	0.19	7.87
	6	中央人民广播电台第一套节目中国之声	0.10	3.97
	8	海峡之声广播电台闽南话频道 AM783	0.04	1.68
郑州	1	郑州人民广播电台新闻广播 AM549/FM98.6	0.69	18.38
	5	河南人民广播电台新闻广播 AM657/FM95.4/FM102.3	0.32	8.51
	8	中牟 1079 FM107.9	0.14	3.83

数据来源：CSM 媒介研究

五、新闻综合类典型节目分析

1.《早安武汉》(07:00~08:00，周一~周五)——武汉广播电视台交通广播FM89.6/AM603

《早安武汉》是武汉广播电视台交通广播FM89.6/AM603早高峰时段的一档新闻类节目，节目定位于上班移动人群，以伴随为主。每期以“天气+生活服务+路况信息”入题，给每一个行走在路上的听友带去温暖的问候和及时的出行信息，充当大家信赖的出行帮手。听友可以通过栏目热线、频率官方微信、微博以及APP等多种途径和方式随时和主持人互动，分享行在路上遇到的即时路况或者每日话题，节目互动性、参与性较强。作为新闻类节目，《早安武汉》丰富的资讯和及时刷新的国内国际动态，让听友可以足不出户就了解天下大事。每期节目会关注一到两个热点事件，让听众了解时下最流行的事件，收获最权威的点评，而“80+90后”主播的搭配，也给节目营造了一种温暖、大气、时尚和具有活力的氛围。

从频率全天收听走势可以看出，该节目拉动了频率一天的收听，是早高峰时段的重要组成部分，形成了全天的收听峰值。车上是该节目的一个重要收听场所（图11）。

从该档节目车上听众构成可以看出，男性、25~44岁、大专及以上学历和个人月收入2001~5000元和6001元及以上的人群构成了该档节目的主体受众群；同时，男性、中青年、高学历和高收入人群更偏好于收听该节目。总体而言，社会中坚力量是该档节目的重度听众群（图12）。

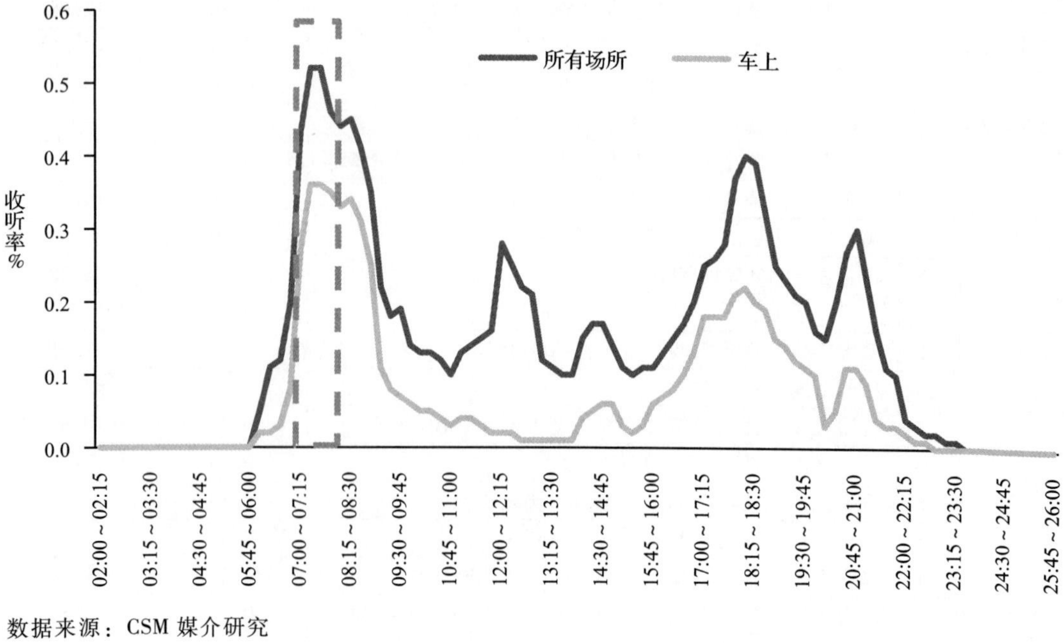

数据来源：CSM媒介研究

图11　2017年周一~周五武汉广播电视台交通广播FM89.6/AM603全天收听率（%）走势

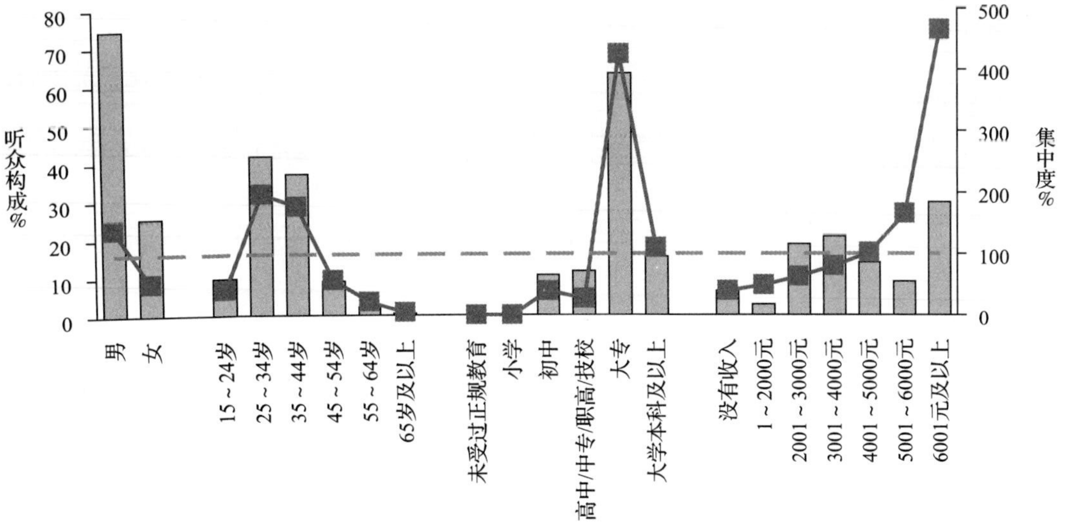

数据来源：CSM 媒介研究

图 12 2017 年《早安武汉》车上听众构成（%）和集中度（%）

2.《珠江第一线——“朝朝饮早茶”》（07:30～09:30，周一～周五）——广东广播电视台珠江经济广播电台（E FM 财富 974）

《珠江第一线——“朝朝饮早茶”》节目的前身是《珠江第一线》，而后者是一档响当当的王牌节目，2012 年节目华丽转身后形成了今天的《珠江第一线——“朝朝饮早茶”》，由名嘴广东金话筒奖得主郑达主播，搭档新锐主播李嘉、鲁力。节目独具广府文化韵味，嬉笑怒骂，点评辛辣，深得听众喜爱。现在，该节目已拥有庞大的粉丝群，

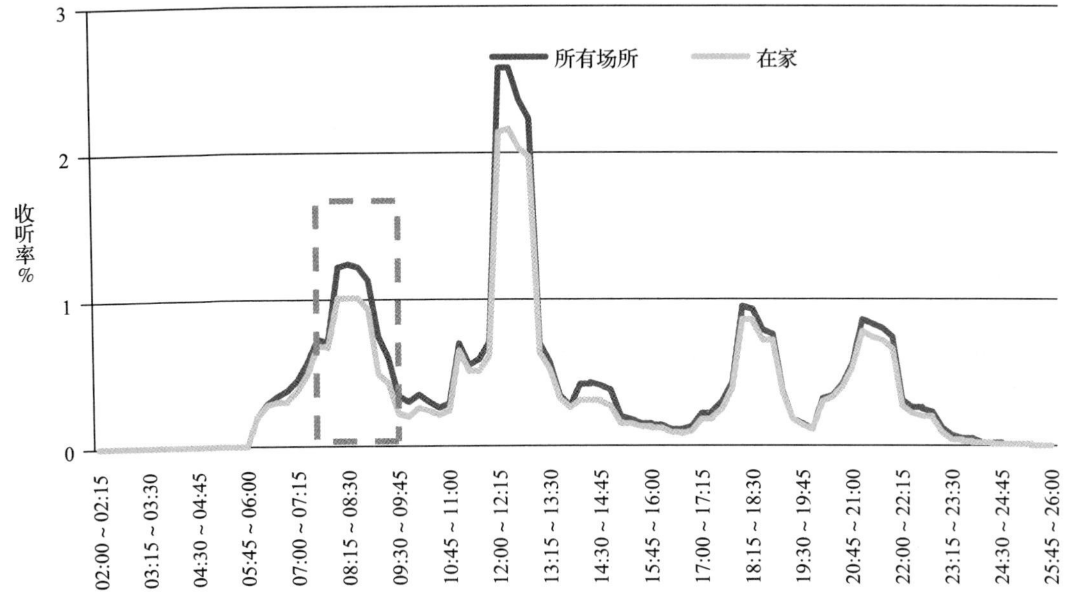

数据来源：CSM 媒介研究

图 13 2017 年周一～周五广东广播电视台珠江经济广播电台（E FM 财富 974）全天收听率（%）走势

2017 年推出节目卡通人物形象，并举行了隆重的发布仪式，出现了 248 元/人的入场券推出一小时即售罄的盛况。从频率全天收听走势我们可以看出，该节目播出时段构成了该频率的早高峰时段，充分展现了一档“常青树”式节目所散发出的勃勃生机（图 13）。

女性、45 岁及以上、小学至高中学历和个人月收入 2001～4000 元的听众构成了《珠江第一线——“朝朝饮早茶”》的主体受众群体，且这些目标人群对该节目的收听偏好也较强（图 14）。

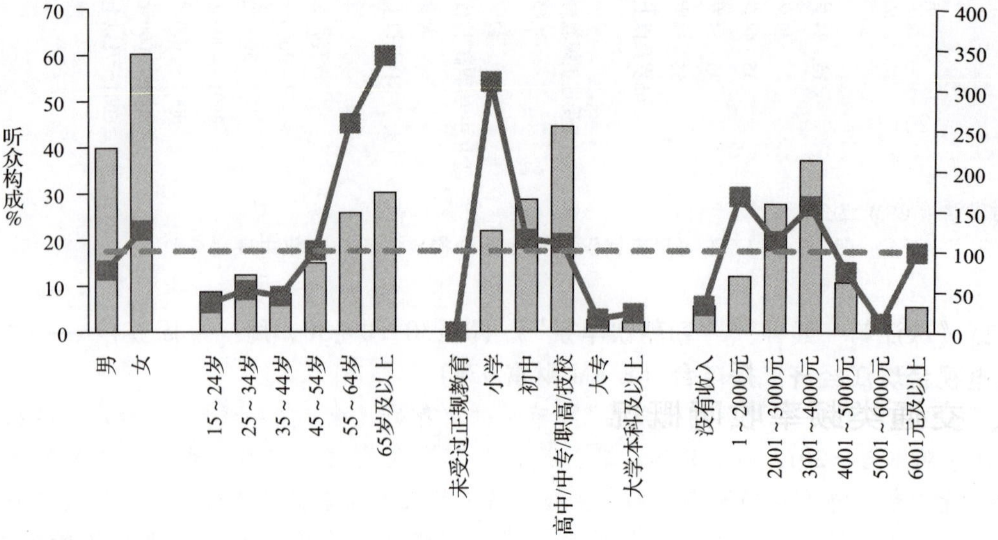

数据来源：CSM 媒介研究

图 14　2017 年《珠江第一线——“朝朝饮早茶”》听众构成（%）和集中度（%）

六、结语

2017 年新闻综合类频率基本沿袭了以往的发展特点，在各类型频率中的竞争优势犹存，主要优势还是集中体现在在家这个场所上，车上收听目前来看并不乐观，但从发展态势来看还有空间。不可否认，交通类和音乐类频率由于其实用性和休闲娱乐性，听众对这两类频率青睐有加，尤其在车载市场表现更甚。

新的传播平台和传播方式的变化，使得传统广播节目的互动方式也发生了翻天覆地的变化，由以往的热线电话这种单纯的声音交流转向更为频繁、直接甚至面对面的交流，这在一定程度上拉近了节目与受众之间的距离，也为节目本身注入了新鲜血液，使得一些“常青树”式的节目风采依旧。但这种借力模式是否具备持久力？对自身而言最终是一种反哺还是一种反噬？未来是否要造船出海？这一切的一切还有待广播人去深入思考，相信广播人会用实际行动交出一份令人满意的答卷。

（作者：解永利）

2017年交通类频率收听状况分析

随着中国经济社会持续快速发展，私家车数量继续保持快速增长态势。公安部数据显示，到2017年年底，私家车已达1.70亿辆。私家车的普及，为城市交通广播的发展创造了良好传播条件。交通类频率作为一个便民服务类的专业频率，有助于满足驾车族听众在交通服务和出行方面的需求，也为移动人群和城市交通管理提供信息服务。本文主要根据CSM媒介研究2017年31个城市收听率四波调查数据，对交通类频率的市场竞争力、听众特点以及在各城市收听表现进行分析，以回顾2017年交通类频率的收听特征①。

一、交通类频率收听概况

1. 交通类频率人均日收听时长回落

对比2015年至2017年交通类频率的人均日收听分钟数，我们可以发现，在所有场所，人均日收听分钟数在2016年小幅上涨至17.4分钟之后，2017年又回落至16.8分钟。分不同场所看，2017年听众在车上和在家收听交通类频率的人均时长较2016年均有所下降。车上依然是交通类频率的主要收听场所，人均日收听分钟数在2016年有小幅度的上升，从2015年的9.3分钟上升至9.7分钟，但在2017年又回落到9.2分钟；在家人均日收听分钟数2015年和2016年均为6.3分钟，但在2017年下滑到5.9分钟；2017年工作/学习场所和其他场所的人均日收听分钟数分别为1.2分钟和0.5分钟，较2016年有所增加（图1）。

2. 早晚收听峰值出现下滑

比较近三年交通类频率的全天收听率走势可以看出，在所有场所，全天收听率走势基本一致，早晚高峰均出现在早间07:00~09:00和晚间17:00~18:30，但2017年早晚收听峰值较2015年和2016年均出现了下滑：2017年早高峰峰值为3.98%，较2016年的4.44%下降了0.46个百分点；晚高峰峰值为2.21%，较2016年的2.54%下降0.33个百分点。在其他时段中，2017年的收听率与前两年基本持平，无明显差异（图2）。

① 文中如无特殊说明，2015~2017年数据为历年四波调查数据，目标人群均为15岁及以上听众，时间段为全天。

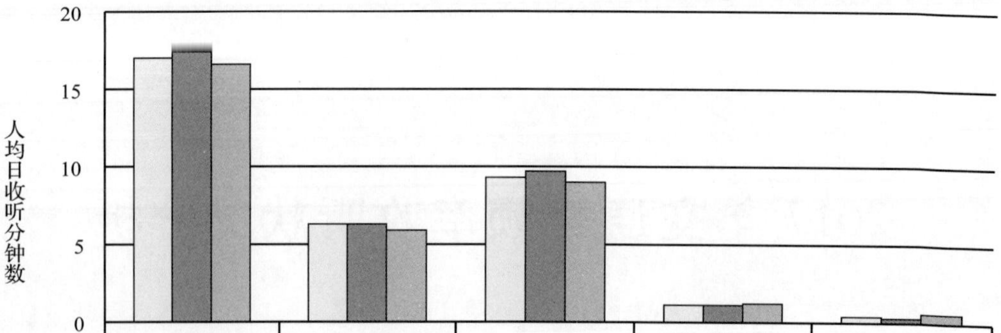

	所有场所	在家	车上	工作/学习场所	其他场所
2015年	17.0	6.3	9.3	1.1	0.4
2016年	17.4	6.3	9.7	1.1	0.3
2017年	16.8	5.9	9.2	1.2	0.5

数据来源：CSM 媒介研究

图1　2015～2017 年交通类频率在不同场所的人均收听分钟数比较

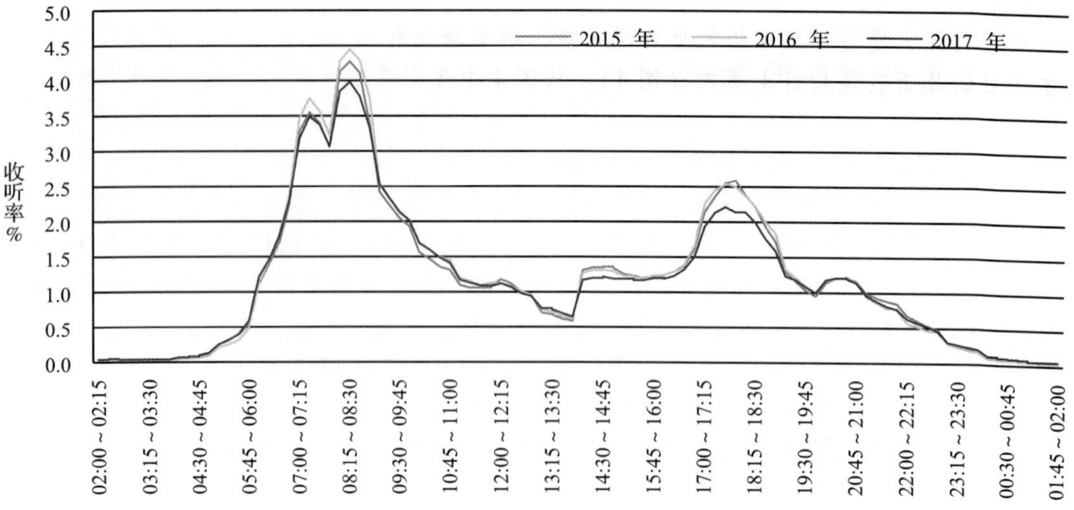

数据来源：CSM 媒介研究

图2　2015～2017 年交通类频率全天收听率（%）走势比较（所有场所）

车上作为交通类频率的主要收听场所，与所有场所相比，早间和晚间的收听高峰更为明显。我们可以看到，车上收听早高峰时段与所有场所相类似，均出现在早间 07:00～09:00，而晚间时段的收听高峰较所有场所有所提前，收听率从 16:00 就开始一路攀升。同所有场所一样，车上收听全天收听率走势与前两年基本一致，但早晚高峰峰值均有所下滑：2016 年的早高峰峰值为 3.14%，2017 年下降至 2.74%；2016 年的晚高峰峰值为 1.95%，2017 年下降至 1.68%。其他时段无明显差异（图3）。

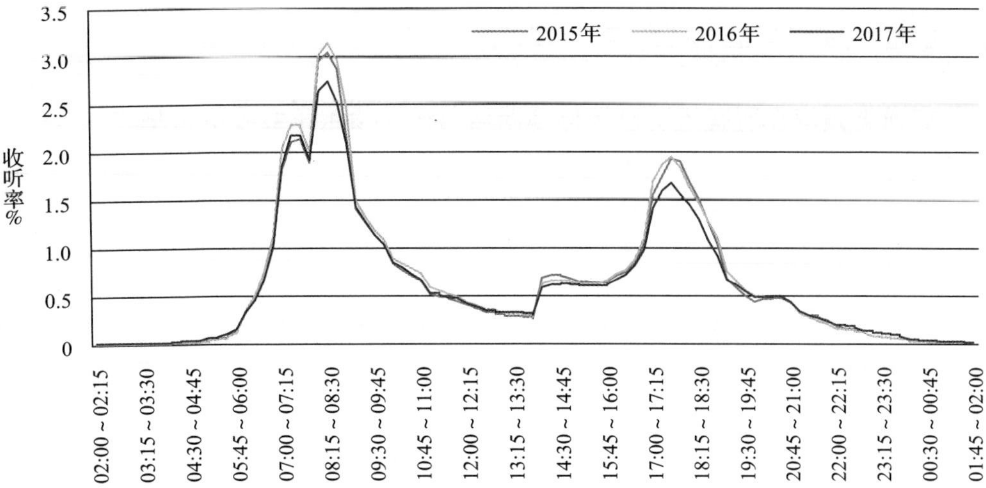

数据来源：CSM 媒介研究

图 3　2015 ~2017 年交通类频率全天收听率（%）走势比较（车上）

3. 工作日收听水平高于周末

从不同周天交通类频率的收听表现来看，所有场所和车上的收听走势较为相似，两者工作日的收听表现均好于周末（图4）。从图4中我们可以发现，交通类频率的收听表现一定程度上会受到听众作息时间的影响。周一的收听率最高，而周一上班时段的路况恰恰是一周之中最为复杂的；周二收听率有所下降，随后周三出现回升并在周四和周五趋于平稳；到了周末，大部分听众都处于休息状态，这时他们在收听选择上会出现一些变化，导致该类频率的收听率较工作日有所降低。

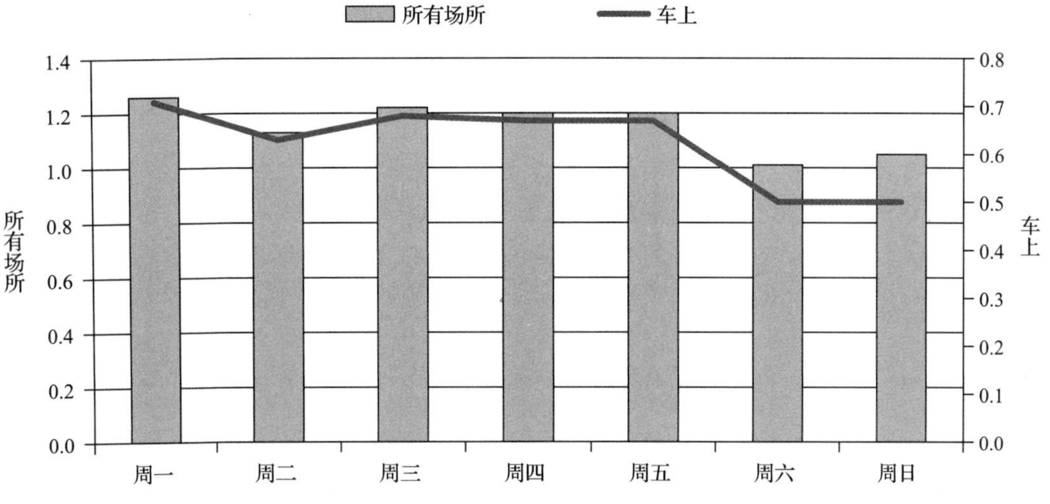

数据来源：CSM 媒介研究

图 4　2017 年交通类频率不同周天收听率（%）比较

二、交通类频率整体竞争表现

1. 交通类频率在所有场所市场份额跃居第一，领跑车载收听市场

在所有场所各类型频率的收听竞争中，新闻综合类、交通类和音乐类频率依旧保持着较强的竞争力。2017 年交通类频率的市场份额提升较为明显，从 2016 年的 24.66% 上升至 2017 年的 27.73%，一举实现反超，成功地将保持了多年第一的新闻综合类频率拉下马。新闻综合类频率的市场份额则从 2016 年的 27.30% 下滑至 2017 年的 24.42%。文艺类、都市生活类和经济类频率的竞争力相对较弱，2017 年的市场份额分别为 8.69%、9.08% 和 5.93%。体育类、农村类和教育类因为受频率定位、节目内容等的限制，受众范围较小，市场份额相对较低（图 5）。

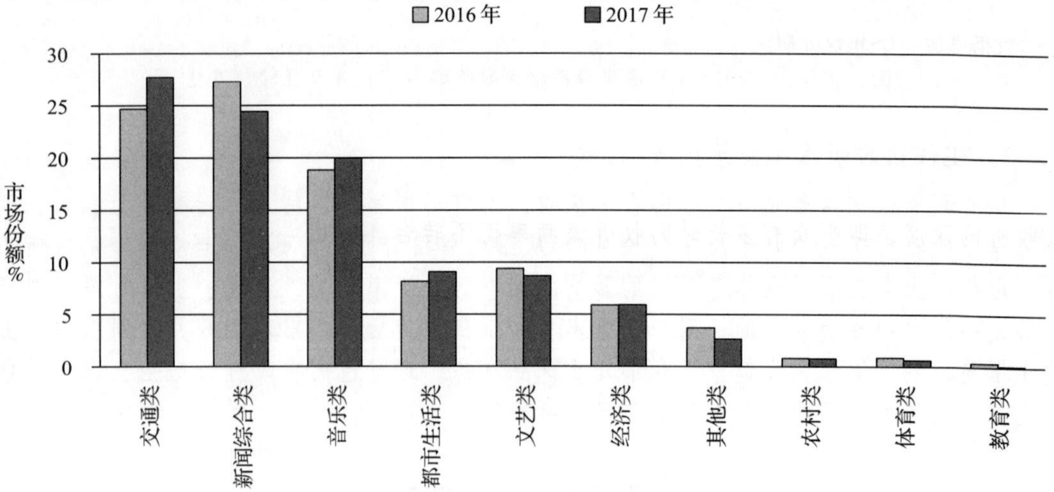

数据来源：CSM 媒介研究

图 5　2016～2017 年各类型频率市场份额（%）对比（所有场所）

再看车载收听市场，2017 年交通类频率的市场份额为 47.22%，在全天大部分时段都具有绝对的竞争优势，市场份额遥遥领先于其他各类型频率（图 6）。随着晚高峰结束，道路交通情况逐渐变好，交通类频率的收听开始呈现下滑趋势。与之相反，音乐类频率的收听走势从 17:00 晚高峰开始逐渐上升，到夜间 22:00～24:00 与交通类频率形成竞争态势。虽然夜间时段音乐类频率对交通类频率造成了一定的威胁，但由于交通类频率在全天大部分时段都有稳定的支撑，因而在车载收听市场的霸主地位不可撼动，仍然具有非常高的广告投放价值。

2. 交通类频率为强势媒体平台，听众收听广度和深度发展均衡

我们可以通过平均到达率和平均忠实度这两个维度来考量各类型频率的竞争力。平均到达率反映听众收听的广度，即有多少不重复的听众收听该频率；平均忠实度反映听

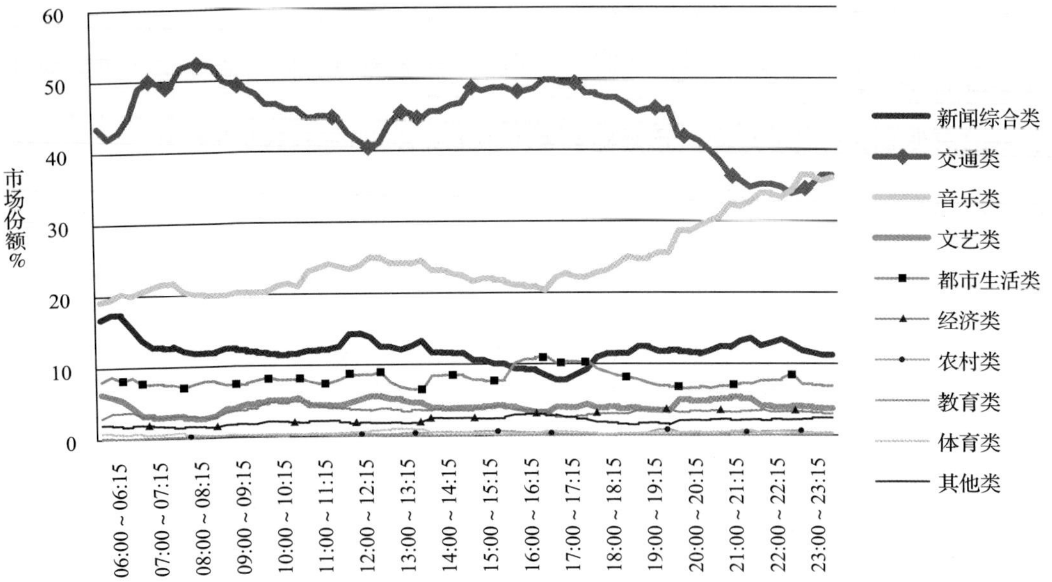

数据来源：CSM 媒介研究

图 6　2017 年各类型频率全天市场份额（%）走势（车上）

众收听的深度，即听众有多长时间收听该频率而不转台。交通类、新闻综合类和音乐类频率依靠丰富的节目资源优势，吸引着大量的听众，被认为是拉动收听的三驾马车。我们可以看到，在所有场所，交通类、新闻综合类和音乐类频率的平均到达率和平均忠实度都处在一个较高的水平上，为强势媒体平台，而农村类、文艺类、都市生活类和经济类频率的平均忠实度较高而平均到达率相对较低，属于小众频率（图7）。

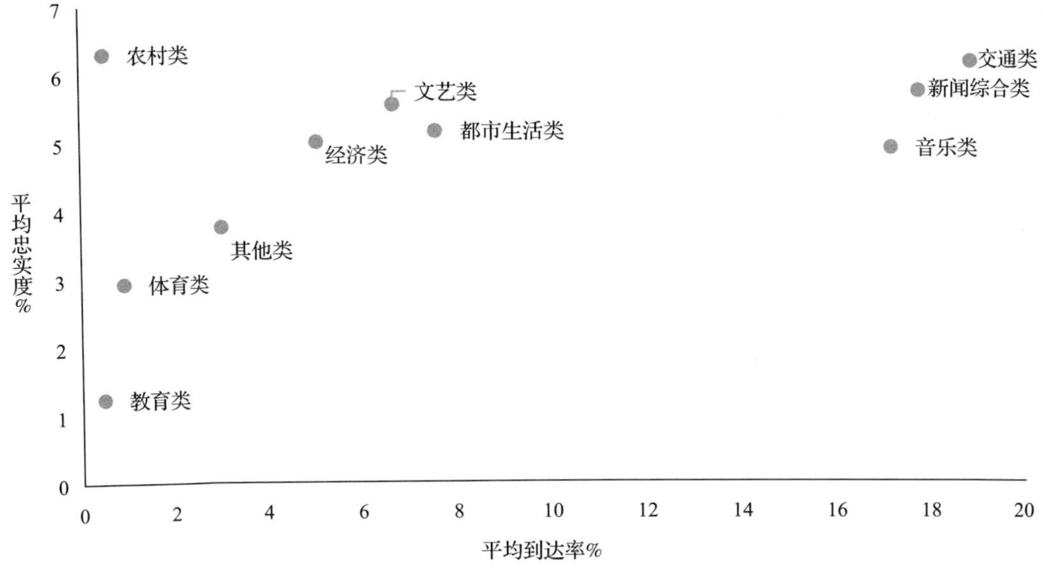

数据来源：CSM 媒介研究

图 7　2017 年广播收听市场各类型频率的平均到达率（%）和平均忠实度（%）（所有场所）

在车载收听市场，交通类频率依仗高平均到达率和高平均忠实度而稳稳地居于强势媒体平台区域内。此外，音乐类频率和新闻综合类频率虽然也有一定的竞争力，但相较于交通类频率，无论是平均到达率还是平均忠实度都还有较大的差距。拥有高而稳定的听众收听深度和听众收听广度，是交通类频率在车载收听市场拥有巨大竞争优势的主要原因（图8）。

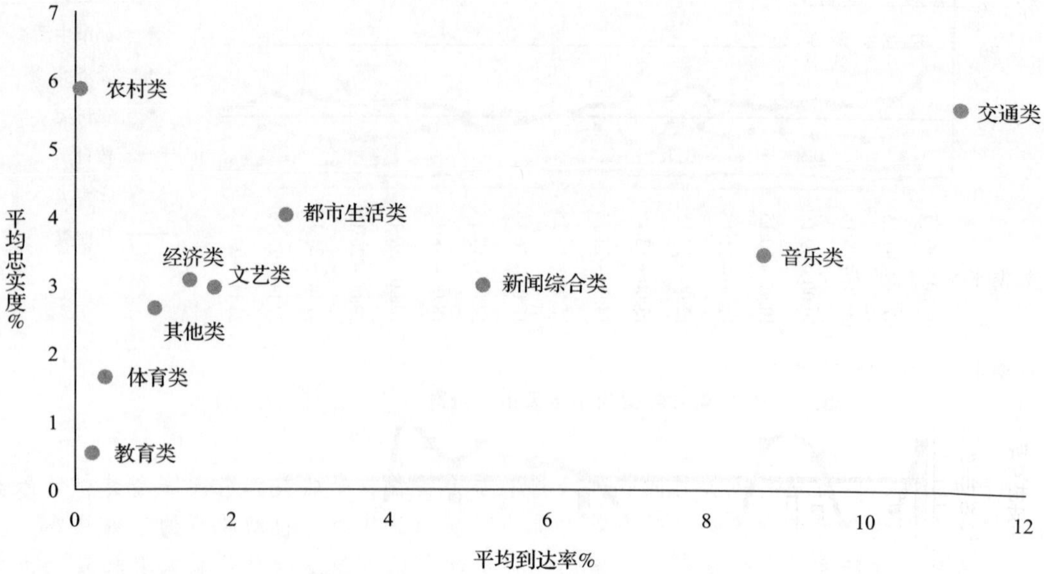

数据来源：CSM 媒介研究

图 8　2017 年广播收听市场各专业频率的平均到达率（%）和平均忠实度（%）（车上）

三、交通类频率的听众特征

1. 车上听众中，男性、高学历、高收入群体更喜爱收听交通类频率

交通类频率要想进一步提升品牌价值，就需要准确定位听众群体，明确哪些人群是自己的特定目标听众。听众构成反映的是交通类频率的主要收听人群，而集中度反映的是哪类人群更爱收听交通类频率。

从听众构成来看，交通类频率在所有场所和在车上的听众特点较为相似。在所有场所和在车上，听众均以男性为主，所有场所的男性听众占 61.79%，而车上的男性听众比例更高，达 70.2%。从年龄段来看，25～44 岁的中青年在所有场所和在车上均保持着较高的比例。

从集中度来看，男性、高学历、高收入群体更喜爱收听交通类频率，且车上的听众比所有场所的听众更为优质；年龄段方面，35～44 岁中年人群的集中度达到 151.92%；学历方面，大学本科及以上人群的集中度最高；收入方面，高收入人群的集中度也相对较高。由此可见，交通类频率有着非常高的广告投放价值（图 9～10）。

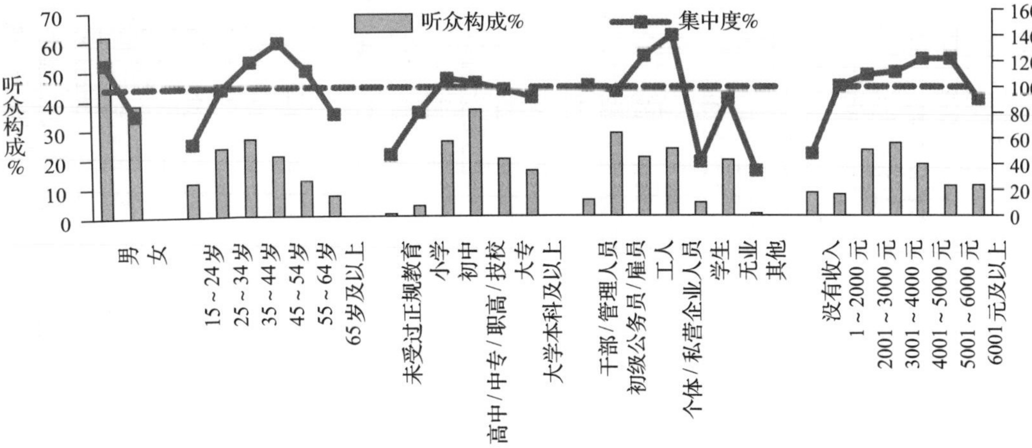

数据来源：CSM 媒介研究

图 9　2017 年交通类频率的听众构成（%）与集中度（%）（所有场所）

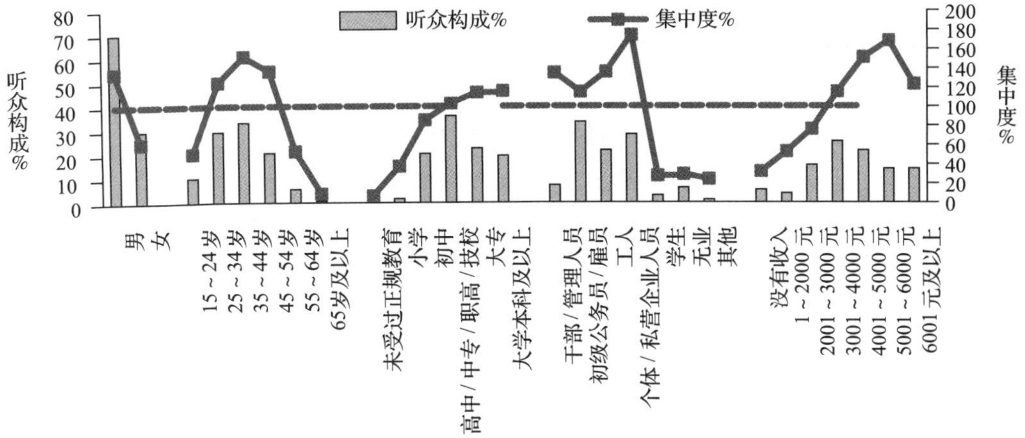

数据来源：CSM 媒介研究

图 10　2017 年交通类频率的听众构成（%）与集中度（%）（车上）

2. 男性、35~54 岁、个体/私营企业人员和工人人均收听时间更长

从不同目标人群收听交通类频率的人均时长来看，男性听众人均日收听时长为 19.8 分钟，女性为 13.2 分钟；45~54 岁人群人均日收听时长最长，为 22.4 分钟；从初中到大学本科及以上各受教育程度人群，人均日收听时长差别不是特别大；个体/私营企业人员和工人偏好交通类频率，其中，个体/私营企业人员人均日收听时长为 23.3 分钟，工人为 20.6 分钟（图 11）。

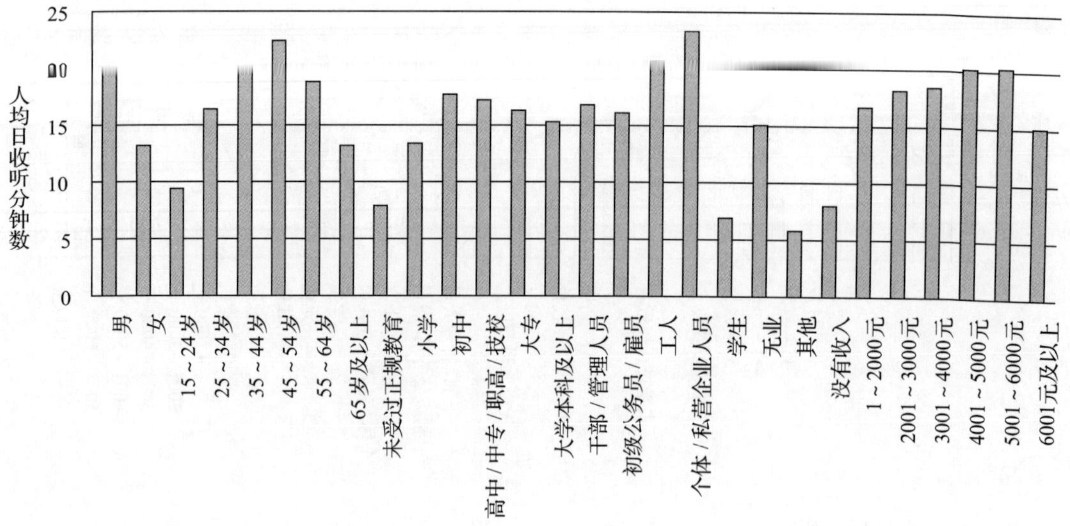

数据来源：CSM媒介研究

图11　2017年交通类频率不同目标听众人均日收听分钟数

四、交通类频率在各城市的收听表现

1. 交通类频率收听表现在不同城市差异较大

观察全国31个城市中交通类频率的人均收听量和听众规模，我们发现其在各个城市间存在较大的差异（图12）。2017年31城市组交通类频率的人均日收听分钟数为16.8分钟，高于平均值的城市有17个，超过半数。其中乌鲁木齐听众的人均日收听时

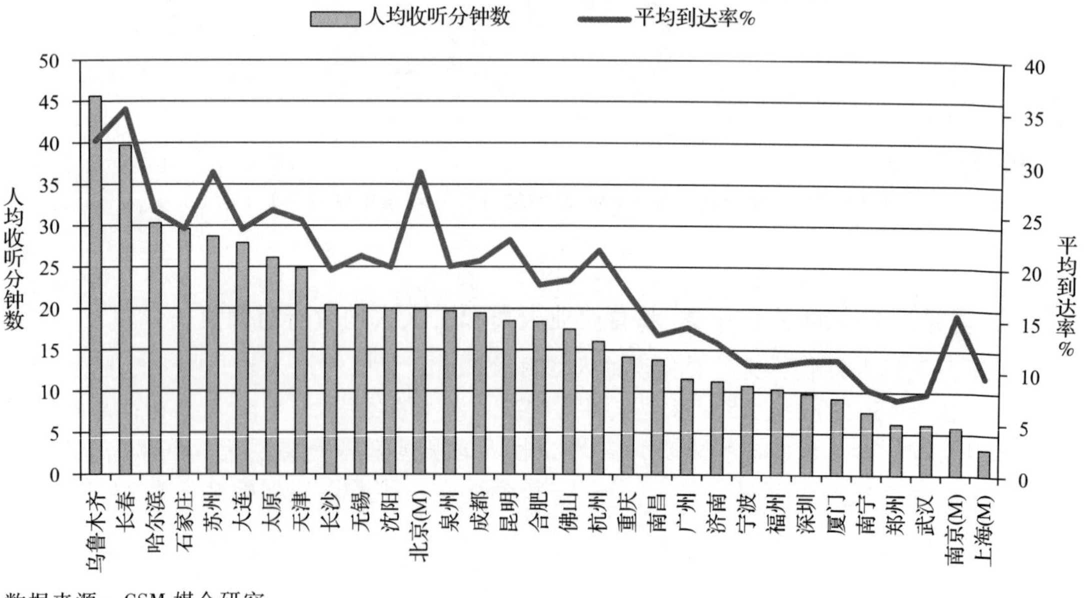

数据来源：CSM媒介研究

图12　2017年各城市交通类频率的人均收听分钟数和平均到达率（%）（所有场所）

长最长，达到了45.6分钟，长春和哈尔滨位列二、三，人均日收听时长分别为39.7分钟和30.3分钟。深圳、厦门、南宁、郑州、武汉、南京和上海这些城市的人均日收听分钟数均不足10分钟，收听时长较短。

从各个城市交通类频率的听众规模（平均到达率%）来看，长春、乌鲁木齐、苏州和北京等城市的交通类频率更能吸引听众，而上海、南宁、武汉和郑州的交通类频率的听众规模则相对较小。我们可以看出，交通类频率在北方城市的表现整体要好于在南方城市（图12）。

综合来看，乌鲁木齐、长春等城市交通类频率收听表现较为出色，上海、南京等城市交通类频率收听表现稍显不足、有待提升。

2. 交通类频率在本地市场具有很强的竞争力

从全国31个城市中主要交通类频率在本地市场的市场份额及排名来看，在所有场所，有36个交通类频率在当地市场的市场份额排名进入前3位。其中，苏州广播电视总台交通经济广播FM104.8、长春交通之声FM96.8、泉州广播电视台904交通广播FM90.4、重庆人民广播电台交通频率FM95.5、新疆人民广播电台949交通广播FM94.9、大连人民广播电台第四套广播交通广播FM100.8和北京人民广播电台交通广播FM103.9/CFM95.6在本地市场的市场份额均超过了30%。而在车上，交通类频率的强势尽显无遗，有45个交通类频率的市场份额排名进入当地前3位，其中25个交通类频率占据第一位。重庆人民广播电台交通频率FM95.5在当地的市场份额更是突破了70%，此外，新疆人民广播电台949交通广播FM94.9、大连人民广播电台第四套广播交通广播FM100.8、苏州广播电视总台交通经济广播FM104.8和长春交通之声FM96.8在当地的市场份额也都在60%以上，这足以证明交通类频率在车载收听市场上的竞争地位难以撼动（表1）。

表1 2017年不同城市中主要交通类频率在本地市场的市场份额及排名

城市	频率	所有场所		车上	
		市场份额%	排名	市场份额%	排名
北京	北京人民广播电台交通广播FM103.9/CFM95.6	32.11	1	33.97	1
长春	长春交通之声FM96.8	37.38	1	61.32	1
	吉林人民广播电台交通广播FM103.8	12.61	2	17.27	2
长沙	湖南人民广播电台交通频道FM91.8/FM100.3	29.60	1	35.29	1
	长沙人民广播电台交通广播FM106.1	11.75	2	15.01	2
成都	四川人民广播电台交通广播FM101.7	18.99	1	34.19	1
	四川人民广播电台私家车广播FM92.5	1.15	17	2.08	11
	成都人民广播电台交通广播FM91.4	11.71	2	24.46	2
重庆	重庆人民广播电台交通频率FM95.5	36.69	1	70.19	1
大连	大连人民广播电台第四套广播交通广播FM100.8	36.04	1	63.71	1
	辽宁广播电视台交通广播FM97.5	1.07	11	1.59	8

续表

城市	频率	所有场所		车上	
		市场份额%	排名	市场份额%	排名
佛山	佛山人民广播电台 FM92.4	19.12	2	32.10	1
	广东广播电视台羊城交通广播台 FM105.2	0.89	13	1.14	8
	广州交通电台 FM106.1	0.43	17	0.46	14
福州	海峡之声都市阳光调频 FM99.6	1.68	13	1.58	13
	福州交通之声 FM87.6	11.52	2	20.58	2
	福建人民广播电台交通广播 FM100.7	5.71	7	10.73	3
广州	广东广播电视台羊城交通广播台 FM105.2	13.15	4	27.65	2
	广州交通电台 FM106.1	14.08	1	31.21	1
杭州	杭州交通经济广播 FM91.8	20.44	1	31.56	1
	浙江人民广播电台交通之声 FM93	11.39	2	17.16	2
哈尔滨	黑龙江交通广播 FM99.8	21.50	1	48.48	1
	哈尔滨广播电视台交通频率 FM92.5	7.44	5	16.49	2
合肥	安徽交通广播	20.58	1	39.34	1
	安徽 FM980	0.63	22	0.44	18
	安徽经济广播－高速之声	0.96	20	0.36	20
	合肥交通广播 AM1053/FM102.6	10.42	2	18.48	2
济南	济南交通广播 FM103.1	13.76	3	38.83	1
	山东广播电视台交通广播 up radio FM101.1	2.29	10	3.46	7
昆明	云南广播电视台交通之声 FM91.8	23.60	1	49.97	1
	昆明广播电视台 FM95.4 汽车广播	9.64	3	17.57	2
南昌	江西交通广播 FM105.4	25.32	1	38.91	1
	南昌交通音乐广播 FM95.1	11.90	2	15.01	2
	南昌快乐联盟大眼睛 897 FM89.7	3.18	9	3.65	6
南京	江苏交通广播网 FM101.1	7.54	4	8.15	4
	江苏人民广播电台金陵之声 FM99.7	2.57	8	2.35	10
	南京交通台交通 FM102.4	5.15	6	6.25	6
南宁	广西电台交通广播 FM100.3	10.57	5	20.24	2
	南宁人民广播电台交通音乐广播 1074 交通台	6.21	7	6.44	6
宁波	宁波电台交通广播 FM93.9 AM612	21.99	1	29.20	1
	浙江人民广播电台交通之声 FM93	3.14	9	3.98	3
泉州	泉州广播电视台 904 交通广播 FM90.4	37.23	1	46.28	1
	福建人民广播电台交通广播 FM100.7	4.11	6	5.57	5
上海	上海交通广播 AM648/FM105.7	6.43	6	7.02	5
沈阳	辽宁广播电视台交通广播 FM97.5	21.79	2	38.92	1
石家庄	河北广播电视台交通广播 FM99.2	18.49	1	41.27	1
	石家庄广播电视台交通广播 FM94.6	12.21	3	23.68	2
	河北广播电视台私家车广播 AM900/FM90.7	2.20	13	1.64	10

续表

城市	频率	所有场所		车上	
		市场份额%	排名	市场份额%	排名
苏州	苏州广播电视总台交通经济广播 FM104.8	41.71	1	62.54	1
	江苏交通广播网 FM101.1	4.39	5	7.64	3
太原	太原人民广播电台交通频率 FM107	19.98	1	51.19	1
	山西广播电视台交通广播 FM88	10.80	2	15.27	2
深圳	深圳广播电台交通频率 FM106.2	25.94	1	43.92	1
	广东广播电视台羊城交通广播台 FM105.2	0.32	18	0.31	17
天津	天津人民广播电台交通广播 FM106.8	27.18	1	56.21	1
乌鲁木齐	新疆人民广播电台 949 交通广播 FM94.9	36.61	1	64.10	1
	乌鲁木齐人民广播电台交通文艺广播维吾尔语 FM104.6	6.05	4	0.76	11
	乌鲁木齐人民广播电台交通广播 FM97.4	3.05	10	4.23	3
武汉	楚天交通广播 FM92.7	12.63	3	26.34	1
	武汉广播电视台交通广播 FM89.6/AM603	7.17	7	10.97	3
	湖北私家车广播 FM107.8	2.08	12	3.18	9
无锡	无锡广播电视台交通广播 FM106.9/AM1008	24.95	1	52.00	1
	江苏交通广播网 FM101.1	5.00	8	8.59	4
厦门	厦门经济交通广播 FM107/AM1278	22.51	2	33.60	2
	福建人民广播电台交通广播 FM100.7	4.11	5	6.43	4
郑州	河南人民广播电台交通广播 FM104.1/FM92.4	9.42	4	20.87	2
	河南人民广播电台私家车 999 FM99.9	1.64	16	3.70	6
	河南人民广播电台驾车调频 FM106.6/AM1332	0.43	20	0.42	21

数据来源：CSM 媒介研究

五、典型交通类节目分析

1. 交通资讯服务类节目

交通资讯服务类节目一直是交通类频率的核心内容，通常也是交通类频率的高收听、高创收品牌节目。《一路畅通》是北京人民广播电台交通广播 FM103.9/CFM95.6 一档以信息发布为主、以歌曲音乐为串联的实用轻松节目，及时准确地传播路况信息、交通信息，服务市民出行，架起管理、运营部门与出行者之间的信息高速路，充分体现了交通台的专业优势。如今在北京开车的人，可能没有一个不知道《一路畅通》的，就连不开车的听众也喜欢听主持人叨唠叨唠，无论是在所有场所还是在车上，《一路畅通》收听表现均较好（图 13）。同样收听表现突出的还有黑龙江交通广播 FM99.8 的《资讯早车》和《一路有你》两档早晚高峰重点节目，两者在哈尔滨的收听率均居于前列。其中，《资讯早车》在车载收听市场的份额更是高达 50% 以上，很受当地众的喜爱（表2）。

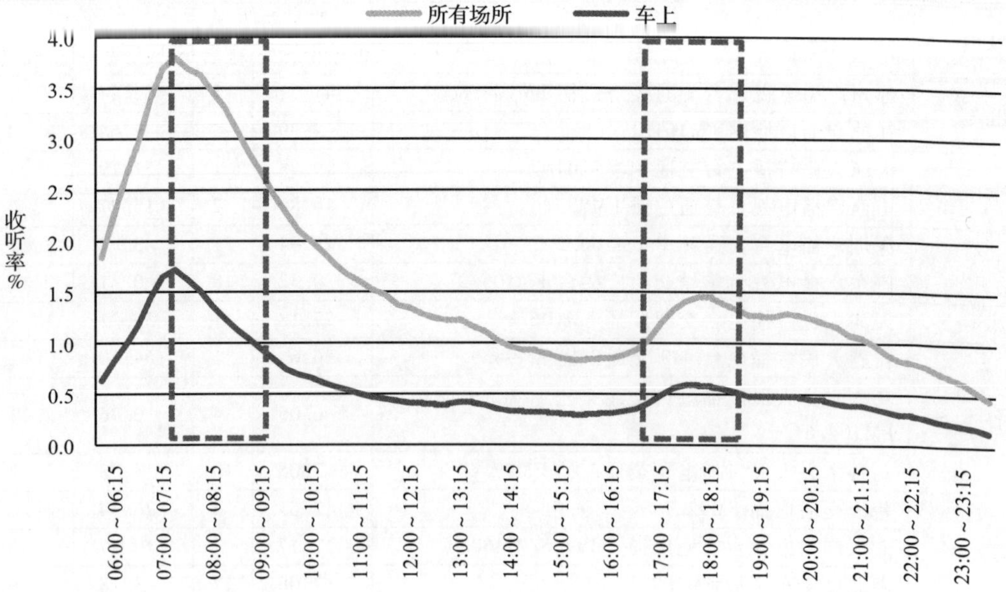

数据来源：CSM 媒介研究

图 13　2017 年北京交通广播（FM103.9/CFM95.6）全天收听率（%）走势

表 2　《资讯早车》和《一路有你》收听表现

节目	频率	所有场所			车上		
		收听率%	市场份额%	排名	收听率%	市场份额%	排名
资讯早车 06：00～09:00	黑龙江交通广播 FM99.8	4.96	35.42	1	1.81	55.71	1
一路有你 16:30～19:00	黑龙江交通广播 FM99.8	2.48	14.35	2	1.29	37.98	1

数据来源：CSM 媒介研究

2. 汽车消费维权类节目

我国已进入汽车时代，汽车消费的投诉量也随着汽车数量的增加而逐年增多。汽车消费维权类广播节目生逢其时，给了消费者极大的帮助。《我的汽车有话说》是杭州交通经济广播 FM91.8 重点打造的汽车消费维权栏目，秉承“为政府分忧，为百姓解难”的宗旨，为听众办实事。从市场份额来看，《我的汽车有话说》具有很强的竞争力，尤其在车载收听市场，其市场份额达到了 40.55%，遥遥领先于同时段其他节目（表 3）。从听众构成以及集中度来看，在《我的汽车有话说》的听众中，25～34 岁的中青年人群以及大学本科及以上的高学历人群占比较大，并且他们也相对更爱收听这档节目（图 14）。

表 3　2017 年杭州地区《我的汽车有话说》市场份额（%）

节目	频率	所有场所		车上	
		市场份额%	排名	市场份额%	排名
我的汽车有话说 11:00～12:30	杭州交通经济广播 FM91.8	21.34	1	40.55	1

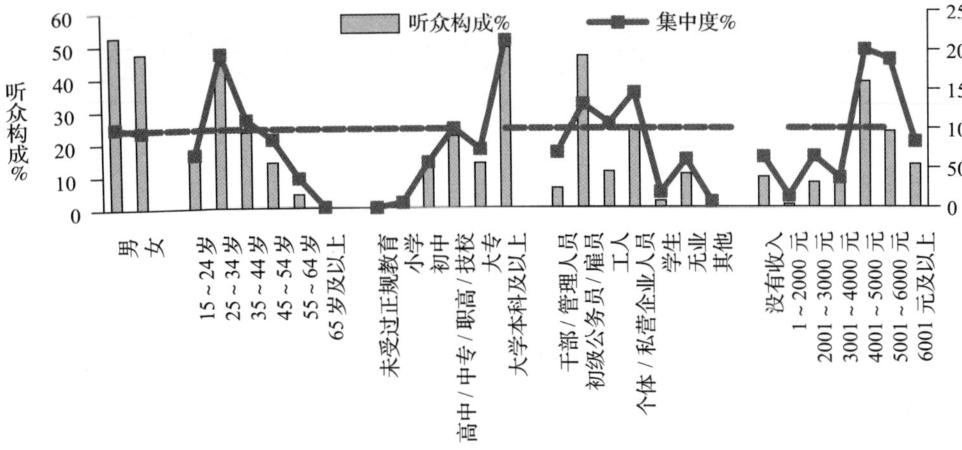

数据来源：CSM 媒介研究

图 14　2017 年杭州地区《我的汽车有话说》听众构成（%）和集中度（%）（车上）

六、结语

2017 年，交通类频率人均日收听分钟数在所有场所和在车上较前两年均有所下滑，分别为 16.8 分钟和 9.2 分钟。分时段来看，车载收听早高峰时段与在所有场所一样出现在早间 07:00～09:00，晚间时段的收听高峰较所有场所有所提前，两者收听率早晚高峰峰值较前两年均有所下滑。交通类频率的收听表现会受到听众作息时间的影响，因此，工作日的收听表现均好于周末。2017 年，交通类频率在所有场所的市场份额超过新闻综合类频率成为第一。在车载收听市场，交通类频率更是遥遥领先于其他各类型频率。值得一提的是，音乐类频率到夜间 22:00～24:00 与交通类频率形成了竞争态势，对交通类频率造成了一定的威胁。但不管是在所有场所还是在车上，交通类频率均以高平均到达率和高平均忠实度，稳稳地处于强势媒体平台区域。交通类频率聚集了高学历、高收入的优质听众，具有非常高的广告投放价值。从全国 31 个城市的广播收听市场我们可以发现，交通类频率普遍在本地市场有着较强的竞争力。

听众是支撑广播行业发展的基石。与其说听众离不开广播，倒不如说是广播离不开听众，尤其是在当下这个信息传播方式越来越多元化、传播内容越来越丰富的时代。交通类频率需要更多地把听众作为广播工作的出发点和落脚点，满足听众的需要，尤其是满足车载收听受众的需要，才能在这个信息爆炸、媒体竞争激烈的时代，保住自己原有的优势并图谋更大的发展。

（作者：潘琪）

2017 年音乐类频率收听状况分析

科技进步拓展了广播的传播方式和传播途径，社会分工的复杂化和多元化加剧了受众群体的分化趋势。传统意义上的“广播”向“窄播”方向发展，从而对广播频率的类型化提出了越来越高的要求，新闻、音乐、交通等类型化广播频率应运而生。音乐是听觉艺术，广播是以满足人们听觉为主的传播载体，音乐类频率可以说是伴随着广播一起诞生的。发展至今，音乐类频率已经成为广播不可或缺的一部分，同时也是传统广播在新传播生态环境下尝试转型的先锋频率。

本文基于 CSM 媒介研究 2015～2017 年广播收听率调查城市①的四波收听率调查数据，重点对2017 年的音乐类频率收听状况进行分析。

一、音乐类频率整体竞争力

1. 音乐类频率数量占比下降，收听竞争力不减反增

就 2015～2017 年各类专业广播频率的数量占比而言，新闻综合类、音乐类和交通类频率位居前三强，文艺类和都市生活类频率的数量占比每年也均超过 10%。新闻综合类频率的数量占比逐年增加，但市场份额却逐年下降。音乐类频率的数量比例持续减少，而市场份额却不减反增。交通类频率近三年的数量比例基本稳定，市场份额则连年增长。2017 年，音乐类和交通类频率的市场份额上涨都较明显（表 1）。

表 1　2015～2017 年各类专业频率数量占比（%）及市场份额（%）

频率类别	频率数量占比（%）			市场份额（%）		
	2015 年	2016 年	2017 年	2015 年	2016 年	2017 年
新闻综合	24.77	24.86	25.35	28.20	27.30	24.42
音乐	18.11	17.37	16.90	18.61	18.84	19.96
交通	14.05	14.81	14.08	23.40	24.66	27.73
文艺	12.94	11.88	10.87	10.07	9.37	8.69
都市生活	11.83	11.52	11.67	8.21	8.16	9.08
经济	7.58	8.04	8.45	6.14	5.91	5.93

① 2015～2017 年各年收听率调查城市数量分别为：2015 年 36 个城市，2016 年 36 个城市，2017 年 31 个城市。

续表

频率类别	频率数量占比（%）			市场份额（%）		
	2015 年	2016 年	2017 年	2015 年	2016 年	2017 年
农村	2.77	2.74	3.02	0.57	0.80	0.76
教育	2.03	2.01	1.81	0.32	0.40	0.14
体育	1.48	1.65	1.61	0.73	0.85	0.63
其他	4.44	5.12	6.24	3.72	3.73	2.67

数据来源：CSM 媒介研究

2. 音乐类频率在车上的竞争力提升，在工作/学习场所有明显下滑

在不同地点各类型频率的收听竞争中，音乐类频率在工作/学习场所的竞争力略优于在家和在车上（表 2）。新闻综合类频率在家收听竞争中处于主导地位，音乐类频率 2015 年和 2016 年排名第二位，但 2017 年被交通类频率赶超，下降至第三位。在车上的收听竞争中，交通类频率表现强势，2017 年占据了近半数的市场份额，音乐类频率位于其后。在工作/学习场所的收听竞争中，音乐类频率 2017 年丧失榜首地位，被新闻综合类频率取代。近三年，音乐类频率在不同地点的收听竞争中，在家的表现比较稳定，在车上 2017 年的市场份额较 2016 年有 8.78% 的增长，在工作/学习场所 2017 年的市场份额较上年降幅达到 19.40%。

表 2　2015～2017 年各类专业频率在不同收听地点的市场份额（%）

频率类别	在家			车上			工作/学习场所		
	2015 年	2016 年	2017 年	2015 年	2016 年	2017 年	2015 年	2016 年	2017 年
新闻综合	35.17	34.20	31.31	11.64	11.05	11.60	23.66	24.29	25.67
音乐	16.04	16.63	16.92	21.72	20.49	22.29	27.98	28.97	23.35
交通	13.52	14.15	17.79	50.84	52.02	48.09	18.69	20.55	23.80
文艺	12.62	11.78	11.52	3.69	4.14	3.94	9.85	8.00	8.85
都市生活	8.99	9.26	9.99	6.06	5.90	7.97	8.82	7.54	8.79
经济	7.41	7.19	7.34	2.89	2.96	3.37	6.01	5.57	6.03
体育	0.74	0.86	0.59	0.80	0.75	0.46	0.53	1.04	1.12
农村	0.72	1.03	1.09	0.19	0.27	0.28	0.50	0.70	0.49
教育	0.36	0.48	0.17	0.12	0.09	0.09	0.71	0.70	0.14
其他	4.41	4.43	3.27	1.99	2.32	1.93	3.22	2.64	1.77

数据来源：CSM 媒介研究

3. 音乐类频率听众规模扩大、忠实度降低

2017 年，音乐类频率的平均到达率较前两年有所提升，与 2016 年相比增幅为 21.02%，交通类频率增幅为 9.51%，新闻综合类频率的平均到达率出现下降，降幅为

3.49%。此外，经济类频率平均到达率增幅超过20%，都市生活类频率增幅接近30%，体育和教育类频率增幅分别为35.82%和88%，农村类频率降幅为13.30%。各类型频率的平均忠实度则整体呈现下降趋势，2017年与2016年相比，音乐类频率平均忠实度降幅为25.11%，新闻综合类频率降幅为21.64%，交通类频率降幅为12.77%。比较各类专业频率的平均到达率可以发现，2017年交通类频率取代新闻综合类频率，排在各类型频率之首，新闻综合类和音乐类频率排在第二、第三位。2017年平均忠实度最高的频率是农村类频率，其次为交通类频率，新闻综合类频率排在第三位，音乐类频率的排名则相对靠后，居第七位（图1）。

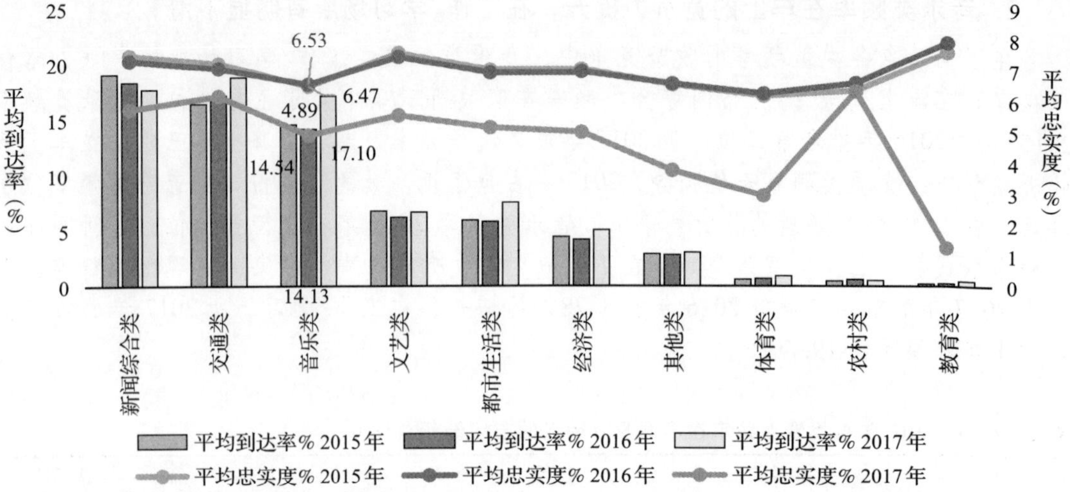

数据来源：CSM媒介研究

图1　2015～2017年各类专业频率的平均到达率（%）与平均忠实度（%）

二、音乐类频率整体收听状况

1. 音乐类频率的人均收听时长下降

广播的“三大支柱”频率——新闻综合类、交通类和音乐类频率2017年的人均收听时长与2016年相比均出现下降。其中，新闻综合类频率的降幅最大，达到23.36%，音乐类频率降幅为9.26%，交通类频率降幅为3.68%。新闻综合类和音乐类频率的人均收听时长逐年下降，交通类频率未能保持增长态势，2017年开始滑落（图2）。

2. 音乐类频率在工作日和周末的收听表现差异较小

2017年，各类型频率工作日的收听率整体高于周末。其中，交通类频率工作日和周末的收听率差别在各类型频率中最大，周末相较工作日收听率降幅为14.17%。音乐类、新闻综合类频率工作日和周末的收听率差别较小（图3）。

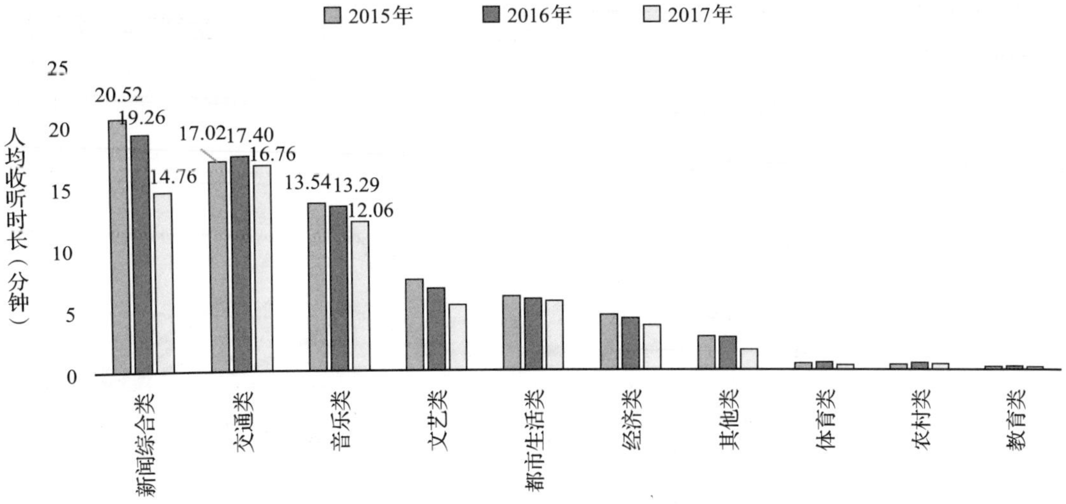

数据来源：CSM 媒介研究

图 2　2015～2017 年各类专业广播频率的人均收听时长（分钟）

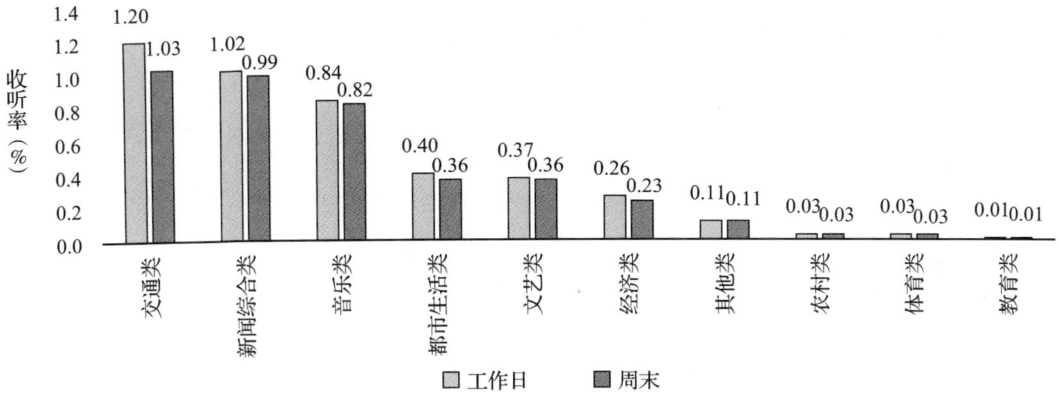

数据来源：CSM 媒介研究

图 3　2017 年工作日和周末各类专业广播频率的收听率（%）

3. 音乐类频率晚间出现收听“黄金 90 分”

“一日之计在于晨”，新闻综合、交通、音乐三大类频率的收听最高峰基本位于早间 07:00～08:30 之间。06:00～07:15 时段新闻综合类频率占据收听优势，07:15～11:00 时段交通类频率收听领先。12:00～13:00 左右交通类和音乐类频率收听回弹，出现午间的收听“小山丘”。音乐类频率自下午 13:30 开始，收听率呈现出波浪式的上升态势，分别于 14:00～15:00、17:00～19:00 和 20:00～21:30 出现 3 次波峰。其中，晚间 20:00～21:30 的 90 分钟，音乐类频率的收听率领先于其他各类广播频率，形成了晚间“黄金 90 分”（图 4）。

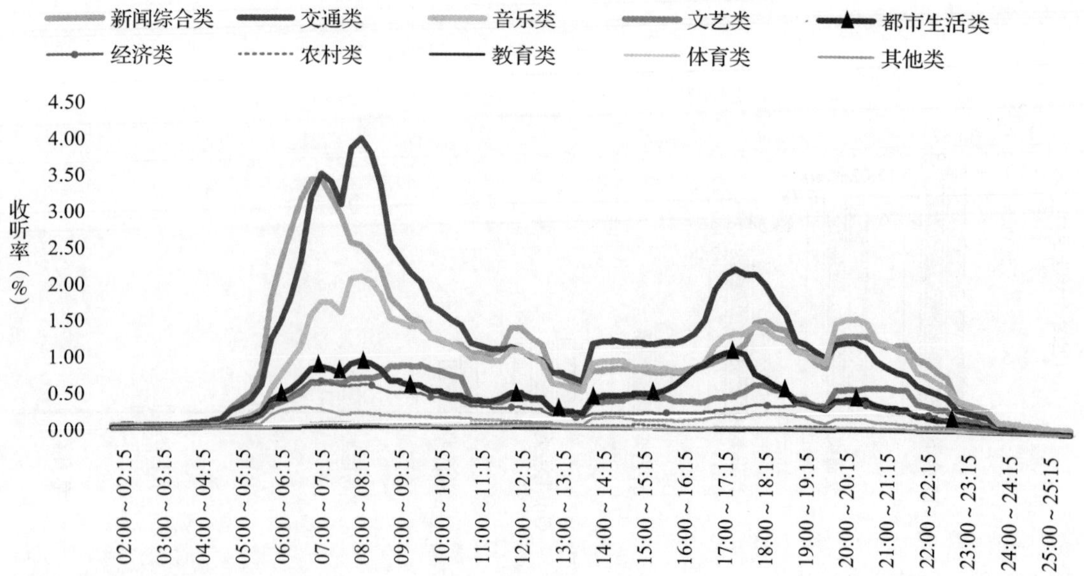

数据来源：CSM 媒介研究

图 4　2017 年各类专业频率全天收听率（%）走势

4. 音乐类频率在不同地点的全天收听曲线呈现差异

人的行为与空间密不可分，空间会对行为产生影响，因此听众在不同地点的广播收听行为也会有所差别。音乐类频率在家、车上和工作/学习场所 3 个地点的全天收听曲线走势各具特色。同在车上和工作/学习场所相比，音乐类频率在家的收听早高峰出现时间较早，晚高峰则出现时间较迟。在家，早间 05:30 左右音乐类频率的收听曲线开始上升，分别在 07:00～07:30 和 08:00～09:00 时段出现两次收听高峰，午间 12:00～13:00时段收听率回升，再现收听小波峰，随后的 13:00～14:00 时段，收听曲线快速下

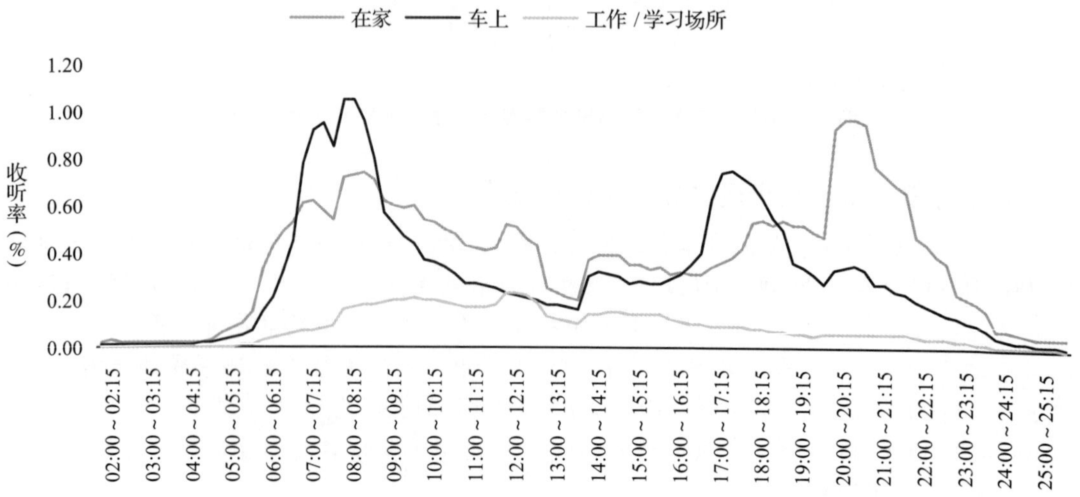

数据来源：CSM 媒介研究

图 5　2017 年音乐类频率在不同场所全天收听率（%）走势

降，之后再次呈现上升趋势，于晚间 20:00～21:00 时段进入全天收听最高峰，峰值达到 0.97%。音乐类频率在车上的收听，全天有两次收听高峰，06:45～09:45 左右的早高峰曲线高度在全天中最高，傍晚 16:45～19:00 左右出现收听晚高峰。音乐类频率在工作/学习场所的收听曲线起伏不甚明显，收听率基本在低位徘徊，09:15～10:30 和 12:00～13:00 时段的收听率相对较高（图 5）。

三、音乐类频率听众特征

1. 音乐类频率听众的女性、年轻、高学历、高收入特质更突出

音乐类、新闻综合类和交通类频率是广播频率的"三驾马车"，其重要性不言而喻。从这 3 类频率的听众特征来看，音乐类频率，女性、25～34 岁、高中、初级公务员/雇员和个人月收入 3001～4000 元的听众占比最大；新闻综合类频率，男性、65 岁及以上、高中、无业和个人月收入 2001～3000 元的听众比例更高；交通类频率，男性听众占比超过六成，35～44 岁、高中、初级公务员/雇员和个人月收入 3001～4000 元的听众比例最高。从听众集中度来看，女性、25～34 岁、大学本科及以上、干部/管理人员、个人月收入 6001 元及以上的听众对音乐类频率的收听兴趣最大；男性、65 岁及以上、小学、无业和个人月收入 1～2000 元的听众更爱收听新闻综合类频率，尤以 65 岁及以上和无业听众的喜爱程度为最；男性、45～54 岁、初中、个体/私营企业和个人月收入 5001～6000 元的听众则更加青睐交通类频率。

比较音乐类、新闻综合类和交通类频率的听众特征，我们可以发现，音乐类频率的女性、15～24 岁和 25～34 岁、大专和大学本科及以上学历、初级公务员/雇员、个人月收入 6001 元及以上的听众比例和收听热情都明显高于新闻综合类和交通类频率。由此可见，相较新闻综合类和交通类频率，音乐类频率的听众具有更年轻、学历更高和收入更高的特质（图 6）。

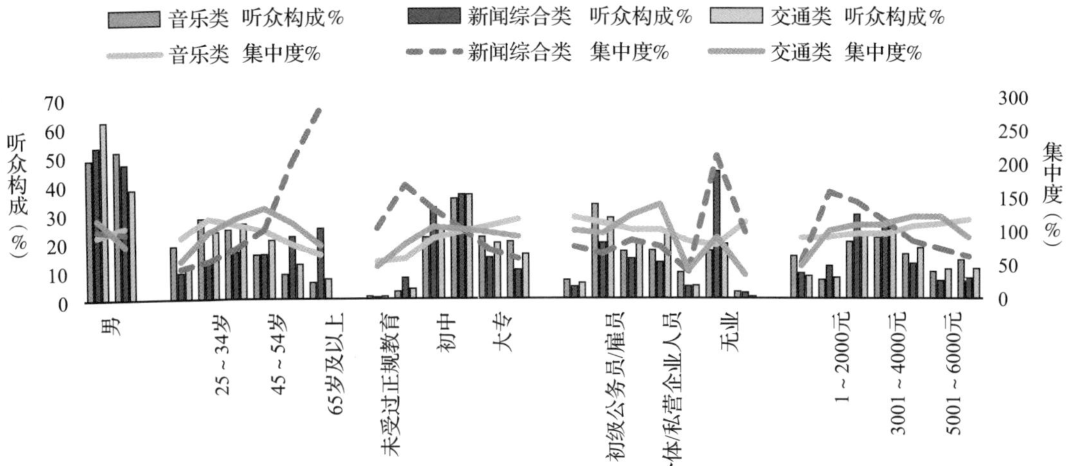

数据来源：CSM 媒介研究

图 6　2017 年音乐类、新闻综合类、交通类频率听众构成（%）与集中度（%）

2. 不同收听地点偏爱收听音乐类频率的听众特征具有差异

收听地点不同会对听众的收听行为产生影响，在家、车上和工作/学习场所的听众对音乐类频率的收听热情有所差异（图7）。更喜欢在家收听音乐类频率的听众相对年龄偏大（55～64岁）、学历偏低（未受过正规教育、初中）、收入偏少（个人月收入1～2000元、2001～3000元）。偏爱在车上和工作/学习场所收听音乐类频率的听众有一定的共性：男性、青壮年（25～34岁、35～44岁）、干部/管理人员、工人和个体/私营企业人员、中等收入（个人月收入3001～4000元、4001～5000元、5001～6000元）人群的收听兴趣更大。

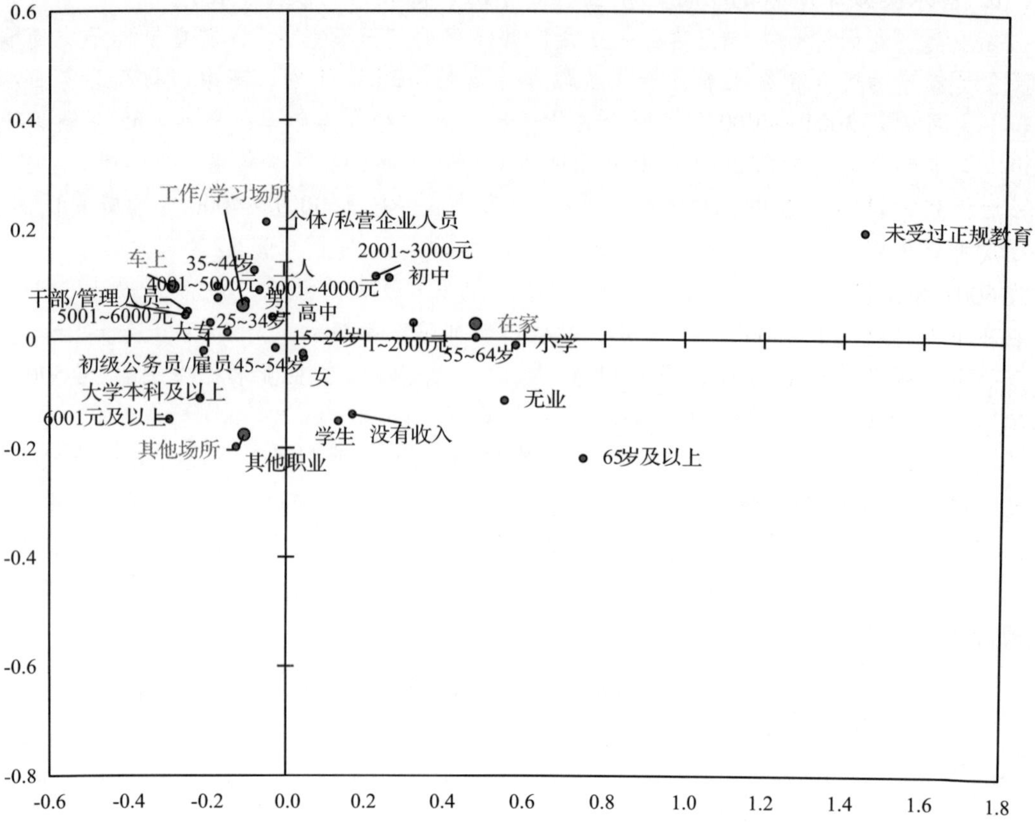

数据来源：CSM媒介研究

图7　2017年音乐类频率不同场所重点听众对应分析

四、音乐类频率在区域市场的收听表现

1. 音乐类频率在沈阳的人均收听时间最长，在南京的收听竞争力最强

听众收听习惯存在一定的地域性差异。从2017年各地区的收听情况来看，音乐类频率人均收听时长排在前5位的地区分别是：沈阳、佛山、上海、南京和天津；音乐类频率市场份额居前5位的地区分别是：南京、上海、厦门、深圳和重庆；音乐类频率在当地收听竞争实力超过新闻综合类频率和交通类频率的6个地区分别是：南京、上海、厦

门、深圳、南宁和沈阳。综上所述，音乐类频率在南京和上海地区的收听表现最好，无论是人均收听时长抑或收听竞争力都居于前列。音乐类频率虽然在佛山、天津地区的人均收听时间较长，但其在当地的收听竞争力却不及新闻综合类频率或交通类频率。当地广播频率收听时间最多的是哈尔滨、乌鲁木齐、沈阳、天津和石家庄5个地区，除沈阳音乐类频率的市场份额最大外，其余4地均是交通类频率占据收听市场主导地位。当地广播频率收听时间最少的是南京、深圳、厦门、南昌和武汉5个地区，除南昌交通类频率和武汉地区新闻综合类频率占据市场竞争优势外，其余地区均是音乐类频率收听表现最强势。由此可见，在华东和华南等生活节奏较快、广播收听整体花费时间较少的城市，反而是音乐类频率相对更受听众欢迎（表3）。

表3　2017年各地区主要类别频率人均收听时长（分钟）与市场份额（%）

地区	人均收听时长（分钟）				市场份额%		
	所有频率	音乐类	新闻综合类	交通类	音乐类	新闻综合类	交通类
哈尔滨	104.62	10.82	8.60	30.30	10.35	8.22	28.96
乌鲁木齐	99.77	3.66	23.06	45.60	3.67	23.11	45.71
沈阳	91.80	22.95	19.34	20.03	25.00	21.07	21.82
天津	91.10	15.72	15.21	24.95	17.26	16.70	27.38
石家庄	89.36	13.90	28.85	29.63	15.55	32.28	33.16
佛山	85.46	22.53	40.94	17.49	26.36	47.90	20.46
太原	84.77	13.89	11.26	26.08	16.38	13.28	30.77
长春	79.33	7.16	18.67	39.66	9.03	23.54	50.00
大连	75.04	2.70	19.27	27.85	3.59	25.68	37.12
济南	70.11	10.62	21.51	11.25	15.15	30.68	16.04
无锡	64.61	7.04	17.85	20.39	10.89	27.63	31.56
苏州	62.26	12.52	12.65	28.74	20.10	20.32	46.16
成都	60.84	10.12	16.81	19.41	16.63	27.63	31.91
北京	56.62	9.07	13.45	19.89	16.02	23.75	35.13
合肥	56.28	12.47	12.18	18.36	22.16	21.64	32.62
昆明	54.19	8.79	18.60	18.53	16.22	34.31	34.19
郑州	54.13	10.37	19.18	6.22	19.15	35.43	11.49
福州	53.92	6.60	13.56	10.30	12.25	25.14	19.09
杭州	50.21	6.01	7.62	16.01	11.96	15.17	31.89
上海	47.88	19.75	14.32	3.17	41.24	29.90	6.62
长沙	47.76	9.24	6.09	20.42	19.34	12.75	42.75
泉州	47.23	1.53	7.77	19.72	3.24	16.45	41.74
南宁	45.57	13.58	13.09	7.65	29.81	28.73	16.78
宁波	42.44	4.89	9.94	10.67	11.51	23.41	25.13
广州	41.89	10.20	12.11	11.51	24.35	28.91	27.48
重庆	38.35	12.51	3.72	14.07	32.62	9.69	36.69
南京	37.65	15.96	10.52	5.83	42.39	27.93	15.48
厦门	34.74	13.79	9.57	9.25	39.71	27.54	26.61
南昌	34.12	4.42	5.64	13.79	12.94	16.53	40.40
深圳	37.41	12.71	12.53	9.82	33.98	33.49	26.26
武汉	27.72	7.34	8.80	6.06	26.50	31.76	21.88
算术平均值	60.23	10.74	14.60	18.15	19.53	24.53	29.46

数据来源：CSM媒介研究

2. 音乐类频率在不同场所的收听竞争力存在地域性差异

从音乐类频率在各地区不同收听场所所表现出的市场竞争力来看，长沙、济南、沈阳、上海、北京、南京、佛山、武汉和天津等地区音乐类频率的车上收听更具市场竞争力，厦门、南宁、深圳、昆明、郑州和福州等地音乐类频率在家和在工作/学习场所的收听竞争力表现相对更好，而石家庄、广州、太原、成都、重庆和哈尔滨的音乐类频率则没有较为明显的收听竞争强势场所（图8）。

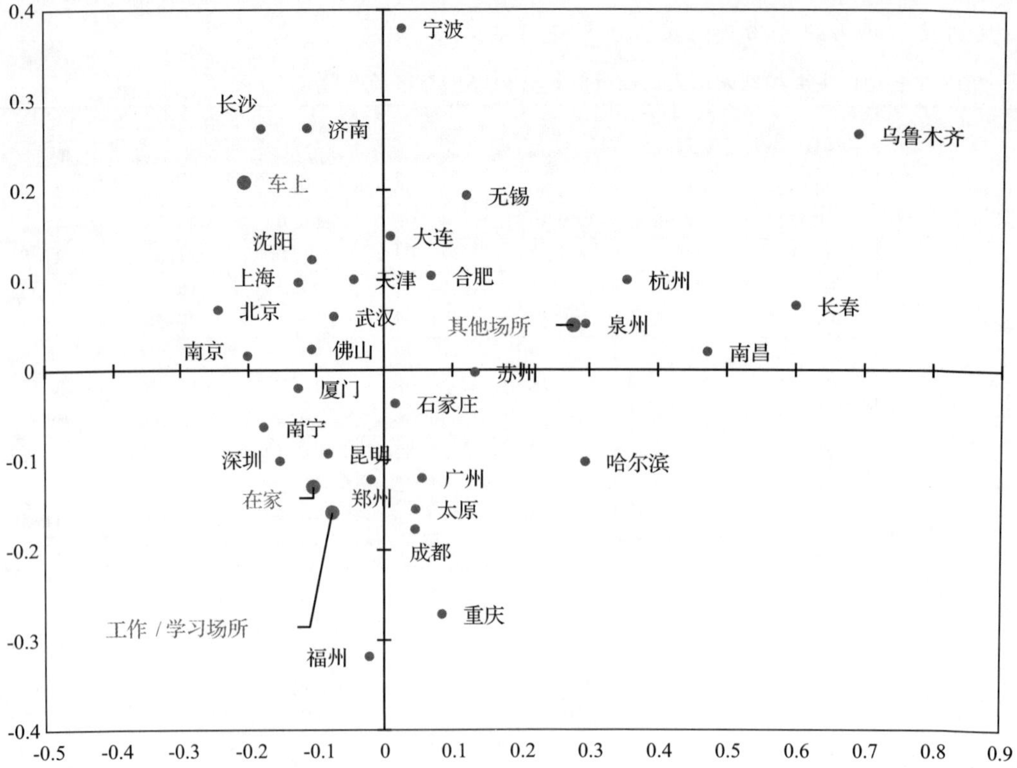

数据来源：CSM 媒介研究

图 8　2017 年各地区不同收听场所音乐类频率市场份额（%）对应分析

3. 音乐类频率在车上和工作/学习场所的竞争表现相对更好

随着城市空间的扩大以及私家车保有量的大幅提高，车上已经成为越来越重要的广播收听场所，因此各广播频率对吸引车上听众的重视度也日益提升。2017 年，CSM 媒介研究 31 个收听调查城市中不重复的音乐类频率共计有 78 个，分别进入各城市车上市场份额排名前 10 位的有 59 个不重复的音乐类频率，占比达到 77.63%。观察这 59 个主要音乐类频率在各城市不同场所的收听竞争情况可知，在当地进入所有场所收听竞争前三甲的有 19 个音乐类频率，其中广西电台文艺广播（950 音乐广播）FM95.0、江苏经典流行音乐广播 FM97.5、上海流行音乐广播 动感 101 FM101.7、辽宁广播电台音乐广播（沈阳台）FM98.6 和厦门音乐广播 FM90.9 分别在南宁、南京、上海、沈阳和厦门地区占据了收听竞争的首位。在当地进入在家收听竞争前3位的音乐类频率有17个，重庆人民广播电台音乐频率FM88.1、安徽音乐广播、江苏经典流行音乐广播FM97.5、辽宁广播电视台音乐广播（沈阳台）FM98.6、深圳人民广播电台音乐广播FM97.1和厦门音乐广播FM90.9的市场份额分别在重庆、合肥、南京、沈阳、深圳和厦门的在家收听竞争中居于前列。在当地车上收听竞争进入前三强的有28个音乐类频率，江苏经典流行音乐广播FM97.5、上海流行音乐广播 动感101 FM101.7、厦门音乐广播FM90.9分别在南京、上海和厦门的车上收听市场竞争中胜出。在当地工作/学习场所进入收听竞争前3位的有24个音乐类频率，四川人民广播电台岷江音乐 iRadio FM95.5、重庆人民广播电台音乐频率FM88.1、广东广播电视台音乐之声FM99.3、江苏经典流行音乐广播FM97.5、上海流行音乐广播 动感101 FM101.7、深圳人民广播电台音乐广播FM97.1、天津人民广播电台音乐广播FM99、厦门音乐广播FM90.9和河南人民广播电台音乐广播FM88.1分别在成都、重庆、广州、南京、上海、深圳、天津、厦门和郑州的工作/学习场所收听竞争中拔得头筹。

根据59个音乐类频率在各地区不同地点的竞争表现可见，车上和工作/学习场所进入收听竞争排名前3的频率数量较多，表现出相对较强的收听竞争力。从各地区听众对音乐类频率的热衷度来看，南京和厦门最具有代表性，南京的江苏经典流行音乐广播FM97.5和厦门的厦门音乐广播FM90.9分别在两地的不同收听场所都有强劲的竞争力，在不同收听场所的市场份额均为最高。此外，上海的听众对音乐类频率的喜爱度也较高，上海流行音乐广播 动感101 FM101.7频率除了在家收听份额排名第二位外，在其余场所皆居于榜首（表4）。

表4　2017年主要音乐频率（依据进入当地车上全天市场份额排名前10位的频率）在当地不同场所的市场份额（%）及排名

城市	频率	所有场所		在家		车上		工作/学习场所	
		排名	市场份额%	排名	市场份额%	排名	市场份额%	排名	市场份额%
北京	北京人民广播电台音乐广播FM97.4/CFM94.6	5	6.61	6	5.61	3	8.54	5	5.77
	中央人民广播电台第三套节目音乐之声	6	4.42	7	3.77	6	5.05	6	4.92
长春	吉林人民广播电台音乐广播FM92.7	5	4.79	10	3.71	3	3.63	3	9.76
	长春UFM88.0	11	2.56	13	1.89	6	2.75	15	0.50
	长春都市音乐广播经典106.3	13	1.61	14	1.81	10	1.14	11	1.64
长沙	长沙人民广播电台城市之声（音乐）广播FM101.7	3	9.92	8	4.80	3	12.55	4	9.94
	湖南电台893汽车音乐电台FM89.3	5	5.28	11	3.20	5	6.69	14	1.42
	长沙人民广播电台经济广播FM88.6	10	3.32	15	1.57	6	4.33	13	1.45
成都	四川人民广播电台岷江音乐 iRadio FM95.5	3	11.71	2	11.79	3	10.96	1	12.74

续表

城市	频率	所有场所		在家		车上		工作/学习场所	
		排名	市场份额%	排名	市场份额%	排名	市场份额%	排名	市场份额%
重庆	重庆人民广播电台音乐频率 FM88.1	2	31.64	1	38.71	2	18.64	1	43.47
	中国国际广播电台轻松调频（CRI EASY FM）	9	0.66	8	0.88	9	0.11	6	2.94
	中央人民广播电台第三套节目音乐之声	12	0.32	12	0.45	8	0.15	11	0.23
大连	中央人民广播电台第三套节目音乐之声	6	3.59	8	3.32	6	4.23	8	2.43
佛山	佛山人民广播电台 FM98.5	4	11.31	4	10.67	3	11.83	4	10.82
	佛山人民广播电台 FM90.6	5	7.04	6	5.20	5	10.25	5	6.02
	佛山人民广播电台 FM88.3	6	4.85	5	5.64	6	4.10	6	4.40
	广东广播电视台音乐之声 FM99.3	8	2.15	8	2.16	7	1.86	9	2.94
	广州电台金曲 1027 汽车音乐广播 FM102.7	15	0.54	15	0.52	10	0.78	19	0.29
福州	福州 music radio FM893 女主播电台	8	5.58	9	5.40	5	5.16	4	9.46
	中央人民广播电台第三套节目音乐之声	9	5.15	5	6.93	8	2.15	2	11.63
广州	广东广播电视台音乐之声 FM99.3	3	13.35	2	15.98	4	6.26	1	18.02
	广州电台金曲 1027 汽车音乐广播 FM102.7	7	5.30	10	4.11	3	8.18	9	3.63
	广州电台青少年广播（MY FM88）FM88/AM1170	8	3.75	9	4.15	8	3.20	12	1.27
杭州	动听 968 音乐调频 FM96.8	5	7.77	5	7.31	5	6.60	3	12.77
	杭州城市资讯广播 FM90.7	9	3.37	16	0.83	7	6.07	15	0.75
哈尔滨	黑龙江音乐广播（锋尚 958 龙广音乐台）FM95.8	6	4.98	7	4.99	6	3.92	6	5.95
	哈尔滨广播电视台音乐频率 FM90.9	8	3.62	9	3.62	8	2.74	5	6.17
合肥	安徽音乐广播	3	10.15	1	11.69	4	7.06	3	8.88
	安徽之声 JIN FM92.9	8	4.26	18	1.49	3	9.09	13	1.03
	合肥汽车音乐广播 FM87.6	9	3.86	15	2.43	5	5.50	4	6.68
	安徽 MY FM96.1	19	1.04	22	0.54	9	1.86	17	0.66
济南	济南音乐广播 FM88.7	2	13.91	4	10.28	2	24.44	3	12.24
	山东音乐台动感 991 FM99.1	15	1.15	16	0.73	9	1.94	11	2.41
昆明	云南广播电视台音乐之声 FM97	4	8.30	5	6.83	3	9.34	3	11.64
	中央人民广播电台第三套节目音乐之声	6	6.34	6	6.78	4	5.79	7	6.17

续表

城市	频率	所有场所		在家		车上		工作/学习场所	
		排名	市场份额%	排名	市场份额%	排名	市场份额%	排名	市场份额%
南昌	江西音乐广播 FM103.4	4	11.63	2	11.84	3	9.84	3	13.84
南宁	广西电台文艺广播（950音乐广播）FM95.0	1	16.24	2	15.72	3	17.02	3	14.40
	广西电台经济广播（970女主播）FM97.0	4	10.77	3	10.61	4	11.20	4	12.83
	中央人民广播电台第三套节目音乐之声	10	2.74	8	4.63	10	0.87	10	0.54
南京	江苏经典流行音乐广播 FM97.5	1	26.83	1	24.01	1	30.50	1	30.00
	江苏音乐广播 FM89.7	3	11.80	3	11.12	2	13.35	3	9.24
	MY FM103.5	11	1.62	20	0.74	7	3.40	17	0.73
宁波	宁波电台音乐广播私家车986FM98.6	2	11.28	7	6.70	2	15.10	7	4.34
泉州	福建人民广播电台音乐广播 FM91.3	7	1.63	8	1.51	3	2.14	5	0.60
	中央人民广播电台第三套节目音乐之声	8	1.61	5	3.43	9	0.50	8	0.42
上海	上海流行音乐广播 动感101 FM101.7	1	23.39	2	17.11	1	29.13	1	24.06
	上海经典金曲广播 LoveRadio 最爱调频 FM103.7	3	14.15	3	10.89	2	17.79	3	14.41
	中国国际广播电台劲曲调频（CRI HIT FM）FM87.9	14	1.02	15	0.73	10	1.85	15	0.51
沈阳	辽宁广播电视台音乐广播（沈阳台）FM98.6	1	22.31	1	18.62	2	32.19	2	23.78
	中央人民广播电台第三套节目音乐之声	10	2.69	10	1.99	5	4.23	7	4.66
石家庄	石家庄广播电视台音乐广播 FM106.7	5	7.93	4	6.35	3	8.79	2	15.97
	河北音乐广播 FM102.4	6	5.35	11	3.53	4	8.12	4	8.81
	河北科教广播（汽车音乐调频）FM102.9	18	0.79	20	0.13	6	2.04	19	0.14
苏州	苏州广播电视总台都市音乐广播 FM102.8	2	16.17	2	14.62	2	17.83	2	16.49
	江苏经典流行音乐广播 FM97.5	8	3.07	9	3.32	4	2.24	4	5.47
	上海经典金曲广播 LoveRadio 最爱调频 FM103.7	16	0.38	18	0.22	10	0.51	11	0.77
太原	山西广播电视台音乐广播 FM94.0	5	8.20	4	8.01	3	7.01	3	13.32
	太原人民广播电台音乐频率 FM102.6	7	5.43	9	5.14	4	5.07	5	8.51
	中央人民广播电台第三套节目音乐之声	13	2.75	13	3.47	10	1.40	15	1.09

续表

城市	频率	所有场所		在家		车上		工作/学习场所	
		排名	市场份额%	排名	市场份额%	排名	市场份额%	排名	市场份额%
深圳	深圳人民广播电台音乐广播 FM97.1	2	19.56	1	20.30	2	17.95	1	24.13
	广东广播电视台音乐之声 FM99.3	4	7.60	4	12.25	6	2.95	5	5.21
	深圳优悦广播 FM105.7	9	2.82	12	1.53	4	4.76	14	0.87
	中央人民广播电台第三套节目音乐之声	15	1.07	15	1.02	11	1.25	16	0.26
	深圳人民广播电台音乐广播 FM102.0	11	2.68	9	3.32	10	1.68	13	1.11
天津	天津人民广播电台音乐广播 FM99	2	12.68	5	9.63	2	20.15	1	17.63
	中央人民广播电台第三套节目音乐之声	9	3.16	9	3.41	6	2.59	11	2.32
	天津人民广播电台音乐广播 AM1008	13	1.36	13	1.20	7	1.74	13	1.35
乌鲁木齐	新疆人民广播电台音乐广播 FM103.9	9	3.06	12	2.73	4	3.58	12	1.21
武汉	湖北省广播电视总台经典音乐广播频道 FM103.8	2	14.65	2	10.92	2	21.85	6	7.93
	武汉广播电视台音乐广播 FM101.8	8	6.92	6	7.51	8	5.23	3	9.28
厦门	厦门音乐广播 FM90.9	1	35.16	1	35.69	1	35.35	1	26.58
	福建人民广播电台音乐广播 FM91.3	7	2.06	7	2.82	7	1.66	17	0.53
	中央人民广播电台第三套节目音乐之声	14	1.10	14	1.20	9	0.92	11	2.09
郑州	河南人民广播电台音乐广播 FM88.1	2	14.07	2	14.67	3	11.25	1	20.14
	郑州人民广播电台音乐广播 FM94.4	9	3.31	11	2.95	9	2.91	8	3.92
	河南人民广播电台 FM104.5 汽车音乐广播	17	1.53	18	0.63	7	3.62	14	1.94
无锡	无锡广播电视台音乐广播 FM91.4/AM900	4	9.76	7	6.11	2	15.56	5	11.53

数据来源：CSM 媒介研究

五、典型音乐类频率节目收听分析

中国的金融中心上海，经济发达、新潮时尚，历来是各路媒体的必争之地。“江南佳丽地，金陵帝王州”的南京，既是具有文化底蕴的古都，又是焕发活力的经济新贵。音乐类频率中，上海流行音乐广播 动感 101 FM101.7 和江苏经典流行音乐广播 FM97.5 分别在上海和南京有上佳的收听表现，成为当地广播媒体中的翘楚，其中一些典型节目收听表现尤佳，在当地收听市场竞争中的表现极具借鉴意义。

（一）上海流行音乐广播 动感101 FM101.7 节目收听表现

1.《音乐早餐》在各档节目中收听夺冠

上海流行音乐广播 动感101 FM101.7 频率采取混合型节目编排策略：既有以时段为特征的纵向编排，又有从竞争角度考量的横向编排；周末不同于工作日以及周末两天间的差异化编排，则采用以听众生活习惯为出发点的匹配策略。

上海流行音乐广播 动感101 FM101.7 频率的各档节目，工作日（07:00～10:00）播出的《音乐早餐》凭借1.50%的收听率领先于其他节目。同样在工作日播出的《音乐万花筒（快乐下半晚）》（20:00～21:00）和《越夜越动听》（21:00～23:00）分列第二、第三位。收听率超过1%的节目共有13档，收听率在0.8%～1%之间的节目共有5档，收听率在0.5%～0.8%之间的节目共有10档。综上所述，上海流行音乐广播 动感101 FM101.7 频率的节目收听实力普遍较强（图9）。

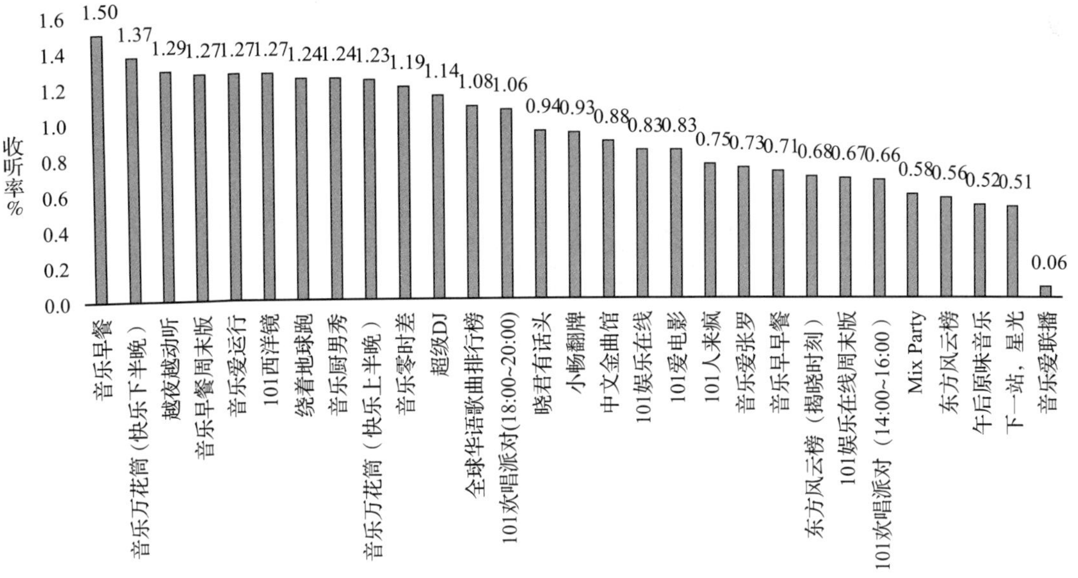

数据来源：CSM媒介研究

图9　2017年上海流行音乐广播 动感101 FM101.7 各档节目的收听率（%）

2.《音乐早餐》听众规模最大，《超级DJ》听众忠实度最高

比较上海流行音乐广播 动感101 FM101.7 频率各档节目的平均到达率和平均忠实度，我们发现：《音乐早餐》的平均到达率为8.17%，听众规模在该频率各档节目中居首；《超级DJ》的听众忠实度最高，平均忠实度达到42.64%；《音乐万花筒（快乐下半晚）》紧随其后，平均忠实度为42.33%；《101西洋镜》和《音乐万花筒（快乐下半晚）》的平均到达率和平均忠实度均超过该频率各档节目的平均值，收听表现强势；《超

级 DJ》《101 人来疯》《音乐厨男秀》《晓君有话头》《音乐零时差》《全球华语歌曲排行榜》《小畅翻牌》《东方风云榜》《东方风云榜（揭晓时刻）》《音乐早早餐》和《音乐爱张罗》的平均忠实度均超过平均值，但平均到达率不足，属于忠实度有余而听众规模不足的优质潜力节目。《音乐爱运行》《越夜越动听》《绕着地球跑》《中文金曲馆》《101 欢唱派对（18:00～20:00）》《101 爱电影》《音乐万花筒（快乐上半晚）》《101 娱乐在线》《音乐早餐》和《音乐早餐周末版》的平均到达率均超过平均值，但听众忠实度有所不足；《Mix Party》、《101 欢唱派对（14:00～16:00）》《下一站，星光》《午后原味音乐》《101 娱乐在线周末版》和《音乐爱联播》则是平均到达率和平均忠实度均在平均值以下的相对弱势节目（图 10）。

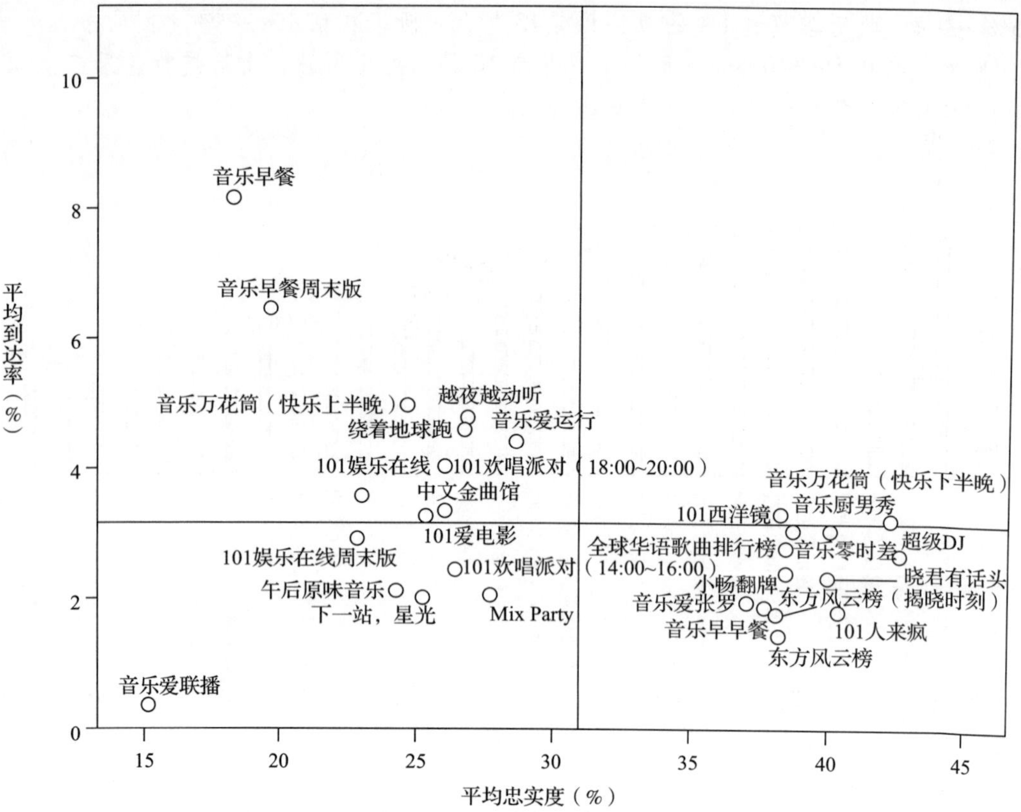

数据来源：CSM 媒介研究

图 10　2017 年上海流行音乐广播 动感 101 FM101.7
各档节目的平均到达率（%）与平均忠实度（%）

（二）江苏经典流行音乐广播 FM97.5 节目收听表现

江苏经典流行音乐广播 FM97.5 是江苏省首个成人抒情风格的音乐广播，按照国际化类型台操作模式经营，主打中外经典怀旧歌典。

1.《阳光倾城》收听率一骑绝尘

江苏经典流行音乐广播FM97.5频率采用工作日与周末差异化编播的策略，工作日与周六采用节目版块化的编播方式，周六的节目除了音乐类之外，还增加了如《馨悦故事会》等非音乐类节目，周日则采用超长版块的编播方式，以一档《SUNDAY音乐天》贯通全天时段。

工作日播出的《阳光倾城》（06:00~09:00）凭借2.07%的收听率高居该频率各节目之首，周六播出的《975假日经典》（早间）（06:00~09:00）和周六播出的《馨悦故事会》（09:00~11:00）分别排在第二和第三位。江苏经典流行音乐广播FM97.5频率的节目中，收听率超过1%的共有4档，收听率在0.8%~1%之间的节目有5档，0.5%~0.8%之间的节目有5档，收听率小于0.5%的有8档（图11）。

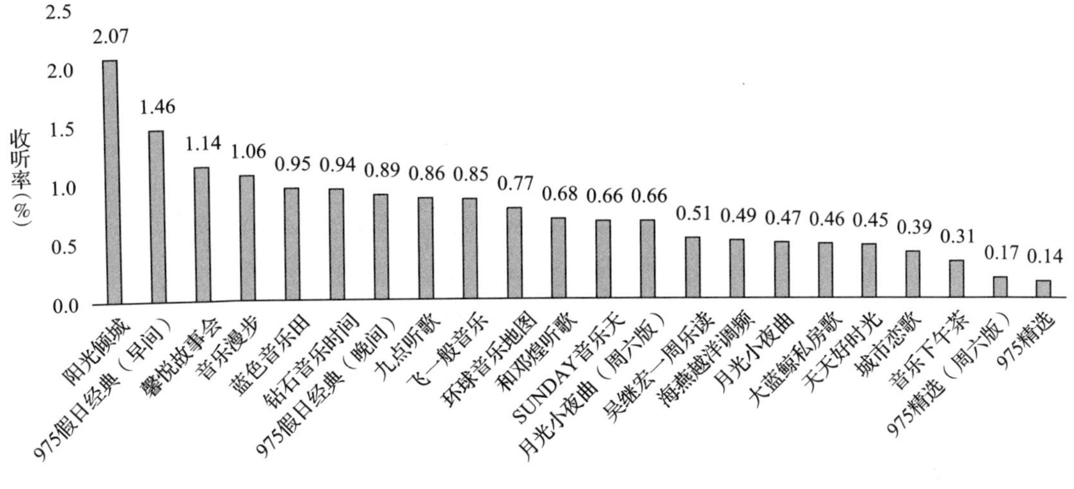

数据来源：CSM媒介研究

图11 2017年江苏经典流行音乐广播FM97.5各档节目的收听率（%）

2.《SUNDAY音乐天》听众数量最多，《975假日经典》（晚间）的听众忠实度最高

江苏经典流行音乐广播FM97.5频率的各档节目中，《音乐漫步》的平均到达率和平均忠实度均高于该频率各档节目的平均值，在频率内属于听众规模和忠实度都较好的节目。《SUNDAY音乐天》凭借9.67%的平均到达率，在各档节目中占据了听众规模的优势，但其听众忠实度处于最低水平，仅为6.98%，这与其节目播出方式密切相关：周日全天时段播出，虽然扩大了听众规模，但也由于播出时间超长，容易使听众产生听觉疲劳，影响频率对听众的收听黏性。此外，《阳光倾城》《蓝色音乐田》《和邓煌听歌》《馨悦故事会》和《975假日经典》（早间）虽然听众规模超过各档节目的平均水平，但听众忠实度则有所不及，属于听众数量虽大但缺乏忠实听众的节目。《975假日经典》（晚间）的听众平均忠实度达到45.47%，领先于各档节目。《九点听歌》、《月光小夜曲》《钻石音乐时间》《月光小夜曲》（周六版）和《环球音乐地图》的平均忠实度均高

于各档节目的平均水平，但听众规模不足，属于“有听众质量，缺听众数量”的有发展潜力的节目。《飞一般音乐》《吴继宏一周乐读》《海燕越洋调频》《大蓝鲸私房歌》《天天好时光》《音乐下午茶》《城市恋歌》《975 精选》（周六版）和《975 精选》的平均到达率和平均忠实度均低于各档节目的平均水平（图 12）。

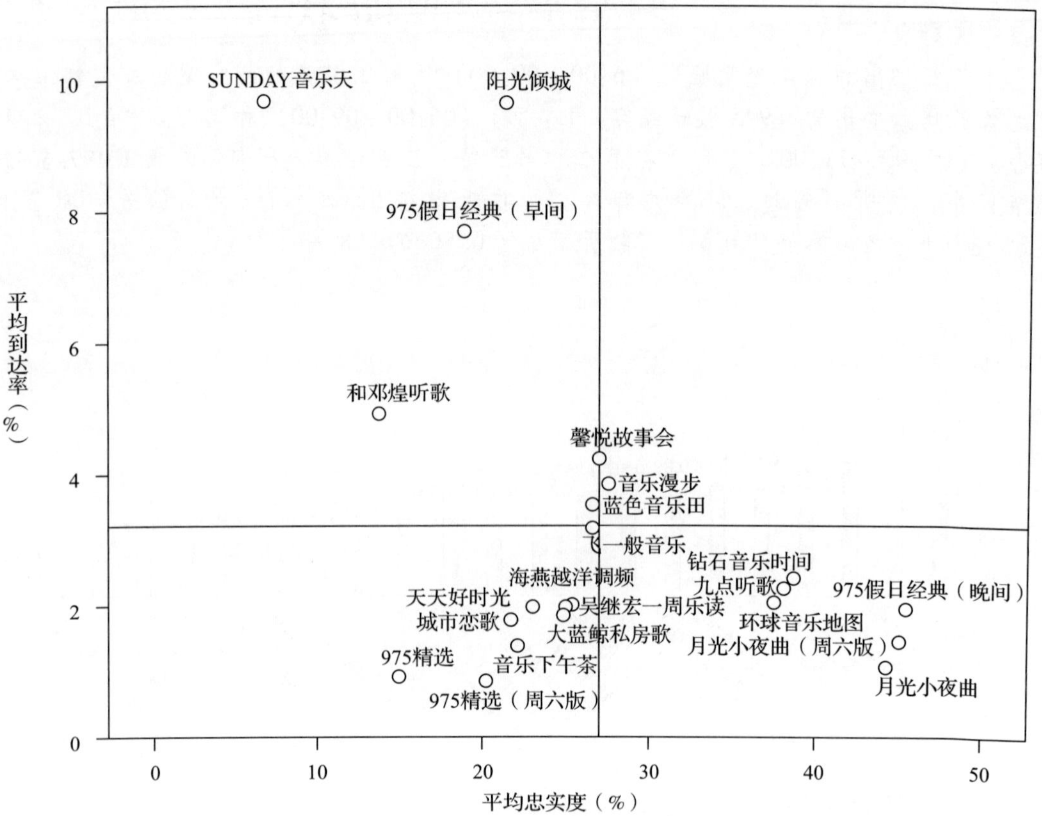

数据来源：CSM 媒介研究

图 12　2017 年江苏经典流行音乐广播 FM97.5 各档节目的平均到达率（%）和平均忠实度（%）

六、结语

在新媒体蓬勃发展的时代，网络广播的兴起使传统广播媒体的生存愈发艰难。现阶段，传统广播媒体多为区域传播，尚未形成全国大市场，收听表现较好的广播频率也仅是能在本地拥有听众基础但缺乏全国性竞争力的强势频率，而喜马拉雅、蜻蜓等网络广播则能够做到面向全国，从而拥有天然的受众资源优势。传统广播音乐频率在新业态下要想获得生存发展的空间，就要在走向媒体融合的同时，深度挖掘自身不可替代的潜质和优势，提升音乐频率的类型化程度，专注于目标听众，在细分领域做精做专，并通过线上合理配置共享节目资源、线下聚焦热点活动吸引听众，使自己焕发出新的活力。

（作者：秦政）

2017年文艺类频率收听状况分析

广播媒体以其独特的传播方式和通俗新颖的传播内容而深受广大听众喜爱。随着社会的飞速发展和人民生活水平的快速提高，人们对于精神生活的要求也越来越高，对于广播电台节目内容的需求也越来越多元化。而广播电台文艺类频率作为重要广播频率之一，集娱乐性、知识性和欣赏性于一体，向受众传播文化娱乐信息。文艺类频率的发展状况不仅直接关系到广播媒体的收听率，还关系到百姓文化生活的提高和文化知识的普及等。因此，广播文艺类频率的发展显得尤为重要。本文主要依据CSM媒介研究2017年全国31城市①四波收听率调查数据，对文艺类频率2017年的收听状况进行简要回顾。

一、文艺类频率的市场竞争表现

1. 文艺类频率市场份额位居第五

从2017年各类专业频率所占市场份额对比来看，新闻综合类、交通类、音乐类频率三大频率仍然保持着强劲的竞争优势，以较大幅度领先于其余各类型频率；交通类频率市场份额提升明显，成为竞争力最强的频率，新闻综合类频率份额有所下滑，位列第二；文艺类频率市场份额相比2016年有所下滑，低于都市生活类频率，排在第五名（图1）。

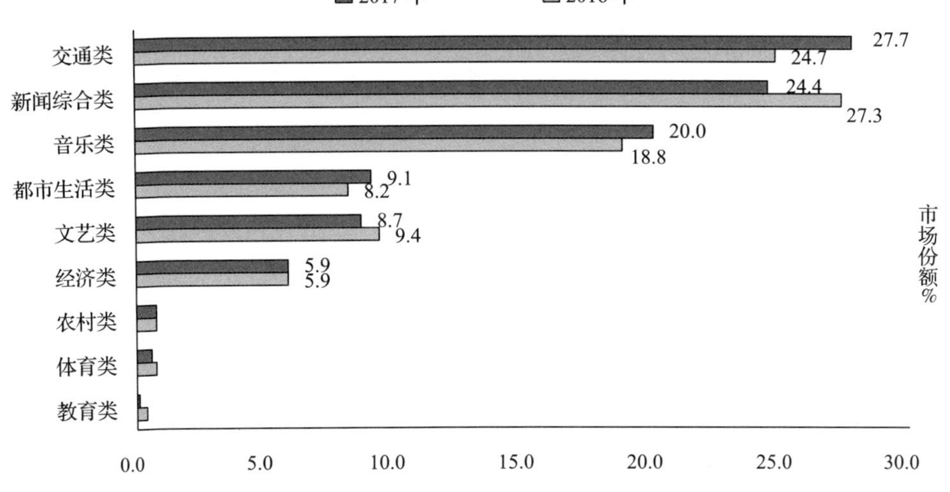

数据来源：CSM媒介研究

图1 2016～2017年广播收听市场各类专业频率市场份额（%）对比

① 本文中涉及的历年对比数据所用城市组合为各年城市组合，2017年数据所用城市组合为2017年31个城市组合。

2. 文艺类频率在家收听市场竞争力相对更强

2017 年文艺类频率的整体竞争力在所有专业类频率中排名第五，各个场所竞争力前 3 名的位置都被交通类、新闻类和音乐类三大强势频率占据；在家中，文艺类频率的竞争表现相对更好，超过都市生活类频率而排在第四位（表 1）。

表 1　2017 年各类型频率在不同收听场所的市场份额（%）对比

频率类别	所有场所	在家	车上	工作/学习场所	其他场所
新闻综合类	24.4	31.3	11.6	25.7	27.3
交通类	27.7	17.8	48.1	23.8	15.8
音乐类	20.0	16.9	22.3	23.3	31.9
都市生活类	9.1	10.0	8.0	8.8	6.8
文艺类	8.7	11.5	3.9	8.8	7.3
经济类	5.9	7.3	3.4	6.0	6.5
农村类	0.8	1.1	0.3	0.5	0.6
体育类	0.6	0.6	0.5	1.1	1.3
教育类	0.1	0.2	0.1	0.1	0.2

数据来源：CSM 媒介研究

3. 文艺类频率全天市场份额走势较为平稳，与都市生活类频率竞争激烈

各类型频率在全天不同时段的竞争表现各有不同，新闻类、交通类和音乐类频率全天大多时段的竞争力都领先于其他类别频率，新闻综合类频率在早间出行高峰前和午间

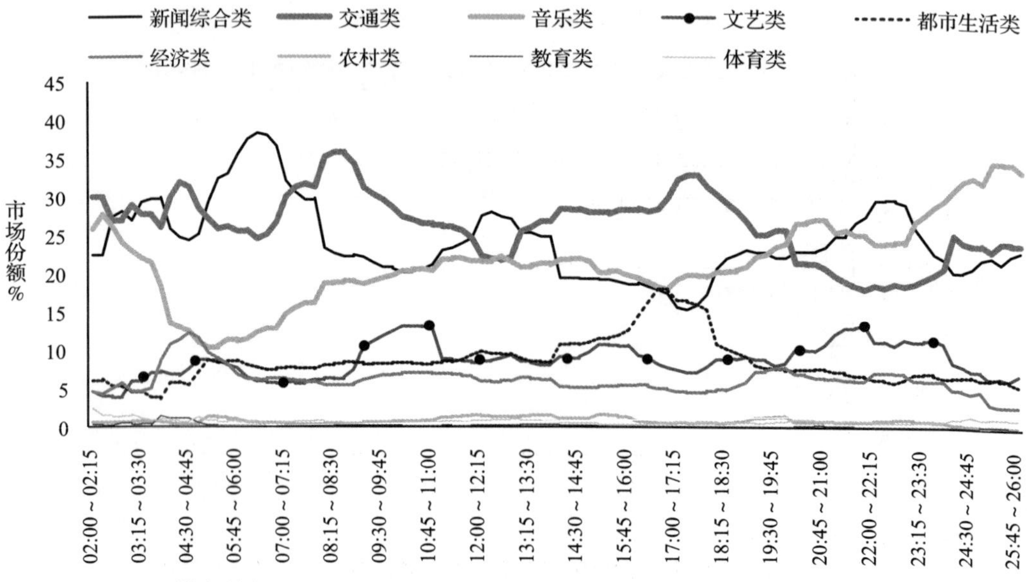

数据来源：CSM 媒介研究

图 2　2017 年各类型频率全天市场份额（%）走势对比

时段竞争力最强，其他多数时段也有较强的竞争力。交通类频率在早间和晚间出行时段表现强势，上午和下午时段也有稳定的收听表现。音乐类频率则午间和下午时段表现优异，晚间和后晚间时段竞争力尤为强势。相比之下，文艺类频率的市场份额全天走势比较平稳，全天多数时段与都市生活类频率竞争较为激烈，上午09:00~11:00时段、晚间20:00以后时段竞争表现强劲，超越都市生活类频率（图2）。

二、文艺类频率整体收听概况

1. 听众日均规模逐年提升，车载市场提升显著

近3年来，文艺类频率日均听众规模呈现逐年上升之势，所有场所听众日均到达规模由2015年的5.6%上升到2017年的6.6%，3年之间整体上升了1个百分点。从不同场所听众规模的变化来看，在家听众规模最大，2017年日均听众到达率为4.7%，相比2016年略有下滑，其他各个场所都有较明显的上升，其中车载市场上升最为明显，日均听众到达率为1.8%，相比2016年上升了1倍多（图3）。

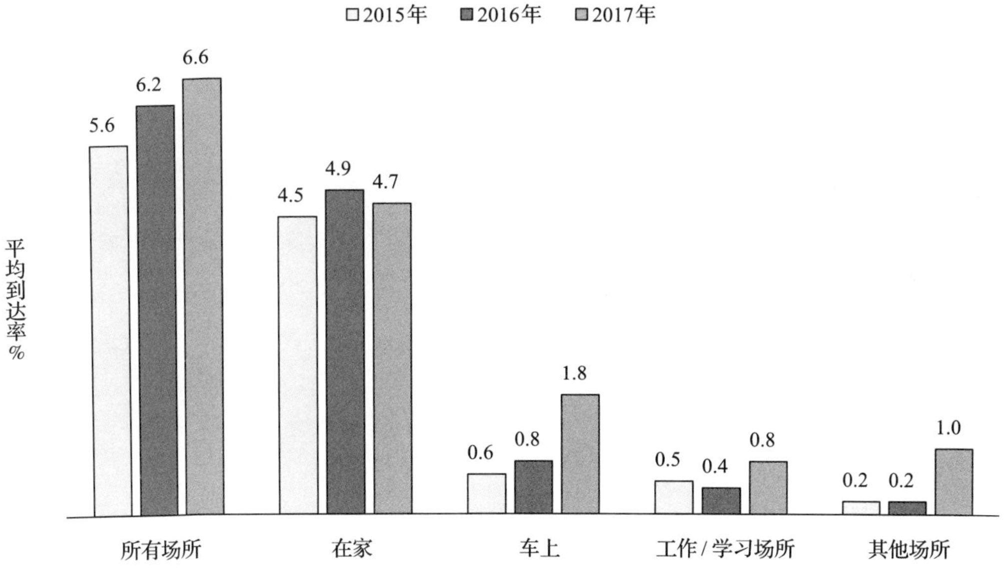

数据来源：CSM媒介研究

图3　2015~2017年文艺类频率在不同场所的听众平均到达率（%）

2. 工作日人均收听时长略高于周末

从2017年31城市文艺类频率在所有场所不同周天人均收听时长对比来看，不同周天人均收听量差异不大。周二受部分广播台常规设备检修的影响，人均收听量有所下滑，人均收听时长为5分钟；周五和周六相对其他周天收听更低，分别为5.3分钟和5.1分钟，其他周天基本稳定在5.4分钟左右。文艺类频率工作日整体人均收听时长为5.3分钟，比周末高出0.1分钟（图4）。

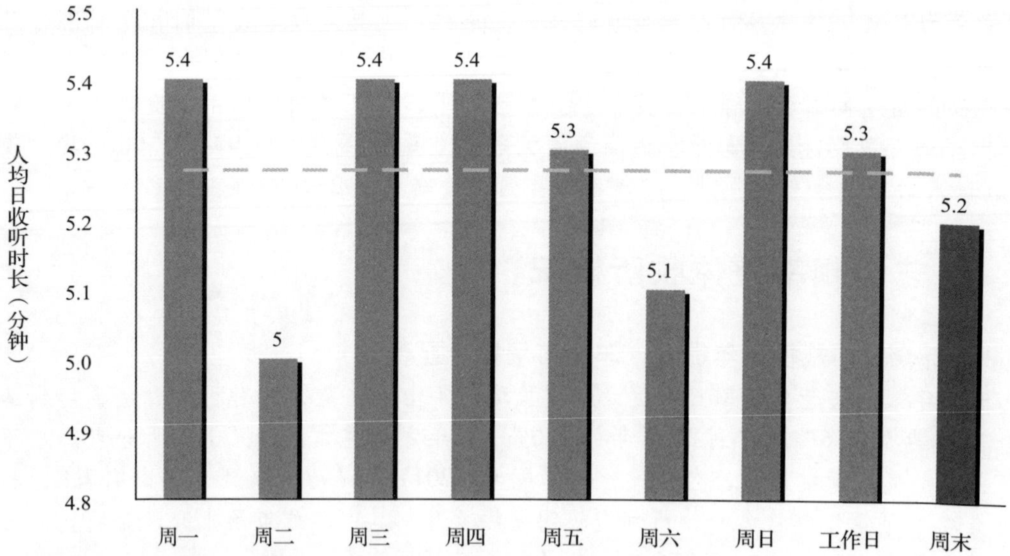

数据来源：CSM 媒介研究

图 4　2017 年文艺类频率不同周天人均收听时长（分钟）对比

3. 工作日早高峰早于周末，周末收听峰值较工作日突出

2017 年文艺类频率工作日与周末全天收听走势大致相似，全天有多个收听高峰出现，收听最高峰值均出现在上午时段。工作日中，全天收听最高峰出现在早间 09:15～09:30 时段，全天收听率最高峰值为 0.84%，下午和晚间时段也均有收听小高峰。相比工作日，周末早高峰晚于工作日，但收听峰值较工作日突出，收听最高峰值达到 0.93%，下午和晚间高峰时段收听水平整体低于工作日（图 5）。

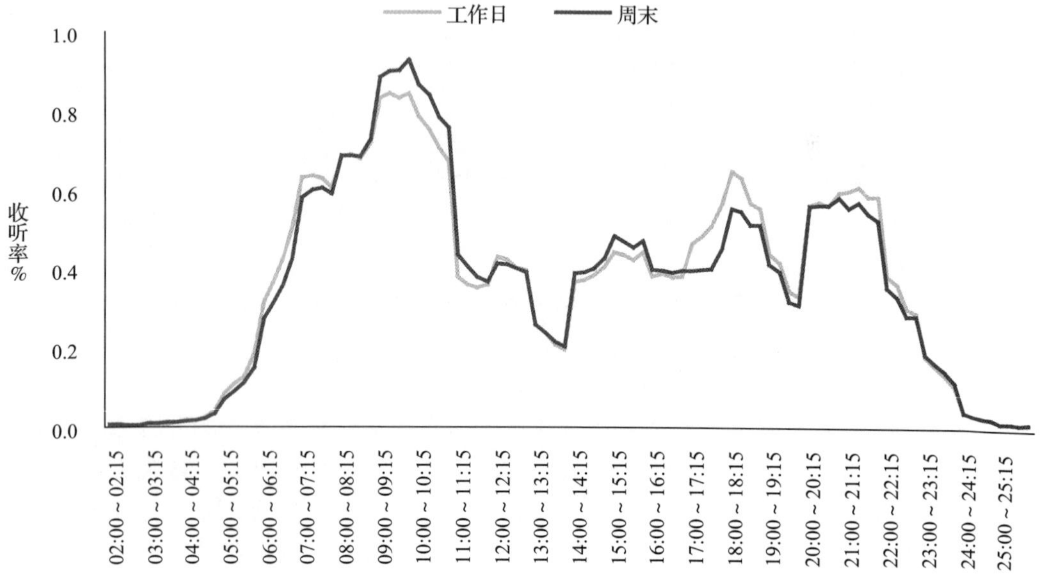

数据来源：CSM 媒介研究

图 5　2017 年文艺类频率工作日与周末收听率（%）走势对比

三、文艺类频率听众特征

1. 中老年、中低学历、中低收入听众收听热衷度更为明显

从听众构成来看，2017 年文艺类频率听众性别构成比例差异不大，随着年龄的上升，听众所占比例也在提高，初高中和大学及以上学历者为主要收听人群，个人月收入 2001～4000 元的听众占比较大。从听众集中度来看，45 岁及以上、初中及以下学历、个人月收入 1～3000 元的听众更为喜爱和热衷文艺类频率，其中 55 岁及以上和个人月收入 1～2000 元的听众人群收听喜好最为明显（图 6）。

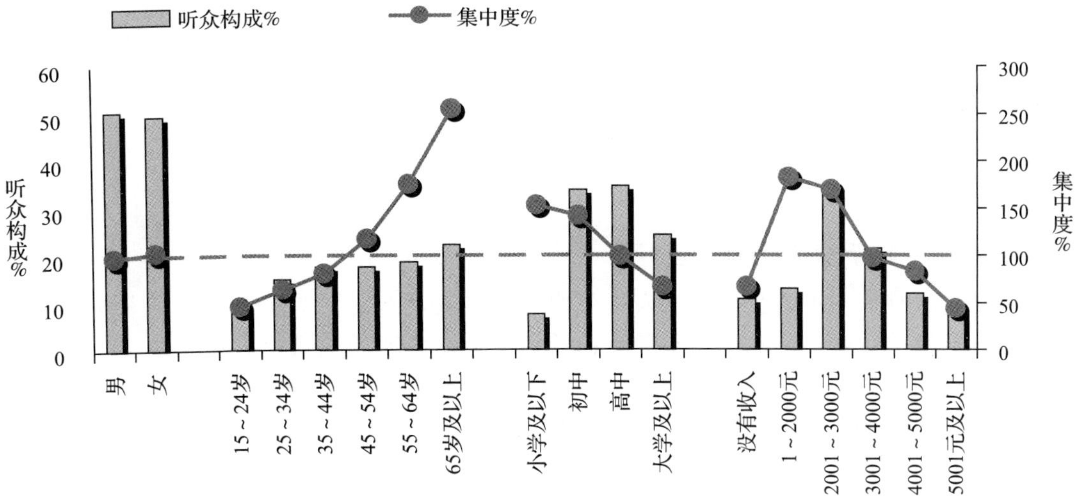

数据来源：CSM 媒介研究

图 6　2017 年文艺类频率听众构成（%）及集中度（%）

2. 不同收听场所重度收听人群具有差异

从各类听众在不同场所收听文艺类频率的热衷度对比来看，在性别方面，男性在车载市场的收听热衷度更高，而女性更喜好在家收听；在年龄方面，在家收听热衷度与听众年龄基本成正比，45 岁及以上人群在家收听的喜好表现得尤其突出，25～54 岁人群在车上收听的喜好更为明显；在受教育程度方面，初中以下学历者在家收听的偏好更为突出，学历越高者，车上收听喜好的特征越突出；在个人月收入方面，中低收入者在家的集中度更高，收入越高者，车上收听喜好越明显，个人月收入 4001 元及以上者的车上收听喜好最为突出（图 7）。

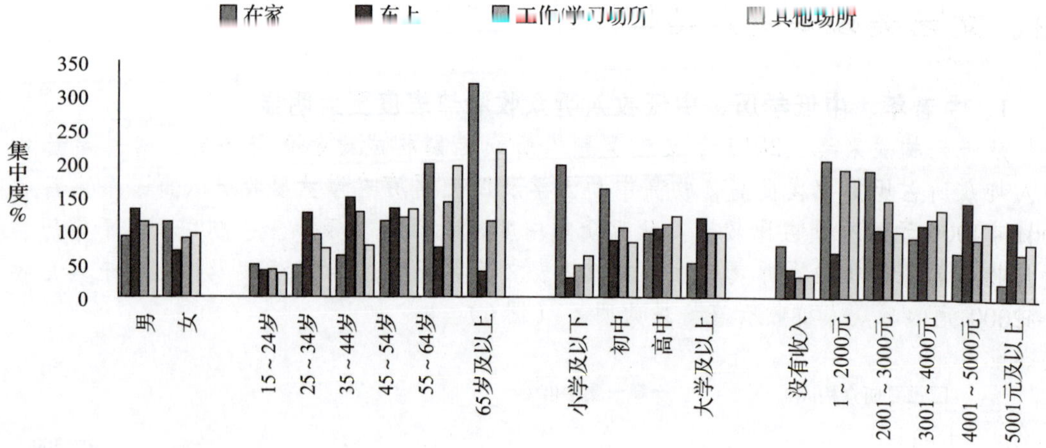

数据来源：CSM 媒介研究

图 7　2017 年文艺类频率不同场所听众集中度（%）对比

3. 高龄目标听众收听表现更好

从文艺类频率在不同目标听众人群中的收听率表现来看，男、女听众的收听表现大致相当，女性听众收听表现略优于男性；听众收听率与年龄成正比，年龄越大，收听表现越好，65 岁及以上群体收听表现最为突出；初中及以下学历听众收听表现较为优异；个人月收入1~3000 元的听众收听率相对更高；无业（包括退休）人群收听表现最为显著，学生相对最低（表 2）。

表 2　2017 年文艺类频率在不同目标人群中的收听率（%）

目标听众		收听率%	目标听众		收听率%
15 岁及以上		0.37	个人月收入	没有收入	0.24
性别	男	0.36		1~2000 元	0.67
	女	0.38		2001~3000 元	0.62
年龄	15~24 岁	0.17		3001~4000 元	0.36
	25~34 岁	0.23		4001~5000 元	0.31
	35~44 岁	0.29		5001 元及以上	0.16
	45~54 岁	0.43	职业类别	干部/管理人员	0.26
	55~64 岁	0.64		初级公务员/雇员	0.23
	65 岁及以上	0.94		工人	0.33
教育程度	小学及以下	0.56		个体/私营企业人员	0.32
	初中	0.52		学生	0.19
	高中	0.36		无业	0.75
	大学及以上	0.24		其他	0.23

数据来源：CSM 媒介研究

四、文艺类频率在不同城市的收听表现

1. 北方城市文艺类频率人均收听时长较长

从不同城市文艺类频率人均收听时长来看，2017 年该类频率在全国 31 个城市的平均人均收听时长为 5.2 分钟，不同城市人均收听水平存在较大差异。31 个城市中，有 9 个城市的文艺类频率收听量在平均值以上，北方城市文艺类频率收听表现尤为突出，收听量排名靠前的城市多为北方城市。哈尔滨的文艺类频率人均收听时间最长，达到 27.0 分钟；天津排名第二，人均收听 22.4 分钟；沈阳排名第九，人均收听时长 6.1 分钟；济南、北京、合肥、太原、成都等城市文艺类频率的收听时长也均高于平均水平（图 8）。

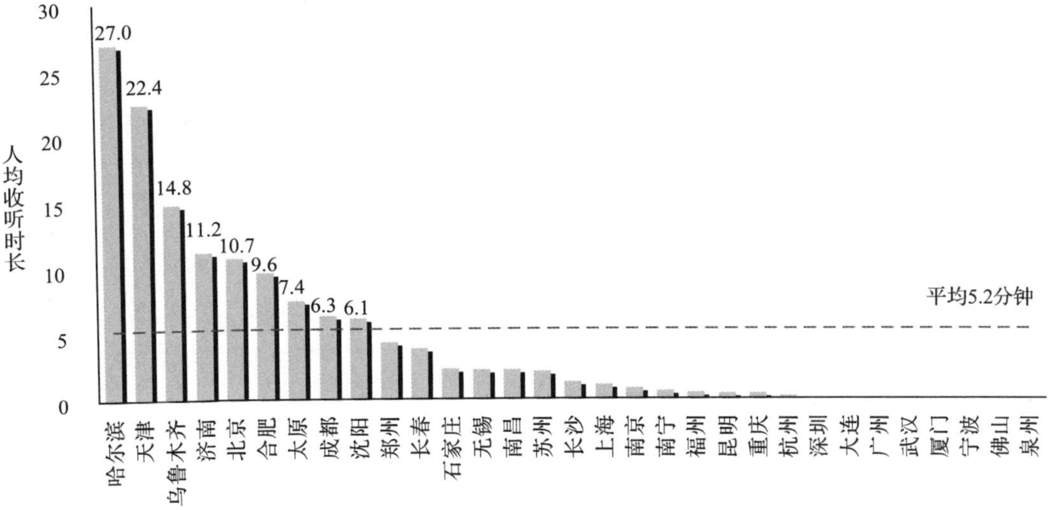

数据来源：CSM 媒介研究

图 8　2017 年文艺类频率在不同城市的人均收听时长（分钟）

2. 文艺类频率在部分城市收听市场有较强的竞争力

在多数城市收听竞争中，文艺类频率大多并不占优，但其中也有一些频率表现强劲，在当地市场中有较强的竞争表现。北京人民广播电台文艺广播 FM87.6/CFM93.8、黑龙江老年少儿广播（FM97 龙广爱家频道）FM97、哈尔滨广播电视台文艺频率 FM98.4、济南故事广播 FM104.3、江西故事广播 FM96.9、天津人民广播电台相声广播 AM567/FM92.1、天津人民广播电台文艺广播 AM1098/FM104.6、新疆人民广播电台 FM107.4 维吾尔语交通文艺广播和乌鲁木齐人民广播电台交通文艺广播维吾尔语 FM104.6 等频率分别在当地竞争表现强劲，其市场份额都进入了当地频率的前 5 名，可与当地其他频率一争高下。其中，北京人民广播电台文艺广播 FM87.6/CFM93.8 表现较为突出，在北京地区以 14.45% 的市场份额排名第二，在当地市场表现强劲。在长春、成都、沈阳、太原、郑州等地均有文艺类频率份额排名冲进前 10 的队列，在当地也有相对较强的竞争优势（表 3）。

表3　2017年文艺类频率在不同城市的市场份额（%）及排名

城市	频率	市场份额%	在当地排名
北京	北京人民广播电台文艺广播 FM87.6/CFM93.8	14.45	2
	中央人民广播电台第九套节目文艺之声	3.03	8
	北京人民广播电台故事广播 AM603/FM95.4/CFM89.1	0.48	17
	北京人民广播电台长书广播有线 104.3	0.36	18
长春	长春人民广播电台乡村戏曲广播 FM90.0/AM1332	4.73	7
长沙	湖南人民广播电台文艺频道 FM97.5	2.80	11
成都	成都故事广播 FM88.2	5.91	7
	四川人民广播电台文艺广播 FM90.0	4.18	10
重庆	重庆人民广播电台文艺广播 FM103.5	0.96	7
福州	福建人民广播电台文艺广播 FM88.3	1.00	16
哈尔滨	黑龙江老年少儿广播（FM97 龙广爱家频道）FM97	13.93	3
	哈尔滨广播电视台文艺频率 FM98.4	11.86	4
杭州	FM106.5 故事广播	0.43	16
合肥	合肥故事广播 FM98.8	8.84	4
	安徽小说评书广播	2.98	10
	合肥故事广播 AM1170	2.40	15
济南	济南故事广播 FM104.3	10.83	5
	济南文艺频率私家车广播 FM936	2.30	9
	山东文艺广播时尚调频 FM97.5	1.77	12
	济南文艺广播 AM1305	1.05	16
南昌	江西故事广播 FM96.9	6.42	5
南京	江苏故事广播 AM1206/FM104.9	1.15	15
	江苏文艺广播 AM1053/FM91.4	0.77	19
	江苏文艺广播 FM91.4	0.27	22
南宁	南宁人民广播电台故事广播动感 895 FM89.5	1.17	11
上海	上海戏剧曲艺广播 AM1197/FM97.2	2.10	10
沈阳	辽宁广播电视台文艺广播 FM95.9/FM101.8/AM1053	6.60	6
	辽宁广播电视台故事广播 AM1053/FM101.8	0.00	17
石家庄	河北广播电视台故事广播 AM1125/FM107.9	2.49	12
苏州	苏州广播电视总台戏曲广播 AM846	2.64	10
	上海戏剧曲艺广播 AM1197/FM97.2	0.53	15
	江苏故事广播 AM1206/FM104.9	0.15	20
太原	山西文艺广播 FM101.5	5.80	6
	山西故事广播 FM88.6	2.90	12
天津	天津人民广播电台相声广播 AM567/FM92.1	11.99	4
	天津人民广播电台文艺广播 AM1098/FM104.6	8.92	5
	天津人民广播电台小说广播 AM666	3.71	7
乌鲁木齐	新疆人民广播电台 FM107.4 维吾尔语交通文艺广播	10.46	2
	乌鲁木齐人民广播电台交通文艺广播维吾尔语 FM104.6	6.05	4
	新疆人民广播电台 102.8 故事广播 FM102.8	4.34	6
郑州	河南人民广播电台娱乐 976 AM1143/FM97.6	5.35	6
	河南 My Radio FM90.0	2.56	13

数据来源：CSM 媒介研究

五、典型文艺类节目收听分析

1.《我们出发吧》

播出频率：北京人民广播电台文艺广播 FM87.6/CFM93.8

播出时间：周一至周日 07:30～09:00

节目类型：生活服务资讯

北京人民广播电台文艺广播 FM87.6/CFM93.8 创建于 1994 年，覆盖北京市全部城区和郊区县以及周边部分省市，是北京人民广播电台的主要专业频率之一。作为北京最具广泛影响力与传播力的强势媒体之一，该频率具有广泛的听众群和较高的听众忠实度，频率综合实力位居北京广播市场前列。该频率早间强势节目《我们出发吧》在都市人出行的高峰时间，以明快诙谐的方式传送及时有用、丰富有趣、健康有益的信息，涉及生活服务、演艺、影视、展览、图书、体育等方面。该节目强调内容的时效性、贴近性、服务性、趣味性，同时设置接地气、好参与的话题与听众进行实时交流，以加强节目的黏性。

《我们出发吧》每天在 07:30～09:00 时段播出，主持人以风趣活泼的语言播报和点评新鲜资讯并在重点资讯中适当加入热点解读和点评，吸引了早间收听市场的大量听众聆听，撑起了早间收听市场（图 9）。

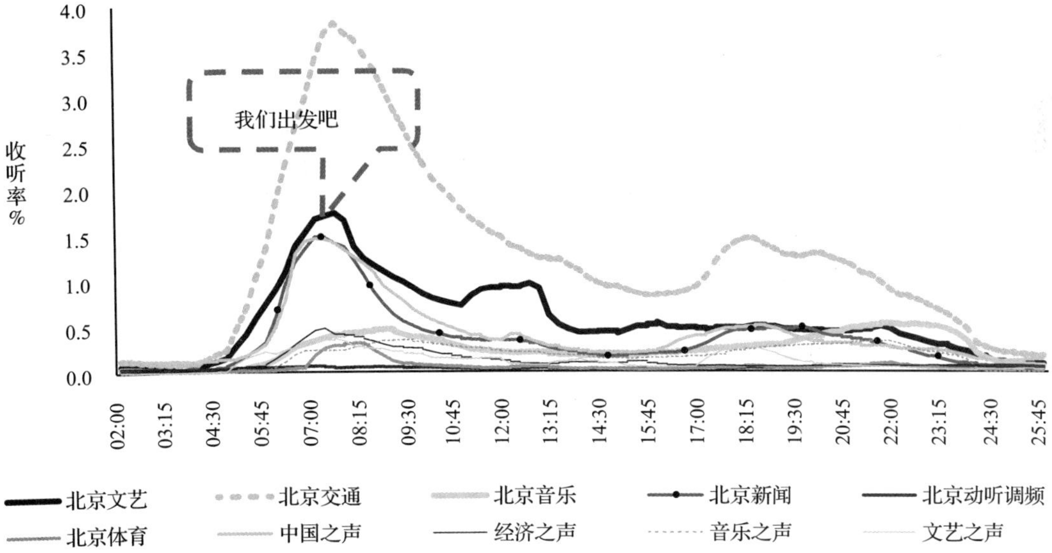

数据来源：CSM 媒介研究

图 9　2017 年北京地区主要频率全天收听率（%）走势

2.《三味书屋》

播出频率：黑龙江高校广播 FM99.3

播出时间：周一至周日 14:00～16:00

节目类型：故事类

黑龙江高校广播 FM99.3 成立于 2008 年 10 月 26 日，是全国首家也是当前唯一的高校广播。该频率覆盖哈尔滨地区，各档节目贴近大学生，小说评书轮番播出，深受学生群体喜爱，在午后时段拉起收听高峰，在同时段收听市场中有较强的竞争力（图 10）。

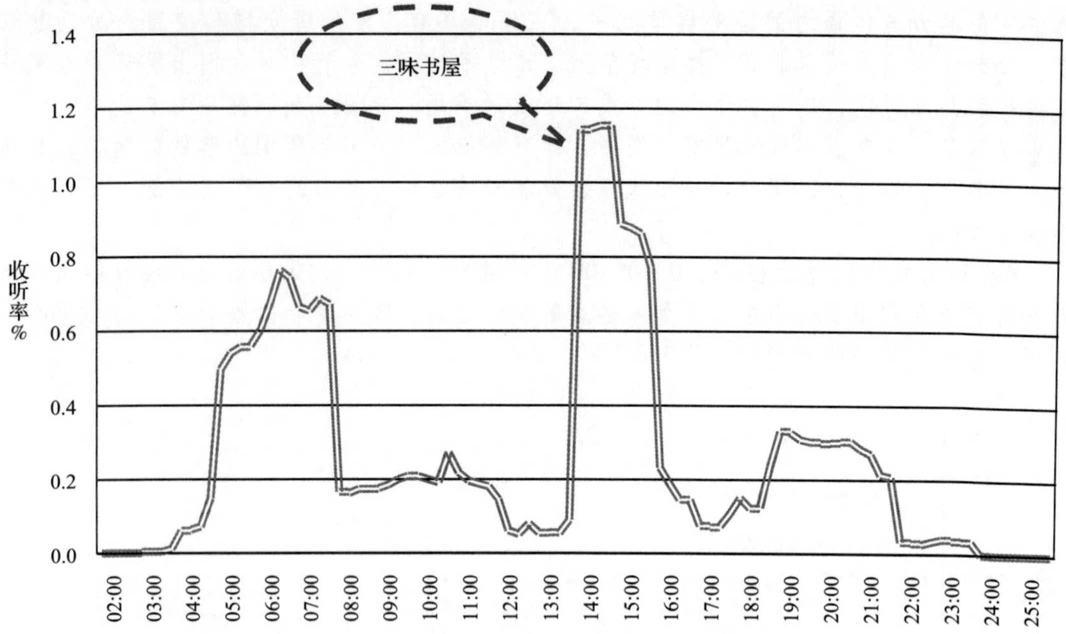

数据来源：CSM 媒介研究

图 10　2017 年黑龙江高校广播 FM99.3 在哈尔滨地区全天收听率（%）走势

3.《海阳现场秀》

播出频率：中央人民广播电台第九套节目文艺之声

播出时间：周一至周日 17:00～18:30

节目类型：综艺脱口秀

《海阳现场秀》2011 年起在中央人民广播电台文艺之声上线，是目前国内广播节目中罕见的一档新闻娱乐脱口秀栏目，是中国第一个获得“金话筒”奖的脱口秀节目。主持人海阳善于在节目中融入声音表演和逗乐的模仿，比如模仿北京话、港台腔、上海话、河南话、各种人物角色的语言等，对一些热点事件进行简洁有趣的侃谈而非简单直接地充当意见领袖。节目本着草根精神加上雅痞情怀，以端正的“三观”加上对热点事件的专业解读而深受听众的喜爱。节目联合了多个APP平台播出，联合了微信、微博等新媒体手段与粉丝互动，不但增强了受众的稳定性和收听黏性，同时也保持了听众良好的收听及互动习惯。

节目播出以来在老听众继续收听的情况下，不断有新听众加入其中，使得节目的影响力更大、更广、市场竞争力更强。从2017年节目分月市场份额走势来看，节目整体呈现稳中有升的态势，2017年1月节目市场份额在4.3%，到第四季度各月市场份额均已达到6%以上（图11）。

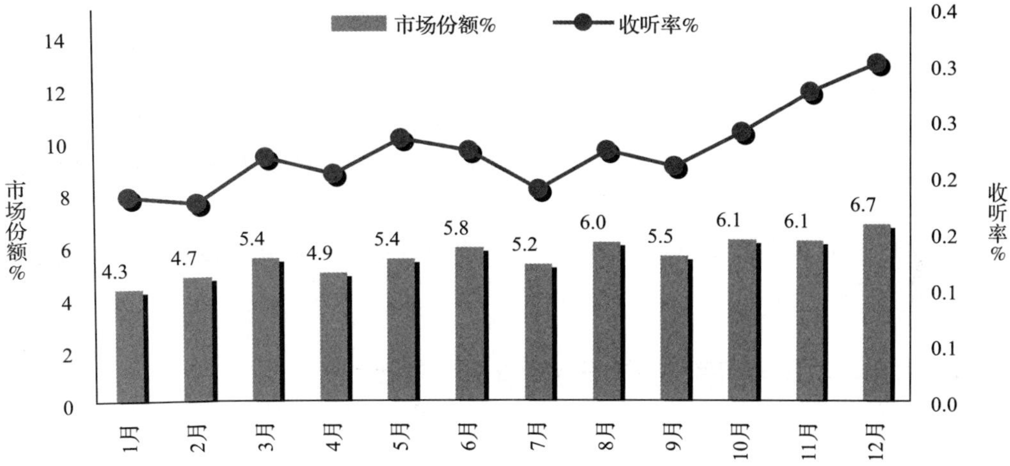

数据来源：CSM媒介研究

图11　2017年《海阳现场秀》在北京地区市场份额（%）及收听率（%）分月走势

六、结语

纵观2017年广播收听市场，文艺类频率仍以其节目内容多样性和生活娱乐性吸引着大批听众，在电视、电脑、手机等已普及的今天，虽然广播媒体受到了一定的冲击，但其仍然存在于人们的生活中，给人们的生活带来乐趣，并将持续影响人们的生活，在新兴媒体不断涌现的新常态下不断进步，给受众带来更完美的听觉享受。相信在新媒体的助力下，传统文艺类广播频率经过脱胎换骨，一定会焕发出无限活力，为人们提供更加丰富多彩的精神食粮。

（作者：卢文钊）

2017 年都市生活类频率收听状况分析

在大众传播媒体竞争加剧及受众兴趣分化的形势的推动下，近年来广播频率专业化发展渐趋成熟，交通类、新闻综合类和音乐类频率成为市场主流频率类型。除此以外，以娱乐和提供都市生活资讯等内容为主的都市生活类频率也受到听众的喜爱，2017 年都市生活类频率整体竞争力有明显的上升。

本文基于 CSM 媒介研究 2017 年全国 31 城市四波收听率调查数据，从市场竞争和听众收听行为等方面简析都市生活类频率在 2017 年的收听状况。

一、都市生活类频率在市场竞争中的地位

1. 都市生活类频率竞争力上升至第四位

近年来各类型频率的发展趋势虽然各有差异，整体竞争格局变化不是很大，但随着量变引致质变，此消彼长之下，各类型频率的竞争力排名在 2017 年出现了新的变化：交

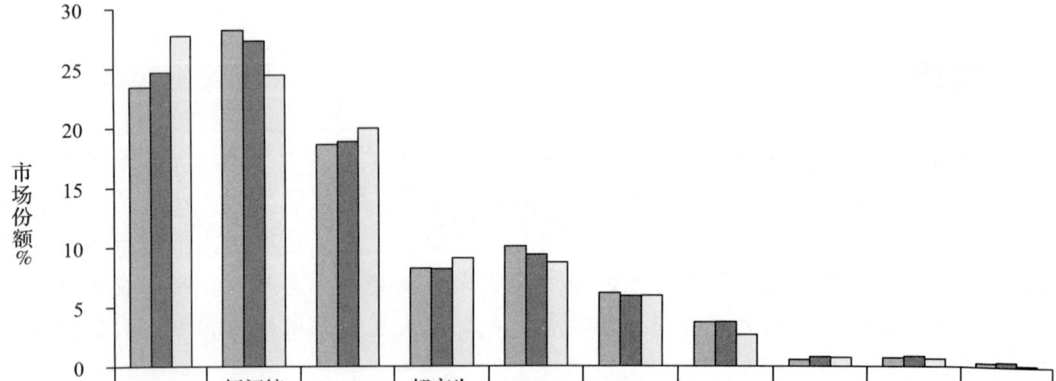

	交通类	新闻综合类	音乐类	都市生活类	文艺类	经济类	其他类	农村类	体育类	教育类
2015年	23.40	28.20	18.61	8.21	10.07	6.14	3.72	0.57	0.73	0.32
2016年	24.66	27.30	18.84	8.16	9.37	5.91	3.73	0.80	0.85	0.40
2017年	27.73	24.42	19.96	9.08	8.69	5.93	2.67	0.76	0.63	0.14

数据来源：CSM 媒介研究

图 1　2015 ~ 2017 年各类型频率的市场份额（%）

通类频率的市场份额逐年上升，2017 年赶超持续下跌的新闻综合类频率，进至市场首位；音乐类频率保持第三位，市场份额也有提升；都市生活类频率2017 年的市场份额为9.08%，相比前一年的8.16%上升了11.3%，是升幅最大的频率；文艺类频率的市场份额则持续下跌至8.69%，都市生活类频率的竞争力排名因此而从第五位上升至第四位，但与前3 位仍有较大差距；农村类频率和体育类频率的排名也发生了变化（图1）。

2. 都市生活类频率日均听众数量上升、人均收听时长下跌

收听率的上升可以通过提高平均到达率和人均收听时长来实现，平均到达率是平均每天收听的听众数量，人均收听时长是平均每人每天收听的时长分钟数。2017 年交通类频率的日均听众数量和人均收听时长均居首位，都市生活类频率的平均到达率为7.2%，相比2016 年上升幅度为24.4%，人均收听时长则由5.76 分钟下降到5.49 分钟，均位于市场第四位。受整体收听市场变化趋势的影响，大部分类型频率的变化较为相似：平均到达率上升、人均收听时长不同幅度地下跌。听众忠实度方面，都市生活类频率处于中游位置（表1）。

表1　2016～2017 年各类型频率的平均到达率（%）和人均收听时长（分钟）变化

频率类型	平均到达率（%）		人均收听时长［分钟］		人均收听时长（听众）［分钟］		平均忠实度（%）	
	2016 年	2017 年	2016 年	2017 年	2016 年	2017 年	2016 年	2017 年
交通	17.14	18.44	17.40	16.76	101.53	90.85	7.1	6.3
新闻综合	18.32	17.31	19.26	14.76	105.17	85.25	7.3	5.9
音乐	14.13	16.65	13.29	12.06	94.06	72.41	6.5	5.0
都市生活	5.79	7.20	5.76	5.49	99.48	76.29	6.9	5.3
文艺	6.17	6.52	6.61	5.25	107.04	80.55	7.4	5.6
经济	4.16	4.91	4.17	3.59	100.10	72.98	7.0	5.1
其他	2.79	2.87	2.63	1.61	94.34	56.27	6.6	3.9
体育	0.67	0.91	0.60	0.38	89.73	42.12	6.2	2.9
农村	0.59	0.50	0.56	0.46	94.59	90.76	6.6	6.3
教育	0.25	0.47	0.28	0.08	113.64	17.89	7.9	1.2

数据来源：CSM 媒介研究

3. 都市生活类频率在女性、55 岁及以上和初中及以下学历听众中的竞争力相对较强

都市生活类频率在女性听众中的竞争力高于男性，在55 岁及以上和初中及以下学历听众中的竞争力高于整体平均水平（市场份额9.25%）。其中，在65 岁及以上听众中的市场份额排名第三，在干部/管理人员、工人和无业群体中所占的市场份额相对较高。整体而言，都市生活类频率在各类听众中所占的市场份额相对较为均衡，没有表现出像交通类、新闻综合类和音乐类频率在不同目标听众间存在较大差异的特点（图2）。

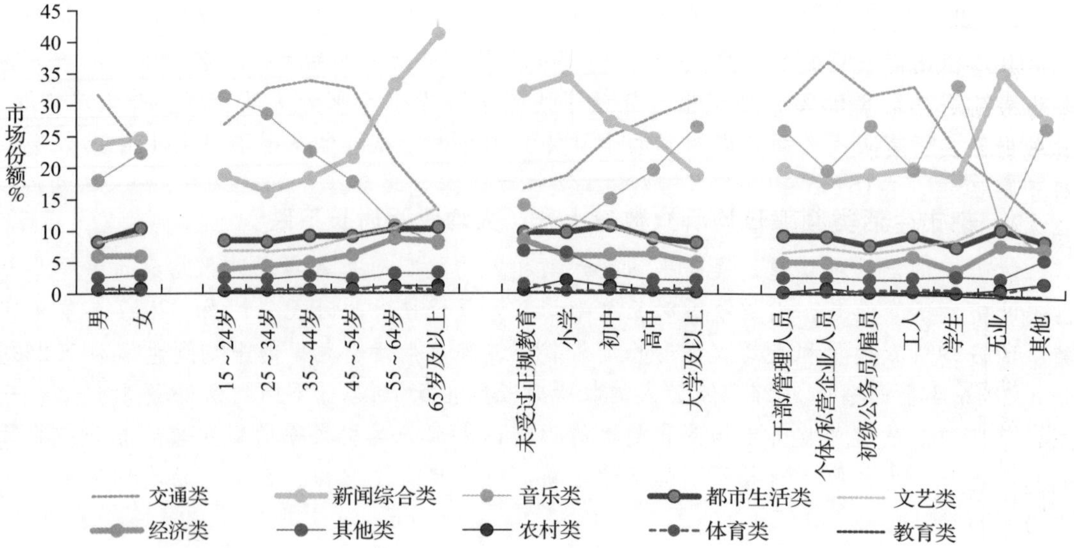

数据来源：CSM 媒介研究

图 2　2017 年各类型频率在不同目标听众中的市场份额（%）

4. 都市生活类频率在各收听场所的竞争力均有所上升

2017 年，都市生活类频率在家的市场份额为 9.99%，高于在所有场所的平均水平（9.08%），但仍低于整体排于其后的文艺类频率，在其余各场所的市场份额均低于 9.08%。同时我们可以看出，该类频率由于适合在不同场景收听，因而其在各场所的市场份额均差别不是很大。与 2016 年比较，2017 年都市生活类频率在各收听场所的竞争力均有不同程度的上升（表 2）。

表 2　2016～2017 年各类型广播频率在不同场所的市场份额（%）

频率类型	在家		车上		工作/学习场所		其他场所	
	2016 年	2017 年	2016 年	2017 年	2016 年	2017 年	2016 年	2017 年
交通	14.15	17.79	52.02	48.09	20.55	23.80	14.88	15.83
新闻综合	34.20	31.31	11.05	11.60	24.29	25.67	33.11	27.35
音乐	16.63	16.92	20.49	22.29	28.97	23.35	24.87	31.93
都市生活	9.26	9.99	5.90	7.97	7.54	8.79	6.71	6.79
文艺	11.78	11.52	4.14	3.94	8.00	8.85	8.11	7.35
经济	7.19	7.34	2.96	3.37	5.57	6.03	5.82	6.46
其他	4.43	3.27	2.32	1.93	2.64	1.77	4.11	2.25
农村	1.03	1.09	0.27	0.28	0.70	0.49	0.83	0.56
体育	0.86	0.59	0.75	0.46	1.04	1.12	1.04	1.32
教育	0.48	0.17	0.09	0.09	0.70	0.14	0.51	0.16

数据来源：CSM 媒介研究

5. 都市生活类频率在中午和下午时段竞争力较强

从全天竞争力走势来看，都市生活类频率在 11:45～13:00 和 14:00～18:45 时段竞争力较强，市场份额高于平均值 9.25%，形成了明显的高峰时段；凌晨时段处于低谷，其他时段走势相对平缓。与其他类型频率相比，都市生活类频率大部分时段的市场份额居于第四位，在16:45～17:45 赶超第二位的新闻综合类频率，在 09:00～11:30 和晚间多个时段则低于文艺类频率（图 3）。

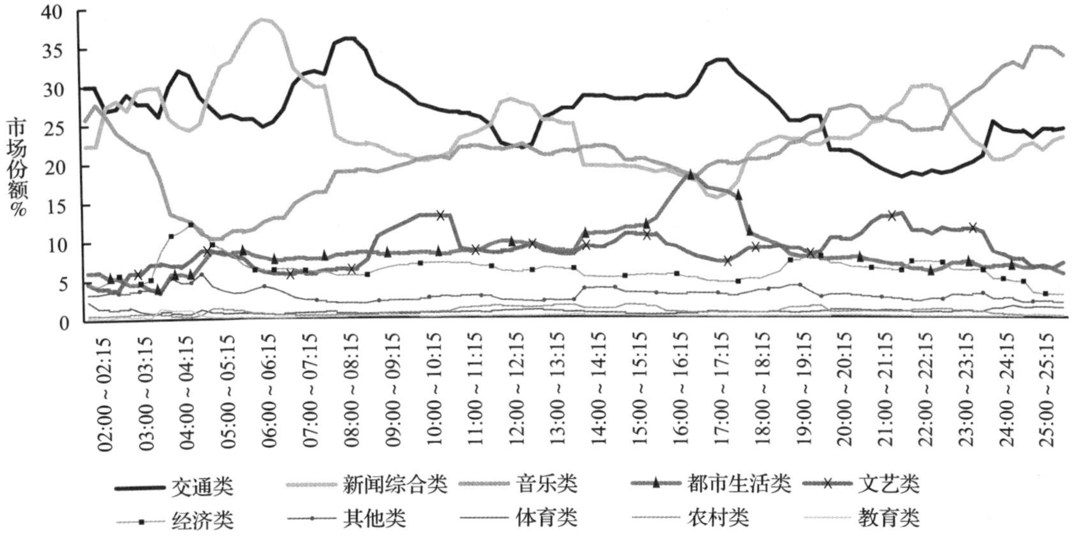

数据来源：CSM 媒介研究

图 3　2017 年各类型频率全天市场份额（%）走势

二、都市生活类频率听众收听行为特征

1. 工作日收听时长大于周末

都市生活类频率 2017 年的人均收听时长为 5.57 分钟，近 3 年来呈持续下跌走势。从不同周天的人均收听时长走势来看，周一和周三相对较高，其后波动下滑，但整体上工作日高于周末（图 4）。

2. 人均收听时长除在家外的场所均有所上升

在家是听众收听都市生活类频率的主要场所，但与 2016 年相比，2017 年在家出现一定幅度的下跌，人均收听时长为 3.32 分钟；其余各场所则均有不同程度的上升，尤其是车上，升幅更为明显，工作/学习场所和其他场所的人均收听时长均不足 1 分钟（图5）。

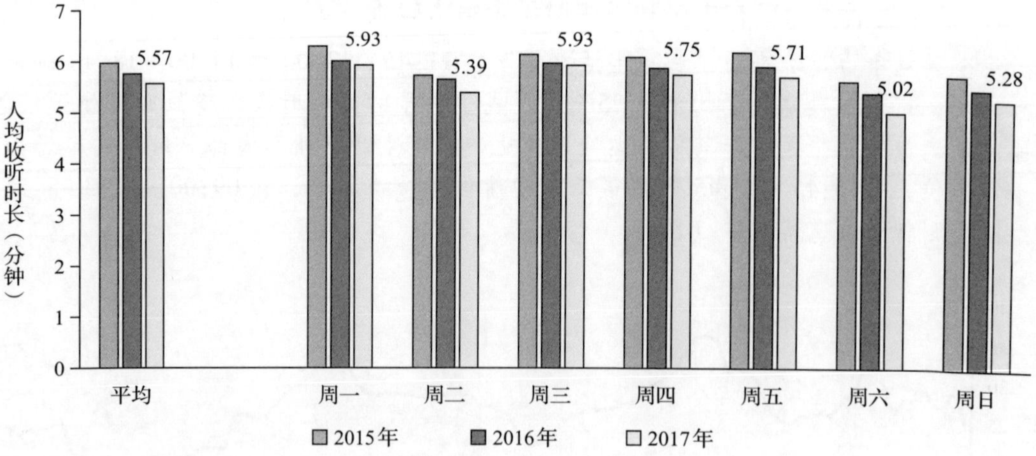

数据来源：CSM 媒介研究

图 4　2015～2017 年都市生活类频率不同周天人均收听时长（分钟）

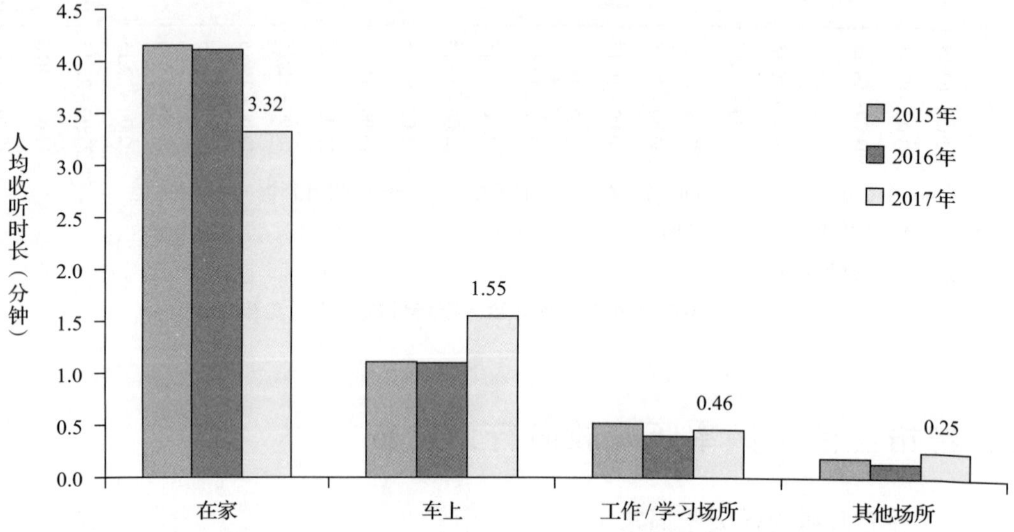

数据来源：CSM 媒介研究

图 5　2015～2017 年都市生活类频率在不同场所的人均收听时长（分钟）

3. 在家是都市生活类频率的主要收听场所

听众主要在家收听都市生活类频率，因而在家全天各时段的收听率均高于其余各场所，收听高峰时段分别在 06:45～09:15 和 15:45～19:00；车上收听走势与在家较为相似，只是高峰时段相对狭窄、峰值较低，07:00～09:00 和 17:00～18:15 是其收听高峰时段；工作/学习场所则是中午 12:00～13:00 时段收听表现较好，其他场所走势较为平缓（图 6）。

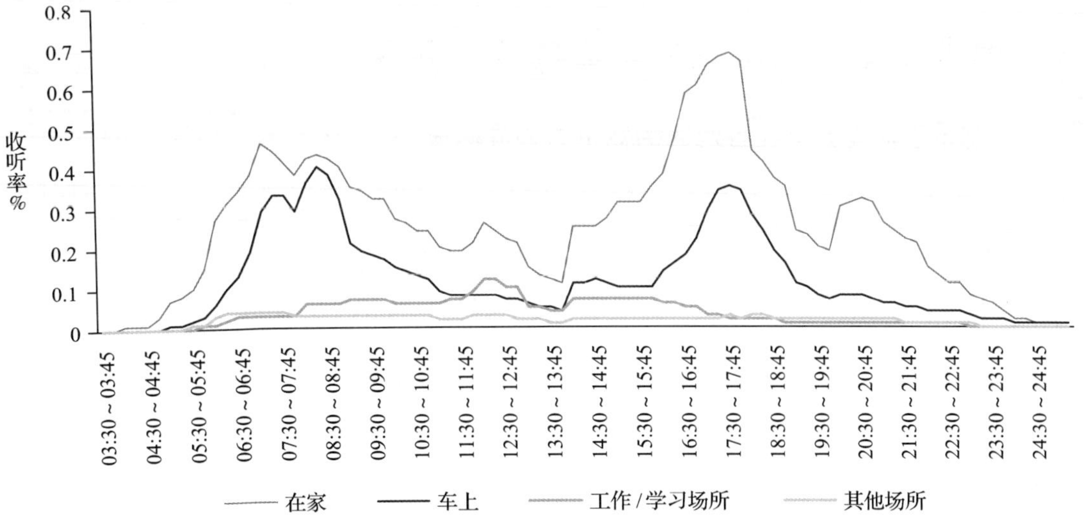

数据来源：CSM 媒介研究

图 6　2017 年都市生活类频率在不同场所的收听率（%）走势

4. 都市生活类频率主体受众群体偏老龄化

都市生活类频率的听众构成中，女性、15～44 岁、初中/高中学历、个体/私营企业人员和无业群体占比较大，与市场整体相比，在性别构成上有差异，年龄构成上偏于老龄化（图 7）。

重度听众是女性、45 岁及以上、小学/初中学历、初级公务员/雇员、工人和无业人群，与市场整体相比，在性别上有差异，学历上稍偏向于中低学历听众（图 7）。

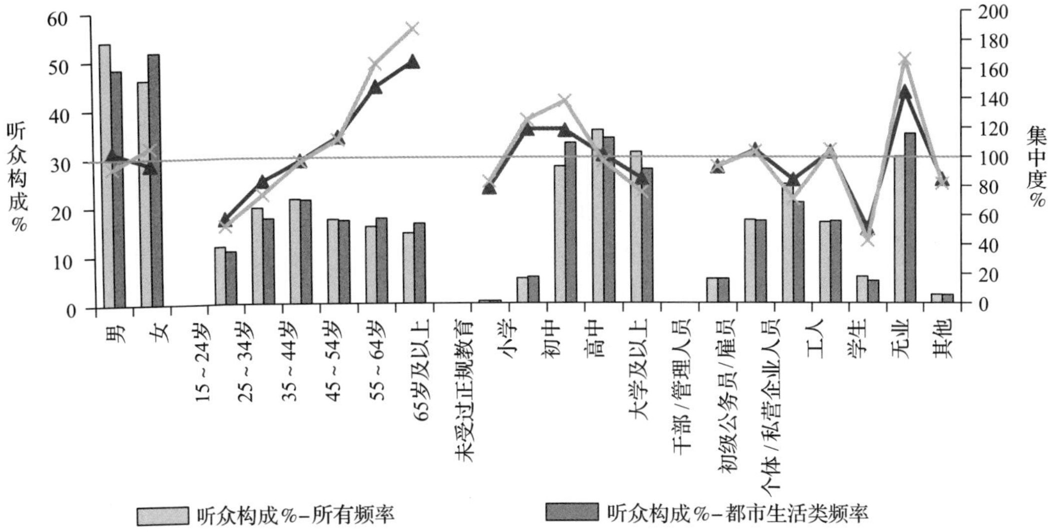

数据来源：CSM 媒介研究

图 7　2017 年都市生活类频率听众构成（%）及集中度（%）

三、都市生活类频率在各地区的收听表现

1. 都市生活类频率在各地区的竞争力差异明显

2017年都市生活类频率在31个城市的平均市场份额为9.08%，但各地区差异明显，有14个城市的市场份额高于平均水平（图8）。其中在福州、杭州和哈尔滨表现较好，占据当地20%以上的市场份额，且对比2016年均有不同幅度的上升。上升幅度相对较大的还有郑州、深圳和昆明等地区，成都、沈阳和南昌等地市场份额则有所回落。

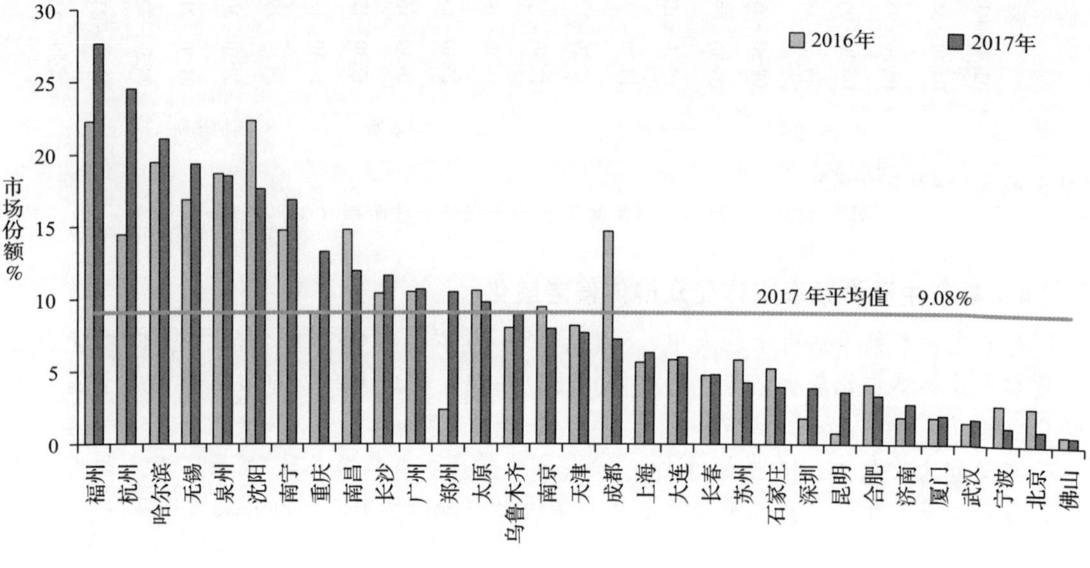

数据来源：CSM媒介研究

图8 2016～2017年都市生活类频率在各地区的市场份额（%）

2. 部分都市生活类频率在当地竞争力排名中表现突出

在各地频率竞争力排名中，福建987私家车广播FM98.7、黑龙江妇女儿童广播（龙广都市女性台）FM102.1、泉州广播电视台105.9刺桐之声广播FM105.9、广西电台教育广播（私家车930）FM93.0、杭州FM105.4西湖之声、无锡广播电视台梁溪之声广播FM92.6、辽宁广播电视台都市广播（沈阳台）FM92.1/AM1341、重庆人民广播电台都市频率FM93.8、郑州都市广播FM91.2、山西广播电视台健康之声广播FM105.9和新疆人民广播电台城市广播私家车调频FM92.9表现突出，在当地均能跻身于前3位之列，其中福建987私家车广播FM98.7在福州收听市场处于领先地位（表3）。

表 3 2017 年都市生活类频率在各地的市场份额（%）及排名

地区	频率	市场份额（%）	排名
福州	福建 987 私家车广播 FM98.7	16.74	1
	福州人民广播电台左海之声 FM90.1	6.86	6
	海峡之声汽车生活广播交通 906 FM90.6	4.06	11
杭州	杭州 FM105.4 西湖之声	9.23	3
	浙江私家车 107 城市之声 FM107	8.12	4
	FM104.5 女主播电台（旅游之声）FM104.5/AM603	7.15	6
哈尔滨	黑龙江妇女儿童广播（龙广都市女性台）FM102.1	19.14	2
	黑龙江生活广播（龙广私家车电台）FM104.5	1.70	12
	哈尔滨广播电视台 1056 频率 FM105.6	0.22	15
无锡	无锡广播电视台梁溪之声广播 FM92.6	12.73	3
	无锡广播电视台都市生活广播 FM88.1	6.57	6
	上海东方都市广播 899 驾车调频 FM89.9/AM792	0.04	24
泉州	泉州广播电视台 105.9 刺桐之声广播 FM105.9	15.78	2
	福建 987 私家车广播 FM98.7	2.74	8
沈阳	辽宁广播电视台都市广播（沈阳台）FM92.1/AM1341	11.18	3
	辽宁生活广播（沈阳台）FM103.4/FM90.4/AM882	6.43	7
南宁	广西电台教育广播（私家车 930）FM93.0	16.19	2
	广西电台旅游广播 FM104.0	0.69	12
重庆	重庆人民广播电台都市频率 FM93.8	13.27	3
	四川人民广播电台民生广播 FM89.4	0.00	22
南昌	江西旅游广播 FM97.4	5.81	6
	江西民生广播 FM101.9	3.49	8
	江西都市广播 FM106.5	2.64	11
长沙	湖南金鹰 955 FM95.5	8.97	4
	湖南旅游频道 FM106.9	2.66	12
广州	广东广播电视台城市之声 FM103.6	7.01	6
	广东广播电视台南方生活广播 FM93.6/AM999	3.67	9
郑州	郑州都市广播 FM91.2	10.05	3
	河南电台 1074 绿色频道 FM107.4/AM900	0.43	21
太原	山西广播电视台健康之声广播 FM105.9	9.79	3
乌鲁木齐	新疆人民广播电台城市广播私家车调频 FM92.9	7.45	3
	乌鲁木齐人民广播电台旅游音乐广播 FM106.5	1.72	14
深圳	深圳生活 942 FM94.2	1.75	12
	龙岗 991 FM99.1	1.66	13
	广东广播电视台城市之声 FM103.6	0.47	17
南京	南京音乐台 FM105.8	5.59	5
	南京经济台 AM900/FM98.1	1.15	16
	江苏健康广播 AM846/FM100.5	0.71	20
	南京城市管理广播 AM1170/FM96.6	0.52	21

续表

地区	频率	市场份额（%）	排名
天津	天津人民广播电台生活广播 FM91.1/AM1386	7.43	6
	河北广播电视台生活广播 AM747/FM89	0.28	15
成都	四川人民广播电台城市之音 FM102.6	4.78	9
	四川人民广播电台旅游生活广播 i radio FM97.0	1.63	14
	四川人民广播电台民生广播 FM89.4	0.80	18
	四川人民广播电台都市生活广播 FM97.0	0.00	34
上海	上海东方都市广播 899 驾车调频 FM89.9/AM792	6.30	7
大连	大连广播电视台第六套都市之声广播 FM99.1	6.01	4
长春	吉林人民广播电台健康娱乐广播 FM101.9	3.68	9
	吉林人民广播电台旅游广播 FM103.3	1.12	15
	长春人民广播电台健康生活广播 AM1449/FM107.9	0.00	28
苏州	苏州广播电视总台生活广播 FM96.5	4.09	6
	上海东方都市广播 899 驾车调频 FM89.9/AM792	0.15	20
石家庄	河北广播电视台旅游文化广播 AM603/1521/FM100.3	2.11	14
	河北广播电视台生活广播 AM747/FM89	1.82	15
昆明	昆明广播电视台 FM102.8 都市调频	3.61	8
合肥	安徽生活广播	2.59	13
	安徽旅游广播私家车电台	0.76	21
济南	山东广播电视台广播生活频道 FM105	2.78	6
厦门	厦门旅游广播 AM1008/FM94	1.32	11
	福建 987 私家车广播 FM98.7	0.68	17
武汉	湖北省广播电视总台生活广播 auto radio FM96.6	1.78	13
宁波	浙江私家车 107 城市之声 FM107	1.23	11
	上海东方都市广播 899 驾车调频 FM89.9/AM792	0.03	15
北京	北京城市广播 FM107.3/AM1026/CFM91.9	1.06	15
佛山	广东广播电视台城市之声 FM103.6	0.47	16
	广东广播电视台南方生活广播 FM93.6/AM999	0.21	20

数据来源：CSM 媒介研究

四、都市生活类典型节目分析

1. 广东广播电视台城市之声《夜跑》（播出时间：周一至周五，20:30～21:30）

《夜跑》是广东广播电视台城市之声广播频率于 2015 年创办的一档以“健身、跑步、音乐”为主要内容的节目，传递运动、健康生活理念。以权威、专业、实用的运动资讯和时尚、轻松的节目风格，为目标听众提供实用运动知识和现代生活理念，以期为听众认知跑步、融入运动搭建一座桥梁。节目旨在倡导大家快乐健身、享受健康生活，在欢乐的气氛中快乐跑步、健康生活。节目穿插嘉宾访谈、主持人现场采访以及国内外运动资讯等内容，听众沉浸在都市运动生活节奏的拥抱中。

主持人大雄边跑边采访的体验式报道成为节目的一大亮点和特色。《夜跑》节目累计跑过5200公里，可以绕中国一圈。主持人体验式报道采访过100多场跑步活动及马拉松赛事，更被广东跑圈的朋友称为“最敬业的主持人”。

在增强节目互动上，《夜跑》建立了听众微信公众平台，听众参与节目互动可获得免费参加赛事的名额。节目与全广东30多个跑团建立了友好关系，将节目预告给跑团跑群。节目做看得见的广播，把每晚的健身内容以图片或视频的方式推送给用户，让听众朋友不但可以听节目还可以跟着做，从而有效地巩固了听众的收听习惯并提高了听众的关注度。

在打通线上线下活动方面，《夜跑》在2017年与西樵山国际超级马拉松签下合作协议，成为后者的重要战略合作伙伴。节目在赛前联合西樵山马拉松系列赛组委会，在广州和佛山进行活动推广和跑步主题分享会，并运用微信公众号推出抢答、文章优秀评论及集赞、直播电话抢答等多种互动方式，送出珍贵免费参赛名额。赛事当天，《夜跑》现场直播西樵山国际马拉松赛事，选手带着组委会派发的耳机，听着现场直播的FM1036节目跑并与节目互动。此外，节目还于2017年7月在山水贤鲁岛举行城市之声“夜跑”活动，选手们看着最美日落，与跑友共度最难忘的“夜跑”时光。节目播出后，收听率走势较为平稳，在2017年还有较大幅度的上升（图9）。

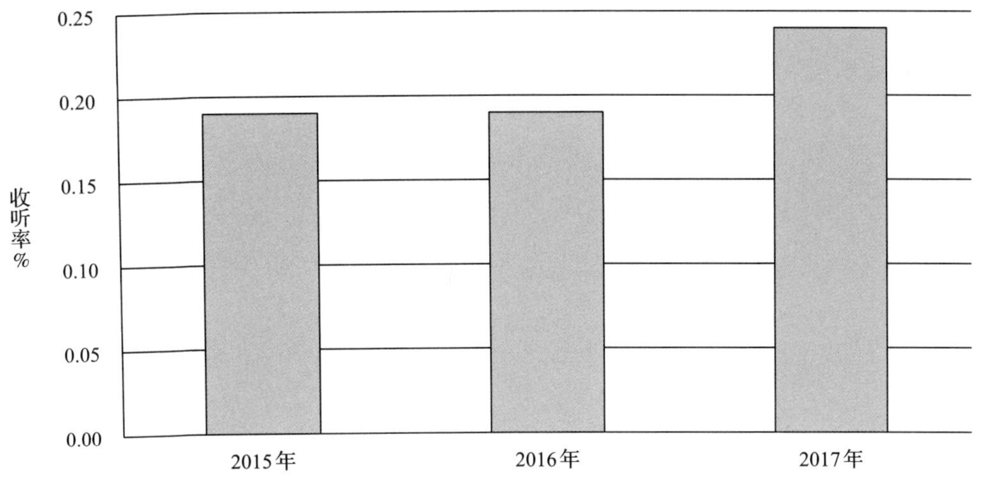

数据来源：CSM媒介研究

图9　2015～2017年《夜跑》节目收听率（%）

收听《夜跑》的听众以女性、15～44岁、高中学历、个体/私营企业人员、工人和无业群体为主，重度听众则是女性、25～44岁、高中及以上学历、干部/管理人员、个体/私营企业人员、学生和无业人群（图10）。

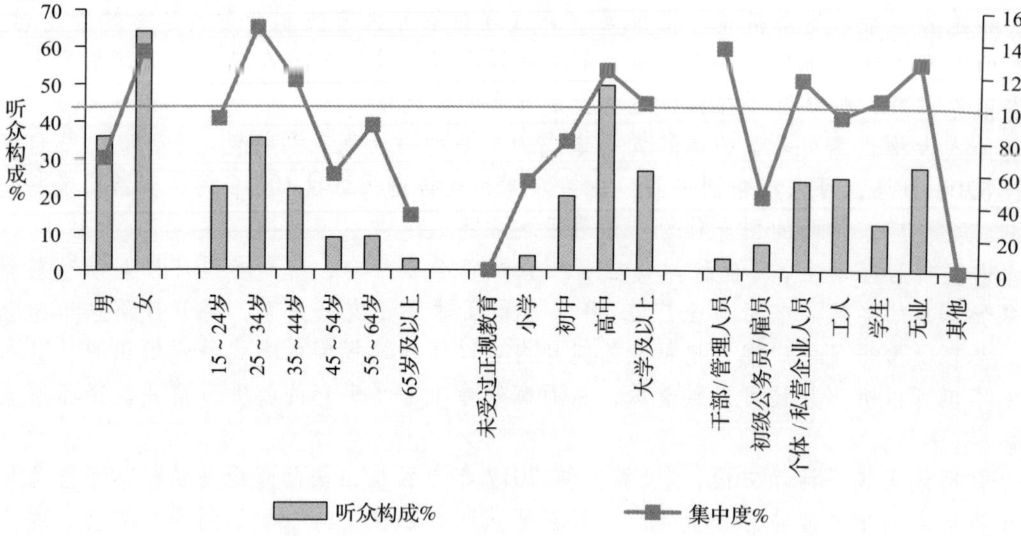

数据来源：CSM 媒介研究

图 10　2017 年《夜跑》节目听众构成（%）及集中度（%）

2. 广州交通电台《畅行天下》(播出时间：周六、周日，10:00～11:00)

《畅行天下》是一档定位于25～45岁消费群体的旅游节目，邀请旅游线路策划专家分享全新的旅途体验，为听众提供别出心裁的旅游路线，沿途与听众分享智慧及旅行的快乐。

节目设定了多个环节：《旅游有料到》吸纳第一手旅游新闻，满足听众求新、求真的心理，为听众展示最实用的旅游资讯以及出行提醒；《专人教路》邀请不同类型的嘉宾做客，从不同视野和角度分享自己的旅游经历和体验，让听众一饱耳福，得到美的享受；《旅游真有趣》以世界各地的传统文化、习俗庆典为主题，与听众分享独特的风土

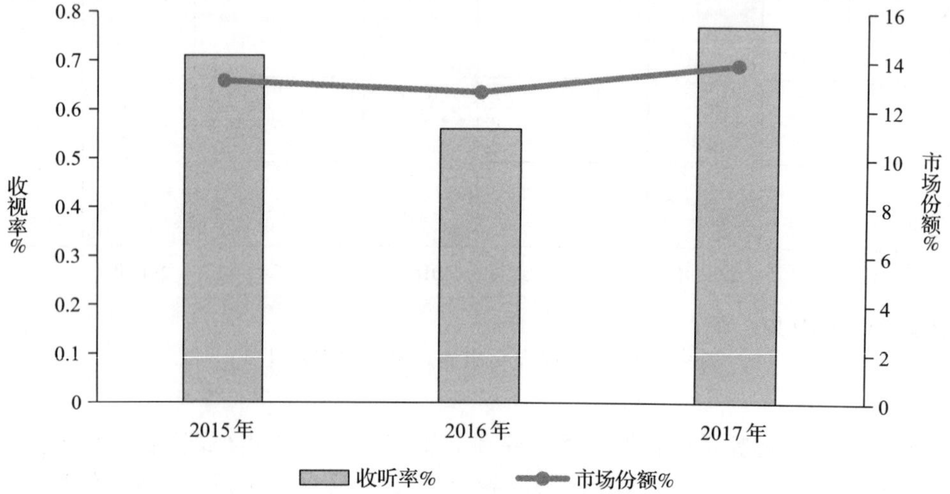

数据来源：CSM 媒介研究

图 11　2015～2017 年《畅行天下》节目收听率（%）和市场份额（%）

人情，让听众一同在旅游趣闻中增长见识；《旅游的事》可以被视为旅游的专业课堂，节目环节中会邀请专业人士指导旅游摄影、潜水技巧、极限运动等听众在旅游当中可能会体验到的活动项目。该节目的收听率和市场份额在2016年略有下跌，2017年开始回升（图11）。

《畅行天下》2017年的主体听众为男性、25～44岁/55～64岁、高中学历、初级公务员/雇员和工人，喜爱收听该节目的是男性、25～64岁、高中学历、干部/管理人员、初级公务员/雇员和工人（图12）。

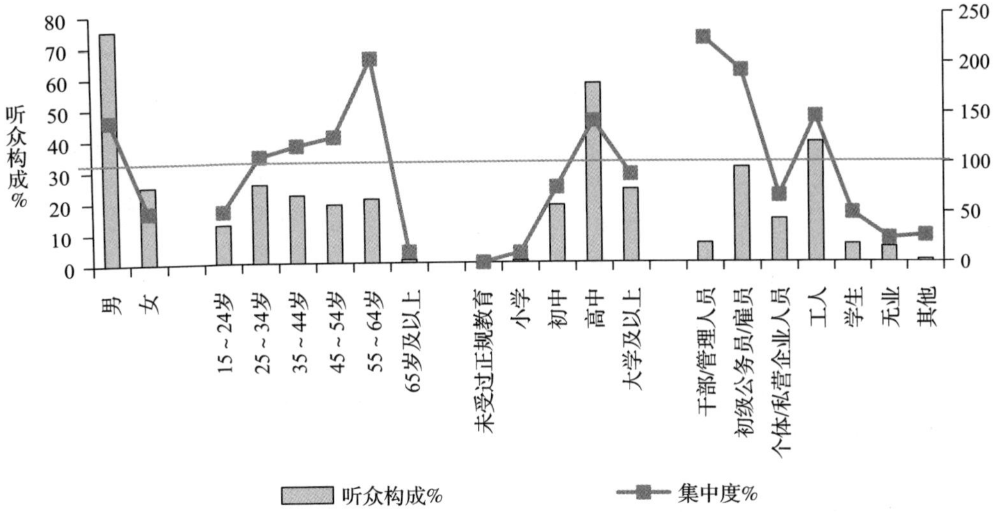

数据来源：CSM媒介研究

图12　2017年《畅行天下》节目听众构成（%）及集中度（%）

五、结语

综上所述，都市生活类频率在2017年的整体市场份额是9.08%，尽管人均收听时长有所下跌，但仍凭借着听众数量的上升而使竞争力也有所上升，在市场排名中上升至第四位。听众虽然主要在家收听都市生活类频率，但都市生活类频率在各个场所的竞争力相差不是很大，在听众方面仍倚重于中老年和低学历人群。2017年，广播整体和都市生活类频率的听众数量均有所上升，但人均收听时长出现减少的走势。这说明媒介消费碎片化的现象一定程度上在加剧。因此，都市生活类频率要在扩大听众覆盖面、增加听众关注度的同时，继续在内容方面发力，充分发挥其娱乐和生活服务的特色，以更好地留住听众。

（作者：何庆金）

2017年城市广播广告市场洞察

风起云涌的音频平台伴随着移动互联网的扩张而凸显出规模排他效应，直接冲击着广播的直播流收听市场。CSM媒介研究的数据显示，2017年城市广播的听众收听率同比下滑14.6%；与此同时，诸多音频平台开拓了音频知识付费的全新商业模式并呈爆发之势，业已形成较为完善的产业形态。这种通过付费课程直接面向用户，进而实现知识变现的模式大大改观了以往通过用户流量转化为广告价值的间接变现模式。尽管如此，广播直播流的传统广告市场并没有因此而遭受重大冲击，相反，2017年广播广告花费同比上涨了6.9%（CTR媒介智讯）。本文基于2017年CSM媒介研究的广播收听率调查数据和CTR媒介智讯的广告监测数据，对全国31个城市，重点对4个一线城市的电台直播流收听市场和广告市场做深入洞察，以解析城市广播广告现状和境地。

一、车载收听市场提供了广播广告增量的土壤环境

公安部的一组数据显示，截至2017年年底，全国机动车保有量达到3.10亿辆，其中以个人名义登记的小型和微型载客汽车（私家车）达1.70亿辆，占载客汽车的91.89%，为历史最高水平。北京、上海、深圳3个城市的机动车保有量均已超过300万辆，广州也有240万辆。全国机动车驾驶员数量达3.85亿人，这无疑为车载收听奠定了庞大的人口规模基础。

CSM的基础研究数据显示，城市居民出行最经常选择的交通工具发生了巨大的变化：5年前，城市居民出行的第一选择主要是公交系统，私家车出行只相当于公交车出行的一半；5年后私家车出行成为首选，相较5年前涨幅达62%，选择公交车出行的跌至私家车的79%。换言之，中国城市出行已进入“以车为本”的高速增长期。相对而言，代表绿色出行的公交系统发育不良，服务水平不高、覆盖不足、准点率低、舒适性差、换乘不便等都是典型表现，这也助推了私家车出行的盛行（图1）。

“拥堵”成为城市综合治理的一道“坎”，但是清除这道“坎”却非一日之功可成，城市交通状况的逐步改善以及绿色出行观念的深入人心还要借以时日。交通拥堵与治堵这对矛盾将在相当长的一段时期内存在，这无形中大大增加了驾乘私家车或者乘坐公交车出行的人们滞留在车上的时间，也为提高车载收听时间的可能性带来了天然的客观条件和土壤，广告便顺势而为尽可能地触达更多的听众。

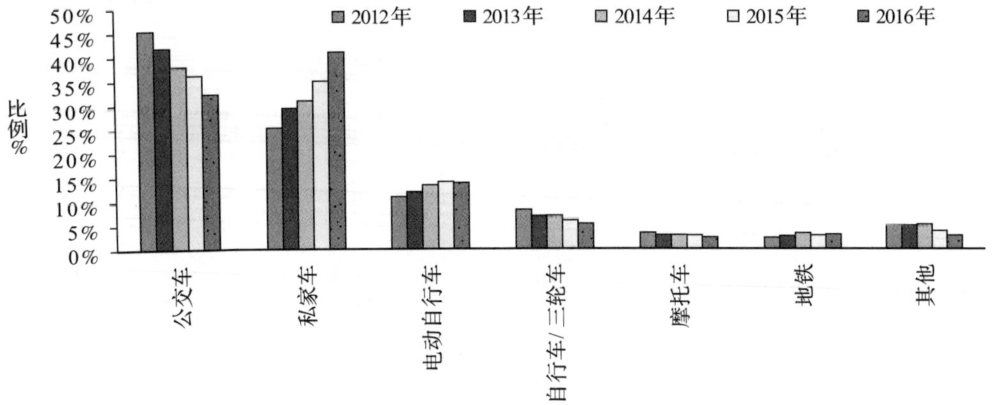

数据来源：CSM 媒介研究，基础研究数据。

图 1 2012~2016 年城市居民出行最经常使用交通工具选择比例（%，单选）

CSM 媒介研究的收听率调查数据显示：在过去的 5 年中，城市整体收听市场不断缩水，收听总量不断下降。但是我们分析其中的结构就会发现：收听总量的下降主要源于居家收听的下降，车载收听不但稳定而且有上升的趋势，这为广告投放带来了利好的经营环境（图 2）。

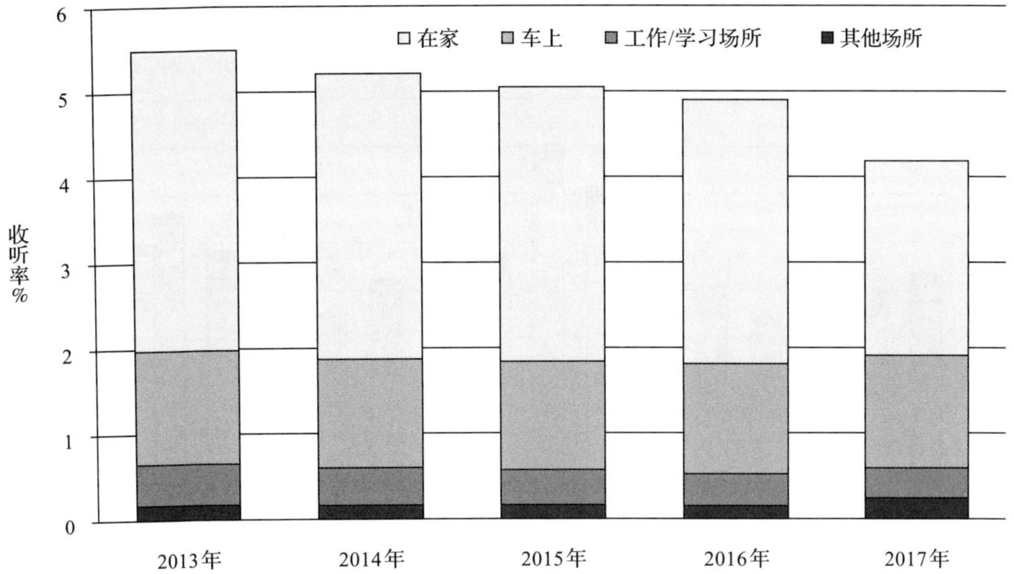

数据来源：CSM 媒介研究

图 2 2013~2017 年不同场所收听率（%）变化

由于 CSM 媒介研究目前采用了国际最先进的智能手机虚拟测量仪，因而北、上、广、深四大一线城市的整体收听数据更彰显出广播的个性化、伴随性、移动性特征。居家收听量占整体收听总量的比重越来越低，而以移动收听为主的非居家收听总量的比重则越来越高；其中，车载收听已经超过在家收听（上海除外），成为最大的广播传播市场（图 3）。

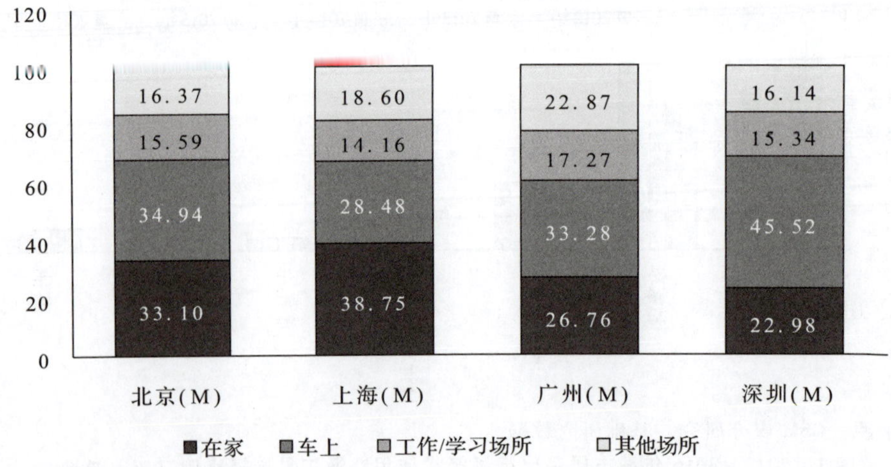

数据来源：CSM 媒介研究

图 3　2017 年下半年北、上、广、深四大一线城市①不同收听场所收听时长所占比重（%）

二、优质听众聚集的车载市场为优质广告提供了投放渠道

不同的收听场所聚集了不同的收听人群，车载收听人群无论是在收入方面还是在受教育程度方面都超越在家收听人群几个层级（图4）。车载收听人群基本上以职业人群为主，年龄集中在25～54岁之间，是社会的中坚力量，也是最有话语权和消费力的群体。

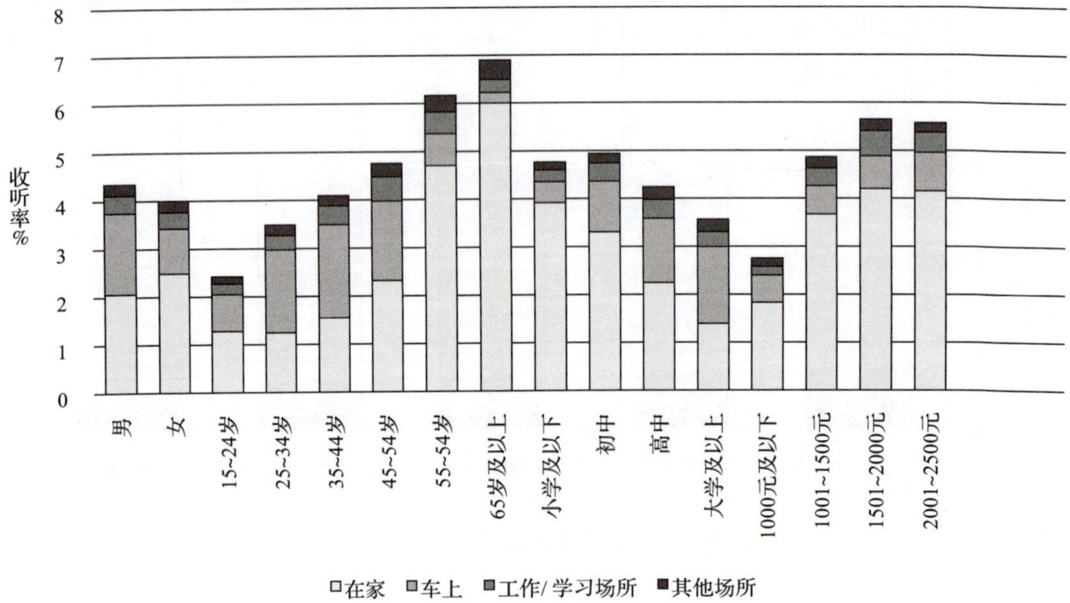

数据来源：CSM 媒介研究

图 4　2017 年 31 城市组不同目标听众分场所收听率（%）

① 广州（M）于 2017 年 7 月 1 日起开始采用虚拟测量仪数据。

自然，不同的市场、不同的听众群体会吸纳不同的广告投放。优质、含金量高的品牌广告流向了车载收听市场，而以居家收听为主的老年人吸纳更多的则是医药保健品广告和理财产品广告。我们应该看到，除了一线城市外，多数城市中的医疗广告或节目仍旧占据着大量的频率时段资源，是频率创收的主要来源。这其中不乏涉嫌违规产品的宣介，这些宣介在为频率创收的同时，也不可避免地拉低了频率的品质，折损了广播媒体的公信力。

三、交通类、音乐类频率成为品牌广告的重度投放媒体

在2017年CSM媒介研究全国31个收听率调查城市中，定位于交通和音乐的频率表现出色，其中有15个城市的当地交通频率市场份额排名首位。在这些城市中，有近一半城市的交通频率占据了超过三分之一的当地收听市场份额（表1）。

在车载收听市场，交通类和音乐类频率表现得更加出色，占据了超过70%的收听市场份额。近年来，机动车保有量不断上升，私家车几乎成为家庭的标配。开车一族多是有活力、有稳定的较高收入、受教育程度高的社会中坚群体。广告天生敏于追逐产品的目标消费群体，移动收听中含金量高的听众自然便成为广告主不懈追逐的目标。所以，在车载收听市场上斩获颇丰的交通类、音乐类频率在广告市场上同样成为对广播电台广告收益贡献最大的频率类型，成为不折不扣的品牌广告重度吸纳池。而在家户内收听占据优势的频率，如新闻类、文艺类频率则以嘉宾节目、健康保健品类节目等软广告为主，也获得了不错的广告收益。具体到四大一线城市的广播广告投放情况，则情形并不完全如此。优质广告投放于交通类和音乐类频率的现象更加凸显，但新闻类等频率在品牌广告方面也斩获颇丰。

表1　2017年交通类频率市场份额（%）排名首位的城市和频率

城市	频率	市场份额（%）
苏州	苏州广播电视总台交通经济广播 FM104.8	41.68
长春	长春交通之声 FM96.8	38.15
泉州	泉州广播电视台904交通广播 FM90.4	37.23
乌鲁木齐	新疆人民广播电台949交通广播 FM94.9	36.12
重庆	重庆人民广播电台交通频率 FM95.5	36.10
大连	大连人民广播电台第四套广播交通广播 FM100.8	34.96
北京	北京人民广播电台交通广播 FM103.9/CFM95.6	31.96
长沙	湖南人民广播电台交通频道 FM91.8/FM100.3	30.75
天津	天津人民广播电台交通广播 FM106.8	27.18
无锡	无锡广播电视台交通广播 FM106.9	25.33
南昌	江西交通广播 FM105.4	25.04
昆明	云南广播电视台交通之声 FM91.8	23.60
哈尔滨	黑龙江交通广播 FM99.8	21.24
宁波	宁波电台交通广播 FM93.9 AM612	20.97
合肥	安徽交通广播	20.29

数据来源：CSM媒介研究

北京、上海、广州、深圳四大一线城市中各类型频率的广告投放量在当地市场硬广告投放总量中的所占比重清楚地表明了交通类和音乐类频率对硬广告的吸纳能力。数据显示：北京的交通类和音乐类频率数量占当地频率总量（已有广告监测）的35.7%，其广告投放量比重合计达42.62%，广告收入（按刊例价）占到42.63%，收听比重更是高达63.01%；上海的交通类和音乐类频率数量占当地频率总量（已有广告监测）的33.3%，其广告投放量比重合计达48.75%，广告收入（按刊例价）占到43.48%，收听比重高达69.4%；广州这两类频率的数量占当地频率总量（已有广告监测）的35.7%，其广告投放量比重合计达49.99%，广告收入（按刊例价）占到51.28%，收听比重更是高达72.16%；深圳这两类频率的数量占当地频率总量（已有广告监测）的29.4%，其广告投放量比重合计达39.89%，广告收入（按刊例价）占到39.28%，收听比重高达64.9%。综合来看，在4个一线城市中，交通类和音乐类频率的数量占已有广告监测频率总量的30%~40%，但广告吸纳量却占据了当地硬广告总量的40%~50%，广告收入比重占到了总量的40%~50%，收听效果更是惊人，收听比重达到了60%~70%的惊人水平。定位于车载收听市场的频率凭借其在收听市场斩获的收听份额而建立起的优势竞争地位，成为其吸引更多品牌广告、获得更多广告投放的核心因素。

进一步洞察4个一线城市中交通类和音乐类频率所吸纳的广告品类，不难发现：4个城市既有趋同的特征，但是又有差别。在交通类频率中，趋同的特征是：在4个城市中，“商业及服务性行业”“交通类”广告都进入了投放量的前3位；不同的是，北京的“家居用品”行业比重占到整体市场的近四分之一。此外，“电脑及办公自动化”也接近10%；上海则是“邮电通讯”行业表现抢眼；广州的“食品”行业也比较突出，“食在广州”在广播媒体中表现得淋漓尽致；深圳的“金融”和“娱乐与休闲”行业比重也达两位数。在音乐类频率中，共同的特征也是“交通类”“商业及服务性行业”广告投放比重基本处于靠前的位置，但各个城市又各具特色：北京的“娱乐休闲行业”投放比重超过20%，上海的“邮电通讯”行业超过15%，广州的“食品”行业处于第二位，深圳的“金融”行业“娱乐与休闲”行业投放比重也高达两位数。在4个一线城市中，无论是交通类频率还是音乐类频率，投放量比重较大的广告类型都具有高度的趋同性，说明这些品类的广告主对这两类广播频率高度认同。同时，四大城市也具有各自的特点，反映出不同城市同类频率吸纳广告的能力的差异，也彰显了地域特征和频率重度听众特征的差异（表2）。

品牌广告主把移动收听人群（主要是私家车主）作为主要目标群体，但这并不是刻意矮化其他频率的价值，非交通类、音乐类的频率仍然聚集了庞大的听众群体，这些听众则成为大量嘉宾节目、医疗保健品节目等软性广告瞄准的目标听众群体。这些以家户内收听为主的频率类别主要有：新闻综合类、文艺类（小说、故事、评书、相声、戏曲等）、经济类、农村类等，这些频率一直以来也是广播电台广告创收的重要平台。近几年，由于政府加大了政策管控力度，加上电台本身也在加强自律性，迫使大量医疗保健品广告节目退出了广播广告市场。这虽然对广播电台的经营造成了一定的影响，但不少广播电台借此转变经营思路、启动转型、开辟多元渠道、增加活动营销、打通线上线下……反而获益匪浅。

表 2 2017 年不同品类广告在四大一线城市交通类、音乐类频率的投放量比重（%）

品类	交通类				音乐类			
	北京（M）	上海（M）	广州（M）	深圳（M）	北京（M）	上海（M）	广州（M）	深圳（M）
电脑及办公自动化产品	9.99	4.95	6.78	9.80	5.18	4.27	7.53	10.00
房地产/建筑工程	1.52	6.83	5.44	7.09	1.75	4.68	1.87	2.26
个人用品	0.20	.	0.59	0.49	0.59	0.80	0.78	0.64
工业用品	1.22	0.50	2.57	0.56	1.10	0.71	1.12	2.89
化妆品/浴室用品	.	0.00	0.06	.	0.37	0.25	0.37	0.26
活动类	7.75	6.43	2.69	2.10	7.89	8.16	5.25	4.89
家居用品	24.26	5.42	0.65	1.45	4.33	2.50	1.17	0.77
家用电器	0.67	1.04	2.41	0.77	0.16	0.69	1.20	0.12
交通	10.62	19.04	13.74	14.82	19.33	19.38	15.85	16.39
金融	5.66	8.42	7.48	16.62	5.54	9.06	4.60	13.45
酒精类饮品	2.40	1.24	0.63	1.65	0.20	0.57	0.57	0.55
农业	0.96	.	.	0.01	0.01	0.01	.	.
清洁用品	.	.	1.80	1.76	0.26	0.17	1.78	1.60
商业及服务	15.37	17.19	13.10	8.71	11.97	11.27	15.58	12.37
食品	2.53	1.86	9.50	6.90	6.83	7.54	12.83	6.95
药品	2.27	.	6.76	3.93	1.75	0.30	5.09	1.48
衣着	0.10	0.03	0.02	0.17	.	0.21	.	0.12
饮料	1.60	3.17	3.95	2.61	1.21	2.17	1.18	2.97
邮电通讯	5.78	15.72	6.03	8.47	8.11	15.87	7.40	8.41
娱乐及休闲	5.37	7.88	8.41	5.81	22.46	10.8	12.74	12.36
杂类	1.74	0.28	7.40	6.28	0.96	0.57	3.09	1.52

注：“杂类”中不包含“免费项目”和“公用事业”项。

数据来源：央视市场研究（CTR），CSM 媒介研究

硬广告并未远离以家户内收听为主的频率，我们通过分析投放到四大一线城市的新闻综合类频率的硬广告便可窥一斑。在四大城市的新闻综合类频率中，“食品”“药品”稳稳地跻身于广告投放前三甲之列。除了具有共性外，每个市场还各具特色。北京市场中，投放新闻综合类频率的广告类别比较突出的还有“家居用品”和“酒精类”，比例都超过两位数；“家居用品”和“酒精类”在上海市场的投放比例也可圈可点；“金融”产品在广州和深圳也步入了前三甲之列。值得一提的是，广州、深圳的“药品”投放比重非常高，广州超过三分之一，深圳近四分之一（表 3）。

表 3　2017 年不同品类广告在四大一线城市新闻综合类频率的投放量比重（%）

品类	新闻综合类			
	北京（M）	上海（M）	广州（M）	深圳（M）
总体	0.79	0.76	2.09	4.27
房地产/建筑工程	1.18	3.61	0.74	1.57
个人用品	4.42	3.12	1.91	1.69
工业用品	0.77	1.07	1.28	1.43
化妆品/浴室用品	0.71	0.56	0.27	0.25
活动类	3.41	2.20	1.38	1.09
家居用品	12.55	10.66	4.82	4.49
家用电器	8.23	5.92	3.66	3.20
交通	5.27	8.45	3.41	5.45
金融	9.40	8.11	8.29	15.58
酒精类饮品	12.48	9.76	4.86	4.64
农业	1.15	0.64	0.36	0.40
清洁用品	.	0.01	0.03	0.09
商业及服务	1.64	6.41	4.56	5.25
食品	13.19	15.87	10.38	10.22
药品	13.10	8.68	34.26	24.03
衣着	.	0.12	.	0.08
饮料	5.40	5.48	2.30	2.37
邮电通讯	2.49	4.69	4.35	5.86
娱乐及休闲	3.03	2.97	6.82	3.91
杂类	0.80	0.90	4.23	4.13

注："杂类"中不包含"免费项目"和"公用事业"项。
数据来源：央视市场研究（CTR），CSM 媒介研究

四、直播流广告花费变化仍旧反映行业发展风向

一线城市中不同类别广告投放花费的变化，反映的是当年的行业发展风向。数据显示，2017 年在北、上、广、深 4 个一线城市中，有普遍上涨的行业，也有普遍下降的行业，不同的城市也各具特色。

四大城市的广播广告投放花费（刊例价，下同）同比都不尽相同，北、上、广呈现上涨的态势，其中上海涨幅最大，达到两位数，为 15.18%；只有深圳下滑，降幅为 6.52%。

四城市中大部分（57%）品类都有所上涨，包括"化妆品/浴室用品""个人用品"

“工业用品”“家居用品”“家电用品”“酒精类”“清洁用品”“农业用品”“食品”“药品”“衣着”“娱乐及休闲”和“杂类”等。其中，“清洁用品”2016年在北京、上海曾经大幅度下降，广州没有投放。2017年，上海同比增幅超过34000%，广州和深圳也超过5000%，尤其是深圳，2016年曾经以14054.39%的幅度增长，2017年又以5213.95%幅度增长，可谓“涨势汹汹”。“衣着”类的涨幅在北京、上海、深圳均超过100%。相反，“房地产/建筑工程”在四地普遍下降，其中北京、广州和深圳降幅较大，“饮料”和“杂类”在四地降幅普遍较大。此外，深圳的“交通”“商业及服务”和“金融”也降幅明显（表4）。

表4　2017年四城市不同类别广告花费（刊例价）同比涨跌幅度（%）

品类	北京（M）	上海（M）	广州	深圳（M）
总体	5.46	15.18	3.33	-6.52
电脑及办公自动化产品	17.82	-13.67	63.62	34.05
房地产/建筑工程	-28.39	-1.56	-30.90	-39.53
个人用品	12.55	87.49	25.43	24.51
工业用品	18.82	33.32	160.28	24.60
化妆品/浴室用品	52.08	22.64	51.54	65.90
活动类	-2.63	10.81	4.25	-1.25
家居用品	36.07	31.14	14.51	3.61
家用电器	14.24	12.90	11.28	4.11
交通	-8.74	1.81	-11.72	-17.76
金融业	-15.00	5.80	-28.67	-25.66
酒精类饮品	22.55	30.97	9.78	36.59
农业	25.35	31.67	26.22	19.40
清洁用品	204.46	34031.30	5155.68	5213.95
商业及服务	0.42	2.29	-23.44	-28.36
食品	60.58	73.55	62.11	16.16
药品	7.58	6.22	60.70	39.96
衣着	179.37	270.61	31.30	299.12
饮料	-33.54	-9.35	-17.59	-27.91
邮电通讯	-13.58	25.37	3.52	-1.72
娱乐及休闲	29.48	25.59	15.00	15.92
杂类	-45.82	-30.88	-43.31	-55.39

注：“杂类”中不包含“免费项目”和“公用事业”项。

数据来源：央视市场研究（CTR），CSM媒介研究

五、先进的测量方式更能凸显广告的传播价值

智能手机已经成为当今现代人日常生活中不可或缺的随身物品，某种意义上是人体功能的延伸。CSM 媒介研究采用 MRL 手机虚拟测量技术，仿佛是人耳的智能版，全时空、完整、真实地记录各类听众的广播直播流收听行为，从而使不同地点的收听表现更能体现广播的应用场景，不同时段的收听表现更能反映广播直播流的线性特征。MRL 虚拟测量技术的应用更能体现广播媒体的移动性、伴随性、个性化特征，基于该测量技术的收听数据，能更好地反映新闻综合类、交通类和音乐类频率在不同场景、不同时段的收听表现以及它们彼此之间的竞争状况，同时也折射出不同目标听众的生活形态，可以更好地为广告主提供基于场景、时段的目标听众广告优化载体，进而使他们进行更加理性、精准的广告投放。

表 5 中数据显示，在四大一线城市中，家户外已经明显成为交通类和音乐类频率收听的主要场景地。交通类和音乐类频率在车载收听市场占据强势地位，但是各个城市各具特点：北京市场的交通类频率在所有场所表现出色；上海的交通类频率表现较弱；上海、广州和深圳的音乐类频率表现非常抢眼，占据家户外收听的主导地位；新闻综合类频率历来是居家收听之首，但是只在上海、广州占据首位，反而在四大城市中的非家户收听场所中可圈可点，竞争实力毫不逊色。

表 5　2017 年四大一线城市主要频率类型在不同收听地点的收听率（%）

城市	北京（M）			广州（M）			上海（M）			深圳（M）		
收听场所	新闻综合类	交通类	音乐类	新闻综合类	交通类	音乐类	新闻综合类	交通类	音乐类	新闻综合类	交通类	音乐类
所有场所	0.93	1.41	0.60	0.92	0.90	0.95	1.05	0.23	1.36	0.48	0.68	0.97
在家	0.36	0.46	0.15	0.27	0.26	0.18	0.50	0.09	0.39	0.10	0.14	0.25
非家里	0.56	0.96	0.44	0.64	0.65	0.77	0.55	0.14	0.97	0.38	0.54	0.72
车上	0.26	0.51	0.26	0.27	0.35	0.35	0.23	0.07	0.48	0.23	0.33	0.43
工作/学习场所	0.13	0.24	0.10	0.13	0.11	0.22	0.16	0.03	0.20	0.07	0.10	0.15
其他场所	0.18	0.20	0.08	0.25	0.19	0.19	0.16	0.04	0.30	0.08	0.12	0.15

数据来源：CSM 媒介研究

我们以上海市场为例来说明不同场景、不同时段、不同目标听众对音乐类频率的收听情况。图 5 显示，在家户中，退休老人在早间收听凸显，而学生群体在夜间形成高峰，上班一族全天走势相对平滑，在早晨到上午、傍晚到夜间时段收听较为显著；而在家户外，退休老人显然收听较少，时段多集中在早间；学生群体晚间收听集中，白天时段较为平稳；上班族则明显是早高峰和上午时段占据主导地位，晚间收听也处于高位（图 6）。对于广告主来说，这些收听特点能使他们更加清楚不同场景、不同目标听众在不同时段收听表现的优劣势，对他们选择和优化载体、进行精准广告投放更具价值。

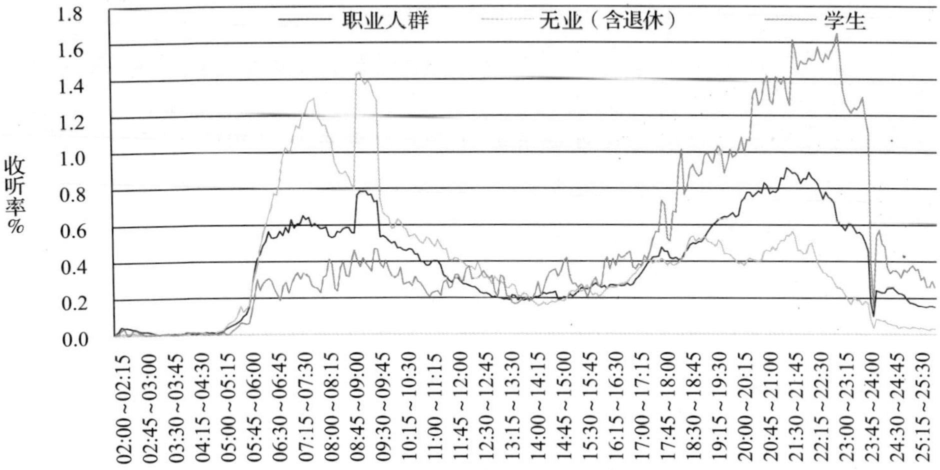

数据来源：CSM 媒介研究

图 5　上海家户中目标听众收听音乐类频率全天收听率（%）走势

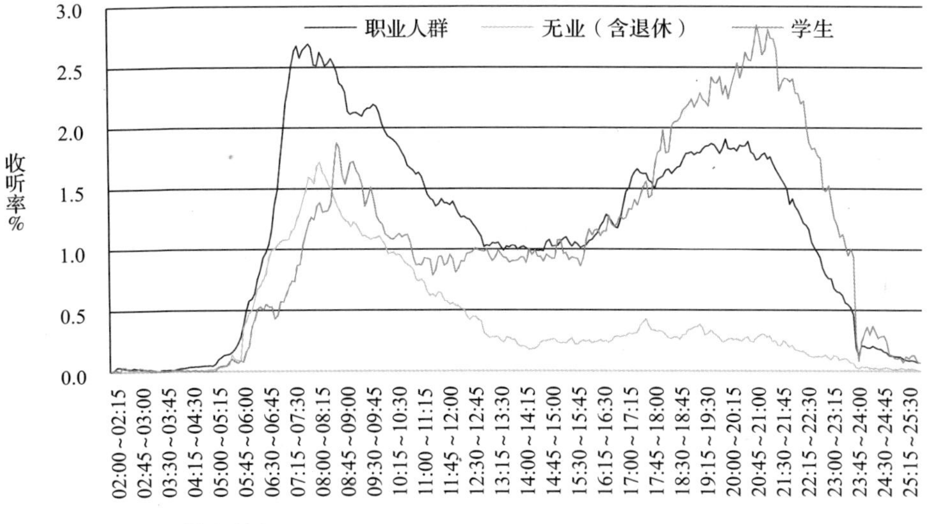

数据来源：CSM 媒介研究

图 6　上海家户外目标听众收听音乐类频率全天收听率（%）走势

六、重拳打击违法广告，传统广播广告回暖

2017 年全国广电系统将广告纳入节目和宣传进行统一管理，广告的导向要求被进一步强化。国家广电总局加大了清理医药广告的力度，进一步规范全国各级播出机构的医疗养生节目播出秩序，各省级广电部门也相继开展了虚假广告、违规医疗广告专项整治行动，违规的医疗养生类商业广告显著减少。

广电广告产业结构发生了重大变化，传统广播电视广告收入止跌回升，新媒体融合所带来的广告增量提速，活动营销类广告收入显著增长，“平台 + 活动”的广告运营模式得到广泛推广，线上线下、广告与地面活动紧密结合，成为新的广告增长点。特别是在部分省台和市县台，活动营销类广告已成为广告增长的主力。广告收入进一步集中，央广和部分一线省级广电媒体广告收入增长，部分省台和市县台广告收入锐减，中西部台的广告收入还在下滑。根据央视市场研究（CTR）发布的《2017年中国广告市场年度数据》，2017年电视广告花费回升了1.7%，广播广告花费连续两年上升，2017年同比上涨6.9%，但具体到各级广播电台则是各有酸甜、冷暖自知。

七、融合创新，拓展更多营收渠道

面对传统广告模式难以为继的形势，许多台结合自身定位，突出特色，创新策略，重塑价值，促进广告提质增效。比如央广启动“2017中国品牌集结行动”，在全国各地开展了数十场活动。此举对广告收益产生了很强的直接拉动作用，对潜在市场也产生了巨大的撬动作用，同时让社会、企业进一步加深了对央广的了解。不少台积极创新“平台+平台”的广告运营模式，推动广电平台之间、广电平台与新媒体平台之间的联合、整合与融合营销。有的台积极改变经营模式，依靠“栏目—广告推广—线下销售”的模式，尝试引入社会资本合作经营，并与兄弟台联手开展在旅游、绿色食品、特色农产品方面的整合推广，将原本零散的销售项目转变成可以持续经营的产业等。

传统电台的收听市场逐年缩水，坚挺的车载收听市场是传统广播广告营收的重要基石。传统广播人要清醒地看到，新媒体在分流广播听众，尤其是伴随着移动互联网长大的年轻一代，已经成为音视频平台的重度用户，这部分人以后是否能回归传统电台已成为一个巨大的问号！

2017年，无论是科技概念还是落地技术，就是多而且快，令人眼花缭乱。从直播、VR到AI再到区块链，短视频泛娱乐IP，最后到年底落在了知识付费上面。近年来，音频平台内容一直缺乏爆款，从而制约了音频平台的广告变现规模，几家大的音频平台做了重大调整和部署，喜马拉雅和蜻蜓FM转向知识付费，荔枝玩上了语音直播……

音频平台的花样翻新不断重塑着音频生态圈，传统广播业者坚守直播广告固然重要，但要突围，就要融合，就要拥抱音频平台，推动彼此间的联合、整合与融合营销。此外，我们还要特别重视广告资源的整合与价值链的开发，比如：采纳“节目+平台”的广告运营模式，以提升平台经营价值；采纳“平台+平台”的广告运营模式，以推动广播平台之间、广播平台与“两微一端”之间的联合、整合与融合营销；采纳“广告+”的运营模式，以整合广告与电商等其他经营，从而实现广播广告经营的多渠道拓展。

（作者：梁帆）

以资讯、动感开启全新一天
——早高峰时段收听特征及典型节目分析

作为一种“贴身媒介”，广播时常伴随着人们的日常出行。正因为如此，广播收听市场的整体特点与听众的作息时间密切相关——上、下班高峰成为广播收听的两大高峰。其中，早高峰作为一天工作和生活的开始，对全天的收听有着举足轻重的影响。

本文基于 CSM 媒介研究历年所有广播连续调查城市的数据，对早高峰时段的收听特征和典型节目进行分析，以期读者对早高峰时段的广播收听市场有更清晰的认识。

一、早高峰整体收听容量较大，移动场所收听高峰稍有后移

在所有场所，广播收听的早高峰一般出现在 07:00 ~ 09:00，也是全天的收听高峰；晚高峰次之，出现在 17:00 ~ 19:00；20:00 ~ 21:00 也有一个小高峰。从近年的全天收听走势对比可见，2017 年上半年较前两年的全天总收听率有不同程度的下降，而早高峰的下降更为明显。

在移动场所①，近几年全天总收听率的走势变化不大。尽管总收听率自 07:00 即开始迅速上升，但出现明显高峰的时间则后移至 08:00 ~ 09:00；而晚高峰出现的时间则与所有场所相差不大，且移动场所早晚高峰总收听率的差异也相对较小。此外，移动场所在晚间的总收听率也不高，未出现明显的收听高峰（图 1）。

尽管从整体来看早高峰出现的时间比较固定，但由于城市之间的差异，部分城市早高峰的出现也呈现出明显的地域特征。

以移动场所为例，CSM 媒介研究所有连续调查城市的收听早高峰出现在 08:00 ~ 09:00，但在大连，其收听早高峰则前移至 06:45 ~ 08:15，而同为东北城市的哈尔滨，其收听早高峰虽然并未前移，但早高峰对其后 09:00 ~ 11:00 时段的拉动作用明显，使得当地上午的整体收听高峰延续至 11:00。在成都、广州和深圳，收听高峰出现在 08:00 ~ 09:00，其中，成都和深圳的早高峰突出，而在广州，收听早高峰则与晚高峰差异不大。乌鲁木齐由于日出时间最晚，因此，早高峰时间出现了明显的后移，在 09:00 ~ 10:00（图 2）。

① 移动场所指除“在家”以外的其他场所，下同。

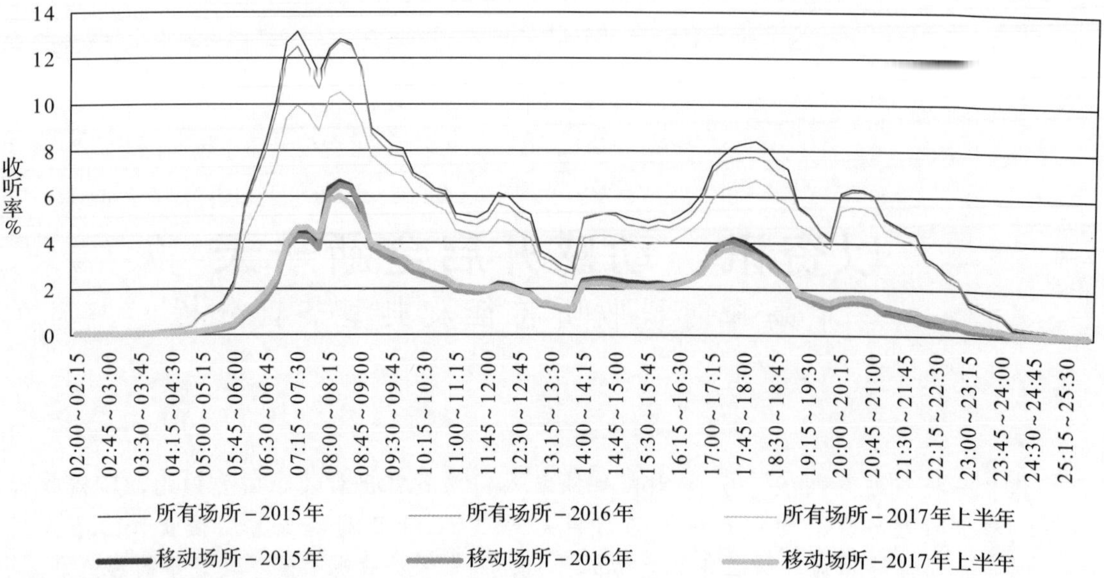

数据来源：CSM 媒介研究

图 1　2015~2017 年上半年 CSM 所有连续调查城市全天收听率（%）走势对比

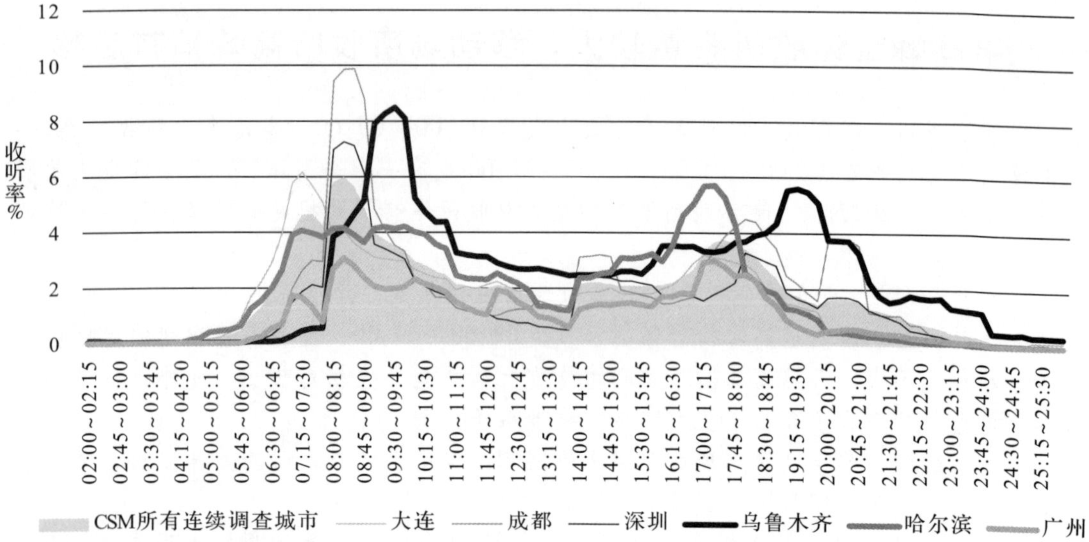

数据来源：CSM 媒介研究

图 2　2017 年上半年部分城市移动场所全天收听走势对比

二、工作日收听早高峰明显，周末趋于平缓

在家和车上，工作日与周末的全天收听率走势表现出明显的场所特征。工作日在家的收听早高峰较窄，在 06:30~08:00，而周末的早高峰则延续至 09:30。车上工作日的收听早高峰突出，且远高于周末；车上周末的早高峰较为平缓，且较工作日的高峰稍有后移（图 3）。

工作/学习场所工作日的收听率高于周末，其他场所工作日与周末的收听走势并未表现出明显差异（图4）。

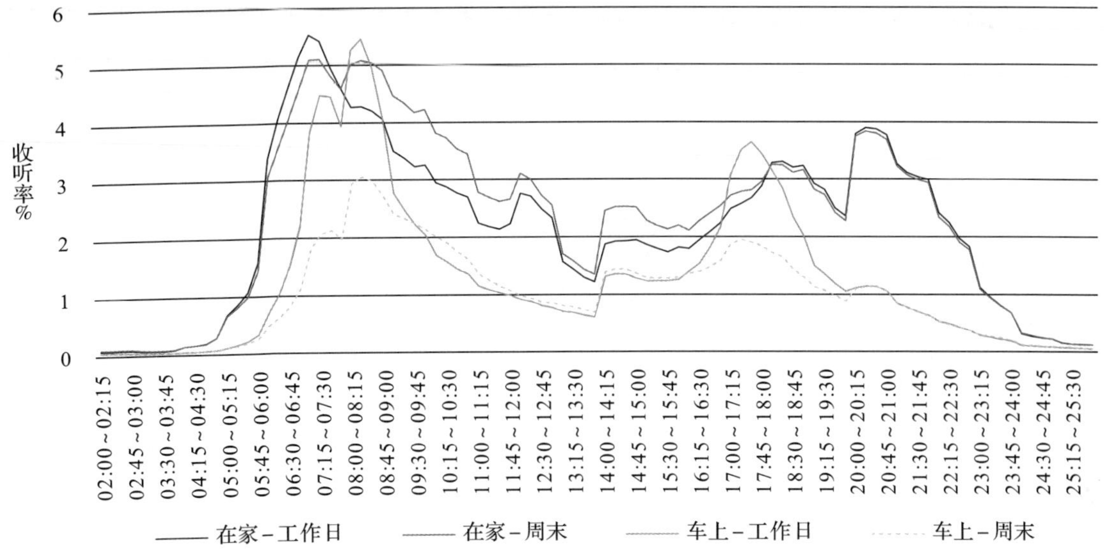

数据来源：CSM 媒介研究

图3　2017年上半年在家和车上工作日与周末全天收听率（%）走势对比

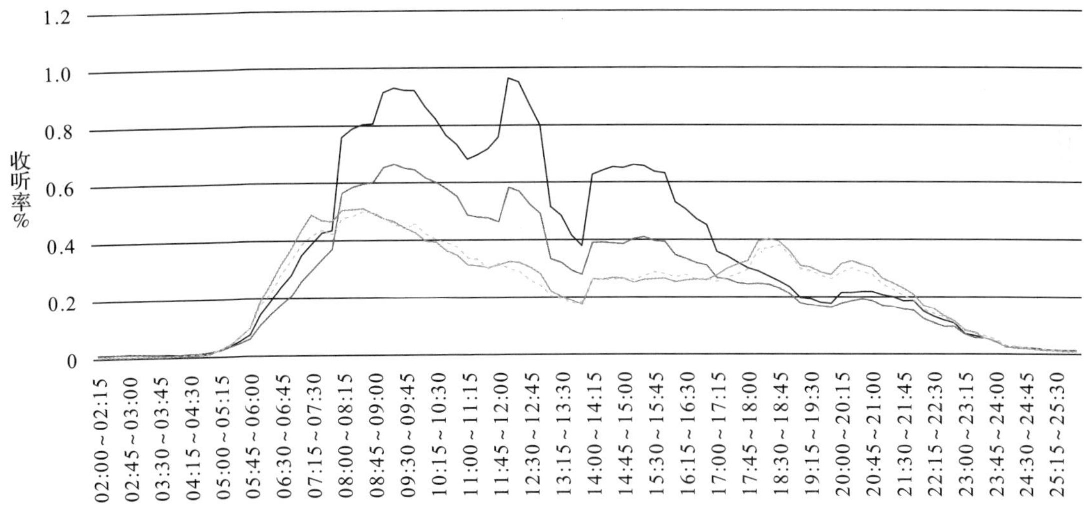

数据来源：CSM 媒介研究

图4　2017年上半年工作/学习场所和其他场所工作日与周末全天收听率（%）走势对比

三、早高峰时段对全天的收听贡献较大

作为多数城市全天的收听高峰，早高峰收听对当地全天的收听贡献较大。在CSM的所有全年连续调查城市中，有过半的城市工作日早高峰对全天的收听贡献超过20%。而周末早高峰对全天的收听贡献则有所减弱，且早高峰收听贡献较高的城市数量也有所减少。相对来讲，江、浙、沪以及内陆城市早高峰的收听贡献较高（表1）。

表1　早高峰时段①对全天收听的时段贡献（%）

工作日			周末		
城市	所有场所	移动场所	城市	所有场所	移动场所
杭州	29.8	34.6	成都	23.5	22.7
苏州	28.5	36.8	大连	22.9	21.9
宁波	27.4	32.1	上海	21.9	20.3
成都	26.4	29.0	南京	21.8	22.0
上海	24.7	24.6	苏州	21.7	24.5
南京	24.6	26.9	武汉	21.3	21.9
深圳	24.2	28.8	沈阳	21.2	23.6
武汉	24.0	26.6	南昌	21.1	18.9
昆明	23.9	28.7	杭州	21.1	22.3
无锡	23.6	29.9	无锡	20.6	23.2
南昌	23.4	24.1	郑州	20.6	20.0
大连	22.6	25.8	北京	20.1	20.1
郑州	22.5	26.1	宁波	19.8	20.9
合肥	22.0	25.4	石家庄	19.3	19.3
北京	21.9	23.0	济南	19.2	20.1
沈阳	21.6	25.7	合肥	18.5	19.2
石家庄	21.2	25.7	CSM所有连续调查城市	18.2	18.9
CSM所有连续调查城市	21.1	24.7	昆明	18.1	17.3
济南	19.9	24.2	太原	18.1	18.7
重庆	19.9	28.2	长春	17.0	18.1
长沙	19.4	20.6	深圳	15.3	15.1
太原	19.1	23.2	南宁	14.9	13.0
南宁	18.9	19.0	长沙	14.7	13.4
长春	18.7	22.2	哈尔滨	13.9	17.0
广州	15.6	18.7	重庆	13.5	15.0
佛山	14.7	19.7	佛山	11.7	15.5
哈尔滨	13.7	18.7	广州	11.4	12.8
乌鲁木齐	11.6	15.8	乌鲁木齐	9.4	9.7

数据来源：CSM媒介研究

① 乌鲁木齐早高峰时段为09:00～10:00，其他城市早高峰时段为07:00～09:00，下同。

四、早高峰时段不同收听场所的重度听众呈现明显差异

早高峰时段，在家的重度听众以女性、55岁及以上、中低学历听众为主；移动场所的重度听众则以男性、25~54岁、高中及以上受教育程度群体为主。不同场所的重度听众表现出明显的差异化特征（图5）。

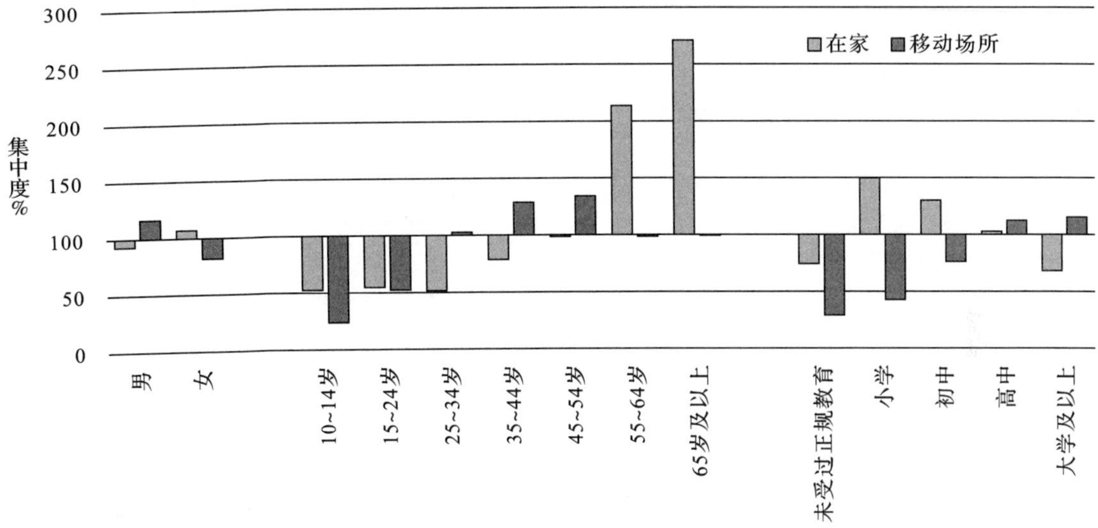

数据来源：CSM媒介研究

图5　2017年上半年早高峰时段不同场所重度听众对比

五、交通类频率在早高峰时段竞争表现突出

无论是在移动场所还是在所有场所，交通类频率在早高峰时段都表现出极大的竞争优势。在移动场所，交通类频率在多数城市市场占据了早高峰时段三成以上的市场份额，其中，重庆、乌鲁木齐、大连、长春、苏州、哈尔滨和太原的交通频率占了早高峰时段50%以上的市场份额（表2）。

在所有场所，除了交通类频率外，也有部分在当地表现较好的新闻和音乐频率，在早高峰时段也赢得了听众的支持，如上海人民广播电台上海新闻广播FM93.4/AM990、江苏经典流行音乐广播FM97.5、济南新闻广播FM106.6、河南广播电视台音乐广播FM88.1、广东广播电视台珠江经济广播电台（E FM财富974）、佛山人民广播电台（综合广播）FM94.6等（表3）。

值得一提的是，在所有场所，石家庄、南京、南昌、武汉和昆明等地的听众在工作日和周末早高峰时段的频率取向有所不同，在工作日以收听交通类频率为主，而在周末则以收听新闻类频率居多。而在移动场所，工作日与周末的差异几乎不存在。由此可见，移动场所听众在早高峰的频率收听取向相对固定，而在所有场所，听众在工作日与周末的频率收听取向则相对多元。

表2　2017年上半年早高峰时段各城市市场份额（%）排名第一的频率列举（移动场所）

城市	工作日		周末	
	频率	市场份额（%）	频率	市场份额（%）
北京	北京人民广播电台交通广播 FM103.9/CFM95.6	33.0	北京人民广播电台交通广播 FM103.9/CFM95.6	31.4
石家庄	河北广播电视台交通广播 FM99.2	34.3	河北广播电视台交通广播 FM99.2	36.6
太原	太原人民广播电台交通频率 FM107	50.9	太原人民广播电台交通频率 FM107	47.0
上海	上海人民广播电台上海新闻广播 FM93.4/AM990	20.6	上海人民广播电台上海新闻广播 FM93.4/AM990	24.7
南京	江苏经典流行音乐广播 FM97.5	29.5	江苏经典流行音乐广播 FM97.5	26.2
苏州	苏州广播电视总台交通经济广播 FM104.8	63.1	苏州广播电视总台交通经济广播 FM104.8	65.8
无锡	无锡广播电视台交通广播 FM106.9	48.8	无锡广播电视台交通广播 FM106.9	43.2
杭州	杭州交通经济广播 FM91.8	31.2	杭州交通经济广播 FM91.8	34.0
宁波	宁波电台交通广播 FM93.9 AM603	25.6	宁波电台交通广播 FM93.9 AM603	30.5
济南	济南交通广播 FM103.1	41.1	济南交通广播 FM103.1	38.5
大连	大连人民广播电台第四套广播交通广播 FM100.8	65.3	大连人民广播电台第四套广播交通广播 FM100.8	62.1
南昌	江西交通广播 FM105.4	36.9	江西交通广播 FM105.4	40.5
合肥	安徽交通广播	44.4	安徽交通广播	41.2
武汉	楚天交通广播 FM92.7	29.4	楚天交通广播 FM92.7	28.1
长沙	湖南人民广播电台交通频道 FM91.8/FM100.3	39.4	湖南人民广播电台交通频道 FM91.8/FM100.3	38.7
郑州	郑州交通广播 FM91.2	23.5	郑州交通广播 FM91.2	24.3
广州	广东广播电视台羊城交通广播电台 FM105.2	25.7	广东广播电视台羊城交通广播电台 FM105.2	28.6
深圳	深圳广播电台交通频率 FM106.2	39.4	深圳广播电台交通频率 FM106.2	35.3
佛山	佛山人民广播电台（南海广播）FM92.4	26.3	佛山人民广播电台 FM92.4	25.5
南宁	广西电台教育广播（私家车930）FM93.0	23.8	广西电台交通广播（交通1003）FM100.3	19.7
重庆	重庆人民广播电台交通频率 FM95.5	72.2	重庆人民广播电台交通频率 FM95.5	72.7
成都	四川人民广播电台交通广播 FM101.7	33.8	四川人民广播电台交通广播 FM101.7	37.6
昆明	云南广播电视台交通之声 FM91.8	46.7	云南广播电视台交通之声 FM91.8	45.8
乌鲁木齐	新疆人民广播电台949交通广播 FM94.9	67.5	新疆人民广播电台949交通广播 FM94.9	56.8
哈尔滨	黑龙江交通广播 FM99.8	54.9	黑龙江交通广播 FM99.8	52.4
沈阳	辽宁广播电视台交通广播 FM97.5	48.9	辽宁广播电视台交通广播 FM97.5	49.0
长春	长春交通之声 FM96.8	64.4	长春交通之声 FM96.8	63.2

数据来源：CSM媒介研究

表 3 2017 年上半年早高峰时段各城市市场份额（%）排名第一的频率（所有场所）

城市	工作日		周末	
	频率	市场份额（%）	频率	市场份额（%）
北京	北京人民广播电台交通广播 FM103.9/CFM95.6	32.1	北京人民广播电台交通广播 FM103.9/CFM95.6	30.9
石家庄	河北广播电视台交通广播 FM99.2	20.6	石家庄广播电视台新闻广播 AM882/FM88.2	22.3
太原	太原人民广播电台交通频率 FM107	28.2	太原人民广播电台交通频率 FM107	20.2
上海	上海人民广播电台上海新闻广播 FM93.4/AM990	24.6	上海人民广播电台上海新闻广播 FM93.4/AM990	27.8
南京	江苏经典流行音乐广播 FM97.5	26.8	江苏新闻广播 FM93.7	26.1
苏州	苏州广播电视总台交通经济广播 FM104.8	53.2	苏州广播电视总台交通经济广播 FM104.8	49.7
无锡	无锡广播电视台交通广播 FM106.9	33.7	无锡广播电视台交通广播 FM106.9	29.9
杭州	杭州交通经济广播 FM91.8	24.1	杭州交通经济广播 FM91.8	20.3
宁波	宁波电台交通广播 FM93.9 AM603	22.3	宁波电台交通广播 FM93.9 AM603	21.8
济南	济南新闻广播 FM106.6	25.0	济南新闻广播 FM106.6	25.3
大连	大连人民广播电台第四套广播交通广播 FM100.8	38.6	大连人民广播电台第四套广播交通广播 FM100.8	31.3
南昌	江西交通广播 FM105.4	23.0	中央人民广播电台第一套节目中国之声	22.6
合肥	安徽交通广播	26.7	安徽交通广播	20.2
武汉	楚天交通广播 FM92.7	16.8	中央人民广播电台第一套节目中国之声	17.3
长沙	湖南人民广播电台交通频道 FM91.8/FM100.3	36.2	湖南人民广播电台交通频道 FM91.8/FM100.3	33.6
郑州	河南人民广播电台音乐广播 FM88.1	16.1	河南人民广播电台音乐广播 FM88.1	17.6
广州	广东广播电视台珠江经济广播电台（E FM 财富 974）	18.4	广东广播电视台珠江经济广播电台（E FM 财富 974）	21.8
深圳	深圳广播电台交通频率 FM106.2	31.2	深圳广播电台交通频率 FM106.2	23.2
佛山	佛山人民广播电台（综合广播）FM94.6	26.0	佛山人民广播电台 FM94.6	26.4
南宁	中央人民广播电台第一套节目中国之声	20.0	中央人民广播电台第一套节目中国之声	26.7
重庆	重庆人民广播电台交通频率 FM95.5	53.6	重庆人民广播电台交通频率 FM95.5	40.1
成都	四川人民广播电台交通广播 FM101.7	25.1	四川人民广播电台交通广播 FM101.7	23.0
昆明	云南广播电视台交通之声 FM91.8	27.6	中央人民广播电台第一套节目中国之声	29.2
乌鲁木齐	新疆人民广播电台 949 交通广播 FM94.9	46.7	新疆人民广播电台 949 交通广播 FM94.9	37.0
哈尔滨	黑龙江交通广播 FM99.8	33.6	黑龙江交通广播 FM99.8	28.3
沈阳	辽宁广播电视台交通广播 FM97.5	31.8	辽宁广播电视台交通广播 FM97.5	29.1
长春	长春交通之声 FM96.8	54.1	长春交通之声 FM96.8	47.4

数据来源：CSM 媒介研究

六、早高峰时段典型节目特征相似

尽管就整体来看，各地听众的收听习惯和收听需求有所差异，但从早高峰时段的节目来看，表现出的特征则颇为相似。

1. 部分城市早高峰节目收听逆势上扬，车上收听贡献大

2017年上半年，苏州广播电视台交通经济广播FM104.8的《1048即时关注》、长春交通之声广播电台FM96.8的《968新闻早高峰》、辽宁广播电视台交通广播FM97.5的《阿宝龙哥路路通》和广西电台教育广播（私家车930）FM93.0的《私家车上班路上》收听率都较2016年同期有明显的上升；从不同收听场所来看，车载收听的贡献最大，且增幅明显。此外，杭州交通经济广播FM91.8的《说给你听》和广东广播电视台羊城交通广播FM105.2的《朝朝早，精神好》的整体收听率同比稳中有升，同样是车上收听的提升较为明显。新疆人民广播电台交通广播FM94.9的《开心路路通》2017年上半年的车载收听也有所增加，整体轻微上升。广东广播电视台珠江经济广播电台FM97.4的《珠江第一线》则稍有不同，在家收听的贡献度较高，且同比上升，而车载收听则有所减少（图6）。

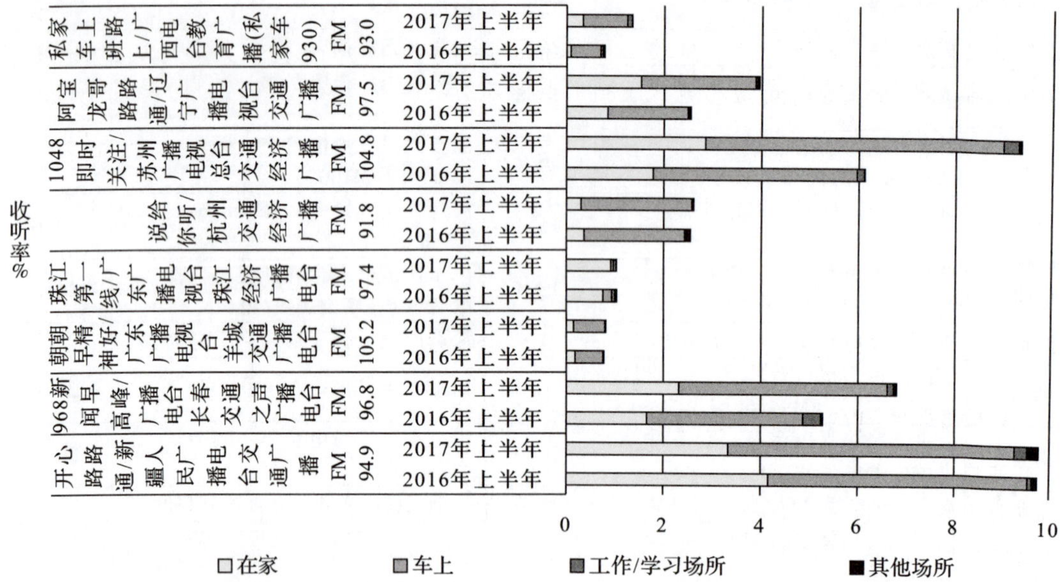

数据来源：CSM媒介研究

图6 2016年上半年和2017年上半年早高峰时段部分典型节目收听状况

2. 节目内容以新闻资讯居多，信息量大，风格明快

由于早高峰一般以车载收听为主，因此，为了满足听众的信息获取需要，早高峰的主打节目大多以新闻资讯、交通信息为主，且节目通常具有及时、接地气、信息量大的特点。广东广播电视台羊城交通广播电台FM105.2工作日播出的《朝朝早，精神好》就是一档集路

况信息、海量资讯、社会热点深度点评的早高峰节目。而该节目的假日版则散发着浓浓的休闲风，让听众在周末的早晨与音乐、电影或旅行来一场邂逅。《朝朝早，精神好》配合了听众在工作日与周末早上的两种不同心情，播出的节目内容各有侧重，更好地契合了听众的需求。

长春交通之声 FM96.8 的《968 新闻早高峰》播出时间为周一至周日 07:00～08:30，这是一档专业性新闻栏目，长春的大事小情尽在《968 新闻早高峰》中。节目每天针对本市、国内、国际的各方面新闻进行全方位报道，其中的《支队长热线》栏目是交通方面专业性、权威性的热线栏目，为听众提供每天最及时的路况信息和交通资讯。

《珠江第一线》是广东广播电视台珠江经济广播电台 FM97.4 的品牌新闻资讯栏目，播出时间为周一至周五 07:30～09:00。节目的播出历史已有 20 年，一直致力于民生议题，追踪重大新闻，为广大听众提供权威、独家的新闻资讯，累积了广泛的听众基础，在广东乃至全国都有重要的影响力。

除了为听众提供权威新闻、深入报道以外，节目的趣味性也不可忽视。苏州广播电视总台交通经济广播 FM104.8 的《1048 即时关注》每天 08:00～09:00 与听众一起关注民生、倾听民意，从细微处着手，即时反映生活动态，纵深报道老百姓最关心的新闻事件，以前沿视角对新闻事件进行全面解读。节目设置了“新闻一句话”“点击交通”等多个板块，其中“热点关注”“脑筋转转转”强化了节目与听众的互动，趣味新闻则报道世界各地的奇趣新闻，增加了节目的趣味性。

除了注重节目内容的选择外，早高峰节目的主持风格也以欢快明朗为主，且多以男女、老少搭配的反差来凸显节目的轻松风格。比如，辽宁广播电视台交通广播 FM97.5 的《阿宝龙哥路路通》是辽沈地区一档颇具影响力的名牌节目，播出时间是周一到周六 07:30～09:30，主持人是活泼机灵的女主播阿宝和身经百战的“老”司机龙哥。男女混搭更好地诠释了节目“轻松＋实用”的宗旨，得到了众多听众的支持。新疆人民广播电台交通广播 FM94.9 的《开心路路通》，顾名思义，也是以轻松活泼的主持风格为听众提供有效的服务信息，在当地产生了较大影响。广东广播电视台珠江经济广播电台 FM97.4 的《珠江第一线》和广东广播电视台羊城交通广播电台 FM105.2 的《朝朝早，精神好》同样采取了主持人搭配的形式，在突出权威性的同时，也活跃了节目的风格。

3. 早高峰典型节目有效把握价值人群需求

如前所述，早高峰时段移动场所的收听主要靠车载收听来支撑，而车载收听的主要群体为男性、中青年、受教育程度及收入较高的听众。从表 4 和表 5 可见，上述列举的早高峰时段的几个典型节目，其重度听众也主要集中在男性、25～44 岁、中高学历、个人月收入 3500 元及以上的群体中。其中，《开心路路通》在年龄段上的覆盖层面拓展至 35～54 岁，而《说给你听》的重度听众在年龄上则更加集中，为 25～34 岁群体。《阿宝龙哥路路通》和《私家车上班路上》还吸引了个人月收入 2001～3500 元听众的关注。

这些早高峰时段播出的典型节目不仅吸引了同时段收听广播的重度群体的关注，且在这些价值人群中保持了竞争力的稳步上升。对广播价值人群需求的有效把握，不仅有利于节目整体竞争力的提高，同时，节目的广告传播价值也将得到有效的提升，从而能促进节目的良性发展。

表4　2017 年上半年早高峰时段部分典型节目在各类听众中的收听表现（车上）

目标听众	阿宝龙哥路路通/辽宁广播电视台交通广播 FM97.5		968 新闻早高峰/长春交通之声 FM96.8		开心路路通/新疆人民广播电台交通广播 FM94.9	
	集中度%	市场份额差值①	集中度%	市场份额差值	集中度%	市场份额差值
10 岁及以上所有人	100.0	4.0	100.0	-0.1	100.0	-0.2
男	131.4	1.3	133.7	3.8	126.8	0.0
女	69.4	9.8	65.5	-7.2	71.1	-1.4
10~14 岁	0.5	-74.2	41.0	44.8	7.3	-29.3
15~24 岁	68.3	20.6	45.6	-16.7	38.0	-7.7
25~34 岁	172.6	-1.7	179.8	0.7	99.4	-1.9
35~44 岁	205.9	20.0	134.9	4.3	161.1	-5.6
45~54 岁	79.4	-18.5	121.7	1.8	172.2	12.3
55~64 岁	36	20.9	68.7	-3.9	50.7	1.6
65 岁及以上	3.2	-44.7	3.2	-18.1	6.3	-14.2
未受过正规教育	0.5	-30.4	0.8	15.4	6.9	-22.1
小学	3.8	-32.0	23.0	6.4	26.2	22.7
初中	43.5	1.1	67.9	7.2	54.1	-35.3
高中	134.2	8.1	105.2	5.9	98.3	6.1
大学及以上	201.3	3.3	145.1	-9.4	173.2	12.7
2000 元及以下	30.5	-11.7	33.5	6.6	22.9	-14.6
2001~3500 元	130.7	6.3	95.2	-7.8	88.5	-3.8
3501~5000 元	196.6	2.1	162.5	11.9	178.3	17.9
5001 元及以上	327.7	27.3	210.3	-4.9	268.3	-2.8

数据来源：CSM 媒介研究

表5　2017 年上半年早高峰时段部分典型节目在各类听众中的收听表现（车上）

目标听众	1048 即时关注/苏州广播电视总台交通经济广播 FM104.8		说给你听/杭州交通经济广播 FM91.8		私家车上班路上/广西电台教育广播（私家车 930）FM93.0	
	集中度%	市场份额差值	集中度%	市场份额差值	集中度%	市场份额差值
10 岁及以上所有人	100.0	3.9	100.0	2.6	100.0	4.1
男	122.3	-0.5	116.0	2.8	135.7	-0.2
女	77.4	11.2	83.1	2.4	64.4	11.9
10~14 岁	6.3	-32.7	5.3	-15.2	9.2	55.6
15~24 岁	37.9	4.8	61.1	5.8	30.1	-8.2
25~34 岁	197.6	0.2	241.9	3.9	131.8	-2.9
35~44 岁	152.7	11.4	96.4	-6.2	252.2	24.9
45~54 岁	67.3	-5.5	83.6	16.0	44.8	-8.0

① 市场份额差值=2017 年上半年市场份额% -2016 年上半年市场份额%，下同。

续表

目标听众	1048 即时关注/苏州广播电视总台交通经济广播 FM104.8		说给你听/杭州交通经济广播 FM91.8		私家车上班路上/广西电台教育广播（私家车 930）FM93.0	
	集中度%	市场份额差值	集中度%	市场份额差值	集中度%	市场份额差值
55～64 岁	38.0	13.3	20.3	-24.6	14.0	-6.9
65 岁及以上	8.1	41.4	2.2	-42.5	5.6	19.5
未受过正规教育	4.1	-35.0	0.5	10.0	0.0	-
小学	10.6	8.2	12.8	-2.0	3.8	6.7
初中	36.1	16.3	38.3	6.6	26.8	-0.4
高中	73.0	-5.8	105.4	8.2	62.4	-8.7
大学及以上	177.0	7.3	174.7	-0.3	207.8	11.6
2000 元及以下	23.0	35.4	28.1	26.8	25.3	5.0
2001～3500 元	62.7	6.3	70.5	3.7	134.3	6.2
3501～5000 元	191.0	-2.5	132.8	5.6	180.1	1.5
5001 元及以上	138.1	0.0	159	-4.2	219.7	6.7

数据来源：CSM 媒介研究

4. 以同类节目提早切入市场，引导听众顺流

早高峰时段对广播频率的重要性不言而喻，但同时也意味着频率对这个黄金时段的竞争较其他时段更加激烈。合理编排节目能够有效地保证听众顺流，从而提升频率的整体竞争力。这里所说的合理编排，不仅仅指同一节目、不同板块的合理设置和流畅衔接，更重要的是指不同节目间听众的顺流。

苏州广播电视总台交通经济广播 FM104.8 的《1048 即时关注》就与其前一个节目《直播苏州》实现了有效的衔接。两者同为新闻栏目，《直播苏州》以快讯的形式播报最新的苏州新闻，而《1048 即时关注》则从更深入和权威的角度解读新闻事件，两者在内容上实现了较好的衔接。从这两个节目在不同场所的收听表现来看，《直播苏州》前半部分在家和车上的收听率比较接近，随着听众出行，节目在车上的收听率逐渐提高，随后的《1048 即时关注》则以车载收听为主。由此，《直播苏州》和《1048 即时关注》两个新闻栏目通过内容的衔接，减少了听众由于收听场所转移而出现的流失现象，较好地引导了听众的顺流，在一定程度上延伸了频率在早高峰时段的整体竞争力（图 7）。

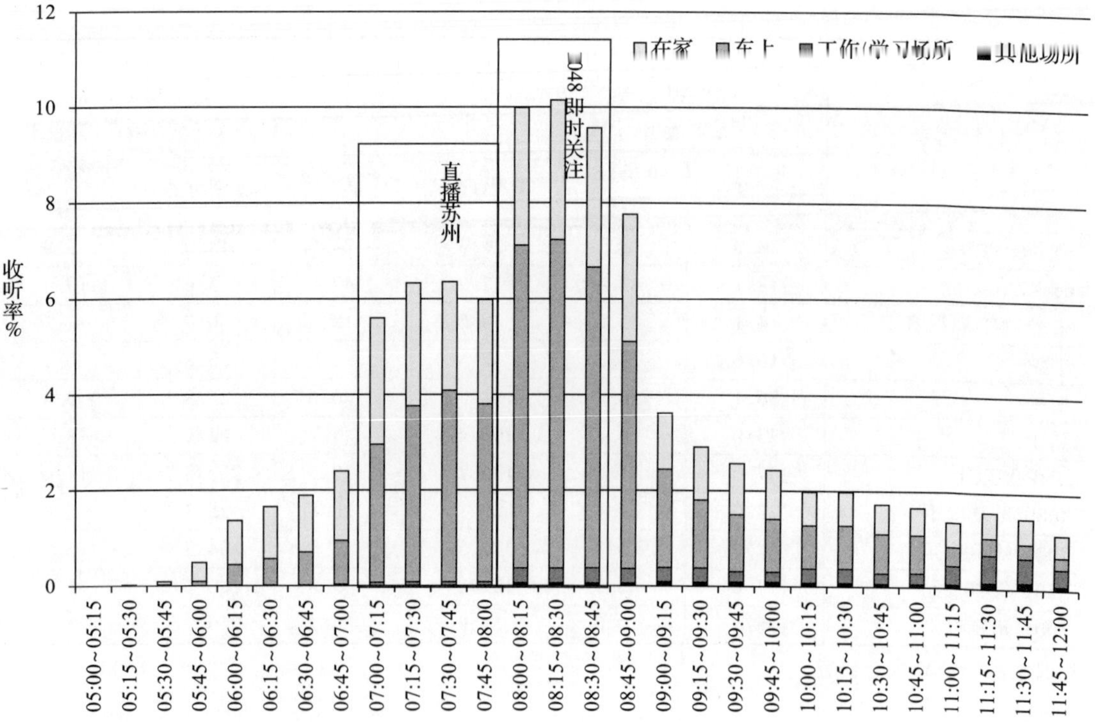

数据来源：CSM 媒介研究

图 7　2017 年上半年苏州广播电视总台交通经济广播 FM104.8 05:00~12:00 各场所收听率（%）走势

七、结语

俗话说“一日之计在于晨”，这句话也很好地诠释了广播市场的整体竞争情况。早高峰是广播频率的必争之地，频率的品牌节目大多都被安排在这一时段播出。由于早高峰时段人们的活动相似度较高，因此，这些在早高峰时段播出的典型节目都有着相似的特征：信息量大、资讯性强、风格以轻松活泼为主，以此唤醒听众的头脑，迎接新的一天。信息的获取与精神的愉悦固然是听众对早高峰节目最基本的需求，然而要从特征相似的众多节目中脱颖而出，需要的不仅仅是优质的节目内容，更需要对听众的收听习惯和需求有清楚的把握。跳出单打独斗的节目竞争，与前后节目相互呼应，也是延伸频率的时段竞争力、巩固整体优势的有效方法。

（作者：冯莹斐）

从听众角度出发塑造节目的品牌形象

当今时代，传播格局在不断地发生变化，广播收听人群持续分化，互联网、手机、车载收听的比重不断增大。如此环境下，广播人在不断寻求转型，通过多种多样的尝试力求重塑广播节目品牌。但无论怎么变，核心命题仍是一切从听众角度出发，吸引更多的听众，拉近与听众的距离，从而挖掘节目的价值。本文基于CSM媒介研究2017年12城市①“电视广播视听率调查基础研究问卷调查”数据，以及部分口碑较高的品牌广播栏目的收听数据，探析新形势下广播媒体如何塑造节目品牌形象。

一、听众更喜爱收听交通类频率，新闻/时事类、音乐类节目备受听众青睐

听众始终是支撑广播行业的基石。与其说听众离不开广播，不如说广播离不开听众，尤其是在当下这个信息传播方式越来越多元、传播内容越来越丰富的时代。广播的终极目的是满足听众的需要，为听众提供信息、服务和娱乐，听众是广播工作的出发点和落脚点，听众对于广播每时每刻都产生着重大的作用和影响。广播要在媒体如林、竞争激烈、信息爆炸的时代占有一席之地并图谋更大的发展，必须首先了解听众、研究听众。

在听众喜欢收听的各类型广播频率中，交通类频率一直稳坐第一把交椅。从CSM媒介研究2017年12城市基础研究报告（ES报告）中听众最喜爱收听的前30名广播频率来看，不论是在频率数量上还是在数量占比上，交通类频率都高于其他各类型频率。在这30个广播频率中，交通类频率出现的频次最高，共11个；其次为音乐类，有8个，新闻类7个，其他类型如文艺类、财经类和都市生活类则较为分散（图1）。

2017年CSM媒介研究12城市基础调查数据还显示，新闻/时事类和音乐类节目是听众最喜爱的广播节目类型，喜爱收听这两个类型节目的听众比例分别高达64.40%和60.71%。除此之外，生活服务类节目和文艺类节目也受到听众喜爱，选择比例分别达到了39.63%和23.30%。这4种节目类型的选择比例明显超过其他节目类型，是听众最喜爱和比较喜爱收听的广播节目类型（图2）。听众喜欢收听的具体广播节目也基本上分布在上述节目类型中（表1）。

---

① 12城市包括：成都、深圳、重庆、武汉、沈阳、广州、南京、北京、上海、天津、长沙和西安。

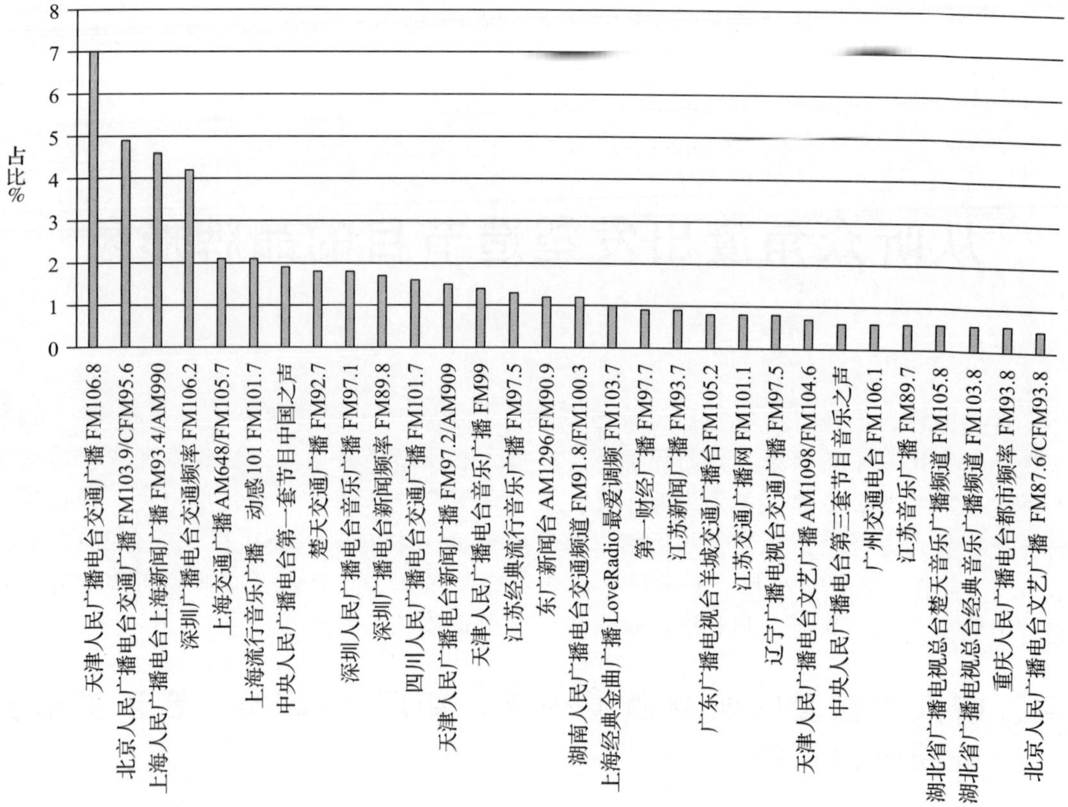

数据来源：CSM 媒介研究“电视广播视听率调查基础研究问卷调查”

图 1　2017 年 12 城市听众最喜爱收听的广播频率出现频次占比（单选）

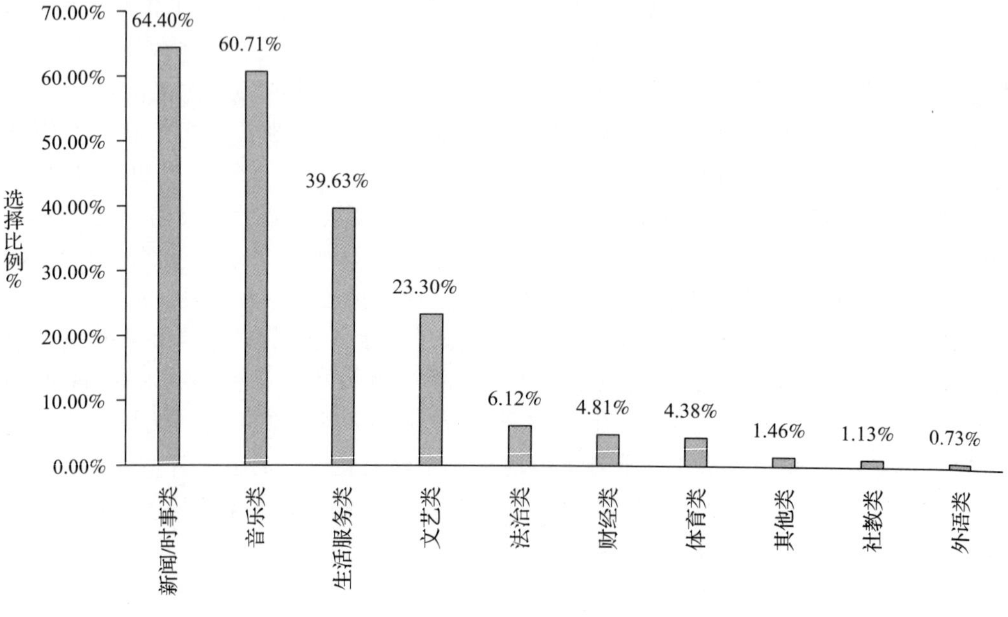

数据来源：CSM 媒介研究《电视广播视听率调查基础研究问卷调查》

图 2　2017 年 12 城市听众喜爱收听的广播节目类型选择比例（多选）

表 1　2017 年 12 城市听众喜爱收听的广播节目选择比例（多选）

节目	播出频率	选择比例（%）
990 早新闻	上海人民广播电台上海新闻广播 FM93.4/AM990	6.41%
一路畅通	北京人民广播电台交通广播 FM103.9/CFM95.6	4.98%
欢乐早高峰	上海交通广播 AM648/FM105.7	3.34%
交广关注	重庆人民广播电台交通频率 FM95.5	3.10%
红绿灯	天津人民广播电台交通广播 FM106.8	2.90%
东广早新闻	东广新闻台 AM1296/FM90.9	2.84%
新闻早班车	天津人民广播电台交通广播 FM106.8	2.43%
音乐早餐	上海流行音乐广播 动感 101 FM101.7	1.92%
音乐随心听	上海经典金曲广播 LoveRadio 最爱调频 FM103.7	1.38%
欢乐正前方	北京人民广播电台交通广播 FM103.9/CFM95.6	1.02%
早安新发现	上海经典金曲广播 LoveRadio 最爱调频 FM103.7	1.02%
东方风云榜	上海流行音乐广播 动感 101 FM101.7	1.01%
我们的名字叫 99	天津人民广播电台音乐广播 AM1008	0.98%
股市大家谈	第一财经广播 FM97.7	0.84%
郭亮直通车	上海交通广播 AM648/FM105.7	0.83%
娱乐二人转	辽宁广播电视台都市广播 FM92.1/AM1341	0.80%
音乐万花筒	上海流行音乐广播 动感 101 FM101.7	0.78%
的哥乐园	楚天交通广播 FM92.7	0.77%
八点新闻	上海人民广播电台上海新闻广播 FM93.4/AM990	0.73%
阳光倾城	江苏经典流行音乐广播 FM97.5	0.71%
汽车小辣椒	辽宁广播电视台音乐广播 FM98.6	0.69%
音乐时间	重庆人民广播电台音乐频率 FM88.1	0.68%
天津新闻	天津人民广播电台新闻广播 FM97.2/AM909	0.67%
清晨新闻	上海人民广播电台上海新闻广播 FM93.4/AM990	0.67%
活到 100 岁	上海人民广播电台上海新闻广播 FM93.4/AM990	0.64%
海波热线	上海人民广播电台上海新闻广播 FM93.4/AM990	0.63%
好吃佬	楚天交通广播 FM92.7	0.60%
伴你同行	深圳广播电台交通频率 FM106.2	0.59%
叶文有话要说	辽宁广播电视台文艺广播 FM95.9/FM101.8/AM1053	0.57%

数据来源：CSM 媒介研究“电视广播视听率调查基础研究问卷调查”

二、节目品牌形象塑造——回归广播本质，强化声音个性

在移动互联网时代，广播既要和新媒体融合，也要守住自己的传统优势——深入挖掘声音的潜力，把广播的声音个性发挥到极致。广播是靠声音来传播的，声音是广播最

基本的特色。但是在广播近些年的发展过程中，广播最鲜明的个性——声音——在某种程度上被削弱了。广播节目主持人是声音的载体，对于广播电台来说，主持人是节目的最终体现者，是听众最直接的联系人。优秀的专业主持人是广播最优质的资源，也是网络电台短期内难以获得的资源。当广播节目主持人相对固定在一档栏目时，他就需要确立一定的形象基调。这一形象，既应服从公众的、社会的和共性的要求，同时也应具有鲜明的个性特色，以突出整个栏目的精神风格，透过打造主持人的明星形象来提升广播节目的品牌价值。

1. 北京人民广播电台交通广播《一路畅通》

2000年1月1日，《一路畅通》节目开始出现在北京人民广播电台交通广播。当时，北京的机动车保有量是150.7万辆，与现在相差很大，但城市中的交通矛盾已经显现。于是，这个上下午各1个小时的直播节目应运而生。

当时这个节目的主要职责就是报路况，资讯和音乐只是作为点缀。资讯方面以交通信息为主、生活信息为辅，基本属于资讯服务类节目。所以，主持人的语态基本上属于当时比较流行的“说新闻”状态，比较平和，男女主持人之间没有交流，与听众也没有交流，新闻信息播得很规整，节目四平八稳。从当时路况信息的播报可见主持人的语言传播状态，当时的路况信息文字少、句式单一，只是说明堵车地点及方向，主持人没有任何发挥空间。

随着节目影响力以及广大听众需求的提升，节目迫切需要对其形态进行调整。首先表现在路况信息播报的变化上，以往广播节目中工整的句式被打破，一些口语化、幽默的元素被加了进来。比如，原来说：“205号信息员提醒您宣武门路口南向北方向行驶缓慢。”现在可以说：“205号信息正跟您在宣武门路口南向北方向一起排队呢！这里行驶缓慢。”主持人的这种描述性语言被大量地运用到了《一路畅通》节目中，从而增强了节目的交流性。同时，贴心的提醒出现在信息的后面，比如“您别着急，慢点儿开”，等等。这种人性化、口语化的表达在《一路畅通》中被放大、加强，形成了一种独特的语言传播方式。此外，主持人的交流也开始增多起来，从一开始对资讯的点评，到后来更多地对事件发表看法，更多地采用了交流语态。

近年来，《一路畅通》给广大听众留下的最深刻的印象就是即兴表达。《一路畅通》是一档无稿直播节目，在无稿的直播节目中，经常出现即兴表达。即兴有声语言表达的气息运用趋向于一气贯通，起承转合自然流畅；言语的链条连接比较紧密，较少运用孤立的停顿；叙述的脉络和结构简明清晰，描述的语言重客观、形象，议论的语言相对松散。《一路畅通》的主持人经常在节目中就某一固定话题与听众即时互动，在听取听众意见的同时即兴发挥，表达自己的观点，真正做到了成为首都广大车主上下班高峰时的陪伴，成为了北京广播台的王牌栏目。收听走势上，节目播出时段无论是在所有收听场所收听还是在车载收听场所，均形成了两个高峰，尤其是早高峰时段，成为了全天收听的最高峰，引领了整个北京地区收听市场（图3）。

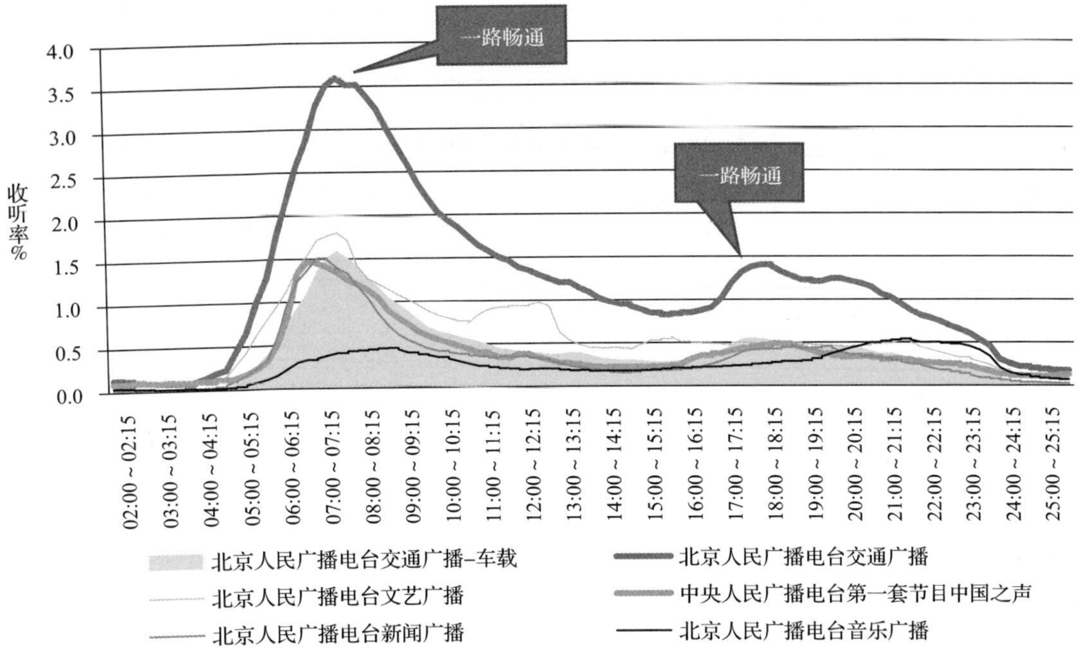

数据来源：CSM 媒介研究

图 3　2017 年 1~9 月北京地区主要广播频率全天收听率（%）走势

2. 楚天交通广播《的哥乐园》

《的哥乐园》节目是湖北广播电视总台楚天交通广播 FM92.7 周一到周六09:00~10:30播出的一档曲艺类综艺节目，开办时间是 2002 年 1 月 1 日，主要栏目有《乐乐串串烧》《汉腔汉调湖北佬》《每日相声》《生活健康小提示》《乐乐逗你玩儿》《武汉找乐》等。节目内容包罗万象、互动性很强，主持风格幽默风趣、活泼大方，能有效地缓解司机和广大听众的紧张情绪和压力。

《的哥乐园》节目开播十几年来，几乎没有太大的变化。播报路况，讲搞笑段子，分享坊间趣闻。节目主持人“乐乐”被的哥们称为电波里的“活宝”、坊间名人，经常被同事们说“的哥、的姐耳朵刁，就认你”。在武汉，上班高峰听“乐乐”用湖北方言讲笑话几乎成为的哥们必不可少的事情。话剧演员出身的她，自带一种汉派话剧的轻松与幽默，也非常容易在节目中与的哥、的姐打成一片。例如有一次，“乐乐”跟朋友闹别扭，上了节目，她就委屈地说：“今天有人欺负我了。”于是便有的哥、的姐互动：“谁这么大胆，我来教训他。”就是这样看似随性但实际很容易拉近传者与受众之间距离的方式，使得这一节目十几年来屹立不倒。再比如，节目曾经做过一次“江城出租互动游”的主题活动，起初“乐乐”还担心没人捧场，结果她一到电台门口就有一批的哥等着接她，可见，“乐乐”的粉丝众多。这几乎已成为《的哥乐园》的活招牌。节目在早高峰结束的时段迅速在车载收听市场形成一个明显的波峰（图 4）。

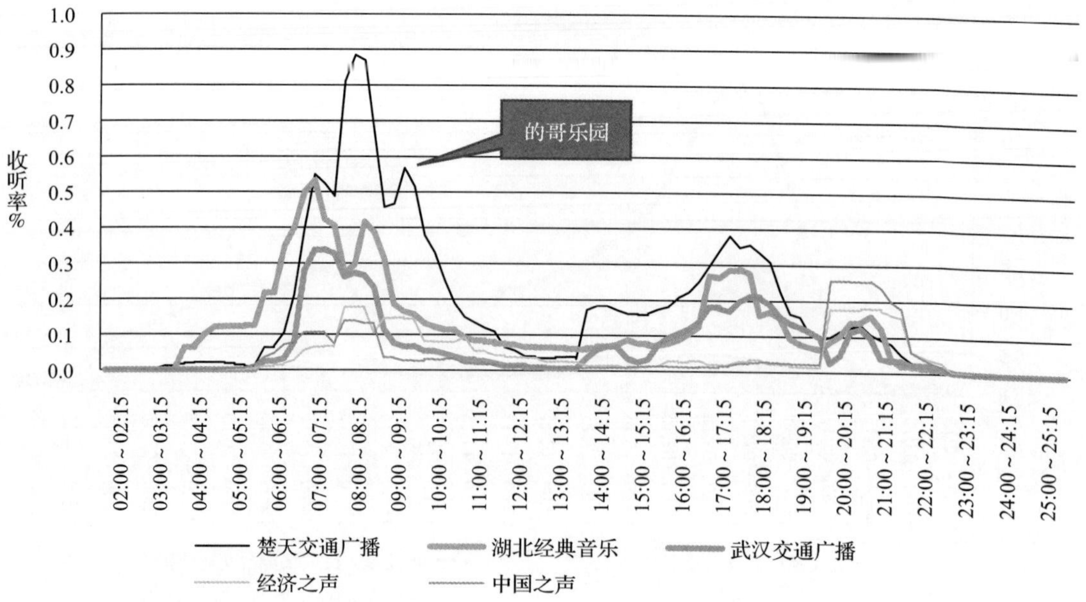

数据来源：CSM媒介研究

图4 2017年1~9月武汉地区车载收听市场主要广播频率全天收听率（%）走势

三、节目品牌形象塑造——注重听众细分，实现有效互动

广播频率如何提升品牌？首先听众定位要准确。大而言之，就是要了解频率的特定目标听众群是哪些，他们在年龄、学历、收入、收听习惯等方面具有什么样的特征，他们对广播节目的真正需求如何；小而论之，就是要对既定目标收听群进一步进行细分，因为具体到频率中的节目时，其收听对象会更加狭窄。

要对构成频率形象的各种要素，诸如节目、栏目等按时序进行科学合理的编排组合，形成与频率定位相一致的频率外在形象。要使频率结构与频率的内容定位、听众定位紧密相连，实现精准有效的互动，最大限度发挥频率的竞争优势，合理利用频率的时间资源，更加贴近听众的收听需求，从而培养频率的忠实听众群。要根据频率的定位和性质设置栏目，栏目名称与频率定位要吻合，栏目设置数量要合适，栏目时长要为听众所接受，要在充分调查研究听众的基础上安排栏目播出时段、栏目类型、栏目间的组合与呼应以及栏目对频率特色的烘托等。

1. 黑龙江都市女性广播《叶文有话要说》

《叶文有话要说》是黑龙江人民广播电台非常受欢迎的一档情感谈话类节目。该节目以关注女性情感、婚姻生活为宗旨，集新闻性、思辨性、参与性于一体，致力于站在当事人的角度为其答疑解惑。听众和主持人通过电话直接交流，各种不同的婚恋观念激烈冲撞。节目话题贴近实际、贴近群众、贴近生活，观点鲜明，语言辛辣，节目中播出的内容往往成为老百姓街头巷尾的谈论话题。

该节目曾经做过这样一档特别节目：一对走投无路的农民工夫妻给节目组打来电

话，哭诉他们因为做生意投资失败，身无分文，想把妻子肚子里怀着的双胞胎儿子送人的想法，并央求主持人通过节目为孩子找个能收养的好人家。节目组对此事高度重视，主持人和编辑立刻请示领导，联系了这对农民工夫妻，核实事件的真实性，之后马上制作了一期名为《宝贝，对不起》的特别节目，号召广大听众帮助这对夫妻走出困境，并为他们联系能够让妻子安全生产的医院。节目播出后的第二天，节目组收到了听众捐献的无数生活用品和婴儿用品，并在短短的两个小时内募集到了善款，帮助这对苦恼的夫妻渡过了难关，避免了一场父母与亲生儿女分离的人间悲剧的发生。节目受到了社会各界的好评。该节目每天下午16:30~18:00播出，从听众构成来看，女性和已婚人士为绝对的主体，并且喜爱度较高（图5）。

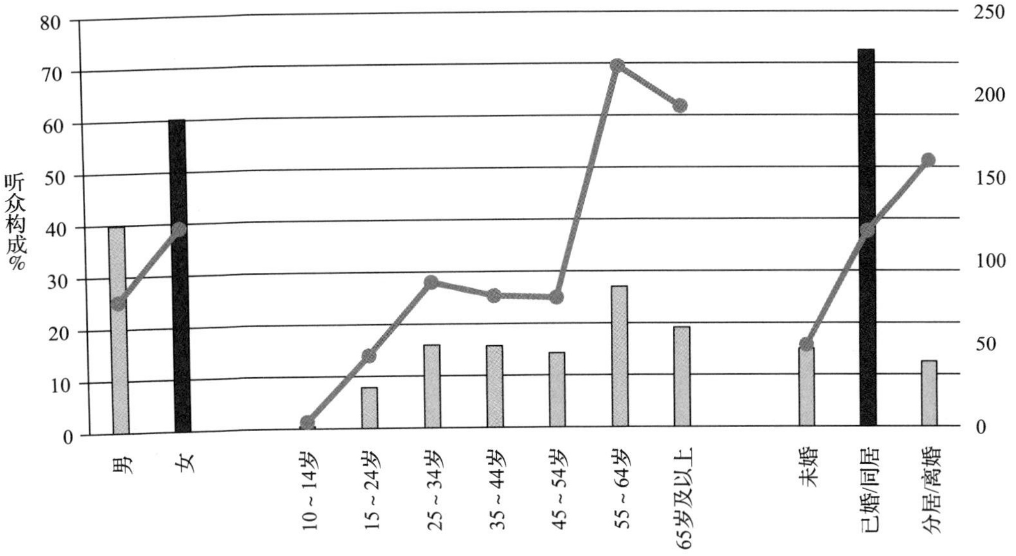

数据来源：CSM媒介研究

图5 2017年1~9月黑龙江都市女性广播《叶文有话要说》在哈尔滨市场的听众构成（%）与集中度（%）

2. 辽宁广播电视台音乐广播《汽车小辣椒》

汽车作为现代交通工具，在中国城市家庭中已经越来越普及。私家汽车的增多，为城市交通广播的发展创造了良好的传播条件。为满足驾车族听众的交通服务和出行需要，为移动人群和城市交通管理提供信息服务，各地方电台的交通广播应运而生。辽宁广播电视台音乐广播《汽车小辣椒》是一档看上去与一般交通类广播以路况播报为主有所不同的广播节目，它开了东北地区广播媒介专业监督维权节目的先河，是辽沈地区唯一的汽车专业维权节目。节目利用专业媒体权威的角色定位，秉承公平、公正、公开的原则，联合消费者协会、法律顾问、律师、汽车业内知名人士等，为广大车主提供维权服务。开播后，节目因专业性以及为车主监督维权，全面影响了有车人群，更为当地的汽车生产厂家和汽车4S店经销商所瞩目。

监督维权是《汽车小辣椒》栏目的特点，然而如何在节目中树立有正义、有担当的媒介形象，则是一个栏目长久存在的基础。《汽车小辣椒》节目开播伊始，就由沈阳市消费者协会相关人员、法律维权顾问、技术专家等12人组成了一个权威顾问团，为科学维权、理智维权提供有力保障。优质节目是广播拥有忠实受众群体的根本所在，也是交通广播可持续发展的一个重要基础。提升节目品质，首先要保持节目特色，使节目有针对性地满足受众的需求。《汽车小辣椒》开播以来，帮助司机解决汽车投诉案件百余件，为听众挽回经济损失上百万元。同时，节目还努力协调汽车厂家、经销商与汽车消费者之间的纠纷及关系，在维护了消费者权益的同时，也维护了汽车品牌、汽车经销商的良好形象和口碑。从该节目在不同收听场所的收听率比较来看，男性、中青年、中高收入听众的车上收听率明显高于其他收听场所（图6）。

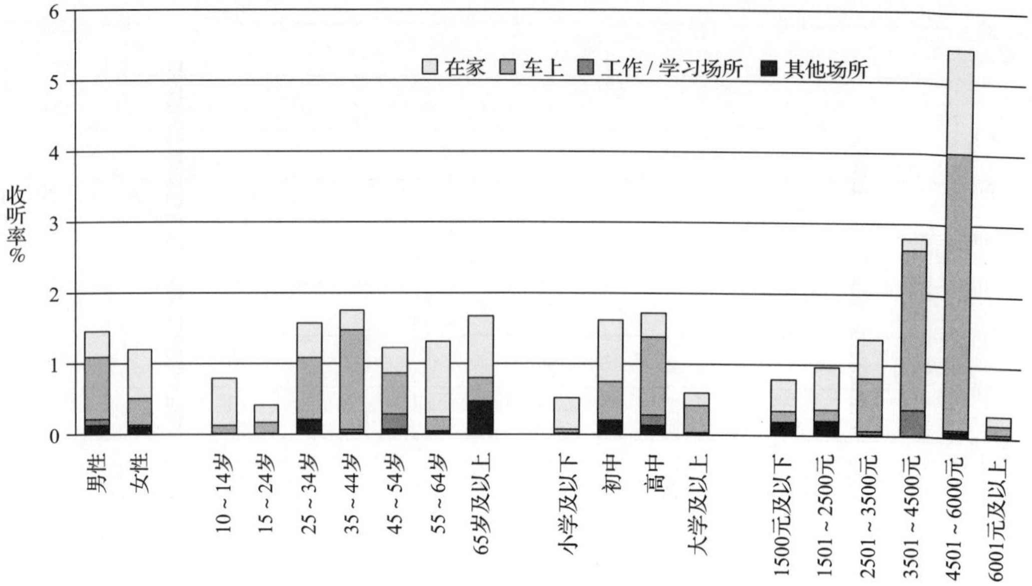

数据来源：CSM媒介研究

图6 2017年1～9月辽宁广播电视台音乐广播《汽车小辣椒》在沈阳不同场所的收听率（%）

四、节目品牌形象塑造——聚焦地区热点，挖掘特色文化

我国地域宽广，各地地域文化千奇百态、各有特色。广播媒体作为各地的地方传播机构，以本地区为目标市场，以区域性听众为主要定位，挖掘区域热点和地方特色，推出了一些特色节目。这些节目的推出往往很受当地听众的欢迎，它们所体现出的小众化、贴近性、亲近性等特色，更容易得到本地域内听众的认同和支持，从而产生较大的社会影响。

1. 重庆人民广播电台交通频率《交广关注》

忙碌一天，每天下午18:00～19:00时段，人们在归家途中，心中总会多出一丝温暖、一份企盼。这时重庆人民广播电台交通频率的电波里，会准时传出主持人亲切的话语："人行千里，声动我心，这里是交广关注，与您同行！"作为交通广播的当家新闻节目，《交广关注》是一档深度新闻报道节目。从2003年开播至今，着重对当地当日的突发事件和重点事件进行全面报道。节目突出广播多元报道手法的运用，突出新闻的时效性和深度调查、评论。新闻选择公众关注的社会热点，报道和评论则突出主流价值，贴近市民生活，坚持对社会多层面真善美的呈现。

节目聚焦重庆城市生活的方方面面，推出了《直播春运》《2015，在他乡》《春天的工地》《暴雨中的重庆》《渝新欧－我们在现场》《与直辖同行》等多个颇具影响力的专题报道。主题策划《城市的烦恼》关注重庆停车难和停车乱象问题，引起了主管部门的重视，并由此展开了全市集中整治行动。节目选择在交通枢纽打造透明直播室以及走进重庆籍农民工大工地，通过直播前沿的现场报道，并加入评论和微信、微博的融合，打造温情与理性并行的《直播春运》。在系列报道《从重庆出发》中，创作团队利用时下很火的"自驾"模式，在报道中引入安全、路线、攻略等服务性信息，既传递了新闻资讯，又巧妙地贴近了听众，可谓一举两得。在收听效果上，无论是在所有收听场所还是在车载收听市场，《交广关注》均形成了明显的晚高峰，且引领了当地收听市场（图7）。

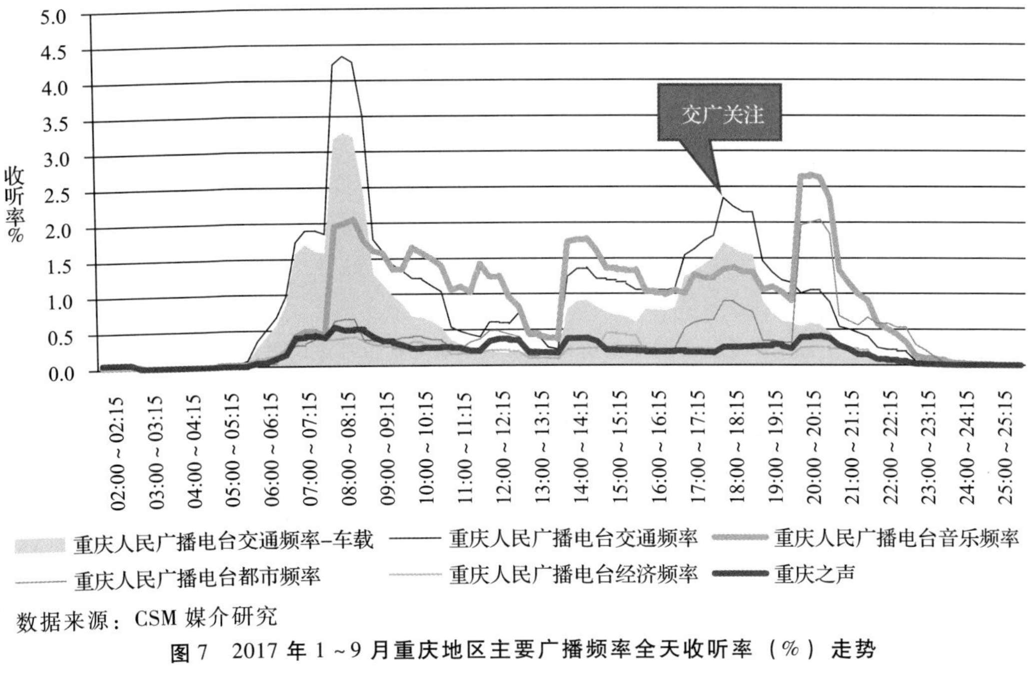

数据来源：CSM媒介研究

图7　2017年1～9月重庆地区主要广播频率全天收听率（%）走势

2. 辽宁广播电视台都市广播《娱乐二人转》

辽宁广播电视台都市广播《娱乐二人转》是一档主要体现东北地方特色的娱乐搞笑脱口秀节目，主持人大兵以其诙谐、搞笑、幽默的语言形式，不是以主持节目的方式，而是以表演节目的方式，把笑话、奇闻趣事，用各种方言的形式表演出来，让人忍俊不禁，宁可不吃一顿饭，也不能不听大兵的《娱乐二人转》。

该节目首创了"东北话讲笑话"的广播形式，坚持娱乐类节目本土化的鲜明特色，立足本土、深入人心。节目以主持人大兵的家乡话"辽西"口音为语言风格，以贴近东北人的说话方式幽默、诙谐地“表演”节目，符合东北人爱听笑话、逗哏的收听喜好。回应了东北人爽朗、热情的性格特点。节目以东北话和俚语为主，说唱结合，立足本土，有亲和力，因而成为听众心中首屈一指的广播娱乐节目，深受当地人尤其是年轻人的喜爱。节目每天12:00~13:00和17:30~18:30播出。从图8我们可以看出，节目在中青年听众中的收听率明显高于在中老年听众中的收听率。

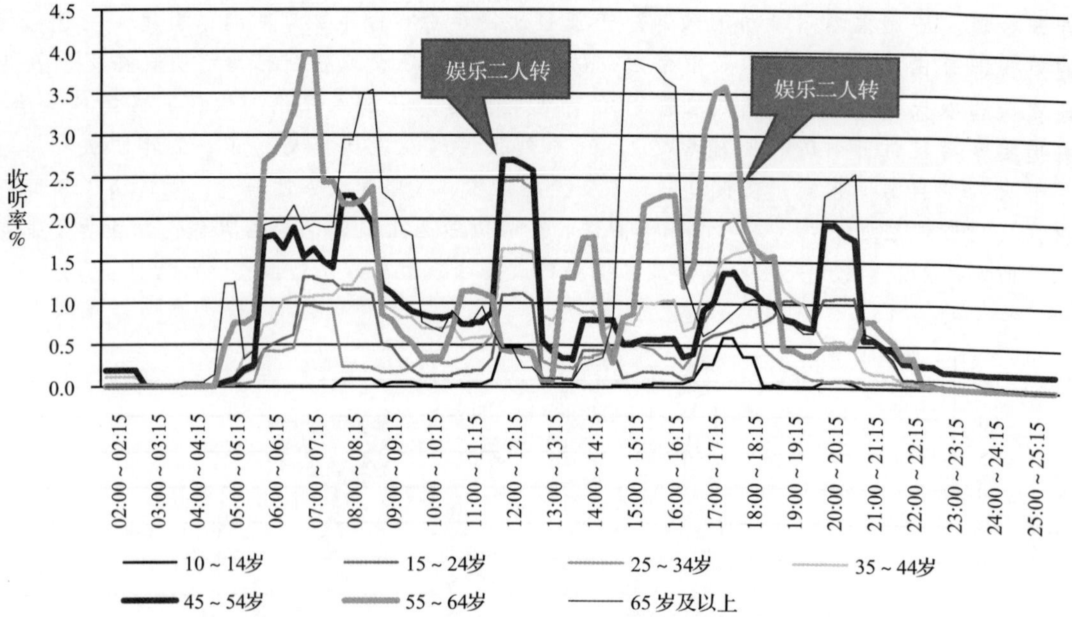

数据来源：CSM媒介研究

图8　2017年1~9月沈阳地区不同年龄听众对辽宁广播电视台都市广播全天收听率（%）走势

五、节目品牌形象塑造——融合多种媒体，提升传播广度

新媒体的活跃改变了媒体大环境，并形成了全新的传媒生态。广播为了夺回新媒体占据的部分传媒市场，也在各层面努力探索。广播媒介技术的应用，车载广播的普及，使交通广播和音乐广播成为热门。广播媒介的内容在深化，广播电台的节目种类在增多，杂志型节目、谈话节目受到欢迎，民生广播、新闻广播、故事广播、广播剧成为主要节目形式。广播媒介的传播形式多样化，广播与电视的融合进一步加强，广播可视化兴起，以视觉效果辅助单一的听觉效果。广播的收听方式日趋多元化，网络电台、手机广播APP这类小众化应用积攒了不少人气。

1. 北京人民广播电台文艺广播《空中笑林》

北京人民广播电台文艺广播《空中笑林》是一档以播出相声小品音频为主的广播节目，这样一档看似普通的录播节目，是如何通过多种方式提升传播广度的呢？一方面，该节目把听众请进现场，听段子找乐子，特设“超级派送”，给听众送实惠、送欢笑；

另一方面，《空中笑林》多年来和京城各大小剧场关系良好、稳固，除了已经合作多年的北京周末相声俱乐部、听云轩会馆、星夜相声会馆、嘻哈包袱铺、相声二班、鸣乐汇、老舍茶馆、北大相声空间等剧场外，还开辟一些新的京津两地的小剧场，走出去为听众录制一手演出，从而在节目中为听众原汁原味地播放采录自大剧场、小茶馆的现场录音，让听众通过电波足不出户就能体验现场相声的魅力。

为了增强节目与听众的及时互动，该节目全力运用新媒体全天候服务听众，让听众有发言权。节目充分利用微博、微信与听众进行有效互动，从中发现高质量的听众，将他们请进节目、主持节目、给予他们全年免费观看小剧场相声《空中笑林》会员独享奖励等。除此之外，节目还在蜻蜓 FM、考拉 FM、喜马拉雅 FM 等音频平台上播出，以求更加焕发生机。

2. 楚天交通广播《好吃佬》

《好吃佬》是楚天交通广播在晚高峰推出的一档广播节目，内容以“美食+路况信息+生活信息”为主。节目采用广播脱口秀的形式，主持人用幽默诙谐的方言主持，不仅讲美食，还借美食说文化，运用楚天交通广播网站、湖北经视、经视帮帮网、楚天交通广播呼叫中心、微信公众账号、微博和路客手机应用软件等多个终端平台（表2），满足不同用户的多样化需求，并根据受众反馈调整产品内容。节目利用“好吃佬”喜乐会、美食自驾游等线下活动，充分挖掘产品的潜在价值，将“好吃佬”这一品牌推广到众多的不同用户群体。

表2　《好吃佬》多平台格局

传统广播节目《好吃佬》	电视：湖北经视同名栏目《好吃佬》
	网站：楚天交通广播网站、经视帮帮网
	社交媒体：微信公众账号、微博
	手机应用软件：路客

数据来源：根据网络信息整理

广播媒体通过精品节目产品化，吸引并凝聚了新媒体用户群体，一方面将新媒体用户转化为广播媒体的用户，扩大了广播媒体在新媒体平台上的影响力；另一方面在新兴媒体平台上开发各种增值业务，实现媒体的融合发展，延长了产品的价值链。《好吃佬》节目的产品化，使广播内容的一次性消费变为多次性消费，线下活动促进品牌增值，改变了广播以广告为主的单一经营模式，实现了广播收入来源的多样化。

六、结语

新媒体时代，互联网急速发展，在改变人们行为习惯的同时也改变着人们的思维习惯。新媒体最大的思维特点就是受众主导权的变化。作为传统媒体的广播，要充分理解并运用新媒体思维，在内容产品的制作与创新过程中时刻从听众的角度出发，将听众变为用户，不断满足用户的需求，从而实现广播节目的品牌化。

（作者：马超）

广播不止于声音

——线下活动助力线上收听

随着时代的发展，人们获取信息的方式发生了很大变化，广播这一传统媒体面临着前所未有的挑战。在全国广播收听市场，听众数量和人均收听时长持续下降，受众的媒介消费时间正在向传统线性广播以外的媒体转移。这直接导致了广播广告增长缓慢甚至出现负增长以及传统广播的“蛋糕”缩小。在如此严峻的形势下，各地广播电台或主动或被迫打破硬广告垄断的收入结构，通过发展线下活动等来探索收入来源的多样化。说到创收，很多广播电台都表示很苦恼，因而积极拓展创收渠道和探寻广播转型成为广播人工作的重中之重。本文结合CSM媒介研究的广播收听率调查数据，分析近年来全国各地广播通过线下活动反哺线上收听的案例，以供业界参考。

一、广播收听市场的基本特征

1. 受众的媒介消费时间正在向传统线性广播以外的媒体转移

2017年上半年CSM媒介研究的调查数据显示，全天时段广播收听率为4.15%，环比下降的势头仍未停止。随着私家车拥有量的提升并趋于饱和，再加上机动车限行限购

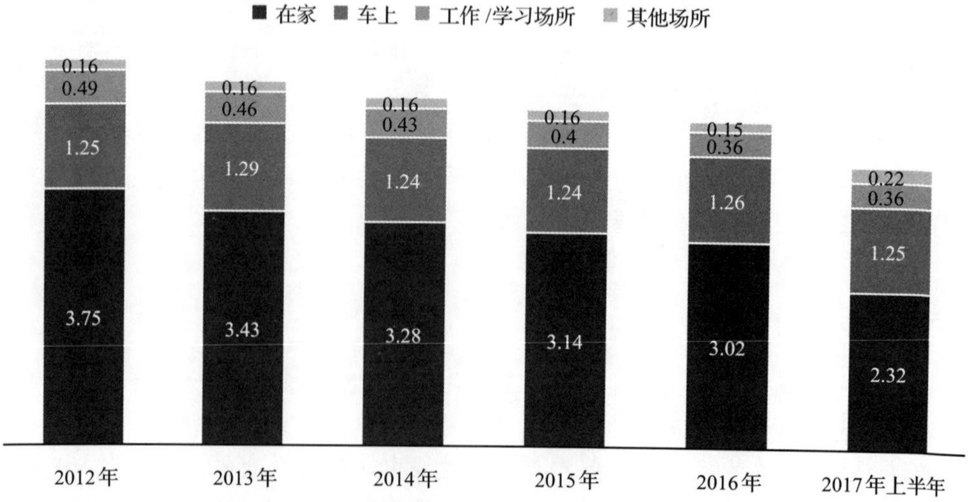

数据来源：CSM媒介研究（各年所有调查城市）

图1　历年各场所收听率（%）变化情况（10岁及以上所有人）

规定的增多，车上收听率几近饱和，基本保持在1.25%左右。而在家收听率却呈现出持续下降的趋势，在家收听人群出现流失现象（图1）。

从人均收听时长来看，2017年上半年人均日收听分钟数为60分钟，较2016年的69分钟减少了9分钟。其中，在家收听分钟数下降尤为明显，从2016年的44分钟下降到2017年上半年的33分钟。此外，2017上半年车上人均收听量与前5年基本一致，稳定在18分钟左右。广播听众日均收听分钟数的降低，与总体媒介市场的竞争格局、受众获取信息的方式的改变有一定的关系（表1）。

表1 广播听众在不同收听场所的人均日收听时长（分钟）（10岁及以上所有人）

年份	在家	车上	工作/学习场所	其他场所	所有场所
2017年上半年	33	18	5	3	60
2016年	44	18	5	2	69
2015年	45	18	6	2	71
2014年	47	18	6	2	73
2013年	49	19	7	2	77
2012年	54	18	7	2	81

数据来源：CSM媒介研究（各年所有调查城市）

2. 交通、音乐类频率聚集更优质的听众资源

在坚持收听传统广播的听众人群中，我们从不同目标听众在家及车上的收听数据，可以更为形象和量化地看出广播听众的特征。在家，女性听众的收听率高于男性；收听率随着年龄的增长而增长；中低学历听众收听率相对较高。车上情况则不同，车上男性听众的收听率高于女性，收听率较高的人群是25～54岁人群以及高学历人群。从中我们还发现，交通类和音乐类频率聚集了更优质的听众资源（图2）。

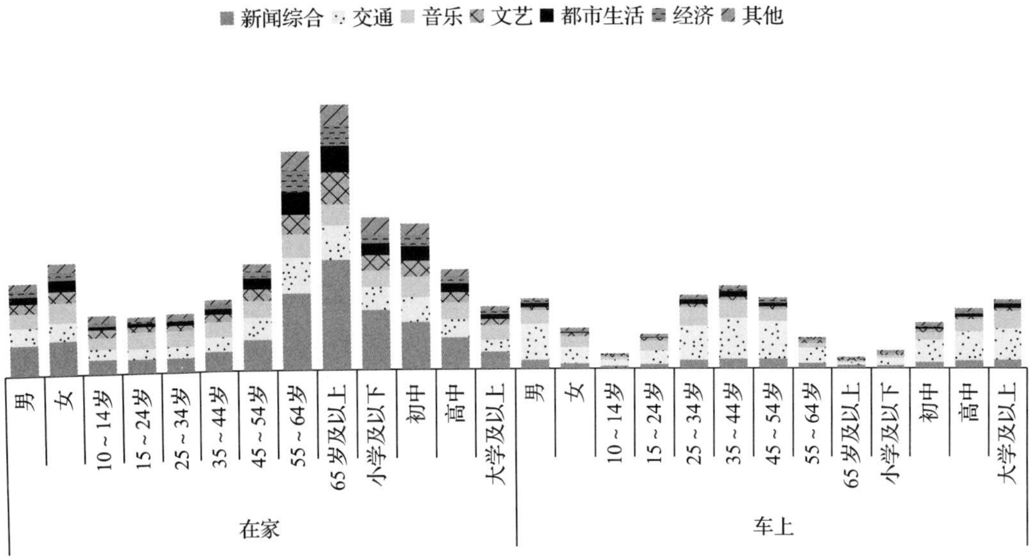

数据来源：CSM媒介研究（2017年32城市组）

图2 不同目标听众对各主要类型频率的收听率（%，在家、车上）

二、广播线下活动助力线上收听的主要做法

由上文可知，交通类和音乐类频率聚集了更优质的听众资源，而这两类频率往往也是举办线下活动最多的频率。表2中列举了全国各地广播频率所举办的较有特色且覆盖面广、影响力大、美誉度及口碑高的线下活动案例，我们发现，线下活动主要还是集中在交通类和音乐类频率。线下活动助力线上收听的主要做法大致有以下4种，下文将一一进行详述。

表2　2017年部分广播电台举办的大型活动①

广播电台名称	活动名称
上海人民广播电台	上海广播节
湖南广播电视台广播传媒中心	爱心送考
	唱着情歌去大理
	草莓音乐节
长沙市广播电视台	橘洲音乐节
海口广播电视台	观澜湖夸下海口音乐会首届“琼剧文化节”
深圳广播电视台	广播30周年庆活动飞场音乐会
大连广播电视台	爱心三部曲
河南人民广播电台	河南交通广播登山节河南旅游广播时光音乐节
湖北广播电视台	交通广播“奔跑大武汉”
河北广播电视台	汽车文化节
安徽人民广播电台	交通广播的汽车音乐节
成都人民广播电台	汽车音乐节
重庆人民广播电台	重庆市首届百万车主文明驾驶挑战赛暨金牌好司机挑战赛
苏州广播电视台	未来星主播
佛山传媒集团	跨年玩唱会
吉林人民广播电台	校园好声音
郑州人民广播电台	“DJ看你的”系列活动 蜻蜓河南项目部的“倾听童声带”
厦门广播电视台	广播电视听观众节绿海鸥垃圾分类活动
贵阳广播电视台	社区儿童图书音乐节
宁夏人民广播电台	阳光948欢乐粉丝节活动
江苏人民广播电台	咪豆音乐节
福州人民广播电台	交通之声周年庆系列活动
石家庄人民广播电台	“汽车展销”“1067音乐节”
济南人民广播电台	中国济南汽车音乐节

① 本表所列活动部分来自文章《这一年，各地广播电台都是怎么挣钱的?》：http：//www. sohu. com/a/205044885_ 708049；部分来源于客户提供。

1. 广播节目活动化，活动节目化

“节目活动化，活动节目化”是广播提高影响力、吸引听众对广播节目的关注度以及增加广告创收的不二法宝。如今，不得不说有些广播的线下活动在初期策划时就与线上直播节目缺乏关联，虽然一场活动完成后整体效果还不错，但由于缺乏和线上节目的关联，导致活动的影响力无法继续延伸。听众对活动的认可并没有转化为对本频率或节目的持续关注，甚至有些听众在参与活动的过程中也有不知所云之感，很难将参与的活动与节目、频率、品牌关联起来。活动是活动，节目是节目，完全是两张皮。这种经营模式做起来非常吃力，广播的发展和广告收入都非常有限。

本文认为，活动一定要找准定位，要关联受众生活、关联品牌节目，或者通过体现频率整体品牌形象的大型活动来吸引受众。这方面一个较好的实例就是苏州交通经济广播的线下活动“未来星主播”。这是由苏州广播电视总台交通经济广播 FM104.8、苏州广播电视总台儿童广播 FM95.7 主办的少儿主持人大赛，为6到14周岁小朋友提供一个展示才艺的舞台，比赛基本都是在暑假期间进行，7月初启动、8月底收官，为苏城小朋友的暑假生活增添了很多靓色。广告赞助商通过冠名这一赛事，也可以进一步提升其品牌的美誉度和影响力，从而有效地扩展其在苏州市场的销售空间，拉近品牌与潜在消费者之间的距离。从2013年至今，大赛已经连续成功举办了5届，已成为苏城最权威的少儿主持人赛事，为很多孩子和家长圆了“到电视台做节目、成为电台签约小主持人”的梦。另外，苏州广播电视总台儿童广播 FM95.7 同时上线了一档同名《未来星主播》的周播节目。节目依托于品牌赛事，通过知识性、趣味性的版块设置和丰富内容来展现小主播的语言特色和童真童趣。结合广播自身特点，节目还设置了一些和“亲子”“教育”有关的版块，如“超能爸妈”。“超能爸妈”是一个给苏城爸爸妈妈提供教育咨询、少儿心理咨询的平台，许多权威的少儿专家在平台上发声，服务于收音机前的爸爸妈妈。节目开办之初，办活动的目的是为节目选拔小主持人。5年来，“挑选选手”和“扩大节目影响”已经变得密不可分，而且二者的密切融合还产生了另外一个“善果”——广告收益。粗略统计，每年仅这一个活动就能产生约100万元的广告收入。节

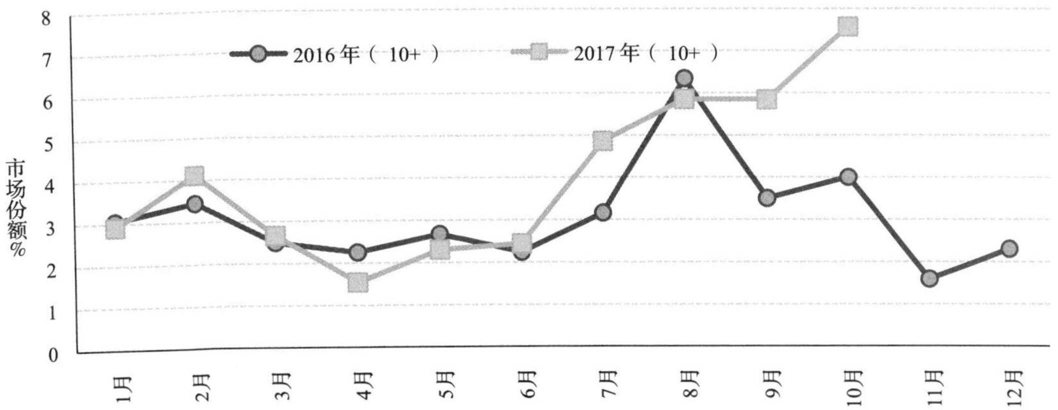

数据来源：CSM 媒介研究

图3　苏州地区《未来星主播》节目市场份额（%）分月走势（10岁及以上所有人）

目每周六、周日傍晚17:00～19:00时段播出，从2016年、2017年两年的分月市场份额走势来看，在暑假期间，节目与活动产生了联动效应，取得了不俗的收听效果。2017年9月活动完美落幕后，10月节目的收听份额就接近8%（图3）。

另外，挑选的节目和拓展延伸的线下落地活动要具有较好的听众基础。《未来星主播》所针对的6～14岁小朋友与苏州广播电视总台儿童广播FM95.7频率的目标人群定位一致。从收听数据来看，2017年前3季度，10～14岁小朋友为节目收听的重度人群，随着第三季度暑假及第五季线下落地活动“未来星主播”的开始，节目引发了更多的10～14岁小朋友关注节目，也带动了35～44岁、55～64岁及高学历家长一同关注，结果活动与品牌节目相互助力，品牌节目竞争力节节攀升，从而强化了节目的传播效果（图4）。

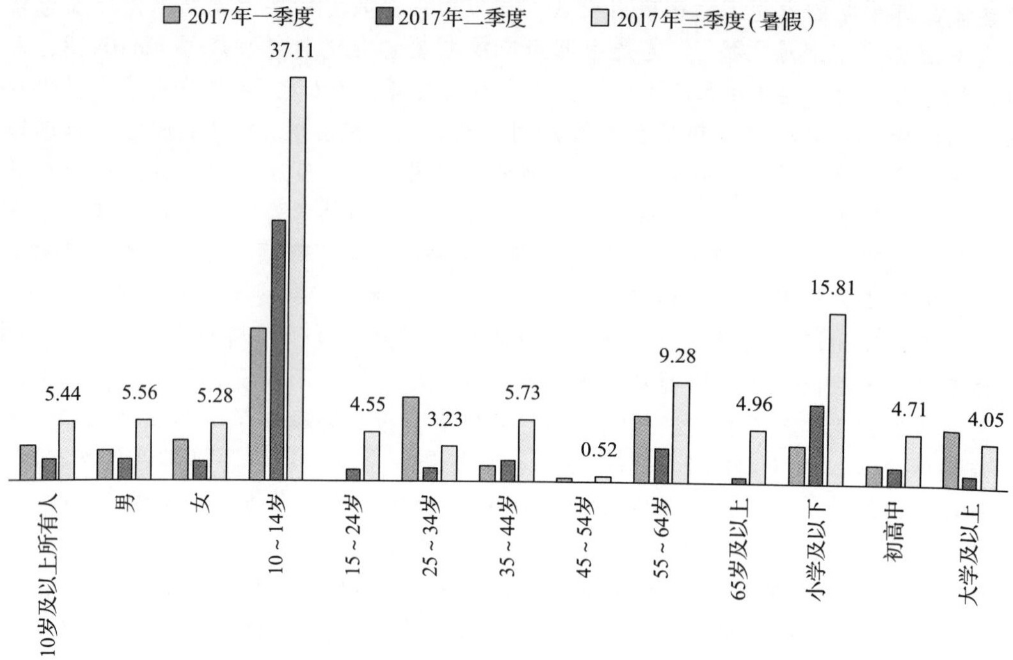

数据来源：CSM媒介研究

图4　苏州地区《未来星主播》2017年前3季度在目标人群中的市场份额（%）

2. 举办大型活动，有效提升广播媒体的价值

（1）大力宣传媒体整体价值，提升影响力

由广播节目或广播电台主办的大型活动可以充分体现媒体的特性，并可以在活动中彼此互为支撑。大型活动的策划与正式执行这一段空隙，是大型活动进行预热的重要时期，在这一时期，就需要一些媒体对大型活动给予不间断的报道，以引起社会的高度关注，从而使大型活动在举办执行阶段产生最好的影响力。

东方广播中心凭借上海广播自身的品牌积淀与资源优势，在“上海广播节”开办前夕做足了各种媒体宣传。作为一年一度的“上海广播节”系列活动，《广播现场秀》可谓是DJ与听众的一场欢乐盛宴。《广播现场秀》集结了上海广播的各档王牌节目和30

余位人气主持人，以“生活”“音乐”“美食”“运动”为主线，以更强的互动性、更广的传播性、更丰富的福利派送为听众与现场观众带来新鲜混搭与热力互动，同时在微博、微信等网络平台大量转载，以进一步加强节目和活动的宣传力度。随着时代的发展，电台形象由神秘感走向亲民化。电台作为一种背景媒介，主要靠听众的听觉来树立形象。但在融媒体时代，电台主播不仅要做到声音被听众认可，还要做到视觉形象被听众熟知，这就打破了之前电台主播“只闻其声，不见其人”的固有模式。从数据上我们也可以发现，东方广播中心旗下13个频率的市场份额在上海地区保持着绝对的优势，2017年以来其频率组在本地市场份额最高时超过90%。由此可见，线上与线下的结合，能够有效地提升媒体的整体影响力（图5）。

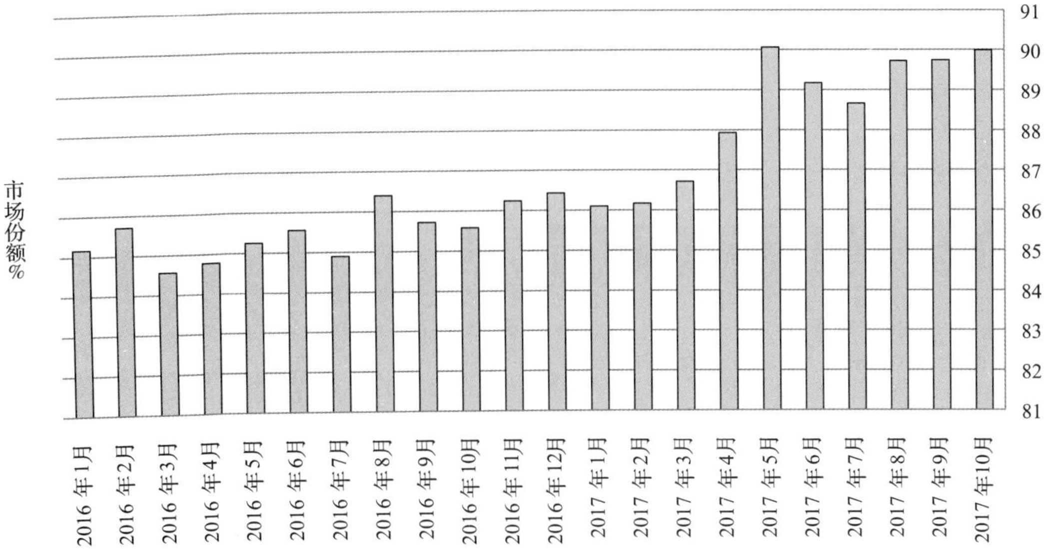

数据来源：CSM媒介研究

图5　上海地区东方广播中心旗下13个频率所占市场份额（%）（15岁及以上所有人）

新闻类、交通类和音乐类广播一直被称为广播界的“三驾马车”。“上海广播节”的《广播现场秀》由来自上海人民广播电台上海新闻广播FM93.4/AM900、上海交通广播AM648/FM105.7、东广新闻台AM1296/FM90.9、上海东方都市广播899驾车调频FM89.9/AM792、上海流行音乐广播 动感101FM101.7等频率的实力主播们带领现场听众一起现场互动，开展解读科学、诵读经典、聆听精粹等一系列活动。从广播收听数据我们可以发现，这些频率收听表现得均较为良好。作为中国最具实力的新闻广播频率之一——上海人民广播电台上海新闻广播FM93.4/AM900，其早间06:00～09:00时段新闻播报节目占据了上海收听市场的霸主地位，收听率最高峰值突破2.5%。而上海流行音乐广播 动感101FM101.7作为上海第一个流行音乐电台，其07:00～10:00的王牌节目《音乐早餐》、18:00～21:00时段的《音乐万花筒》等都在上海收听市场获得了较高的收听率和大批忠实听众。同时我们也应该看到，活动作为广播的一种资源，能够有效地聚集人气，拓宽节目的传播途径，提高节目的受关注度（图6）。

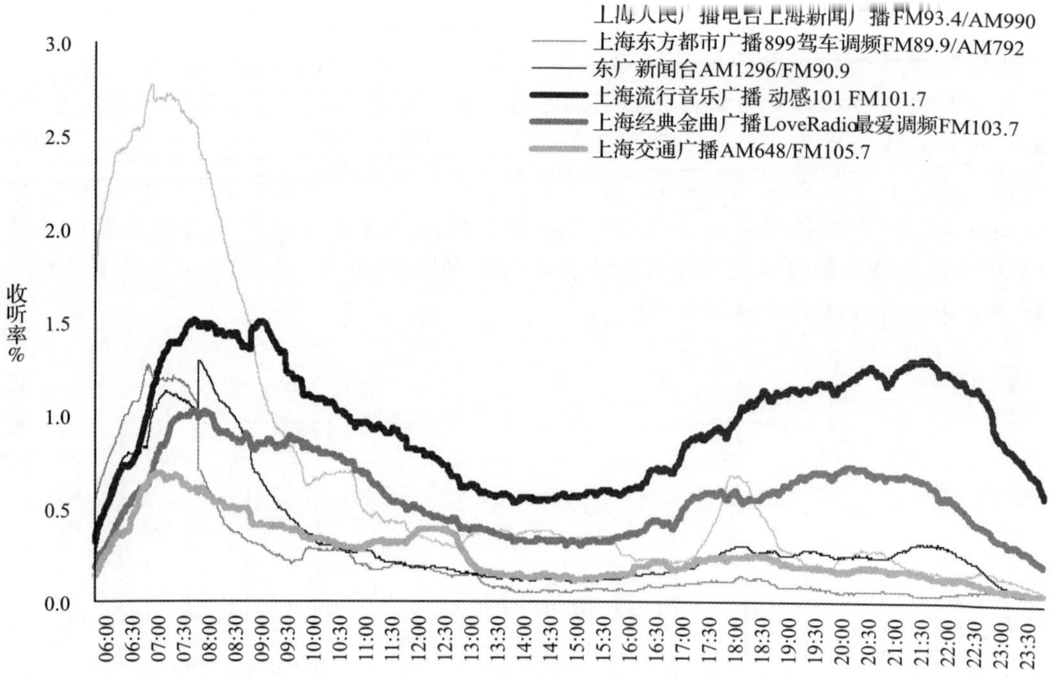

数据来源：CSM 媒介研究

图 6　2017 年 1～10 月上海地区部分频率全天收听率（%）走势（15 岁及以上所有人）

（2）制造声势，打响品牌

谈到大型活动类节目，就不得不说由上海流行音乐广播 动感 101FM101.7 创办的《东方风云榜》。该节目始于 1993 年，是中国内地历史最悠久的流行音乐排行榜，同时也是中国内地最著名、最权威、最有影响力的原创音乐排行榜。节目旨在大力推动内地原创音乐的发展。

这类大型活动可以在短时间内产生轰动效应并提升媒体的知名度和影响力。每一年的“东方风云榜音乐盛典”在提高动感 101 的品牌方面均发挥了巨大的推动作用。虽然每年的“东方风云榜音乐盛典”是在 3 月底举办，但从上海的街头小巷我们可以发现，活动宣传工作从 1 月份就已经开始启动了。从新浪微博的数据我们可以看到，在整个“东方风云榜音乐盛典”播出前，也就是在宣传期间，其新浪微博的讨论量就急剧上升。2017 年 3 月 27 日《东方风云榜》播出当天，其新浪微博讨论量逾 81 万次，最高讨论峰值出现在 3 月 21 日，达 197 万次。可以说前期集中宣传的效果在数据中得到了完美的体现（图 7）。

同时，“东方风云榜音乐盛典”也通过电视、网络等媒体共同传播，让更多的受众知道了《东方风云榜》及动感 101，打响了频率的品牌，提升了品牌的竞争实力。

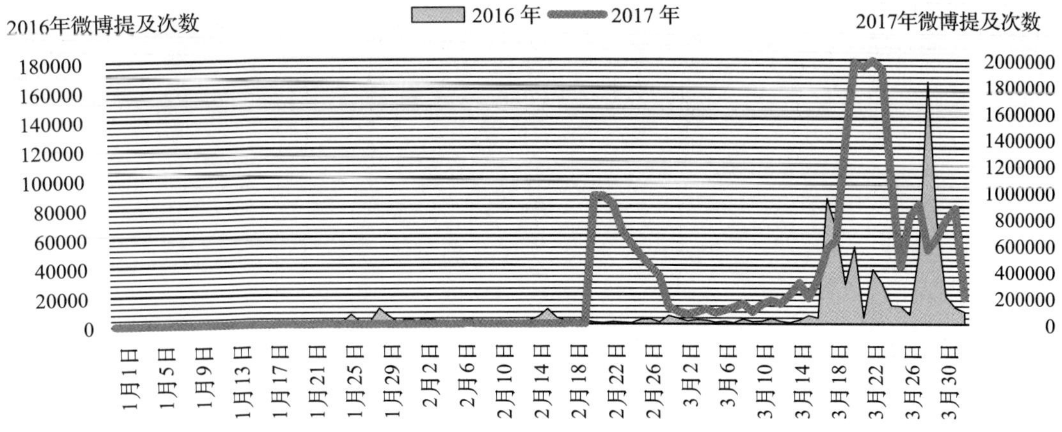

数据来源：CSM 媒介研究

图 7　《东方风云榜》新浪微博提及次数走势

3. 爱心传递，强化传统广播公信力

传播公益文明理念，推动关爱行动和公益项目的开展，是媒体的责任所在。媒体能够凝聚公民之心，有广泛的号召力和执行力。很多时候，一场活动的影响力短暂、有限，但如果能形成系列、形成品牌，并延伸发展，那么它的影响力便有可能深远和长久。

在每年高考来临之际，全国各主流媒体都会围绕“服务高考”开展各种形式的主题宣传和公益活动。自 2001 年湖南交通广播首创“爱心送考”公益活动以来，其影响遍及全国，成为各地交通广播家喻户晓的“爱心”品牌。大连人民广播电台第四套广播交通广播 FM100.8 也以此为榜样，不断创新发展，打造了“爱心三部曲——爱心备考、爱心送考、爱心送学”系列活动，使“爱心送考”活动的品牌得到了提升和维护，从而拓展了品牌活动的生命力和影响力。

从收听数据来看，大连人民广播电台第四套广播交通广播 FM100.8 在大连地区的听众到达规模历来较大且基本稳步上升，近两年到达率已突破 60%（表 3）。该频率的“爱心送考”活动已经走过 10 年，2017 年第十一届“爱心送考”活动总结以往的成功经验，积极探索实践，将往年的“爱心停靠站”升级调整为更具实际服务性的“爱心休息站”，为考生寻找考点周边的街道、社区、单位、商家等免费午休歇脚点。这次活动不仅有个体听众积极参与，也有众多企业参与其中。从高考一周期间的收听数据来看，6 月 7～9 日在所有场所的收听率均高于 2.5%，在这一周均处于较高水平。在车载收听市场，6 月 7 日全天收听率为 1.52%，同样也有不俗表现（表 4）。举办这样的公益活动能够进一步塑造电台以人为本、关爱百姓、守望良知的主流媒体良好形象，增强电台的公信力、权威性，提升电台的影响力。

表 3　大连地区大连人民广播电台第四套广播交通广播 FM100.8 历年到达率（%）（10 岁及以上所有人）

年份	所有场所	车上
2013 年	54.7	33.5
2014 年	52.6	35.7
2015 年	59.2	42.6
2016 年	61.5	41.3
2017 年 1～10 月	61.2	43.7

数据来源：CSM 媒介研究

表 4　2017 年高考一周大连地区大连人民广播电台第四套广播交通广播 FM100.8 的收听率（%，6:00～24:00 时段，10 岁及以上所有人）

日期	所有场所	车上
2017 年 6 月 5 日	2.66	1.54
2017 年 6 月 6 日	2.06	1.24
2017 年 6 月 7 日	2.55	1.52
2017 年 6 月 8 日	2.61	1.39
2017 年 6 月 9 日	2.64	1.45
2017 年 6 月 10 日	1.94	0.94
2017 年 6 月 11 日	2.15	1.07

4. 与新媒体联合出击，提升竞争力

移动互联网迅速革新，给传统广播带来了巨大冲击。换个角度来看，广播电台也迎来了新的发展空间与机遇，正所谓绝处逢生。现如今媒体融合已是如箭在弦，是大势所趋，是传统广播电台转型的优先选择。近年来，各地广播电台也都在做与新媒体融合的一些尝试。广播网站、网络电台 APP、微博、微信等传播渠道多种多样，传统广播通过与新媒体的融合，具有了更强的竞争力。

2017 年，广东广播电视台羊城交通台 FM105.2 和广东广播电视台音乐之声 FM99.3 联合远誉快车道 FM、触电新闻、粤听、《声报》等多种传播途径，对第十五届广州国际车展的盛况进行了全程、全方位、全媒体的报道。从广东广播电视台羊城交通台 FM105.2 在活动期间的车展特别节目同时段听众构成和集中度数据我们可以看出，听众主要集中在 45～54 岁、男性、高收入听众群体中，且这部分人群对于车展特别节目的收听集中度均接近或超过了 150%，喜欢度较高。较好的收听效果与活动影响力之间有着密不可分的联系（图 8）。在新媒体方面，远誉快车道 FM 除了固有的多地电台联播之外，还部署了极具震撼力的“喊红包”、线上直播互动、高颜值主播 CP 视频直播评测、KOL 深度报道等内容，以满足不同用户的需求和兴趣。在两天的直播中，远誉快车道 FM 的“听呗”线上创造了 140 万 + 的互动和近千个话题量，再一次刷新了车展互动的参与人数纪录。

再比如，苏州生活广播承办的“健康养生文化节”利用本地旅游资源，开发拓展了

许多活动形式和内容，以吸引广大市民参与其中。“健康养生文化节”通过苏州电视台的新媒体平台“看苏州”APP进行同步全程直播，吸引了多达7.3万人次的观看者。由此可见，传统广播与新媒体联合出击，一方面可以使传统广播通过新媒体获得更广泛的传播渠道，强化自身的内容优势，拓展影响力，在互联网中面向大音频市场提速移动传播；另一方面也可以使传统广播获得更好的收听效果。

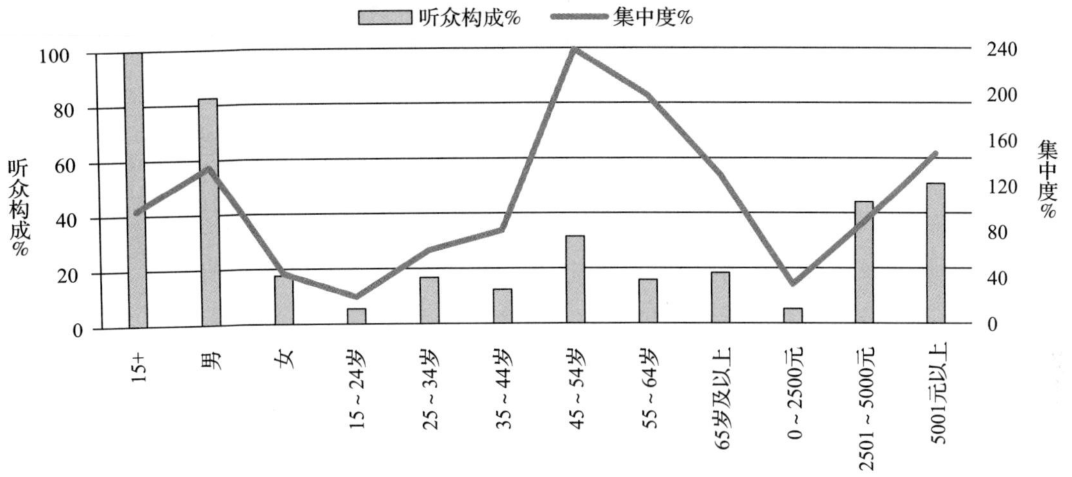

数据来源：CSM 媒介研究

图8　广州地区广东广播电视台羊城交通广播台 FM105.2 的听众构成（%）及集中度（%）

（2017年11月17日~26日，10:30~12:00和15:30~17:00时段）

三、结语

在新媒体日益多样化、便利化的新时代，传统媒体必须创新发展、与时俱进，通过活动关联大众生活，以广播频率、栏目宣传线下活动，以线下活动吸附高黏度人群，以活跃听众反哺优质栏目，不断创新节目内容与形式，不断完善互动环节，让受众更多地参与到频率传播活动中来，真正做到线上、线下相结合。传统媒体可以通过各种形式的合作，在媒体与商家、媒体与听众之间构建起良性互动机制，共同分享活动成果、活动影响力和活动商机。这样，传统广播才能够在数字化传播环境下不断细化用户，培养全新的用户群体，在新媒体时代拓展自己的市场份额，不断地发展壮大！

（作者：韦唯　胡旻琦）

在路上的传统广播和广播人
——传统广播发展现状面面观

图片、音频、文字和视频是媒体的四种形态。而无论时代如何发展，音频总会被人们所需要。人们总是需要一种伴随性强且有别于图片、文字、视频的另外一种娱乐享受、资讯服务或者学习途径。目前从整个音频市场来看，广播仍然具有非常强的生命力，是整个媒体地图当中不可或缺的重要一块，而目前广播的价值恰恰被低估。那么如何激发和深度挖掘这种价值？面对纷繁复杂、日新月异的竞争环境，传统广播人在想什么？做什么？基于此，我们对上海文化广播影视集团有限公司、江苏广播电视总台（集团)、浙江私家车107城市之声FM107、广东广播电视台新闻广播FM91.4/AM648、广东广播电视台珠江经济广播电台（E FM财富974)、广州新闻电台FM96.2、深圳广播电台新闻频率FM89.8和无锡广播电视集团（台）8个广播电台或频率的主管领导或频率总监以及相关负责人和主持人等进行了深度访谈，也许从他们的答复中我们可以管窥当下传统广播媒体的发展样态。

一、对新媒体与传统广播媒体及二者关系的认识

1. 新媒体和“互联网+”对于广播是挑战也是机遇

在各个传统媒体中，广播自带互联网属性。原因有四：第一，在互联网出现之前，广播的主持人实际上就是大V，有相当多的粉丝追随；第二，广播与受众之间的平等性属性，决定了它很早就打破了媒体高高在上的姿态，较为接地气；第三，广播发展伊始，特别是汽车业快速发展以来，就是一个以移动见长的媒体；第四，广播发展至今，并没有出现像报纸等那样的所谓断崖式下跌。基于这些判断可以得出结论，在新的媒体发展环境下，广播仍具有很大的发展空间，这与它自身所具备的一些特性密不可分。

当然，从辩证法的角度而言，有机遇就必然存在挑战。挑战可归结为两点，最大的挑战是随着手机的普及和使用人群的年轻化，到目前为止，除车载以外的市场基本都已被手机所覆盖。换言之，就是全是互联网的天下，留给传统广播的空间日益窄憋。同时，随着车联网的逐步发展，大量的汽车生产商和APP端的运营商已经开始做车载端的尝试，虽说目前还没有出现能够与FM相抗衡的产品，但未来发展态势如何还未可知，因此这种危机感会随时存在。

另外一个挑战来自于车载屏幕，它的出现逐渐取代了原来装CD和带FM的盒子，未来或许FM只会成为这个触摸屏里众多功能中的一项，而这个功能在具有无限可能的屏幕里面能占到怎样的位置则很难预估。

在机遇与挑战并存的态势下，要适应"互联网+"的时代，适应新媒体的环境，传统广播在节目内容、传播渠道、表现形式等等方面都要做出调整和改变，这样才能适应这种新环境、新变化。同时这种变化又是迅速和迅猛的，并没有留给传统广播太多的时间去考虑和适应，因此传统广播整体处于一个奔跑的状态，并没有太多的缓冲时间。

2. 内容提供商不是未来传统广播的唯一角色

从整个传媒发展史来看，每一个媒体都有它独特的发展轨迹。一如当年广播作为新媒体冲击报纸时，人们会提出广播是否会代替报纸的疑问。事实证明，这并没有成为现实。之后电视兴盛，广播受到极大冲击，在上世纪八九十年代，特别是80年代末90年代初，广播进入一个发展低谷期，人们又提出广播被边缘化、是否还有人继续收听广播的质疑。但质疑终归是质疑，事实是上海、东莞的改革提升了节目质量，创新了广告模式，加上北京交通台、"珠江模式"等的出现，这一系列改革极大地促进了广播的发展。

因此我们可以说，每一个媒体在不同的时代都有其独特的作用。这个作用如何体现？说到底就体现在你服务谁、谁需要你、你能为他们提供什么。就广播而言，目前广播受众的接收渠道在移动端和车载的上升速度较快，居家收听则处于下行通道，这从一个侧面反映出广播的服务对象要转移到移动受众群上来，广播要为移动互联网的受众服务，这也许是现如今整个媒体版图中广播最大的价值。随着物联网、车联网的日益发展，相信广播在这两个领域中也会有巨大的发展空间。

在所有的传统媒体中，广播是一个特殊的存在。从某个角度而言，广播肯定会成为音频内容提供商的一部分，但广播的价值远不止于此，因为广播可以成为新型广播媒体和融媒体的内容生产商和运营商。未来的音频市场可能有两种模式：第一是版权销售，从文字出版商处购买文字版权，然后把它音频化，或者与音频内容的生产者，所谓头部内容合作，拿他们的版权做二次销售，可以做付费收听，也可以做广告投放；第二是以音频为核心作为服务运营商出现，即音频内容本身免费提供给若干平台，但这是建立在有自己的一套运营模式存在的前提之下的。

未来的音频市场绝不是简单的版权买卖，更多地要考虑如何通过音频内容去聚合受众，继而为受众提供可以满足其需求的服务，在提供服务的过程中寻找自身的商业模式。因此未来的某一天，广播很有可能再逐渐占领客厅，甚至占领厨房、卧室，回到居家环境中去体现它自己独特的价值。

3. 内容与渠道二者缺一不可

内容与渠道对于广播来说，并没有孰优孰劣之分，也没有先后对错之别。过去，传统广播掌控的是渠道的垄断利润而不是内容的变现能力。现在，传统广播之所以受到了明显冲击，是因为随着渠道的增多，其原来的垄断价值在不断下降和被稀释，因而广播只能转头去更好地做内容，提升内容的质量。因此，目前的发展态势就呈现为两种：一是能建渠道的积极布局渠道，二是不具备该能力的就借船出海。但所有的一切都基于一个根本性的东西，即音频内容。

与视频大投入、大制作所造成的版权竞争激烈不同，音频内容更多的是自媒体化、个人化的东西，更多地属于个人魅力的竞争，这也是音频与视频之间最大的不同。而个人魅力就同大V一样，同流行音乐中的偶像一样，整个市场会不断扩大。不同的人群会关注不同的大V，因为大V可以满足他们的精神需求，未来可能还有更多的服务，这就是我们所说的未来健康音频市场发展方向。

音频市场发展至今，尚没有形成一套固定的模式可供模仿和复制，这就需要各个广播电台或频率从自身的实际情况出发，找到一条适合自己的路去走。现如今可谓是一个百花齐放、百家争鸣的时期。

二、与新媒体融合过程中所做的工作

说到与新媒体融合中所做的工作，各家可谓八仙过海、各显神通，但总结起来大致可以概括为以下三种情况。

1. 成立独立运营的公司

成立独立运营的公司以上海阿基米德最为典型。阿基米德成立之初便以互联网公司为定位，具有独立法人地位，可以独自做市场决策，可以根据市场的反应调整产品内容、产品形态以及商业模式。公司拥有完整的技术团队，这个团队从基础的数据端到UI界面，然后到数据库自成一套体系。公司诞生于广播，因此与中国广播行业的关系非常紧密。公司力争通过与互联网的结合和融合，从节目的生产、数据的分析、商业模式的建立等方面展现出一个崭新的广播样态。

阿基米德最重要的定位是打造音频社区，主打社区和社交。在阿基米德这个产品当中，听只是其中的一件事情，用户同时也可以看用户创造的内容，有文字，有图片，还可以交流，包括与主持人之间的交流，也包括听众互相之间的交流。阿基米德实现了广播广告在移动互联网的新呈现形式，如把商品销售和专业类节目相结合，形成了一个非常好的线上广播+客户+媒体的整合营销模式。

2. 创建微信公众号

创建电台或频率自己的微信公众号是目前绝大多数广播电台或频率采取的方式，其中又分为两种不同的情况：

第一种，没有专门的新媒体部门，这一职能被赋予到广告部和主持人身上。每个人都被要求支持新媒体转型，继而实现整体转型。在这一过程中，有规定制定转型任务，同时有相关的新媒体管理办法以及相对应的媒体融合考核指标。未来会建立一整套评估体系，同时对相关人员进行培训，让他们在思想上、技能上学习和提高。

第二种，在开发微信公众号初期，就要求运营团队搭建独立的新媒体运营架构。有独立于传统FM之外的内容生产、市场推广和产业开发的团队，而不仅仅把它理解为FM

中的一个板块。在内容生产阶段运用移动互联网的思维建立节目评价体系，一是使用第三方公司的数据，二是自己做市场调查，三是专家听评，第四是内部听评。广播电台未来计划基于微信公众号粉丝量足够大的基础上，把移动互联网的大数据也纳入考评体系。在上述基础上也进行其他盈利模式的探索，如开发融媒体产品、加入第三方商家、做电商等。实际上，从品牌延伸出的产业会形成很多拓展空间和盈利模式，而做这些的真正目的是以产品和电商作为平台和介质，实现听众和用户之间的互相导流

3. 计划上线 APP

时至今日，还有一些广播电台或频率没有上线符合广播特色的 APP，正计划上线。正所谓“前人栽树，后人乘凉”，这些电台或频率或多或少可以参照前人的经验，取其精华，弃其糟粕，再加入自己的想法。他们认为 APP 并不是一个简单的宣传平台，而是把它视作一个完整的产业链，包括广告载体、节目评判等，甚至有的电台也在考虑在 APP 上做一些可视化的广播视频直播等。现在，想法相对更为成熟和完整了，效果如何，让我们拭目以待。

三、广播微信公众号和 APP 运营过程中的不足及优势

1. 节目制作仍存在短板

针对广播 APP 节目制作的问题，所有被访者的答案基本一致：目前囿于人力、物力、财力等因素，专门为微信公众号或 APP 打造的节目少之又少，只针对个别节目才会进行尝试，这是一个不容忽视的短板。同时大家也一致认为，把线上直播的节目进行简单二次开发后放到移动互联网端，是一种极其不尊重移动互联网用户的行为，因此要为其专门制作节目，以适应两套完全不同体系的需求。

同时也有一部分受访者分享了在节目制作过程中的经验：一是时长要短，二是内容要精，三是要有特色，四是角度要另辟蹊径。在最短的时间里提炼出精品、精彩、精华是重中之重，不管是主持人还是事情本身，都要有自身的特点，论事的角度“刁钻”才会收到意想不到的效果。做到了以上这四点，节目才能真正吸引受众。

2. 盈利模式多种多样

如果说节目制作方面还存在很大的短板，那么在盈利方面则皆为利好。各受访者均坦言，目前通过微信公众号和 APP 均已实现了直接创收，但创收规模参差不齐，创收方式也多种多样，有软文植入、产品链接、电商转化、整合营销等，形式五花八门、不一而足。

受访者均认为，在创收方面微信带来了更多的可能性，具体包括活动的类型、游戏、H5 界面的功能开发等，而有些在 FM 是根本无法实现的，只能靠微信公众号来运营。从电台和频率对微信公众号的经营状况来看，基本已经形成了相对独立的运营架构，从内容的推送到销售推广完全独立于传统广播之外，这也体现了互联网技术为传统广播带来的利好。

3. 发展前景看好，但尚需探索

几乎所有受访者均认为盈利是终极目标，但如何盈利，到目前为止还没有一个成熟的路径，因此各家仍处于摸索过程之中。一部分受访者希望未来的APP既有传统电台的功能，同时也能借助市场化的互联网平台，二者结合来实现最终盈利；另一部分受访者设想把平台做成活动的入口，通过活动来精准定位受众群，然后与商家合作实现盈利；也有一部分受访者希望通过内容的标签化、产品的品牌化，继而实现全网的可搜索、可分享，最终通过付费收听来实现盈利。总之想法很多，做法也很多，没有成功的经验可借鉴，这也就意味着未来会有更多的可能性，让我们拭目以待。

四、与网络电台合作现状

1. 合作模式多样

大部分受访者均坦言与互联网网络电台基本都有合作，包括正式的和非正式的、授权的和未授权的。这种合作关系既包括广播电台层面的，也包括单独频率层面的，当然也包括主持人独立与其的合作。合作的模式包括网络电台为传统广播电台开辟专区，传统广播电台的节目在网络电台上做直播，传统广播电台做一些重点策划时在网络电台上建立一个专区，还有一起做一些地面活动等。

也有一少部分受访者较为谨慎，他们在与移动互联网电台或APP合作时，并没有那么积极主动。原因在于他们认为这种合作从技术层面来看相对容易，但若基于版权考虑，则会担心自己最终会成为免费的音频提供商，而在这个过程中所产生的数据都不在自己的掌握之中，这是导致他们对此事不那么主动的主因。

2. 尚未涉及分成问题

截至目前，传统广播电台/频率与网络电台之间的合作尚处于一种资源互换的阶段，网络电台获得了内容，传统广播电台多了一个宣传平台和途径，二者之间并不存在真正的商业分成。以阿基米德为例，阿基米德为合作电台免费提供技术服务，合作电台在节目的生产过程当中使用阿基米德的服务。阿基米德可以为每一个节目生产者提供两项服务：第一，精确的数据，这些数据共分为八个纬度，可以为传统广播电台面向移动互联网生产和输送节目提供一定的数据支撑；第二，为每个节目提供十几项插件功能，通过这些插件功能，受众可以参与投票、福利跟帖、参加秒杀，节目还可以实现推送等很多其他功能。这些延伸出来的功能极大地丰富了传统广播节目的传播形态，为节目的进一步传播提供了新的可能性。这种合作没有产生商业利益，是目前的状况。

五、对人员流动及管理机制的看法

1. 绝大多数电台没有出现离职潮

绝大多数广播电台并没有出现人员离职风潮。原因有二：一是在几个主要的传统媒体中，广播相对而言是受新媒体冲击最小的，广告虽有下滑，但通过地面活动等其他收入基本都已补回，日子相对好过；二是音频到目前为止还没有形成一个大的市场，对人才的需求量也并不太旺盛。

也有极少数电台受访者坦言已经出现了离职潮，离职人士基本都加入了互联网大军，且范围较广，包括房地产APP端、音频开发等，各行各业都有。但他们对这种现象并没有太多的担心。原因有三：第一，这些人即便离开也并不意味着再无瓜葛，因为新的APP端的开发他们还是全部都会介入，未来会有更多的合作机会。第二，年轻化是必须要走的一条路，如果主持人老了，一波听众跟着老了，主持人退休了，听众也退休了，这样基本是不可持续的。因此一定要走年轻化路线，这就引出了第三个原因，就是90后的思维方式与80后、70后是完全不同的，80后、70后的主播干不了吸引90后的事，所以必须开发、引进新人，这样90后、00后就会慢慢成长，形成一种可持续的发展态势。

2. 对主持人开通直播持开放态度

几乎所有受访者对于主持人开通直播这一现象都持开放的态度。他们认为要辩证地看待此事。一方面，寄希望于主持人通过自己的实践，积累一些互联网转型的经验，全面考虑自己的定位后做双向选择；另一方面，如果这种尝试反响很好，反过来也许会反哺主持人的线上节目，这对整个电台和频率也是有益的。因此各广播电台对此并没有急于进行统一管理。

六、对广告收入及考评机制的看法

1. 传统品牌广告收入仍为主要创收来源

目前而言，绝大多数传统广播电台的广告收入还是来源于传统广播电台的品牌广告，地面活动是重要的补充手段。新媒体刚刚起步，目前的工作重点是媒体融合，电台的主要精力在于系统搭建和机制、体制创新，没有把太多的精力放在挣钱上，因此这方面产生的收入量很有限。

受经济大环境的影响，原来支柱行业的广告都在下滑，所以要针对市场向一些正在发育和成长的行业拓展，比如说高端旅游、高端教育、汽车售后服务市场和特色金融产品等。以前是做大行业，现在要更加关注小行业。对于大和小要辩证地去看，有一天小行业会成为大行业，大行业也有可能变为小行业。既然大行业出现了一些波动，那就要集中发力在有潜力的小行业上。这就要求电台在内部的政策和策略、激励机制包括内部人员组合等方面做出相应的调整。

从广告经营模式来看，主要分为三种：一种是自营，另一种是外包，第三种是自营+外包。三种模式在受访的几家电台中均有出现，各家根据自身实际情况采取了不同的经营模式。

2 考评机制仍需不断完善

从目前来看，各广播电台的考评指标主要还是广告收入和收听率指标，还有适当加入一些专家听评、社会听评等其他因素，其中前两个主要指标在各个广播电台所占比例各有不同。

随着客户端及手机回放、点播功能的进一步发展，这些功能的使用程度会逐步增加，一个节目播出之后，长尾效应必须要追求。当强调整体转型的时候，目前的考评体系就不再适应新的发展形势了，因此亟须完善。

七、结语

媒体融合主要分为三个阶段：第一个阶段是我就是我、你就是你；第二个阶段是我中有你、你中有我；第三个阶段是我就是你、你就是我。目前绝大多数广播电台处于第一、第二阶段，未来它们是否会走进第三阶段，让我们拭目以待。无论怎样，传统广播人已秣马厉兵、砥砺前行，他们一直在路上！

（作者：解永利）

我国广播媒体生存现状及发展策略

2017年6月14日，一则新闻刷爆了传媒界，著名主持人伍洲彤领衔北京人民广播电台打造了全国首个可视化融媒体广播电台。北京人民电台青年广播调频FM98.2突破了大众对传统广播的既定概念，从此广播不再是“只闻其声、不见其人”的单一的声音传播，广播可以“视频直播”，可以“真人秀”，甚至可以“发弹幕”了。这一事件不仅仅是北京人民广播电台的一个突破，同时也在互联网飞速发展的今天，为苦于找不到发展方向的传统广播点亮了一盏明灯——唯有改变固有的运作及经营模式，走全媒体融合的道路，传统广播才有出路。

本文利用CSM媒介研究历年四波收听率调查数据，解读我国传统广播的生存现状，分析其面临的困境及优势，最后提出几点发展策略，以供业内人士参考。

一、我国传统广播媒体生存现状

1. 广播广告依然领涨传统媒体

根据央视市场研究（CTR）媒介智讯的监测数据，在新媒体发展如火如荼的今天，传统媒体广告花费2017年终于止住了多年持续下跌的态势，比2016年增加了0.2%。电视广告花费同比增加了1.7%，广播电台的广告花费仍然在上涨，同比涨幅为6.9%，比2016年高出4.8个百分点，依然保持了较好的活力。在五大传统媒体中，报纸和杂志的广告花费降幅仍然最大，传统户外广告花费也依然在下降，但下降幅度有所减缓。互联网、影院视频、电梯广告等新媒体的广告花费仍然呈现出不同程度的上涨，但上涨幅度都低于2016年（图1）。

2. 听众规模和人均收听时长逐年下降

从CSM媒介研究历年的收听率调查数据来看，传统广播的听众正在逐步流失。从2011年到2015年，每日收听广播的听众规模从60.59%下降到54.89%，降幅为9.4%；2016年和2017年听众规模略有回升，2017年达到57%。人均每天收听广播的时间从2011年的87分钟减少到2017年的60分钟，降幅为31.03%。2017年CSM媒介研究31城市所有频率全天收听率为4.20%，比2016年减少了0.7个百分点。听众的媒介消费时间正在向传统广播之外的媒体转移。

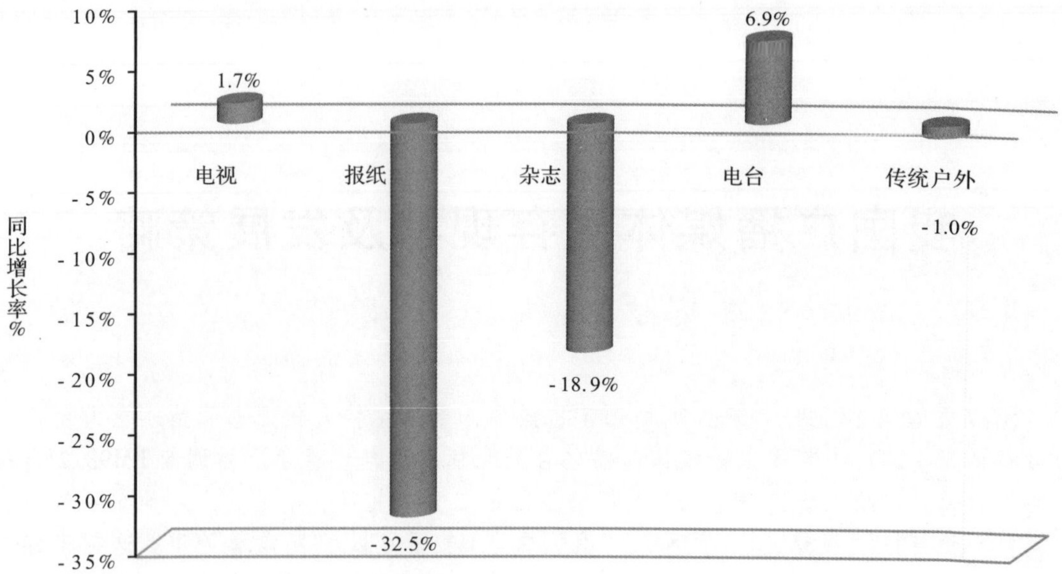

数据来源：央视市场研究（CTR）媒介智讯

图 1　2017 年传统媒体广告花费同比增长率（按刊例价计算）

2017 年数据显示，听众规模略高于 2016 年，止住了下滑态势。这无疑给传统广播的发展带来了一抹曙光（图 2）。

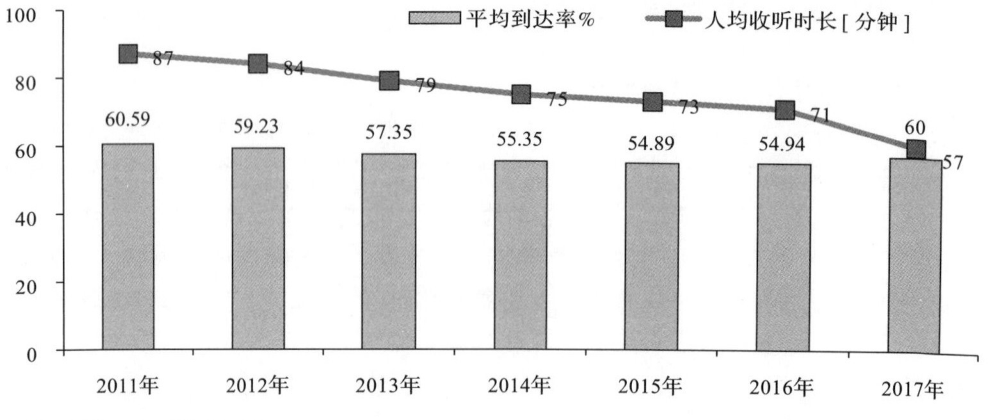

数据来源：CSM 媒介研究

图 2　2011～2017 年听众平均到达率（%）及人均收听时长走势

3. 车载收听发展稳定，在家收听持续萎缩

据《2017 中国停车行业发展白皮书》显示，截至 2017 年年底，内地机动车保有量已突破 3.10 亿辆，其中私家车保有量突破 1.70 亿辆。私家车保有量的快速增加为车载广播的收听提供了契机，加上城市交通日益拥堵的状况，人们在车上停留的时间也在增加，广播收听成为刚性需求。数据显示，在各种广播收听场所中，私家车的选择比例是

唯一逐年上升的场所，2017 年在被调查的城市中有 59.9% 的人选择最经常在私家车上收听广播（图 3）。

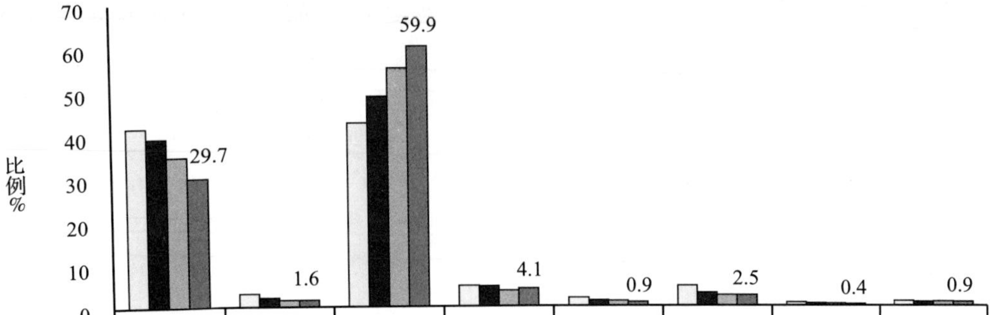

	在家	工作/学习场所	私家车	公交车/轨道交通	班车	出租车	骑自行车/步行	其他
□ 2014年	41.4	3.1	42.3	4.8	1.9	4.6	0.8	1.1
■ 2015年	39.0	2.1	48.4	4.6	1.3	3.0	0.6	0.9
■ 2016年	34.7	1.6	54.9	3.6	1.2	2.5	0.5	1.0
■ 2017年	29.7	1.6	59.9	4.1	0.9	2.5	0.4	0.9

数据来源：CSM 媒介研究

图 3　历年最经常收听广播地点的选择比例（%）

人均每天收听时间数据显示，人均收听量在逐年下降。2017 年平均每人每天收听广播 60 分钟，比 2016 年减少 11 分钟，与 2011 年相比则少了 27 分钟。分场所来看，在家收听仍然是最多的，贡献了最大的份额，但却呈现出明显的下降趋势，2017 年只有 33 分钟，与 2011 年相比减少了 27 分钟（表 1）。车上收听量则保持了平稳发展的状态，虽然私家车拥有量呈现大幅度的增加，但在发达地区，汽车市场基本处于饱和状态，再加上北、上、广等大城市纷纷实行严格的限牌政策，私家车数量的增长空间有限，这些因素也在一定程度上抑制了车上收听的发展。

表 1　2011 至 2017 年不同场所听众日均收听量年度变化

年份	在家	车上	工作/学习场所	其他	总计
2017	33	19	5	3	60
2016	44	19	5	2	71
2015	46	18	6	2	73
2014	48	18	6	2	75
2013	51	19	7	2	79
2012	55	19	7	2	84
2011	60	18	7	2	87

数据来源：CSM 媒介研究

4. 本地频率竞争优势明显

与电视上星频道可以全国范围内落地不同，广播频率一般都是区域化覆盖，国家级电台频率也仅有中央人民广播电台中国之声、经济之声和音乐之声3个频率覆盖全国，因此在各地占据广播市场的主要是本地频率，即省级频率或市级频率。

2017年，CSM媒介研究进行收听率调查的31个城市中，中央级频率在13个城市的市场份额达到10%以上，在4个城市的市场份额达到20%以上。这4个城市分别是北京、昆明、武汉和福州，其中在北京和昆明市场份额最高，分别为31.56%和28.61%。本地频率表现最为强势的是哈尔滨，省级频率和市级频率加总占到97.75%的市场份额；其次是济南，市场份额为97.59%；无锡和苏州的市场份额也都超过了96%；有13个城市省、市级频率的市场份额合计占到了90%以上。

省级频率、市级频率分开来看，省级频率在乌鲁木齐和南京表现较好（不含直辖市），市场份额最高的是新疆台频率，在乌鲁木齐的市场份额为73.13%，其次是江苏台频率，在南京占据72.19%的市场份额，黑龙江台和江西台紧随其后。有10个城市，省级频率的市场份额占到了50%以上。市级频率市场份额占到50%以上的城市有11个，排名靠前的主要在南方经济发达地区，无锡排名首位，市场份额达88.58%；其次是佛山，市场份额85.7%；苏州也达到了84.76%。济南是北方城市中市级频率市场份额最高的城市，济南广播电台的市场份额为81.21%（图4）。

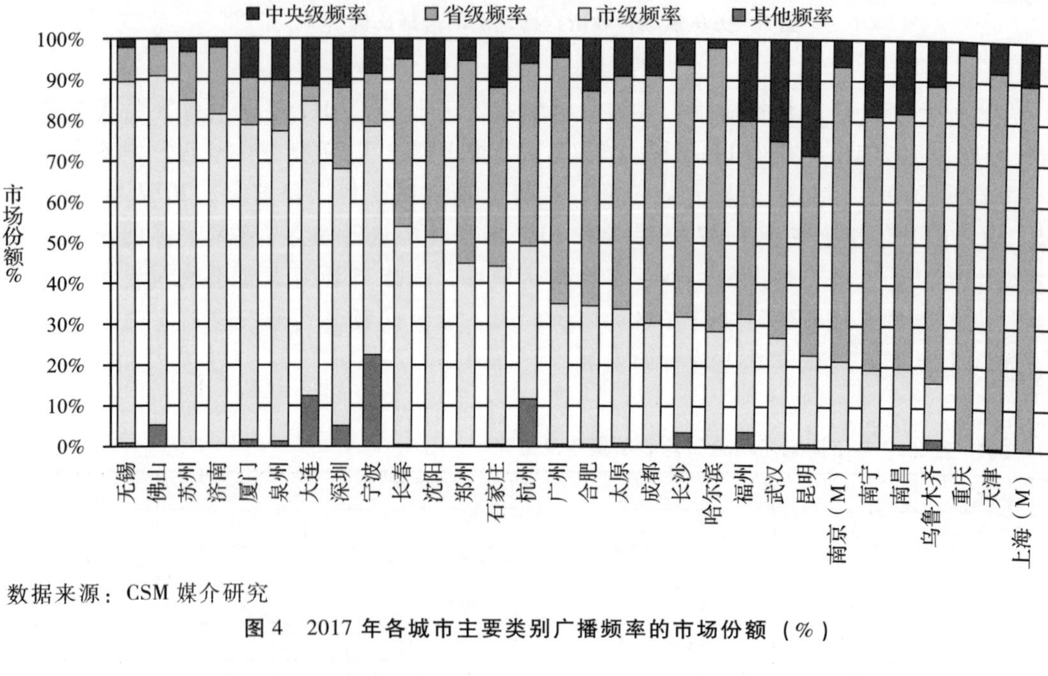

数据来源：CSM媒介研究

图4　2017年各城市主要类别广播频率的市场份额（%）

5. 交通类广播市场份额逐年上升

新闻类、交通类和音乐类广播一直俗称广播界的“三驾马车”，在各类型广播频率中，这3者合计能占据70%以上的市场份额。2015～2017年的数据显示，新闻类广播频率的市场份额在逐渐下降，相反，交通类广播频率的市场份额却在逐年上升，这也是所有广播频率类型中唯一呈明显上升趋势的频率类型，2017年的市场份额达到27.6%，第一次超过新闻类广播频率而占据首位。除了交通类广播频率，音乐类和都市生活类广播频率的市场份额也有小幅上涨。新闻类广播频率和文艺类广播频率的市场份额下降幅度相对较大（图5）。

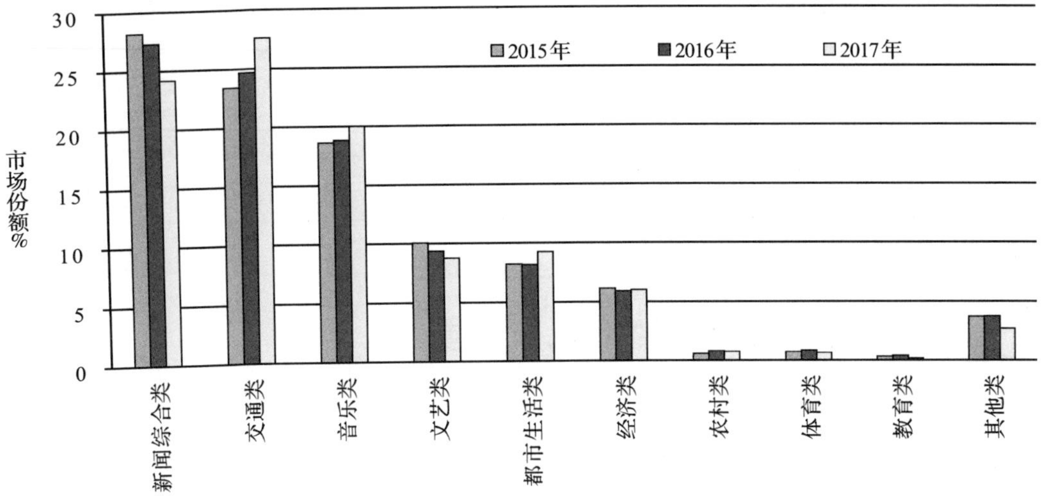

数据来源：CSM媒介研究

图5 2014～2017年各类型广播频率的市场份额（%）

2017年，交通类广播频率成绩斐然，在31个城市中排名本地市场第一的频率有21个，分布于8个省台、3个直辖市台和10个市台中，其中有7个城市的交通类频率占据了当地三分之一的市场份额。这7个城市分别是苏州、长春、泉州、重庆、乌鲁木齐、大连和北京，其中苏州广播电视总台交通经济广播FM104.8获得的市场份额最高，为41.71%（表2）。

表2 2017年在当地市场份额（%）排名第一的交通广播频率

城市	频率	市场份额（%）
苏州	苏州广播电视总台交通经济广播 FM104.8	41.71
长春	长春交通之声 FM96.8	37.38
泉州	泉州广播电视台904交通广播 FM90.4	37.23
重庆	重庆人民广播电台交通频率 FM95.5	36.69
乌鲁木齐	新疆人民广播电台949交通广播 FM94.9	36.61
大连	大连人民广播电台第四套广播交通广播 FM100.8	36.04
北京（M）	北京人民广播电台交通广播 FM103.9/CFM95.6	32.11
长沙	湖南人民广播电台交通频道 FM91.8/FM100.3	29.60
天津	天津人民广播电台交通广播 FM106.8	27.18
深圳	深圳广播电台交通频率 FM106.2	25.94
南昌	江西交通广播 FM105.4	25.32

续表

城市	频率	市场份额（%）
无锡	无锡广播电视台交通广播 FM106.9/AM1008	24.95
昆明	云南广播电视台交通之声 FM91.8	23.60
宁波	宁波电台交通广播 FM93.9 AM612	21.99
哈尔滨	黑龙江交通广播 FM99.8	21.50
合肥	安徽交通广播	20.58
杭州	杭州交通经济广播 FM91.8	20.44
太原	太原人民广播电台交通频率 FM107	19.98
成都	四川人民广播电台交通广播 FM101.7	18.99
石家庄	河北广播电视台交通广播 FM99.2	18.49
广州	广州交通电台 FM106.1	14.08

数据来源：CSM 媒介研究

二、当今传统广播面临的危机及优势

随着互联网技术的飞速发展，收音机逐渐淡出人们的视线，取而代之的是智能手机、移动穿戴设备、车联网以及智能家居等互联网应用终端入口。传统广播遭遇了前所未有的挑战，其生存和发展都面临危机，但同时我们也必须看到，传统广播固有的优势并未丧失。

1. 传统广播面临的危机

如前所述，根据 CTR 媒介智讯的统计数据，2015 年广播媒体广告投放同比增长幅度为 -0.4%，首次出现负增长，广播媒体遭遇发展瓶颈。虽然在随后的 2016 年和 2017 年出现回暖的迹象，广告投放呈现出上涨的趋势，但上涨幅度较小。此外，听众规模和人均收听时长出现双降，收听广播的人在减少，收听的时间在缩短，2017 年人均日收听时长仅为 60 分钟，比 2016 年少了 11 分钟，比 2011 年少了 27 分钟之多。虽然车上收听表现较为坚挺，但私家车发展增速减缓，已趋于饱和，之前高速发展给广播收听带来的红利也在逐渐消退。将来车上可以联网之后，各种网络电台、APP 等都可以在车上收听，传统广播在车上的垄断优势也将不复存在。

与互联网音频节目相比，传统广播的节目属于线性直播，不可存储，亦不可搜索，存在一定的局限性。在信息源如此丰富的今天，广播节目的内容吸引力却在逐渐下降，受众分流，广告客户流失。同时受到传播方式的限制，传统广播覆盖范围较窄，区域化特征明显，无法做到全域覆盖，本土化的节目内容导致大量节目并不具备交易价值，有价值的版权资源比较匮乏。

在数字技术飞速发展的背景下，传统广播积极开发新媒体平台的服务和应用，而新媒体平台应用的商业模式主要是依赖足够的流量来获取广告投放。新媒体听众以年轻听众为主，然而在多元化娱乐的竞争下，新媒体的年轻听众也在逐渐流失，听众规模缩小，从而进一步影响了电台在新媒体平台上的收入。因此，目前对大部分广播电台来讲，提供网络收听服务的主要目的，更多的是希望扩大自己的收听区域范围，扩大影响力，进而让听众回流。

2. 传统广播固有的优势

然而，即便危机重重，传统广播依然保持着其不可替代的固有优势，其自身的特点和功能并没有完全丧失，新媒体的发展并不足以完全取代传统广播的地位和作用。首先是广播的时效性和伴随性优势。广播新闻可以随到随编，遇到突发事件也可以随时插播，甚至现场直播，不受时间限制，不受场景约束，时效性非常强。广播的声音传播属性可以让听众做到“一心二用”，在收听广播的同时处理别的事情，运动、工作、做家务等，互不影响。其次是广播的公益性优势，主要是在特殊时期、极端情况下通过应急广播向民众传达重要信息。比如2017年5月26日，北京人民广播电台交通广播以“北京应急广播”的名义正式加入北京应急体系，为北京应急体系宣传保障工作服务。北京人民广播电台交通广播自开播以来，多次在重大活动中组织引导，在自然灾害以及其他对市民出行、生活影响较大的突发事件发生时，第一时间启动应急报道机制，发挥广播媒体信息发布迅速、传播范围广的优势，传播权威信息、服务交通出行，在奥运交通组织引导、阅兵演练交通组织引导以及应对特大暴雨、冰雪灾害等工作中均发挥了积极的作用。由此可见，传统广播在某些方面具备其他媒体所不具有的优势。

三、传统广播未来的发展策略

1. 与新媒体“融合”是互联网时代传统广播发展的不二选择

移动互联网的飞速发展，给传统广播带来了巨大的挑战，但同时也为传统广播带来了新的发展空间，媒体融合已经成为传统广播转型和突围的不二选择。广播网站、网络电台APP、微信广播等应运而生，传播渠道更为丰富了。传统广播通过与新媒体的融合，具有了更强的竞争力。在“2016上海广播节”上，“创新融合”也成为从业者讨论中出现频率最高的关键词。广播电台纷纷加入新媒体的阵营，大家比较熟悉的有中央人民广播电台和中国科学院于2015年1月22日创建的“中国广播云平台”项目。该平台面向全国广播电台、行业机构、个体用户开放资源共享与定制化服务，同时，以“中国广播Radio. cn”为基础，构建中国移动互联网（车载）网络广播平台，抢占并做强移动互联网音频播出阵地。江苏广播电台研发了微博云的跨媒体交互运营平台，随后又推出大蓝鲸APP，在继承传统广播直播流的基础上开发直播互动、视频直播、音视频节目，特别是社交及服务等多种功能。2014年10月，上海广播电视台成功上线移动社交音频平台“阿基米德”，2015年又发布了@Radio系统，实现了上海广播“多信源采集、多媒体编辑、多平台分发”的设想，现在阿基米德FM和@radio广播全媒体制播平台已经成为上海广播整体转型的两个重要支柱。除此之外，还有南京广播电视集团的“在南京”融媒体服务项目、湖北广播电台的“长江云”融媒体新闻平台等，新媒体融合项目层出不穷、竞相争艳。

广播电台在与新媒体融合发展的过程中，虽然对微信、微博、公众号以及APP的利用已日趋成熟，关注度不断提高，但仍然可能存在这样或那样的问题，比如内容更新速度慢、内容空泛不接地气、与用户互动少，或者直推硬广而导致用户产生抵触情绪等。广播电台在新媒体的运营维护方面也需要进行专业化管理，处理好新媒体与广播电台自身的关系，加强广播节目与受众的互动性，提高受众的体验感和满意度，同时还要密切关注时事热点，丰富平台间的合作形式，多发布身边的消息，吸引受众。

2. 加大节目内容的创新与发展力度

播出平台与播出方式的与时俱进，并不是传统广播在新媒体时代突出重围的唯一途径。内容为王，对于传统广播来说，最大的挑战可能不完全是来自新媒体的压力，更多的还是自身主打的音频业务能否做好、做实。无论信息内容以何种方式传播，在产品内容上的不断创新和发展才是提高自身核心竞争力的关键，只有提高节目制作者、编导、主持人的素质和能力，提供优质的节目内容，传统广播才能实现长足的发展。同时还要分析听众，了解他们对节目内容和形式的需求，了解不同听众的喜好，满足他们的个性化需求，从而扩大听众群并维护住忠实的听众群体，力争做到专业化、精准化，用最好的内容，以最恰当的方式到达最精准的用户。

为适应新媒体下受众的收听习惯，广播节目内容也需要相应地创新。移动终端可以让受众随时随地接收信息，受众消费信息的方式在发生改变，不再是传统广播时代那种长时间连续收听节目的模式了，“碎片化”特征越来越明显。在这种情况下，传统广播的节目呈现形态也要随之变化，要对节目内容进行分类、分众、浓缩改造，以符合听众信息消费碎片化的特点和要求。

广播在线化、智能化之后，广播的每个要素都可以作为新媒体，从版权经营到主播IP化，通过内容付费以及短音频的使用、分发乃至建立新的入口平台，来做到听众导流、场景化营销等。通过这些方式，听众能够更充分地了解他们自己想收听的内容，编排专属他们的个人化节目窗口。这也将为“主播IP化”创造更多的机会，使原本只能在区域范围内活动的广播名牌栏目及主持人有机会走出去，在全国甚至更广的范围内获得更加广泛的品牌影响力。

四、结语

新媒体时代，传统广播虽然面临着各种困境，但只要不放弃自己的核心价值优势，坚持“内容为王”的宗旨，充分、合理地运用收听率调查数据，分析受众，迎合受众的需求，在产品内容上不断创新、发展，同时加入互联网思维，走全媒体的道路，就可以在逆境中找到一条适合自己的发展之路。

（作者：娜布琪）

数据如何重塑广播

研究数据需要科学精神，用数据了解广播的发展也需要科学路径。本文主要分享三点思考：第一，运用数据把传统广播现在面临的形势做一个大致定位；第二，在这个定位下，如何提升对广播的创新研究，增加新的视角，开拓新的方法，使用新的工具；第三，短音频研究，短音频更大的发展空间是和数据相结合，如何用数据讲好智能音频市场新故事。

一、传统广播市场面临困境

CSM媒介研究近六年的收听率调查数据显示，传统广播的蛋糕在变小，但“变小”最主要的原因是在家收听率下降了，这与当前传播方式和听众收听途径的变化有很大关联。还有一个困扰是，随着私家车使用比例的增加，车载收听并没有出现明显增长，而是达到了相对饱和的状态（图1）。所以广播如何在比较受挤压的市场空间中找到新的增量，这是很多台都在思考的问题。

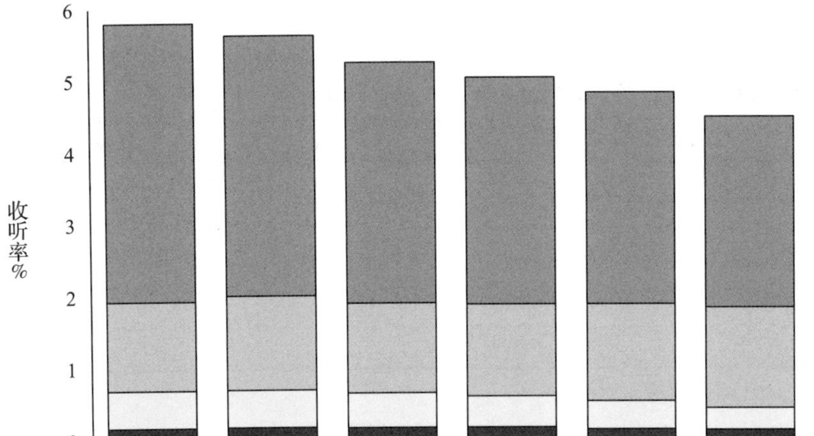

	2012年	2013年	2014年	2015年	2016年	2017年
■在家	3.87	3.62	3.35	3.15	2.94	2.65
■车上	1.24	1.31	1.25	1.28	1.35	1.40
□工作/学习场所	0.52	0.52	0.48	0.43	0.39	0.30
■其他场所	0.17	0.18	0.17	0.17	0.14	0.13

数据来源：CSM媒介研究

图1　2012～2017年不同场所收听率（%）比较（6年能贯通的26城市组合）

再来看一组广告数据：国家工商行政管理总局发布的广告数据显示，近几年电视广告收入基本没有出现大的增长，保持在1200亿元左右；2016年广播广告收入增长较大，达到172亿元，但2017年又降到了136亿元左右。从表1中的数据我们可以得出，过去5年整个广播广告市场收入基本稳定在130亿元左右（表1）。传统电视广告和广播广告，两者相加总收入还不如互联网广告收入的一半，大家都已经感受到了来自市场竞争的巨大压力。

表1　历年传统媒体广告收入（亿元）

媒体	2013年	2014年	2015年	2016年	2017年
电视台	1101.10	1278.50	1146.69	1239.00	1234.39
广播电台	141.19	132.84	124.49	172.64	136.68
报社	504.70	501.67	501.12	359.26	348.63
期刊社	87.21	81.62	71.90	60.31	64.95
合计	1934.20	1994.63	1844.20	1831.21	1784.65

数据来源：国家工商行政管理总局

换一个角度来看，用收听率和广播广告的市场回报以及收视率和电视广告的市场回报进行测算，我们可以看到，电视的盘子还是比广播大，特别是电视广告，其定价依然明显高过广播广告。同时，我们通过不同年份对比也可以看出，传统广播电视媒体的性价比在走低，无论是广播媒体还是电视媒体，每个收听/收视点的广告回报都变得更贵了，传统媒体依托广告变现的压力在增大（表2）。而由于互联网新的运营方式，移动电台的广告定价和营销效果恰恰有更好的性价比，这也使得很多广告开始往新媒体转移。

表2　历年广播电视收听/视点分钟广告收入（元）对比

年份	广播每收听点分钟广告收入（元）	电视每收视点分钟广告收入（元）	电视/广播
2013年	4771.34	18283.11	3.83
2014年	4814.09	21756.15	4.52
2015年	4708.81	20087.06	4.27
2016年	6814.58	22273.76	3.27
2017年	5804.59	24312.66	4.19

数据来源：CSM媒介研究

所以对我们广播媒体来讲，目前在线音频在很多情况下与我们还是竞争关系，但有些台已经将这种竞争转化成了机遇，利用在线音频与移动电台合作来拓宽市场，并在拓宽的过程中越创新、越融合（图2）。

融合传播是人与端相连接并在不同场景下进行的广电节目的多样化使用与社会化讨论的过程，既包含有不同终端的融合传播，也涵盖了不同时空的融合传播。说到传播，

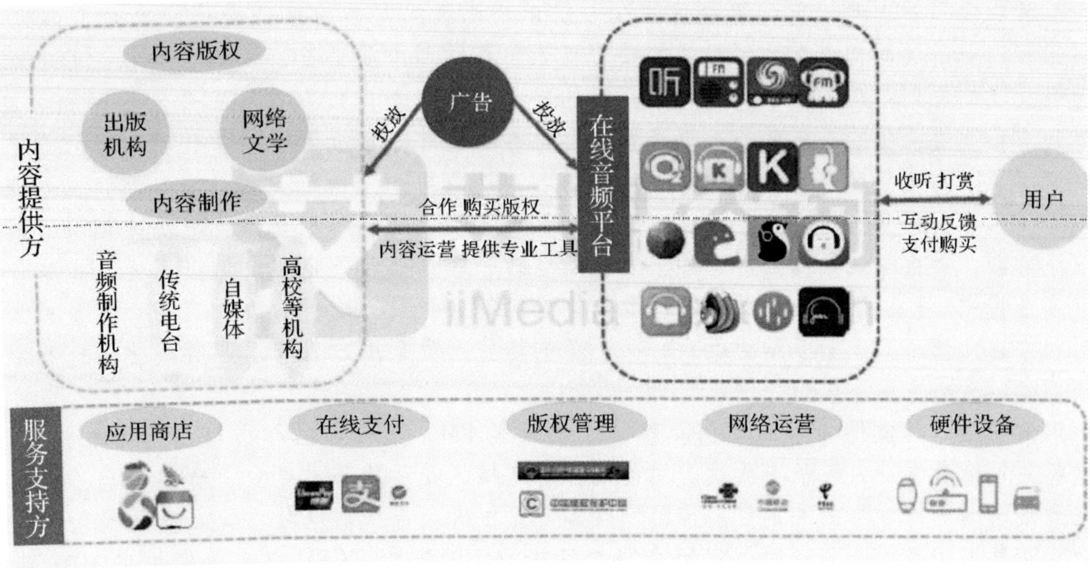

数据来源：艾媒咨询

图 2　在线音频行业产业链

无非言者、传者、受者三部分，通俗点讲，就是内容、媒介和用户。说到融合，那就是内容与不同媒介相融合以及媒介与不同用户相融合。融合包含有融通与结合两层意思，内容与媒介之间的融合更多地体现为如何将内容与媒介相融通，而媒介与用户之间的融合则更多地体现为用户如何与媒介相结合。新技术范式下的内容与媒介相融通带动了广电供给侧的变革，比如打造所谓的“中央厨房”；而媒介与用户相结合则演绎出了丰富多样的需求侧形态变化，比如激活所谓的“T2O”。经济学家熊彼特认为：“创新就是要建立一种生产函数以实现生产要素从未有过的组合。”① 管理大师德鲁克则说：“创新就是赋予资源以新的创造财富能力的行为。”② 可见重组是一种创新，再造也是一种创新。囿于传统广电框架，业界更多的是在进行重组创新，包括机构重组、人员重组、频道/频率重组、节目重组等。要突破传统广电框架，广电就必须走向能力再造，包括终端能力再造、渠道能力再造、技术能力再造、内容能力再造、营销能力再造、资本能力再造等。在目前的发展情境下，对于传统广播而言，融合创新是前途。

二、从用户视角研究听众

听众市场的变化需要我们重新从用户的视角进行审视。如何研究听众？如何按照互联网思维重塑广播？广播节目在产品化的道路上如何做得更好？广播如何在听众用户化的角度上更多地考虑用户价值？广播如何用好数据扩大营销空间？

① 熊彼得．经济发展理论［M］．郭武军，李阳，译．北京：华夏出版社，2015．

② 德鲁克．创新与企业家精神［M］．蔡文燕，译．北京：机械工业出版社，2007．

首先我们要思考如何把听众用户化。腾讯企鹅智库发表的报告指出，用户、内容、技术和商业是共同构成媒体新星球的核心要素。在这四个要素里，核心是数据，这也是为什么我们要创生数据动能来实现广播新的发展。比如今日头条用算法来优化内容，虽然还有待改进，但它靠算法或数据来做内容推荐和提升内容价值的做法已得到了市场的认可。所以一定程度上可以说大数据就是内容，这是第一个判断。第二个判断，大数据就是技术。我们看到，人工智能没有大数据很难实现，物联网也要靠大数据来驱动。第三个判断，大数据就是商业。比如很多电商包括一些位置服务企业，都应用大数据来优化商业模式。所以从用户视角来看，数据恰恰能帮助我们重建新的听众市场，在重建的过程中进而把用户重新吸纳为听众，实现新的增量。听众用户化和用户听众化，这是一个问题的两个方面。

有一个非常值得参考的案例。移动电台蜻蜓 FM，就在数据与内容、数据与营销、数据与电商等方面做过很多尝试。无论是传统广播还是新的移动电台、音频平台，内容正在成为其大力发展的关键点。传统广播如何抓住机会与移动电台之间展开更深入的合作，需要基于数据来判断两个市场之间如何建构新的方式。CSM 媒介研究推出 MRL 虚拟测量仪收听率数据之后，市场能够使用新的数据体系；我们有了这样一个新的工具，就可以在传统广播和 APP 平台之间帮助大家做好流量分析和价值判断。

市场上存在着两类数据。第一类是测量数据，测量是设定一组目标、依照一定方法体系、借助一定技术手段而主动进行的行为，测量的结果体现为数据。现在 CSM 媒介研究能给大家提供的主要是第一类数据，是基于科学的、公正的测量方法获取的测量数据。第二类是记录数据，是不依赖主动测量、通过对部分或者全部用户各自与其行为对象之间的互动过程进行监测记录而得到的特征元数据。测量获得的是小数据，而记录积累的更多的是大数据。当然，对大数据也可以开展二次测量，以期得到更加可靠有用的精致的小数据。

如果要实现整个数据价值链条的重建，帮助广播实现新的发展，站在 CSM 媒介研究的角度，我们就要大力发展从测量数据到记录数据的新的整合方式，为客户提供更好的数据应用空间。这里面就包含了我们现在给客户提供的基于同源测量的数据，也就是已经在全国 6 个中心城市商用的基于手机端的 CSM 虚拟测量仪数据。基于这个测量数据，无论是传统广播收听、移动电台收听还是 APP 收听，我们都可以进行分平台的计算和分析。将 CSM 数据和蜻蜓 FM 数据进行比对我们可以发现：蜻蜓 FM 数据中，2018 年 2 月收听过直播节目的用户，收听直播频率的日均到达率各地水平在 10% ~25% 之间；CSM 数据中，近 3 个月内收听过直播节目的用户日均到达率在 55% ~80% 之间。由此我们可以推断，蜻蜓 FM APP 的听众收听直播传统频率的黏性不高；而 CSM 数据中，在家收听传统广播直播栏目及车载收听直播广播的黏性较高，导致日均到达率较高。

CSM 数据为抽样数据，推及的是 15 岁及以上听众总体的收听特征，它包含了部分听众通过各种 APP 收听直播的收听行为，而蜻蜓 FM 只包含了通过蜻蜓 FM APP 收听直播的收听行为，后者只是前者收听直播行为的一部分。由图 3 及图 4 中的数据我们可以看出，听众依然以收听直播为主，同时点播和回听也达到了一定的水平。而 CSM 媒介研究基于手机端的虚拟测量仪方法，恰恰可以对基于传统设备收听、移动电台收听以及

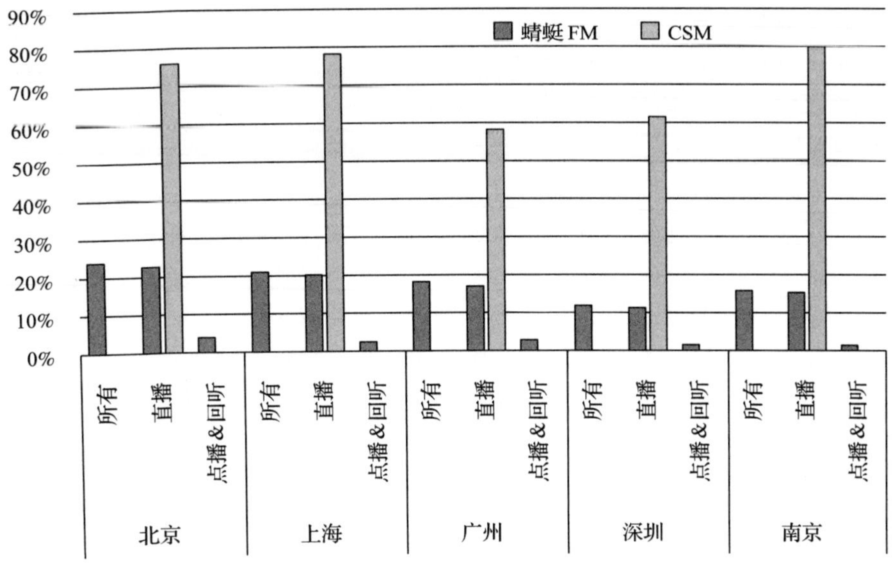

数据来源：蜻蜓 FM、CSM 媒介研究，2018. 2. 1～2018. 2. 28

图 3　2018 年 2 月 5 城市听众跨端收听日均到达率（%）对比

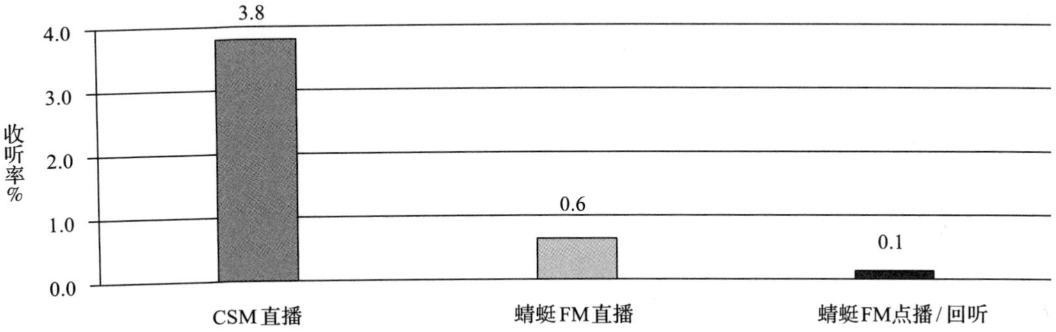

数据来源：蜻蜓 FM、CSM 媒介研究，2018. 2. 1～2018. 2. 28

图 4　2018 年 2 月北京地区广播与在线音频广播的收听对比

APP 收听所产生的收听行为进行分平台的测量和计算。

由以上分析可以看出，目前基于移动电台对传统广播直播收听的回流还比较小，未来新的音频内容对传统收听市场的挤压可能更大，给传统收听市场带来的挑战更大。这就要求行业内提供一个与时俱进的广播价值测量新体系，包括对一切跨端、跨屏、跨时空行为的测量，将测量结果变成全数据。这个全数据是小数据，这个小数据又要和大数据结合，最终实现价值导流。

三、用数据讲好智能音频市场新故事

现在移动电台已经纷纷开始布局短音频，结合新的技术手段进入新的生活场景。数据显示在家收听在下降。短音频进入家庭之后带来的不仅是传统广播收听市场的改变，更多的是商业模式的重塑。

同时，在线音频正在引领广播新媒体的发展趋势，换句话说，广播正在变成新媒体：通过APP锁定流量，通过APP让用户变现，实现聚合、分发和导流。这里非常重要且有价值的即是场景化。

在线音频有很多创收方式，除广告之外还有内容付费、打赏、会员、卖硬件等。卖硬件的方式正在搭建新的场景，成为新的潮流。硬件是什么？硬件是智能音频入口，包括很多大的厂商、运营平台都在开发新的硬件，新的硬件实际就是短音频入口。短音频正在成为传统广播与新广播之间的一个新的节点，这个新的节点需要通过新的入口来完成，更多的是形成聚合和分发平台。现在包括国际上的Amazon（亚马逊）、Google（谷歌）和中国的小米等，许多硬件厂商都在研发新的小音频设备。这些小的智能音频设备通过音频识别、音频分享、音频导流等建立新的平台，搭建智能家庭。智能音频设备促进了智能家电和智能家居的发展。

广播与智能音频行业的创新融合会有什么机会？这也是国际上讨论得比较热烈的一个话题。比如美国国家公共电台联合市场调研机构爱迪生研究进行的调查显示，70%的智能音箱用户购买了设备后，听了更多的音频。智能音箱对于任何一个音频领域的企业来说都是一个增量。它是一个全新的发行渠道，它能够将广播电台与听众连接在一起。随着用户收听习惯的逐渐改变，广播公司和播客可以通过为智能音箱提供内容而迎来绝佳的市场机会。

这种智能音箱带来了数据和导流，它把家庭所有的智能设备连到一起，比如冰箱缺了牛奶，智能音箱京东订货就可以为用户提供帮助和支持。天气预报、路况信息、娱乐节目等都可以通过新的入口来实现更多层次的随时随地分发。

基于这些数据信息，我们不仅可以对用户更好地画像、更精准地营销，而且可以直接联合电商，这也是智能音频市场的一个新机遇。所以从智能音频到智能大数据，这种新的方式带来的是智能大数据引领广播进入一个新时代。很多研究机构、内容创作机构正在和智能音箱合作，广播当然也不能错过这个机遇。

智能大数据引领广播新时代，智能大数据和广播之间的连接点是短音频，短音频这个市场广播占的份额越大，广播在这个过程中找到新的价值和议价空间的可能性就会越大。

（作者：郑维东）

第三部分
Part Three

数据 Rating Data

主要收听指标解释及广播节目收听排名说明

一、主要收听指标解释

1. 人均收听时间(分钟):指实际收听听众日平均收听时间(分钟)与总体推及人口的比值。它是把实际收听听众的总收听时间平均分配给了总体推及人口,而不是分配给实际收听人口。

2. 收听率(%):是针对某个特定时段(或节目),平均每分钟的收听人数占总体推及人口的百分比。收听率(%)反映的是在特定时段收听某一频率或某一节目的人数在总体推及人口中的百分比。

3. 市场份额(或称为市场占有率,%):指特定时段内收听某一频率或某一节目的人数占同一时段所有收听广播人数的百分比,也即是特定时段内某一频率(或某一节目)的收听率占所有频率(或所有节目)总收听率的百分比。

4. 听众构成(%):指对于特定频率(或节目),各目标听众平均每分钟的收听人数(千人)占所有听众平均每分钟收听人数(千人)的百分比。

二、广播节目收听排名说明

1. 本年鉴数据表中广播节目排名的节目单来源主要为中央级、省级、省会城市级和地市级广播电台提供的节目单;有少数城市的节目单参考其官网发布的节目单;没有进行节目排名的城市是由于无法获取当地电台节目单,故有缺失。

2. 节目收听排名主要按收听率由高到低排序,如收听率相同,再按市场份额排序,高者排前;如果两项指标都相同,则节目排名序号相同。

一、北京收听数据

表 3.1.1 2015～2017 年北京各目标听众人均收听时间（分钟）

目标听众		2015 年	2016 年	2017 年
15 岁及以上所有人		76	72	56
性别	男	80	72	58
	女	73	73	53
年龄	15～24 岁	50	40	43
	25～34 岁	52	55	46
	35～44 岁	68	66	48
	45～54 岁	98	89	62
	55～64 岁	100	100	78
	65 岁及以上	128	129	90
文化程度	未受过正规教育	43	44	*
	小学	117	164	*
	初中	97	87	67
	高中	83	78	62
	大学及以上	63	61	50
职业	干部/管理人员	66	62	50
	初级公务员/雇员	68	63	49
	个体/私营企业人员	71	69	49
	工人	84	69	58
	学生	48	42	55
	无业（包括退休人员）	105	104	83
	其他	52	75	49
个人月收入	没有收入	49	45	51
	1～2000 元	89	80	60
	2001～3000 元	105	93	59
	3001～4000 元	90	86	67
	4001～5000 元	77	83	54
	5001～6000 元	60	65	46
	6001 元及以上	56	56	49

注：北京为全年连续调查城市，从 2017 年 1 月 1 日起采用测量仪调查数据。“*”表示目标听众样本量不足，无法进行统计推断。

表 3.1.2 2015～2017 年北京听众在不同地点的人均收听时间（分钟）

地点	2015 年	2016 年	2017 年
在家	47	45	19
车上	24	21	19
工作/学习场所	3	3	9
其他场所	2	3	9

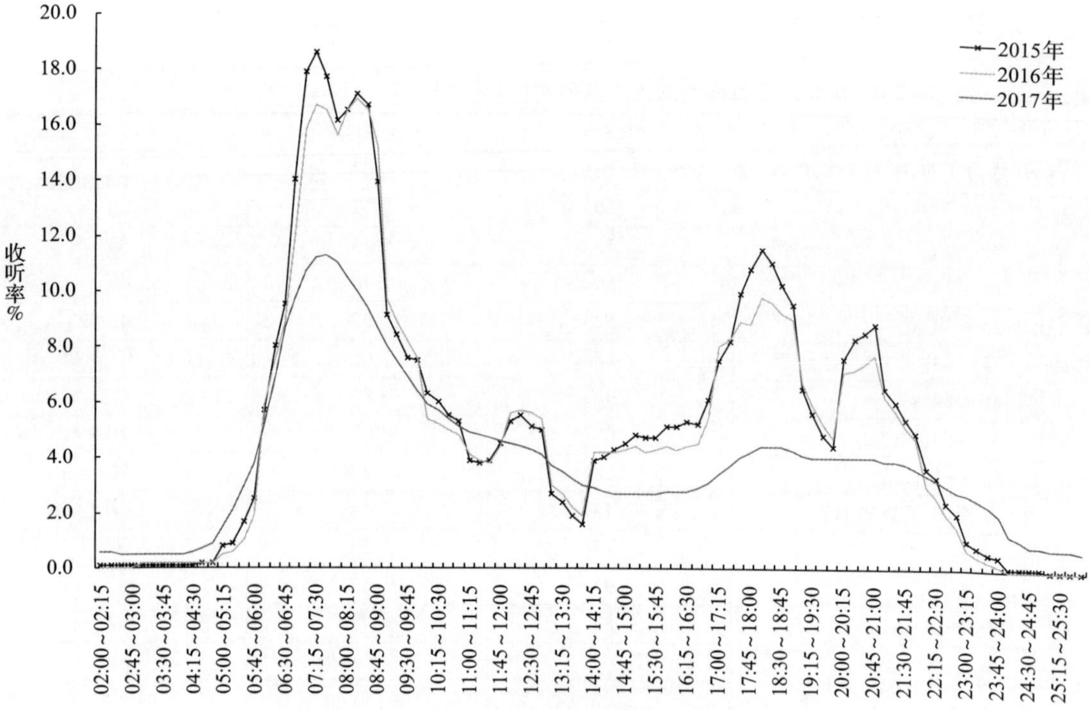

图 3.1.1 2015~2017 年北京听众全天收听率走势

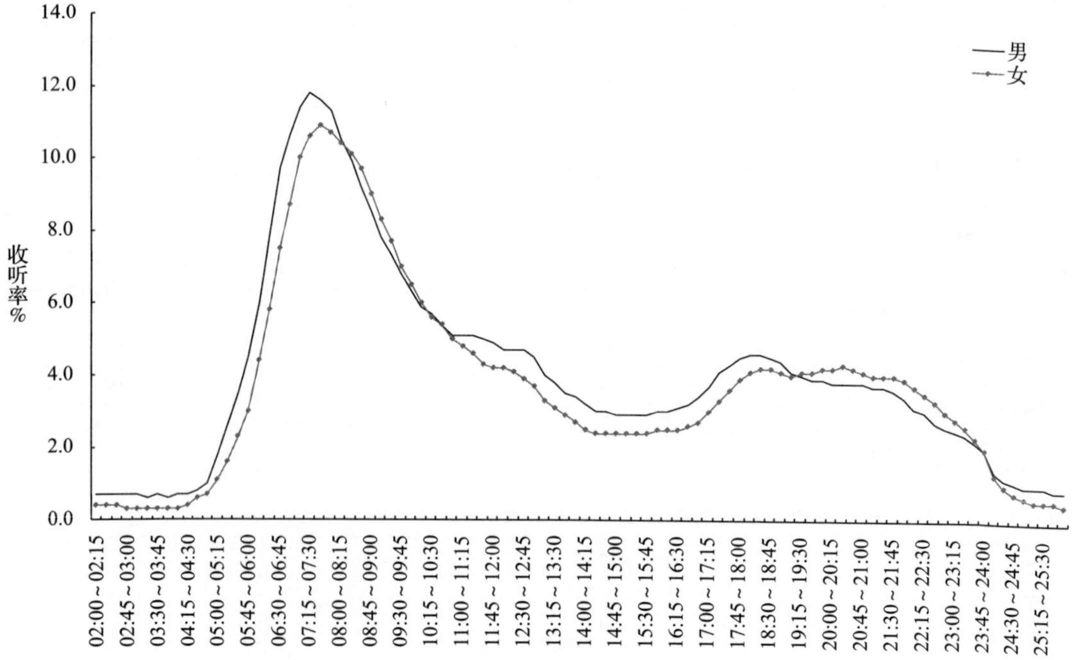

图 3.1.2 2017 年北京不同性别听众全天收听率走势

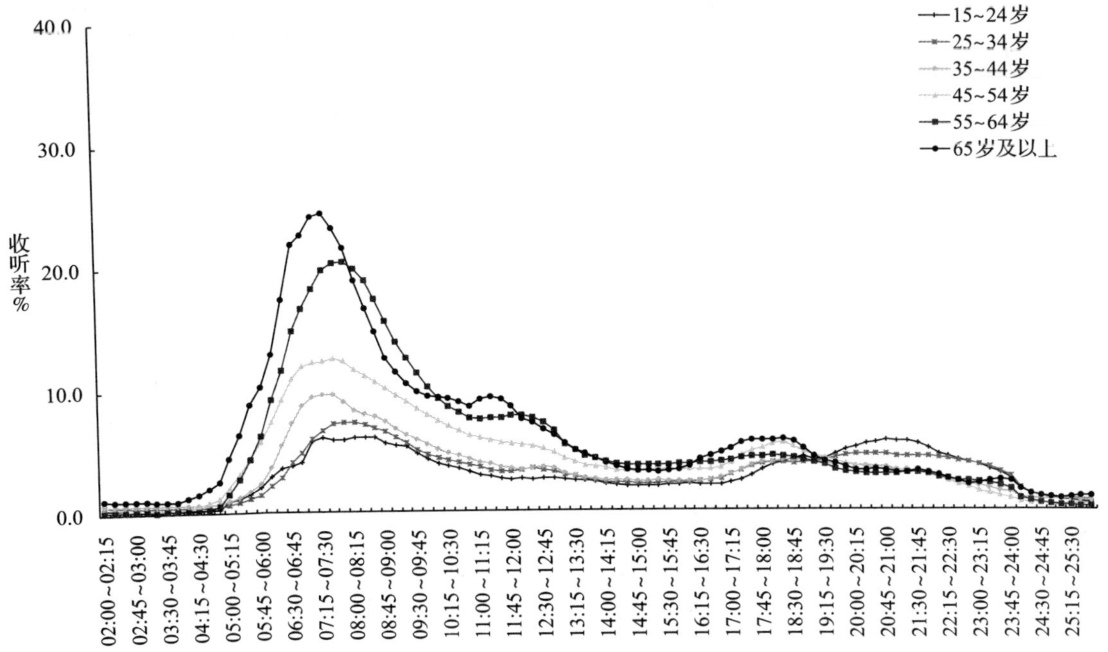

图 3.1.3　2017 年北京不同年龄听众全天收听率走势

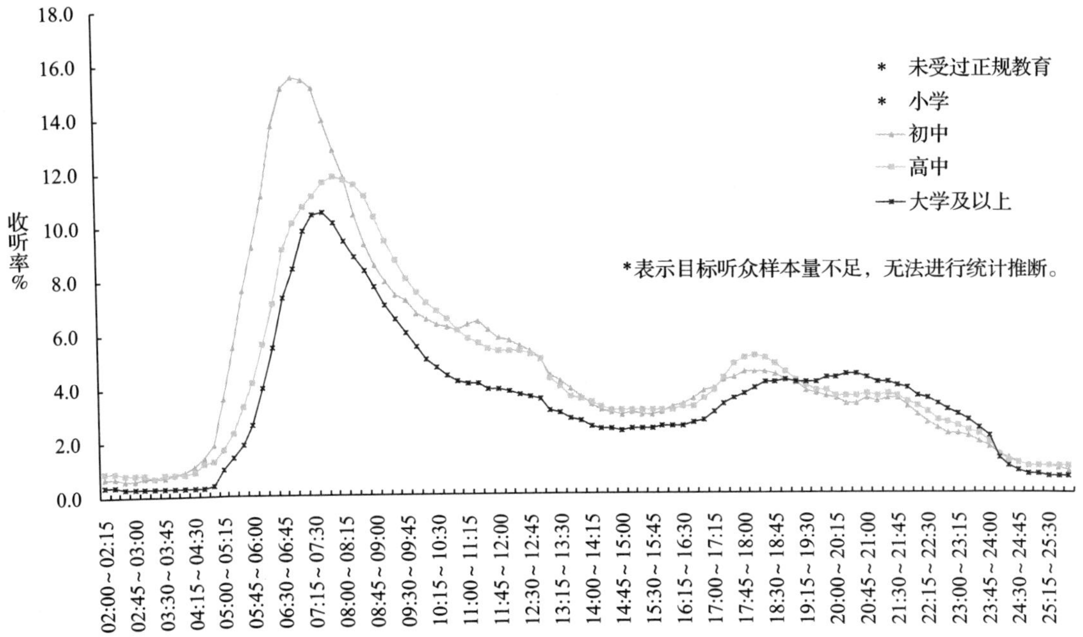

图 3.1.4　2017 年北京不同文化程度听众全天收听率走势

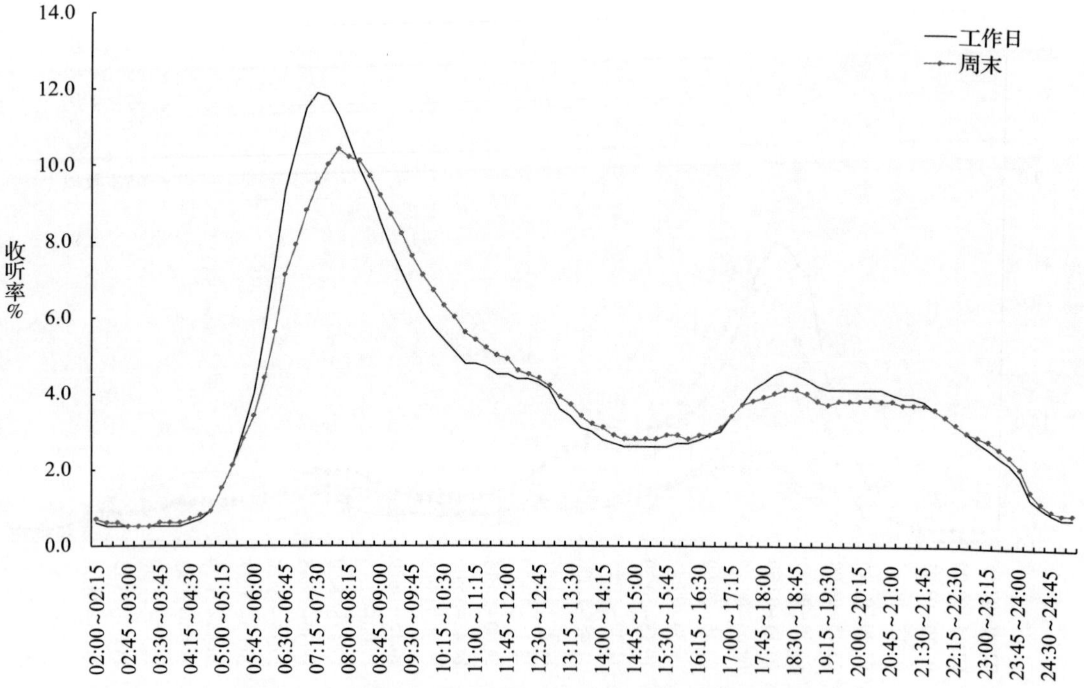

图 3.1.5　2017 年北京听众工作日与周末全天收听率走势

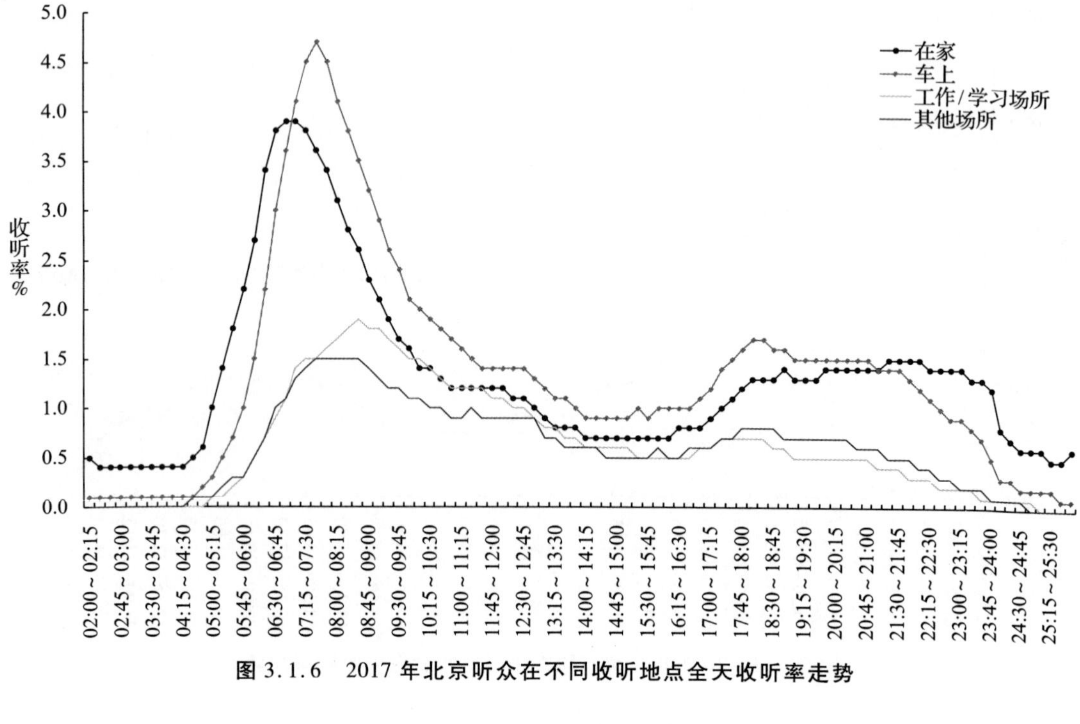

图 3.1.6　2017 年北京听众在不同收听地点全天收听率走势

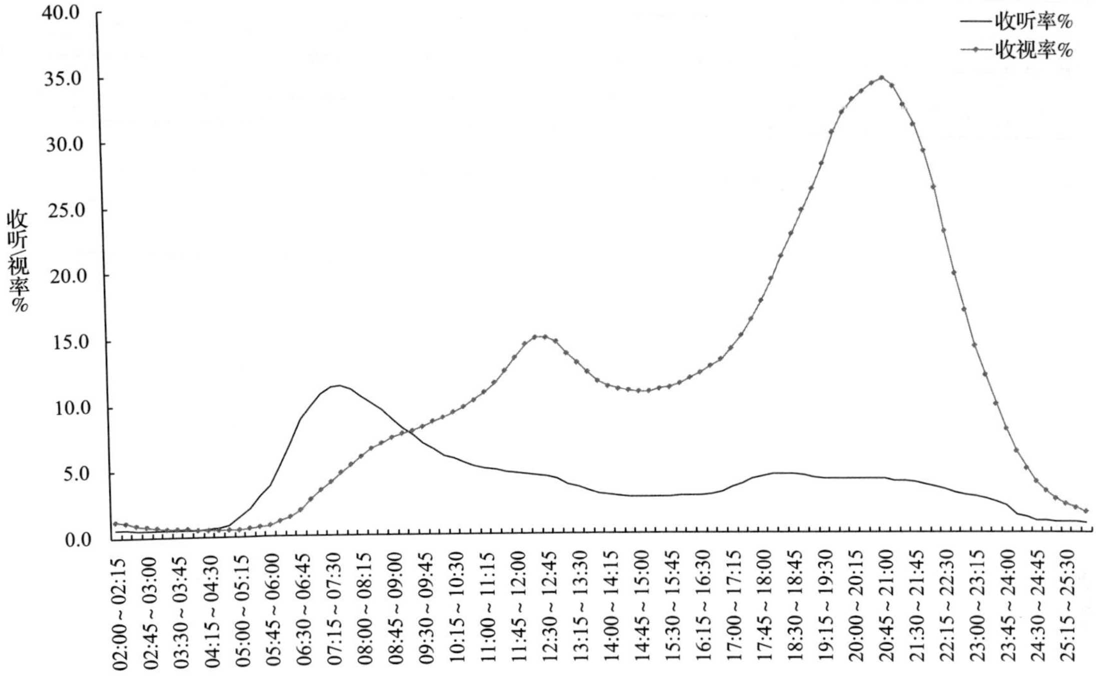

图 3.1.7　2017 年北京受众全天收听率、收视率走势比较(目标受众为 15 岁及以上所有人)

表 3.1.3　2017 年北京市场听众构成(%)

目标听众		听众构成%
15 岁及以上所有人		100.0
性别	男	56.1
	女	43.9
年龄	15 ~ 24 岁	10.8
	25 ~ 34 岁	21.2
	35 ~ 44 岁	20.1
	45 ~ 54 岁	18.5
	55 ~ 64 岁	14.7
	65 岁及以上	14.7
文化程度	未受过正规教育	*
	小学	*
	初中	12.7
	高中	37.9
	大学及以上	49.4
职业	干部/管理人员	6.1
	初级公务员/雇员	48.2
	个体/私营企业人员	5.9
	工人	5.7
	学生	5.3
	无业(包括退休人员)	27.4
	其他	1.4
个人月收入	没有收入	6.3
	1 ~ 2000 元	2.5
	2001 ~ 3000 元	14.8
	3001 ~ 4000 元	31.9
	4001 ~ 5000 元	17.4
	5001 ~ 6000 元	12.6
	6001 元及以上	14.5

注:“*”表示目标听众样本量不足,无法进行统计推断。

表 3.1.4　2015 ~ 2017 年北京市场各广播电台的市场份额(%)

广播电台	2015 年	2016 年	2017 年
中央人民广播电台	19.8	18.8	25.4
中国国际广播电台	4.5	3.0	6.5
北京人民广播电台	71.5	75.3	68.1
其他广播电台	4.2	2.9	–

注:2017 年北京采用虚拟测量仪进行收听率调查,所以不存在其他广播电台数据。

表 3.1.5　2017 年北京市场各广播电台在不同目标听众中的市场份额(%)

目标听众		中央人民广播电台	中国国际广播电台	北京人民广播电台
15 岁及以上所有人		25.4	6.5	68.1
性别	男	26.4	7.1	66.5
	女	24.2	5.8	70.0
年龄	15～24 岁	22.9	6.6	70.5
	25～34 岁	24.2	7.9	67.8
	35～44 岁	25.2	4.0	70.8
	45～54 岁	21.8	5.0	73.2
	55～64 岁	22.0	5.9	72.1
	65 岁及以上	36.6	10.5	52.9
文化程度	未受过正规教育	*	*	*
	小学	*	*	*
	初中	21.6	2.0	76.4
	高中	22.4	9.3	68.3
	大学及以上	28.4	5.6	65.9
职业	干部/管理人员	21.6	5.8	72.6
	初级公务员/雇员	25.6	5.6	68.7
	个体/私营企业人员	15.3	9.7	74.9
	工人	18.7	1.7	79.7
	学生	25.6	8.9	65.5
	无业(包括退休人员)	29.0	8.2	62.8
	其他	25.2	3.7	71.1
个人月收入	没有收入	24.5	8.1	67.3
	1～2000 元	25.7	3.2	71.1
	2001～3000 元	24.2	7.9	67.9
	3001～4000 元	24.2	5.2	70.6
	4001～5000 元	21.8	8.2	70.0
	5001～6000 元	29.5	4.2	66.2
	6001 元及以上	29.7	8.0	62.3

注:“*”表示目标听众样本量不足,无法进行统计推断。

表 3.1.6　2017 年北京市场份额排名前 5 位的频率

排名	频率名称	市场份额(%)
1	北京人民广播电台交通广播 FM103.9/CFM95.6	32.0
2	北京人民广播电台文艺广播 FM87.6/CFM93.8	14.4
3	中央人民广播电台第一套节目中国之声	10.3
4	北京广播电台新闻广播 FM100.6/AM828/CFM90.4	9.1
5	北京人民广播电台音乐广播 FM97.4/CFM94.6	6.5

表 3.1.7　2017 年北京市场收听率排名前 30 位的节目

排名	节目名称	播出频率	收听率（%）	市场份额（%）
1	交通新闻热线	北京人民广播电台交通广播 FM103.9/CFM95.6	3.8	32.6
2	一路畅通	北京人民广播电台交通广播 FM103.9/CFM95.6	3.1	34.5
3	今日交通	北京人民广播电台交通广播 FM103.9/CFM95.6	2.9	31.4
4	1039 新闻早报	北京人民广播电台交通广播 FM103.9/CFM95.6	2.8	30.7
5	欢乐正前方	北京人民广播电台交通广播 FM103.9/CFM95.6	2.4	35.6
6	徐徐道来话北京	北京人民广播电台交通广播 FM103.9/CFM95.6	2.1	33.9
7	汽车天下	北京人民广播电台交通广播 FM103.9/CFM95.6	1.9	35.2
8	空中笑林	北京人民广播电台文艺广播 FM87.6/CFM93.8	1.7	15.2
9	警法时空	北京人民广播电台交通广播 FM103.9/CFM95.6	1.4	32.9
10	1039 慧旅行	北京人民广播电台交通广播 FM103.9/CFM95.6	1.4	32.1
11	评书连播(早间版)	北京人民广播电台文艺广播 FM87.6/CFM93.8	1.4	15.7
12	北京新闻、新闻大视野	北京广播电台新闻广播 FM100.6/AM828/CFM90.4	1.4	12.9
13	新闻晚知道	北京人民广播电台交通广播 FM103.9/CFM95.6	1.3	30.7
14	一起午餐吧	北京人民广播电台交通广播 FM103.9/CFM95.6	1.3	30.5
15	航空在线	北京人民广播电台交通广播 FM103.9/CFM95.6	1.3	30.4
16	百姓 TAXI	北京人民广播电台交通广播 FM103.9/CFM95.6	1.3	30.1
17	新闻和报纸摘要	中央人民广播电台第一套节目中国之声	1.3	14.7
18	新闻纵横	中央人民广播电台第一套节目中国之声	1.3	12.2
19	长书连播	北京人民广播电台交通广播 FM103.9/CFM95.6	1.2	34.5
20	1039 都市调查组	北京人民广播电台交通广播 FM103.9/CFM95.6	1.2	30.2
21	我们出发吧	北京人民广播电台文艺广播 FM87.6/CFM93.8	1.1	12.7
22	1039 交通服务热线	北京人民广播电台交通广播 FM103.9/CFM95.6	1.0	35.5
23	蓝调北京	北京人民广播电台交通广播 FM103.9/CFM95.6	1.0	26.5
24	养生之道	北京人民广播电台文艺广播 FM87.6/CFM93.8	1.0	16.4
25	资讯早 8 点	北京广播电台新闻广播 FM100.6/AM828/CFM90.4	1.0	10.1
26	一笑堂	北京人民广播电台交通广播 FM103.9/CFM95.6	0.9	34.3
27	交通新闻	北京人民广播电台交通广播 FM103.9/CFM95.6	0.9	33.0
28	音乐来了	北京人民广播电台交通广播 FM103.9/CFM95.6	0.9	32.9
29	梦想行动派	北京人民广播电台交通广播 FM103.9/CFM95.6	0.9	30.9
30	行走天下	北京人民广播电台交通广播 FM103.9/CFM95.6	0.9	30.4

二、长春收听数据

表 3.2.1　2015～2017 年长春各目标听众人均收听时间（分钟）

目标听众		2015 年	2016 年	2017 年
10 岁及以上所有人		70	76	77
性别	男	76	82	82
	女	65	71	71
年龄	10～14 岁	21	25	37
	15～24 岁	40	45	49
	25～34 岁	59	72	68
	35～44 岁	75	65	73
	45～54 岁	86	96	98
	55～64 岁	103	125	104
	65 岁及以上	111	104	115
文化程度	未受过正规教育	57	49	38
	小学	50	72	68
	初中	77	80	80
	高中	74	79	79
	大学及以上	61	71	74
职业	干部/管理人员	67	46	66
	初级公务员/雇员	60	68	66
	个体/私营企业人员	74	72	76
	工人	73	85	90
	学生	30	32	40
	无业（包括退休人员）	99	107	102
	其他	*	*	*
个人月收入	没有收入	40	47	47
	1～2000 元	91	90	89
	2001～3000 元	80	88	87
	3001～4000 元	63	72	79
	4001～5000 元	104	100	81
	5001～6000 元	69	83	115
	6001 元及以上	81	114	78

注：长春为全年连续调查城市。“*”表示该目标听众样本量不足，无法进行统计推断。

表 3.2.2　2015～2017 年长春听众在不同地点的人均收听时间（分钟）

地　　点	2015 年	2016 年	2017 年
在家	45	46	41
车上	17	20	26
工作/学习场所	7	9	7
其他场所	1	1	3

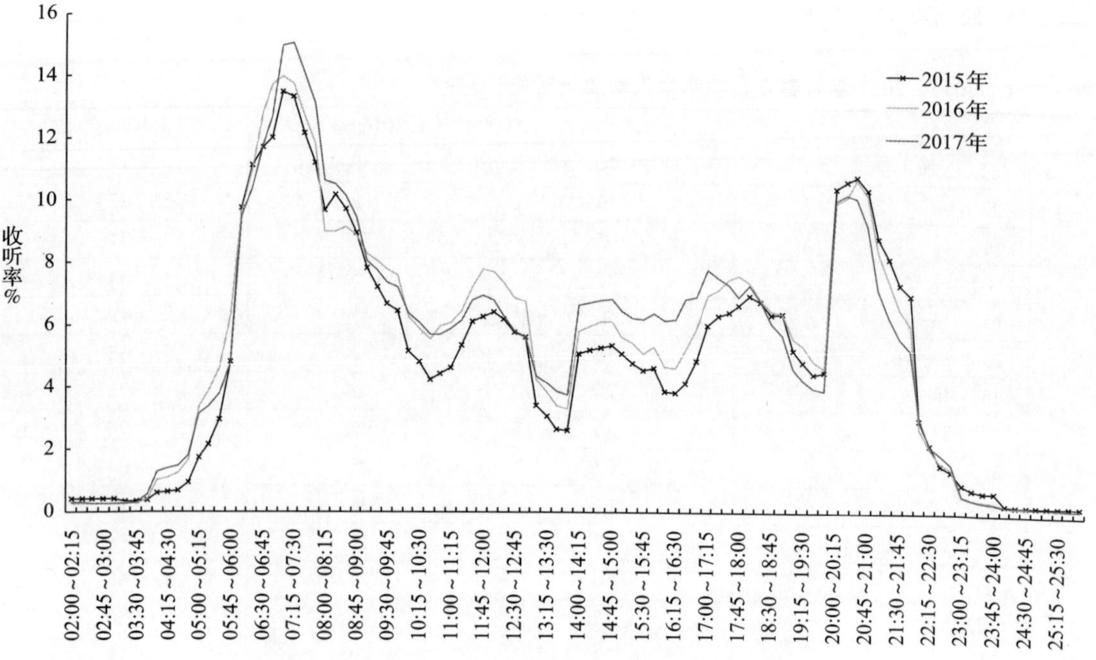

图 3.2.1　2015～2017 年长春听众全天收听率走势

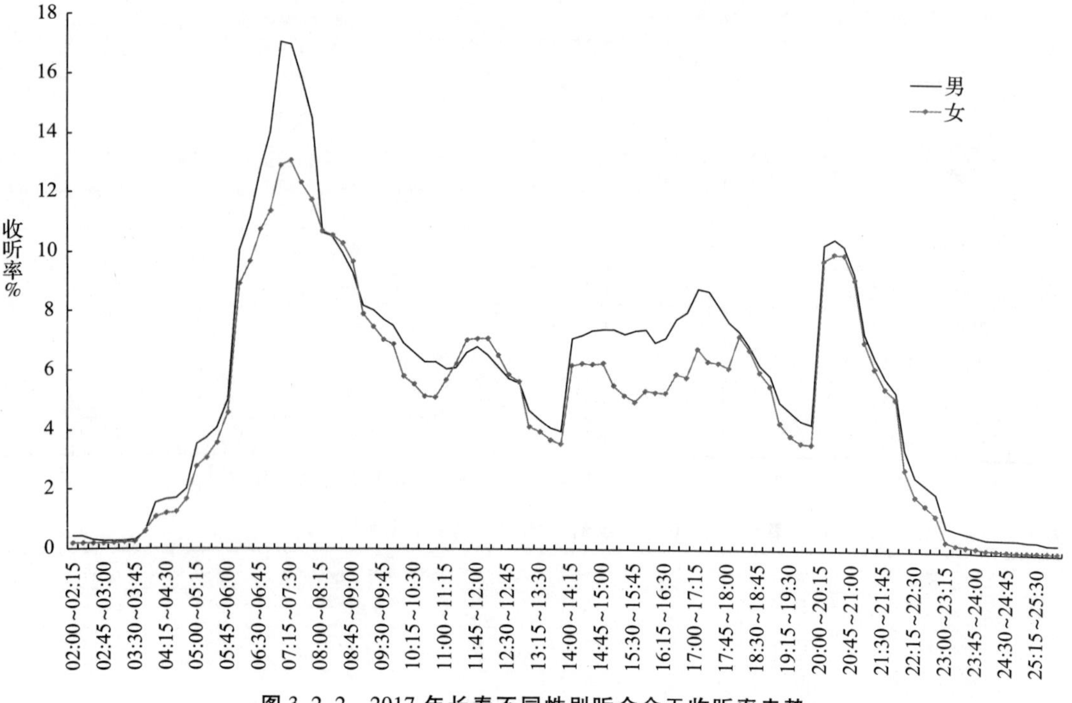

图 3.2.2　2017 年长春不同性别听众全天收听率走势

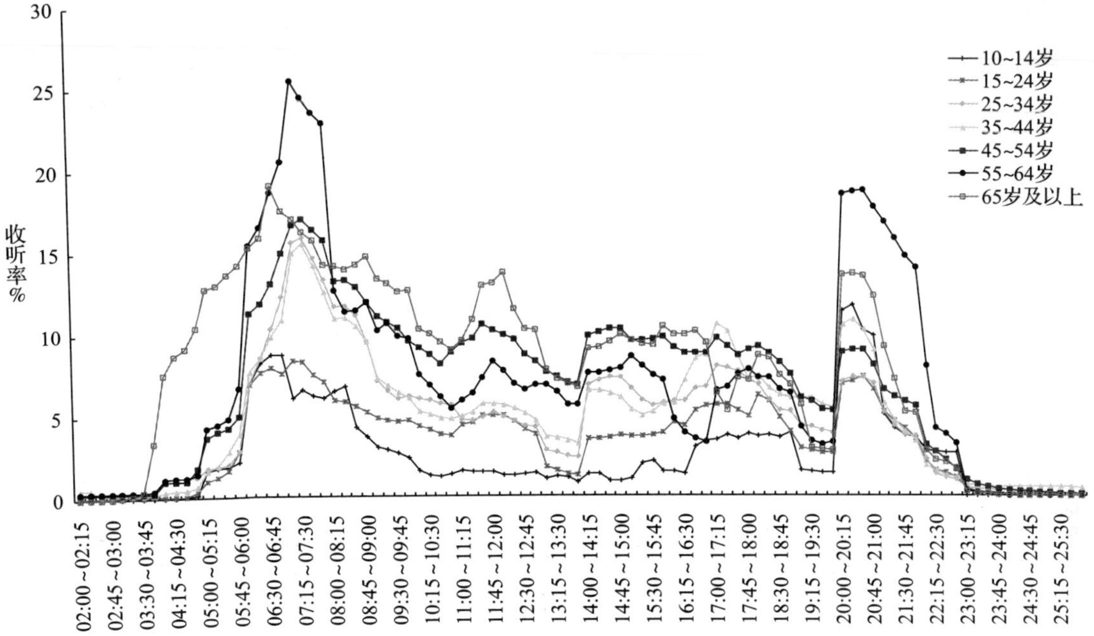

图 3.2.3 2017 年长春不同年龄听众全天收听率走势

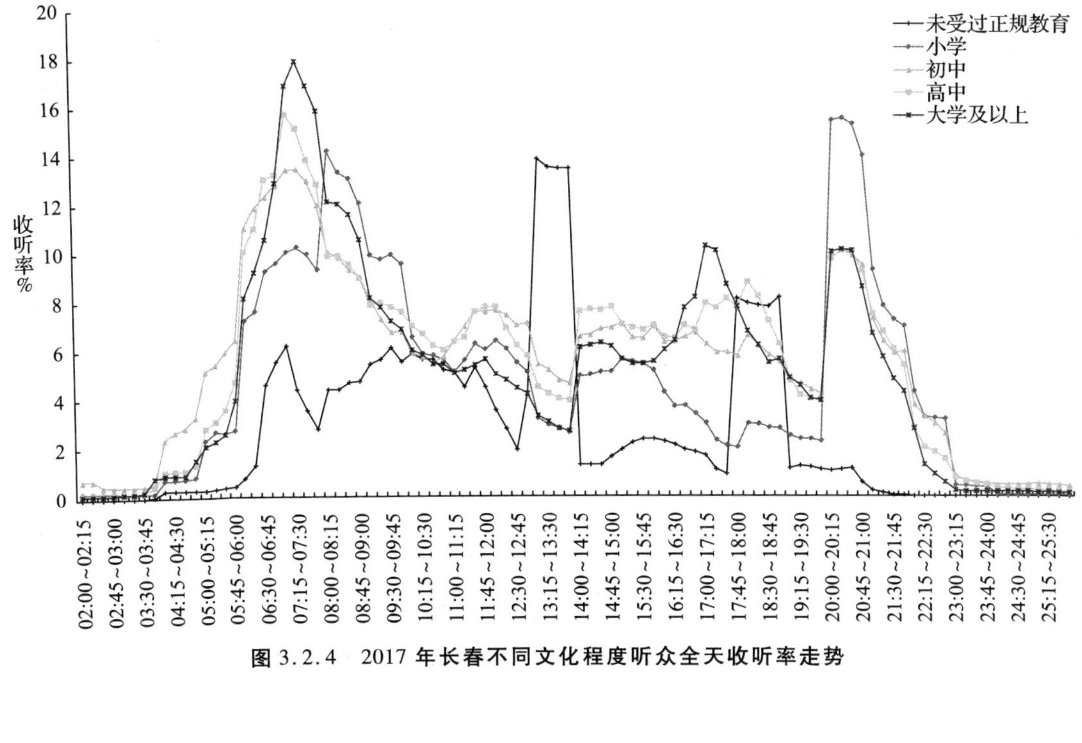

图 3.2.4 2017 年长春不同文化程度听众全天收听率走势

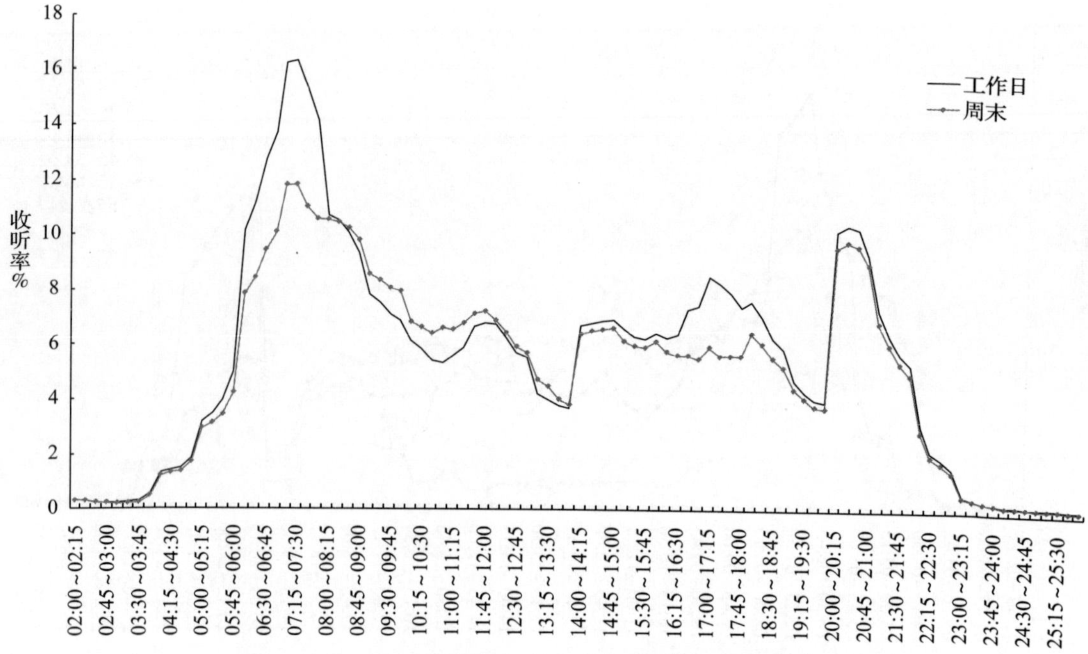

图 3.2.5　2017 年长春听众工作日与周末全天收听率走势

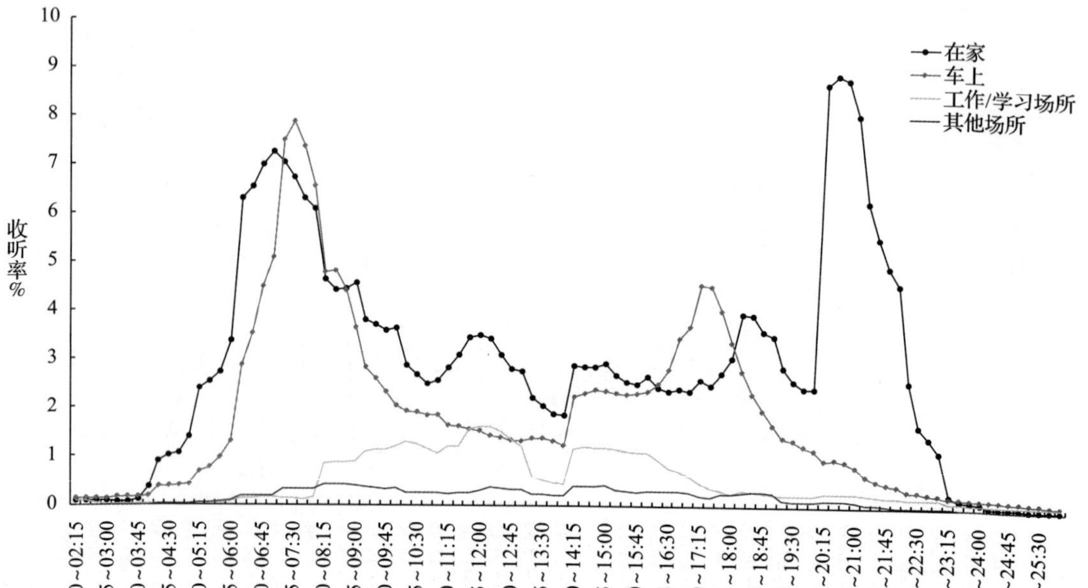

图 3.2.6　2017 年长春听众在不同收听地点全天收听率走势

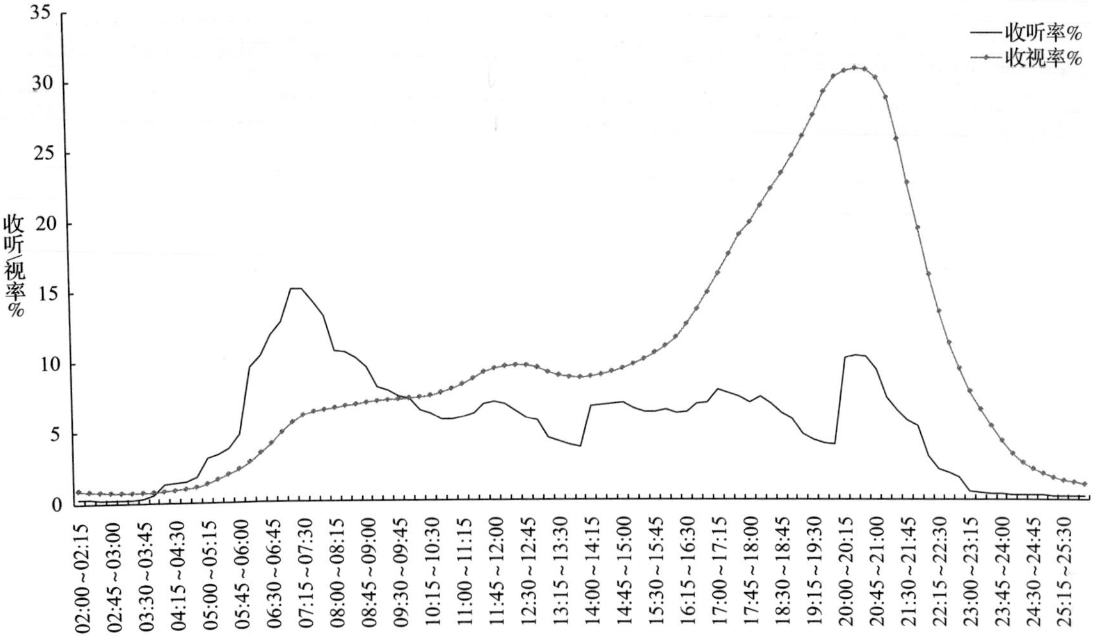

图 3.2.7　2017 年长春受众全天收听率、收视率走势比较（目标受众为 10 岁及以上所有人）

表 3.2.3　2017 年长春市场听众构成(%)

目标听众		听众构成
10 岁及以上所有人		100.0
性别	男	54.2
	女	45.8
年龄	10～14 岁	1.8
	15～24 岁	13.5
	25～34 岁	17.0
	35～44 岁	18.7
	45～54 岁	20.6
	55～64 岁	15.7
	65 岁及以上	12.8
文化程度	未受过正规教育	0.5
	小学	4.6
	初中	27.4
	高中	40.0
	大学及以上	27.5
职业	干部/管理人员	2.6
	初级公务员/雇员	13.6
	个体/私营企业人员	19.0
	工人	25.7
	学生	8.8
	无业(包括退休人员)	30.2
	其他	*
个人月收入	没有收入	14.2
	1～2000 元	9.4
	2001～3000 元	24.8
	3001～4000 元	22.5
	4001～5000 元	15.4
	5001～6000 元	10.3
	6001 元及以上	3.4

注:“*”表示该目标听众样本量不足,无法进行统计推断。

表 3.2.4　2015～2017 年长春市场各广播电台的市场份额(%)

广播电台	2015 年	2016 年	2017 年
中央人民广播电台	6.2	5.0	5.0
中国国际广播电台	0.0	0.0	0.0
吉林人民广播电台	41.9	42.5	40.5
长春人民广播电台	51.3	51.8	54.0
其他广播电台	0.5	0.7	0.5

表 3.2.5　2017 年长春市场各广播电台在不同目标听众中的市场份额(%)

目标听众		中央人民广播电台	中国国际广播电台	吉林人民广播电台	长春人民广播电台	其他广播电台
10 岁及以上所有人		5.0	0.0	40.5	54.0	0.5
性别	男	4.7	0.0	39.9	55.1	0.3
	女	5.4	0.0	41.3	52.8	0.5
年龄	10～14 岁	2.2	0.0	22.2	75.5	0.1
	15～24 岁	4.7	0.0	38.0	56.8	0.5
	25～34 岁	3.2	0.0	37.4	58.6	0.8
	35～44 岁	3.0	0.0	36.3	60.4	0.3
	45～54 岁	3.4	0.0	42.9	53.4	0.3
	55～64 岁	8.9	0.0	42.3	48.1	0.7
	65 岁及以上	8.5	0.0	50.3	41.0	0.2
文化程度	未受过正规教育	0.1	0.0	39.0	60.7	0.2
	小学	4.2	0.0	46.8	48.9	0.1
	初中	5.4	0.0	42.6	51.7	0.3
	高中	4.4	0.0	37.1	58.1	0.4
	大学及以上	5.6	0.0	42.6	51.2	0.6
职业	干部/管理人员	0.7	0.0	37.4	61.0	0.9
	初级公务员/雇员	4.2	0.0	43.9	51.7	0.2
	个体/私营企业人员	3.2	0.0	33.8	62.8	0.2
	工人	3.1	0.0	39.9	56.4	0.6
	学生	3.6	0.0	35.5	60.4	0.5
	无业(包括退休人员)	8.7	0.0	45.8	45.0	0.5
	其他	*	*	*	*	*
个人月收入	没有收入	4.8	0.0	40.7	53.9	0.6
	1～2000 元	5.9	0.0	49.9	44.1	*
	2001～3000 元	6.0	0.0	39.8	54.3	*
	3001～4000 元	5.2	0.0	43.4	51.0	0.4
	4001～5000 元	4.1	0.0	36.6	59.2	0.1
	5001～6000 元	4.3	0.0	35.6	60.0	0.1
	6001 元及以上	2.8	0.0	33.5	63.5	0.2

注:“*”表示该目标听众样本量不足,无法进行统计推断。

表 3.2.6　2017 年长春市场份额排名前 5 位的频率

名次	频率	市场份额(%)
1	长春交通之声 FM96.8	38.4
2	吉林人民广播电台交通广播 FM103.8	12.1
3	吉林人民广播电台新闻综合广播 FM91.6/AM738	9.7
4	长春人民广播电台乡村戏曲广播 FM90.0/AM1332	5.2
4	吉林人民广播电台资讯广播 FM100.1	5.2

表 3.2.7　2017 年长春市场收听率排名前 30 位的节目

排名	节目名称	播出频率	收听率(%)	市场份额(%)
1	968 新闻早高峰	长春交通之声 FM96.8	6.9	52.6
2	新闻和报纸摘要(转播)	长春交通之声 FM96.8	6.0	49.1
3	娱乐大冰箱早间版	长春交通之声 FM96.8	4.7	48.0
4	968 早上好	长春交通之声 FM96.8	4.6	46.7
5	早教 360	长春交通之声 FM96.8	3.6	41.7
6	968 都市晚高峰	长春交通之声 FM96.8	3.3	45.2
7	听听音乐聊聊天周末版	长春交通之声 FM96.8	3.3	44.1
8	娱乐正当红上午版	长春交通之声 FM96.8	3.1	41.5
9	司机开会	长春交通之声 FM96.8	3.0	46.4
10	晓声长谈	吉林人民广播电台新闻综合广播 FM91.6/AM738	2.9	36.4
11	12345 城市直通车	长春交通之声 FM96.8	2.7	38.0
12	968 帮帮团	长春交通之声 FM96.8	2.5	37.7
13	娱乐非主流周末下午版	长春交通之声 FM96.8	2.4	36.7
14	交警直播室	长春交通之声 FM96.8	2.4	35.7
15	12345 生活帮帮团周六周日	长春交通之声 FM96.8	2.4	35.5
16	968 车友会	长春交通之声 FM96.8	2.3	38.9
17	圆圆叭叭秀	长春交通之声 FM96.8	2.0	33.3
18	娱乐二人转	长春交通之声 FM96.8	1.9	26.6
19	1038 早班车	吉林人民广播电台交通广播 FM103.8	1.8	17.6
20	1038 交警热线	吉林人民广播电台交通广播 FM103.8	1.8	14.3
21	唱行 6 点半	长春交通之声 FM96.8	1.7	32.7
22	1038 直通高速	吉林人民广播电台交通广播 FM103.8	1.7	15.7
23	周末转星秀	长春交通之声 FM96.8	1.6	17.9
24	疯狂的匣子	吉林人民广播电台交通广播 FM103.8	1.5	14.4
25	幸福来敲门周末版	长春交通之声 FM96.8	1.4	18.9
26	新闻漫漫谈	长春交通之声 FM96.8	1.4	17.7
27	畅行早高峰	吉林人民广播电台交通广播 FM103.8	1.4	9.8
28	738 早新闻	吉林人民广播电台新闻综合广播 FM91.6/AM738	1.2	8.5
29	968 书场	长春交通之声 FM96.8	1.1	43.3
30	007 说交通	吉林人民广播电台交通广播 FM103.8	1.1	12.2

三、长沙收听数据

表 3.3.1　2015～2017 年长沙各目标听众人均收听时间（分钟）

目标听众		2015 年	2016 年	2017 年
10 岁及以上所有人		43	47	46
性别	男	48	58	56
	女	39	37	36
年龄	10～14 岁	8	14	12
	15～24 岁	29	26	24
	25～34 岁	41	51	46
	35～44 岁	44	64	62
	45～54 岁	55	57	48
	55～64 岁	48	52	53
	65 岁及以上	81	52	71
文化程度	未受过正规教育	24	*	*
	小学	31	27	30
	初中	38	40	45
	高中	47	54	48
	大学及以上	46	49	47
职业	干部/管理人员	54	49	53
	初级公务员/雇员	34	42	46
	个体/私营企业人员	45	67	62
	工人	60	63	50
	学生	26	16	16
	无业（包括退休人员）	48	44	48
	其他	20	11	*
个人月收入	没有收入	25	23	20
	1～2000 元	45	36	37
	2001～3000 元	48	47	49
	3001～4000 元	42	49	50
	4001～5000 元	56	67	57
	5001～6000 元	61	105	90
	6001 元及以上	55	59	63

注：长沙为全年连续调查城市“*”表示目标听众样本量不足，无法进行统计推断。

表 3.3.2　2015～2017 年长沙听众在不同地点的人均收听时间（分钟）

地　点	2015 年	2016 年	2017 年
在家	19	15	14
车上	20	29	29
工作/学习场所	2	2	2
其他场所	2	2	1

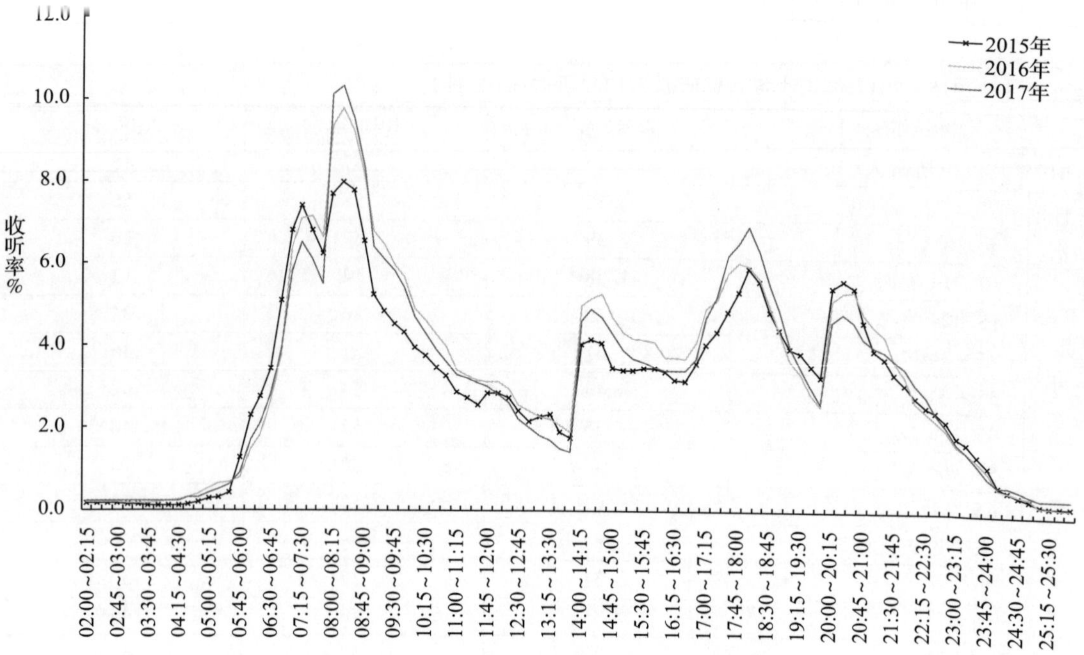

图 3.3.1　2015～2017 年长沙听众全天收听率走势

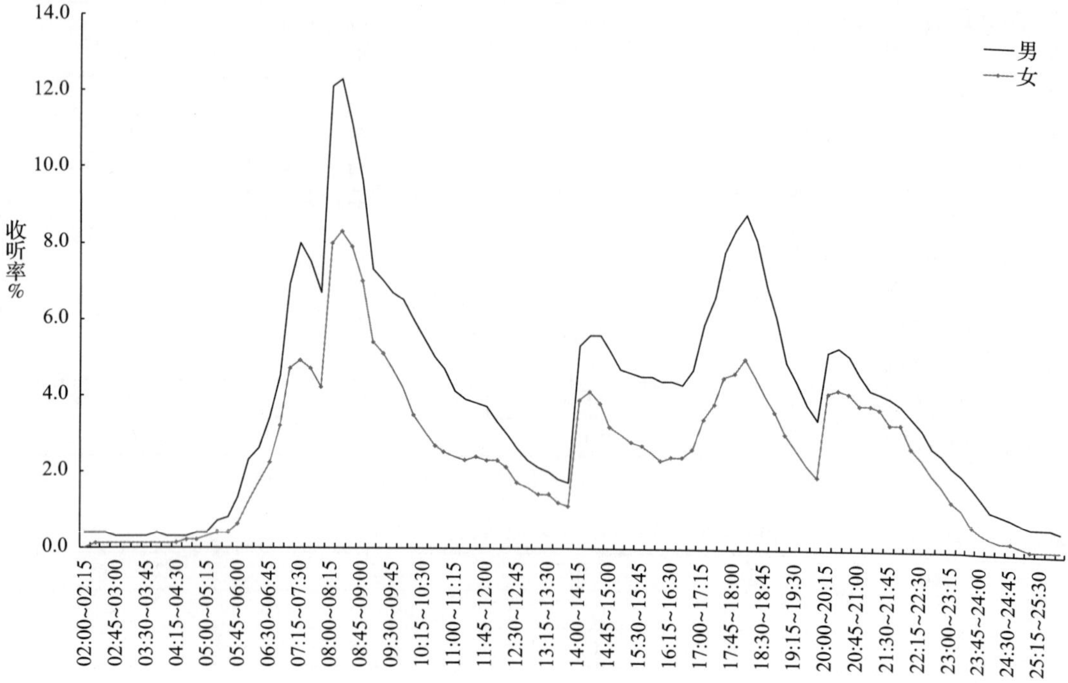

图 3.3.2　2017 年长沙不同性别听众全天收听率走势

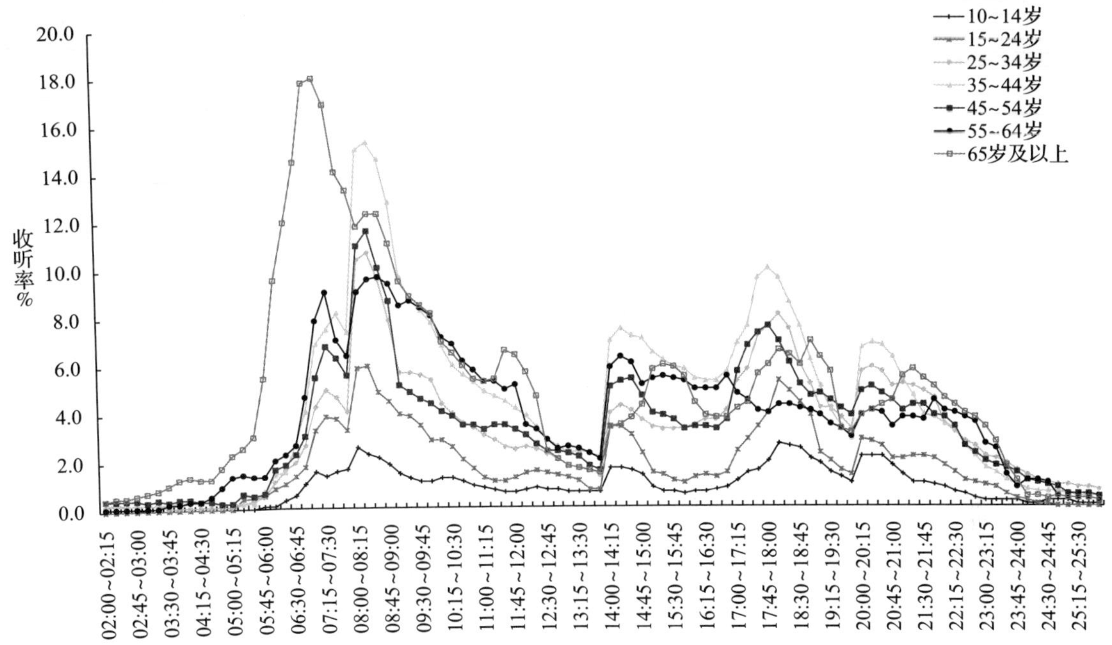

图 3.3.3　2017 年长沙不同年龄听众全天收听率走势

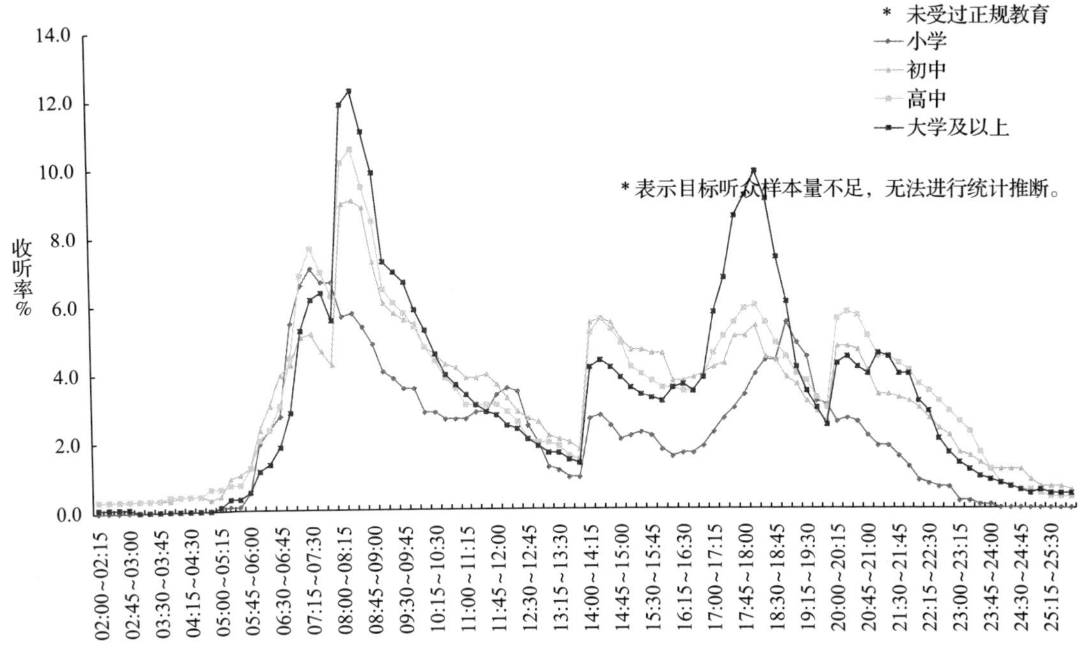

图 3.3.4　2017 年长沙不同文化程度听众全天收听率走势

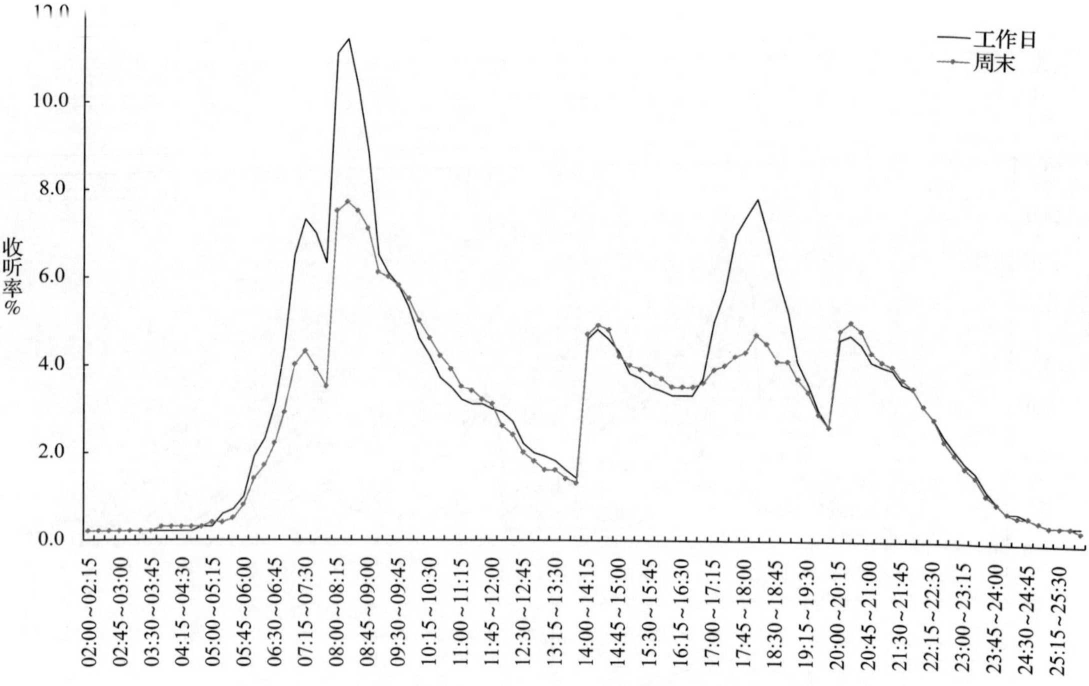

图 3.3.5　2017 年长沙听众工作日与周末全天收听率走势

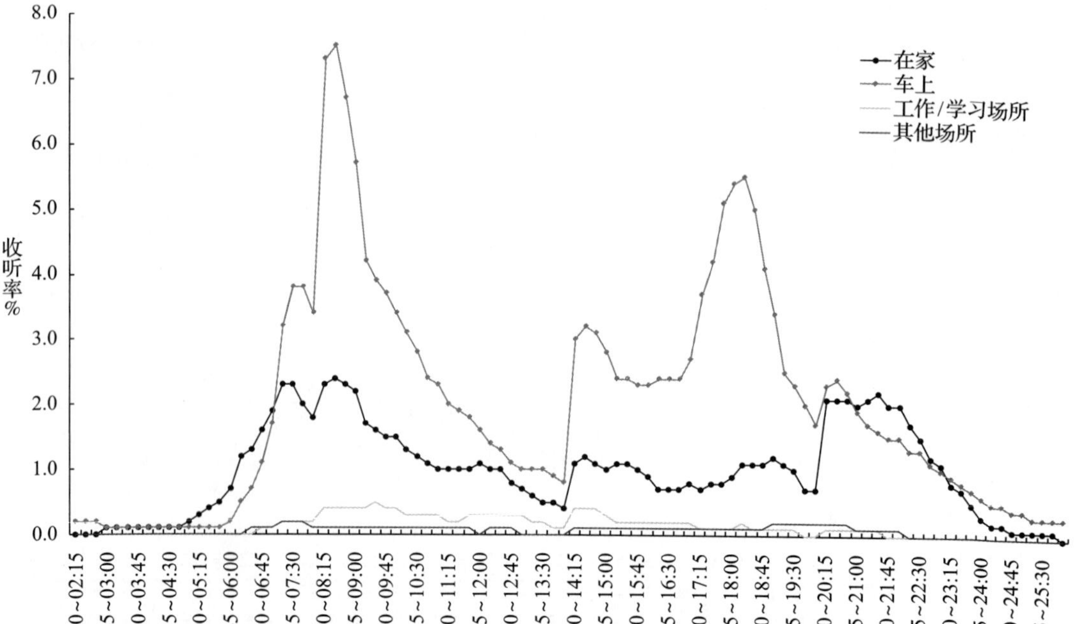

图 3.3.6　2017 年长沙听众在不同收听地点全天收听率走势

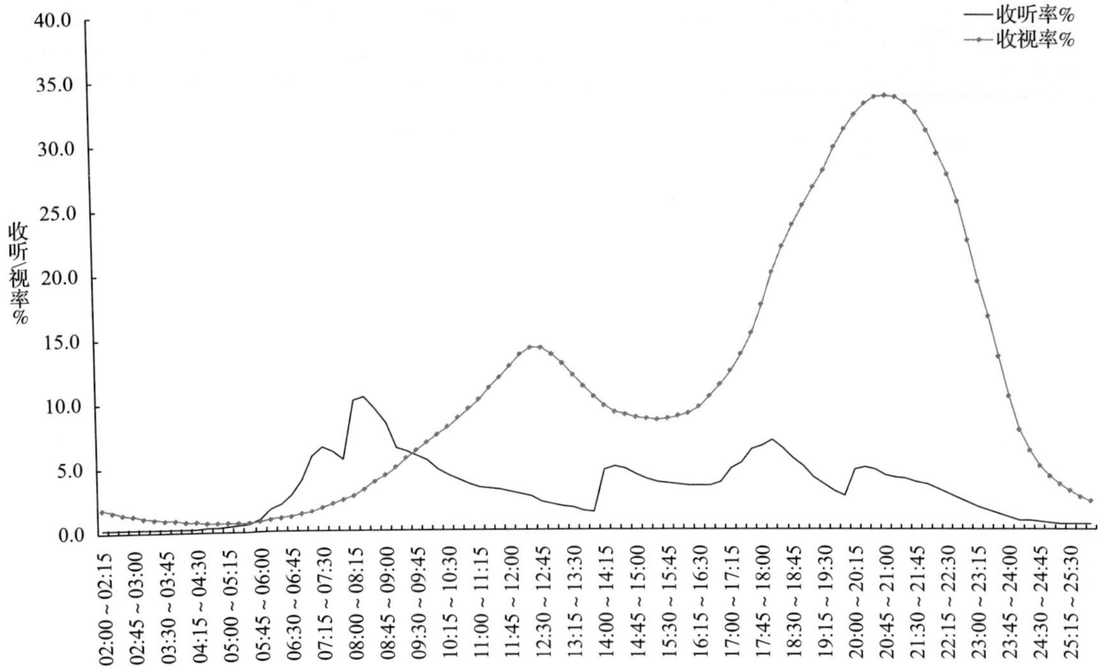

图 3.3.7　2017 年长沙受众全天收听率、收视率走势比较(目标受众为 10 岁及以上所有人)

表 3.3.3　2017 年长沙市场听众构成(%)

目标听众		听众构成%
10 岁及以上所有人		100.0
性别	男	61.7
	女	38.3
年龄	10~14 岁	0.8
	15~24 岁	12.9
	25~34 岁	21.5
	35~44 岁	30.0
	45~54 岁	14.2
	55~64 岁	10.7
	65 岁及以上	9.9
文化程度	未受过正规教育	*
	小学	4.3
	初中	23.0
	高中	38.2
	大学及以上	34.5
职业	干部/管理人员	4.4
	初级公务员/雇员	21.3
	个体/私营企业人员	27.2
	工人	20.6
	学生	5.3
	无业(包括退休人员)	21.2
	其他	*
个人月收入	没有收入	9.6
	1~2000 元	6.4
	2001~3000 元	24.0
	3001~4000 元	22.9
	4001~5000 元	19.0
	5001~6000 元	9.4
	6001 元及以上	8.7

“*”表示目标听众样本量不足,无法进行统计推断。

表 3.3.4　2015~2017 年长沙市场各广播电台的市场份额(%)

广播电台	2015 年	2016 年	2017 年
中央人民广播电台	8.3	5.4	6.1
中国国际广播电台	0.3	0.0	0.3
湖南人民广播电台	63.4	65.7	62.0
长沙人民广播电台	23.4	24.8	28.2
其他广播电台	4.6	4.1	3.4

表 3.3.5 2017 年长沙市场各广播电台在不同目标听众中的市场份额(%)

目标听众		中央人民广播电台	中国国际广播电台	湖南人民广播电台	长沙人民广播电台	其他广播电台
10 岁及以上所有人		6.1	0.3	62.0	28.2	3.4
性别	男	5.9	0.3	63.6	27.5	2.7
	女	6.5	0.3	59.3	29.2	4.7
年龄	10 ~ 14 岁	13.5	5.3	55.5	24.8	0.9
	15 ~ 24 岁	5.6	0.3	44.7	44.0	5.4
	25 ~ 34 岁	5.5	0.2	52.5	36.4	5.4
	35 ~ 44 岁	4.3	0.3	68.4	24.6	2.4
	45 ~ 54 岁	5.7	0.5	66.5	24.8	2.5
	55 ~ 64 岁	12.9	0.2	61.9	22.6	2.4
	65 岁及以上	6.2	0.2	79.6	11.7	2.3
文化程度	未受过正规教育	*	*	*	*	*
	小学	9.4	0.9	66.3	19.0	4.4
	初中	7.5	0.2	69.6	18.5	4.2
	高中	6.6	0.3	65.5	25.4	2.2
	大学及以上	4.2	0.3	52.4	38.9	4.2
职业	干部/管理人员	3.4	0.6	50.9	42.0	3.1
	初级公务员/雇员	5.0	0.3	56.3	35.2	3.2
	个体/私营企业人员	4.9	0.3	60.7	30.4	3.7
	工人	7.5	0.2	66.1	23.7	2.5
	学生	7.5	1.1	50.3	35.7	5.4
	无业(包括退休人员)	7.6	0.2	70.3	17.9	4.0
	其他	*	*	*	*	*
个人月收入	没有收入	7.2	0.7	54.8	30.1	7.2
	1 ~ 2000 元	9.3	0.3	66.8	20.4	3.2
	2001 ~ 3000 元	6.8	0.2	60.9	29.2	2.9
	3001 ~ 4000 元	5.8	0.3	65.2	24.8	3.9
	4001 ~ 5000 元	3.1	0.3	57.5	36.4	2.7
	5001 ~ 6000 元	7.7	0.2	67.8	20.9	3.4
	6001 元及以上	6.9	0.2	64.0	27.3	1.6

“*”表示目标听众样本量不足,无法进行统计推断。

表 3.3.6 2017 年长沙市场份额排名前 5 位的频率

排名	频率名称	市场份额%
1	湖南人民广播电台交通频道 FM91.8/FM100.3	30.7
2	长沙人民广播电台交通广播 FM106.1	11.8
3	长沙人民广播电台城市之声(音乐)广播 FM101.7	9.8
4	湖南金鹰 955 FM95.5	8.6
5	湖南电台 893 汽车音乐电台 FM89.3	5.0

表 3.3.7　2017 年长沙市场收听率排名前 30 位的节目

排名	节目名称	播出频率	收听率(%)	市场份额(%)
1	国生开讲	湖南人民广播电台交通频道 FM91.8/FM100.3	3.1	32.4
2	平安精灵一路畅行	湖南人民广播电台交通频道 FM91.8/FM100.3	1.9	32.2
3	观点峰会	湖南人民广播电台交通频道 FM91.8/FM100.3	1.9	31.3
4	全省新闻联播	湖南人民广播电台交通频道 FM91.8/FM100.3	1.8	30.1
5	新闻快报	湖南人民广播电台交通频道 FM91.8/FM100.3	1.7	28.6
6	帮帮您热线	湖南人民广播电台交通频道 FM91.8/FM100.3	1.6	34.9
7	平安精灵车有圈	湖南人民广播电台交通频道 FM91.8/FM100.3	1.3	35.3
8	车舞飞扬	湖南人民广播电台交通频道 FM91.8/FM100.3	1.3	29.1
9	辣椒家族欢乐派	湖南人民广播电台交通频道 FM91.8/FM100.3	1.2	33.8
10	交通话题	湖南人民广播电台交通频道 FM91.8/FM100.3	1.2	32.3
11	绝代双椒	湖南人民广播电台交通频道 FM91.8/FM100.3	1.2	26.8
12	交警直播室	湖南人民广播电台交通频道 FM91.8/FM100.3	1.1	35.6
13	博闻天下	湖南人民广播电台交通频道 FM91.8/FM100.3	1.1	30.7
14	新闻联播	湖南人民广播电台交通频道 FM91.8/FM100.3	1.1	28.1
15	快乐早点到	长沙人民广播电台交通广播 FM106.1	1.1	14.3
16	新闻快报 + 观点峰会	湖南人民广播电台交通频道 FM91.8/FM100.3	0.9	32.0
17	辣椒家族欢乐派(重播)	湖南人民广播电台交通频道 FM91.8/FM100.3	0.9	25.2
18	头条快跑	长沙人民广播电台交通广播 FM106.1	0.9	14.0
19	一路好听	湖南人民广播电台交通频道 FM91.8/FM100.3	0.8	27.9
20	新闻与报纸摘要	湖南人民广播电台交通频道 FM91.8/FM100.3	0.8	24.0
21	二郎神叨叨	长沙人民广播电台交通广播 FM106.1	0.8	14.3
22	国生开讲(精华版)	湖南人民广播电台交通频道 FM91.8/FM100.3	0.7	24.4
23	阳光麦乐地	长沙人民广播电台城市之声(音乐)广播 FM101.7	0.7	9.6
24	绝代双椒(精华版)	湖南人民广播电台交通频道 FM91.8/FM100.3	0.6	29.5
25	节奏开道	湖南金鹰 955 FM95.5	0.6	13.4
26	城市驱动	长沙人民广播电台交通广播 FM106.1	0.6	12.6
27	娱乐晚点名	长沙人民广播电台城市之声(音乐)广播 FM101.7	0.6	10.9
28	刷刷朋友圈	湖南金鹰 955 FM95.5	0.6	8.3
29	新说法	湖南人民广播电台交通频道 FM91.8/FM100.3	0.5	29.6
30	佳人有约	湖南金鹰 955 FM95.5	0.5	15.4

四、成都收听数据

表 3.4.1　2015～2017 年成都各目标听众人均收听时间(分钟)

目标听众		2015 年	2016 年	2017 年
10 岁及以上所有人		60	62	59
性别	男	62	66	62
	女	59	57	55
年龄	10～14 岁	16	15	21
	15～24 岁	46	38	39
	25～34 岁	55	55	62
	35～44 岁	57	67	61
	45～54 岁	76	73	59
	55～64 岁	81	79	67
	65 岁及以上	85	85	85
文化程度	未受过正规教育	25	45	29
	小学	50	51	52
	初中	61	65	58
	高中	63	66	63
	大学及以上	61	56	57
职业	干部/管理人员	71	70	68
	初级公务员/雇员	54	49	54
	个体/私营企业人员	61	55	55
	工人	64	72	65
	学生	23	32	28
	无业(包括退休人员)	84	77	71
	其他	59	40	*
个人月收入	没有收入	36	41	35
	1～2000 元	71	72	67
	2001～3000 元	61	70	62
	3001～4000 元	58	56	62
	4001～5000 元	78	66	65
	5001～6000 元	60	65	60
	6001 元及以上	70	65	63

注:成都为全年连续调查城市。“*”表示该目标听众样本量不足,无法进行统计推断。

表 3.4.2　2015～2017 年成都听众在不同地点的人均收听时间(分钟)

地　点	2015 年	2016 年	2017 年
在家	34	35	31
车上	19	20	22
工作/学习场所	4	4	4
其他场所	3	3	2

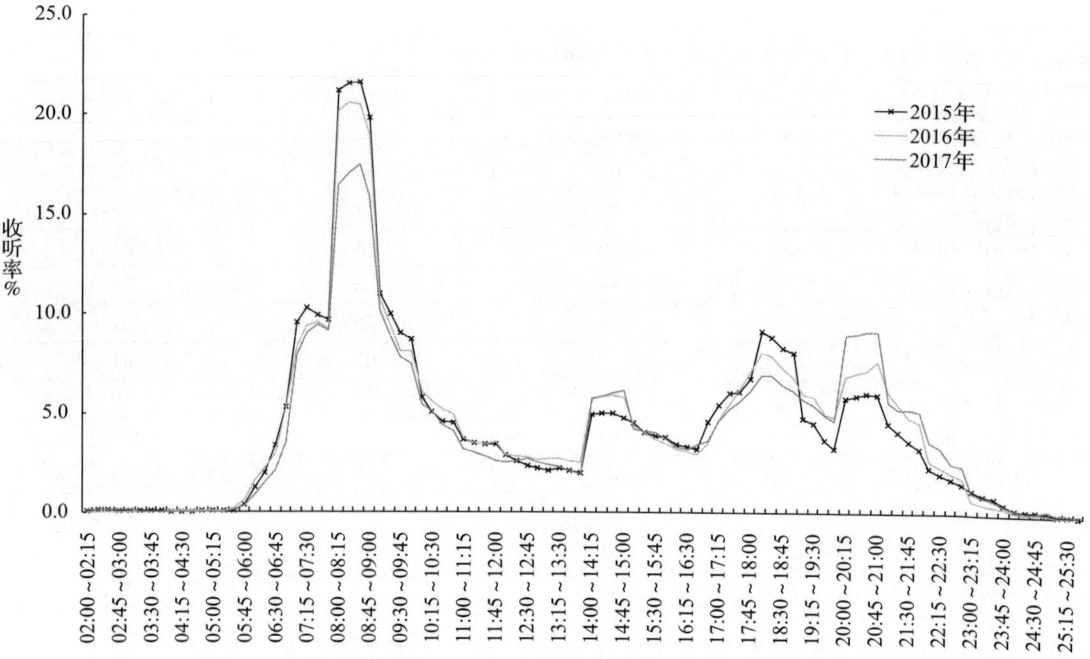

图 3.4.1　2015~2017 年成都听众全天收听率走势

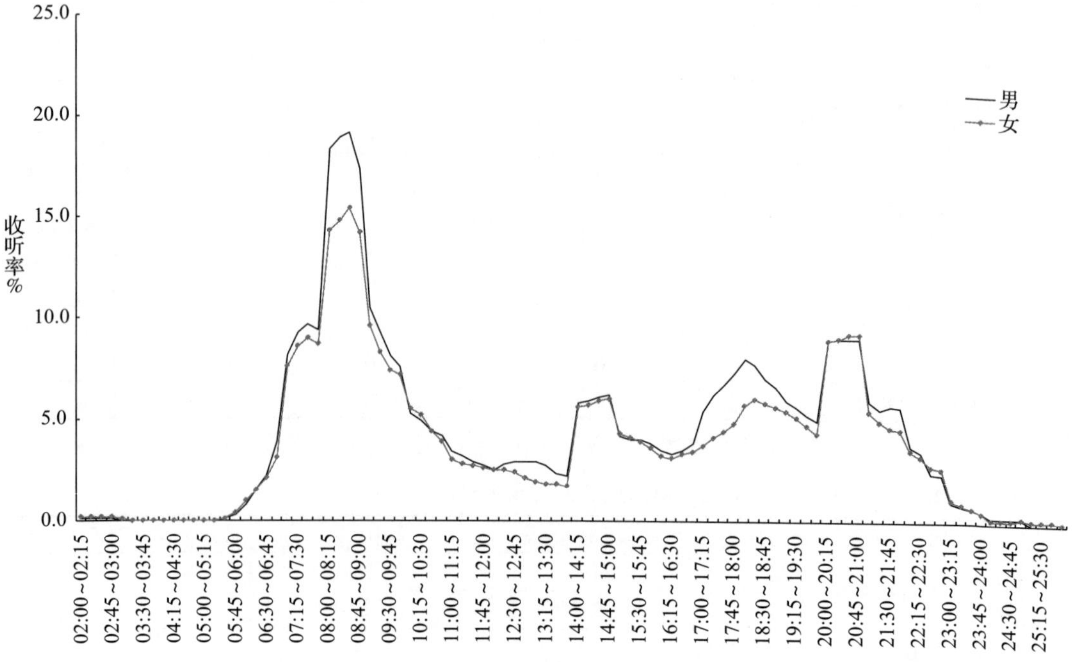

图 3.4.2　2017 年成都不同性别听众全天收听率走势

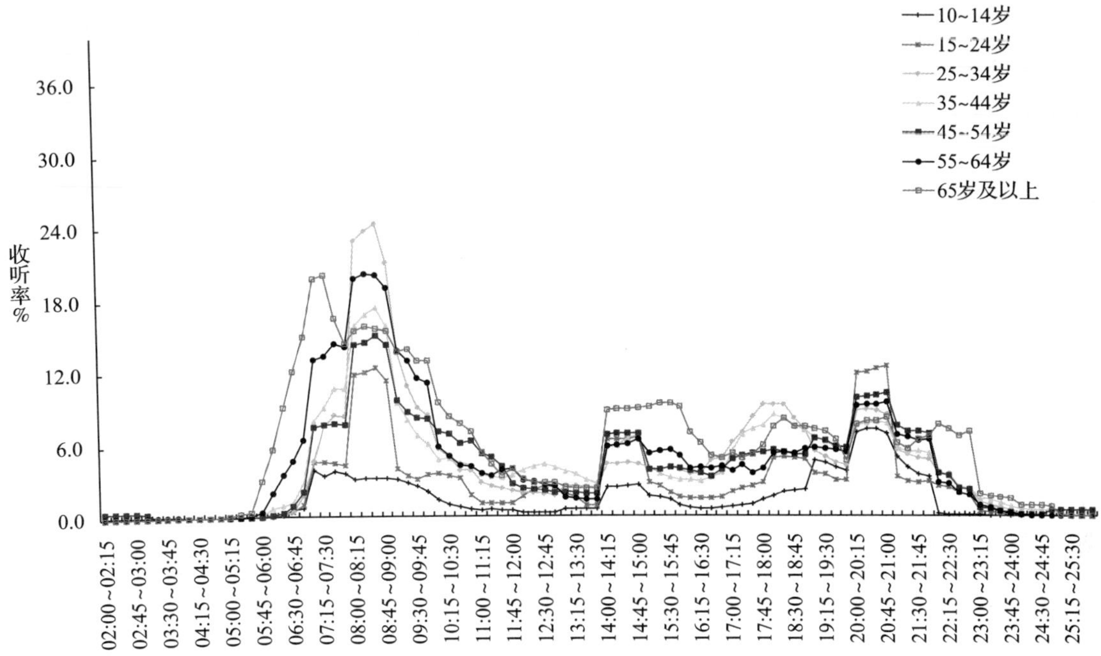

图 3.4.3 2017 成都不同年龄听众全天收听率走势

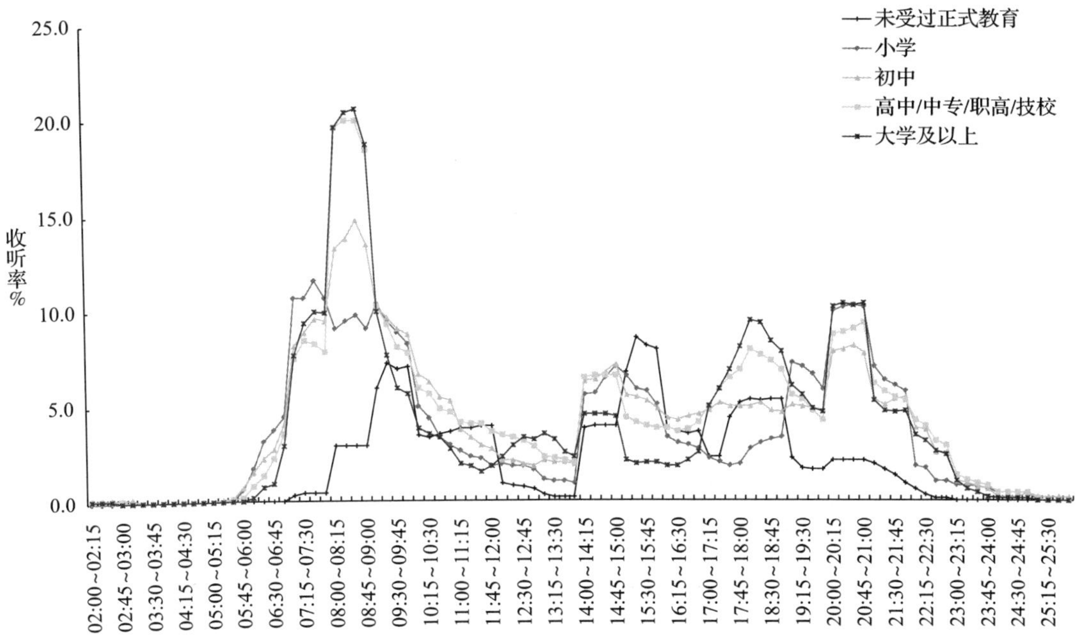

图 3.4.4 2017 年成都不同文化程度听众全天收听率走势

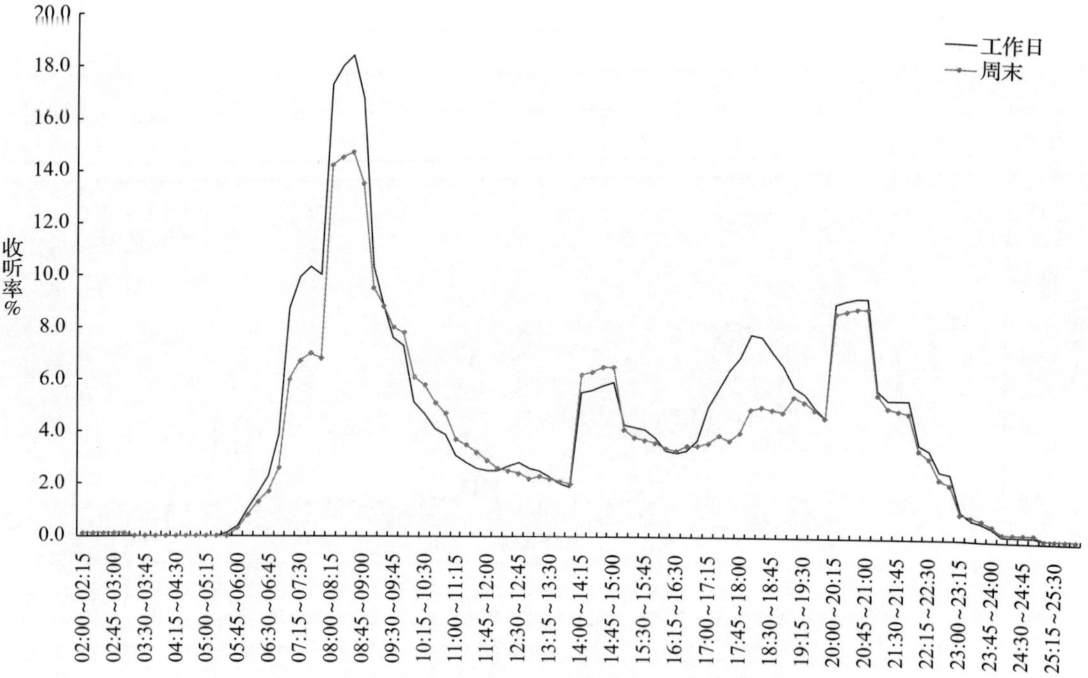

图 3.4.5　2017 年成都听众工作日与周末全天收听率走势

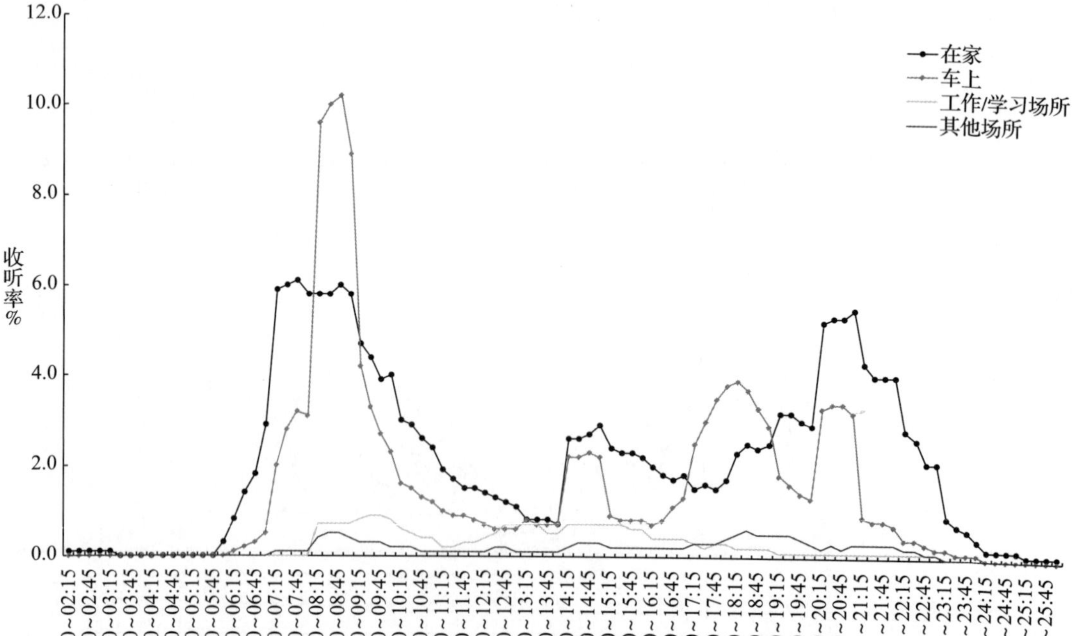

图 3.4.6　2017 年成都听众在不同收听地点全天收听率走势

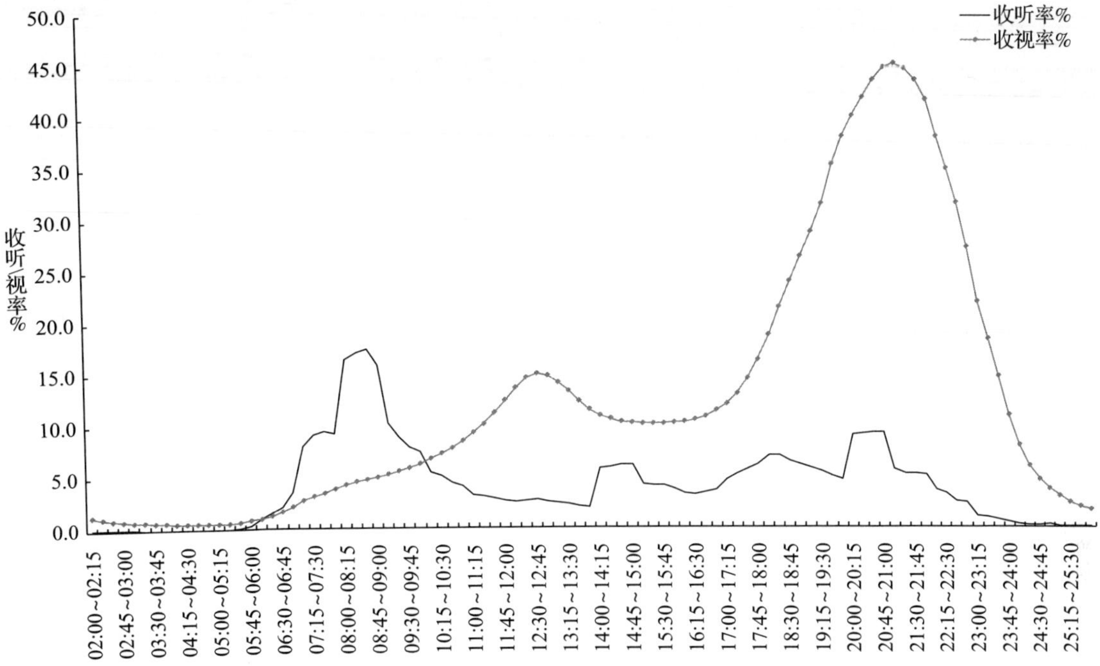

图 3.4.7　2017 年成都受众全天收听率、收视率走势比较（目标受众为 10 岁及以上所有人）

表 3.4.3　2017 年成都市场听众构成(%)

目标听众		听众构成(%)
10 岁及以上所有人		100.0
性别	男	56.0
	女	44.0
年龄	10～14 岁	1.5
	15～24 岁	10.2
	25～34 岁	24.1
	35～44 岁	25.7
	45～54 岁	13.7
	55～64 岁	12.1
	65 岁及以上	12.7
文化程度	未受过正规教育	0.5
	小学	8.2
	初中	30.1
	高中	32.4
	大学及以上	28.8
职业	干部/管理人员	4.9
	初级公务员/雇员	12.1
	个体/私营企业人员	18.7
	工人	32.3
	学生	5.4
	无业(包括退休人员)	26.6
	其他	*
个人月收入	没有收入	10.5
	1～2000 元	9.7
	2001～3000 元	24.6
	3001～4000 元	21.5
	4001～5000 元	17.2
	5001～6000 元	7.9
	6001 元及以上	8.6

“*”表示该目标听众样本量不足,无法进行统计推断。

表 3.4.4　2015～2017 年成都市场各广播电台的市场份额(%)

广播电台	2015 年	2016 年	2017 年
中央人民广播电台	12.7	9.8	9.3
中国国际广播电台	0.7	0.5	0.4
四川广播电视台	61.2	66.7	60.2
成都人民广播电台	25.2	22.8	30.0
其他广播电台	0.2	0.2	0.1

表 3.4.5　2017 年成都市场各广播电台在不同目标听众中的市场份额(%)

目标听众		中央人民广播电台	中国国际广播电台	四川广播电视台	成都人民广播电台	其他广播电台
10 岁及以上所有人		9.3	0.4	60.2	30.0	0.1
性别	男	8.6	0.4	59.3	31.5	0.2
	女	10.2	0.4	61.3	28.0	0.1
年龄	10～14 岁	15.4	0.3	44.6	39.7	0.0
	15～24 岁	5.4	1.4	65.1	27.8	0.3
	25～34 岁	7.8	0.1	59.7	32.3	0.1
	35～44 岁	6.8	0.3	61.5	31.2	0.2
	45～54 岁	10.3	0.5	60.2	28.9	0.1
	55～64 岁	13.6	0.4	57.3	28.5	0.2
	65 岁及以上	14.3	0.4	59.1	26.2	0.0
文化程度	未受过正规教育	53.7	0.1	15.6	30.5	0.1
	小学	18.6	0.2	48.8	32.4	0.0
	初中	10.2	0.5	60.5	28.8	0.0
	高中	8.7	0.5	61.8	28.8	0.2
	大学及以上	5.8	0.3	62.0	31.9	0.0
职业	干部/管理人员	4.0	0.5	57.8	37.5	0.2
	初级公务员/雇员	2.5	0.3	69.3	27.9	0.0
	个体/私营企业人员	6.9	0.4	63.7	28.8	0.2
	工人	10.7	0.3	55.8	33.1	0.1
	学生	8.7	2.1	49.3	39.9	0.0
	无业(包括退休人员)	13.4	0.4	61.9	24.2	0.1
	其他	*	*	*	*	*
个人月收入	没有收入	8.6	1.2	58.7	31.5	0.0
	1～2000 元	11.3	0.3	60.0	28.3	0.1
	2001～3000 元	16.0	0.5	55.4	27.9	0.2
	3001～4000 元	10.2	0.1	60.1	29.4	0.2
	4001～5000 元	3.8	0.4	63.9	31.6	0.3
	5001～6000 元	3.4	0.0	66.8	29.6	0.2
	6001 元及以上	3.5	0.4	58.8	37.3	0.0

“*”表示该目标听众样本量不足,无法进行统计推断。

表 3.4.6　2017 年成都市场份额排名前 5 位的频率

排　名	频率	市场份额(%)
1	四川人民广播电台交通广播 FM101.7	18.8
2	成都人民广播电台交通广播 FM91.4	11.2
3	四川人民广播电台岷江音乐 iRadio FM95.5	11.1
4	四川人民广播电台综合广播 FM98.1/AM1116	8.6
5	四川人民广播电台新闻频率 FM106.1	6.5

五、重庆收听数据

表 3.5.1　2015～2017 年重庆各目标听众人均收听时间(分钟)

目标听众		2015 年	2016 年	2017 年
10 岁及以上所有人		41	31	37
性别	男	42	31	36
	女	39	32	37
年龄	10～14 岁	24	14	11
	15～24 岁	25	23	24
	25～34 岁	40	30	41
	35～44 岁	49	37	43
	45～54 岁	37	28	36
	55～64 岁	55	43	42
	65 岁及以上	57	42	48
文化程度	未受过正规教育	*	*	*
	小学	40	28	36
	初中	45	33	35
	高中	41	32	37
	大学及以上	35	29	39
职业	干部/管理人员	60	36	49
	初级公务员/雇员	33	36	43
	个体/私营企业人员	40	29	39
	工人	42	31	34
	学生	21	19	19
	无业(包括退休人员)	52	42	47
	其他	*	*	*
个人月收入	没有收入	23	21	22
	1～2000 元	36	29	33
	2001～3000 元	49	35	36
	3001～4000 元	46	34	44
	4001～5000 元	42	33	39
	5001～6000 元	47	23	31
	6001 元及以上	33	35	47

注:重庆为全年连续调查城市。“*”表示该目标听众样本量不足,无法进行统计推断。

表 3.5.2　2015～2017 年重庆听众在不同地点的人均收听时间(分钟)

地　点	2015 年	2016 年	2017 年
在家	23	18	21
车上	14	10	13
工作/学习场所	2	2	1
其他场所	2	1	1

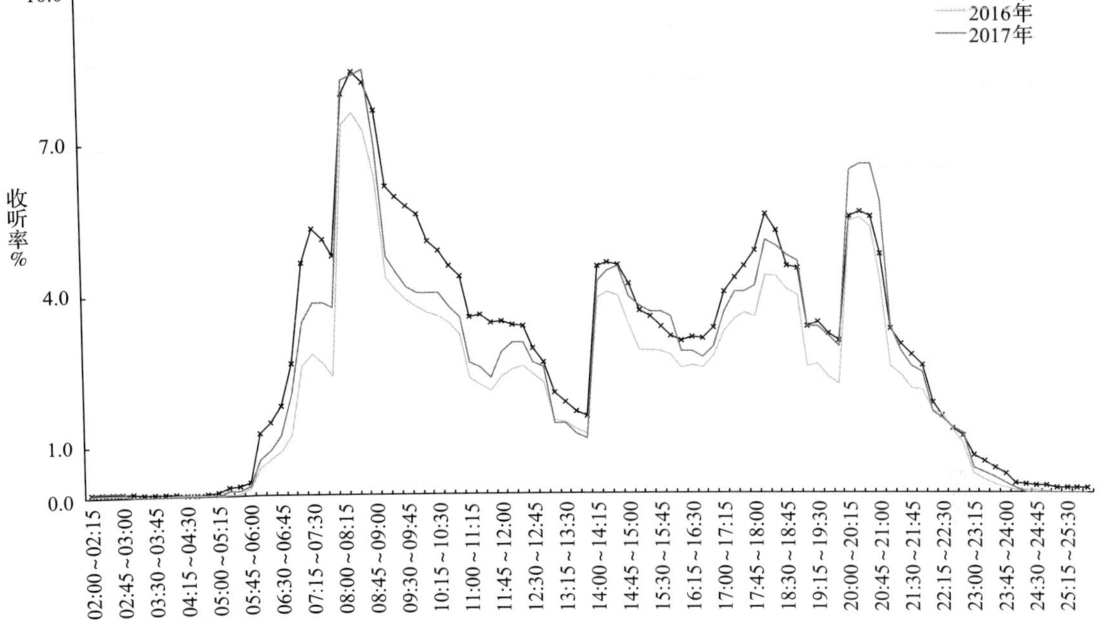

图 3.5.1　2015～2017 年重庆听众全天收听率走势

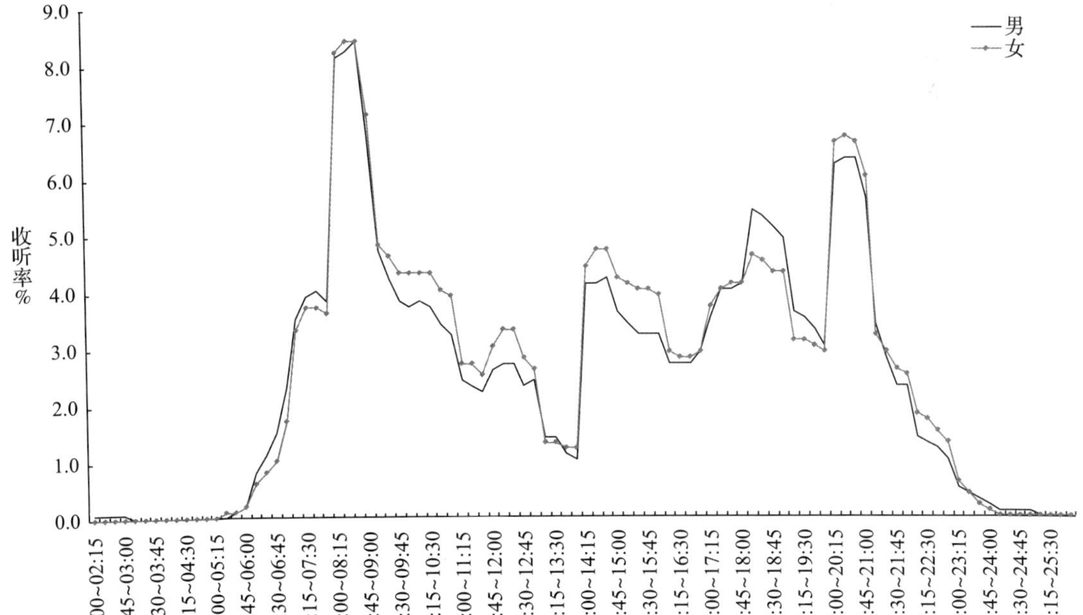

图 3.5.2　2017 年重庆不同性别听众全天收听率走势

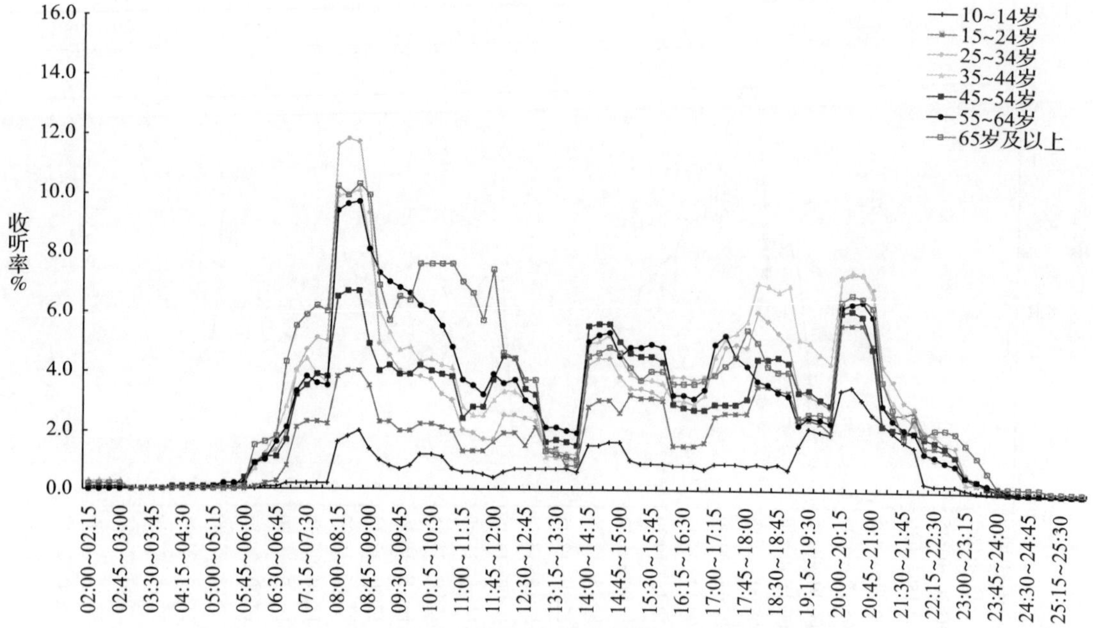

图 3.5.3　2017 年重庆不同年龄听众全天收听率走势

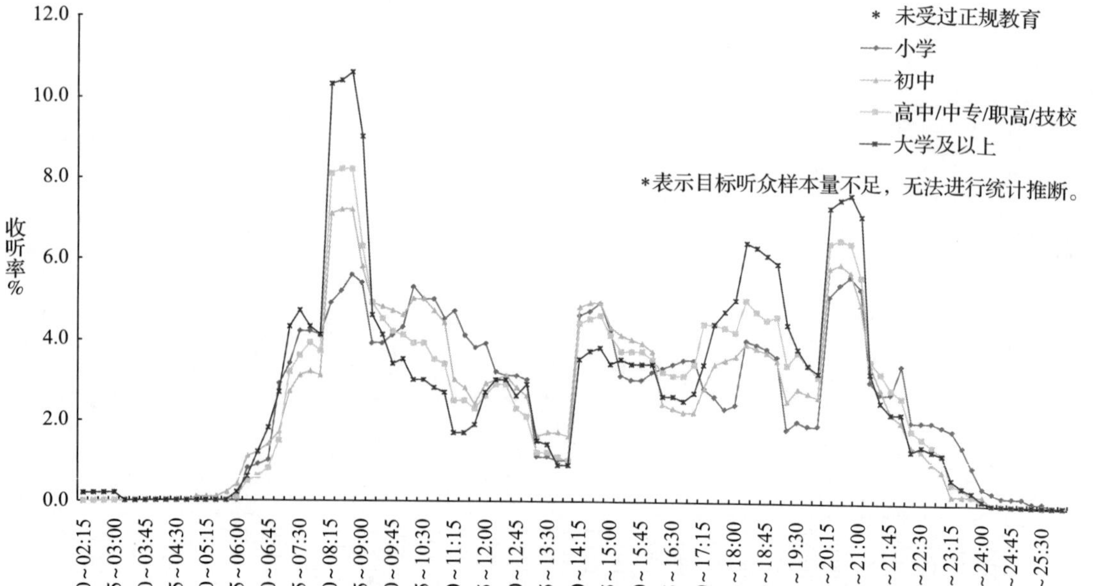

图 3.5.4　2017 年重庆不同文化程度听众全天收听率走势

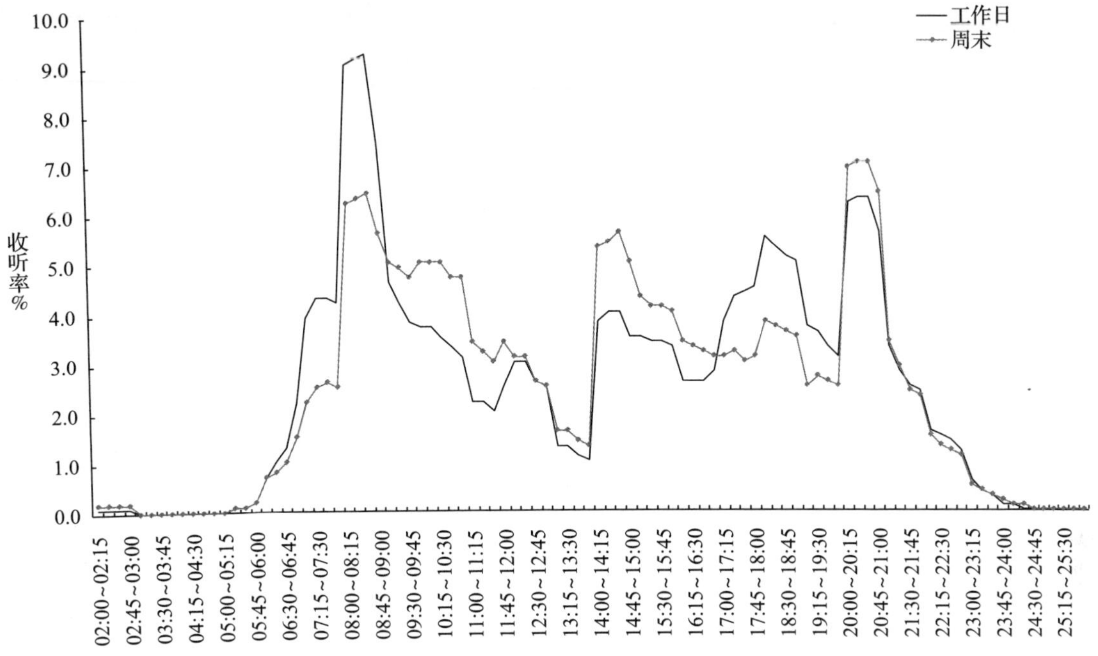

图 3.5.5　2017 年重庆听众工作日与周末全天收听率走势

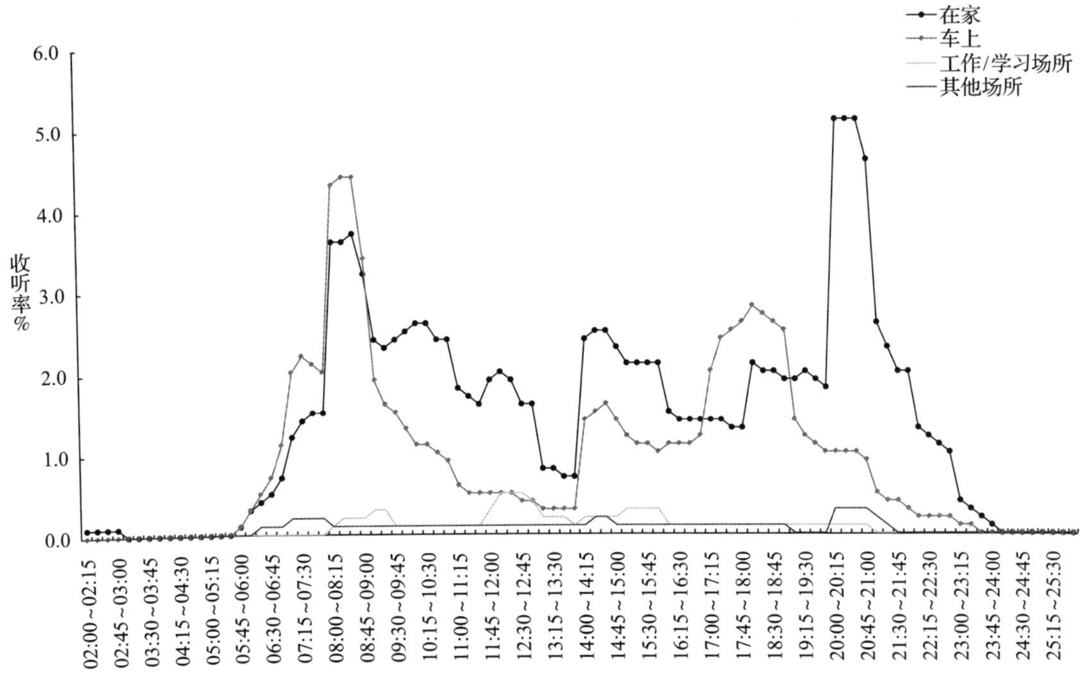

图 3.5.6　2017 年重庆听众在不同收听地点全天收听率走势

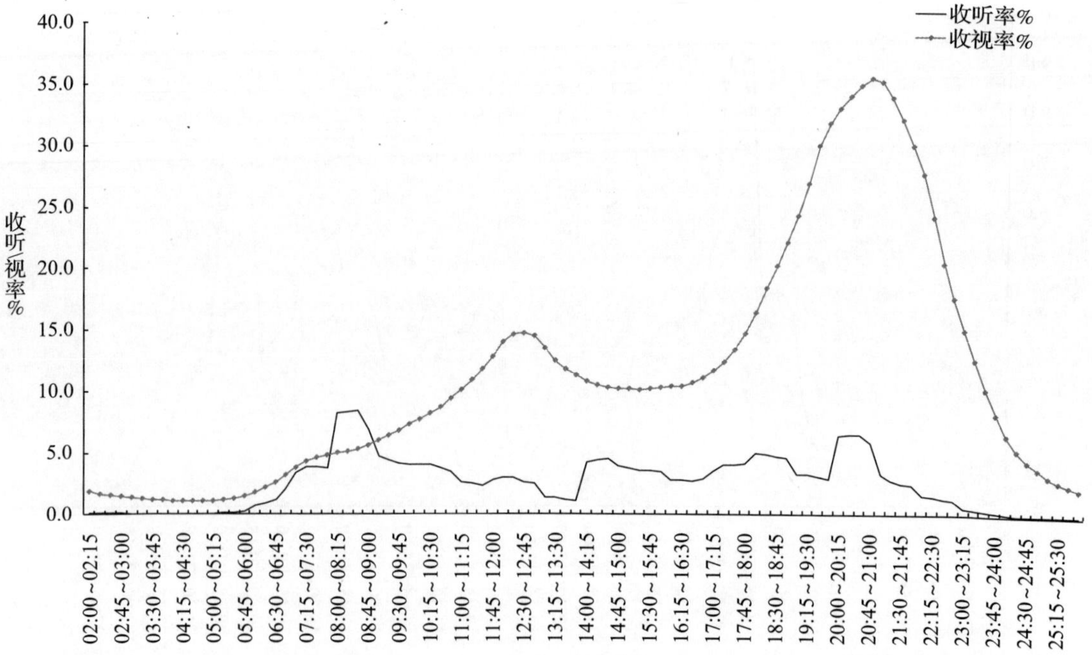

图 3.5.7 2017 年重庆受众全天收听率、收视率走势比较(目标受众为 10 岁及以上所有人)

表 3.5.3 2017 年重庆市场听众构成(%)

目标听众		听众构成(%)
10 岁及以上所有人		100.0
性别	男	49.7
	女	50.3
年龄	10~14 岁	1.1
	15~24 岁	13.8
	25~34 岁	24.2
	35~44 岁	27.8
	45~54 岁	13.3
	55~64 岁	10.6
	65 岁及以上	9.2
文化程度	未受过正规教育	*
	小学	7.2
	初中	24.5
	高中	38.6
	大学及以上	29.7
职业	干部/管理人员	5.6
	初级公务员/雇员	13.9
	个体/私营企业人员	27.8
	工人	24.4
	学生	7.8
	无业(包括退休人员)	20.5
	其他	*
个人月收入	没有收入	10.7
	1~2000 元	2.9
	2001~3000 元	20.1
	3001~4000 元	26.6
	4001~5000 元	19.0
	5001~6000 元	5.5
	6001 元及以上	15.2

“*”表示该目标听众样本量不足,无法进行统计推断。

表 3.5.4 2015~2017 年重庆市场各广播电台的市场份额(%)

广播电台	2015 年	2016 年	2017 年
中央人民广播电台	5.3	3.0	1.8
中国国际广播电台	2.4	2.3	1.4
重庆广播电视集团(总台)	90.9	93.9	96.5
其他广播电台	1.4	0.8	0.3

表 3.5.5　2017 年重庆市场各广播电台在不同目标听众中的市场份额(%)

目标听众		中央人民广播电台	中国国际广播电台	重庆广播电视集团(总台)	其他广播电台
10 岁及以上所有人		1.8	1.4	96.5	0.3
性别	男	2.1	1.8	95.9	0.2
	女	1.5	0.9	97.1	0.5
年龄	10～14 岁	0.9	0.4	98.7	0.0
	15～24 岁	1.6	0.6	97.7	0.1
	25～34 岁	0.5	0.6	98.6	0.3
	35～44 岁	0.7	1.9	96.7	0.7
	45～54 岁	0.6	0.5	98.5	0.4
	55～64 岁	4.4	0.5	94.8	0.3
	65 岁及以上	7.5	5.0	87.2	0.3
文化程度	未受过正规教育	*	*	*	*
	小学	5.4	3.1	91.4	0.1
	初中	1.9	2.2	95.6	0.3
	高中	1.8	0.7	97.0	0.5
	大学及以上	0.8	1.2	97.7	0.3
职业	干部/管理人员	0.4	0.1	99.4	0.1
	初级公务员/雇员	0.5	0.1	99.1	0.3
	个体/私营企业人员	1.0	2.4	95.8	0.8
	工人	0.5	0.4	98.7	0.4
	学生	2.2	0.7	97.0	0.1
	无业(包括退休人员)	5.5	2.6	91.7	0.2
	其他	*	*	*	*
个人月收入	没有收入	1.6	0.6	97.7	0.1
	1～2000 元	1.4	0.2	98.2	0.2
	2001～3000 元	3.4	1.0	95.2	0.4
	3001～4000 元	2.0	1.8	95.3	0.9
	4001～5000 元	1.1	0.7	97.9	0.3
	5001～6000 元	0.2	1.0	98.3	0.5
	6001 元及以上	0.6	2.8	96.6	0.0

“*”表示该目标听众样本量不足,无法进行统计推断。

表 3.5.6　2017 年重庆市场份额排名前 5 位的频率

排　名	频率	市场份额(%)
1	重庆人民广播电台交通频率 FM95.5	35.9
2	重庆人民广播电台音乐频率 FM88.1	32.6
3	重庆人民广播电台都市频率 FM93.8	13.0
4	重庆人民广播电台重庆之声 FM96.8/AM1314	7.6
5	重庆人民广播电台经济频率 FM101.5	6.4

表 3.5.7　2017 年重庆市场收听率排名前 30 位的节目

排名	节目名称	播出频率	收听率（%）	市场份额（%）
1	古典也流行(重播)	重庆人民广播电台音乐频率 FM88.1	3.5	49.3
2	资讯早班车	重庆人民广播电台交通频率 FM95.5	2.7	52.6
3	城市夜沙龙	重庆人民广播电台音乐频率 FM88.1	2.6	40.9
4	955 与你相随	重庆人民广播电台交通频率 FM95.5	2.5	46.3
5	城市音乐杂志民歌民乐逍遥游	重庆人民广播电台音乐频率 FM88.1	2.3	46.1
6	交广关注	重庆人民广播电台交通频率 FM95.5	2.0	42.7
7	音乐博客	重庆人民广播电台音乐频率 FM88.1	1.8	40.7
8	非常可乐帮	重庆人民广播电台音乐频率 FM88.1	1.8	36.8
9	交广乐逍遥	重庆人民广播电台交通频率 FM95.5	1.6	41.9
10	清风车影	重庆人民广播电台音乐频率 FM88.1	1.5	54.6
11	英伦音乐前沿	重庆人民广播电台音乐频率 FM88.1	1.5	37.1
12	汽车 CD	重庆人民广播电台音乐频率 FM88.1	1.5	25.1
13	古典也流行	重庆人民广播电台音乐频率 FM88.1	1.4	39.4
14	人车在线	重庆人民广播电台交通频率 FM95.5	1.4	35.3
15	881 汽车音乐时间 B 版	重庆人民广播电台音乐频率 FM88.1	1.4	27.5
16	汽车 CD 早安秀	重庆人民广播电台音乐频率 FM88.1	1.4	25.1
17	955 车友生活	重庆人民广播电台交通频率 FM95.5	1.3	39.8
18	音乐风情之旅	重庆人民广播电台音乐频率 FM88.1	1.3	39.6
19	城市音乐杂志	重庆人民广播电台音乐频率 FM88.1	1.3	38.9
20	咖啡时光	重庆人民广播电台音乐频率 FM88.1	1.3	36.9
21	汽车俱乐部	重庆人民广播电台交通频率 FM95.5	1.3	35.7
22	汽车音乐时间	重庆人民广播电台音乐频率 FM88.1	1.3	29.1
23	都市情缘	重庆人民广播电台都市频率 FM93.8	1.3	24.4
24	环球音乐网(重播)	重庆人民广播电台音乐频率 FM88.1	1.2	40.8
25	汽车世界	重庆人民广播电台交通频率 FM95.5	1.2	34.7
26	一路放轻松	重庆人民广播电台交通频率 FM95.5	1.1	38.6
27	潮妈驾到	重庆人民广播电台音乐频率 FM88.1	1.1	36.4
28	电影在歌唱(周末版)	重庆人民广播电台音乐频率 FM88.1	1.0	42.8
29	爵士星空(重播)	重庆人民广播电台音乐频率 FM88.1	1.0	39.9
30	驾驶员俱乐部	重庆人民广播电台交通频率 FM95.5	1.0	29.6

六、大连收听数据

表 3.6.1 2015～2017 年大连各目标听众人均收听时间(分钟)

目标听众		2015 年	2016 年	2017 年
10 岁及以上所有人		76	80	71
性别	男	83	84	77
	女	69	75	65
年龄	10～14 岁	20	16	15
	15～24 岁	24	30	22
	25～34 岁	69	61	53
	35～44 岁	79	69	61
	45～54 岁	88	94	76
	55～64 岁	126	135	118
	65 岁及以上	112	153	147
文化程度	未受过正规教育	*	*	67
	小学	60	59	82
	初中	83	94	81
	高中	78	78	63
	大学及以上	68	67	59
职业	干部/管理人员	87	93	70
	初级公务员/雇员	54	57	47
	个体/私营企业人员	98	95	79
	工人	75	66	57
	学生	19	21	17
	无业(包括退休人员)	105	125	118
	其他	*	*	48
个人月收入	没有收入	37	45	36
	1～2000 元	83	93	88
	2001～3000 元	83	92	84
	3001～4000 元	78	84	76
	4001～5000 元	118	90	74
	5001～6000 元	97	88	90
	6001 元及以上	114	105	59

注:大连为全年连续调查城市。“*”表示该目标听众样本量不足,无法进行统计推断。

表 3.6.2 2015～2017 年大连听众在不同地点的人均收听时间(分钟)

地　　点	2015 年	2016 年	2017 年
在家	47	51	45
车上	22	22	21
工作/学习场所	5	5	3
其他场所	2	2	1

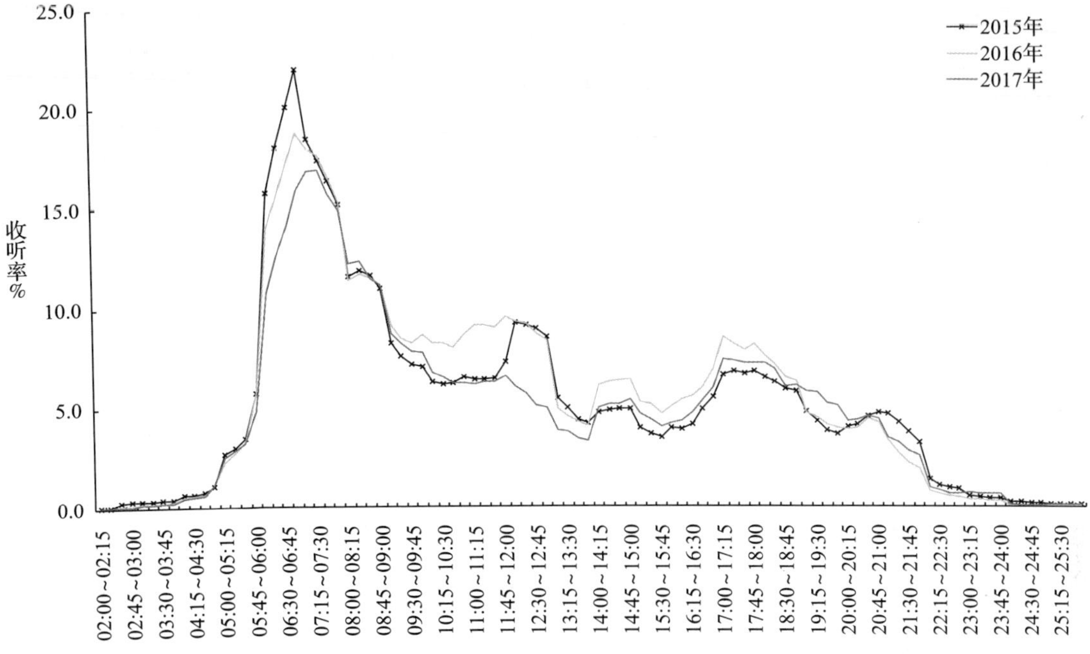

图 3.6.1　2015~2017 年大连听众全天收听率走势

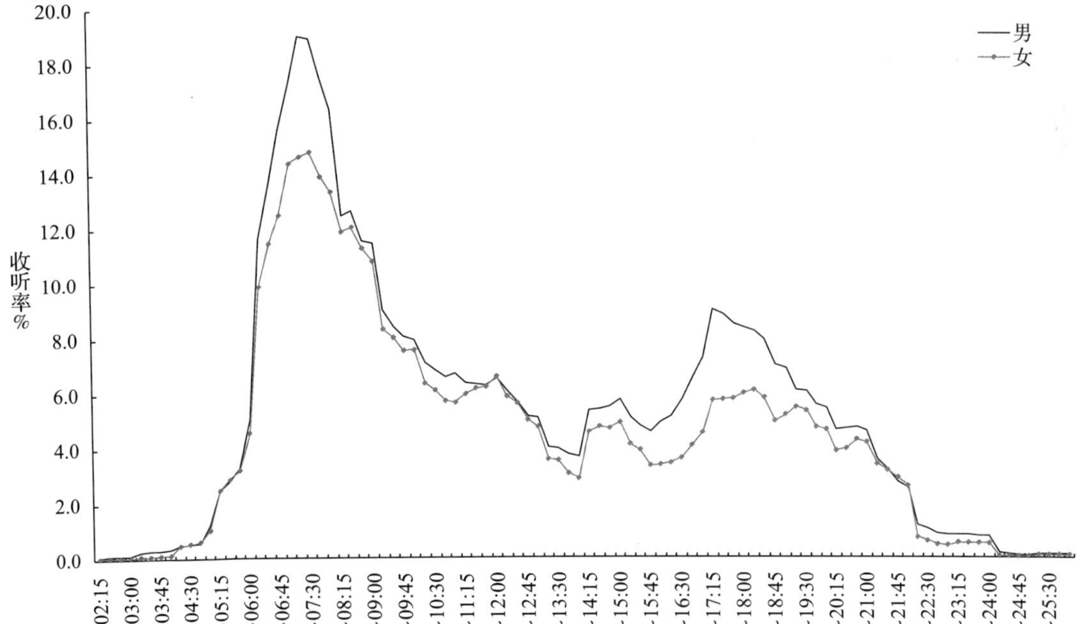

图 3.6.2　2017 年大连不同性别听众全天收听率走势

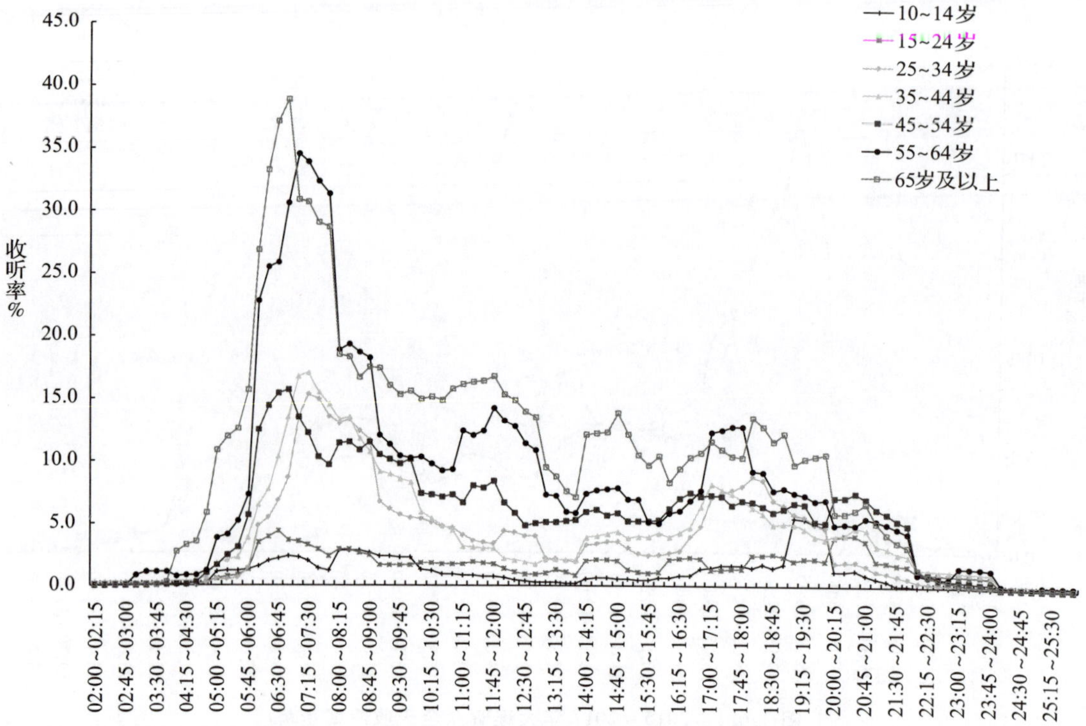

图 3.6.3　2017 年大连不同年龄听众全天收听率走势

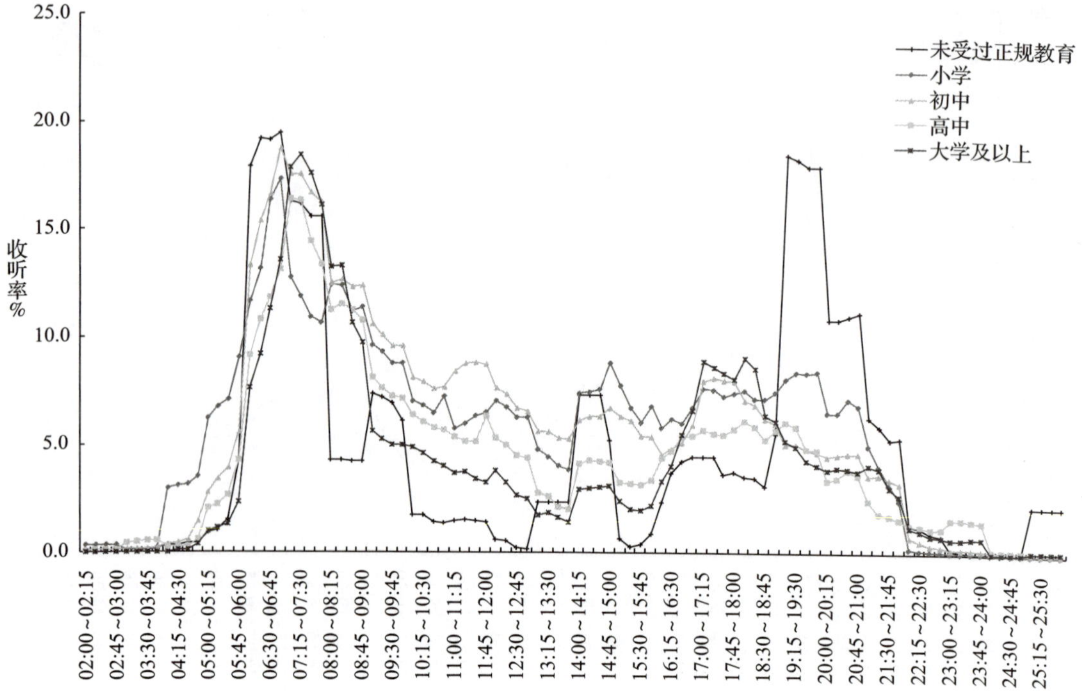

图 3.6.4　2017 年大连不同文化程度听众全天收听率走势

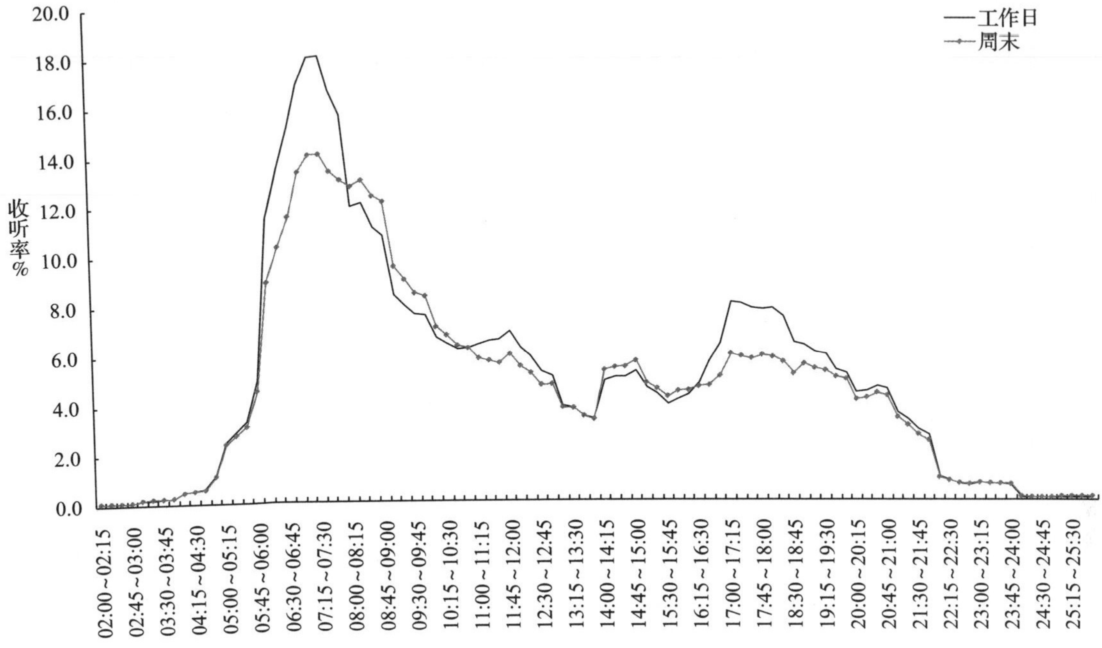

图 3.6.5 2017 年大连听众工作日与周末全天收听率走势

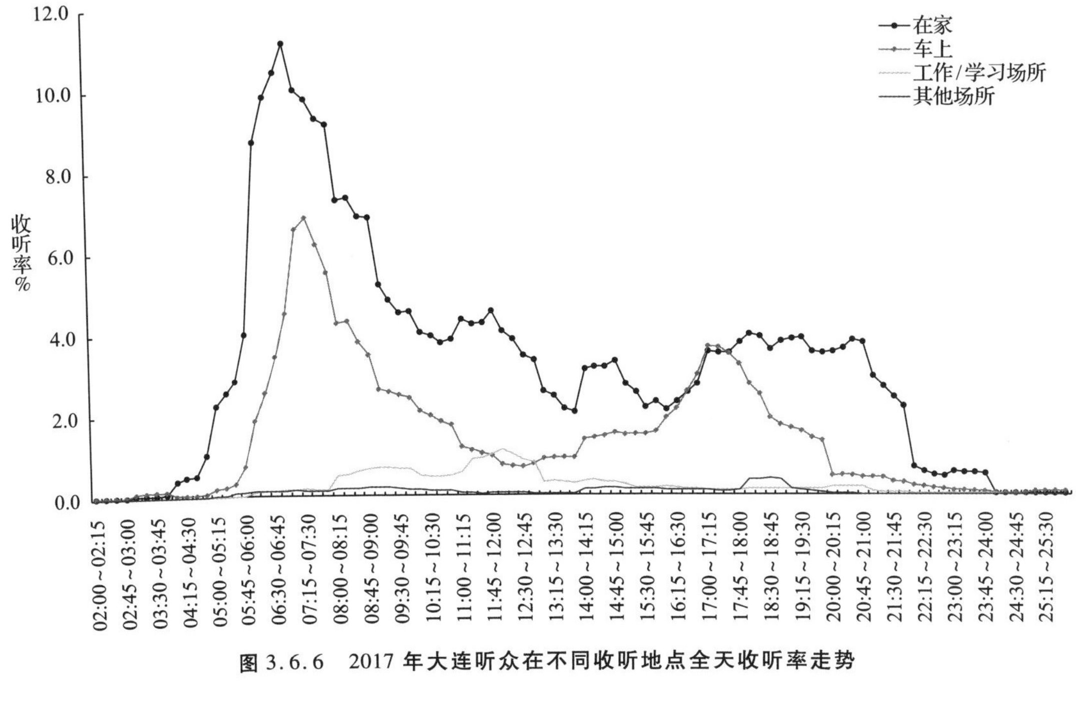

图 3.6.6 2017 年大连听众在不同收听地点全天收听率走势

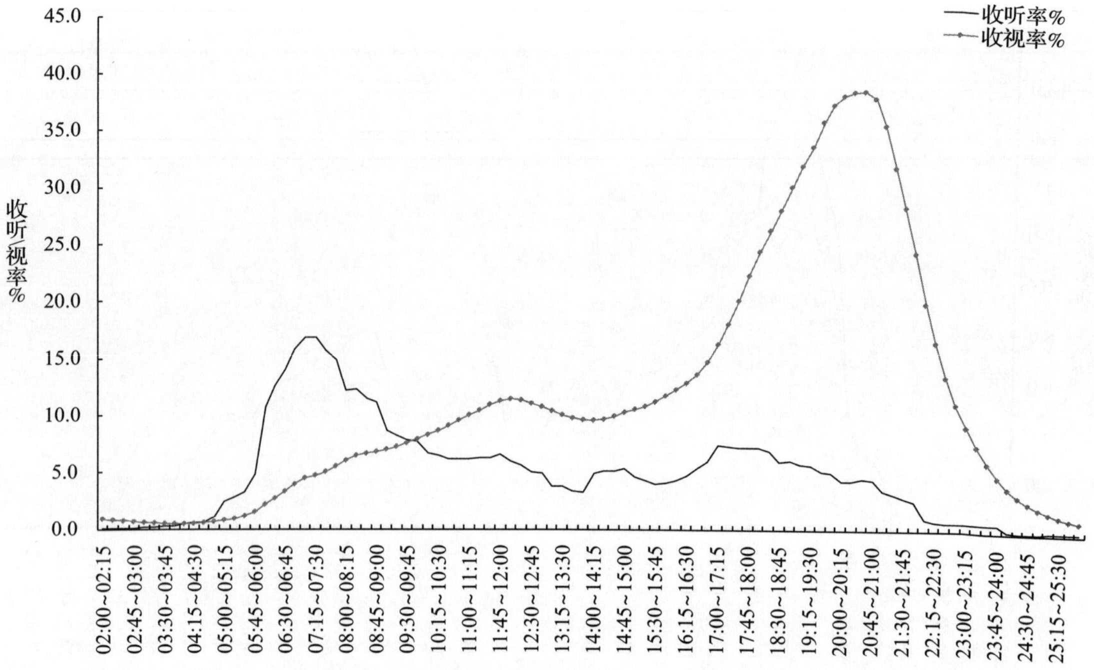

图 3.6.7　2017 年大连受众全天收听率、收视率走势比较(目标受众为 10 岁及以上所有人)

表 3.6.3 2017 年大连市场听众构成(%)

目标听众		听众构成(%)
10 岁及以上所有人		100.0
性别	男	55.3
	女	44.7
年龄	10～14 岁	0.8
	15～24 岁	4.7
	25～34 岁	14.8
	35～44 岁	18.2
	45～54 岁	17.6
	55～64 岁	22.8
	65 岁及以上	21.1
文化程度	未受过正规教育	1.0
	小学	10.2
	初中	44.3
	高中	27.0
	大学及以上	17.5
职业	干部/管理人员	2.3
	初级公务员/雇员	9.0
	个体/私营企业人员	17.7
	工人	21.8
	学生	3.1
	无业(包括退休人员)	45.4
	其他	0.7
个人月收入	没有收入	10.9
	1～2000 元	10.1
	2001～3000 元	31.9
	3001～4000 元	25.2
	4001～5000 元	12.3
	5001～6000 元	6.9
	6001 元及以上	2.7

表 3.6.4 2015～2017 年大连市场各广播电台的市场份额(%)

广播电台	2015 年	2016 年	2017 年
中央人民广播电台	11.9	12.3	12.4
中国国际广播电台	0.0	0.0	0.0
辽宁广播电视台	4.3	4.0	3.5
大连广播电视台	74.8	72.4	71.5
其他广播电台	9.0	11.3	12.6

表 3.6.5 2017 年大连市场各广播电台在不同目标听众中的市场份额(%)

目标听众		中央人民广播电台	中国国际广播电台	辽宁广播电视台	大连广播电视台	其他广播电台
10 岁及以上所有人		12.4	0.0	3.5	71.5	12.6
性别	男	12.7	0.0	3.5	71.7	12.1
	女	12.1	0.0	3.5	71.2	13.2
年龄	10～14 岁	15.7	0.0	1.6	49.8	32.9
	15～24 岁	23.9	0.0	1.2	61.9	13.0
	25～34 岁	11.0	0.0	3.8	79.1	6.1
	35～44 岁	9.3	0.0	2.3	75.5	12.9
	45～54 岁	13.4	0.0	2.5	74.2	9.9
	55～64 岁	9.1	0.0	4.5	74.1	12.3
	65 岁及以上	16.2	0.0	4.6	60.5	18.7
文化程度	未受过正规教育	4.6	0.0	15.2	61.6	18.6
	小学	11.5	0.0	4.6	55.2	28.7
	初中	12.3	0.0	3.6	70.9	13.2
	高中	11.6	0.0	3.2	74.6	10.6
	大学及以上	14.8	0.0	2.3	78.4	4.5
职业	干部/管理人员	10.2	0.0	0.0	88.7	1.1
	初级公务员/雇员	12.2	0.0	2.4	79.4	6.0
	个体/私营企业人员	9.5	0.0	2.1	79.9	8.5
	工人	12.1	0.0	2.9	73.1	11.9
	学生	29.6	0.0	1.1	50.6	18.7
	无业(包括退休人员)	12.8	0.0	4.9	66.5	15.8
	其他	4.3	0.0	0.3	58.5	36.9
个人月收入	没有收入	18.9	0.0	1.4	59.6	20.1
	1～2000 元	5.9	0.0	4.0	59.8	30.3
	2001～3000 元	10.3	0.0	4.7	74.8	10.2
	3001～4000 元	14.4	0.0	3.4	72.1	10.1
	4001～5000 元	11.6	0.0	2.5	75.6	10.3
	5001～6000 元	16.0	0.0	2.3	75.1	6.6
	6001 元及以上	9.6	0.0	7.1	79.7	3.6

表 3.6.6 2017 年大连市场份额排名前 5 位的频率

排　名	频率	市场份额(%)
1	大连人民广播电台第四套广播交通广播 FM100.8	34.7
2	大连广播电视台第一套综合广播 FM103.3/AM882	16.7
3	中央人民广播电台第一套节目中国之声	8.1
4	大连广播电视台第六套都市之声广播 FM99.1	6.0
5	大连人民广播电台第三套广播体育广播 FM105.7	4.7

表 3.1.7 2017 年大连市场收听率排名前 30 位的节目

排名	节目名称	播出频率	收听率（%）	市场份额（%）
1	欢乐同行	大连广播电台交通广播 FM100.8	5.9	41.4
2	转中央台新闻和报纸摘要	大连广播电视台第一套综合广播 FM103.3/AM882	4.9	32.6
3	快乐敞篷车	大连广播电台交通广播 FM100.8	4.4	33.6
4	威风资讯	大连广播电台交通广播 FM100.8	4.3	30.2
5	大连全新闻	大连广播电视台第一套综合广播 FM103.3/AM882	4.1	35.5
6	我爱早高峰	大连广播电视台第一套综合广播 FM103.3/AM882	3.4	23.0
7	转新闻摘要	大连广播电台交通广播 FM100.8	3.1	25.2
8	交警你好	大连广播电台交通广播 FM100.8	3.0	38.3
9	《周末 AUV》之文艺大连	大连广播电台交通广播 FM100.8	2.8	31.7
10	天天好听好歌来了	大连广播电台交通广播 FM100.8	2.1	33.4
11	梁辉说法	大连广播电台交通广播 FM100.8	2.1	22.2
12	向快乐出发	大连广播电台交通广播 FM100.8	2.0	34.5
13	健康水时间	大连广播电视台第一套综合广播 FM103.3/AM882	2.0	16.6
14	吃喝玩乐	大连广播电台交通广播 FM100.8	1.9	36.6
15	老人唱歌也疯狂	大连广播电台交通广播 FM100.8	1.8	33.0
16	欢哥我来了	大连广播电台交通广播 FM100.8	1.8	32.9
17	车谈山外山	大连广播电台交通广播 FM100.8	1.8	26.9
18	疯狂来电	大连广播电台交通广播 FM100.8	1.6	47.6
19	美丽直通车	大连广播电台交通广播 FM100.8	1.6	28.0
20	精彩柏威年	大连广播电台交通广播 FM100.8	1.5	30.3
21	健康加油站	大连广播电台交通广播 FM100.8	1.5	26.4
22	打开车窗说亮话	大连广播电台交通广播 FM100.8	1.4	34.8
23	应急时刻	大连广播电台交通广播 FM100.8	1.4	30.3
24	达督察与李警花	大连广播电台交通广播 FM100.8	1.3	30.5
25	音乐欣赏	大连广播电台新城乡广播 FM95.6/AM1575	1.3	20.6
26	食尚美食街	大连广播电视台第一套综合广播 FM103.3/AM882	1.3	13.3
27	991 汽车晨报	大连广播电视台第六套都市之声广播 FM99.1	1.3	7.8
28	12345 市民热线	大连广播电视台第一套综合广播 FM103.3/AM882	1.2	13.9
29	周末茶馆	大连广播电台体育广播 FM105.7	1.2	9.6
30	专题时间	大连广播电视台第一套综合广播 FM103.3/AM882	1.1	21.4

七、佛山收听数据

表 3.7.1 2015～2017 年佛山各目标听众人均收听时间(分钟)

目标听众		2015 年	2016 年	2017 年
10 岁及以上所有人		70	73	83
性别	男	71	74	84
	女	69	72	80
年龄	10～14 岁	19	32	32
	15～24 岁	50	54	62
	25～34 岁	63	68	80
	35～44 岁	82	83	89
	45～54 岁	91	87	107
	55～64 岁	88	98	109
	65 岁及以上	90	87	90
文化程度	未受过正规教育	*	*	58
	小学	67	78	77
	初中	73	76	86
	高中	71	74	83
	大学及以上	66	62	81
职业	干部/管理人员	85	63	109
	初级公务员/雇员	67	72	81
	个体/私营企业人员	80	81	91
	工人	66	79	92
	学生	39	40	43
	无业(包括退休人员)	90	86	90
	其他	34	62	42
个人月收入	没有收入	42	47	49
	1～2000 元	80	74	74
	2001～3000 元	78	84	92
	3001～4000 元	67	75	91
	4001～5000 元	73	79	94
	5001～6000 元	82	81	89
	6001 元及以上	76	64	78

注:佛山为全年连续调查城市"*"表示该目标听众样本量不足,无法进行统计推断。

表 3.7.2 2015～2017 年佛山听众在不同地点的人均收听时间(分钟)

地　　点	2015 年	2016 年	2017 年
在家	36	35	39
车上	15	20	25
工作/学习场所	15	15	14
其他场所	3	4	5

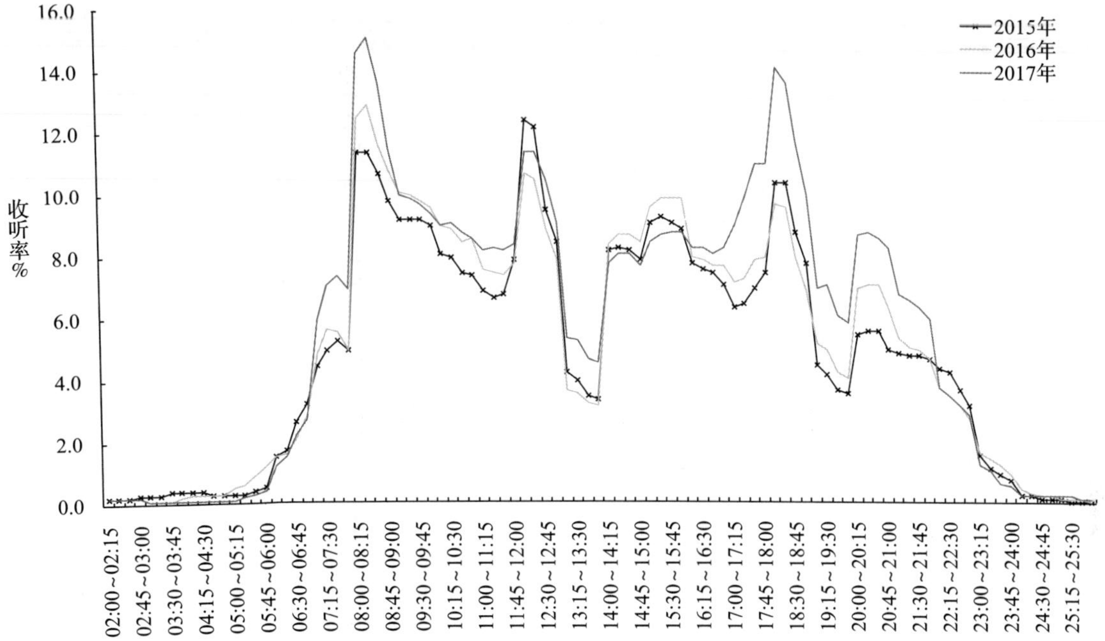

图 3.7.1 2015～2017 年佛山听众全天收听率走势

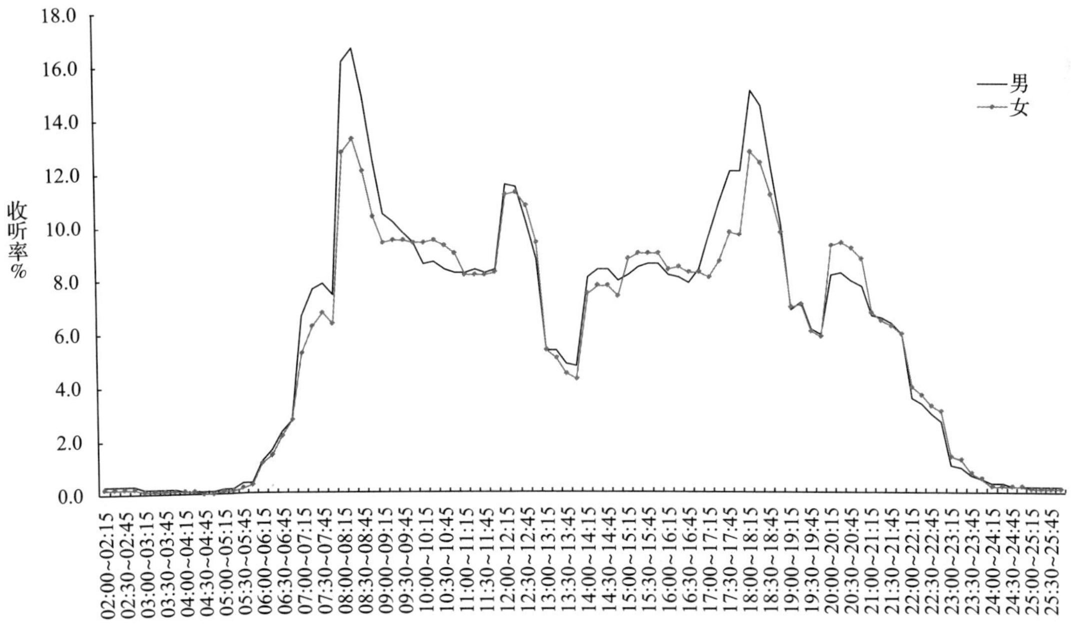

图 3.7.2 2017 年佛山不同性别听众全天收听率走势

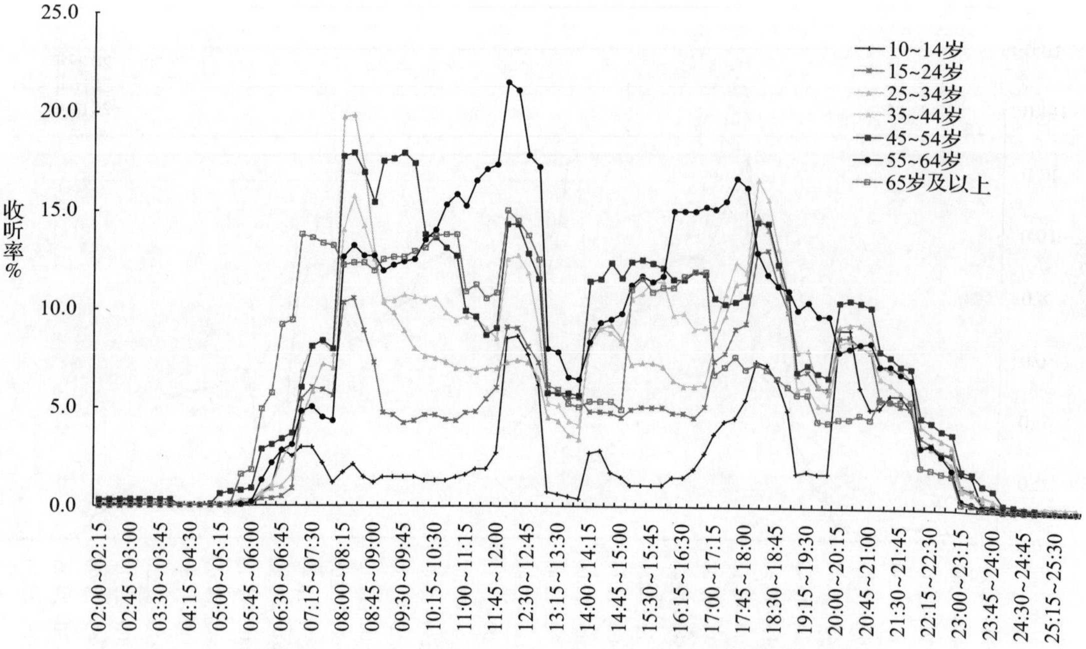

图 3.7.3　2017 年佛山不同年龄听众全天收听率走势

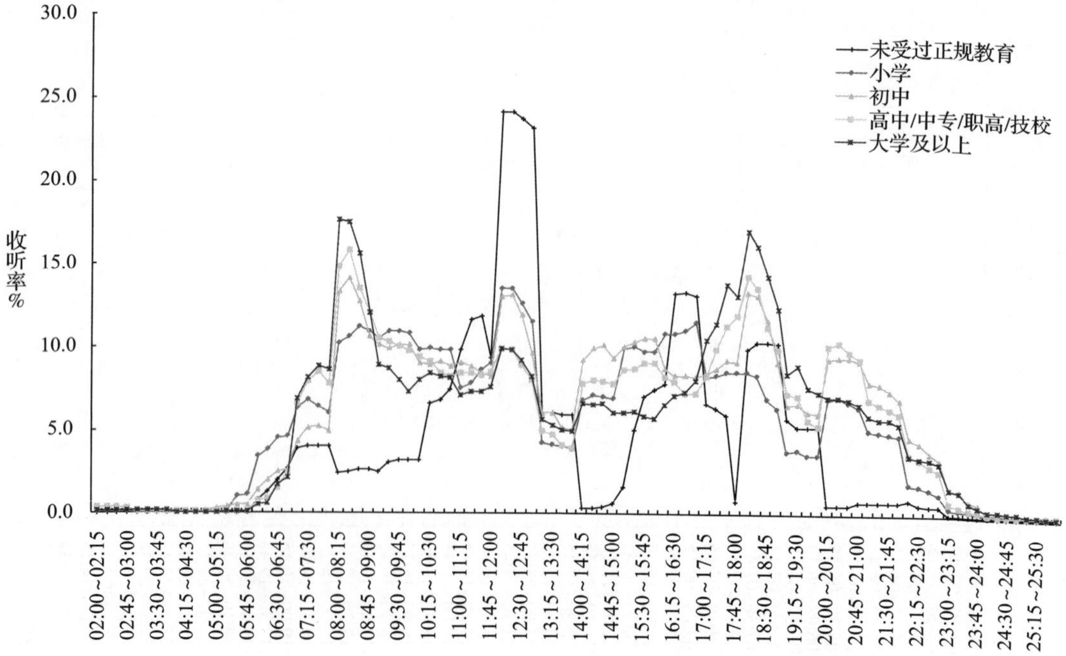

图 3.7.4　2017 年佛山不同文化程度听众全天收听率走势

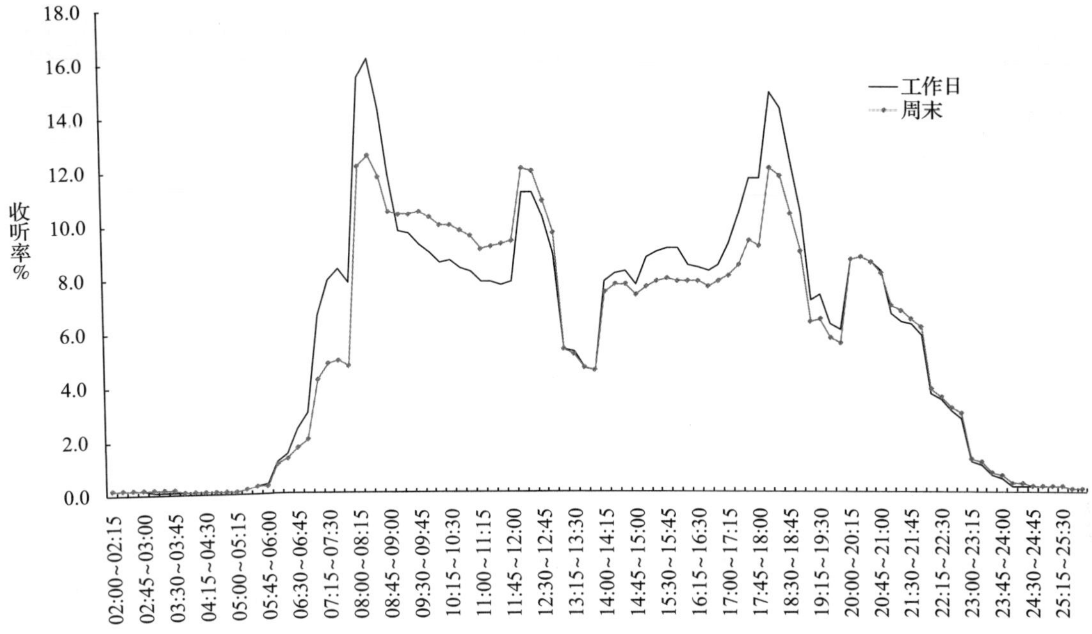

图 3.7.5　2017 年佛山听众工作日与周末全天收听率走势

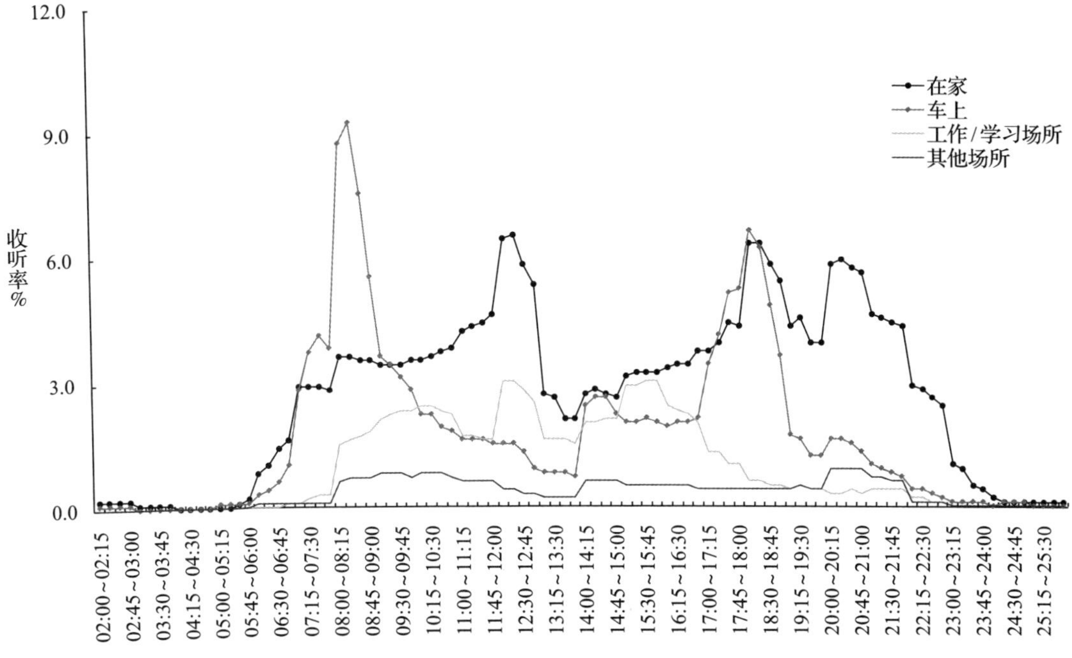

图 3.7.6　2017 年佛山听众在不同收听地点全天收听率走势

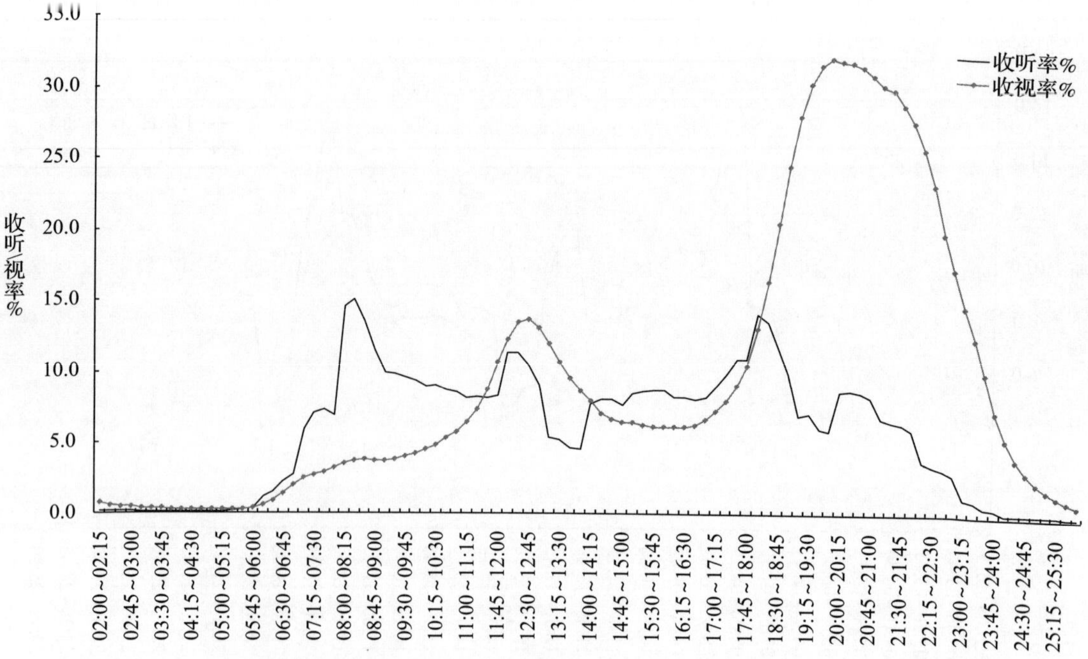

图 3.7.7　2017 年佛山受众全天收听率、收视率走势比较(目标受众为 10 岁及以上所有人)

表 3.7.3 2017 年佛山市场听众构成(%)

目标听众		听众构成(%)
10 岁及以上所有人		100.0
性别	男	54.6
	女	45.4
年龄	10～14 岁	1.4
	15～24 岁	16.0
	25～34 岁	25.1
	35～44 岁	26.2
	45～54 岁	14.7
	55～64 岁	10.4
	65 岁及以上	6.2
文化程度	未受过正规教育	0.5
	小学	10.9
	初中	30.9
	高中	31.8
	大学及以上	25.9
职业	干部/管理人员	4.5
	初级公务员/雇员	31.8
	个体/私营企业人员	27.3
	工人	13.6
	学生	5.4
	无业(包括退休人员)	16.2
	其他	1.2
个人月收入	没有收入	8.3
	1～2000 元	10.0
	2001～3000 元	24.1
	3001～4000 元	26.8
	4001～5000 元	14.6
	5001～6000 元	9.1
	6001 元及以上	7.1

表 3.7.4 2015～2017 年佛山市场各广播电台的市场份额(%)

广播电台	2015 年	2016 年	2017 年
中央人民广播电台	1.4	1.8	1.4
中国国际广播电台	0.3	0.2	0.1
广东广播电视台	9.7	10.0	7.7
广州广播电视台	2.9	4.0	2.2
佛山人民广播电台	79.5	78.2	83.4
鹤山人民广播电台	2.8	2.8	1.9
其他广播电台	3.4	3.0	3.3

表 3.7.5　2017 年佛山市场各广播电台在不同目标听众中的市场份额(%)

目标听众		中央人民广播电台	中国国际广播电台	广东广播电视台	广州广播电视台	佛山人民广播电台	鹤山人民广播电台	其他广播电台
10 岁及以上所有人		1.4	0.1	7.7	2.2	83.4	1.9	3.3
性别	男	1.4	0.1	7.4	2.4	83.2	1.8	3.7
	女	1.5	0.1	8.1	1.9	83.8	2.1	2.5
年龄	10～14 岁	0.5	0.0	18.6	5.0	75.6	0.1	0.2
	15～24 岁	3.2	0.6	8.6	2.2	82.2	1.3	1.9
	25～34 岁	0.7	0.0	7.9	1.6	86.0	1.6	2.2
	35～44 岁	2.3	0.0	9.4	2.8	80.8	2.8	1.9
	45～54 岁	0.6	0.0	5.9	2.8	84.9	1.2	4.6
	55～64 岁	0.3	0.0	3.6	1.6	88.8	3.5	2.2
	65 岁及以上	0.4	0.0	5.8	0.7	77.0	0.9	15.2
文化程度	未受过正规教育	2.9	0.0	0.4	0.0	96.7	0.0	0.0
	小学	0.5	0.0	7.3	1.6	87.8	1.7	1.1
	初中	1.9	0.0	7.1	2.1	83.5	3.2	2.2
	高中	1.6	0.2	8.3	2.2	83.3	1.3	3.1
	大学及以上	1.1	0.2	7.9	2.5	81.9	1.2	5.2
职业	干部/管理人员	0.8	0.0	6.3	2.2	85.2	0.1	5.4
	初级公务员/雇员	1.5	0.0	7.6	2.8	82.3	3.1	2.7
	个体/私营企业人员	2.2	0.2	7.5	1.7	83.9	1.3	3.2
	工人	0.8	0.1	5.6	1.6	88.2	2.7	1.0
	学生	0.9	1.1	18.7	3.8	75.2	0.2	0.1
	无业(包括退休人员)	1.0	0.0	6.8	1.8	83.0	0.9	6.5
	其他	0.8	0.0	4.2	1.5	88.2	4.5	0.8
个人月收入	没有收入	2.0	0.7	11.3	3.6	81.5	0.1	0.8
	1～2000 元	0.6	0.1	10.2	0.9	84.4	2.4	1.4
	2001～3000 元	0.5	0.0	6.9	3.1	84.7	1.6	3.2
	3001～4000 元	2.4	0.1	5.9	1.8	83.9	2.9	3.0
	4001～5000 元	1.2	0.0	8.2	1.4	83.7	2.4	3.1
	5001～6000 元	1.2	0.1	10.9	3.4	79.9	1.6	2.9
	6001 元及以上	2.2	0.5	4.9	0.8	81.4	0.9	9.3

表 3.7.6　2017 年佛山市场份额排名前 5 位的频率

排　名	频率	市场份额(%)
1	佛山人民广播电台 FM94.6	27.8
2	佛山人民广播电台 FM92.4	18.6
3	佛山人民广播电台 FM90.1	14.1
4	佛山人民广播电台 FM98.5	11.3
5	佛山人民广播电台 FM90.6	6.9

表 3.7.7　2017 年佛山市场收听率排名前 30 位的节目

排名	节目名称	播出频率	收听率（%）	市场份额（%）
1	粤韵之音俱乐部	佛山人民广播电台 FM94.6	3.4	33.5
2	午间新闻接力	佛山人民广播电台 FM94.6	3.3	32.4
3	喜势围威喂	佛山人民广播电台 FM92.4	3.3	24.2
4	同步新空气	佛山人民广播电台 FM92.4	3.3	23.1
5	经典音乐日	佛山人民广播电台 FM94.6	3.2	27.3
6	健康 E 时代	佛山人民广播电台 FM94.6	3.1	35.7
7	佛山一家人广播剧	佛山人民广播电台 FM94.6	3.1	35.0
8	财富正前方	佛山人民广播电台 FM94.6	3.1	29.1
9	讲东讲西讲东西	佛山人民广播电台 FM94.6	2.9	34.8
10	早晨从 946 出发	佛山人民广播电台 FM94.6	2.9	26.4
11	傍晚新闻专辑	佛山人民广播电台 FM94.6	2.9	24.0
12	946 民生直通车	佛山人民广播电台 FM94.6	2.8	31.9
13	查笃撑	佛山人民广播电台 FM94.6	2.8	31.7
14	禅城面对面	佛山人民广播电台 FM94.6	2.8	29.1
15	花生宝贝	佛山人民广播电台 FM94.6	2.7	35.3
16	警讯 110	佛山人民广播电台 FM94.6	2.7	31.0
17	今日舆论场	佛山人民广播电台 FM94.6	2.7	24.4
18	I 风尚	佛山人民广播电台 FM94.6	2.6	33.6
19	讲古台	佛山人民广播电台 FM94.6	2.6	30.5
20	完美家居	佛山人民广播电台 FM94.6	2.6	28.3
21	马力全开	佛山人民广播电台 FM92.4	2.6	23.0
22	读经典听文明	佛山人民广播电台 FM94.6	2.5	32.8
23	阳光畅游	佛山人民广播电台 FM92.4	2.5	21.1
24	流金岁月	佛山人民广播电台 FM94.6	2.4	27.4
25	同车时代（周末版）	佛山人民广播电台 FM92.4	2.2	22.2
26	顺德故事/新闻专辑	佛山人民广播电台 FM90.1	2.2	19.3
27	泛思哲音乐工程	佛山人民广播电台 FM92.4	2.1	19.0
28	前面有乐	佛山人民广播电台 FM92.4	2.0	20.5
29	医家有嘢讲首播	佛山人民广播电台 FM90.1	1.9	24.4
30	自在畅行	佛山人民广播电台 FM92.4	1.9	20.3

八、福州收听数据

表 3.8.1　2015～2017 年福州各目标听众人均收听时间(分钟)

目标听众		2015 年	2016 年	2017 年			
				第一波	第二波	第三波	第四波
10 岁及以上所有人		45	47	46	51	53	57
性别	男	51	53	51	59	62	65
	女	38	40	42	44	43	49
年龄	10～14 岁	13	5	4	3	7	13
	15～24 岁	23	25	26	22	34	30
	25～34 岁	43	47	44	49	48	57
	35～44 岁	46	46	49	54	52	58
	45～54 岁	59	54	54	67	73	77
	55～64 岁	64	65	63	69	66	71
	65 岁及以上	76	86	82	96	88	86
文化程度	未受过正规教育	10	11	20	15	13	35
	小学	42	28	26	27	24	28
	初中	40	40	42	48	52	53
	高中	49	50	47	51	57	62
	大学及以上	45	56	55	64	57	63
职业	干部/管理人员	59	67	74	89	85	90
	初级公务员/雇员	50	50	48	56	53	53
	个体/私营企业人员	47	50	46	50	51	69
	工人	32	33	28	36	66	65
	学生	20	18	21	20	16	21
	无业(包括退休人员)	56	65	65	71	70	73
	其他	*	*	81	64	*	*
个人月收入	没有收入	22	23	24	24	18	23
	1～2000 元	71	53	42	43	63	68
	2001～3000 元	45	49	49	54	70	74
	3001～4000 元	55	54	57	65	64	59
	4001～5000 元	43	54	58	68	57	62
	5001～6000 元	48	51	43	53	56	59
	6001 元及以上	57	63	53	62	60	78

注:福州为四波调查城市。2017 年四波调查时间分别为:第一波 2 月 26 日至 3 月 18 日;第二波 5 月 21 日至 6 月 10 日;第三波 8 月 20 日至 9 月 9 日;第四波 11 月 5 日至 11 月 25 日。
“*”表示目标听众样本量不足,无法进行统计推断。

表 3.8.2　2015～2017 年福州听众在不同地点的人均收听时间(分钟)

地　　点	2015 年	2016 年	2017 年
在家	26	25	24
车上	14	18	22
工作/学习场所	2	2	3
其他场所	2	2	2

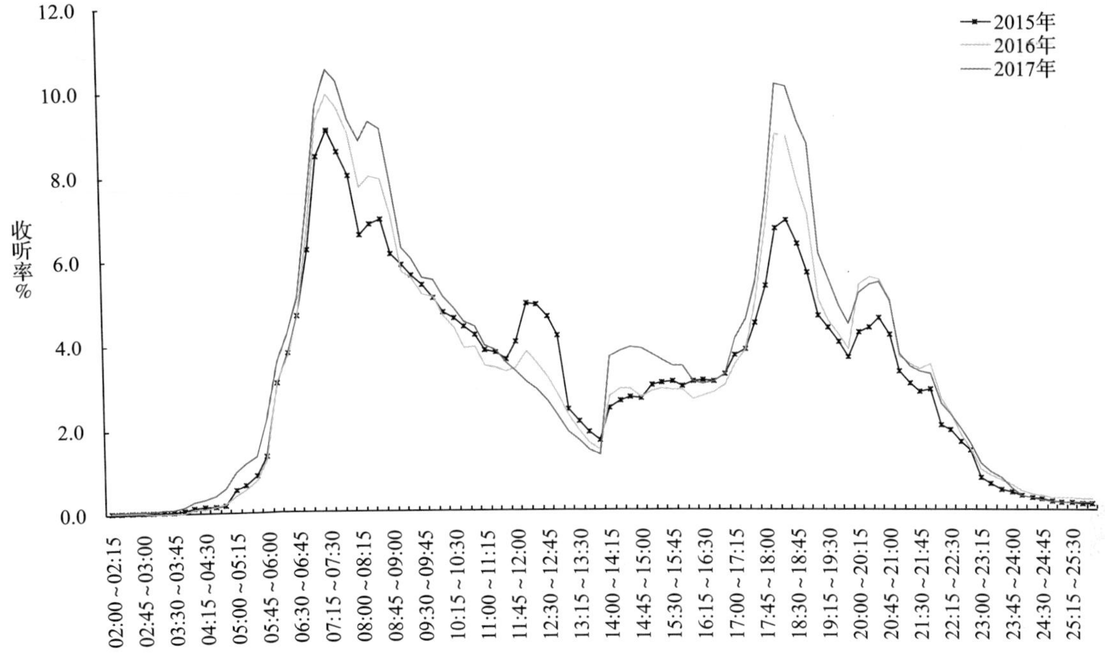

图 3.8.1　2015～2017 年福州听众全天收听率走势

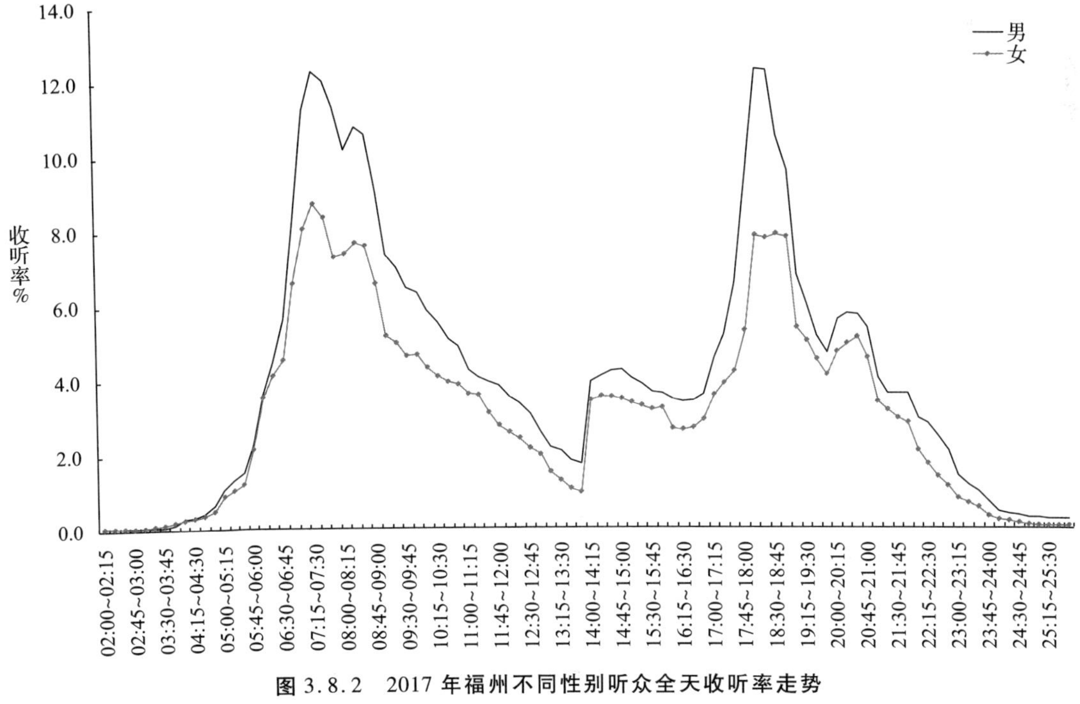

图 3.8.2　2017 年福州不同性别听众全天收听率走势

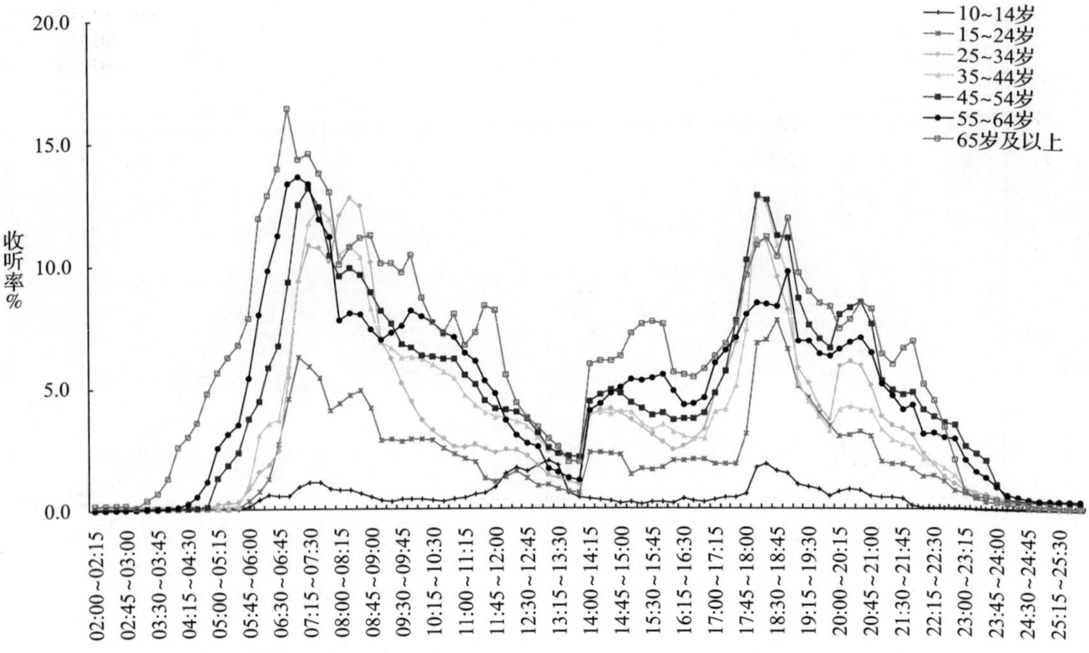

图 3.8.3 2017 年福州不同年龄听众全天收听率走势

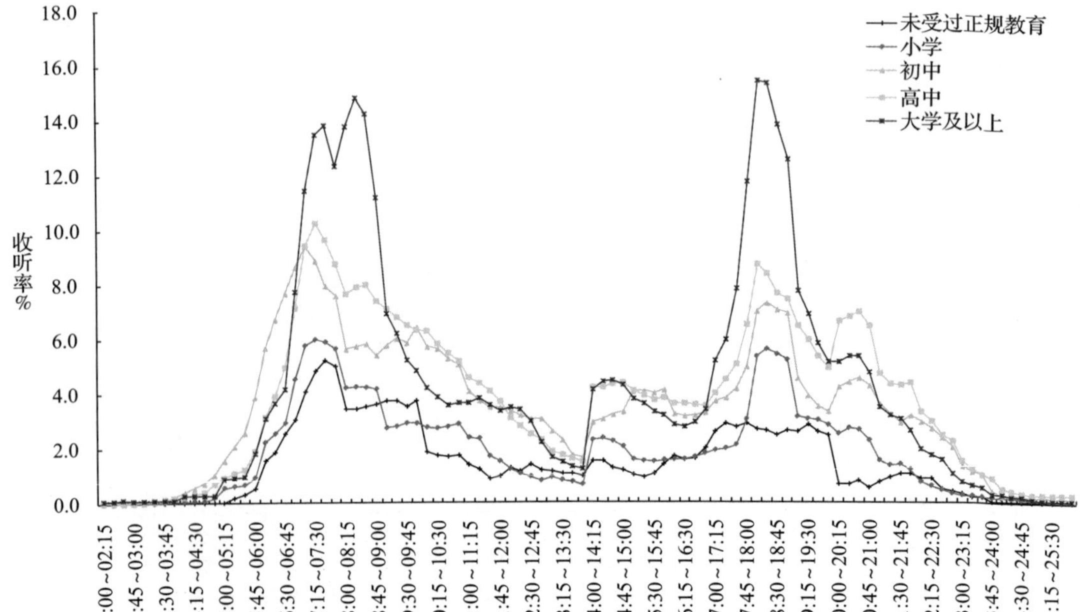

图 3.8.4 2017 年福州不同文化程度听众全天收听率走势

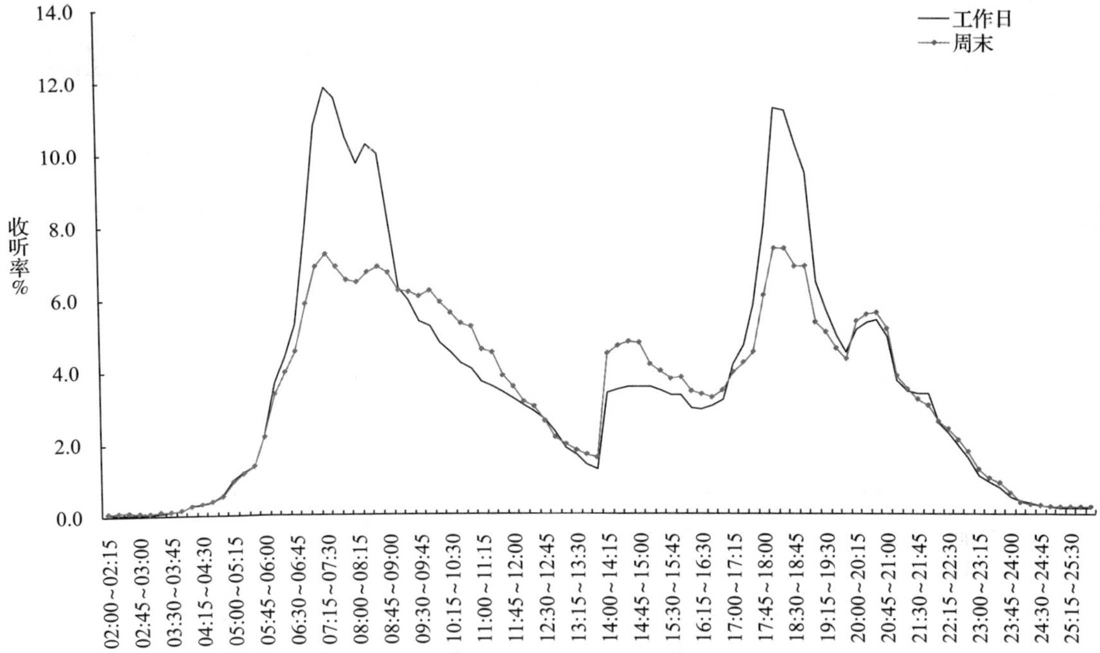

图 3.8.5　2017 年福州听众工作日与周末全天收听率走势

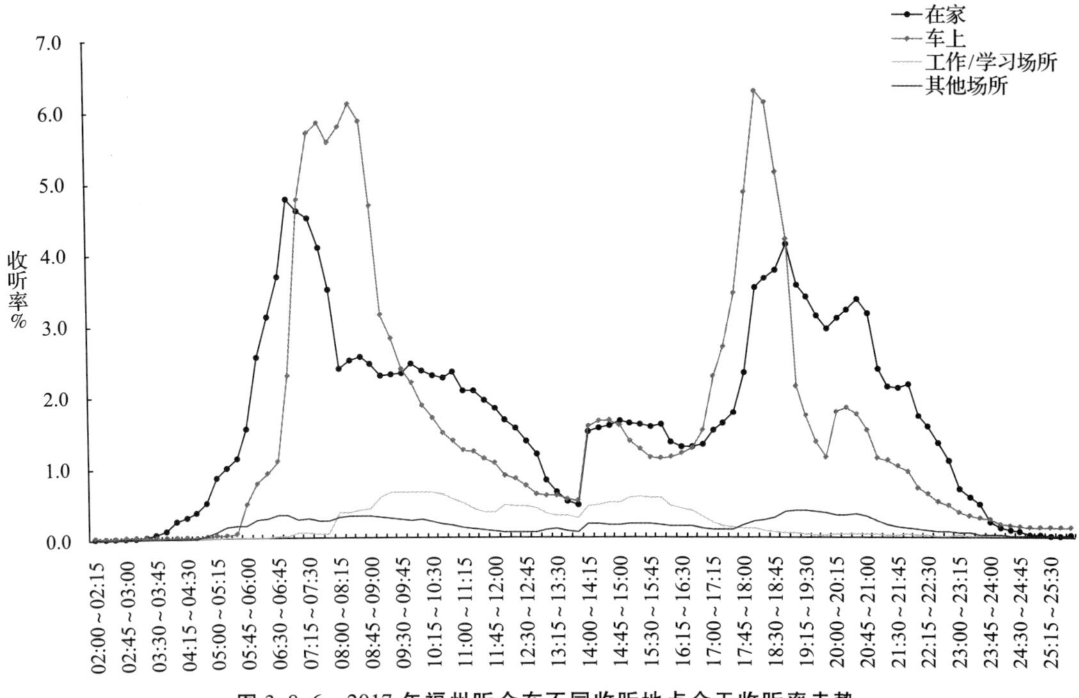

图 3.8.6　2017 年福州听众在不同收听地点全天收听率走势

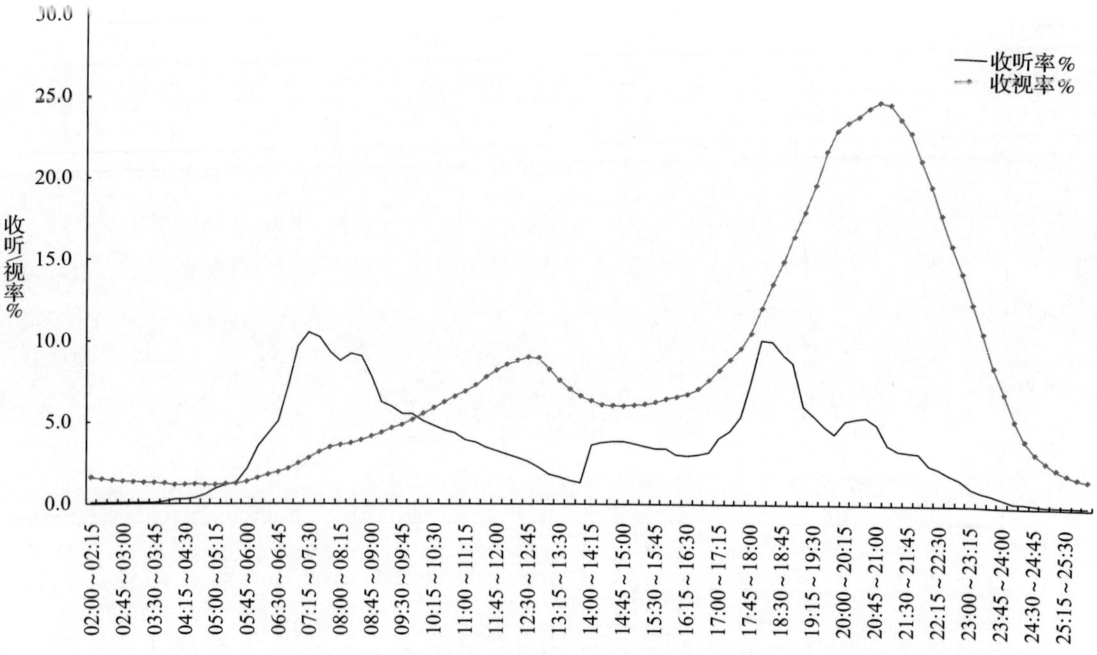

图 3.8.7　2017 年福州受众全天收听率、收视率走势比较(目标受众为 10 岁及以上所有人)

表 3.8.3 2017 年福州市场听众构成(%)

目标听众		听众构成(%)
10 岁及以上所有人		100.0
性别	男	57.8
	女	42.2
年龄	10～14 岁	0.6
	15～24 岁	10.2
	25～34 岁	22.7
	35～44 岁	21.6
	45～54 岁	17.2
	55～64 岁	13.3
	65 岁及以上	14.4
文化程度	未受过正规教育	0.3
	小学	4.9
	初中	21.0
	高中	36.7
	大学及以上	37.1
职业	干部/管理人员	6.2
	初级公务员/雇员	34.6
	个体/私营企业人员	14.2
	工人	9.5
	学生	6.2
	无业(包括退休人员)	29.4
	其他	*
个人月收入	没有收入	9.5
	1～2000 元	4.8
	2001～3000 元	19.5
	3001～4000 元	27.4
	4001～5000 元	15.4
	5001～6000 元	9.5
	6001 元及以上	13.8

“*”表示目标听众样本量不足,无法进行统计推断。

表 3.8.4 2015～2017 年福州市场各广播电台的市场份额(%)

广播电台	2015 年	2016 年	2017 年			
			第一波	第二波	第三波	第四波
中央人民广播电台	24.4	25.0	22.2	20.1	18.9	18.7
中国国际广播电台	0.3	0.1	0.1	0.1	0.2	0.1
福建广播影视集团	36.8	36.5	38.8	41.3	43.4	39.1
福州广播电视集团	28.7	27.5	28.2	28.5	26.1	28.5
海峡之声广播电台	7.6	7.4	7.1	6.4	6.5	6.9
中国华艺广播电台	1.4	1.3	1.3	1.6	1.5	1.7
其他广播电台	0.8	2.2	2.3	2.0	3.4	5.0

表 3.8.5　2017 年福州市场各广播电台在不同目标听众中的市场份额(%)

目标听众		中央人民广播电台	中国国际广播电台	福建广播影视集团	福州广播电视集团	海峡之声广播电台	中国华艺广播电台	其他广播电台
10 岁及以上所有人		19.9	0.1	40.7	27.8	6.7	1.5	3.3
性别	男	18.3	0.1	42.6	27.2	7.5	1.7	2.6
	女	22.0	0.2	38.1	28.7	5.7	1.3	4.0
年龄	10~14 岁	18.0	0.0	50.6	14.0	6.7	1.9	8.8
	15~24 岁	13.5	0.1	59.2	17.3	5.9	1.3	2.7
	25~34 岁	13.3	0.2	45.3	29.8	6.3	1.0	4.1
	35~44 岁	12.5	0.1	37.4	37.3	8.7	1.9	2.1
	45~54 岁	21.7	0.1	42.5	19.5	10.1	3.4	2.7
	55~64 岁	30.8	0.2	38.2	21.9	4.5	0.7	3.7
	65 岁及以上	33.4	0.1	25.3	33.8	2.9	0.5	4.0
文化程度	未受过正规教育	13.6	0.0	10.1	65.3	2.3	0.0	8.7
	小学	18.2	0.0	33.7	36.9	6.3	0.9	4.0
	初中	27.8	0.2	35.6	25.4	6.3	1.4	3.3
	高中	18.1	0.1	44.5	26.0	5.8	2.1	3.4
	大学及以上	17.5	0.1	41.2	29.3	8.0	1.1	2.8
职业	干部/管理人员	12.5	0.0	46.7	20.7	17.9	1.6	0.6
	初级公务员/雇员	15.3	0.2	44.5	30.1	5.8	2.5	1.6
	个体/私营企业人员	14.4	0.1	31.8	36.8	9.9	1.2	5.8
	工人	16.3	0.0	53.7	20.0	6.0	0.6	3.4
	学生	19.5	0.1	53.7	13.6	7.6	1.6	3.9
	无业(包括退休人员)	30.2	0.1	33.0	28.0	3.8	0.7	4.2
	其他	*	*	*	*	*	*	*
个人月收入	没有收入	18.7	0.1	47.4	20.0	8.0	1.8	4.0
	1~2000 元	33.0	0.3	25.4	25.1	9.4	0.8	6.0
	2001~3000 元	21.4	0.0	39.0	32.2	3.5	0.7	3.2
	3001~4000 元	25.8	0.1	39.4	25.1	3.9	3.1	2.6
	4001~5000 元	18.4	0.3	35.6	32.0	10.2	1.2	2.3
	5001~6000 元	12.7	0.0	47.2	26.2	7.6	0.7	5.6
	6001 元及以上	8.7	0.1	47.8	29.3	10.9	0.7	2.5

“*”表示目标听众样本量不足,无法进行统计推断。

表 3.8.6　2017 年福州市场份额排名前 5 位的频率

排　名	频率	市场份额(%)
1	福建 987 私家车广播 FM98.7	16.9
2	福州交通之声 FM87.6	11.5
3	中央人民广播电台第一套节目中国之声	9.9
4	福建人民广播电台新闻综合广播 FM103.6/AM882	8.9
5	福建人民广播电台经济广播 FM96.1/AM1404	7.0

表 3.8.7 2017 年福州市场收听排名前 30 位的节目

排名	节目名称	播出频率	收听率（%）	市场份额（%）
1	都市早餐	福建 987 私家车广播 FM98.7	2.0	19.6
2	速度生活	福建 987 私家车广播 FM98.7	1.6	20.7
3	早安，福州	福州交通之声 FM87.6	1.6	15.8
4	快乐早八点	福建 987 私家车广播 FM98.7	1.5	20.5
5	新闻和报纸摘要	中央人民广播电台第一套节目中国之声	1.4	22.9
6	股市百家谈	福建人民广播电台经济广播 FM96.1/AM1404	1.3	23.6
7	头脑风暴	福建人民广播电台经济广播 FM96.1/AM1404	1.2	16.3
8	新闻在线	福建人民广播电台新闻综合广播 FM103.6/AM882	1.1	11.7
9	国防时空	中央人民广播电台第一套节目中国之声	1.0	23.9
10	畅通正前方·快乐回家	福州交通之声 FM87.6	1.0	12.1
11	品牌之旅	中央人民广播电台第一套节目中国之声	0.9	22.2
12	音乐恋人	福建 987 私家车广播 FM98.7	0.9	20.0
13	雷人八点档	福建 987 私家车广播 FM98.7	0.9	17.1
14	全国新闻联播	中央人民广播电台第一套节目中国之声	0.9	10.4
15	残疾人之友	中央人民广播电台第一套节目中国之声	0.8	24.8
16	新闻纵横	中央人民广播电台第一套节目中国之声	0.8	8.6
17	民情关注	福建人民广播电台新闻综合广播 FM103.6/AM882	0.8	7.0
18	张跃跟你说	福建 987 私家车广播 FM98.7	0.7	19.3
19	我在路上有话说	福州交通之声 FM87.6	0.7	14.5
20	音乐自由人	福建 987 私家车广播 FM98.7	0.7	12.4
21	基金大超市	福建人民广播电台经济广播 FM96.1/AM1404	0.7	11.0
22	轻松相伴好风行	福建人民广播电台经济广播 FM96.1/AM1404	0.7	9.3
23	八闽新闻专递	福建人民广播电台新闻综合广播 FM103.6/AM882	0.7	8.3
24	福建新闻	福建人民广播电台新闻综合广播 FM103.6/AM882	0.7	7.6
25	橙.似水流年	福州 music radio FM893 女主播电台	0.7	6.6
26	新音乐日记	福建 987 私家车广播 FM98.7	0.6	12.5
27	智慧 008	福建人民广播电台新闻综合广播 FM103.6/AM882	0.6	11.6
28	健康有道	福州交通之声 FM87.6	0.6	11.0
29	媒体精粹	福建人民广播电台新闻综合广播 FM103.6/AM882	0.6	6.7
29	交广早班车	福建人民广播电台交通广播 FM100.7	0.6	6.7

九、广州收听数据

表 3.9.1　2015～2017 年广州各目标听众人均收听时间(分钟)

目标听众		2015 年	2016 年	2017 年
15 岁及以上所有人		46	44	45
性别	男	47	43	50
	女	42	43	38
年龄	15～24 岁	23	24	25
	25～34 岁	36	35	27
	35～44 岁	53	51	42
	45～54 岁	54	49	60
	55～64 岁	74	58	76
	65 岁及以上	70	78	85
文化程度	未受过正规教育	76	83	*
	小学	49	33	66
	初中	43	46	78
	高中	47	47	57
	大学及以上	39	37	31
职业	干部/管理人员	43	47	31
	初级公务员/雇员	36	37	32
	个体/私营企业人员	52	44	46
	工人	45	42	46
	学生	19	23	21
	无业(包括退休人员)	64	60	83
	其他	42	39	*
个人月收入	没有收入	26	28	27
	1～2000 元	52	62	44
	2001～3000 元	44	42	56
	3001～4000 元	62	50	56
	4001～5000 元	48	43	48
	5001～6000 元	56	45	41
	6001 元及以上	38	50	36

注:广州为全年连续调查城市,从 2017 年 4 月 1 日开始采用测量仪调查数据,2017 年的数据范围为 4 月 1 日～12 月 31 日。“*”表示该目标听众样本量不足,无法进行统计推断。

表 3.9.2　2015～2017 年广州听众在不同地点的人均收听时间(分钟)

地　　点	2015 年	2016 年	2017 年
在家	28	29	12
车上	10	10	16
工作/学习场所	5	3	8
其他场所	2	1	10

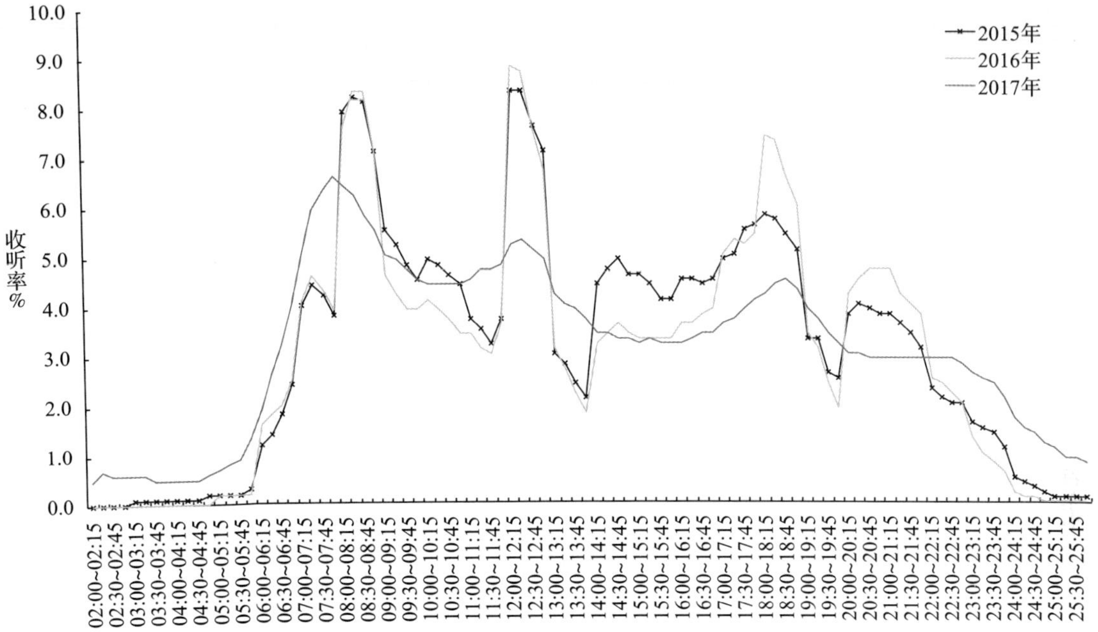

图 3.9.1 2015～2017 年广州听众全天收听率走势

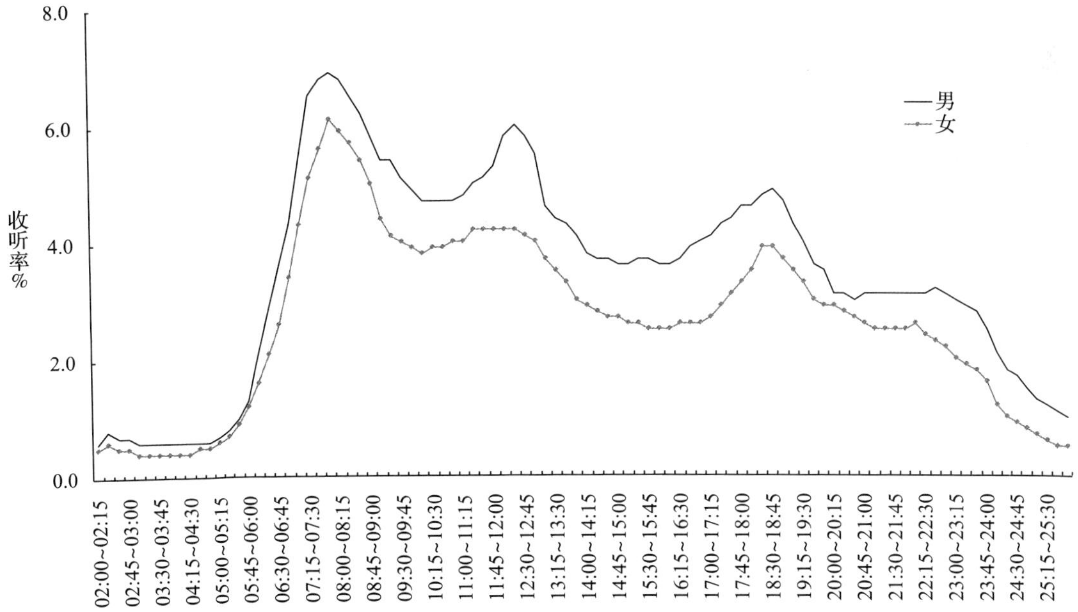

图 3.9.2 2017 年广州不同性别听众全天收听率走势

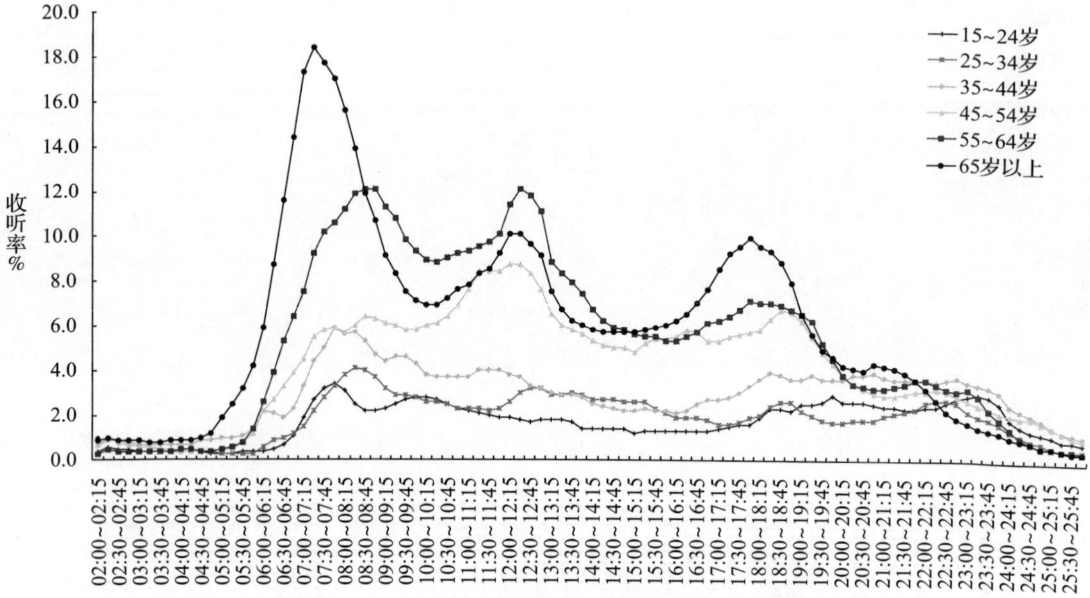

图 3.9.3　2017 年广州不同年龄听众全天收听率走势

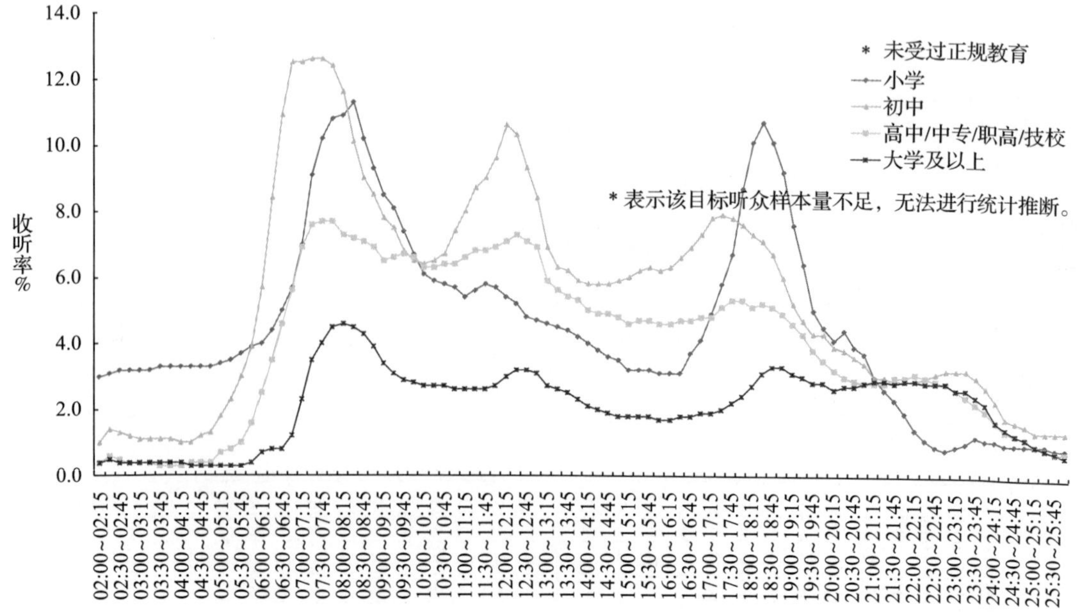

图 3.9.4　2017 年广州不同文化程度听众全天收听率走势

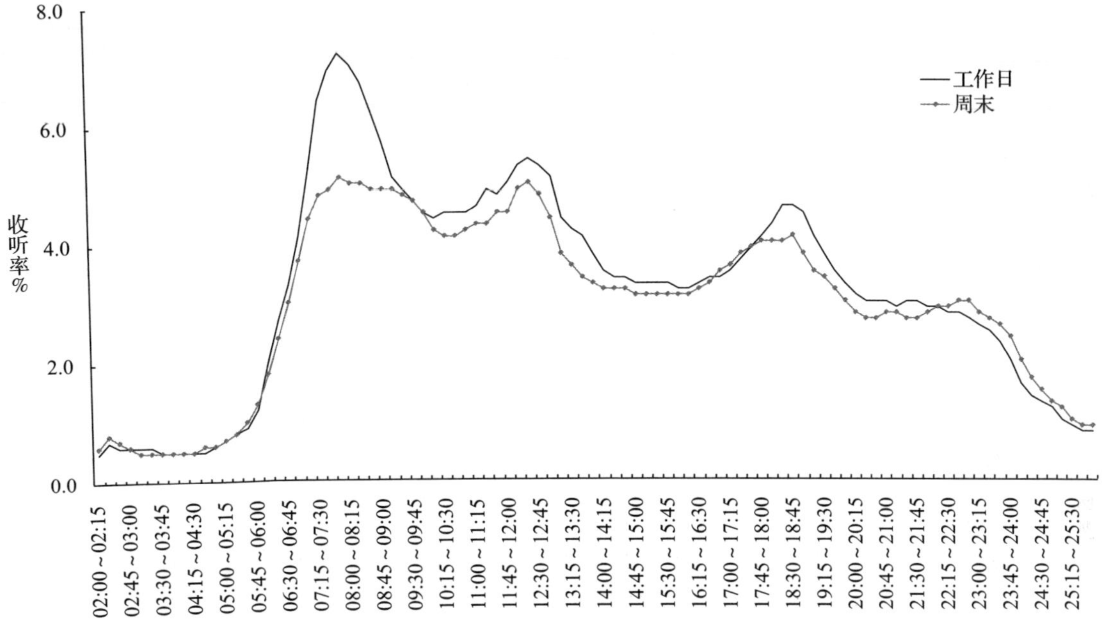

图 3.9.5 2017 年广州听众工作日与周末全天收听率走势

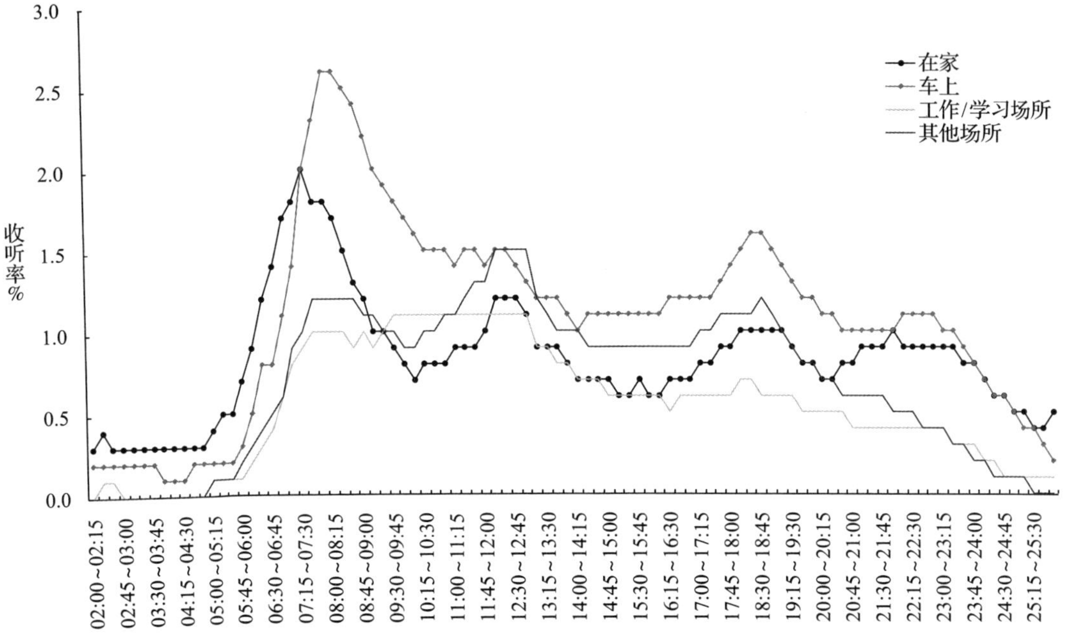

图 3.9.6 2017 年广州听众在不同收听地点全天收听率走势

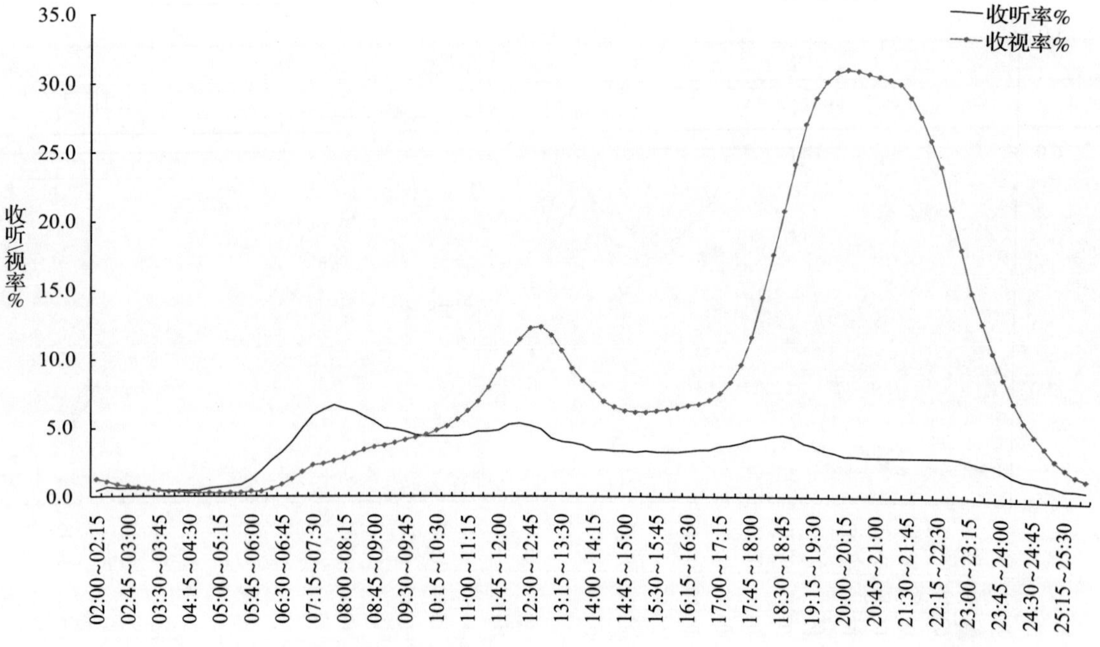

图 3.9.7　2017 年广州受众全天收听率、收视率走势比较(目标受众为 15 岁及以上所有人)

表 3.9.3 2017 年广州市场听众构成(%)

目标听众		听众构成(%)
15 岁及以上所有人		100.0
性别	男	66.3
	女	33.7
年龄	15~24 岁	12.8
	25~34 岁	15.9
	35~44 岁	13.9
	45~54 岁	17.5
	55~64 岁	13.3
	65 岁及以上	26.6
文化程度	未受过正规教育	*
	小学	4.5
	初中	18.6
	高中	39.9
	大学及以上	37.0
职业	干部/管理人员	4.2
	初级公务员/雇员	27.2
	个体/私营企业人员	9.4
	工人	15.0
	学生	4.0
	无业(包括退休人员)	40.2
	其他	*
个人月收入	没有收入	6.0
	1~2000 元	1.6
	2001~3000 元	11.6
	3001~4000 元	34.0
	4001~5000 元	18.6
	5001~6000 元	10.1
	6001 元及以上	18.1

注:"*"表示该目标听众样本量不足,无法进行统计推断。

表 3.9.4 2015~2017 年广州市场各广播电台的市场份额(%)

广播电台	2015 年	2016 年	2017 年
中央人民广播电台	3.2	3.6	5.1
中国国际广播电台	0.7	0.4	1.7
广东广播电视台	60.5	60.9	55.2
广州广播电视台	29.8	28.8	35.7
佛山人民广播电台	3.5	3.9	2.2
其他广播电台	2.3	2.3	-

注:广州从 2017 年 4 月 1 日开始采用虚拟测量仪进行调查,因此 2017 年不存在其他广播电台数据。

表 3.9.5　2017 年广州市场各广播电台在不同目标听众中的市场份额(%)

目标听众		中央人民广播电台	中国国际广播电台	广东广播电视台	广州广播电视台	佛山人民广播电台
15 岁及以上所有人		5.1	1.7	55.2	35.7	2.2
性别	男	5.7	2.1	56.3	33.5	2.4
	女	4.0	1.1	53.1	39.9	2.0
年龄	15~24 岁	4.6	0.5	49.5	42.3	3.1
	25~34 岁	9.9	2.2	48.8	36.9	2.1
	35~44 岁	4.2	3.6	61.2	28.9	2.1
	45~54 岁	2.3	0.8	55.0	38.4	3.4
	55~64 岁	4.3	0.5	62.0	31.8	1.5
	65 岁及以上	5.4	2.3	55.3	35.5	1.6
文化程度	未受过正规教育	*	*	*	*	*
	小学	3.1	0.7	58.9	36.8	0.4
	初中	4.9	0.7	55.9	36.0	2.5
	高中	4.4	2.5	52.0	39.1	1.9
	大学及以上	6.3	1.6	57.8	31.7	2.6
职业	干部/管理人员	16.6	0.4	43.3	38.5	1.2
	初级公务员/雇员	5.4	2.4	56.4	31.7	4.2
	个体/私营企业人员	1.6	1.6	59.4	36.1	1.3
	工人	5.0	1.1	56.4	36.6	0.9
	学生	5.3	0.8	50.2	41.5	2.2
	无业(包括退休人员)	4.7	1.8	54.7	37.0	1.8
	其他	*	*	*	*	*
个人月收入	没有收入	4.0	1.3	54.3	38.7	1.6
	1~2000 元	1.3	0.3	62.3	17.9	18.1
	2001~3000 元	1.2	0.3	63.9	32.2	2.4
	3001~4000 元	4.9	0.5	51.8	40.3	2.5
	4001~5000 元	4.2	3.3	58.9	31.5	2.1
	5001~6000 元	6.2	1.0	57.2	35.1	0.5
	6001 元及以上	9.1	4.1	50.9	34.3	1.6

注:“*”表示该目标听众样本量不足,无法进行统计推断。

表 3.9.6　2017 年广州市场份额排名前 5 位的频率

排　名	频率	市场份额(%)
1	广东广播电视台羊城交通广播台 FM105.2	15.3
2	广东广播电视台珠江经济广播电台(E FM 财富 974)	13.8
3	广州交通电台 FM106.1	12.1
4	广东广播电视台音乐之声 FM99.3	11.5
5	广州电台青少年广播(MY FM88)FM88/AM1170	9.3

表 3.9.7　2017 年广州市场收听率排名前 30 位的节目

排名	节目名称	播出频率	收听率（%）	市场份额（%）
1	珠江第一线	广东广播电视台珠江经济广播电台（E FM 财富 974）	1.5	22.1
2	小说连播	广东广播电视台珠江经济广播电台（E FM 财富 974）	1.2	22.7
3	早晨友约	广州交通电台 FM106.1	1.0	34.3
4	朝朝早，精神好	广东广播电视台羊城交通广播台 FM105.2	1.0	14.8
5	早安，亲爱的	广东广播电视台羊城交通广播台 FM105.2	0.9	17.4
6	一些事一些情	广东广播电视台珠江经济广播电台（E FM 财富 974）	0.8	26.8
7	大吉利车队	广东广播电视台羊城交通广播台 FM105.2	0.8	17.9
8	钟律师说法	广东广播电视台羊城交通广播台 FM105.2	0.8	17.4
9	有车有得挥	广东广播电视台羊城交通广播台 FM105.2	0.8	16.9
10	宝宝私家车	广东广播电视台羊城交通广播台 FM105.2	0.8	16.1
11	欢笑出行	广东广播电视台羊城交通广播台 FM105.2	0.8	14.3
12	一路醒晨	广州交通电台 FM106.1	0.8	13.2
13	新闻早报	广州新闻电台 FM96.2	0.8	11.7
14	今日关注	广东广播电视台珠江经济广播电台（E FM 财富 974）	0.7	22.7
15	添记茶餐厅	广东广播电视台羊城交通广播台 FM105.2	0.7	17.2
16	黄缨热线	广东广播电视台珠江经济广播电台（E FM 财富 974）	0.7	16.5
17	大卫小夫 DODODO	广东广播电视台羊城交通广播台 FM105.2	0.7	16.2
17	全国汽车音乐榜	广东广播电视台羊城交通广播台 FM105.2	0.7	15.7
19	文艺生活杂志	广东广播电视台羊城交通广播台 FM105.2	0.7	13.9
20	粤韵名人堂	广东广播电视台珠江经济广播电台（E FM 财富 974）	0.7	13.2
21	1027 好戏连场	广州电台金曲 1027 汽车音乐广播 FM102.7	0.7	12.8
22	拉阔星空	广东广播电视台珠江经济广播电台（E FM 财富 974）	0.6	22.8
23	以案说法	广东广播电视台珠江经济广播电台（E FM 财富 974）	0.6	18.1
24	财经铁三角	广东广播电视台珠江经济广播电台（E FM 财富 974）	0.6	17.5
25	羊城交广晚间新闻	广东广播电视台羊城交通广播台 FM105.2	0.6	16.9
26	羊城乐安居	广东广播电视台羊城交通广播台 FM105.2	0.6	16.6
27	我们的年代	广东广播电视台羊城交通广播台 FM105.2	0.6	16.5
28	环球旅行家	广东广播电视台羊城交通广播台 FM105.2	0.6	14.8
29	天生快活人	广东广播电视台音乐之声 FM99.3	0.6	14.2
30	念念旧	广东广播电视台羊城交通广播台 FM105.2	0.6	14.1

十、杭州收听数据

表 3.10.1　2015～2017 年杭州各目标听众人均收听时间(分钟)

目标听众		2015 年	2016 年	2017 年
10 岁及以上所有人		95	66	49
性别	男	97	69	53
	女	92	62	44
年龄	10～14 岁	55	39	23
	15～24 岁	82	56	36
	25～34 岁	86	66	49
	35～44 岁	94	63	55
	45～54 岁	101	65	43
	55～64 岁	107	73	63
	65 岁及以上	138	95	65
文化程度	未受过正规教育	40	52	24
	小学	94	59	38
	初中	101	72	50
	高中	87	65	49
	大学及以上	98	64	52
职业	干部/管理人员	78	54	50
	初级公务员/雇员	100	65	48
	个体/私营企业人员	95	71	51
	工人	85	67	56
	学生	66	48	27
	无业(包括退休人员)	126	82	61
	其他	79	57	40
个人月收入	没有收入	70	47	27
	1～2000 元	80	55	37
	2001～3000 元	108	70	49
	3001～4000 元	103	73	54
	4001～5000 元	102	75	61
	5001～6000 元	102	61	52
	6001 元及以上	90	60	53

注:杭州为全年连续调查城市。

表 3.10.2　2015～2017 年杭州听众在不同地点的人均收听时间(分钟)

地　点	2015 年	2016 年	2017 年
在家	54	32	22
车上	30	28	23
工作/学习场所	7	4	2
其他场所	4	3	1

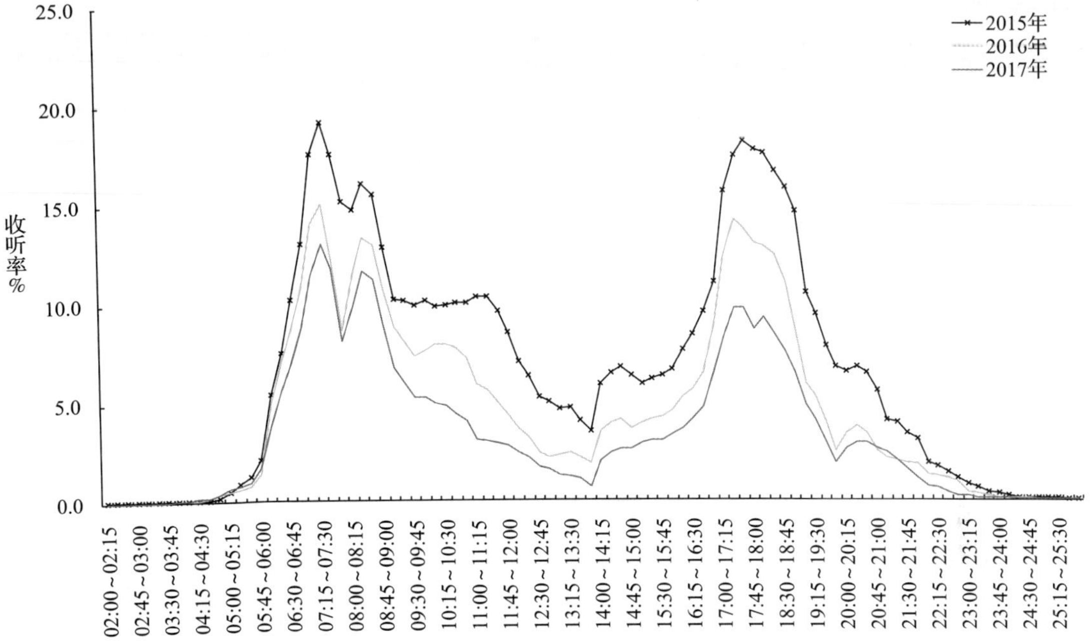

图 3.10.1 2015～2017 年杭州听众全天收听率走势

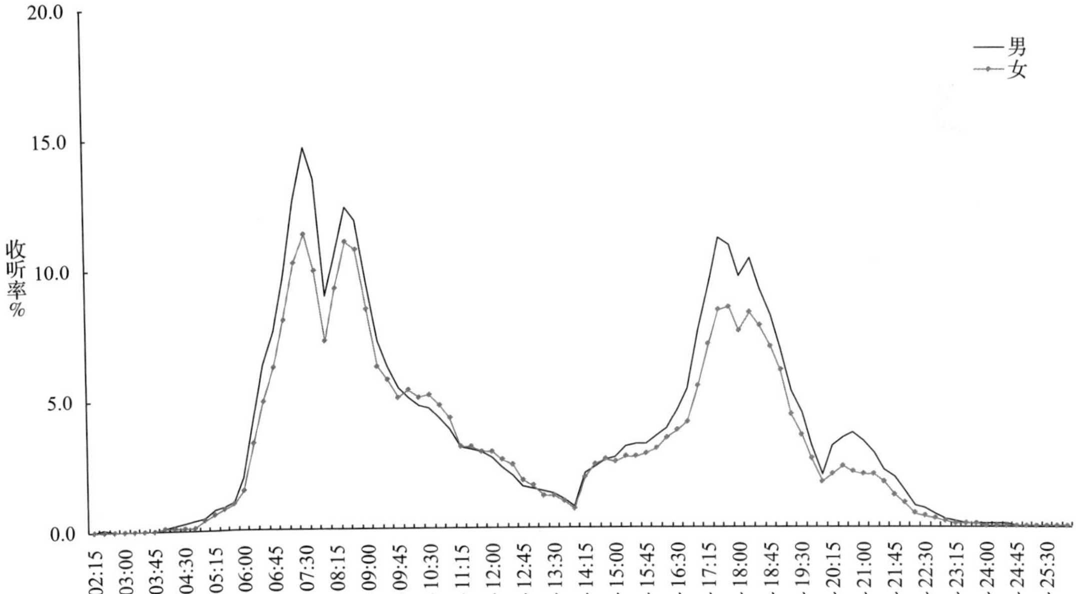

图 3.10.2 2017 年杭州不同性别听众全天收听率走势

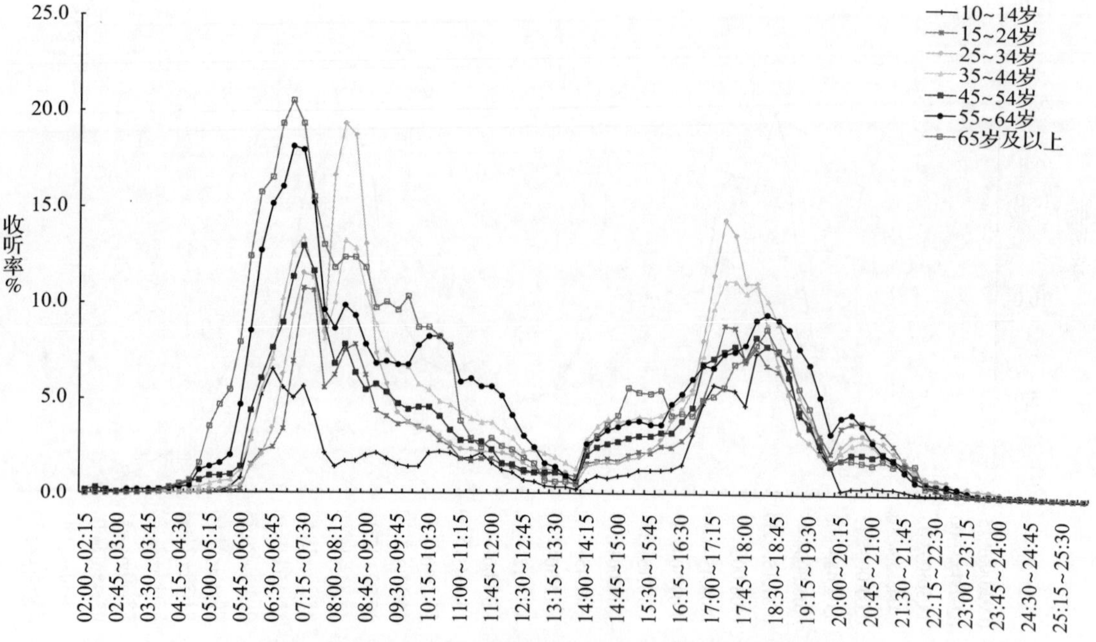

图 3.10.3　2017 年杭州不同年龄听众全天收听率走势

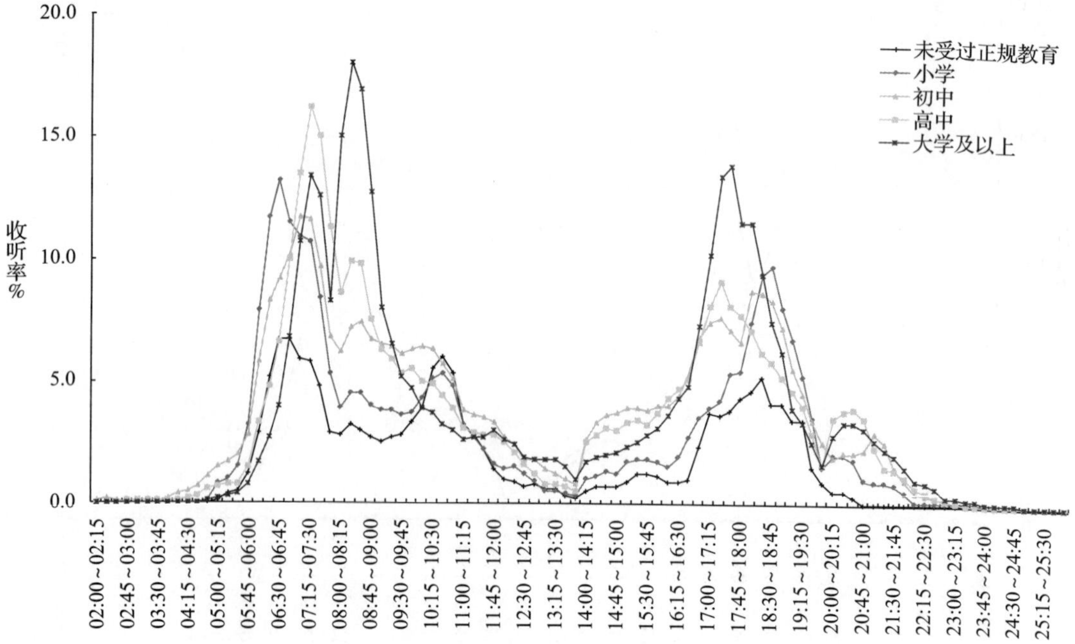

图 3.10.4　2017 年杭州不同文化程度听众全天收听率走势

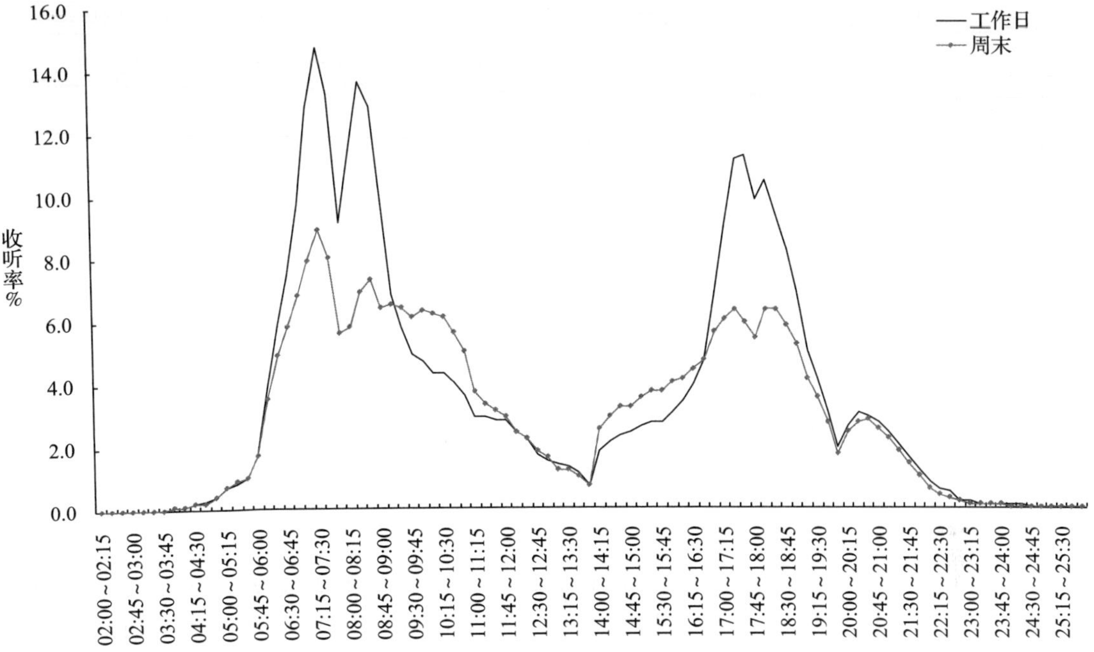

图 3.10.5 2017 年杭州听众工作日与周末全天收听率走势

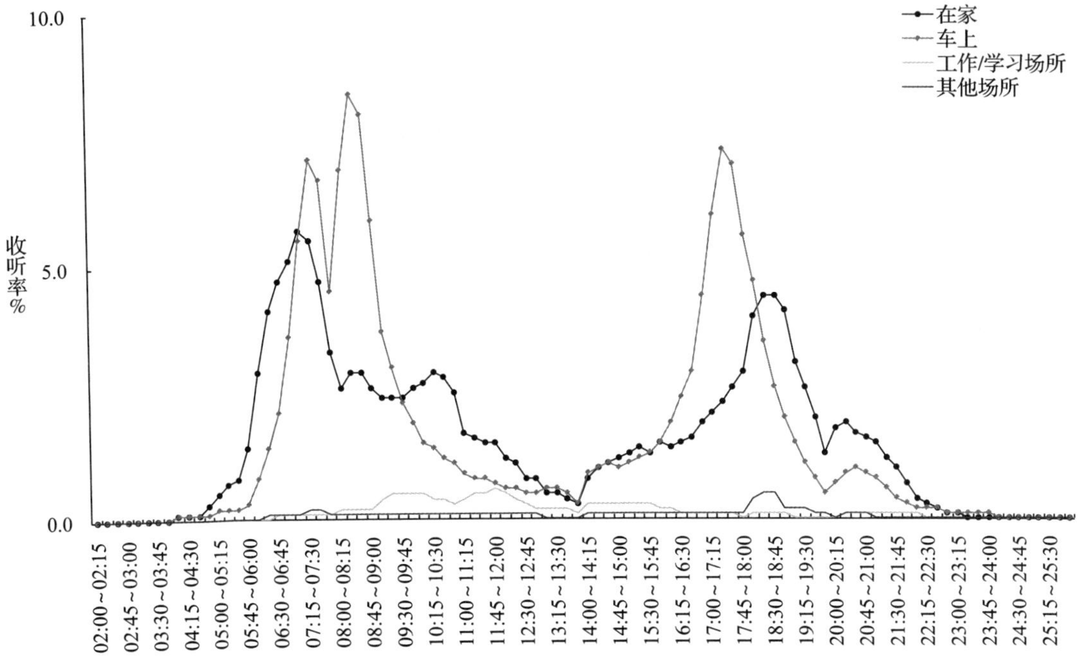

图 3.10.6 2017 年杭州听众在不同收听地点全天收听率走势

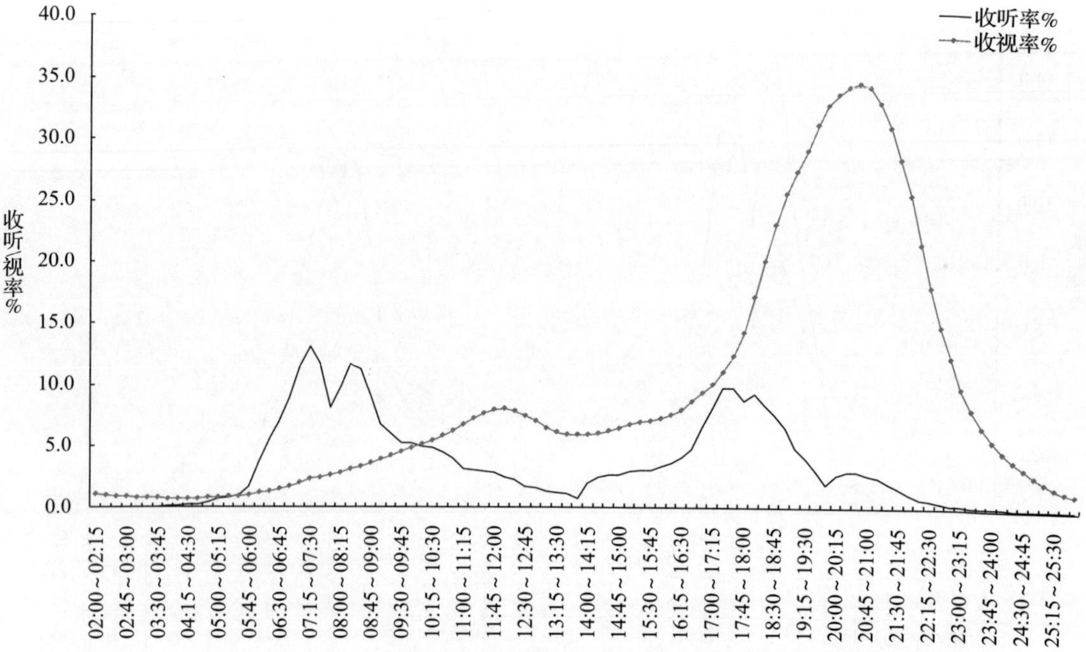

图 3.10.7　2017 年杭州受众全天收听率、收视率走势比较(目标受众为 10 岁及以上所有人)

表 3.10.3　2017 年杭州市场听众构成(%)

目标听众		听众构成(%)
10 岁及以上所有人		100.0
性别	男	55.7
	女	44.3
年龄	10~14 岁	1.5
	15~24 岁	15.8
	25~34 岁	21.8
	35~44 岁	22.8
	45~54 岁	13.8
	55~64 岁	13.8
	65 岁及以上	10.5
文化程度	未受过正规教育	1.0
	小学	8.4
	初中	27.5
	高中	21.1
	大学及以上	42.0
职业	干部/管理人员	8.4
	初级公务员/雇员	33.2
	个体/私营企业人员	17.2
	工人	11.6
	学生	7.1
	无业(包括退休人员)	20.2
	其他	2.3
个人月收入	没有收入	10.0
	1~2000 元	4.1
	2001~3000 元	11.1
	3001~4000 元	22.1
	4001~5000 元	23.5
	5001~6000 元	12.8
	6001 及以上	16.4

表 3.10.4　2015~2017 年杭州市场各广播电台的市场份额(%)

广播电台	2015 年	2016 年	2017 年
中央人民广播电台	4.7	4.4	6.2
中国国际广播电台	0.0	0.0	0.0
浙江广播电视集团	65.2	53.1	45.3
杭州文化广播电视集团	23.4	32.0	37.0
其他广播电台	6.7	10.5	11.5

表 3.10.5　2017 年杭州市场各广播电台在不同目标听众中的市场份额(%)

目标听众		中央人民广播电台	中国国际广播电台	浙江广播电视集团	杭州文化广播电视集团	其他广播电台
10 岁及以上所有人		6.2	0.0	45.3	37.0	11.5
性别	男	6.3	0.0	45.2	38.5	10.0
	女	5.9	0.0	45.3	35.1	13.7
年龄	10～14 岁	6.8	0.0	36.7	27.7	28.8
	15～24 岁	3.9	0.0	55.2	29.1	11.8
	25～34 岁	3.5	0.0	39.0	50.4	7.1
	35～44 岁	6.3	0.0	48.1	37.4	8.2
	45～54 岁	5.2	0.0	40.9	39.0	14.9
	55～64 岁	10.3	0.0	37.8	32.4	19.5
	65 岁及以上	10.3	0.0	53.9	24.8	11.0
文化程度	未受过正规教育	8.3	0.0	27.6	15.2	48.9
	小学	7.6	0.0	35.0	21.3	36.1
	初中	7.2	0.0	46.7	33.8	12.3
	高中	6.7	0.0	47.5	34.6	11.2
	大学及以上	5.0	0.0	45.5	43.9	5.6
职业	干部/管理人员	3.9	0.0	56.2	36.4	3.5
	初级公务员/雇员	5.1	0.0	42.1	44.8	8.0
	个体/私营企业人员	4.9	0.0	48.3	37.7	9.1
	工人	7.0	0.0	38.3	31.4	23.3
	学生	6.3	0.0	44.3	25.5	23.9
	无业(包括退休人员)	9.6	0.0	48.3	33.0	9.1
	其他	6.7	0.0	32.9	23.9	36.5
个人月收入	没有收入	6.0	0.0	42.6	27.4	24.0
	1～2000 元	6.1	0.0	36.8	25.9	31.2
	2001～3000 元	8.3	0.0	39.9	34.1	17.7
	3001～4000 元	6.6	0.0	51.3	31.5	10.6
	4001～5000 元	5.4	0.0	45.3	44.4	4.9
	5001～6000 元	7.0	0.0	43.7	39.6	9.7
	6001 及以上	5.2	0.0	46.8	41.2	6.8

表 3.10.6　2017 年杭州市场份额排名前 5 位的频率

排　名	频率	市场份额(%)
1	杭州交通经济广播 FM91.8	20.0
2	浙江人民广播电台交通之声 FM93	11.4
3	杭州 FM105.4 西湖之声	9.3
4	动听 968 音乐调频 FM96.8	8.1
5	浙江私家车 107 城市之声 FM107	8.0

表 3.10.7 2017 年杭州市场收听率排名前 30 位的节目

排名	节目名称	播出频率	收听率（%）	市场份额（%）
1	针锋相对	杭州交通经济广播 FM91.8	2.1	26.9
2	领先早高峰	杭州交通经济广播 FM91.8	2.0	22.8
3	快活晚高峰	杭州交通经济广播 FM91.8	1.8	20.7
4	天天听世界	杭州交通经济广播 FM91.8	1.4	21.1
5	93 早高峰	浙江人民广播电台交通之声 FM93	1.3	11.2
6	1054 早班车	杭州 FM105.4 西湖之声	1.1	10.8
7	一路有你	浙江人民广播电台交通之声 FM93	1.0	14.4
8	新闻周报	杭州交通经济广播 FM91.8	1.0	13.2
9	私家车上班路上	浙江私家车 107 城市之声 FM107	1.0	9.5
10	交通快活人	杭州交通经济广播 FM91.8	0.9	15.9
11	快乐加速度	浙江人民广播电台交通之声 FM93	0.9	11.6
12	5 分钟商学院	杭州 FM105.4 西湖之声	0.9	10.9
13	乐听乐动听	动听 968 音乐调频 FM96.8	0.9	7.5
14	杭州有意见	杭州 FM105.4 西湖之声	0.8	10.3
15	陶乐慕容加速度	杭州 FM105.4 西湖之声	0.8	9.5
16	每周质量报告	杭州交通经济广播 FM91.8	0.7	17.1
17	一路领先(周末)	杭州交通经济广播 FM91.8	0.7	14.5
18	放假万岁(周日)	杭州 FM105.4 西湖之声	0.7	11.3
19	听世界	动听 968 音乐调频 FM96.8	0.7	11.0
20	下班万岁	杭州 FM105.4 西湖之声	0.7	9.4
21	私家车下班路上,娱乐大爆炸	浙江私家车 107 城市之声 FM107	0.7	8.8
22	奇特,2017	动听 968 音乐调频 FM96.8	0.7	6.9
23	舒中胜有话说	FM104.5 女主播电台(旅游之声)FM104.5/AM603	0.7	6.4
24	浙广早新闻	浙江之声 FM88/FM101.6/AM810	0.7	6.2
25	我的汽车有话说	杭州交通经济广播 FM91.8	0.6	23.7
26	橙色派对	杭州交通经济广播 FM91.8	0.6	18.0
27	欢乐畅行	杭州交通经济广播 FM91.8	0.6	14.0
28	放假万岁	杭州 FM105.4 西湖之声	0.6	9.5
29	美丽声音(周日)	杭州 FM105.4 西湖之声	0.6	9.3
30	畅游浙江	FM104.5 女主播电台(旅游之声)FM104.5/AM603	0.6	9.1

十一、哈尔滨收听数据

表 3.11.1　2015～2017 年哈尔滨各目标听众人均收听时间(分钟)

目标听众		2015 年	2016 年	2017 年
10 岁及以上所有人		115	109	103
性别	男	110	106	103
	女	120	112	102
年龄	10～14 岁	38	40	58
	15～24 岁	62	63	56
	25～34 岁	105	97	87
	35～44 岁	104	89	94
	45～54 岁	116	122	123
	55～64 岁	173	158	139
	65 岁及以上	193	192	164
文化程度	未受过正规教育	*	*	86
	小学	109	108	106
	初中	123	108	114
	高中	126	125	106
	大学及以上	88	85	86
职业	干部/管理人员	94	84	114
	初级公务员/雇员	90	104	92
	个体/私营企业人员	118	96	93
	工人	107	95	103
	学生	60	58	53
	无业(包括退休人员)	166	164	138
	其他	*	*	149
个人月收入	没有收入	71	72	62
	1～2000 元	138	118	114
	2001～3000 元	124	131	120
	3001～4000 元	109	115	103
	4001～5000 元	88	70	100
	5001～6000 元	88	74	100
	6001 元及以上	127	90	95

注:哈尔滨为全年连续调查城市。“*”表示该目标听众样本量不足,无法进行统计推断。

表 3.11.2　2015～2017 年哈尔滨听众在不同地点的人均收听时间(分钟)

地　　点	2015 年	2016 年	2017 年
在家	82	82	76
车上	16	16	19
工作/学习场所	14	9	6
其他场所	2	1	2

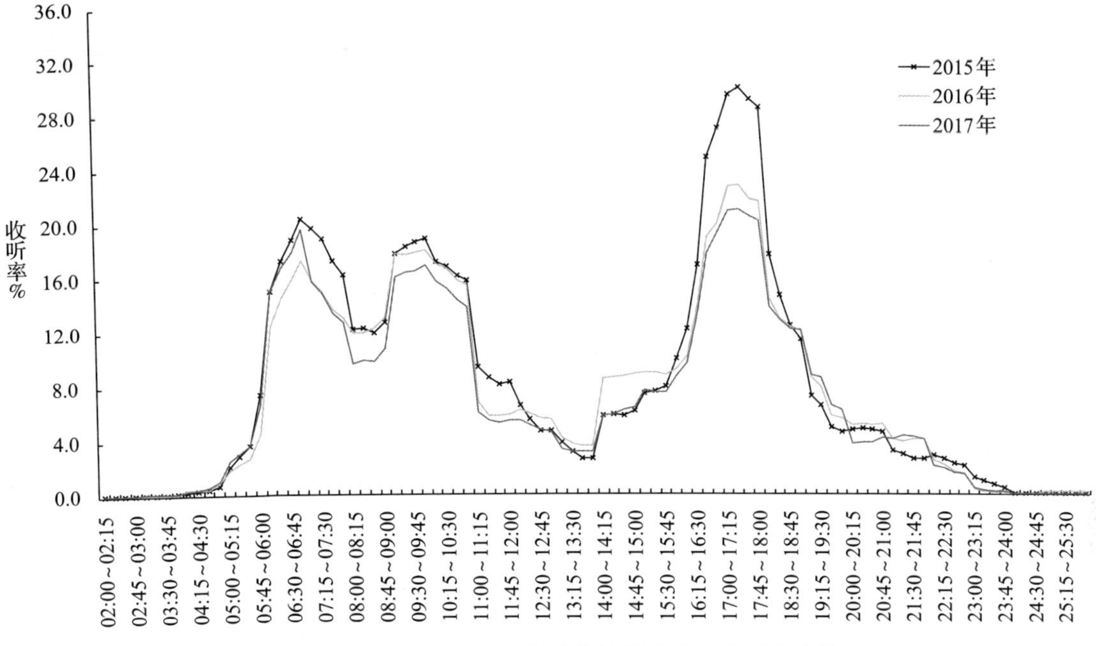

图 3.11.1　2015～2017 年哈尔滨听众全天收听率走势

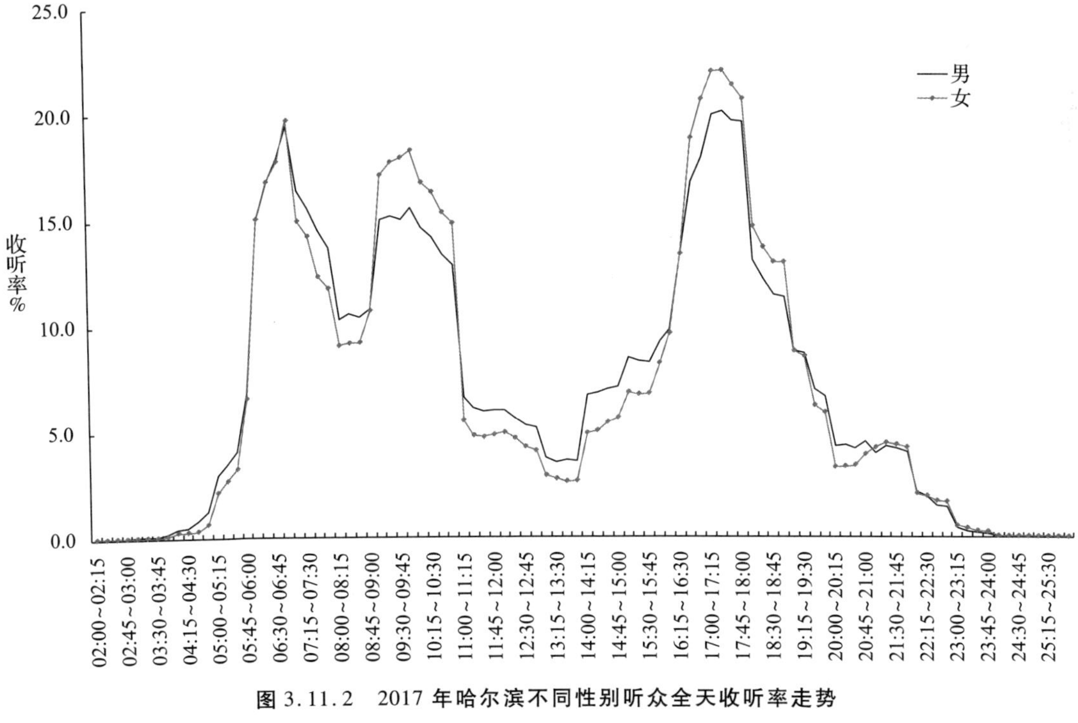

图 3.11.2　2017 年哈尔滨不同性别听众全天收听率走势

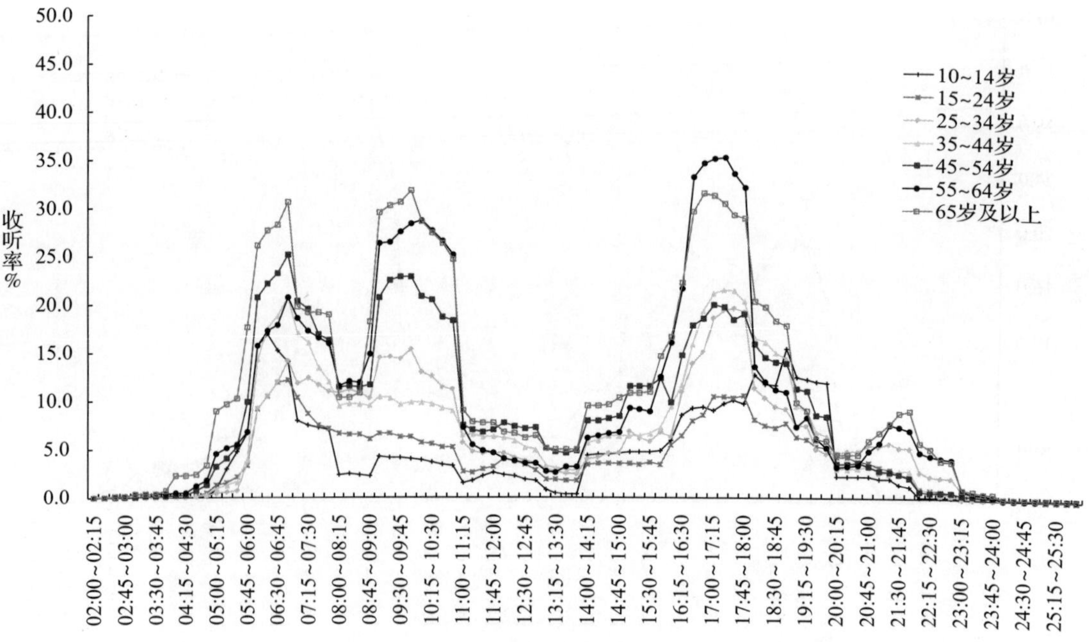

图 3.11.3　2017 年哈尔滨不同年龄听众全天收听率走势

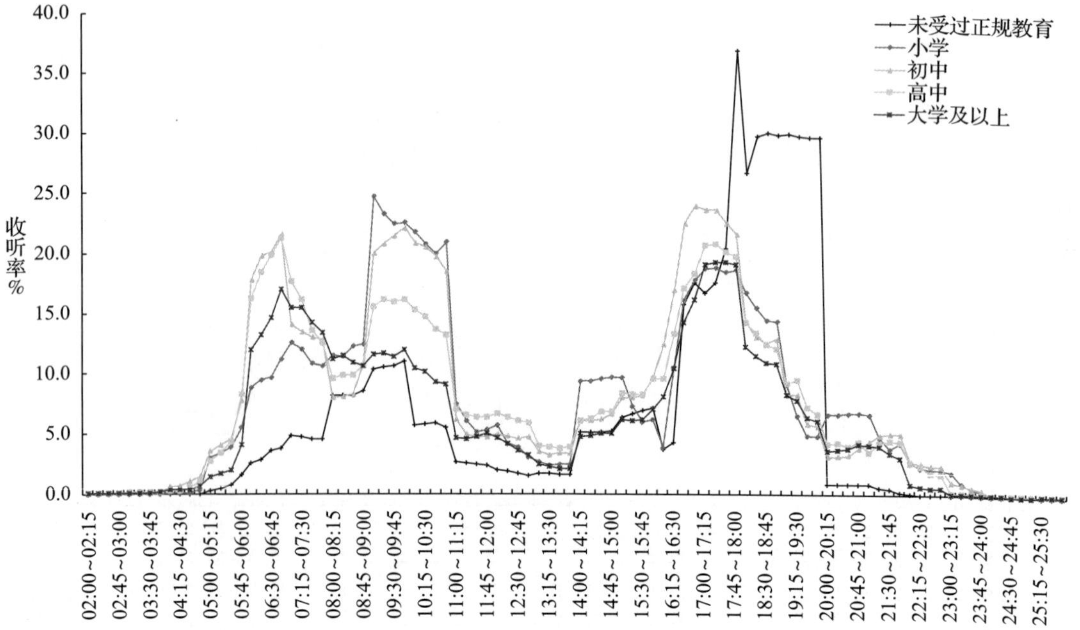

图 3.11.4　2017 年哈尔滨不同文化程度听众全天收听率走势

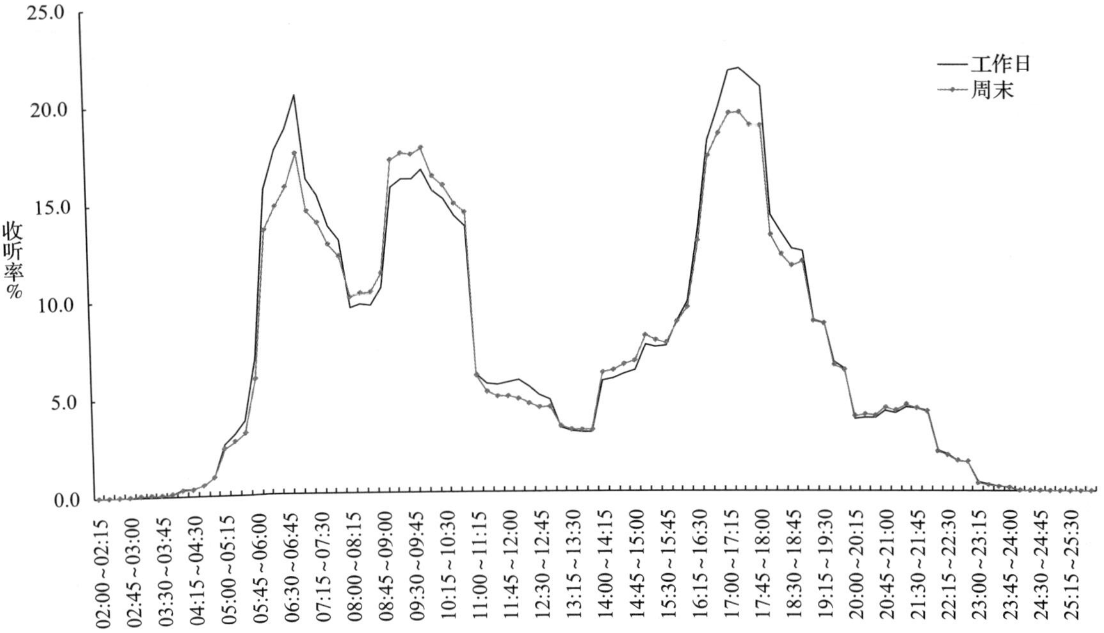

图 3.11.5　2017 年哈尔滨听众工作日与周末全天收听率走势

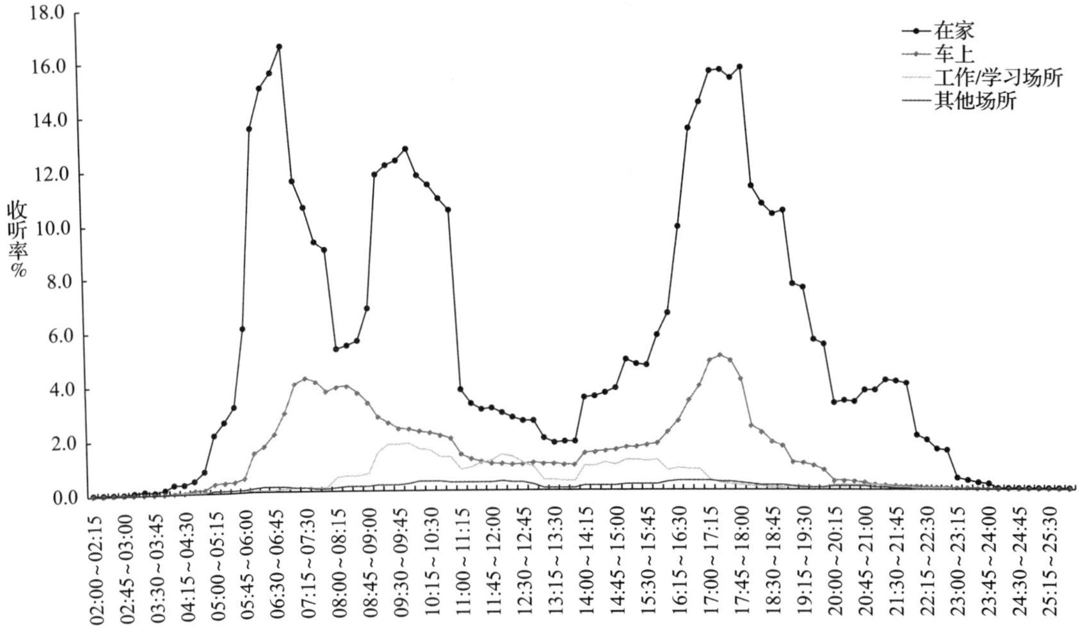

图 3.11.6　2017 年哈尔滨听众在不同收听地点全天收听率走势

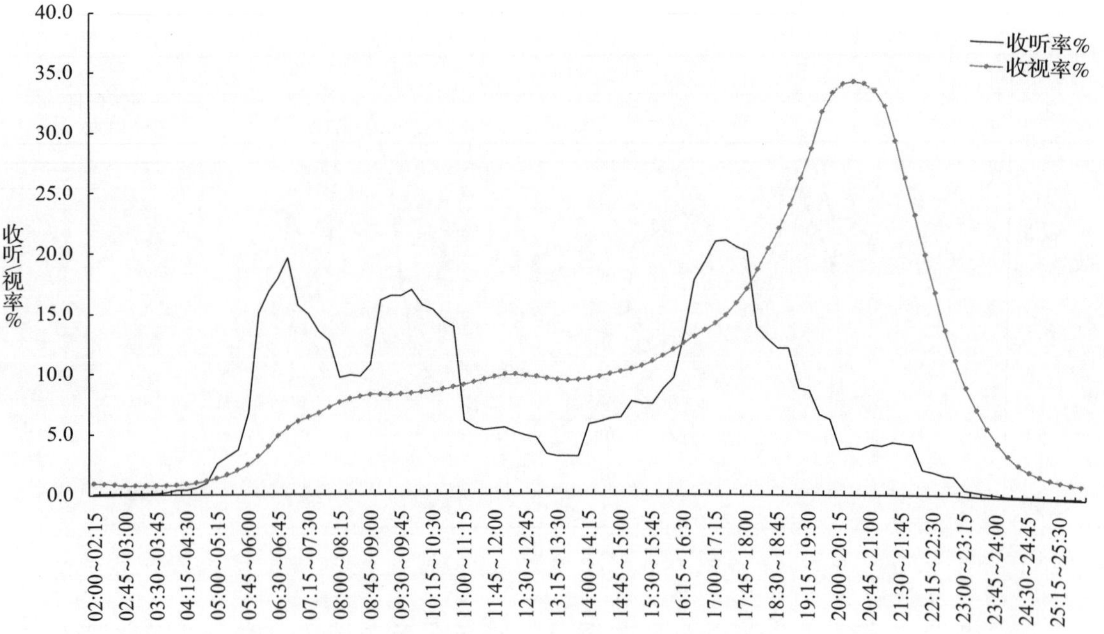

图 3.11.7　2017 年哈尔滨受众全天收听率、收视率走势比较（目标受众为 10 岁及以上所有人）

表 3.11.3 2017 年哈尔滨市场听众构成(%)

目标听众		听众构成(%)
10 岁及以上所有人		100.0
性别	男	51.0
	女	49.0
年龄	10~14 岁	1.9
	15~24 岁	9.9
	25~34 岁	15.3
	35~44 岁	18.2
	45~54 岁	21.9
	55~64 岁	16.9
	65 岁及以上	15.9
文化程度	未受过正规教育	0.6
	小学	4.5
	初中	32.2
	高中	38.1
	大学及以上	24.6
职业	干部/管理人员	2.1
	初级公务员/雇员	14.5
	个体/私营企业人员	17.5
	工人	22.3
	学生	6.9
	无业(包括退休人员)	35.7
	其他	1.0
个人月收入	没有收入	11.2
	1~2000 元	11.9
	2001~3000 元	42.7
	3001~4000 元	22.6
	4001~5000 元	7.8
	5001~6000 元	3.0
	6001 元及以上	0.6

表 3.11.4 2015~2017 年哈尔滨市场各广播电台的市场份额(%)

广播电台	2015 年	2016 年	2017 年
中央人民广播电台	1.2	1.9	2.0
中国国际广播电台	0.0	0.0	0.0
黑龙江人民广播电台	68.7	66.7	69.5
哈尔滨人民广播电台	29.9	31.0	28.1
其他广播电台	0.2	0.4	0.4

表 3.11.5 2017 年哈尔滨市场各广播电台在不同目标听众中的市场份额(%)

目标听众		中央人民广播电台	中国国际广播电台	黑龙江人民广播电台	哈尔滨人民广播电台	其他广播电台
10 岁及以上所有人		2.0	0.0	69.5	28.1	0.4
性别	男	2.2	0.0	67.9	29.6	0.3
	女	1.9	0.0	71.1	26.5	0.5
年龄	10 ~ 14 岁	3.1	0.0	65.9	30.0	1.0
	15 ~ 24 岁	2.8	0.0	66.7	29.7	0.8
	25 ~ 34 岁	2.3	0.0	67.6	29.9	0.2
	35 ~ 44 岁	1.2	0.0	71.1	27.6	0.1
	45 ~ 54 岁	1.2	0.0	69.9	28.7	0.2
	55 ~ 64 岁	1.2	0.0	75.6	22.8	0.4
	65 岁及以上	4.2	0.0	64.9	30.2	0.7
文化程度	未受过正规教育	0.2	0.0	89.6	10.2	0.0
	小学	1.9	0.0	77.8	19.3	1.0
	初中	2.0	0.0	68.1	29.8	0.1
	高中	1.9	0.0	69.9	27.7	0.5
	大学及以上	2.4	0.0	68.9	28.4	0.3
职业	干部/管理人员	0.6	0.0	56.6	42.5	0.3
	初级公务员/雇员	2.1	0.0	70.6	26.8	0.5
	个体/私营企业人员	1.8	0.0	66.6	31.5	0.1
	工人	0.7	0.0	71.7	27.4	0.2
	学生	4.3	0.0	69.5	25.5	0.7
	无业(包括退休人员)	2.6	0.0	69.2	27.6	0.6
	其他	0.0	0.0	87.3	12.7	0.0
个人月收入	没有收入	2.8	0.0	70.5	26.2	0.5
	1 ~ 2000 元	1.2	0.0	69.5	29.2	0.1
	2001 ~ 3000 元	1.8	0.0	68.4	29.2	0.6
	3001 ~ 4000 元	3.0	0.0	69.5	27.3	0.2
	4001 ~ 5000 元	1.8	0.0	72.1	26.1	0.0
	5001 ~ 6000 元	0.2	0.0	70.1	29.7	0.0
	6001 元及以上	1.2	0.0	61.2	37.6	0.0

表 3.11.6 2017 年哈尔滨市场份额排名前 5 位的频率

排名	频率	市场份额(%)
1	黑龙江交通广播 FM99.8	21.4
2	黑龙江妇女儿童广播(龙广都市女性台)FM102.1	19.1
3	黑龙江老年少儿广播(FM97 龙广爱家频道)FM97	13.8
4	哈尔滨广播电视台文艺频率 FM98.4	11.8
5	哈尔滨广播电视台交通频率 FM92.5	7.7

表 3.11.7 2017 年哈尔滨市场收听率排名前 30 位的节目

排名	节目名称	播出频率	收听率（%）	市场份额（%）
1	叶文有话要说	黑龙江妇女儿童广播（龙广都市女性台）FM102.1	12.2	61.2
2	卢汉的倾心上午茶	黑龙江老年少儿广播（FM97 龙广爱家频道）FM97	7.8	49.9
3	叶文时间	黑龙江妇女儿童广播（龙广都市女性台）FM102.1	5.8	50.2
4	直通 998	黑龙江交通广播 FM99.8	5.4	39.9
5	资讯早车	黑龙江交通广播 FM99.8	4.9	35.1
6	婧听十八点	哈尔滨广播电视台文艺频率 FM98.4	3.0	26.7
7	叶文故事会	黑龙江妇女儿童广播（龙广都市女性台）FM102.1	3.0	23.4
8	一路有你	黑龙江交通广播 FM99.8	2.5	14.9
9	998 听友俱乐部	黑龙江交通广播 FM99.8	2.4	17.1
10	汽车时代	黑龙江交通广播 FM99.8	2.3	14.8
11	925 音乐早餐	哈尔滨广播电视台交通频率 FM92.5	2.3	13.5
11	老年学堂	哈尔滨广播电视台文艺频率 FM98.4	1.8	11.1
13	娱乐二人转	黑龙江交通广播 FM99.8	1.7	17.0
14	快乐老家	哈尔滨广播电视台文艺频率 FM98.4	1.6	9.4
15	美食新天地	哈尔滨广播电视台文艺频率 FM98.4	1.6	9.0
16	品牌之旅	中央人民广播电台第一套节目中国之声	1.5	9.9
17	新闻 30 分	黑龙江交通广播 FM99.8	1.4	25.7
18	新闻联播	黑龙江交通广播 FM99.8	1.4	15.8
19	925 交广早高峰	哈尔滨广播电视台交通频率 FM92.5	1.4	10.8
20	残疾人之友	中央人民广播电台第一套节目中国之声	1.4	10.4
21	国防时空	中央人民广播电台第一套节目中国之声	1.4	8.2
22	新闻和报纸摘要	中央人民广播电台第一套节目中国之声	1.4	7.7
23	畅听 1800	哈尔滨广播电视台文艺频率 FM98.4	1.4	6.7
24	犀利哥卢汉	黑龙江老年少儿广播（FM97 龙广爱家频道）FM97	1.3	30.6
25	人保车险热线	黑龙江交通广播 FM99.8	1.3	22.5
26	998 车友管家	黑龙江交通广播 FM99.8	1.3	19.5
27	流行经典	哈尔滨广播电视台文艺频率 FM98.4	1.3	17.0
28	今晨播报	黑龙江新闻广播（龙广新闻台）AM621/FM94.6	1.3	8.5
29	998 大讲堂	黑龙江交通广播 FM99.8	1.2	23.3
30	汽车门诊	哈尔滨广播电视台交通频率 FM92.5	1.2	15.8

十二、合肥收听数据

表 3.12.1 2015~2017 年合肥各目标听众人均收听时间(分钟)

目标听众		2015 年	2016 年	2017 年
10 岁及以上所有人		59	57	54
性别	男	59	62	57
	女	58	52	51
年龄	10~14 岁	31	15	19
	15~24 岁	29	31	26
	25~34 岁	49	48	47
	35~44 岁	58	59	76
	45~54 岁	84	69	66
	55~64 岁	106	94	72
	65 岁及以上	111	118	76
文化程度	未受过正规教育	51	64	23
	小学	66	71	48
	初中	70	59	56
	高中	51	55	62
	大学及以上	47	51	45
职业	干部/管理人员	58	57	47
	初级公务员/雇员	47	47	46
	个体/私营企业人员	75	58	75
	工人	56	69	67
	学生	27	25	21
	无业(包括退休人员)	86	86	60
	其他	*	*	*
个人月收入	没有收入	32	33	29
	1~2000 元	77	86	74
	2001~3000 元	73	60	57
	3001~4000 元	64	61	63
	4001~5000 元	56	59	62
	5001~6000 元	68	61	66
	6001 元及以上	67	61	63

注:合肥为全年连续调查城市。“*”表示该目标听众样本量不足,无法进行统计推断。

表 3.12.2 2015~2017 年合肥听众在不同地点的人均收听时间(分钟)

地　　点	2015 年	2016 年	2017 年
在家	40	37	29
车上	13	14	19
工作或学习场所	3	4	4
其他场所	2	2	2

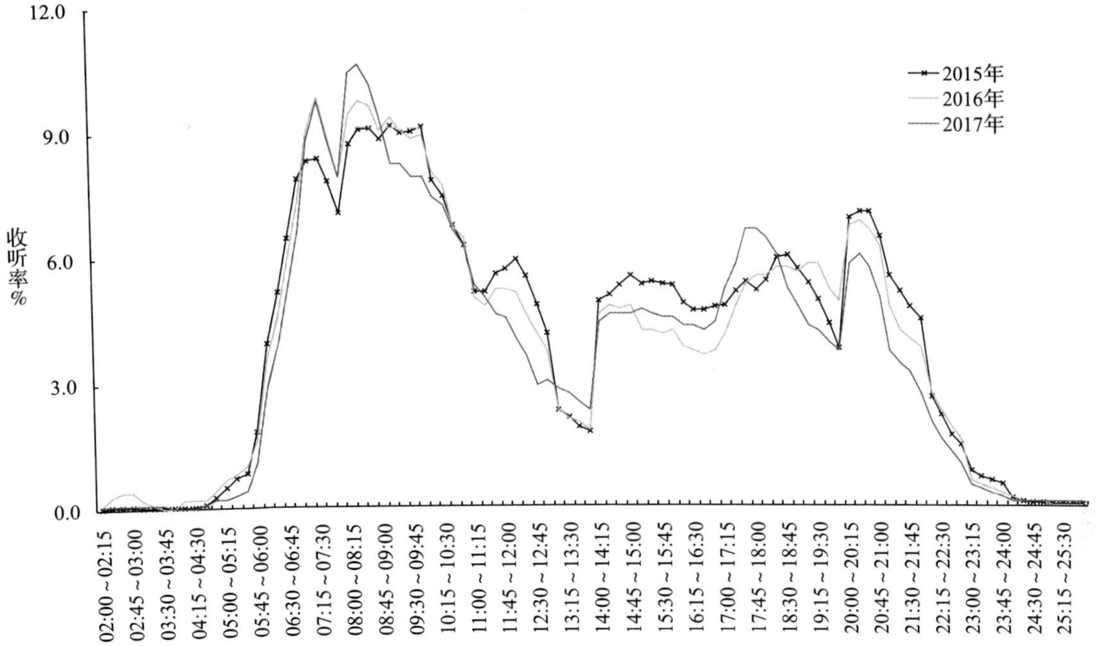

图 3.12.1　2015～2017 年合肥听众全天收听率走势

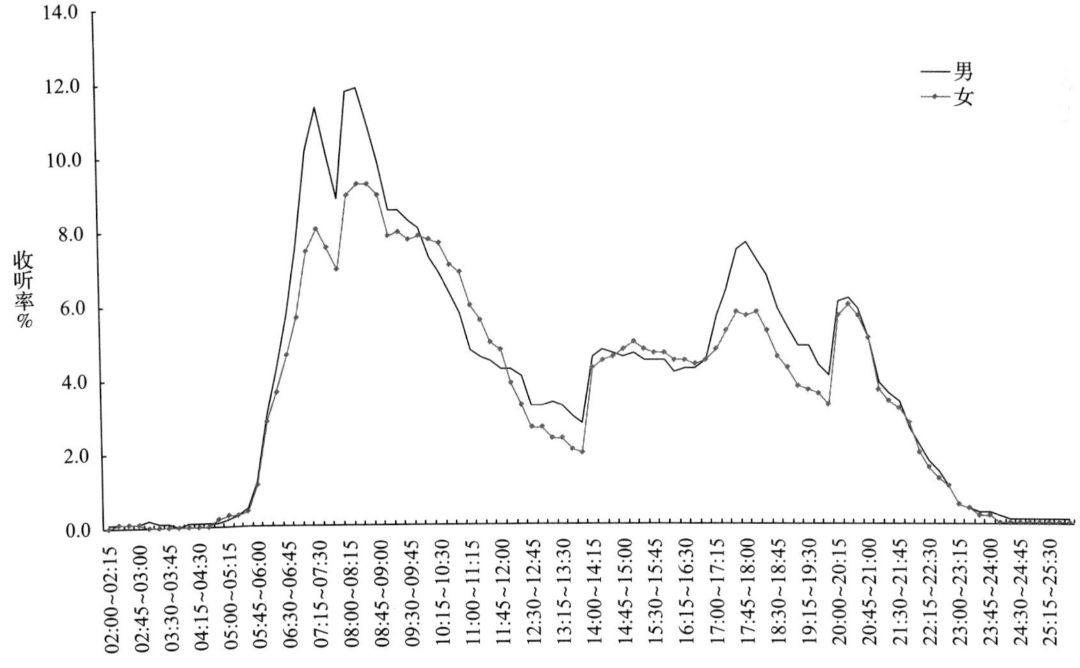

图 3.12.2　2017 年合肥不同性别听众全天收听率走势

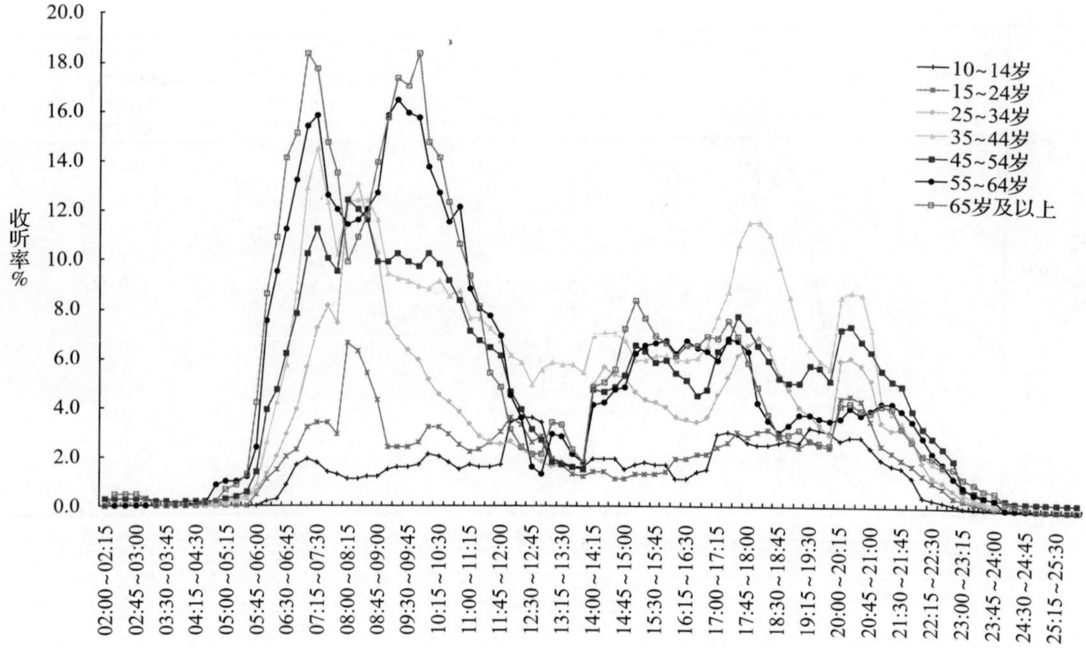

图 3.12.3　2017 年合肥不同年龄听众全天收听率走势

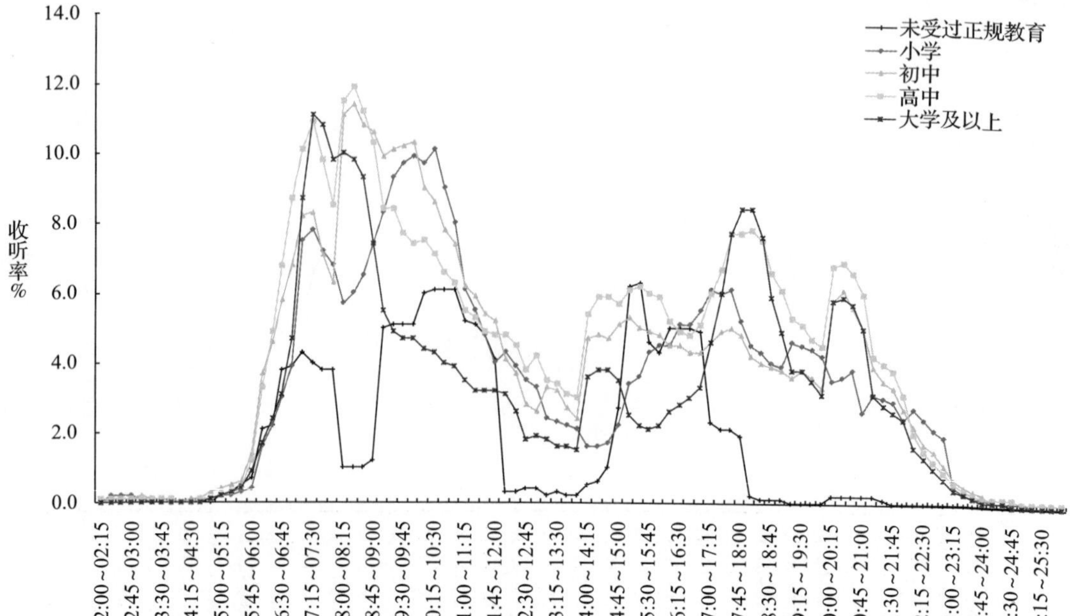

图 3.12.4　2017 年合肥不同文化程度听众全天收听率走势

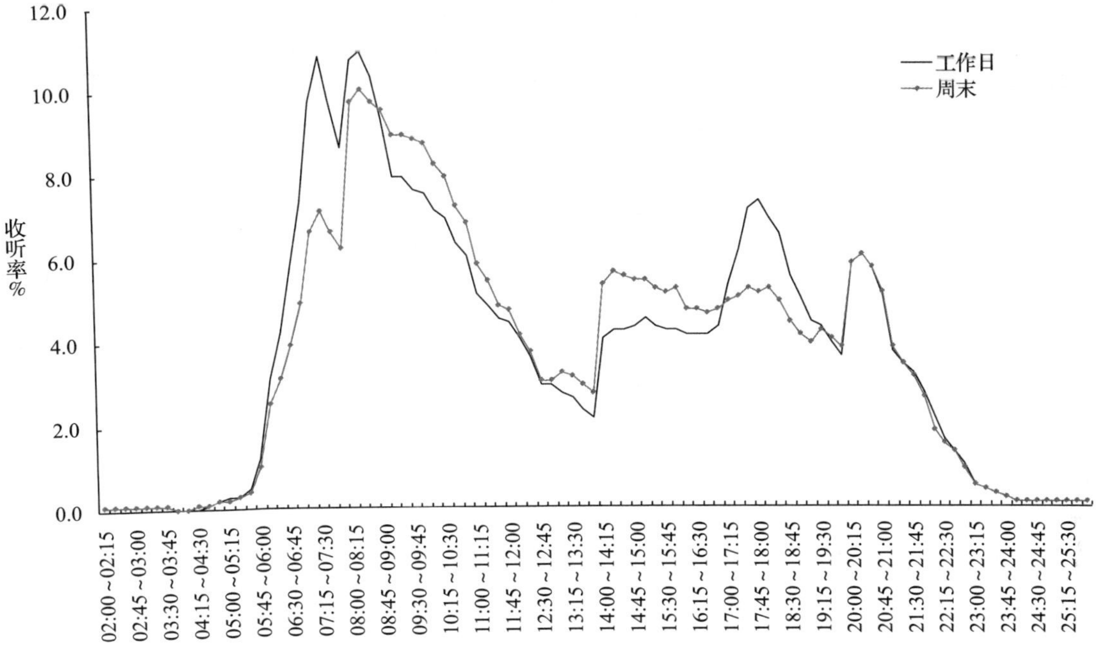

图 3.12.5　2017 年合肥听众工作日与周末全天收听率走势

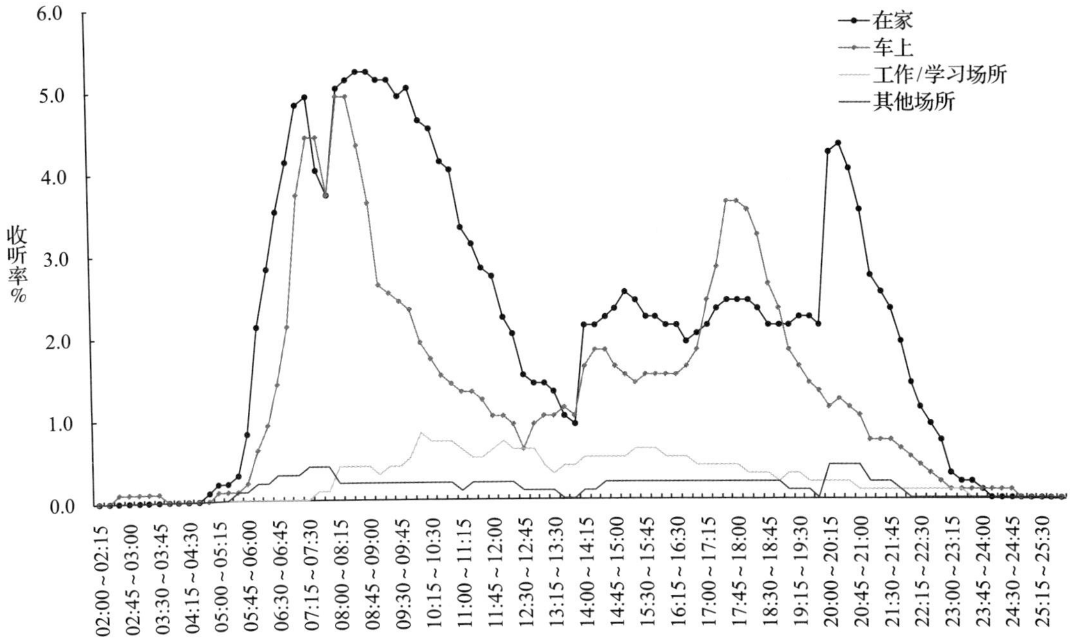

图 3.12.6　2017 年合肥听众在不同收听地点全天收听率走势

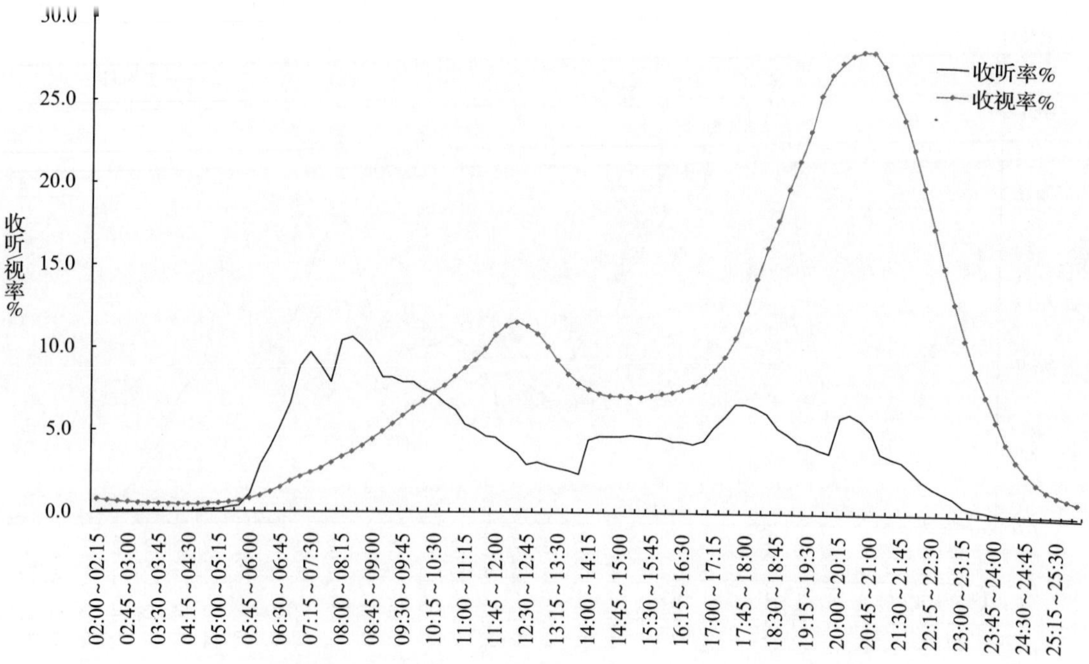

图 3.12.7　2017 年合肥受众全天收听率、收视率走势比较(目标受众为 10 岁及以上所有人)

表 3.12.3 2017 年合肥市场听众构成(%)

目标听众		听众构成(%)
10 岁及以上所有人		100.0
性别	男	55.6
	女	44.4
年龄	10~14 岁	1.5
	15~24 岁	9.9
	25~34 岁	22.4
	35~44 岁	29.7
	45~54 岁	14.6
	55~64 岁	11.9
	65 岁及以上	10.0
文化程度	未受过正规教育	0.4
	小学	8.0
	初中	34.8
	高中	36.2
	大学及以上	20.6
职业	干部/管理人员	1.4
	初级公务员/雇员	20.6
	个体/私营企业人员	28.9
	工人	19.1
	学生	6.7
	无业(包括退休人员)	23.3
	其他	*
个人月收入	没有收入	14.9
	1~2000 元	19.0
	2001~3000 元	25.8
	3001~4000 元	21.6
	4001~5000 元	10.9
	5001~6000 元	4.1
	6001 元及以上	3.7

注:"*"表示目标听众样本量不足,无法进行统计推断。

表 3.12.4 2015~2017 年合肥市场各广播电台的市场份额(%)

广播电台	2015 年	2016 年	2017 年
中央人民广播电台	15.1	15.5	10.8
中国国际广播电台	3.4	3.4	1.9
安徽广播电视台	52.3	53.1	53.1
合肥市广播电视台	28.1	27.6	33.6
其他广播电台	1.1	0.4	0.6

表 3.12.5　2017 年合肥市场各广播电台在不同目标听众中的市场份额(%)

目标听众		中央人民广播电台	中国国际广播电台	安徽广播电视台	合肥市广播电视台	其他广播电台
10 岁及以上所有人		10.8	1.9	53.1	33.6	0.6
性别	男	10.6	2.1	53.8	33.1	0.4
	女	11.0	1.7	52.3	34.2	0.8
年龄	10~14 岁	4.2	0.5	49.6	44.4	1.3
	15~24 岁	10.6	2.1	54.8	32.2	0.3
	25~34 岁	5.2	1.1	60.5	32.8	0.4
	35~44 岁	7.3	0.9	53.1	37.1	1.6
	45~54 岁	10.1	4.0	50.6	35.2	0.1
	55~64 岁	23.4	1.0	41.4	33.9	0.3
	65 岁及以上	20.8	4.4	52.8	21.9	0.1
文化程度	未受过正规教育	1.5	0.0	71.2	27.2	0.1
	小学	18.9	1.1	54.2	25.5	0.3
	初中	8.9	2.8	53.5	34.6	0.2
	高中	10.4	1.5	51.0	36.6	0.5
	大学及以上	11.7	1.2	55.3	29.9	1.9
职业类别	干部/管理人员	1.2	2.2	80.8	15.8	0.0
	初级公务员/雇员	7.3	0.4	57.4	34.1	0.8
	个体/私营企业人员	11.4	2.1	48.0	37.5	1.0
	工人	6.3	1.7	61.2	30.4	0.4
	学生	12.8	3.1	51.1	32.4	0.6
	无业(包括退休人员)	16.7	2.7	48.3	32.1	0.2
	其他	*	*	*	*	*
个人月收入	没有收入	11.1	2.0	52.5	33.7	0.7
	1~2000 元	15.3	3.6	52.7	28.2	0.2
	2001~3000 元	9.9	1.5	44.8	42.7	1.1
	3001~4000 元	10.6	1.2	55.7	31.7	0.8
	4001~5000 元	6.9	1.1	58.0	33.7	0.3
	5001~6000 元	1.6	0.3	75.8	22.3	0.0
	6001 元及以上	10.4	1.4	62.9	25.0	0.3

注:“*”表示目标听众样本量不足,无法进行统计推断。

表 3.12.6　2017 年合肥市场份额排名前 5 位的频率

排名	频率名称	市场份额(%)
1	安徽交通广播	20.1
2	安徽音乐广播	10.6
3	合肥交通广播 AM1053/FM102.6	9.8
4	合肥故事广播 FM98.8	9.1
5	中央人民广播电台第一套节目中国之声	6.9

十三、济南收听数据

表 3.13.1　2015～2017 年济南各目标听众人均收听时间（分钟）

目标听众		2015 年	2016 年	2017 年
10 岁及以上所有人		78	73	67
性别	男	74	70	69
	女	83	75	65
年龄	10～14 岁	15	7	8
	15～24 岁	27	24	24
	25～34 岁	62	57	49
	35～44 岁	76	78	69
	45～54 岁	101	82	77
	55～64 岁	141	149	125
	65 岁及以上	159	125	134
文化程度	未受过正规教育	71	78	59
	小学	108	88	69
	初中	80	74	73
	高中	77	81	80
	大学及以上	66	55	43
职业类别	干部/管理人员	61	68	52
	初级公务员/雇员	61	57	50
	个体/私营企业人员	84	84	80
	工人	84	78	69
	学生	19	15	13
	无业（包括退休人员）	135	124	112
	其他	93	87	64
个人月收入	没有收入	33	29	22
	1～2000 元	92	89	82
	2001～3000 元	102	91	78
	3001～4000 元	80	83	84
	4001～5000 元	68	65	68
	5001～6000 元	88	81	73
	6001 元及以上	43	59	71

注：济南为全年连续调查城市。

表 3.13.2　2015～2017 年济南听众在不同地点的人均收听时间（分钟）

地　点	2015 年	2016 年	2017 年
在家	57	50	46
车上	14	15	15
工作或学习场所	6	7	4
其他场所	2	2	3

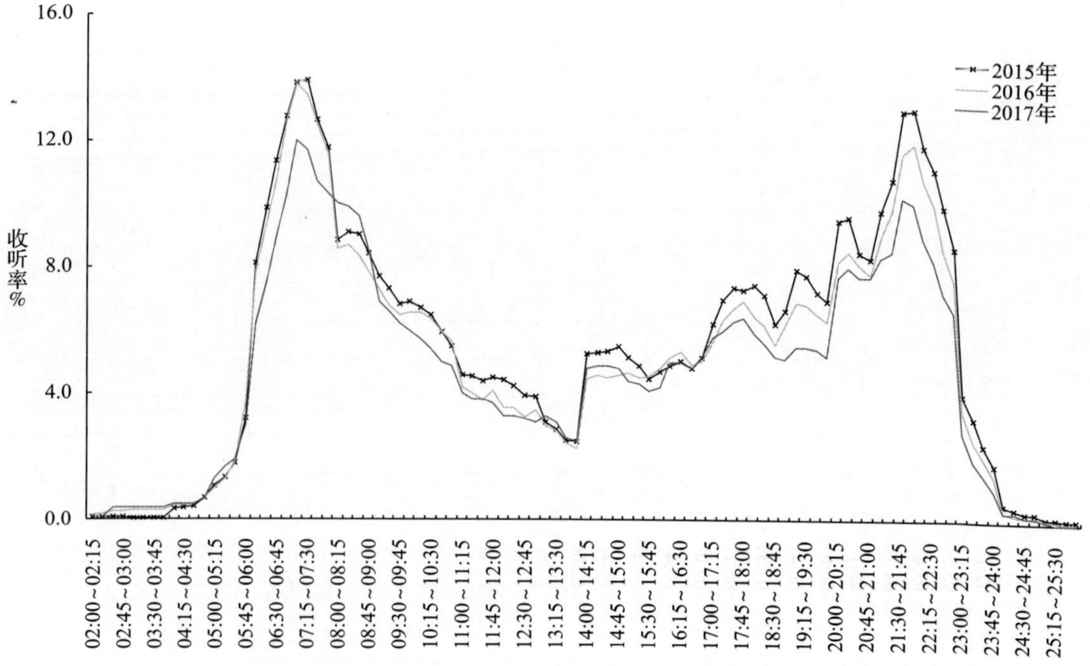

图 3.13.1 2015 ~2017 年济南听众全天收听率走势

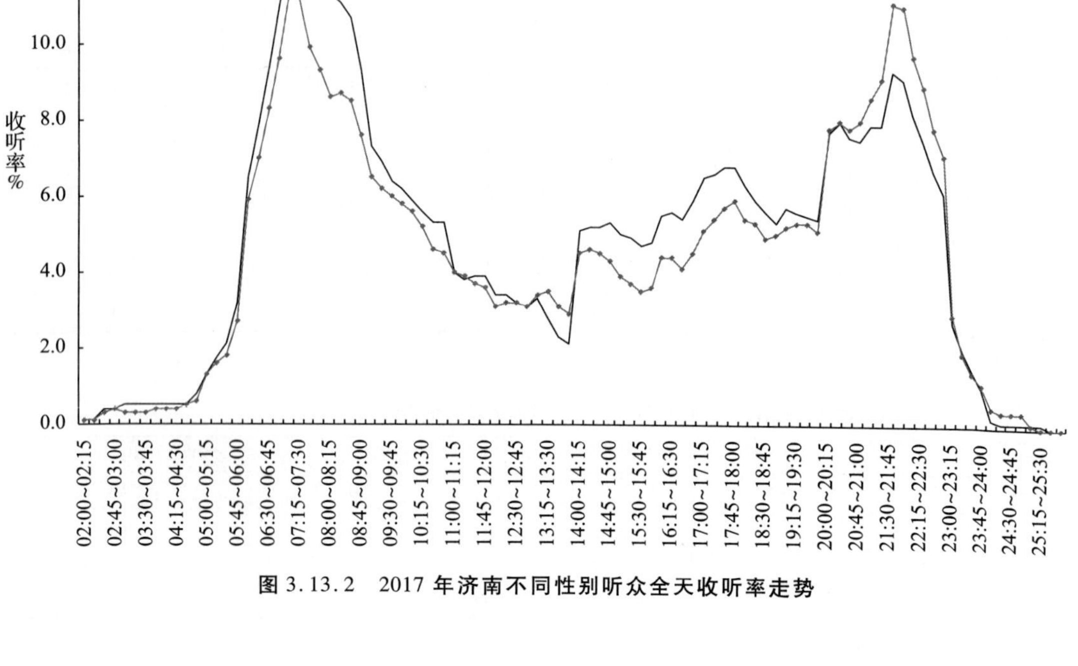

图 3.13.2 2017 年济南不同性别听众全天收听率走势

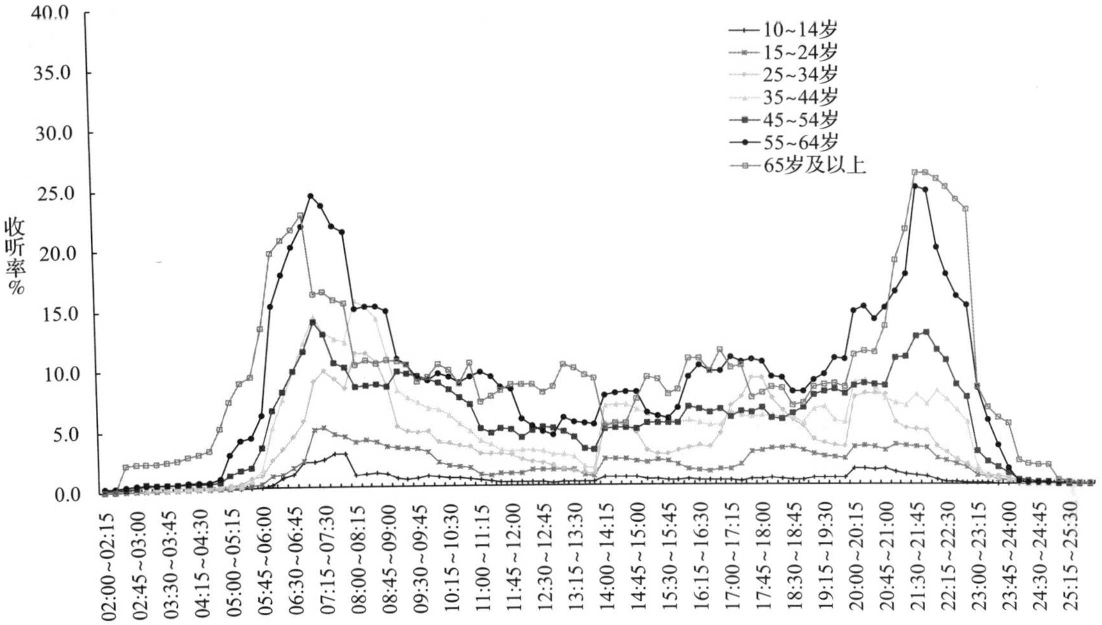

图 3.13.3　2017 年济南不同年龄听众全天收听率走势

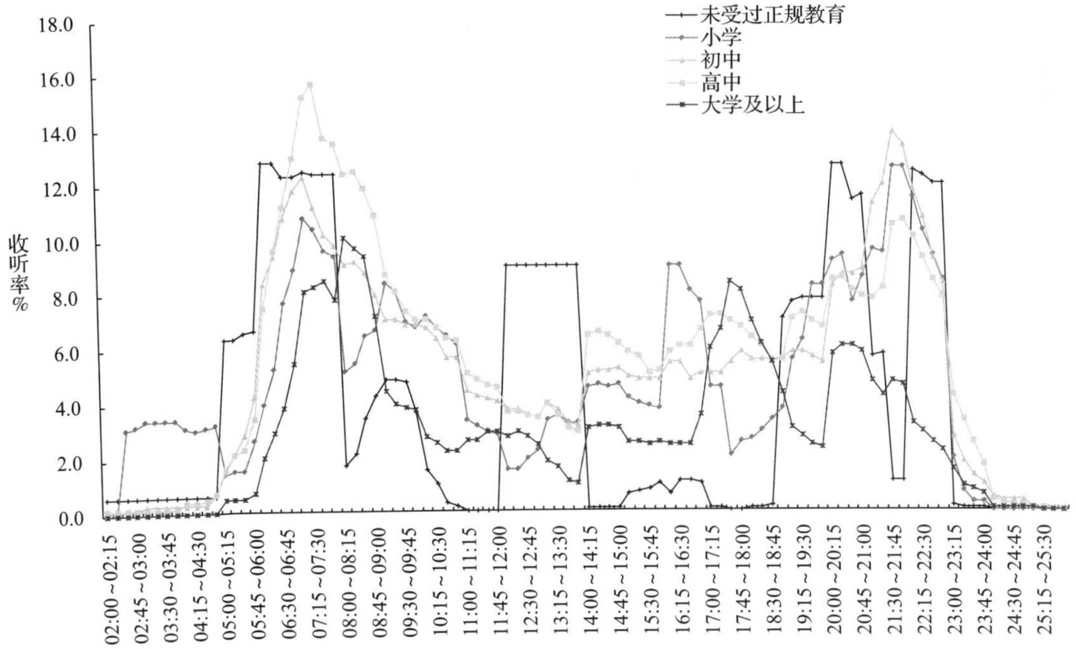

图 3.13.4　2017 年济南不同文化程度听众全天收听率走势

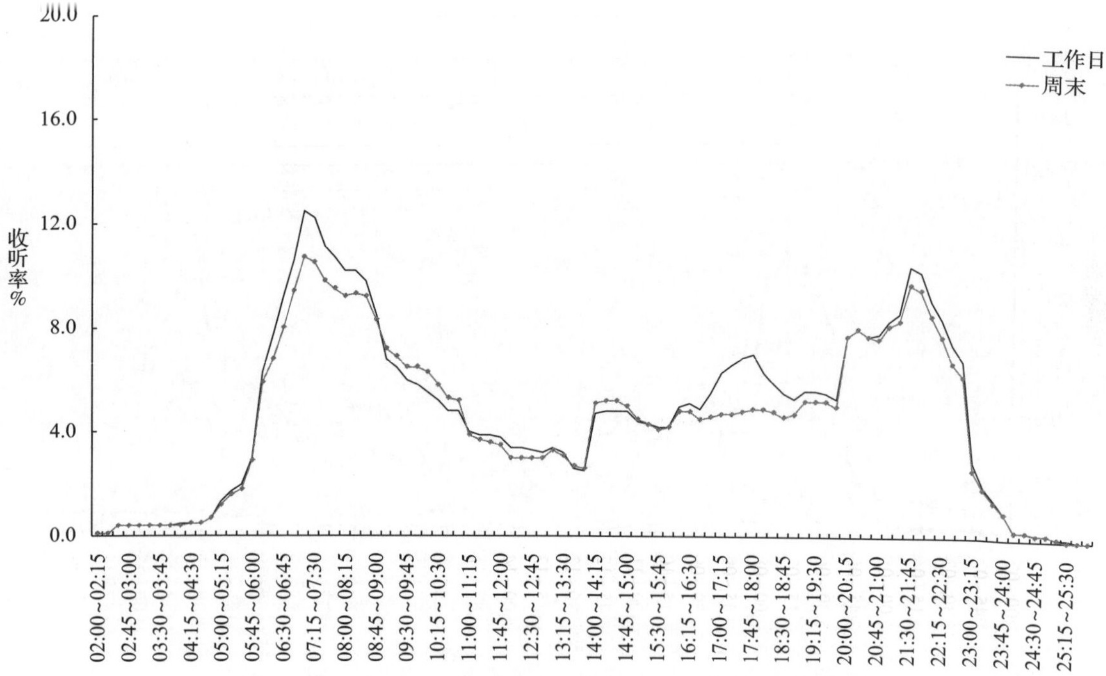

图 3.13.5　2017 年济南听众工作日与周末全天收听率走势

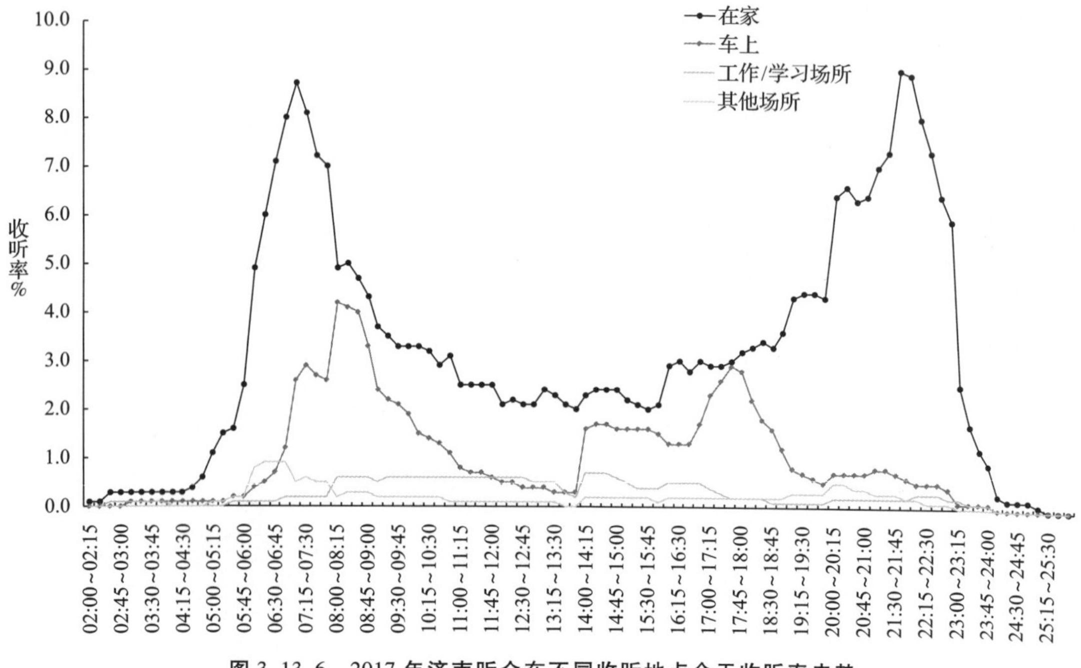

图 3.13.6　2017 年济南听众在不同收听地点全天收听率走势

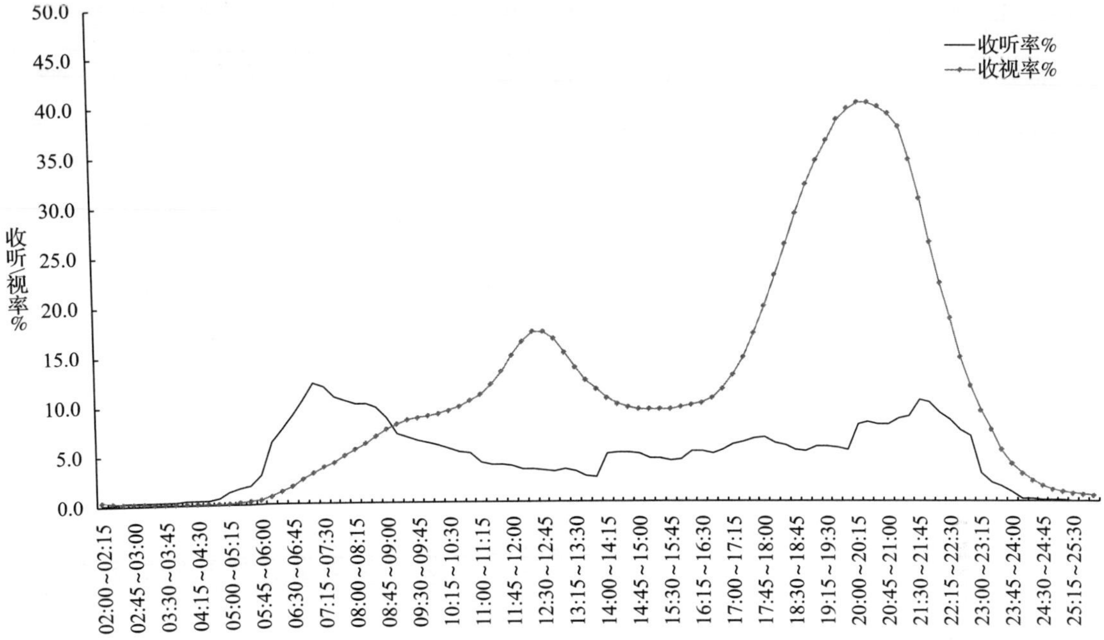

图 3.13.7　2017 年济南受众全天收听率、收视率走势比较（目标受众为 10 岁及以上所有人）

表 3.13.3　2017 年济南市场听众构成(%)

目标听众		听众构成(%)
10 岁及以上所有人		100.0
性别	男	52.9
	女	47.1
年龄	10～14 岁	0.5
	15～24 岁	7.3
	25～34 岁	15.1
	35～44 岁	19.1
	45～54 岁	17.8
	55～64 岁	22.0
	65 岁及以上	18.2
文化程度	未受过正规教育	0.9
	小学	7.4
	初中	38.4
	高中	36.9
	大学及以上	16.4
职业	干部/管理人员	1.3
	初级公务员/雇员	15.4
	个体/私营企业人员	17.8
	工人	22.1
	学生	2.9
	无业(包括退休人员)	35.4
	其他	5.1
个人月收入	没有收入	6.6
	1～2000 元	17.0
	2001～3000 元	29.2
	3001～4000 元	25.4
	4001～5000 元	11.9
	5001～6000 元	6.3
	6001 元及以上	3.6

表 3.13.4　2015～2017 年济南市场各广播电台的市场份额(%)

广播电台	2015 年	2016 年	2017 年
中央人民广播电台	2.7	3.5	2.3
中国国际广播电台	0.0	0.0	0.0
山东广播电视台	18.0	15.8	16.5
济南广播电视台	78.7	80.2	80.9
其他广播电台	0.6	0.5	0.3

表 3.13.5 2017 年济南市场各广播电台在不同目标听众中的市场份额(%)

目标听众		中央人民广播电台	中国国际广播电台	山东广播电视台	济南广播电视台	其他广播电台
10 岁及以上所有人		2.3	0.0	16.5	80.9	0.3
性别	男	2.4	0.0	16.4	80.9	0.3
	女	2.3	0.0	16.6	80.8	0.3
年龄	10~14 岁	1.7	0.0	12.1	86.1	0.1
	15~24 岁	2.6	0.0	17.5	79.7	0.2
	25~34 岁	1.9	0.0	15.8	81.7	0.6
	35~44 岁	2.0	0.0	14.4	83.4	0.2
	45~54 岁	1.4	0.0	17.0	81.2	0.4
	55~64 岁	4.9	0.0	20.2	74.7	0.2
	65 岁及以上	0.7	0.0	13.9	85.4	0.0
文化程度	未受过正规教育	0.4	0.0	11.6	88.0	0.0
	小学	0.6	0.0	18.8	80.2	0.4
	初中	2.6	0.0	18.1	79.1	0.2
	高中	3.1	0.0	14.9	81.8	0.2
	大学及以上	0.7	0.0	15.4	83.5	0.4
职业类别	干部/管理人员	0.5	0.0	10.2	89.0	0.3
	初级公务员/雇员	0.7	0.0	13.9	84.9	0.5
	个体/私营企业人员	1.7	0.0	15.3	82.7	0.3
	工人	4.2	0.0	16.7	78.8	0.3
	学生	2.6	0.0	20.5	76.9	0.0
	无业(包括退休人员)	1.9	0.0	17.0	81.0	0.1
	其他	4.6	0.0	21.5	73.5	0.4
个人月收入	没有收入	2.0	0.0	17.0	80.7	0.3
	1~2000 元	3.1	0.0	16.1	80.5	0.3
	2001~3000 元	2.0	0.0	15.9	81.9	0.2
	3001~4000 元	2.5	0.0	18.4	78.9	0.2
	4001~5000 元	2.1	0.0	16.5	80.6	0.8
	5001~6000 元	2.5	0.0	11.6	85.9	0.0
	6001 元及以上	0.6	0.0	15.5	83.9	0.0

表 3.13.6 2017 年济南市场份额排名前 5 位的频率

排名	频率名称	市场份额(%)
1	济南新闻广播 FM106.6	26.1
2	济南音乐广播 FM88.7	14.0
3	济南交通广播 FM103.1	13.4
4	济南经济广播 FM90.9	12.9
5	济南故事广播 FM104.3	10.9

表 3.13.7　2017 年济南市场收听率排名前 30 位的节目

排名	节目名称	播出频率	收听率(%)	市场份额(%)
1	金山夜话(第一时段)	济南新闻广播 FM106.6	4.8	55.9
2	转播中央人民广播电台《新闻和报纸摘要》	济南新闻广播 FM106.6	3.3	34.6
3	新闻六十分	济南新闻广播 FM106.6	3.1	27.8
4	早安泉城	济南新闻广播 FM106.6	2.4	35.6
4	交通雷达网	济南交通广播 FM103.1	2.2	21.1
6	以案说法	济南经济广播 FM90.9	2.0	31.5
7	政务监督热线	济南新闻广播 FM106.6	2.0	20.0
8	新闻周刊	济南新闻广播 FM106.6	1.9	19.0
9	小说连播	济南新闻广播 FM106.6	1.6	19.7
10	经广新闻网·846 传真	济南经济广播 FM90.9	1.5	13.0
11	在清华听演讲	济南交通广播 FM103.1	1.4	14.1
12	经典书场(上午版)	济南故事广播 FM104.3	1.3	24.0
13	都市顺风车	济南交通广播 FM103.1	1.3	22.9
14	八点聊天室	济南新闻广播 FM106.6	1.3	16.0
15	健康园地	济南新闻广播 FM106.6	1.2	24.7
16	小罗罗崩没根	济南交通广播 FM103.1	1.2	22.8
17	美食乐翻天	济南新闻广播 FM106.6	1.2	22.4
18	天天说事儿	济南新闻广播 FM106.6	1.2	19.4
19	1031 怀旧音乐时间(08:00～10:00)	济南交通广播 FM103.1	1.2	16.3
20	城市 MORNINGCALL	济南音乐广播 FM88.7	1.2	12.2
21	音乐咖啡馆	济南音乐广播 FM88.7	1.1	23.4
22	橘子音乐汇	济南音乐广播 FM88.7	1.1	19.9
23	MUSIC 伴你行	济南音乐广播 FM88.7	1.1	18.7
24	心理热线	济南故事广播 FM104.3	1.1	12.2
24	音乐快乐丸	济南音乐广播 FM88.7	1.1	12.2
26	夜色阑珊	济南经济广播 FM90.9	1.1	11.9
27	第一时间	济南经济广播 FM90.9	1.1	10.6
28	小说抢先听	济南故事广播 FM104.3	1.1	9.5
29	法理人生	济南新闻广播 FM106.6	1.0	19.3
30	城市爱生活	济南新闻广播 FM106.6	1.0	15.2

十四、昆明收听数据

表 3.14.1 2015～2017 年昆明各目标听众人均收听时间（分钟）

目标听众		2015 年	2016 年	2017 年
10 岁及以上所有人		56	57	52
性别	男	58	60	56
	女	54	55	48
年龄	10～14 岁	20	28	35
	15～24 岁	22	24	22
	25～34 岁	43	44	42
	35～44 岁	57	60	59
	45～54 岁	65	60	52
	55～64 岁	99	99	83
	65 岁及以上	119	118	108
文化程度	未受过正规教育	61	54	51
	小学	54	56	60
	初中	65	61	53
	高中	59	58	49
	大学及以上	47	54	53
职业	干部/管理人员	50	60	61
	初级公务员/雇员	49	54	56
	个体/私营企业人员	50	49	46
	工人	53	39	38
	学生	23	27	23
	无业（包括退休人员）	95	97	81
	其他	*	*	*
个人月收入	没有收入	25	30	27
	1～2000 元	68	66	61
	2001～3000 元	75	68	63
	3001～4000 元	65	60	57
	4001～5000 元	57	59	56
	5001～6000 元	34	55	55
	6001 元及以上	54	66	57

注：昆明为全年连续调查城市，2015 年 7 月 1 日起开始调查，2015 年数据为 7 月 1 日～12 月 31 日数据。“*”表示该目标听众样本量不足，无法进行统计推断。

表 3.14.2 2015～2017 年昆明听众在不同地点的人均收听时间（分钟）

地点	2015 年	2016 年	2017 年
在家	32	33	28
车上	17	17	18
工作/学习场所	3	3	4
其他场所	4	4	3

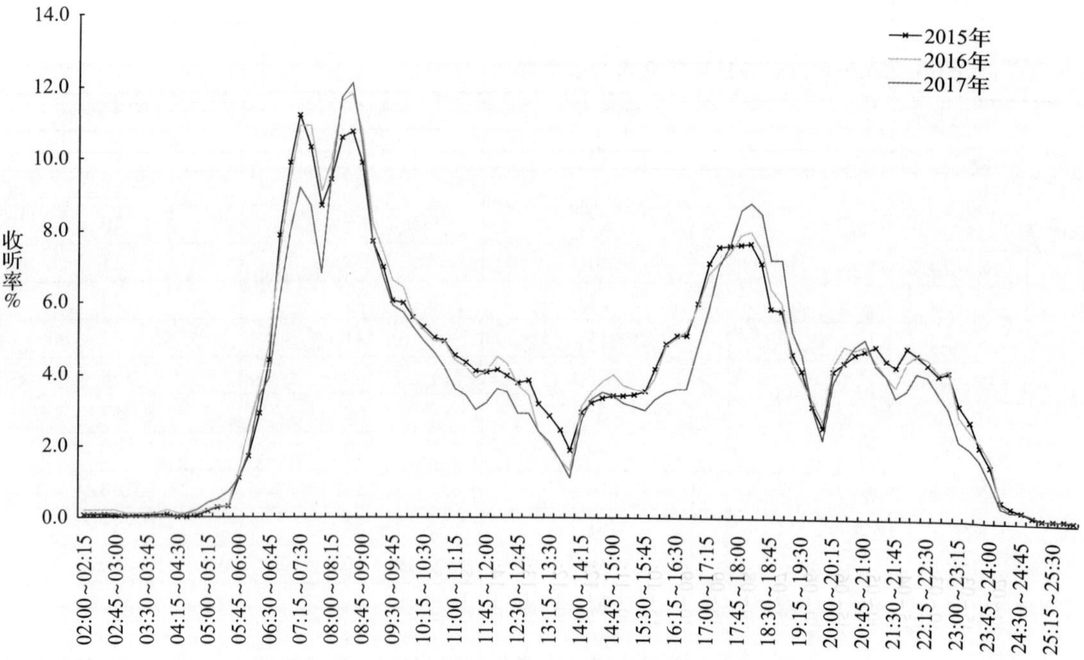

图 3.14.1　2015~2017 年昆明听众全天收听率走势

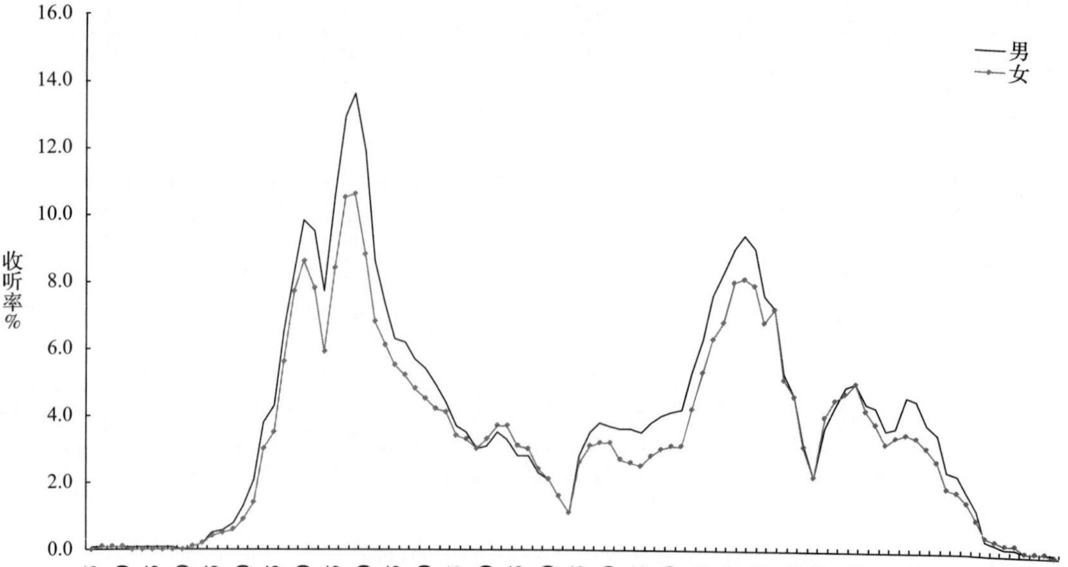

图 3.14.2　2017 年昆明不同性别听众全天收听率走势

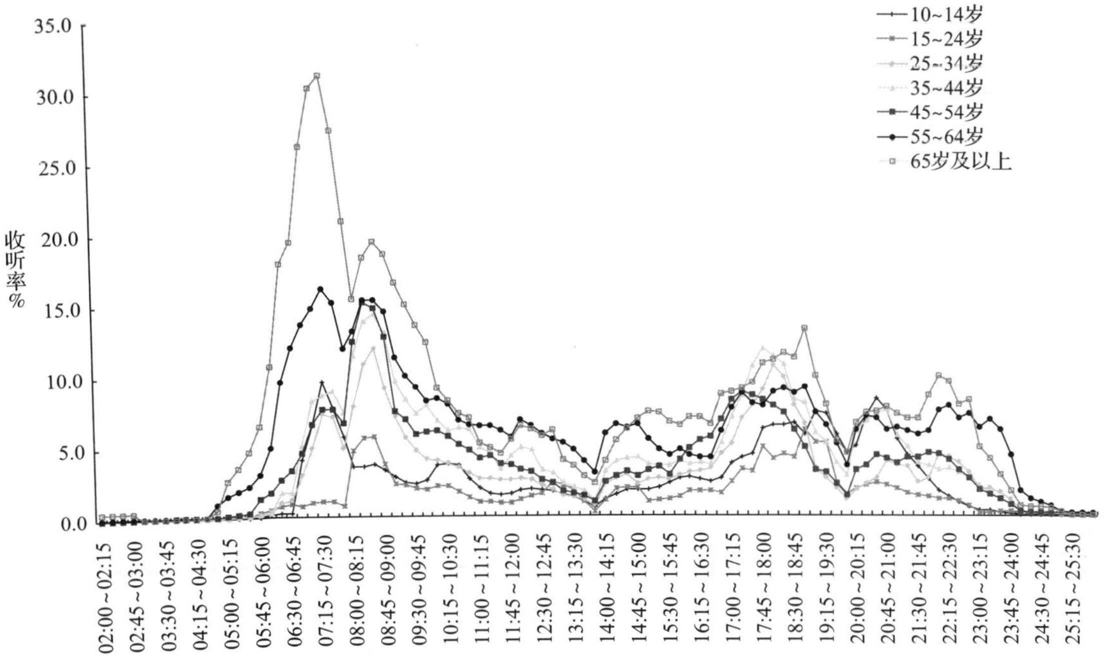

图 3.14.3 2017 年昆明不同年龄听众全天收听率走势

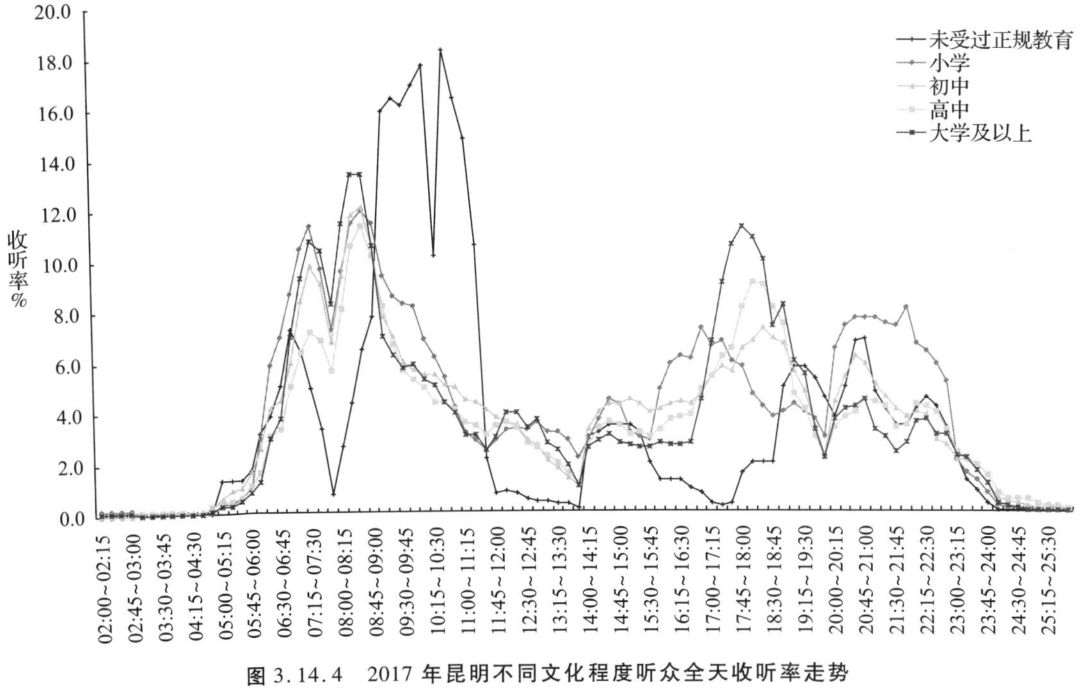

图 3.14.4 2017 年昆明不同文化程度听众全天收听率走势

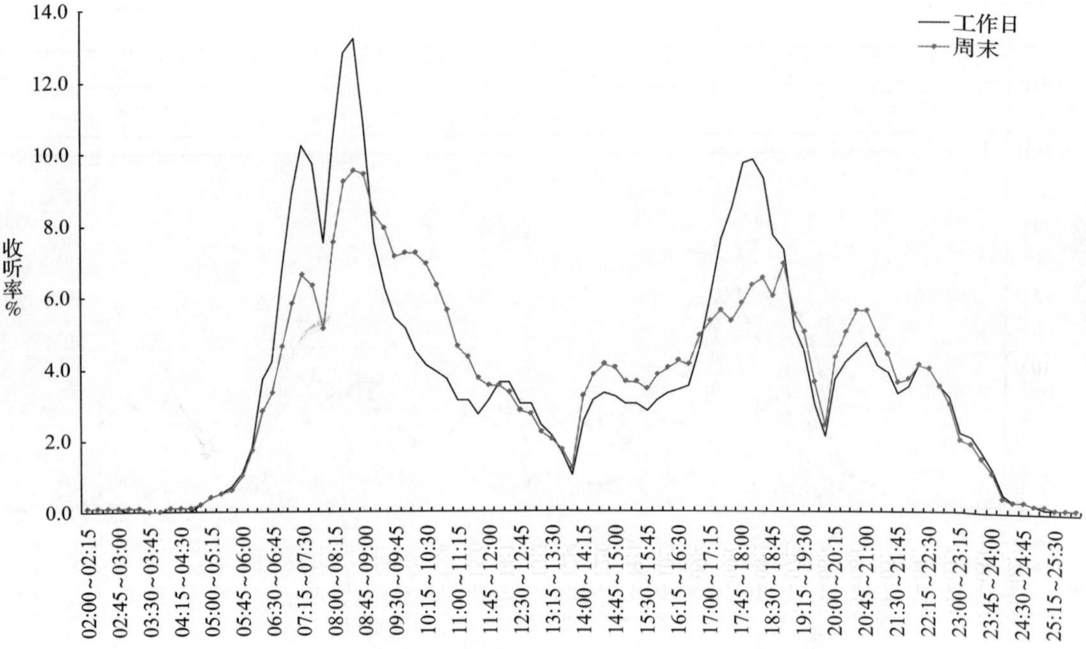

图 3.14.5 2017 年昆明听众工作日与周末全天收听率走势

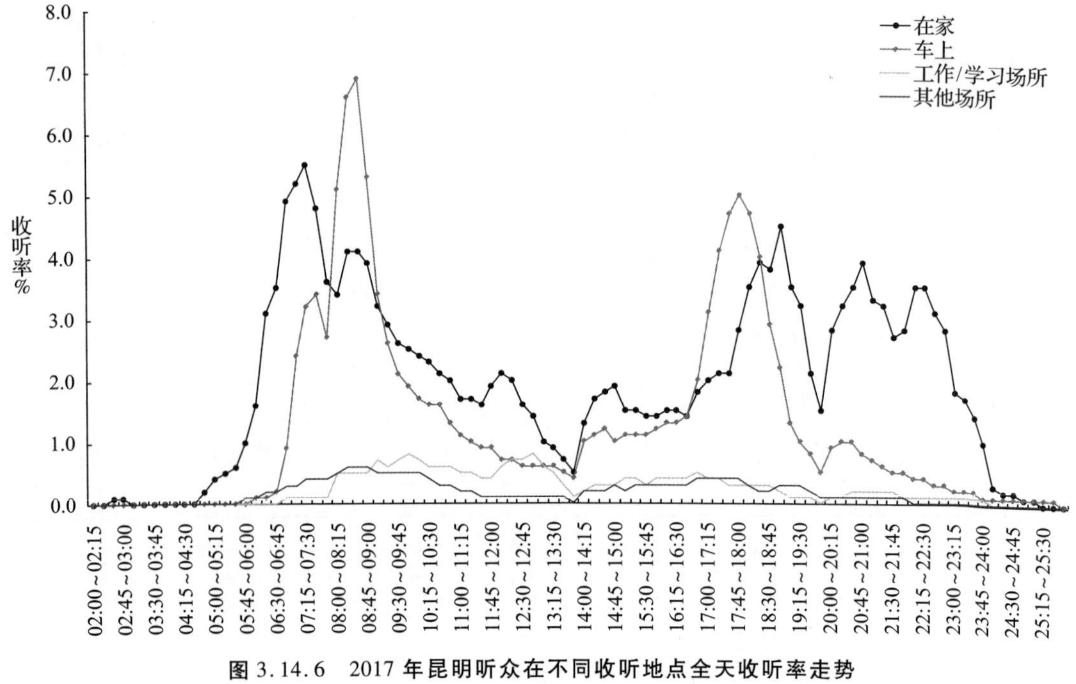

图 3.14.6 2017 年昆明听众在不同收听地点全天收听率走势

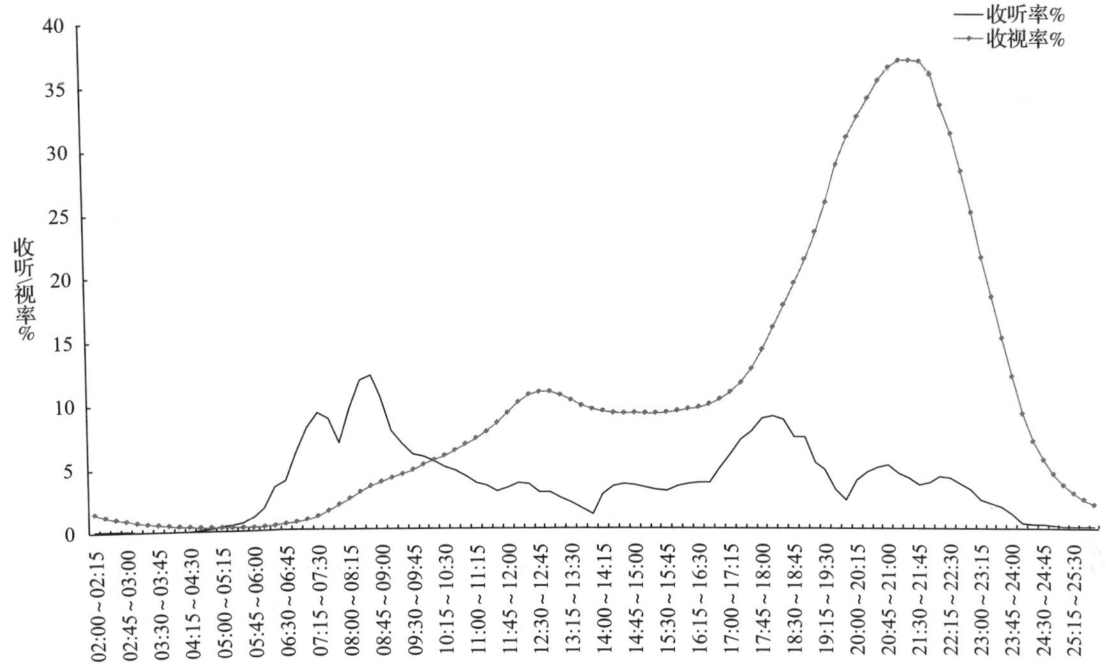

图 3.14.7　2017 年昆明受众全天收听率、收视率走势比较（目标受众为 10 岁及以上所有人）

表 3.14.3　2017 年昆明市场听众构成(%)

目标听众		听众构成(%)
10 岁及以上所有人		100.0
性别	男	55.4
	女	44.6
年龄	10~14 岁	2.6
	15~24 岁	7.8
	25~34 岁	18.6
	35~44 岁	26.3
	45~54 岁	13.4
	55~64 岁	15.7
	65 岁及以上	15.7
文化程度	未受过正规教育	0.4
	小学	8.1
	初中	23.6
	高中	33.1
	大学及以上	34.9
职业	干部/管理人员	7.0
	初级公务员/雇员	21.1
	个体/私营企业人员	21.9
	工人	10.0
	学生	6.5
	无业(包括退休人员)	33.5
	其他	*
个人月收入	没有收入	10.2
	1~2000 元	11.1
	2001~3000 元	23.0
	3001~4000 元	25.3
	4001~5000 元	16.5
	5001~6000 元	5.6
	6001 元及以上	8.4

“*”表示该目标听众样本量不足,无法进行统计推断。

表 3.14.4　2015~2017 年昆明市场各广播电台的市场份额(%)

广播电台	2015 年	2016 年	2017 年
中央人民广播电台	20.8	27.6	27.6
中国国际广播电台	0.4	0.5	0.6
云南广播电视台	52.6	47.6	49.0
昆明广播电视台	24.7	23.6	21.9
其他广播电台	1.5	0.7	0.9

表 3.14.5　2017 年昆明市场各广播电台在不同目标听众中的市场份额(%)

目标听众		中央人民广播电台	中国国际广播电台	云南广播电视台	昆明广播电视台	其他广播电台
10 岁及以上所有人		27.6	0.6	49.0	21.9	0.9
性别	男	26.9	0.5	50.6	21.0	1.0
	女	28.6	0.7	46.9	23.0	0.8
年龄	10~14 岁	19.4	0.3	56.7	23.2	0.4
	15~24 岁	33.6	1.2	47.2	17.1	0.9
	25~34 岁	23.4	0.4	58.7	17.3	0.2
	35~44 岁	18.2	0.6	55.8	24.6	0.8
	45~54 岁	17.8	1.3	56.5	23.5	0.9
	55~64 岁	44.8	0.4	33.5	19.0	2.3
	65 岁及以上	38.0	0.3	34.6	26.5	0.6
文化程度	未受过正规教育	25.6	4.8	45.2	24.4	0.0
	小学	28.9	0.4	53.2	17.2	0.3
	初中	29.5	1.0	44.3	24.7	0.5
	高中	27.6	0.6	47.4	22.4	2.0
	大学及以上	26.2	0.4	52.7	20.4	0.3
职业	干部/管理人员	22.8	0.6	48.9	21.5	6.2
	初级公务员/雇员	25.7	0.4	55.6	18.2	0.1
	个体/私营企业人员	13.7	0.8	57.3	27.5	0.7
	工人	21.8	1.3	56.4	20.4	0.1
	学生	31.6	0.7	48.2	18.3	1.2
	无业(包括退休人员)	40.6	0.4	35.9	22.4	0.7
	其他	*	*	*	*	*
个人月收入	没有收入	30.9	0.9	48.8	19.2	0.2
	1~2000 元	21.7	0.3	52.7	23.6	1.7
	2001~3000 元	35.3	0.9	40.1	23.0	0.7
	3001~4000 元	26.8	0.6	49.2	21.9	1.5
	4001~5000 元	21.0	0.5	56.2	21.3	1.0
	5001~6000 元	39.5	0.2	47.2	12.9	0.2
	6001 元及以上	20.0	0.6	53.2	25.8	0.4

“*”表示该目标听众样本量不足,无法进行统计推断。

表 3.14.6　2017 年昆明市场份额排名前 5 位的频率

排　名	频率	市场份额(%)
1	云南广播电视台交通之声 FM91.8	23.1
2	中央人民广播电台第一套节目中国之声	14.4
3	昆明广播电视台 FM95.4 汽车广播	9.9
4	云南广播电视台音乐之声 FM97	8.3
5	云南广播电视台新闻广播 AM576/FM105.8	6.6

表 3.14.7　2017 年昆明市场收听率排名前 30 位的节目

排名	节目名称	播出频率	收听率（%）	市场份额（%）
1	91.8 早高峰	云南广播电视台交通之声 FM91.8	3.3	31.2
2	91.8 大玩家	云南广播电视台交通之声 FM91.8	2.8	35.0
3	新闻和报纸摘要	中央人民广播电台第一套节目中国之声	2.4	48.3
4	91.8 全省交通纵贯线	云南广播电视台交通之声 FM91.8	2.3	33.2
5	91.8 轻松假期	云南广播电视台交通之声 FM91.8	1.9	26.9
6	新闻纵横	中央人民广播电台第一套节目中国之声	1.8	18.3
7	91.8 晚高峰	云南广播电视台交通之声 FM91.8	1.7	23.4
8	91.8 出行早知道	云南广播电视台交通之声 FM91.8	1.7	22.7
9	91.8 车来车往	云南广播电视台交通之声 FM91.8	1.6	31.8
10	国防时空	中央人民广播电台第一套节目中国之声	1.5	53.5
11	品牌之旅	中央人民广播电台第一套节目中国之声	1.5	53.1
12	91.8 爱运动	云南广播电视台交通之声 FM91.8	1.4	27.5
13	91.8 一路畅听	云南广播电视台交通之声 FM91.8	1.2	20.6
14	954 好听榜	昆明广播电视台 FM95.4 汽车广播	1.2	14.7
15	全国新闻联播	中央人民广播电台第一套节目中国之声	1.1	15.4
16	街头巷尾转播时间	昆明广播电视台 FM95.4 汽车广播	1.1	14.4
17	云广新闻（早间版 A）	云南广播电视台新闻广播 AM576/FM105.8	1.1	12.6
18	91.8 听游四方	云南广播电视台交通之声 FM91.8	1.0	27.9
19	954 音乐早班车	昆明广播电视台 FM95.4 汽车广播	1.0	9.2
20	91.8 星播报	云南广播电视台交通之声 FM91.8	0.9	21.1
21	954 兜风心情	昆明广播电视台 FM95.4 汽车广播	0.9	17.3
22	云广新闻（早间版 B）	云南广播电视台新闻广播 AM576/FM105.8	0.9	11.1
23	91.8 行车百问	云南广播电视台交通之声 FM91.8	0.8	25.8
24	91.8 假日分享	云南广播电视台交通之声 FM91.8	0.8	21.5
25	91.8 欢乐颂	云南广播电视台交通之声 FM91.8	0.8	20.7
26	云广新闻(19:00)	云南广播电视台新闻广播 AM576/FM105.8	0.8	16.2
27	音乐阳光派(周末版)	云南广播电视台音乐之声 FM97	0.8	10.8
28	音乐不下班	云南广播电视台音乐之声 FM97	0.8	10.2
29	残疾人之友	中央人民广播电台第一套节目中国之声	0.7	42.7
30	91.8 新歌加油站	云南广播电视台交通之声 FM91.8	0.7	22.1

十五、南昌收听数据

表 3.15.1　2015～2017 年南昌各目标听众人均收听时间(分钟)

目标听众		2015 年	2016 年	2017 年
10 岁及以上所有人		29	31	33
性别	男	33	36	40
	女	24	25	25
年龄	10～14 岁	11	6	3
	15～24 岁	14	16	10
	25～34 岁	27	23	34
	35～44 岁	36	39	48
	45～54 岁	35	35	43
	55～64 岁	41	48	34
	65 岁及以上	43	59	57
文化程度	未受过正规教育	13	7	13
	小学	21	23	19
	初中	29	33	38
	高中	32	34	32
	大学及以上	30	28	35
职业	干部/管理人员	28	39	45
	初级公务员/雇员	32	30	32
	个体/私营企业人员	36	37	37
	工人	22	29	64
	学生	9	10	5
	无业(包括退休人员)	36	43	37
	其他	30	19	11
个人月收入	没有收入	14	14	9
	1～2000 元	27	30	21
	2001～3000 元	28	37	37
	3001～4000 元	36	33	40
	4001～5000 元	46	47	51
	5001～6000 元	49	47	75
	6001 元及以上	58	49	49

注:南昌为全年连续调查城市。

表 3.15.2　2015～2017 年南昌听众在不同地点的人均收听时间(分钟)

地　　点	2015 年	2016 年	2017 年
在家	15	16	13
车上	12	11	17
工作或学习场所	1	3	2
其他场所	1	1	1

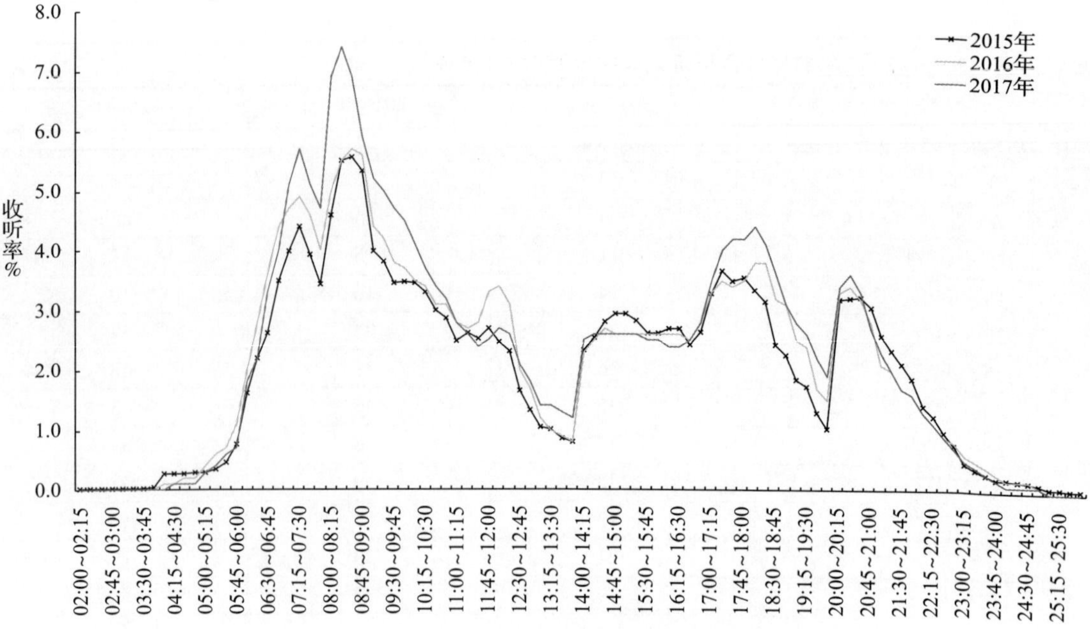

图 3.15.1　2015～2017 年南昌听众全天收听率走势

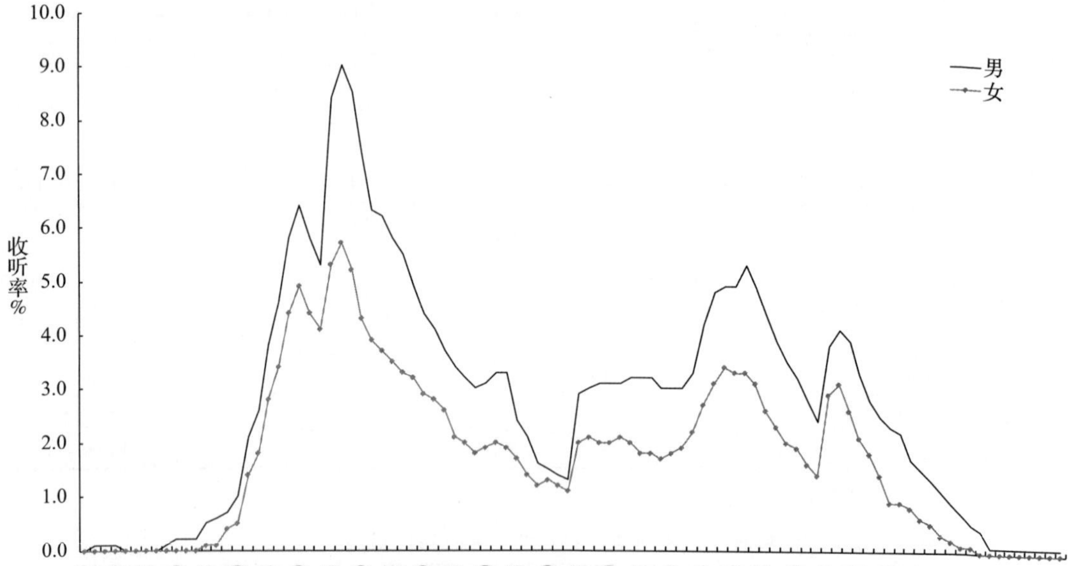

图 3.15.2　2017 年南昌不同性别听众全天收听率走势

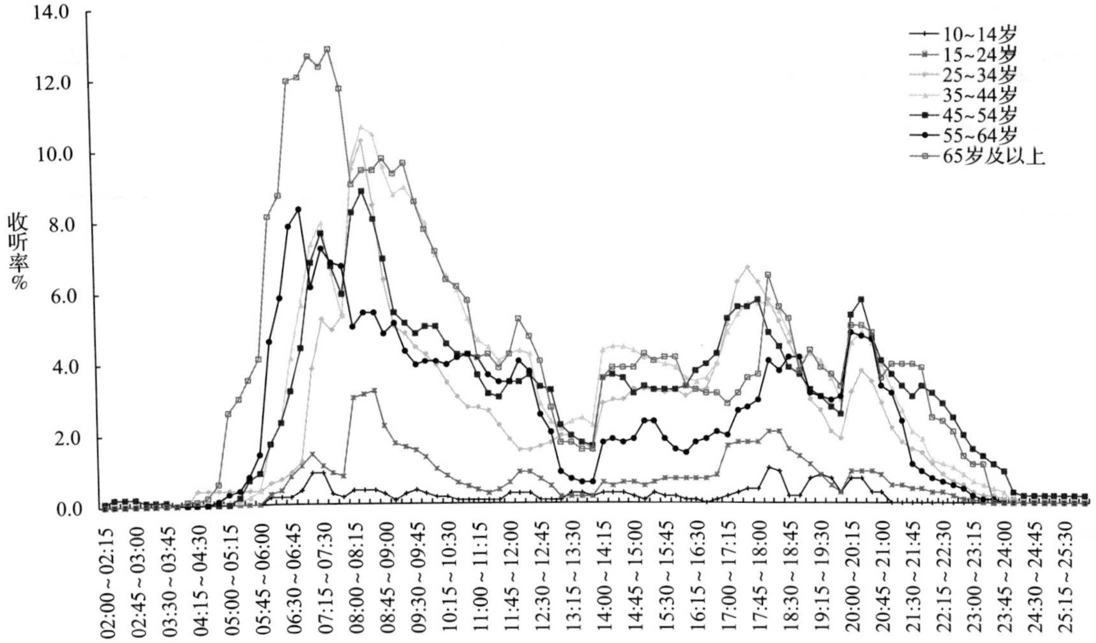

图 3.15.3　2017 年南昌不同年龄听众全天收听率走势

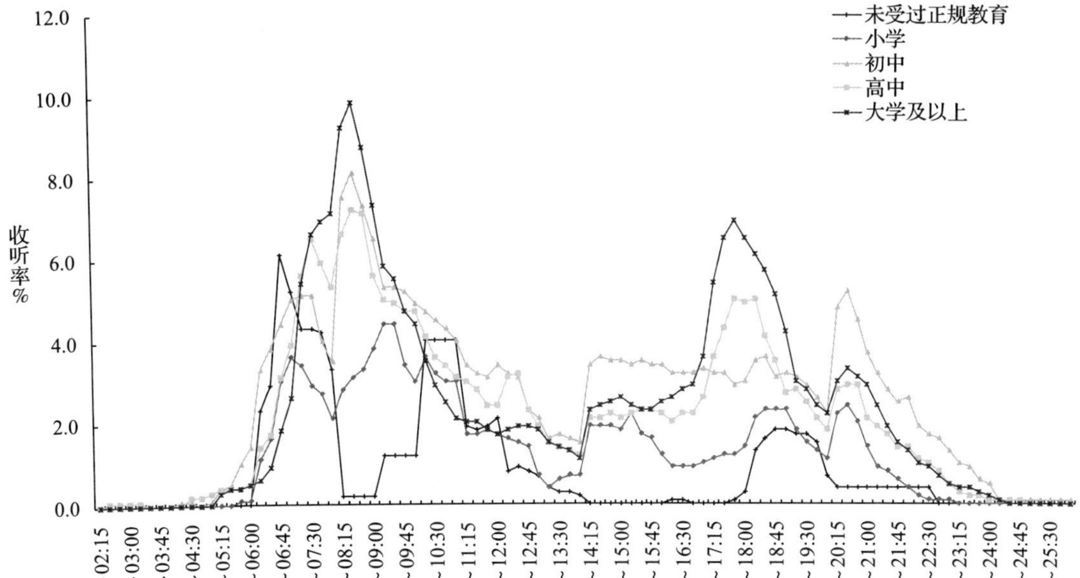

图 3.15.4　2017 年南昌不同文化程度听众全天收听率走势

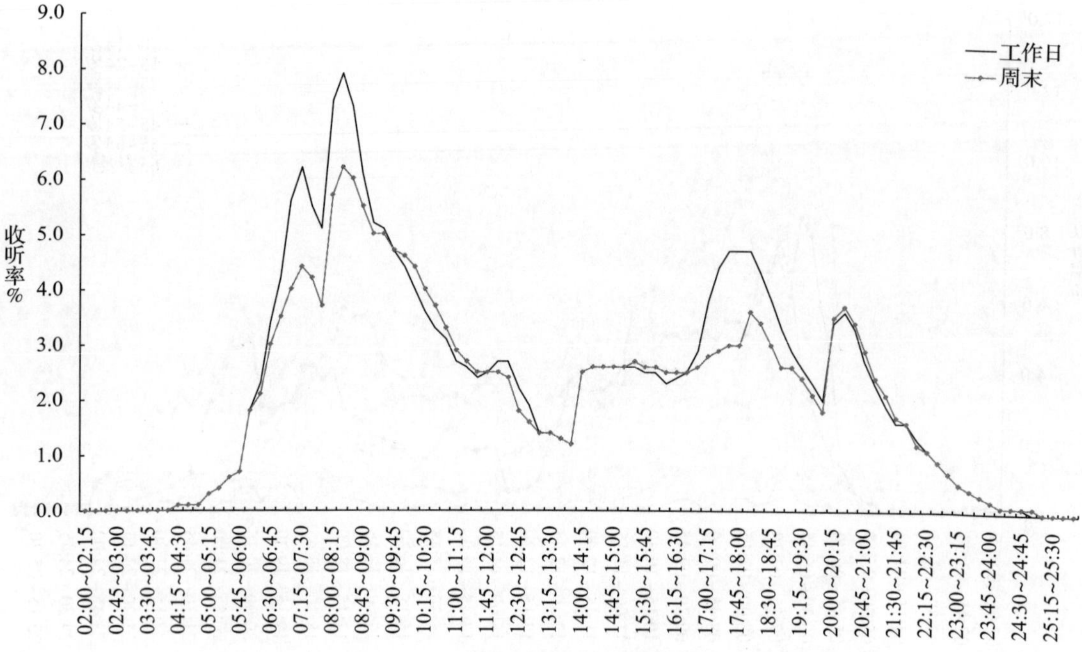

图 3.15.5　2017 年南昌听众工作日与周末全天收听率走势

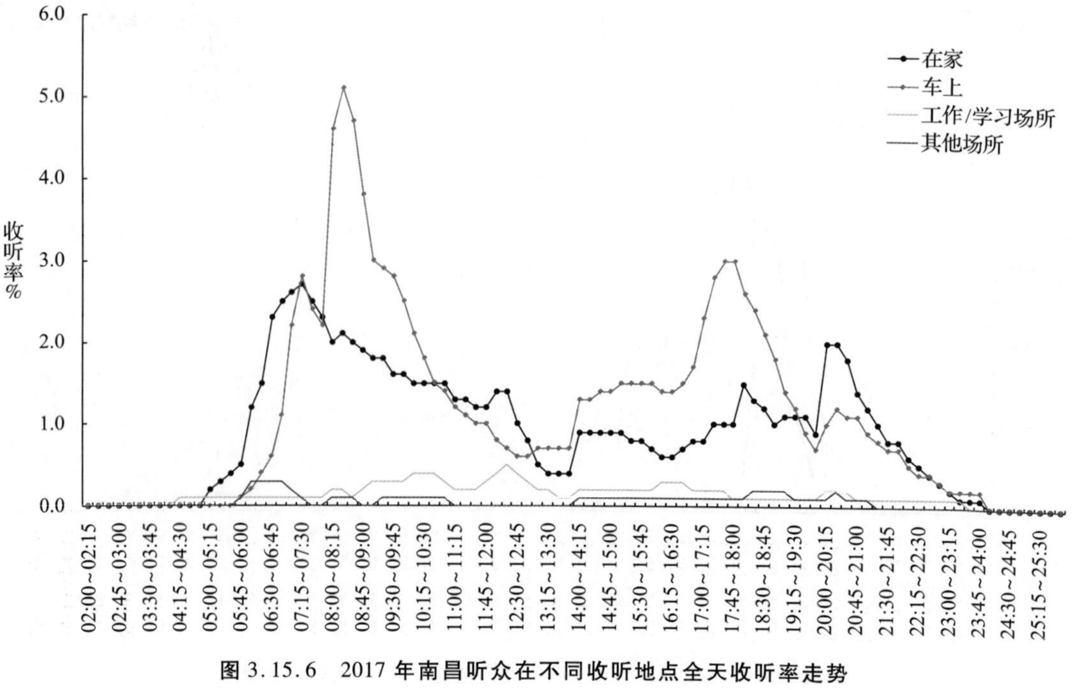

图 3.15.6　2017 年南昌听众在不同收听地点全天收听率走势

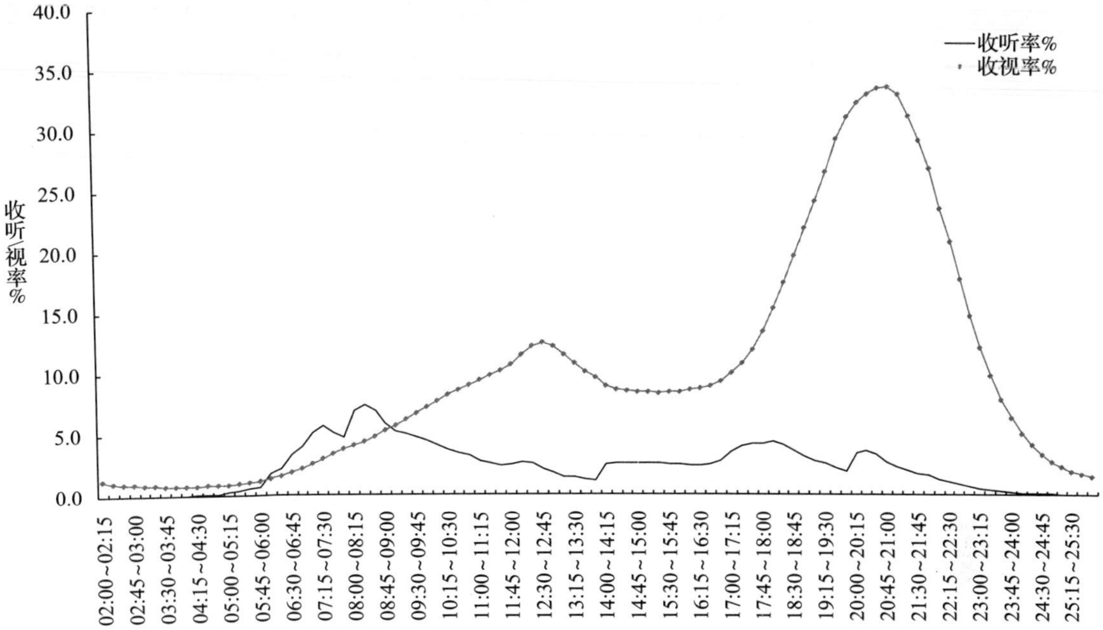

图 3.15.7　2017 年南昌受众全天收听率、收视率走势比较(目标受众为 10 岁及以上所有人)

表 3.15.3　2017 年南昌市场听众构成(%)

目标听众		听众构成(%)
10 岁及以上所有人		100.0
性别	男	63.9
	女	36.1
年龄	10～14 岁	0.4
	15～24 岁	6.8
	25～34 岁	20.8
	35～44 岁	29.7
	45～54 岁	19.5
	55～64 岁	9.6
	65 岁及以上	13.2
文化程度	未受过正规教育	0.6
	小学	6.6
	初中	37.5
	高中	32.6
	大学及以上	22.7
职业	干部/管理人员	6.3
	初级公务员/雇员	26.1
	个体/私营企业人员	23.5
	工人	17.6
	学生	2.8
	无业(包括退休人员)	23.4
	其他	0.3
个人月收入	没有收入	6.7
	1～2000 元	5.2
	2001～3000 元	35.1
	3001～4000 元	28.4
	4001～5000 元	11.5
	5001～6000 元	8.7
	6001 元及以上	4.4

表 3.15.4　2015～2017 年南昌市场各广播电台的市场份额(%)

广播电台	2015 年	2016 年	2017 年
中央人民广播电台	21.2	19.7	18.4
中国国际广播电台	0.0	0.0	0.0
江西人民广播电台	50.5	56.6	61.6
南昌人民广播电台	24.0	20.2	18.8
其他广播电台	4.3	3.5	1.2

表 3.15.5 2017 年南昌市场各广播电台在不同目标听众中的市场份额(%)

目标听众		中央人民广播电台	中国国际广播电台	江西人民广播电台	南昌人民广播电台	其他广播电台
10 岁及以上所有人		18.4	0.0	61.6	18.8	1.2
性别	男	17.2	0.0	63.4	18.6	0.8
	女	20.4	0.0	58.4	19.3	1.9
年龄	10~14 岁	17.6	0.0	61.3	19.9	1.2
	15~24 岁	12.5	0.0	68.7	17.8	1.0
	25~34 岁	5.3	0.0	64.4	28.3	2.0
	35~44 岁	10.4	0.0	68.7	20.2	0.7
	45~54 岁	19.3	0.0	66.4	12.0	2.3
	55~64 岁	40.1	0.0	45.4	13.6	0.9
	65 岁及以上	42.2	0.0	42.2	15.4	0.2
文化程度	未受过正规教育	46.2	0.0	49.3	4.5	0.0
	小学	31.7	0.0	54.1	13.2	1.0
	初中	12.6	0.0	71.6	14.8	1.0
	高中	23.3	0.0	55.2	19.8	1.7
	大学及以上	16.1	0.0	56.6	26.3	1.0
职业	干部/管理人员	19.6	0.0	54.5	25.3	0.6
	初级公务员/雇员	13.1	0.0	64.2	21.9	0.8
	个体/私营企业人员	9.3	0.0	72.0	15.7	3.0
	工人	6.3	0.0	74.8	18.8	0.1
	学生	20.6	0.0	53.3	25.6	0.5
	无业(包括退休人员)	41.9	0.0	40.8	16.2	1.1
	其他	0.0	0.0	98.4	0.2	1.4
个人月收入	没有收入	22.3	0.0	56.4	20.5	0.8
	1~2000 元	20.7	0.0	57.9	18.2	3.2
	2001~3000 元	24.1	0.0	60.2	14.7	1.0
	3001~4000 元	19.4	0.0	62.6	17.4	0.6
	4001~5000 元	9.8	0.0	62.0	25.3	2.9
	5001~6000 元	3.8	0.0	63.4	31.8	1.0
	6001 元及以上	8.2	0.0	75.7	14.7	1.4

表 3.15.6 2017 年南昌市场份额排名前 5 位的频率

排名	频率名称	市场份额(%)
1	江西交通广播 FM105.4	25.0
2	中央人民广播电台第一套节目中国之声	12.1
3	南昌交通音乐广播 FM95.1	11.9
4	江西音乐广播 FM103.4	11.8
5	江西故事广播 FM96.9	6.2

表 3.15.7　2017 年南昌市场收听率排名前 30 位的节目

排名	节目名称	播出频率	收听率（%）	市场份额（%）
1	交通在线	江西交通广播 FM105.4	1.9	30.5
2	财富直通车	江西交通广播 FM105.4	1.4	28.2
3	一路畅通	江西交通广播 FM105.4	1.2	28.5
4	新闻和报纸摘要	中央人民广播电台第一套节目中国之声	1.0	27.7
5	新闻纵横	中央人民广播电台第一套节目中国之声	1.0	17.3
6	缤纷车世界	江西交通广播 FM105.4	0.9	24.9
7	快乐出发	南昌交通音乐广播 FM95.1	0.8	12.4
8	第一房产	江西交通广播 FM105.4	0.7	29.3
9	交广双声道	江西交通广播 FM105.4	0.7	28.7
10	车舞飞扬	江西交通广播 FM105.4	0.7	27.8
11	大娱乐家	江西交通广播 FM105.4	0.7	27.7
12	轻松相伴周末版(周日 06:30～00:30)	江西交通广播 FM105.4	0.7	24.5
13	新闻晚八点	江西交通广播 FM105.4	0.7	20.4
14	951 晚班车	南昌交通音乐广播 FM95.1	0.7	15.4
14	1054 早航班	江西交通广播 FM105.4	0.7	15.1
16	951 早班车	南昌交通音乐广播 FM95.1	0.7	11.9
17	轻松相伴周末版(周六 09:00～16:00)	江西交通广播 FM105.4	0.6	22.3
18	小喇叭	中央人民广播电台第一套节目中国之声	0.6	16.5
19	音乐早叫醒	南昌交通音乐广播 FM95.1	0.6	9.9
20	轻松相伴周末版(周六 17:00～00:30)	江西交通广播 FM105.4	0.5	25.3
21	品牌之旅	中央人民广播电台第一套节目中国之声	0.5	24.8
22	畅游天下	江西交通广播 FM105.4	0.5	18.2
23	全国新闻联播	中央人民广播电台第一套节目中国之声	0.5	15.0
24	音乐同驰骋	南昌交通音乐广播 FM95.1	0.5	13.3
25	一路顺风	南昌交通音乐广播 FM95.1	0.5	13.0
26	音乐新干线	南昌交通音乐广播 FM95.1	0.5	12.4
26	轻松相伴周末版(周六 06:30～07:30)	江西交通广播 FM105.4	0.5	12.4
28	畅听晚高峰	江西音乐广播 FM103.4	0.5	11.6
29	乐动早高峰	江西音乐广播 FM103.4	0.5	8.2
30	笑笑江湖	江西交通广播 FM105.4	0.4	27.5

十六、南京收听数据

表 3.16.1 2015～2017 年南京各目标听众人均收听时间(分钟)

目标听众		2015 年	2016 年	2017 年
15 岁及以上所有人		71	76	37
性别	男	70	77	40
	女	72	75	34
年龄	15～24 岁	29	31	31
	25～34 岁	43	57	28
	35～44 岁	62	72	30
	45～54 岁	85	107	43
	55～64 岁	127	120	60
	65 岁及以上	157	142	64
文化程度	未受过正规教育	57	59	*
	小学	86	64	42
	初中	85	87	44
	高中	69	86	41
	大学及以上	53	55	33
职业	干部/管理人员	76	68	29
	初级公务员/雇员	59	73	34
	个体/私营企业人员	71	77	28
	工人	57	75	36
	学生	23	23	31
	无业(包括退休人员)	119	114	59
	其他	90	91	*
个人月收入	没有收入	32	31	32
	1～2000 元	79	98	46
	2001～3000 元	94	93	41
	3001～4000 元	71	83	40
	4001～5000 元	74	77	35
	5001～6000 元	57	68	33
	6001 元及以上	77	74	35

注:南京为全年连续调查城市,从 2017 年 1 月 1 日开始采用测量仪调查数据。
“*”表示该目标听众样本量不足,无法进行统计推断。

表 3.16.2 2015～2017 年南京听众在不同地点的人均收听时间(分钟)

地点	2015 年	2016 年	2017 年
在家	50	50	12
车上	11	16	12
工作/学习场所	5	5	5
其他场所	2	2	8

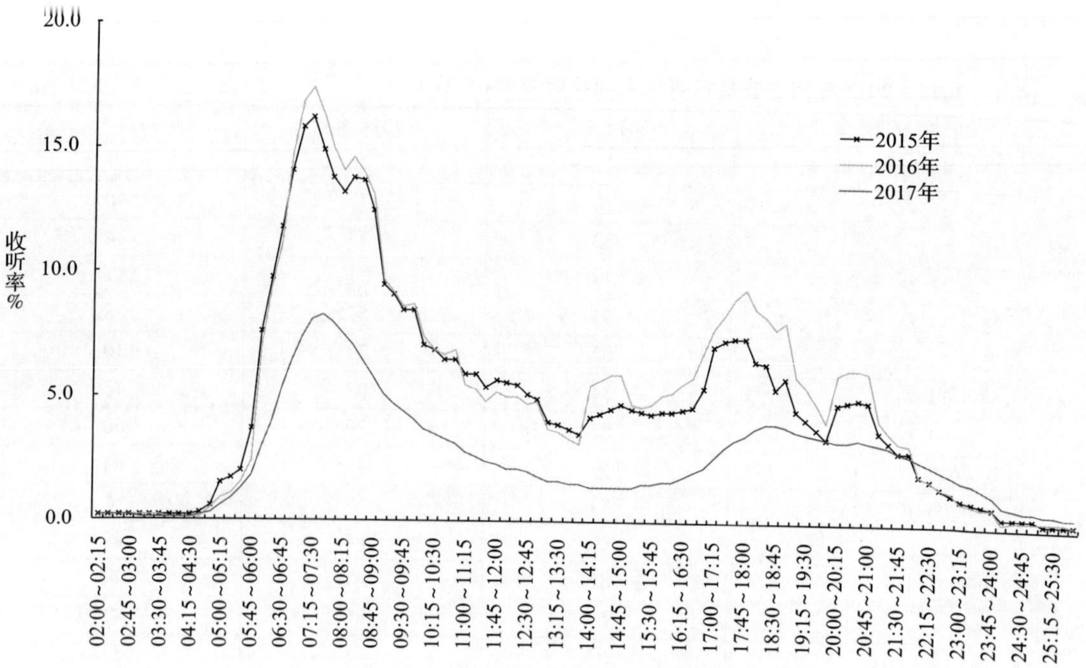

图 3.16.1 2015~2017 年南京听众全天收听率走势

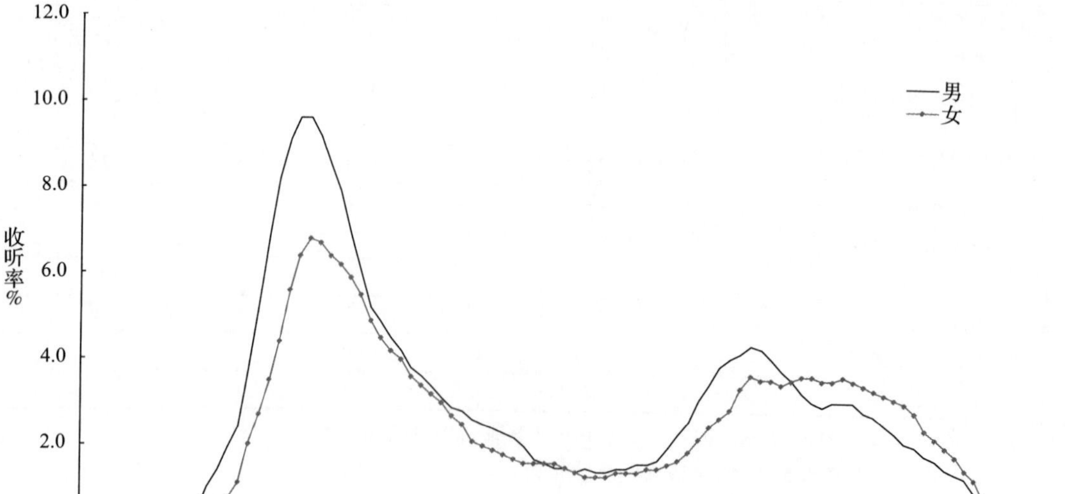

图 3.16.2 2017 年南京不同性别听众全天收听率走势

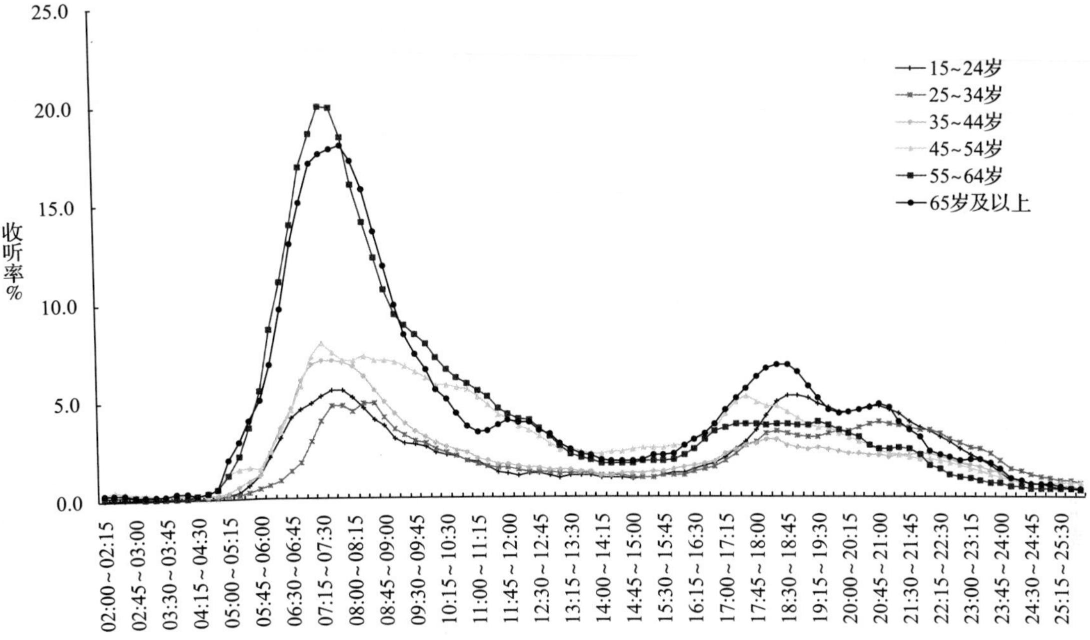

图 3.16.3　2017 年南京不同年龄听众全天收听率走势

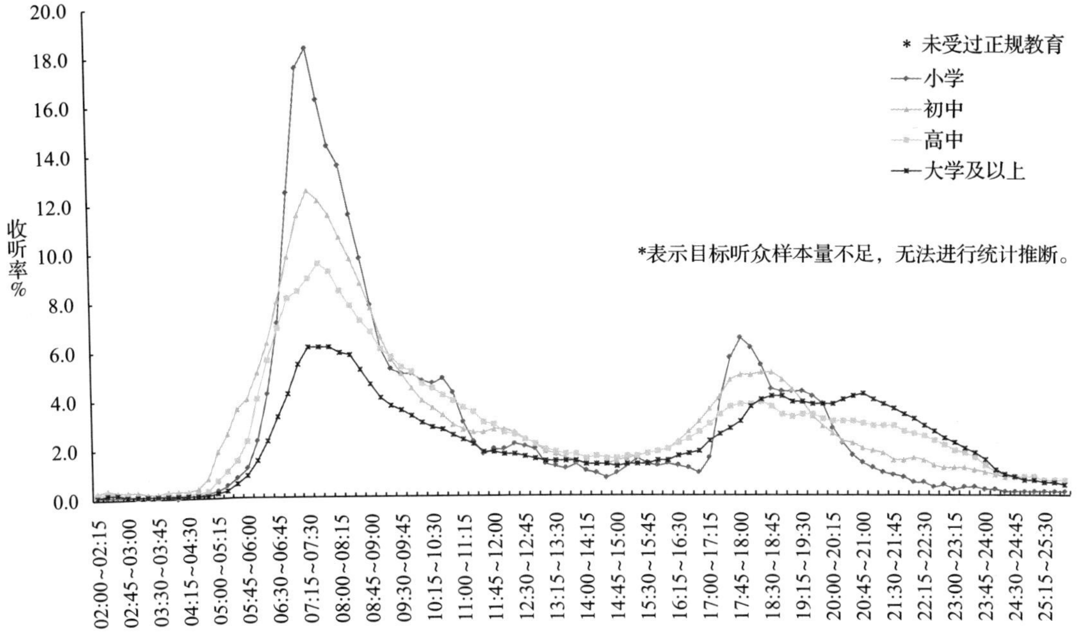

图 3.16.4　2017 年南京不同文化程度听众全天收听率走势

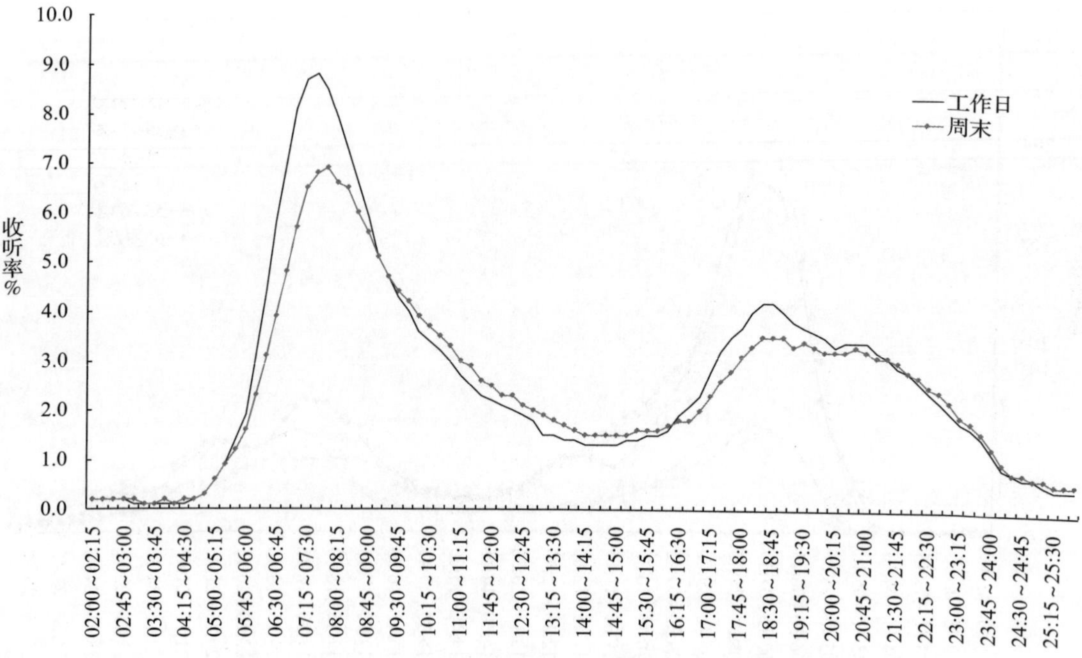

图 3.16.5 2017 年南京听众工作日与周末全天收听率走势

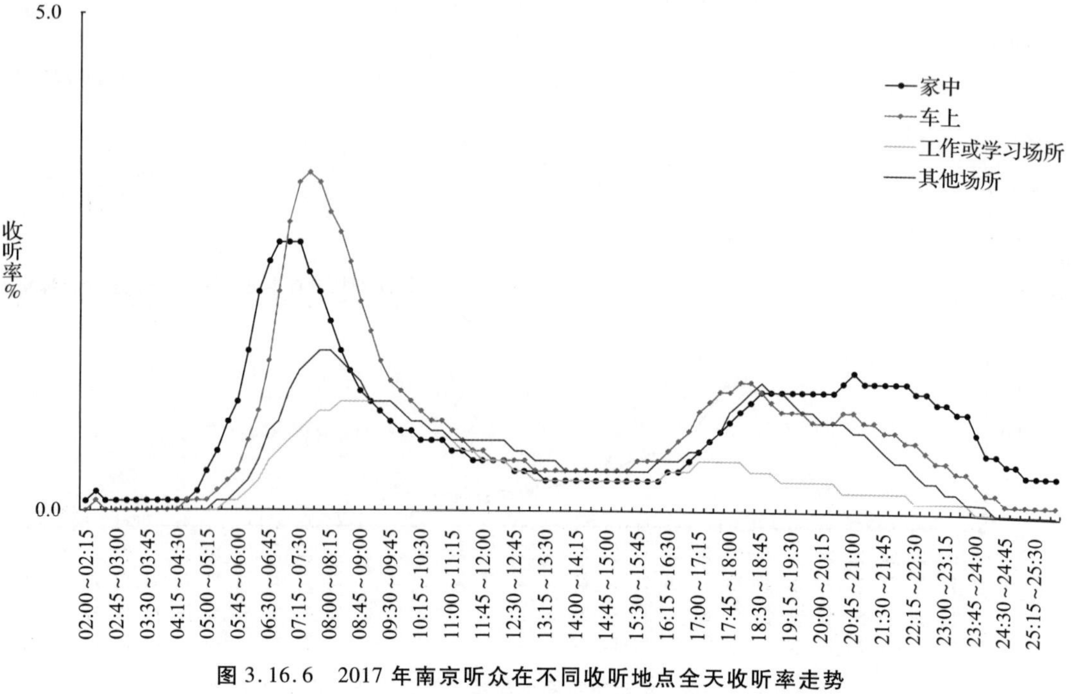

图 3.16.6 2017 年南京听众在不同收听地点全天收听率走势

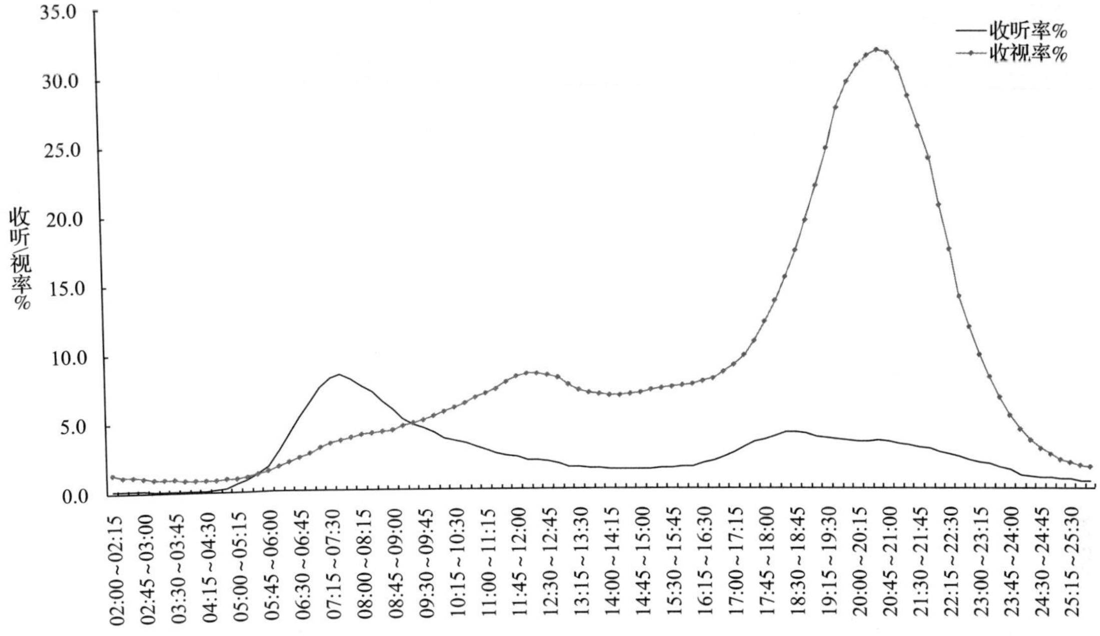

图 3.16.7 2017 年南京受众全天收听率、收视率走势比较(目标受众为 15 岁及以上所有人)

表 3.16.3 2017 年南京市场听众构成(%)

目标听众		听众构成(%)
15 岁及以上所有人		100.0
性别	男	56.1
	女	43.9
年龄	15~24 岁	20.5
	25~34 岁	16.8
	35~44 岁	16.5
	45~54 岁	18.0
	55~64 岁	17.6
	65 岁及以上	10.6
文化程度	未受过正规教育	*
	小学	0.8
	初中	16.5
	高中	39.0
	大学及以上	43.6
职业	干部/管理人员	5.6
	初级公务员/雇员	37.5
	个体/私营企业人员	5.5
	工人	14.1
	学生	10.1
	无业(包括退休人员)	26.3
	其他	*
个人月收入	没有收入	13.1
	1~2000 元	3.8
	2001~3000 元	19.3
	3001~4000 元	28.4
	4001~5000 元	16.1
	5001~6000 元	7.8
	6001 元及以上	11.5

"*"表示该目标听众样本量不足,无法进行统计推断。

表 3.16.4 2015~2017 年南京市场各广播电台的市场份额(%)

广播电台	2015 年	2016 年	2017 年
中央人民广播电台	3.0	2.8	6.7
中国国际广播电台	0.0	0.0	0.0
江苏广播电视总台	61.2	59.1	71.8
南京广播电视集团	34.9	37.2	21.5
其他广播电台	0.9	0.9	-

注:2017 年南京采用虚拟测量仪进行收听率调查,所以不存在其他广播电台数据。

表 3.16.5 2017 年南京市场各广播电台在不同目标听众中的市场份额(%)

目标听众		中央人民广播电台	中国国际广播电台	江苏广播电视总台	南京广播电视集团
15 岁及以上所有人		6.7	0.0	71.8	21.5
性别	男	6.9	0.0	70.4	22.7
	女	6.5	0.0	73.6	19.9
年龄	15~24 岁	12.1	0.0	67.1	20.8
	25~34 岁	7.1	0.0	78.3	14.6
	35~44 岁	3.9	0.0	70.7	25.4
	45~54 岁	4.1	0.0	78.6	17.3
	55~64 岁	6.7	0.0	62.9	30.4
	65 岁及以上	4.5	0.0	76.1	19.4
文化程度	未受过正规教育	*	*	*	*
	小学	3.5	0.0	69.3	27.2
	初中	3.1	0.0	75.0	21.9
	高中	5.3	0.0	73.2	21.5
	大学及以上	9.5	0.0	69.5	21.0
职业	干部/管理人员	6.3	0.0	65.3	28.4
	初级公务员/雇员	8.3	0.0	73.7	18.0
	个体/私营企业人员	2.2	0.0	74.6	23.2
	工人	7.0	0.0	74.5	18.5
	学生	6.2	0.0	66.6	27.2
	无业(包括退休人员)	5.7	0.0	70.3	24.0
	其他	*	*	*	*
个人月收入	没有收入	6.3	0.0	69.3	24.4
	1~2000 元	0.7	0.0	73.2	26.1
	2001~3000 元	7.6	0.0	69.1	23.3
	3001~4000 元	7.2	0.0	73.6	19.2
	4001~5000 元	6.3	0.0	74.6	19.1
	5001~6000 元	6.8	0.0	70.4	22.8
	6001 元及以上	7.3	0.1	70.7	21.9

表 3.16.6 2017 年南京市场份额排名前 5 位的频率

排　名	频率名称	市场份额(%)
1	江苏经典流行音乐广播 FM97.5	26.0
2	江苏新闻广播 FM93.7	18.6
3	江苏音乐广播 FM89.7	11.6
4	江苏交通广播网 FM101.1	8.0
5	南京音乐台 FM105.8	5.6

表3.16.7 2017年南京市场收听率排名前30位的节目

排名	节目名称	播出频率	收听率(%)	市场份额(%)
1	975阳光倾城(0700)	江苏经典流行音乐广播FM97.5	2.3	27.4
2	新闻早高峰0730)	江苏新闻广播FM93.7	2.1	25.4
3	江苏新闻联播(0700)	江苏新闻广播FM93.7	2.0	26.6
4	975假日经典(0800)	江苏经典流行音乐广播FM97.5	1.9	28.7
5	975阳光倾城(0800)	江苏经典流行音乐广播FM97.5	1.8	26.6
6	975周末有情天(周六版)(0900)	江苏经典流行音乐广播FM97.5	1.7	35.9
7	975假日经典(0700)	江苏经典流行音乐广播FM97.5	1.7	23.3
8	975阳光倾城(0600)	江苏经典流行音乐广播FM97.5	1.6	31.7
9	SUNDAY音乐天(0800)	江苏经典流行音乐广播FM97.5	1.6	25.5
10	转《新闻和报摘》(0630)	江苏新闻广播FM93.7	1.5	26.2
11	新闻早高峰(0800)	江苏新闻广播FM93.7	1.5	22.3
12	SUNDAY音乐天(0900)	江苏经典流行音乐广播FM97.5	1.4	30.8
13	975音乐漫步(0900)	江苏经典流行音乐广播FM97.5	1.4	30.7
14	975周末放轻松(周六版)(0900)	江苏经典流行音乐广播FM97.5	1.4	29.9
15	馨悦故事会(0900)	江苏经典流行音乐广播FM97.5	1.3	28.6
16	975假日经典(周六版)(0800)	江苏经典流行音乐广播FM97.5	1.3	21.8
17	SUNDAY音乐天(0700)	江苏经典流行音乐广播FM97.5	1.3	20.1
18	975假日经典(周日版)(0800)	江苏经典流行音乐广播FM97.5	1.2	21.3
19	975假日经典(周六版)(0700)	江苏经典流行音乐广播FM97.5	1.2	21.2
20	SUNDAY音乐天(1000)	江苏经典流行音乐广播FM97.5	1.1	29.6
21	975假日经典(0600)	江苏经典流行音乐广播FM97.5	1.1	26.0
22	975音乐爱生活(0900)	江苏经典流行音乐广播FM97.5	1.1	24.1
23	975周末放轻松(周六版)(1000)	江苏经典流行音乐广播FM97.5	1.0	27.3
24	975周末放轻松(周日版)(0900)	江苏经典流行音乐广播FM97.5	1.0	23.2
25	九点听歌(2100)	江苏经典流行音乐广播FM97.5	0.9	29.7
26	975飞一般音乐(2100)	江苏经典流行音乐广播FM97.5	0.9	28.4
27	天天早知道(0600)	江苏新闻广播FM93.7	0.9	27.6
28	975蓝色音乐田(2000)	江苏经典流行音乐广播FM97.5	0.9	27.2
29	SUNDAY音乐天(2100)	江苏经典流行音乐广播FM97.5	0.9	27.0
30	975音乐漫步(1000)	江苏经典流行音乐广播FM97.5	0.9	26.1

十七、南宁收听数据

表 3.17.1　2015～2017 年南宁各目标听众人均收听时间(分钟)

目标听众		2015 年	2016 年	2017 年
10 岁及以上所有人		52	49	43
性别	男	58	55	49
	女	47	42	37
年龄	10～14 岁	18	22	7
	15～24 岁	31	25	21
	25～34 岁	56	51	34
	35～44 岁	62	56	51
	45～54 岁	65	54	58
	55～64 岁	70	67	74
	65 岁及以上	62	76	74
文化程度	未受过正规教育	*	25	37
	小学	35	43	34
	初中	50	47	49
	高中	60	53	46
	大学及以上	49	47	37
职业	干部/管理人员	54	59	45
	初级公务员/雇员	63	43	42
	个体/私营企业人员	52	57	47
	工人	60	62	46
	学生	22	19	16
	无业(包括退休人员)	62	61	62
	其他	52	28	37
个人月收入	没有收入	26	22	20
	1～2000 元	57	47	53
	2001～3000 元	61	62	46
	3001～4000 元	63	52	45
	4001～5000 元	56	50	48
	5001～6000 元	68	91	60
	6001 元及以上	47	60	62

注:南宁为全年连续调查城市。“*”表示目标听众样本量不足,无法进行统计推断。

表 3.17.2　2015～2017 年南宁听众在不同地点的人均收听时间(分钟)

地　点	2015 年	2016 年	2017 年
在家	29	24	21
车上	14	16	16
工作或学习场所	5	5	3
其他场所	4	4	3

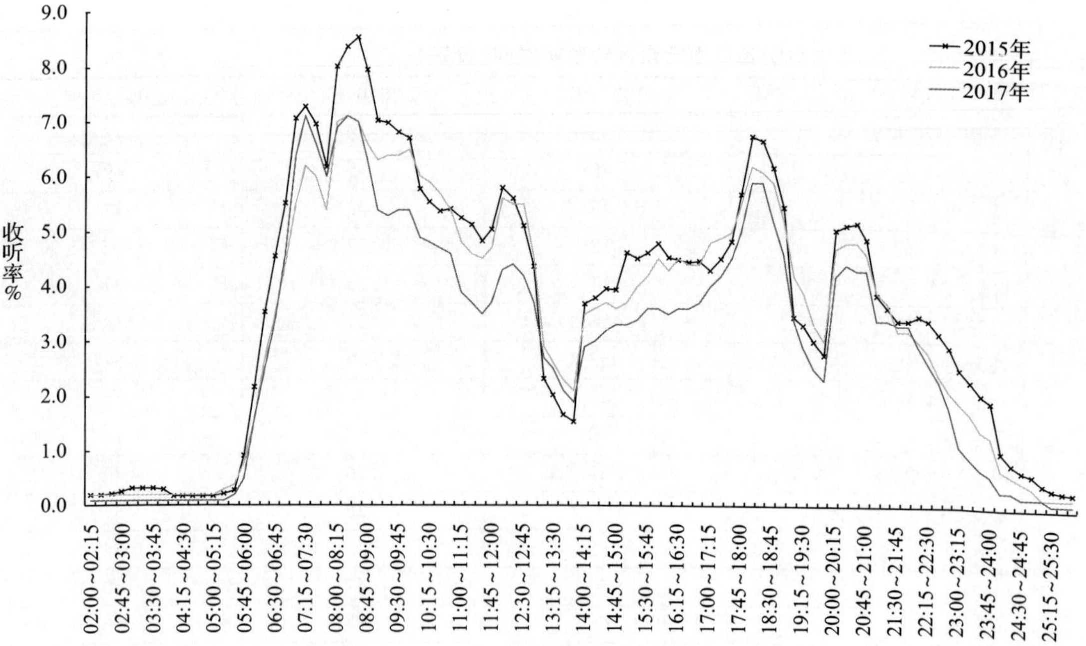

图 3.17.1　2015 ~ 2017 年南宁听众全天收听率走势

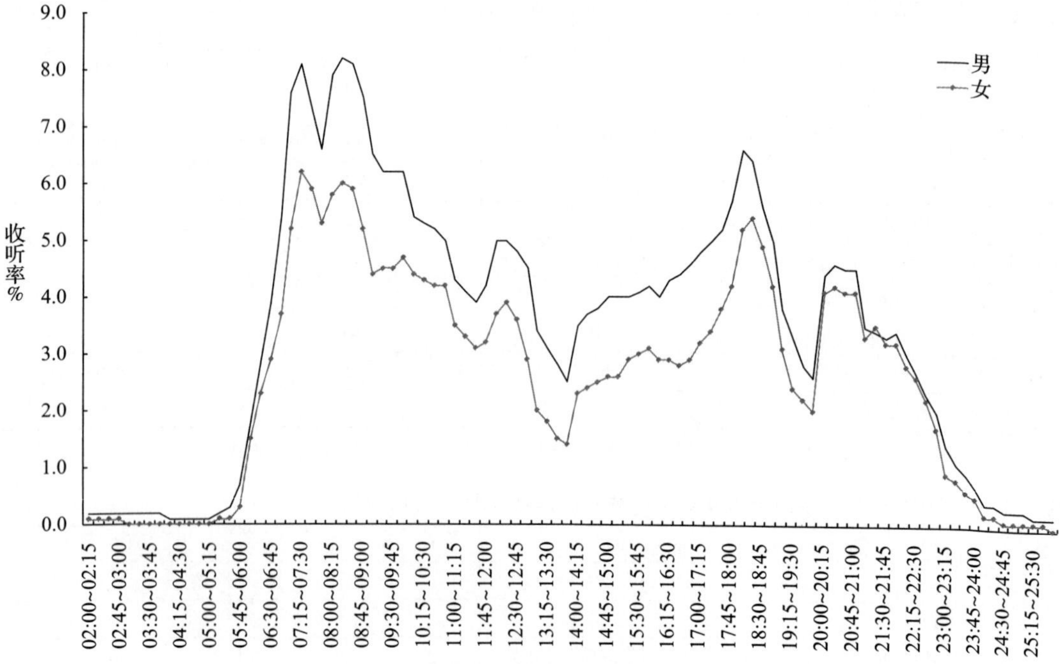

图 3.17.2　2017 年南宁不同性别听众全天收听率走势

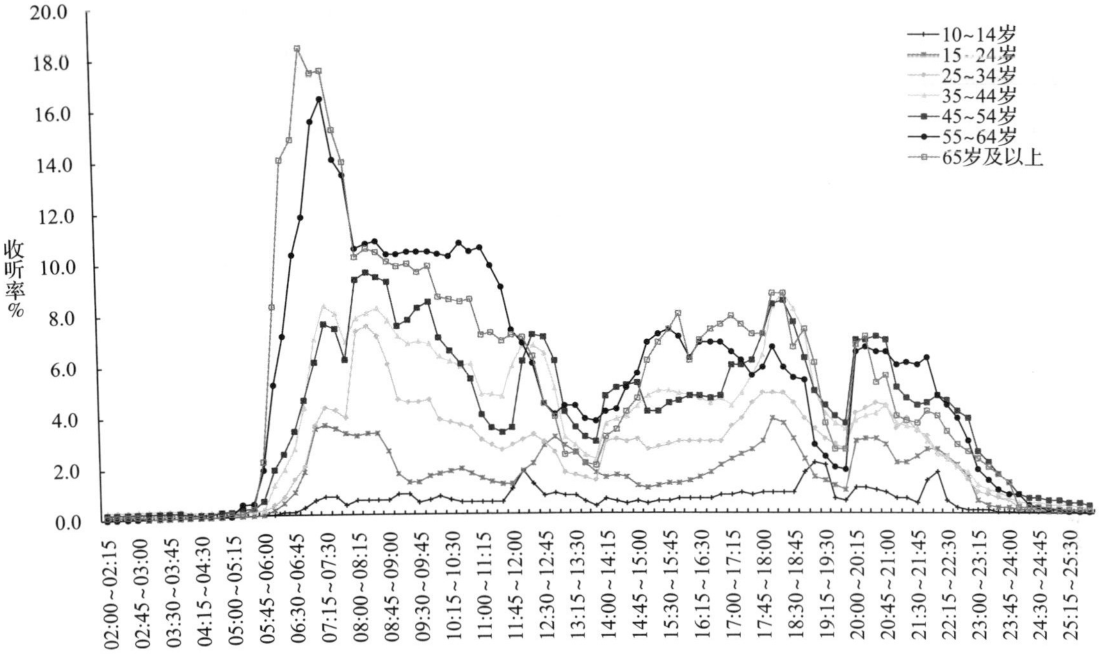

图 3.17.3　2017 年南宁不同年龄听众全天收听率走势

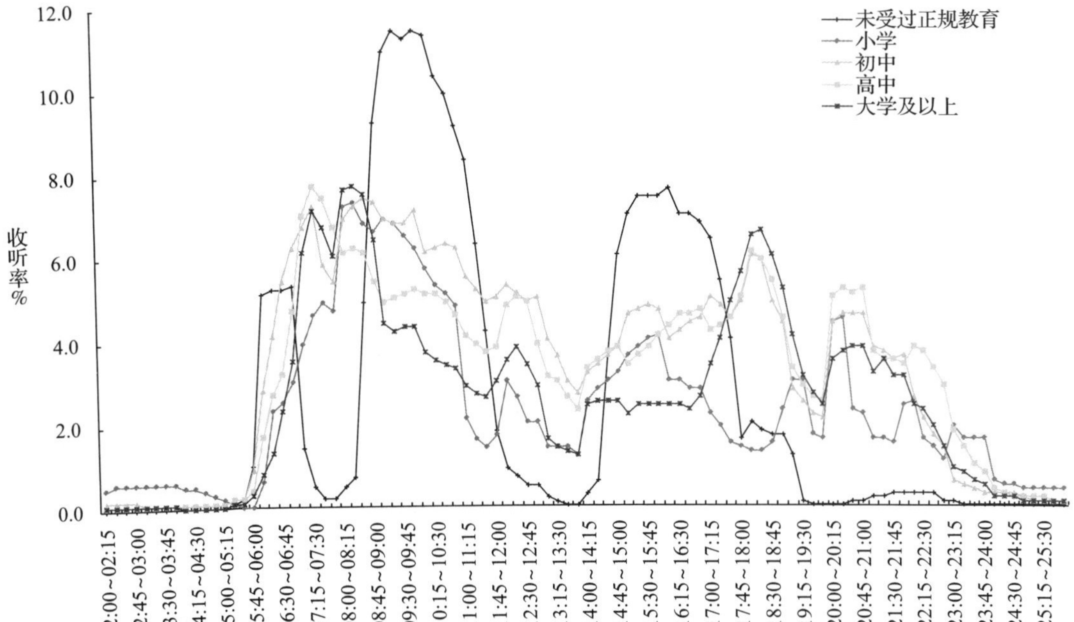

图 3.17.4　2017 年南宁不同文化程度听众全天收听率走势

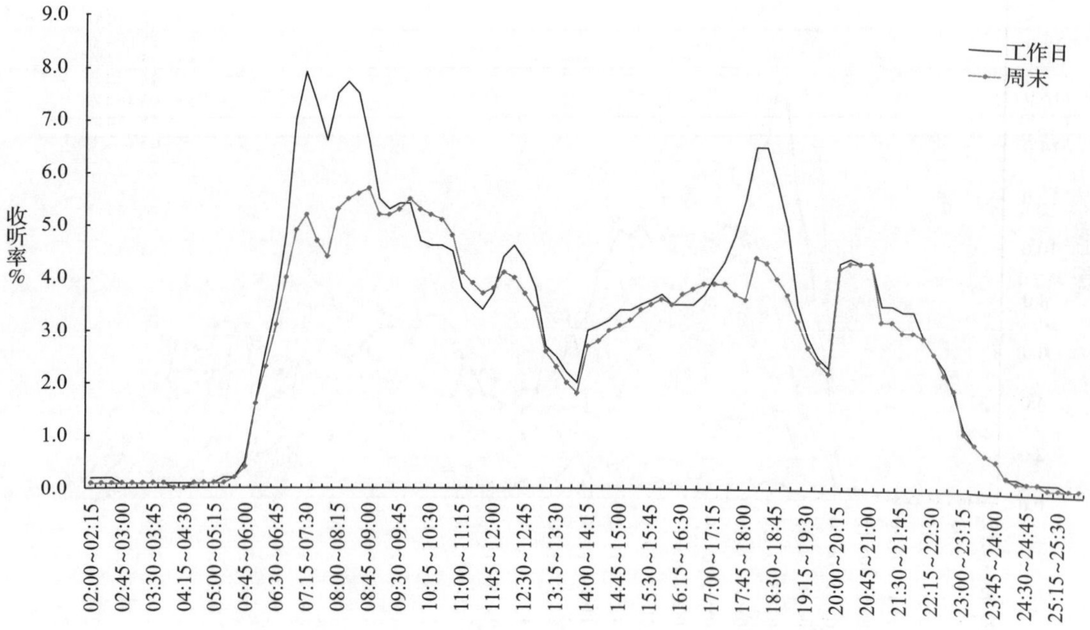

图 3.17.5 2017 年南宁听众工作日与周末全天收听率走势

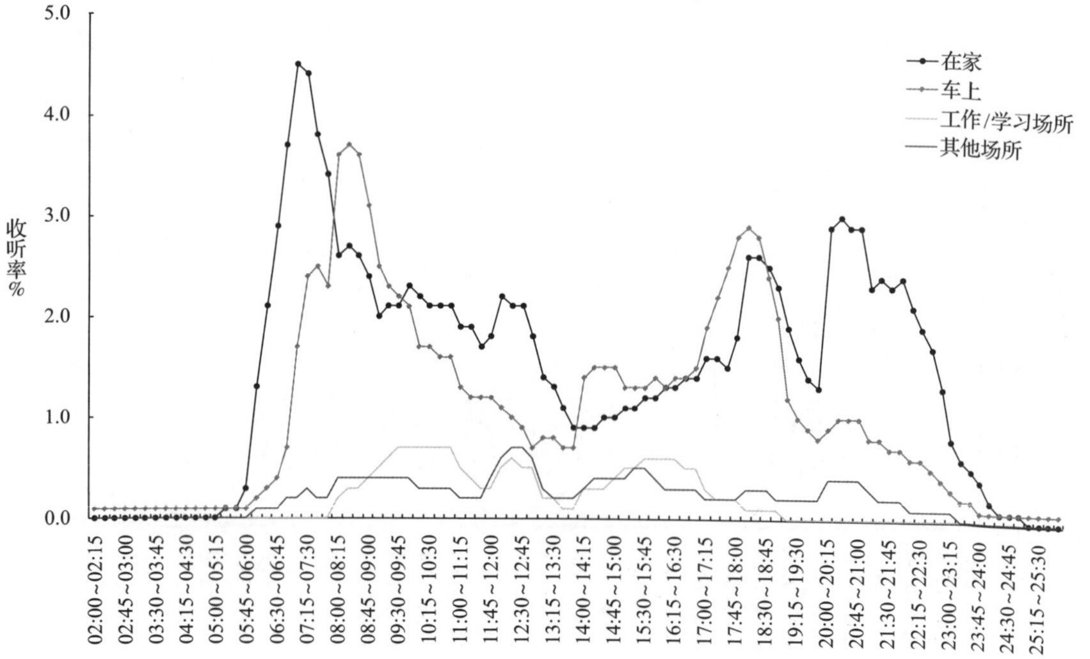

图 3.17.6 2017 年南宁听众在不同收听地点全天收听率走势

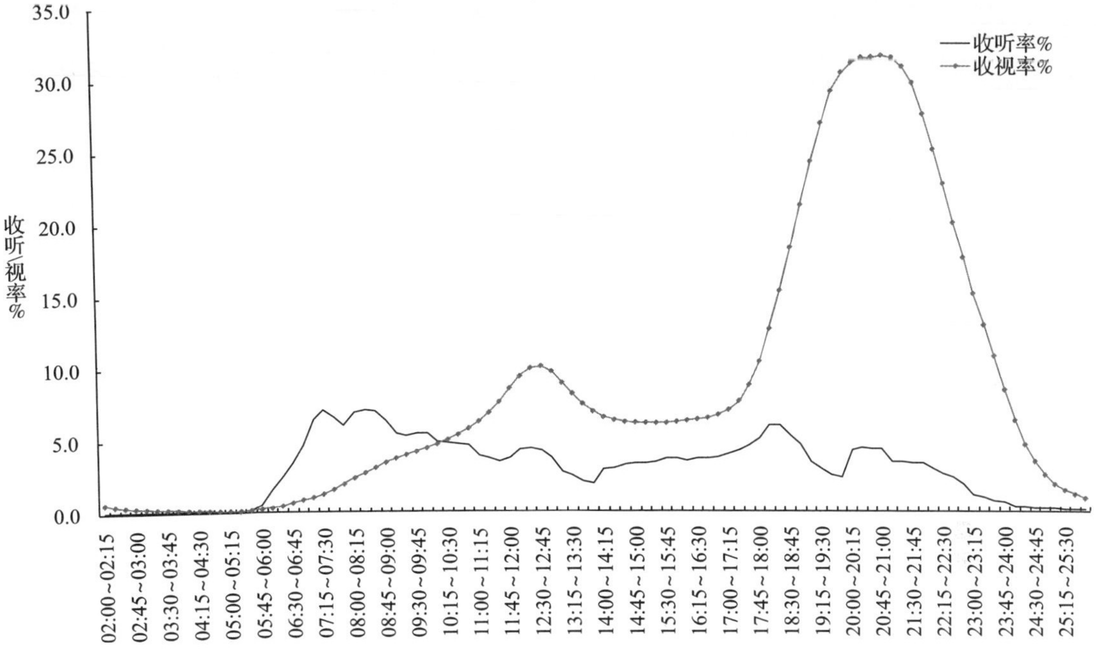

图 3.17.7　2017 年南宁受众全天收听率、收视率走势比较(目标受众为 10 岁及以上所有人)

表 3.17.3 2017 年南宁市场听众构成(%)

目标听众		听众构成(%)
10 岁及以上所有人		100.0
性别	男	56.8
	女	43.2
年龄	10~14 岁	0.6
	15~24 岁	10.9
	25~34 岁	20.2
	35~44 岁	24.8
	45~54 岁	16.8
	55~64 岁	14.5
	65 岁及以上	12.2
文化程度	未受过正规教育	0.3
	小学	4.8
	初中	29.8
	高中	32.4
	大学及以上	32.7
职业	干部/管理人员	4.7
	初级公务员/雇员	18.0
	个体/私营企业人员	22.6
	工人	18.0
	学生	5.7
	无业(包括退休人员)	24.7
	其他	6.3
个人月收入	没有收入	8.8
	1~2000 元	25.1
	2001~3000 元	30.1
	3001~4000 元	21.7
	4001~5000 元	8.3
	5001~6000 元	4.2
	6001 元及以上	1.8

表 3.17.4 2015~2017 年南宁市场各广播电台的市场份额(%)

广播电台	2015 年	2016 年	2017 年
中央人民广播电台	16.6	17.7	19.3
中国国际广播电台	0.1	0.0	0.0
广西人民广播电台	58.7	56.9	61.2
南宁人民广播电台	24.3	25.0	19.2
其他广播电台	0.4	0.4	0.3

表 3.17.5 2017 年南宁市场各广播电台在不同目标听众中的市场份额(%)

目标听众		中央人民广播电台	中国国际广播电台	广西人民广播电台	南宁人民广播电台	其他广播电台
10 岁及以上所有人		19.3	0.0	61.2	19.2	0.3
性别	男	20.7	0.0	60.5	18.7	0.1
	女	17.5	0.0	62.3	19.8	0.4
年龄	10~14 岁	30.1	0.3	59.1	10.3	0.2
	15~24 岁	19.6	0.1	54.0	25.6	0.7
	25~34 岁	10.0	0.0	72.2	17.6	0.2
	35~44 岁	12.4	0.0	70.5	17.1	0.0
	45~54 岁	20.6	0.0	58.5	20.9	0.0
	55~64 岁	28.2	0.0	51.6	19.8	0.4
	65 岁及以上	35.7	0.0	46.1	17.6	0.6
文化程度	未受过正规教育	44.1	0.0	47.4	8.5	0.0
	小学	15.9	0.0	50.0	32.7	1.4
	初中	24.1	0.0	58.7	17.1	0.1
	高中	20.4	0.0	58.5	20.9	0.2
	大学及以上	14.2	0.0	67.8	17.7	0.3
职业	干部/管理人员	11.6	0.0	72.8	15.1	0.5
	初级公务员/雇员	17.7	0.0	54.8	26.9	0.6
	个体/私营企业人员	11.8	0.0	68.0	20.2	0.0
	工人	16.3	0.0	67.0	16.7	0.0
	学生	23.9	0.1	65.2	10.8	0.0
	无业(包括退休人员)	28.7	0.0	50.9	19.9	0.5
	其他	24.4	0.0	67.3	8.2	0.1
个人月收入	没有收入	16.2	0.1	70.4	13.3	0.0
	1~2000 元	25.8	0.0	49.8	23.8	0.6
	2001~3000 元	17.3	0.0	61.8	20.8	0.1
	3001~4000 元	14.7	0.0	69.8	15.3	0.2
	4001~5000 元	22.0	0.0	58.0	19.9	0.1
	5001~6000 元	27.5	0.0	57.7	14.7	0.1
	6001 元及以上	9.8	0.0	83.7	6.4	0.1

表 3.17.6 2017 年南宁市场份额排名前 5 位的频率

排 名	频率名称	市场份额(%)
1	广西电台文艺广播(950 音乐广播)FM95.0	16.4
2	广西电台教育广播(私家车 930)FM93.0	16.0
3	中央人民广播电台第一套节目中国之声	15.3
4	广西电台交通广播(交通 1003)FM100.3	10.5
5	广西电台经济广播(970 女主播)FM97.0	10.2

表 3.17.7　2017 年南宁市场收听率排名前 30 位的节目

排名	节目名称	播出频率	收听率(%)	市场份额(%)
1	新闻纵横	中央人民广播电台第一套节目中国之声	1.5	22.7
2	新闻和报纸摘要	中央人民广播电台第一套节目中国之声	1.3	33.3
3	私家车上班路上	广西电台教育广播(私家车 930)FM93.0	1.3	18.7
4	八颗牙齿晒太阳(重播)	广西电台教育广播(私家车 930)FM93.0	1.2	23.7
5	全球华语广播网	中央人民广播电台第一套节目中国之声	1.0	23.5
6	音乐麦田	广西电台文艺广播(950 音乐广播)FM95.0	1.0	22.6
7	的士一家人	广西电台教育广播(私家车 930)FM93.0	1.0	20.4
8	930 人物故事(周六版)	广西电台教育广播(私家车 930)FM93.0	1.0	20.0
9	音乐加点糖	广西电台文艺广播(950 音乐广播)FM95.0	1.0	19.1
10	一周事件扫描(周日版)	广西电台教育广播(私家车 930)FM93.0	1.0	18.7
11	大海现场秀	广西电台文艺广播(950 音乐广播)FM95.0	1.0	17.4
12	好听不将就	广西电台教育广播(私家车 930)FM93.0	0.9	21.6
13	只听好歌不听话(周六版)	广西电台文艺广播(950 音乐广播)FM95.0	0.9	19.1
14	私家车下班路上	广西电台教育广播(私家车 930)FM93.0	0.9	18.8
15	只听好歌不听话(周日版)	广西电台文艺广播(950 音乐广播)FM95.0	0.9	17.7
16	网网雷到你(周末重播)	广西电台教育广播(私家车 930)FM93.0	0.9	16.9
17	快乐晚高峰.前峰	广西电台交通广播(交通 1003)FM100.3	0.9	16.1
18	红包兄妹	广西电台文艺广播(950 音乐广播)FM95.0	0.9	12.6
19	汽车爱音乐	广西电台文艺广播(950 音乐广播)FM95.0	0.9	12.4
20	动感早高峰.前峰	广西电台交通广播(交通 1003)FM100.3	0.9	12.1
21	一个人的旅行	广西电台文艺广播(950 音乐广播)FM95.0	0.8	21.4
22	我的黑胶时代	广西电台文艺广播(950 音乐广播)FM95.0	0.8	20.4
23	930 人物故事(周日版)	广西电台教育广播(私家车 930)FM93.0	0.8	19.9
24	萌萌答	广西电台教育广播(私家车 930)FM93.0	0.8	18.6
25	麦霸来了	广西电台教育广播(私家车 930)FM93.0	0.8	18.1
26	1003 早高峰.后峰	广西电台交通广播(交通 1003)FM100.3	0.8	13.8
27	动感早高峰.后峰	广西电台交通广播(交通 1003)FM100.3	0.8	13.3
28	1003 早高峰.前峰	广西电台交通广播(交通 1003)FM100.3	0.8	12.0
29	广西新闻	广西电台综合广播(新闻 910)AM792/FM91.0	0.8	11.4
30	国防时空	中央人民广播电台第一套节目中国之声	0.7	31.1

十八、宁波收听数据

表 3.18.1　2015～2017 年宁波各目标听众人均收听时间（分钟）

目标听众		2015 年	2016 年	2017 年
10 岁及以上所有人		49	43	41
性别	男	53	48	45
	女	44	39	36
年龄	10～14 岁	21	19	13
	15～24 岁	35	27	18
	25～34 岁	39	38	37
	35～44 岁	57	56	43
	45～54 岁	51	42	48
	55～64 岁	55	47	65
	65 岁及以上	97	83	78
文化程度	未受过正规教育	15	11	11
	小学	45	38	33
	初中	56	48	45
	高中	48	40	44
	大学及以上	43	44	38
职业	干部/管理人员	57	50	44
	初级公务员/雇员	47	41	41
	个体/私营企业人员	47	55	44
	工人	53	41	42
	学生	31	25	15
	无业（包括退休人员）	68	57	58
	其他	20	26	86
个人月收入	没有收入	29	26	15
	1～2000 元	43	15	28
	2001～3000 元	54	30	38
	3001～4000 元	44	44	42
	4001～5000 元	55	53	51
	5001～6000 元	66	56	56
	6001 元及以上	50	48	50

注：宁波为全年连续调查城市。

表 3.18.2　2015～2017 年宁波听众在不同地点的人均收听时间（分钟）

地　　点	2015 年	2016 年	2017 年
在家	21	18	15
车上	21	23	23
工作/学习场所	5	3	2
其他场所	1	1	0

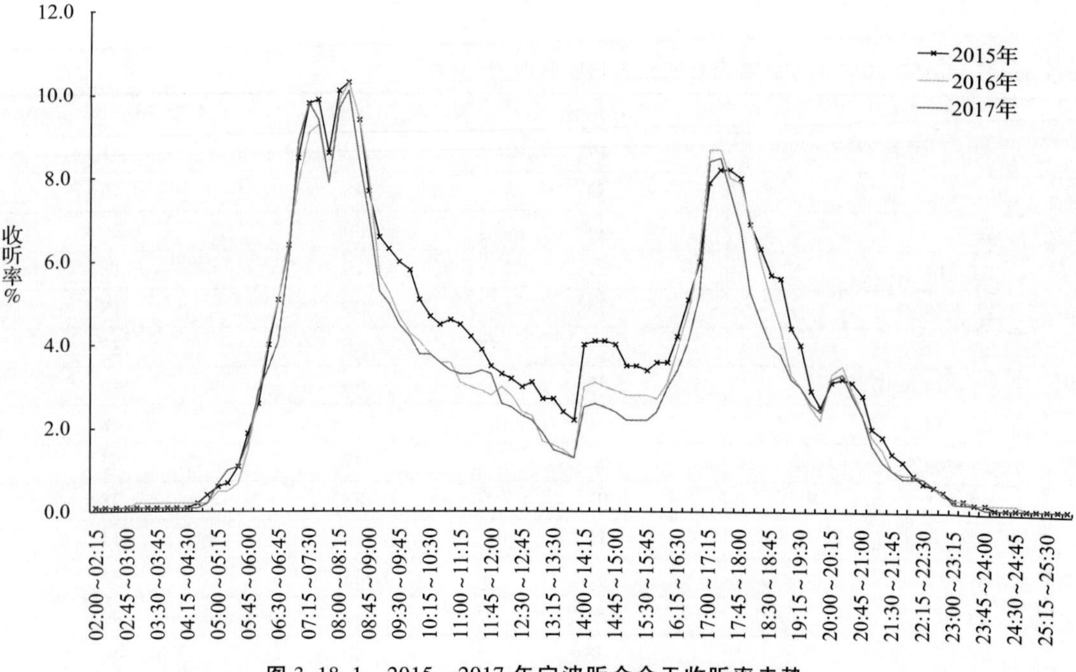

图 3.18.1　2015 ~2017 年宁波听众全天收听率走势

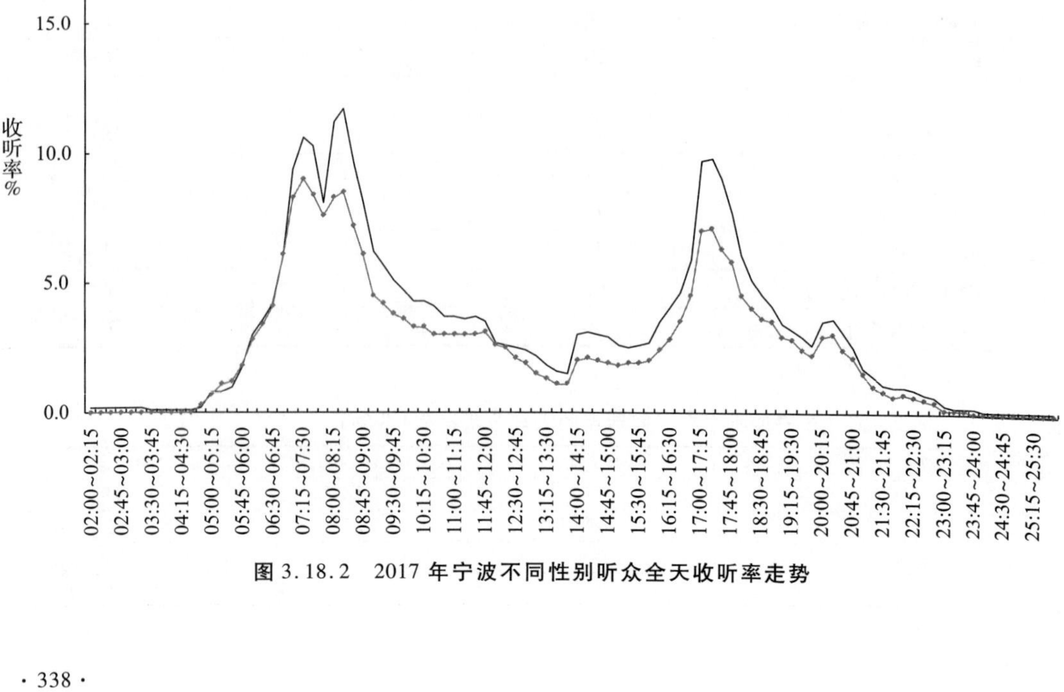

图 3.18.2　2017 年宁波不同性别听众全天收听率走势

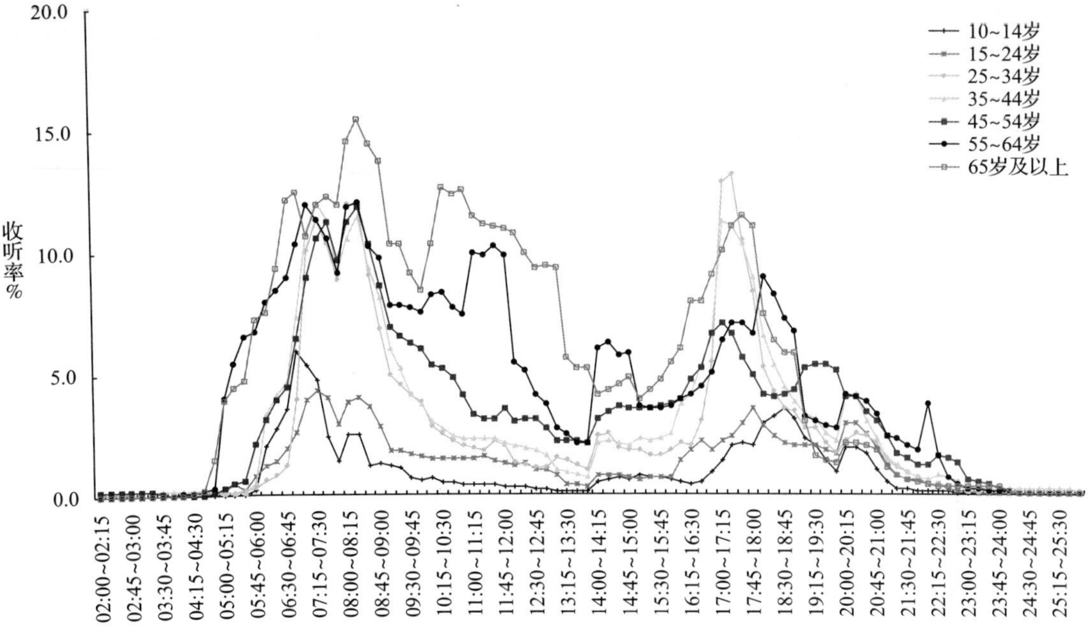

图 3.18.3　2017 年宁波不同年龄听众全天收听率走势

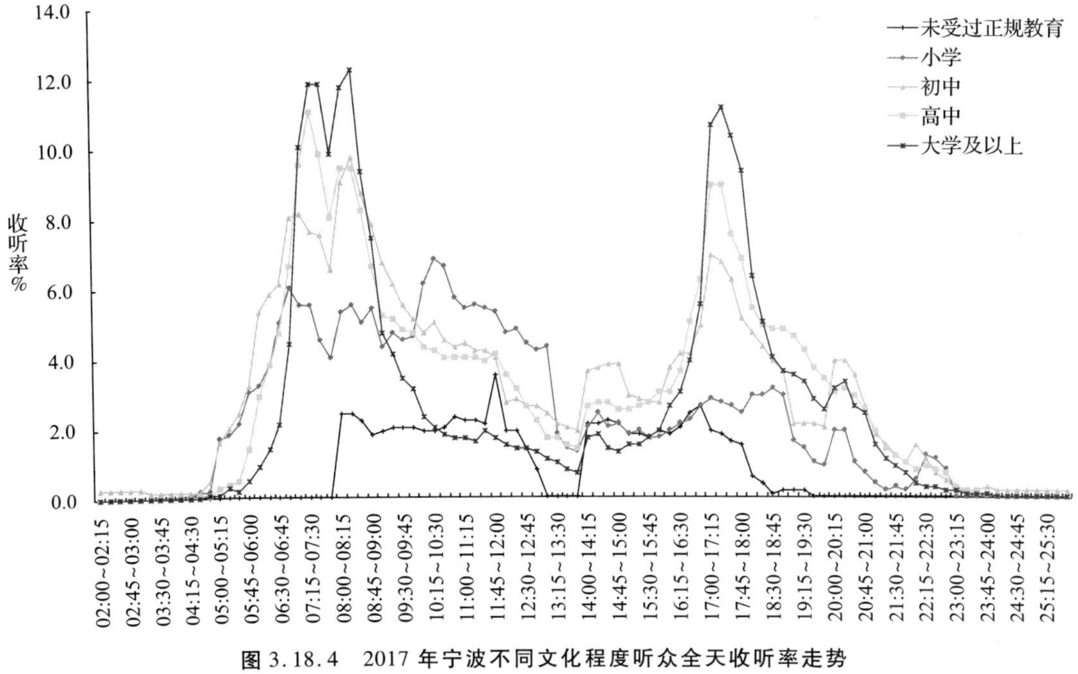

图 3.18.4　2017 年宁波不同文化程度听众全天收听率走势

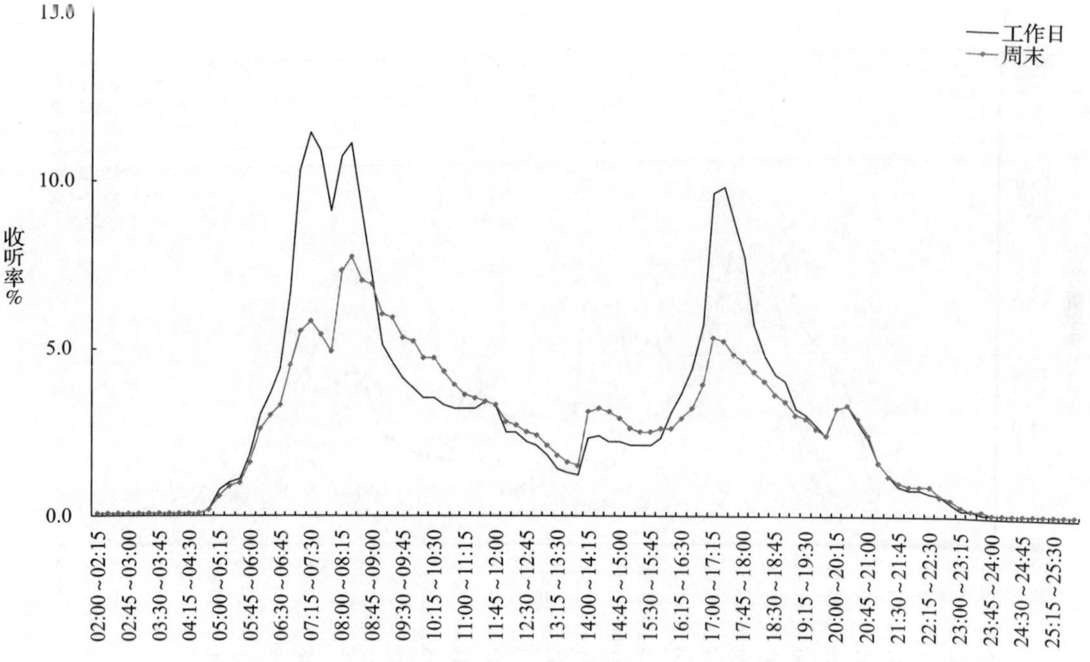

图 3.18.5 2017 年宁波听众工作日与周末全天收听率走势

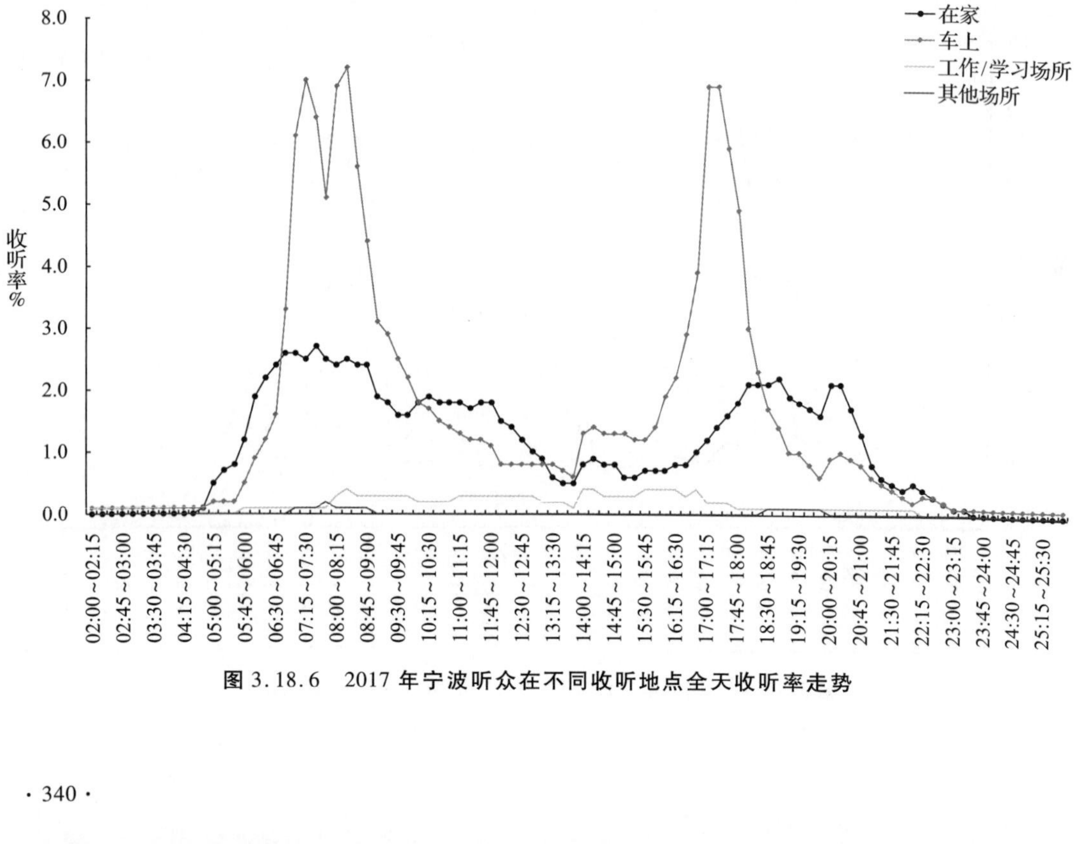

图 3.18.6 2017 年宁波听众在不同收听地点全天收听率走势

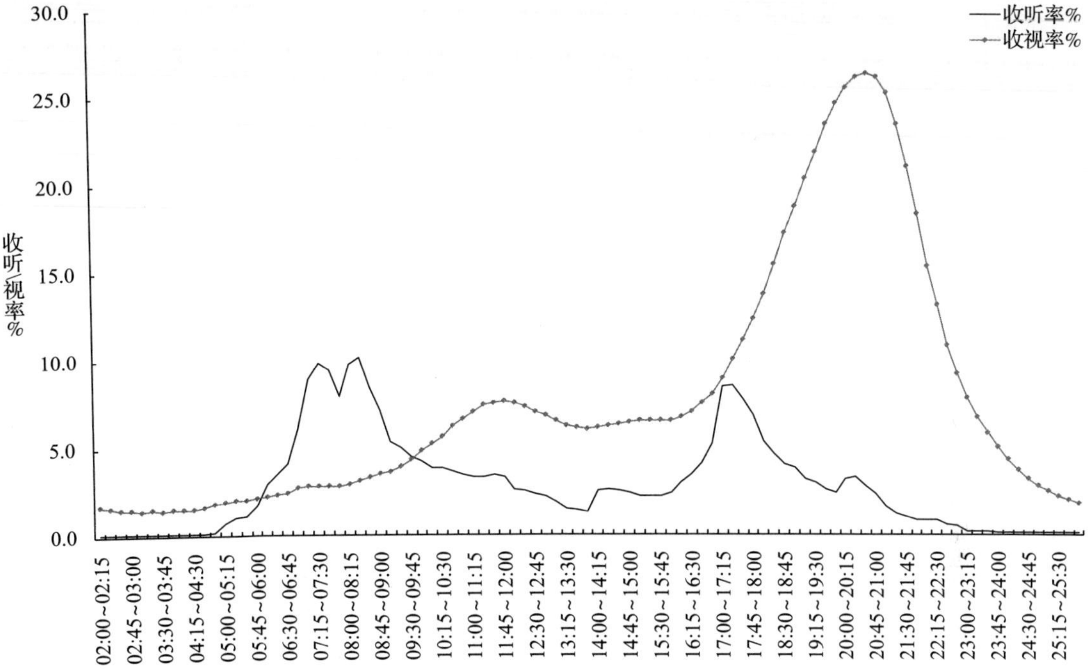

图 3.18.7　2017 年宁波受众全天收听率、收视率走势比较(目标受众为 10 岁及以上所有人)

表 3.18.3　2017 年宁波市场听众构成(%)

目标听众		听众构成(%)
10 岁及以上所有人		100.0
性别	男	57.0
	女	43.0
年龄	10~14 岁	1.5
	15~24 岁	7.8
	25~34 岁	20.1
	35~44 岁	26.1
	45~54 岁	18.7
	55~64 岁	13.9
	65 岁及以上	11.9
文化程度	未受过正规教育	0.2
	小学	7.0
	初中	32.0
	高中	26.5
	大学及以上	34.3
职业	干部/管理人员	11.8
	初级公务员/雇员	41.7
	个体/私营企业人员	11.0
	工人	5.7
	学生	5.6
	无业(包括退休人员)	21.8
	其他	2.4
个人月收入	没有收入	7.0
	1~2000 元	2.2
	2001~3000 元	6.6
	3001~4000 元	25.0
	4001~5000 元	32.0
	5001~6000 元	8.9
	6001 元及以上	18.3

表 3.18.4　2015~2017 年宁波市场各广播电台的市场份额(%)

广播电台	2015 年	2016 年	2017 年
中央人民广播电台	10.5	10.5	8.6
中国国际广播电台	0.0	0.0	0.0
浙江广播电视集团	17.1	15.7	12.8
宁波广播电视集团	48.8	49.8	54.4
上海广播电视台	1.3	0.5	0.1
其他广播电台	22.3	23.5	24.1

表 3.18.5 2017 年宁波市场各广播电台在不同目标听众中的市场份额(%)

目标听众		中央人民广播电台	中国国际广播电台	浙江广播电视集团	宁波广播电视集团	上海广播电视台	其他广播电台
10 岁及以上所有人		8.6	0.0	12.8	54.4	0.1	24.1
性别	男	9.3	0.0	13.0	53.6	0.1	24.0
	女	7.8	0.0	12.5	55.4	0.2	24.1
年龄	10~14 岁	2.1	0.0	25.9	42.6	0.9	28.5
	15~24 岁	5.5	0.0	10.3	59.1	0.3	24.8
	25~34 岁	4.1	0.0	14.9	45.6	0.1	35.3
	35~44 岁	9.9	0.0	10.2	39.5	0.1	40.3
	45~54 岁	6.3	0.0	16.5	63.6	0.2	13.4
	55~64 岁	9.9	0.0	13.2	68.7	0.2	8.0
	65 岁及以上	18.7	0.0	8.5	69.7	0.0	3.1
文化程度	未受过正规教育	1.1	0.0	0.0	89.8	0.0	9.1
	小学	6.9	0.0	7.9	66.9	0.1	18.2
	初中	11.4	0.0	12.3	55.5	0.2	20.6
	高中	4.2	0.0	16.3	59.5	0.1	19.9
	大学及以上	10.0	0.0	11.6	46.7	0.1	31.6
职业	干部/管理人员	7.2	0.0	13.9	56.2	0.0	22.7
	初级公务员/雇员	7.0	0.0	12.2	50.4	0.1	30.3
	个体/私营企业人员	4.4	0.0	16.7	52.5	0.2	26.2
	工人	7.6	0.0	14.7	31.2	0.0	46.5
	学生	7.0	0.0	14.5	53.9	0.4	24.2
	无业(包括退休人员)	11.7	0.0	9.7	71.4	0.1	7.1
	其他	43.2	0.0	18.4	25.5	1.0	11.9
个人月收入	没有收入	6.4	0.0	14.1	55.8	0.3	23.4
	1~2000 元	7.2	0.0	1.9	58.1	0.0	32.8
	2001~3000 元	6.7	0.0	10.8	65.3	0.6	16.6
	3001~4000 元	7.1	0.0	11.8	59.5	0.0	21.6
	4001~5000 元	8.8	0.0	14.5	50.7	0.1	25.9
	5001~6000 元	9.3	0.0	18.3	39.8	0.1	32.5
	6001 元及以上	11.8	0.0	10.2	56.4	0.0	21.6

表 3.18.6 2017 年宁波市场份额排名前 5 位的频率

排 名	频率名称	市场份额(%)
1	宁波电台交通广播 FM93.9 AM612	20.9
2	宁波电台音乐广播私家车 986FM98.6	11.1
3	宁波电台新闻综合广播宁波之声 FM92.0 AM1323	8.9
4	宁波电台经济广播 FM102.9 AM711	8.2
5	中央人民广播电台第一套节目中国之声	6.3

表 3.18.7 2017 年宁波市场收听率排名前 30 位的节目

排名	节目名称	播出频率	收听率（%）	市场份额（%）
1	动听宁波	宁波电台交通广播 FM93.9 AM612	2.0	22.8
2	HAPPY 路呀	宁波电台交通广播 FM93.9 AM612	1.8	19.5
3	开心 TAXI	宁波电台交通广播 FM93.9 AM612	1.5	33.1
4	上班晚一点	宁波电台音乐广播私家车 986FM98.6	1.4	13.7
5	939 喜乐会	宁波电台交通广播 FM93.9 AM612	1.3	26.3
6	宁广早新闻	宁波电台新闻综合广播宁波之声 FM92.0 AM1323	1.3	14.1
7	晨间早报	宁波电台新闻综合广播宁波之声 FM92.0 AM1323	1.2	37.7
8	早安,宁波	宁波电台交通广播 FM93.9 AM612	1.2	20.6
9	939 广播购	宁波电台交通广播 FM93.9 AM612	1.0	21.6
10	939 超级派	宁波电台交通广播 FM93.9 AM612	1.0	20.1
11	转播中央台《新闻和报纸摘要》	宁波电台新闻综合广播宁波之声 FM92.0 AM1323	1.0	19.3
12	阿拉大世界	宁波电台老少广播阳光调频 FM90.4 AM1251	0.9	26.8
13	我为车狂	宁波电台交通广播 FM93.9 AM612	0.9	25.9
14	情歌年代	宁波电台音乐广播私家车 986FM98.6	0.9	12.8
15	往事	宁波电台交通广播 FM93.9 AM612	0.8	21.8
16	娱乐双声道·假日篇	宁波电台经济广播 FM102.9 AM711	0.8	19.5
17	阿拉讲大道	宁波电台经济广播 FM102.9 AM711	0.8	16.8
18	新闻和报纸摘要	中央人民广播电台第一套节目中国之声	0.8	15.2
19	花样女人	宁波电台交通广播 FM93.9 AM612	0.7	29.5
20	倾听时光	宁波电台交通广播 FM93.9 AM612	0.7	26.3
21	新闻下午茶	宁波电台交通广播 FM93.9 AM612	0.7	22.4
22	爱晚亭	宁波电台老少广播阳光调频 FM90.4 AM1251	0.7	20.0
23	见字如面	宁波电台老少广播阳光调频 FM90.4 AM1251	0.7	19.8
24	谈天说地	宁波电台经济广播 FM102.9 AM711	0.7	17.5
25	939 新家缘	宁波电台交通广播 FM93.9 AM612	0.7	15.2
26	下班早一点	宁波电台音乐广播私家车 986FM98.6	0.7	12.5
27	健康来了	宁波电台新闻综合广播宁波之声 FM92.0 AM1323	0.7	10.4
28	天天说事儿	宁波电台新闻综合广播宁波之声 FM92.0 AM1323	0.7	7.9
29	梦想旅行家	宁波电台交通广播 FM93.9 AM612	0.6	25.0
30	老歌回忆录	宁波电台交通广播 FM93.9 AM612	0.6	19.4

十九、泉州收听数据

表 3.19.1　2015～2017 年泉州各目标听众人均收听时间(分钟)

目标听众		2015 年	2016 年	2017 年			
				第一波	第二波	第三波	第四波
10 岁及以上所有人		51	49	50	45	43	45
性别	男	56	54	53	47	49	54
	女	46	44	46	42	38	36
年龄	10～14 岁	11	10	11	13	10	11
	15～24 岁	22	20	21	17	12	17
	25～34 岁	51	55	61	45	47	45
	35～44 岁	65	62	58	57	52	58
	45～54 岁	56	53	53	53	51	57
	55～64 岁	74	70	65	75	80	68
	65 岁及以上	99	84	78	69	76	76
文化程度	未受过正规教育	38	26	12	16	15	19
	小学	57	47	46	53	53	52
	初中	56	53	54	51	52	52
	高中	47	48	45	37	35	43
	大学及以上	44	47	54	40	34	35
职业	干部/管理人员	56	51	73	29	33	24
	初级公务员/雇员	40	36	40	39	34	39
	个体/私营企业人员	56	63	62	59	59	65
	工人	68	71	69	65	62	63
	学生	16	13	16	9	10	7
	无业(包括退休人员)	73	63	59	53	52	50
	其他	*	*	*	*	*	*
个人月收入	没有收入	33	28	29	18	18	15
	1～2000 元	69	75	75	73	65	69
	2001～3000 元	49	44	50	49	43	42
	3001～4000 元	54	57	50	57	60	59
	4001～5000 元	62	59	59	35	37	50
	5001～6000 元	76	79	90	90	79	77
	6001 元及以上	58	62	61	61	63	70

注:泉州为四波调查城市。2017 年四波调查时间分别为:第一波 2 月 26 日至 3 月 18 日;第二波 5 月 21 日至 6 月 10 日;第三波 8 月 20 日至 9 月 9 日;第四波 11 月 5 日至 11 月 25 日。
“*”表示该目标听众样本量不足,无法进行统计推断。

表 3.19.2　2015～2017 年泉州听众在不同地点的人均收听时间(分钟)

地　点	2015 年	2016 年	2017 年
在家	23	20	17
车上	17	18	19
工作/学习场所	10	10	9
其他场所	1	1	1

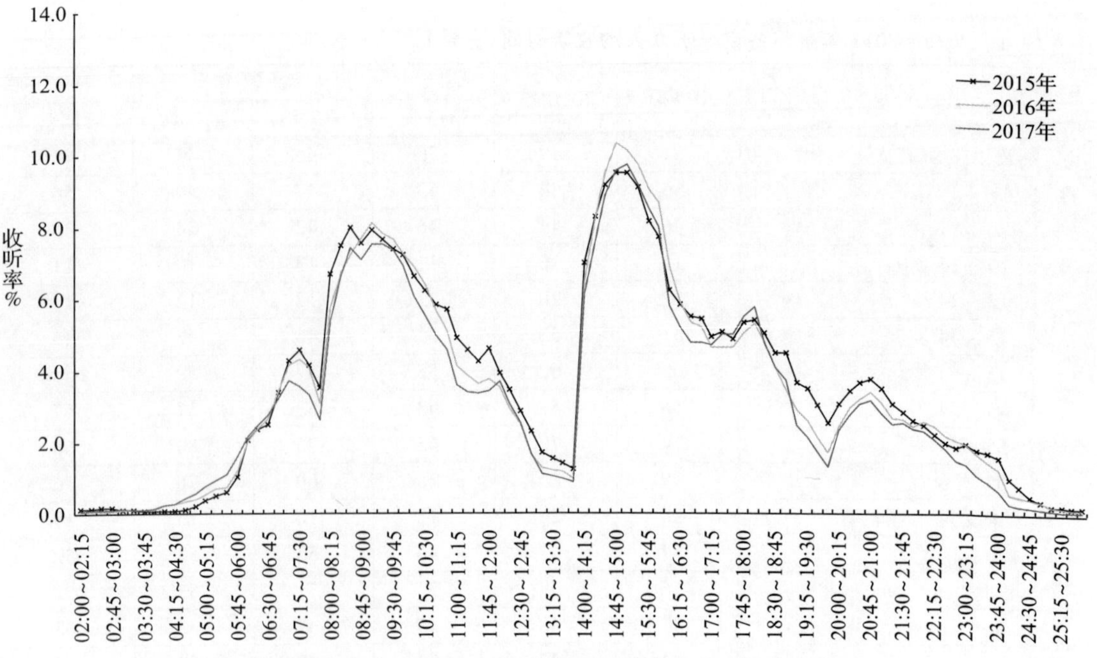

图 3.19.1　2015 ~ 2017 年泉州听众全天收听率走势

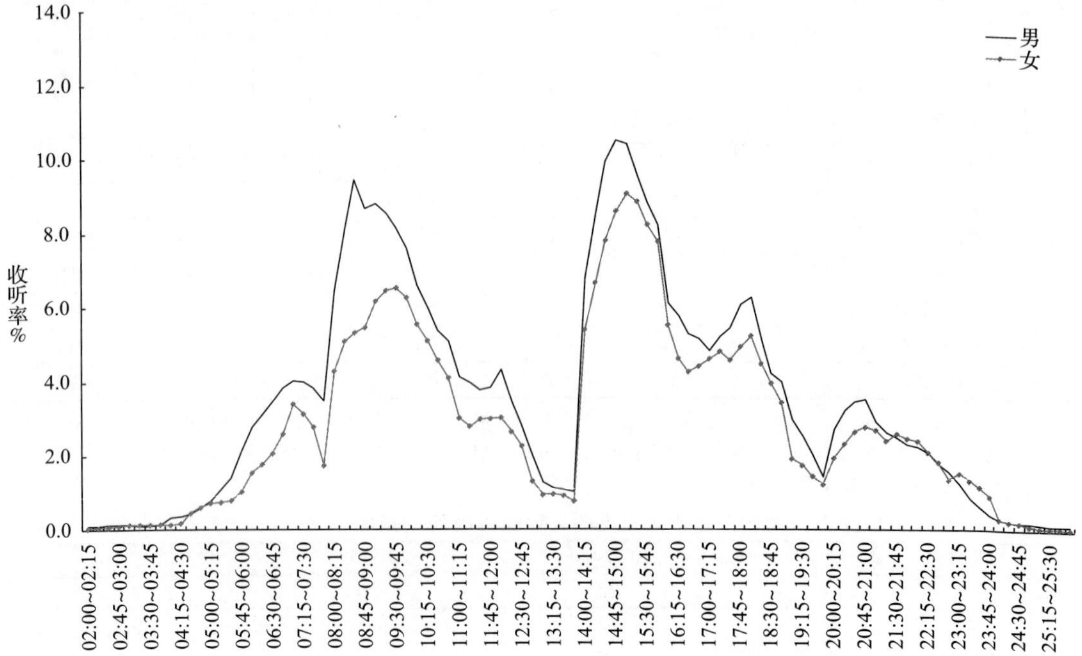

图 3.19.2　2017 年泉州不同性别听众全天收听率走势

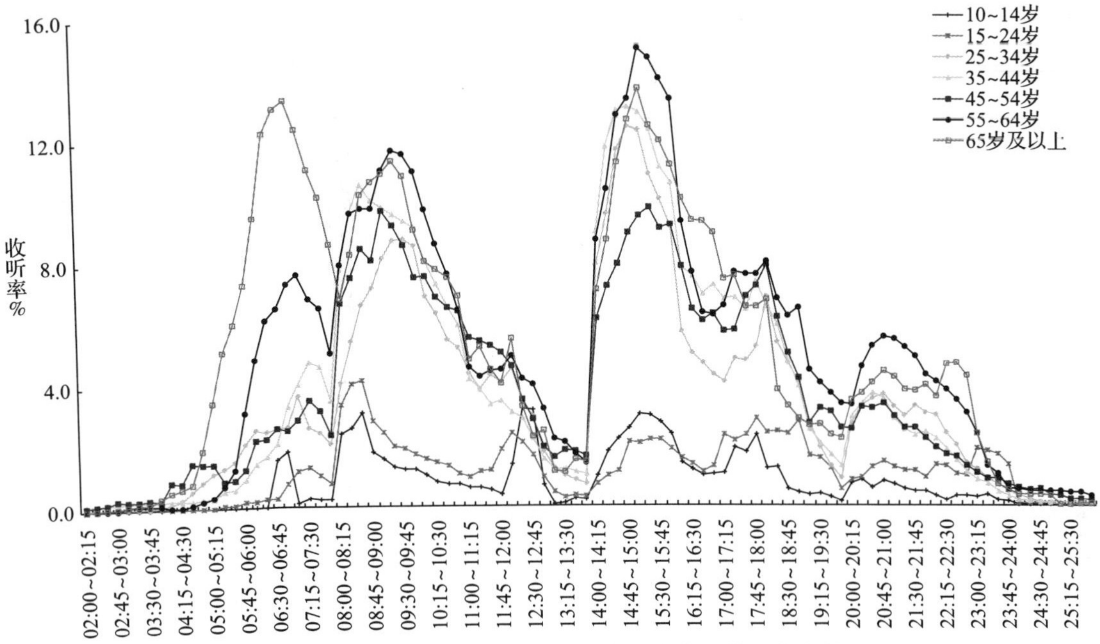

图 3.19.3　2017 年泉州不同年龄听众全天收听率走势

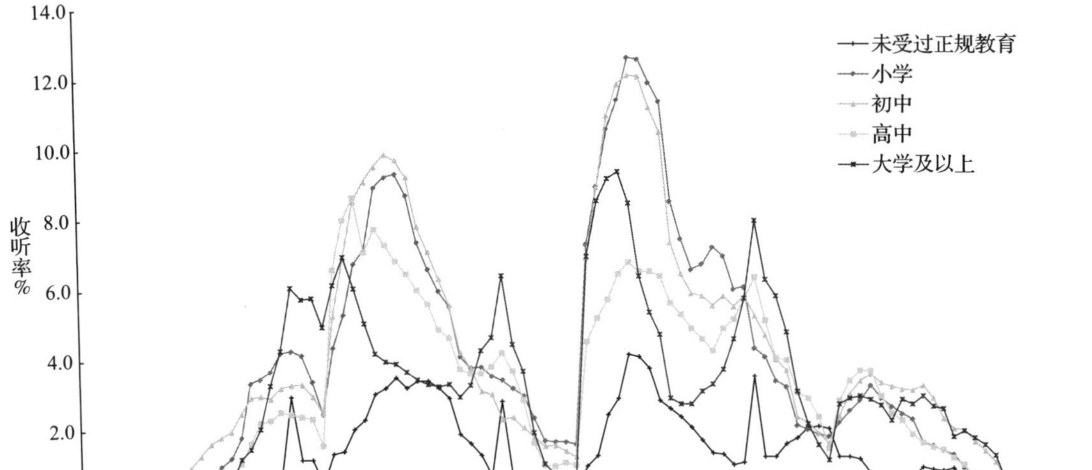

图 3.19.4　2017 年泉州不同文化程度听众全天收听率走势

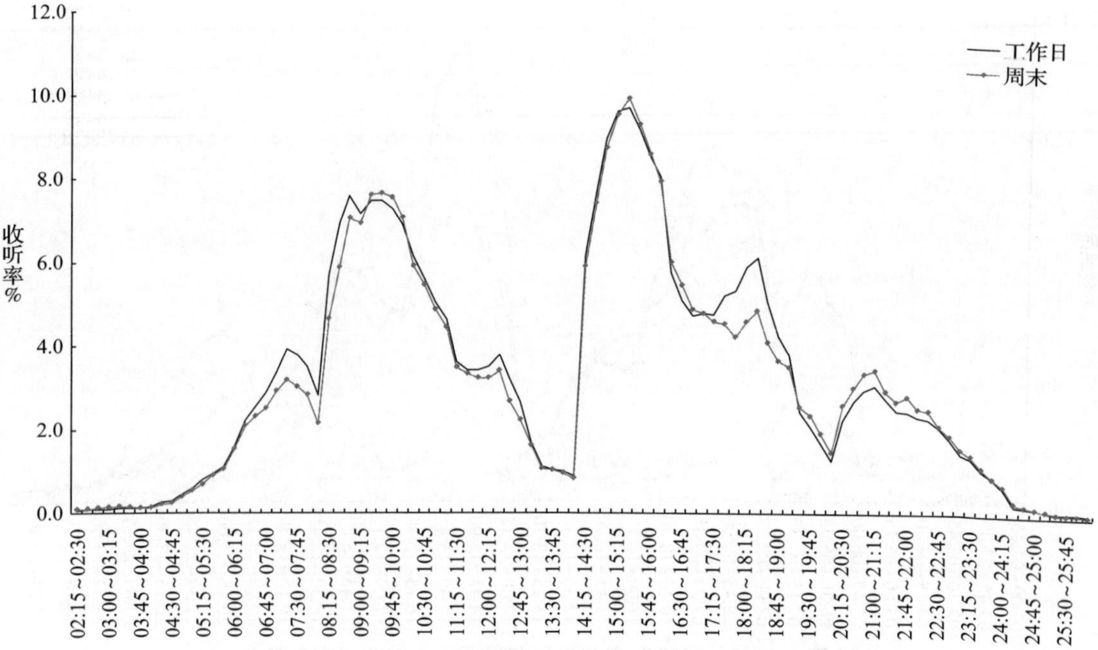

图 3.19.5　2017 年泉州听众工作日与周末全天收听率走势

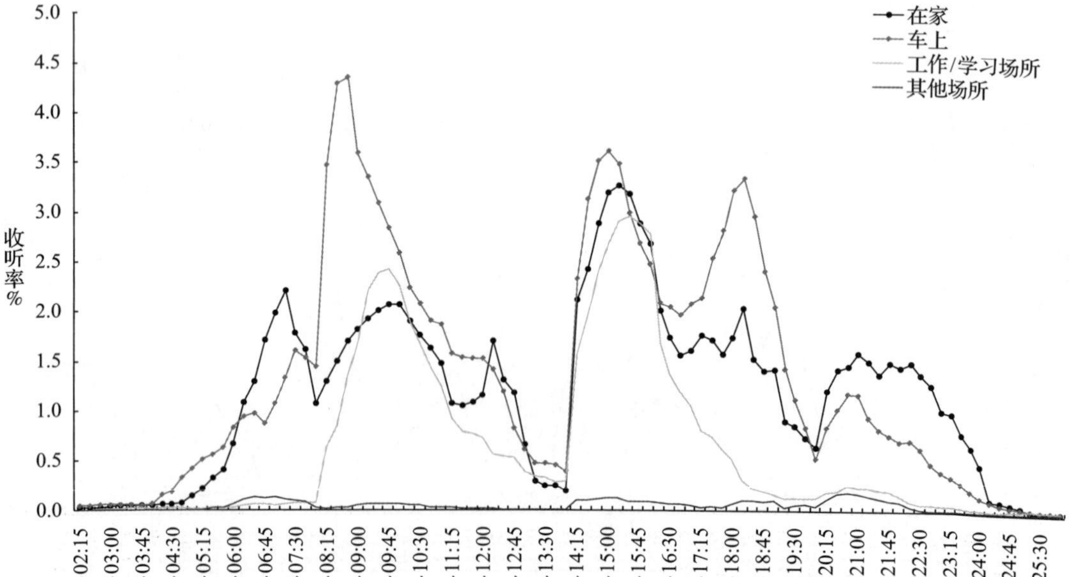

图 3.19.6　2017 年泉州听众在不同收听地点全天收听率走势

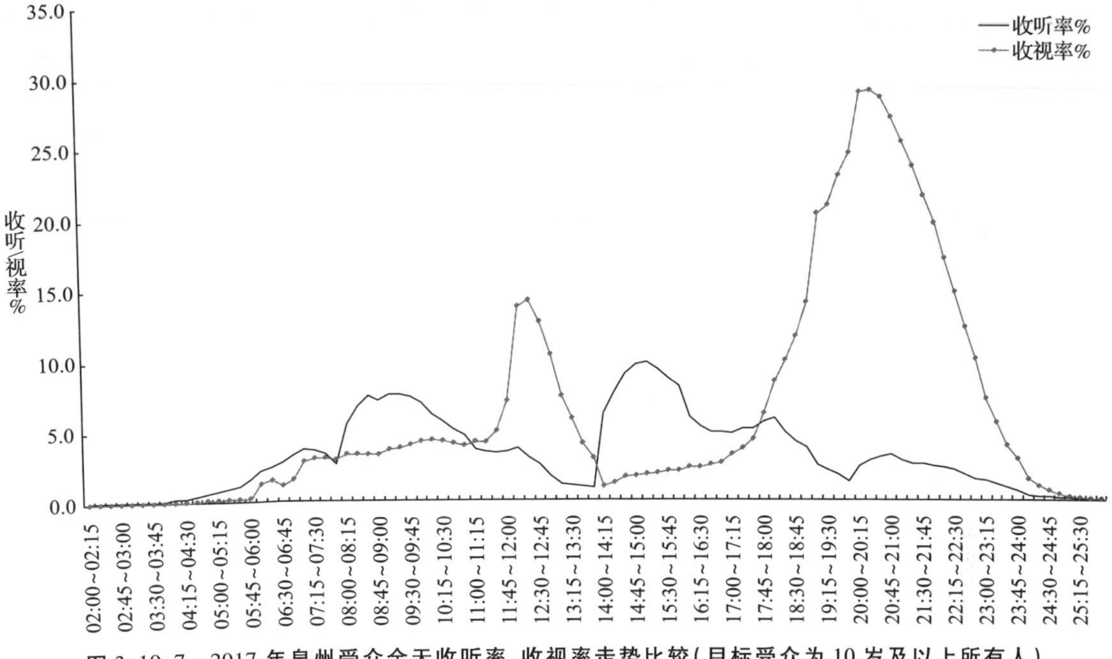

图 3.19.7　2017 年泉州受众全天收听率、收视率走势比较（目标受众为 10 岁及以上所有人）

表 3.19.3　2017 年泉州市场听众构成(%)

目标听众		听众构成(%)
10 岁及以上所有人		100.0
性别	男	57.1
	女	42.9
年龄	10～14 岁	1.0
	15～24 岁	8.1
	25～34 岁	29.8
	35～44 岁	27.9
	45～54 岁	13.2
	55～64 岁	11.4
	65 岁及以上	8.7
文化程度	未受过正规教育	0.7
	小学	16.9
	初中	41.7
	高中	20.9
	大学及以上	19.8
职业	干部/管理人员	2.5
	初级公务员/雇员	13.6
	个体/私营企业人员	37.5
	工人	23.8
	学生	4.5
	无业(包括退休人员)	18.0
	其他	*
个人月收入	没有收入	13.3
	1～2000 元	8.8
	2001～3000 元	16.4
	3001～4000 元	22.2
	4001～5000 元	13.4
	5001～6000 元	14.0
	6001 元及以上	11.8

“*”表示目标听众样本量不足,无法进行统计推断

表 3.19.4　2015～2017 年泉州市场各广播电台的市场份额(%)

广播电台	2015 年	2016 年	2017 年			
			第一波	第二波	第三波	第四波
中央人民广播电台	13.8	10.5	11.6	9.5	9.7	9.6
中国国际广播电台	0.0	0.0	0.0	0.0	0.0	0.0
福建广播影视集团	13.5	11.3	12.3	10.9	12.5	14.5
泉州人民广播电台	70.4	76.5	74.1	78.2	77.0	75.2
其他广播电台	2.3	1.7	2.0	1.4	0.8	0.7

表 3.19.5 2017 年泉州市场各广播电台在不同目标听众中的市场份额(%)

目标听众		中央人民广播电台	中国国际广播电台	福建广播影视集团	泉州人民广播电台	其他广播电台
10 岁及以上所有人		10.1	0.0	12.5	76.1	1.3
性别	男	9.4	0.0	13.5	76.2	0.9
	女	11.1	0.0	11.2	75.9	1.8
年龄	10~14 岁	10.1	0.0	3.3	83.6	3.0
	15~24 岁	20.4	0.0	19.1	57.1	3.4
	25~34 岁	7.3	0.0	10.6	81.5	0.6
	35~44 岁	5.9	0.0	11.0	82.4	0.7
	45~54 岁	8.3	0.0	10.8	79.9	1.0
	55~64 岁	14.9	0.0	12.5	71.5	1.1
	65 岁及以上	20.7	0.0	21.5	54.0	3.8
文化程度	未受过正规教育	5.7	0.0	31.5	59.6	3.2
	小学	10.2	0.0	16.2	72.9	0.7
	初中	6.5	0.0	11.0	80.9	1.6
	高中	10.7	0.0	12.2	76.3	0.8
	大学及以上	17.4	0.0	12.4	68.9	1.3
职业	干部/管理人员	12.2	0.0	9.1	76.5	2.2
	初级公务员/雇员	8.9	0.0	14.3	76.2	0.6
	个体/私营企业人员	7.9	0.0	14.4	77.1	0.6
	工人	2.2	0.0	6.9	90.3	0.6
	学生	37.1	0.0	14.1	47.5	1.3
	无业(包括退休人员)	19.1	0.0	15.3	61.8	3.8
	其他	*	*	*	*	*
个人月收入	没有收入	19.1	0.0	11.5	65.6	3.8
	1~2000 元	29.0	0.0	6.6	63.9	0.5
	2001~3000 元	10.3	0.0	10.5	76.9	2.3
	3001~4000 元	2.8	0.0	14.0	82.4	0.8
	4001~5000 元	7.1	0.0	14.4	77.8	0.7
	5001~6000 元	9.1	0.0	19.4	71.1	0.4
	6001 元及以上	3.8	0.0	7.8	88.0	0.4

“*”表示目标听众样本量不足,无法进行统计推断

表 3.19.6 2017 年泉州市场份额排名前 5 位的频率

排 名	频率名称	市场份额(%)
1	泉州广播电视台 904 交通广播 FM90.4	37.3
2	泉州广播电视台 105.9 刺桐之声广播 FM105.9	15.9
3	泉州广播电视台 923 经济生活广播 FM92.3	14.2
4	泉州广播电视台 889 新闻综合广播 FM88.9	8.6
5	中央人民广播电台第一套节目中国之声	4.8

表 3.19.7　2017 年泉州市场收听率排名前三十位的节目

排名	节目名称	播出频率	收听率(%)	市场份额(%)
1	欢喜就好(闽南语)	泉州广播电视台 904 交通广播 FM90.4	4.2	50.1
2	欢喜就好(节目后)	泉州广播电视台 904 交通广播 FM90.4	3.7	46.2
3	新闻二人转(09:00)	泉州广播电视台 904 交通广播 FM90.4	2.7	35.9
4	酱子剧场	泉州广播电视台 904 交通广播 FM90.4	2.3	31.8
5	上班了没	泉州广播电视台 904 交通广播 FM90.4	2.2	41.1
6	音乐第七天(录播)(07:30)	泉州广播电视台 904 交通广播 FM90.4	2.1	40.9
7	下班了吗	泉州广播电视台 904 交通广播 FM90.4	2.0	41.4
8	DJ 私房歌(直播)(09:00)	泉州广播电视台 904 交通广播 FM90.4	1.9	34.8
9	DJ 私房歌(直播)(16:00)	泉州广播电视台 904 交通广播 FM90.4	1.7	35.8
10	乐活泉州(节目待定)	泉州广播电视台 904 交通广播 FM90.4	1.7	34.3
11	新闻二人转(17:00)	泉州广播电视台 904 交通广播 FM90.4	1.6	32.7
12	住在泉州	泉州广播电视台 904 交通广播 FM90.4	1.4	26.4
13	音乐第七天(录播)(21:00)	泉州广播电视台 904 交通广播 FM90.4	1.1	39.5
14	流行音乐网	泉州广播电视台 904 交通广播 FM90.4	1.1	31.2
15	快乐下班	泉州广播电视台 923 经济生活广播 FM92.3	1.0	19.6
16	私家音乐榜·上午版	泉州广播电视台 923 经济生活广播 FM92.3	1.0	18.7
17	百姓热线	泉州广播电视台 889 新闻综合广播 FM88.9	1.0	15.8
18	大话天下	泉州广播电视台 904 交通广播 FM90.4	0.9	33.6
19	歌曲填单	泉州广播电视台 904 交通广播 FM90.4	0.9	30.7
20	汽车生活	泉州广播电视台 904 交通广播 FM90.4	0.9	25.6
21	快乐自由听	泉州广播电视台 923 经济生活广播 FM92.3	0.9	25.4
22	美丽女人	泉州广播电视台 923 经济生活广播 FM92.3	0.9	12.8
23	一听就 GO	泉州广播电视台 904 交通广播 FM90.4	0.8	30.6
24	周日直播 DJ(15:00)	泉州广播电视台 923 经济生活广播 FM92.3	0.8	12.7
25	快乐上班	泉州广播电视台 923 经济生活广播 FM92.3	0.8	11.7
26	快乐在路上·万方帮帮团	泉州广播电视台 923 经济生活广播 FM92.3	0.8	10.0
27	904 精品剧场	泉州广播电视台 904 交通广播 FM90.4	0.7	29.7
28	大牌驾到	泉州广播电视台 923 经济生活广播 FM92.3	0.7	21.2
29	大牌驾到重播	泉州广播电视台 923 经济生活广播 FM92.3	0.7	17.6
30	周日直播 DJ(10:00)	泉州广播电视台 923 经济生活广播 FM92.3	0.7	17.1

二十、上海收听数据

表 3.20.1　2015～2017 年上海各目标听众人均收听时间（分钟）

目标听众		2015 年	2016 年	2017 年
15 岁及以上所有人		72	72	47
性别	男	73	73	50
	女	71	71	44
年龄	15～24 岁	47	53	35
	25～34 岁	55	55	40
	35～44 岁	66	64	36
	45～54 岁	73	71	52
	55～64 岁	80	87	59
	65 岁及以上	128	114	70
文化程度	未受过正规教育	69	*	*
	小学	59	53	*
	初中	69	73	57
	高中	80	79	53
	大学及以上	64	63	41
职业	干部/管理人员	58	64	44
	初级公务员/雇员	57	59	38
	个体/私营企业人员	58	56	46
	工人	83	69	53
	学生	31	41	37
	无业（包括退休人员）	102	101	66
	其他	*	*	42
个人月收入	没有收入	39	43	40
	1～2000 元	66	80	40
	2001～3000 元	75	75	57
	3001～4000 元	81	86	60
	4001～5000 元	73	75	48
	5001～6000 元	68	73	45
	6001 元及以上	64	56	41

注：上海为全年连续调查城市，从 2017 年 1 月 1 日开始采用测量仪调查数据。
"*"表示该目标听众样本量不足，无法进行统计推断。

表 3.20.2　2015～2017 年上海听众在不同地点的人均收听时间（分钟）

地　　点	2015 年	2016 年	2017 年
在家	49	53	18
车上	18	14	13
工作/学习场所	5	4	7
其他场所	1	1	9

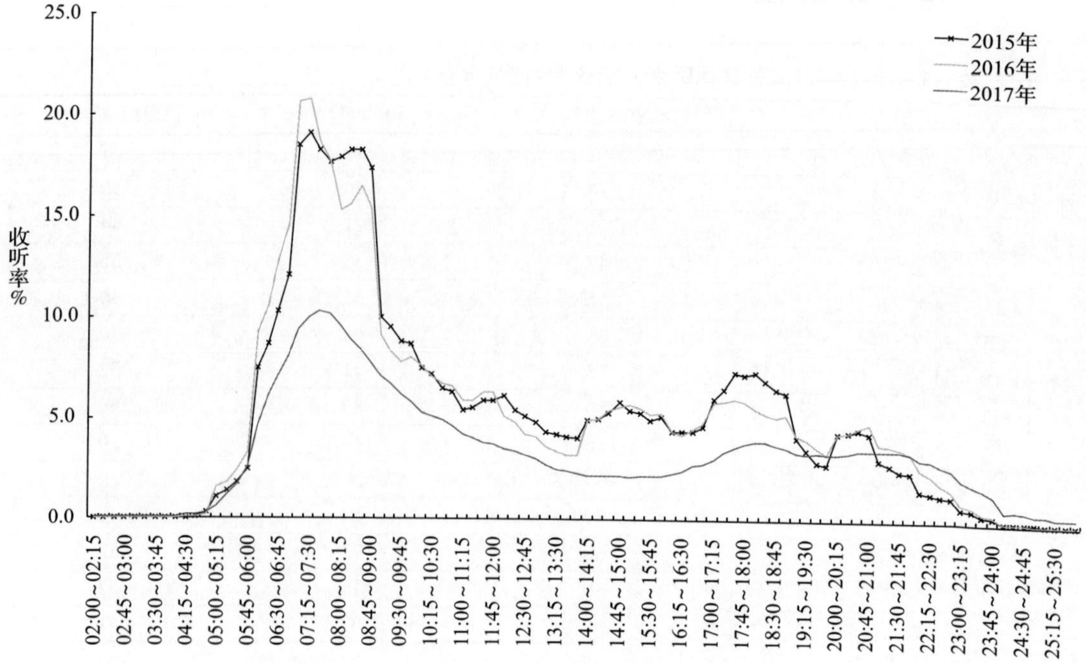

图 3.20.1 2015~2017 年上海听众全天收听率走势

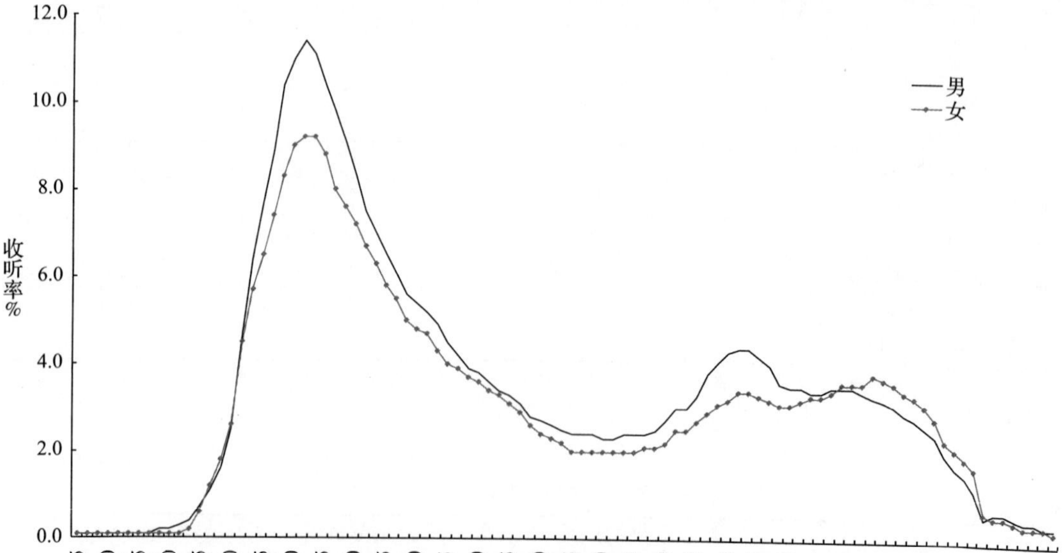

图 3.20.2 2017 年上海不同性别听众全天收听率走势

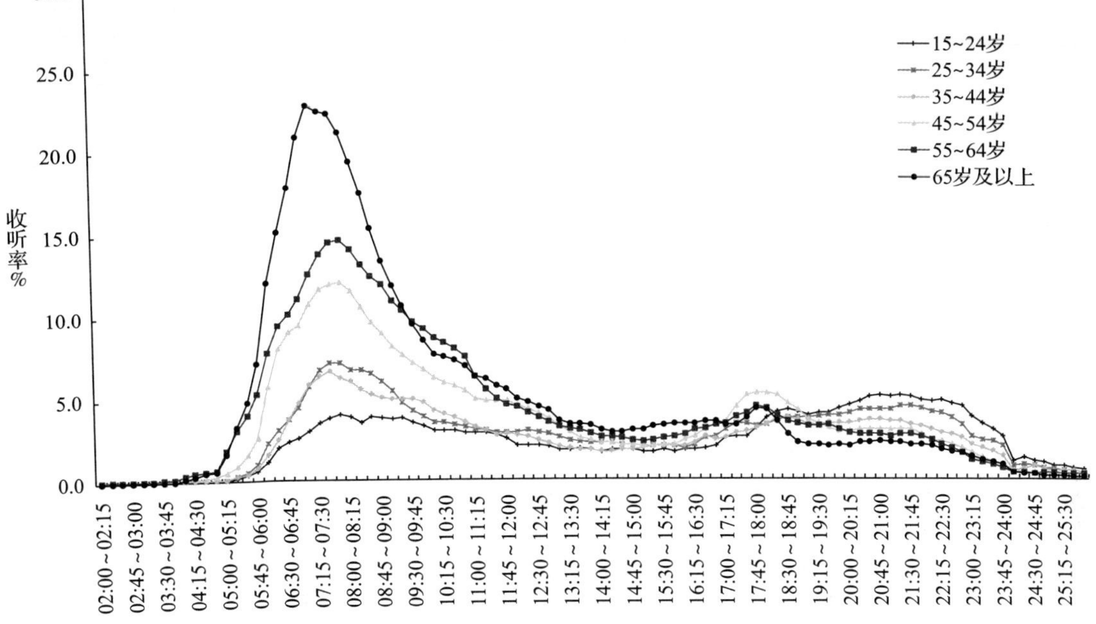

图 3.20.3 2017 年上海不同年龄听众全天收听率走势

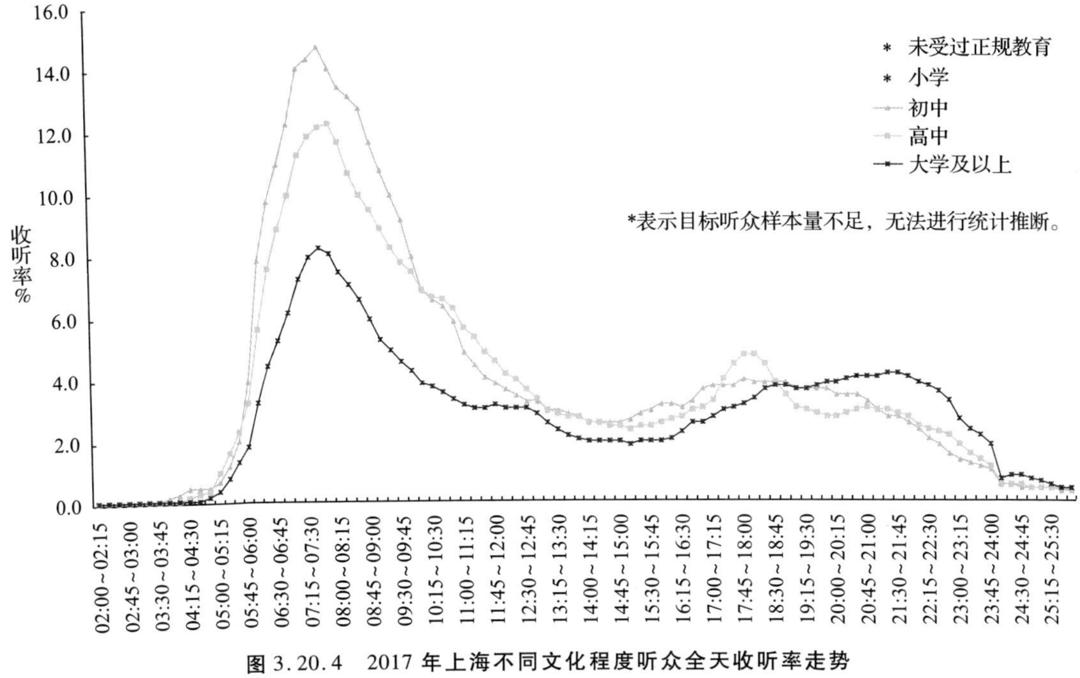

图 3.20.4 2017 年上海不同文化程度听众全天收听率走势

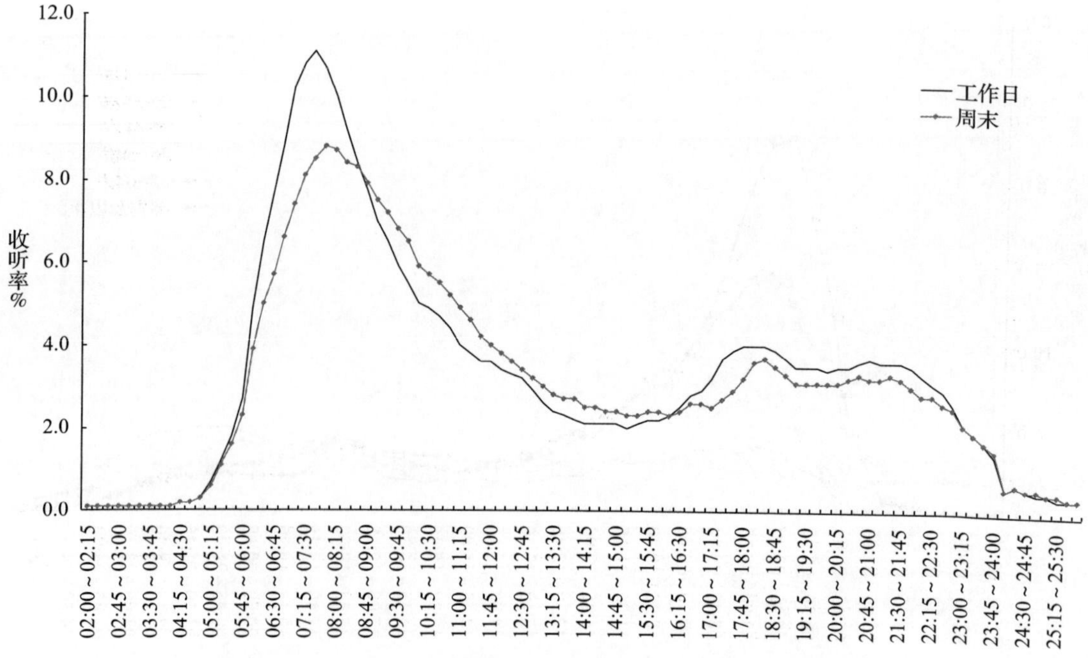

图 3.20.5　2017 年上海听众工作日与周末全天收听率走势

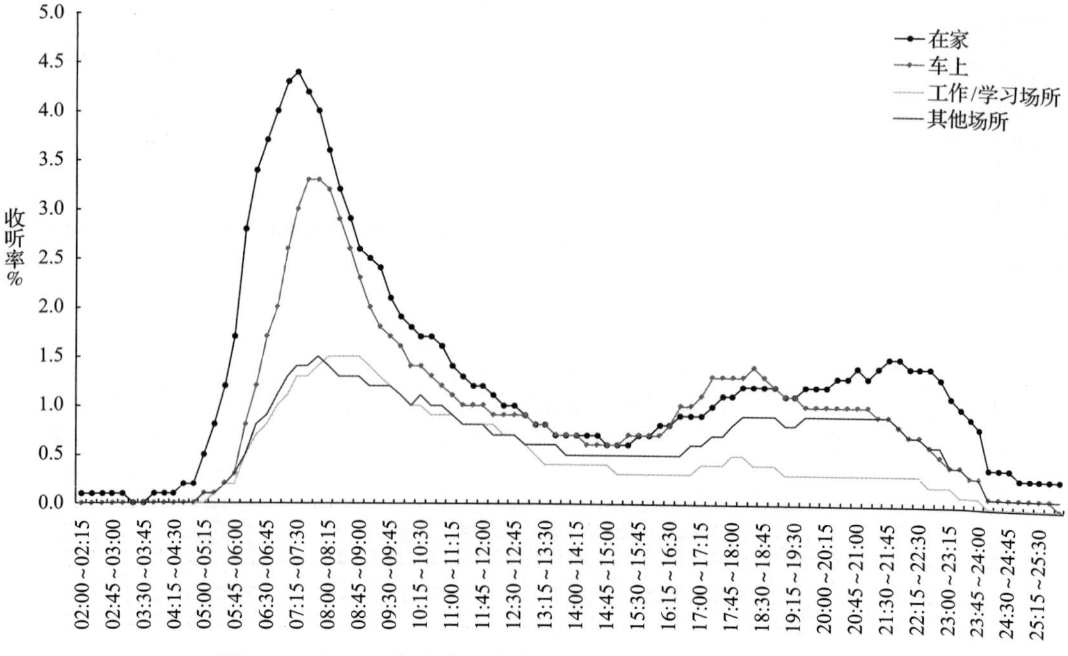

图 3.20.6　2017 年上海听众在不同收听地点全天收听率走势

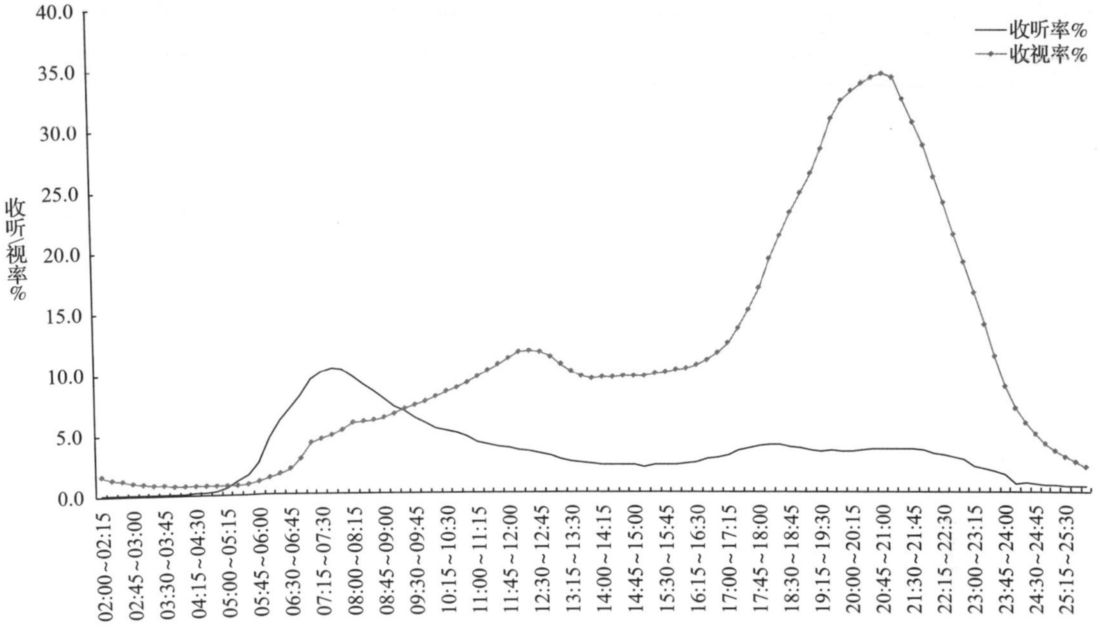

图 3.20.7　2017 年上海受众全天收听率、收视率走势比较(目标受众为 15 岁及以上所有人)

表 3.20.3 2017 年上海市场听众构成(%)

目标听众		听众构成(%)
15 岁及以上所有人		100.0
性别	男	53.9
	女	46.1
年龄	15~24 岁	10.0
	25~34 岁	19.8
	35~44 岁	15.5
	45~54 岁	17.1
	55~64 岁	17.5
	65 岁及以上	20.1
文化程度	未受过正规教育	*
	小学	*
	初中	11.8
	高中	42.9
	大学及以上	45.1
职业	干部/管理人员	8.2
	初级公务员/雇员	31.8
	个体/私营企业人员	3.4
	工人	11.6
	学生	5.9
	无业(包括退休人员)	30.7
	其他	8.4
个人月收入	没有收入	14.0
	1~2000 元	0.8
	2001~3000 元	4.7
	3001~4000 元	25.0
	4001~5000 元	18.4
	5001~6000 元	12.1
	6001 元及以上	25.0

注:"*"表示该目标听众样本量不足,无法进行统计推断。

表 3.20.4 2015~2017 年上海市场各广播电台的市场份额(%)

广播电台	2015 年	2016 年	2017 年
中央人民广播电台	3.4	3.6	9.8
中国国际广播电台	0.4	0.1	1.2
上海广播电视台	95.9	96.2	89.0
其他广播电台	0.3	0.1	–

注:2017 年上海采用虚拟测量仪进行收听率调查,所以不存在其他广播电台数据。

表 3.20.5 2017 年上海市场各广播电台在不同目标听众中的市场份额(%)

目标听众		中央人民广播电台	中国国际广播电台	上海广播电视台
15 岁及以上所有人		9.8	1.2	89.0
性别	男	11.0	0.8	88.2
	女	8.4	1.6	90.0
年龄	15~24 岁	7.2	0.4	92.4
	25~34 岁	5.8	1.4	92.8
	35~44 岁	7.0	2.2	90.8
	45~54 岁	12.9	0.6	86.4
	55~64 岁	10.3	1.1	88.6
	65 岁及以上	14.3	1.0	84.7
文化程度	未受过正规教育	*	*	*
	小学	*	*	*
	初中	10.7	1.9	87.4
	高中	11.4	0.8	87.8
	大学及以上	8.0	1.3	90.7
职业	干部/管理人员	6.1	2.6	91.3
	初级公务员/雇员	8.9	1.3	89.8
	个体/私营企业人员	6.6	2.0	91.4
	工人	10.4	0.8	88.8
	学生	8.4	0.2	91.4
	无业(包括退休人员)	12.8	1.1	86.1
	其他	7.1	0.5	92.4
个人月收入	没有收入	7.0	0.4	92.6
	1~2000 元	18.6	0.1	81.3
	2001~3000 元	5.2	1.7	93.1
	3001~4000 元	11.8	1.2	86.9
	4001~5000 元	11.8	1.0	87.2
	5001~6000 元	8.8	0.4	90.8
	6001 元及以上	8.9	1.9	89.1

注:"*"表示该目标听众样本量不足,无法进行统计推断。

表 3.20.6 2017 年上海市场份额排名前 5 位的频率

排 名	频率名称	市场份额(%)
1	上海流行音乐广播 动感 101 FM101.7	23.3
2	上海人民广播电台上海新闻广播 FM93.4/AM990	17.4
3	上海经典金曲广播 LoveRadio 最爱调频 FM103.7	13.6
4	东广新闻台 AM1296/FM90.9	8.2
5	第一财经广播 FM97.7	7.8

表 3.20.7 2017 年上海市场收听率排名前 30 位的节目

排名	节目名称	播出频率	收听率(%)	市场份额(%)
1	990 早新闻(07:00~08:00)	上海人民广播电台上海新闻广播 FM93.4/AM990	2.7	27.1
2	转播中央人民广播电台新闻和报纸摘要节目	上海人民广播电台上海新闻广播 FM93.4/AM990	2.5	32.4
3	清晨新闻	上海人民广播电台上海新闻广播 FM93.4/AM990	2.1	39.9
4	990 早新闻(08:00~09:00)	上海人民广播电台上海新闻广播 FM93.4/AM990	2.0	24.0
5	八点新闻	上海人民广播电台上海新闻广播 FM93.4/AM990	1.9	21.8
6	2017 春节特别节目情怀中国年(09:00~11:00)	上海人民广播电台上海新闻广播 FM93.4/AM990	1.6	22.4
7	音乐早餐(平日版)	上海流行音乐广播 动感 101 FM101.7	1.5	17.4
8	越夜越动听	上海流行音乐广播 动感 101 FM101.7	1.3	39.3
9	绕着地球跑	上海流行音乐广播 动感 101 FM101.7	1.3	24.6
10	音乐早餐(周末版)	上海流行音乐广播 动感 101 FM101.7	1.3	16.9
11	音乐零时差	上海流行音乐广播 动感 101 FM101.7	1.2	37.7
12	101 西洋镜	上海流行音乐广播 动感 101 FM101.7	1.2	37.3
13	音乐厨男秀	上海流行音乐广播 动感 101 FM101.7	1.2	36.4
14	2017 SNH48 GROUP 第 4 届偶像年度人气总决选特别直播	上海流行音乐广播 动感 101 FM101.7	1.2	35.5
15	全球华语歌曲排行榜	上海流行音乐广播 动感 101 FM101.7	1.2	35.1
16	音乐万花筒(平日版)	上海流行音乐广播 动感 101 FM101.7	1.2	33.1
17	音乐爱远行	上海流行音乐广播 动感 101 FM101.7	1.2	25.2
18	音乐早早餐	上海流行音乐广播 动感 101 FM101.7	1.2	22.3
19	2017 动感 101 春节特别节目(07:00~13:00)	上海流行音乐广播 动感 101 FM101.7	1.2	18.8
20	南京大屠杀死难者国家公祭仪式	上海人民广播电台上海新闻广播 FM93.4/AM990	1.2	18.3
21	音乐万花筒(周末版)	上海流行音乐广播 动感 101 FM101.7	1.1	32.2
22	我就是腔调	上海流行音乐广播 动感 101 FM101.7	1.1	31.8
23	国庆假期特别节目(05:00~14:00)	上海流行音乐广播 动感 101 FM101.7	1.1	19.9

续表

排名	节目名称	播出频率	收听率（%）	市场份额（%）
24	美国总统特朗普访华特别节目	上海人民广播电台上海新闻广播 FM93.4/AM990	1.1	16.2
25	东广早新闻(07:00～08:00)	东广新闻台 AM1296/FM90.9	1.1	14.1
26	超级 DJ	上海流行音乐广播 动感 101 FM101.7	1.0	40.3
27	5.1 小长假特别节目(05:00～24:00)	上海流行音乐广播 动感 101 FM101.7	1.0	24.5
28	最爱金曲榜(10:00～11:00)	上海经典金曲广播 LoveRadio 最爱调频 FM103.7	1.0	19.9
29	上海市第 11 次党代会	上海人民广播电台上海新闻广播 FM93.4/AM990	1.0	17.6
30	2017 陆家嘴论坛	第一财经广播 FM97.7	1.0	16.2

二十一、沈阳收听数据

表 3.21.1　2015～2017 年沈阳各目标听众人均收听时间(分钟)

目标听众		2015 年	2016 年	2017 年
10 岁及以上所有人		97	98	90
性别	男	96	102	92
	女	98	93	88
年龄	10～14 岁	29	34	28
	15～24 岁	55	57	44
	25～34 岁	76	78	72
	35～44 岁	93	87	79
	45～54 岁	106	106	94
	55～64 岁	133	125	117
	65 岁及以上	159	160	163
文化程度	未受过正规教育	118	88	87
	小学	96	85	75
	初中	102	103	100
	高中	104	102	92
	大学及以上	80	85	72
职业	干部/管理人员	94	116	95
	初级公务员/雇员	78	76	83
	个体/私营企业人员	102	97	76
	工人	89	89	80
	学生	42	45	35
	无业(包括退休人员)	135	133	130
	其他	*	*	54
个人月收入	没有收入	58	63	48
	1～2000 元	109	102	100
	2001～3000 元	99	109	103
	3001～4000 元	94	92	77
	4001～5000 元	133	117	116
	5001～6000 元	99	67	105
	6001 元及以上	110	156	95

注:沈阳为全年连续调查城市,“*”表示该目标听众样本量不足,无法进行统计推断。

表 3.21.2　2015～2017 年沈阳听众在不同地点的人均收听时间(分钟)

地　点	2015 年	2016 年	2017 年
在家	71	72	63
车上	17	19	21
工作/学习场所	5	5	4
其他场所	3	2	2

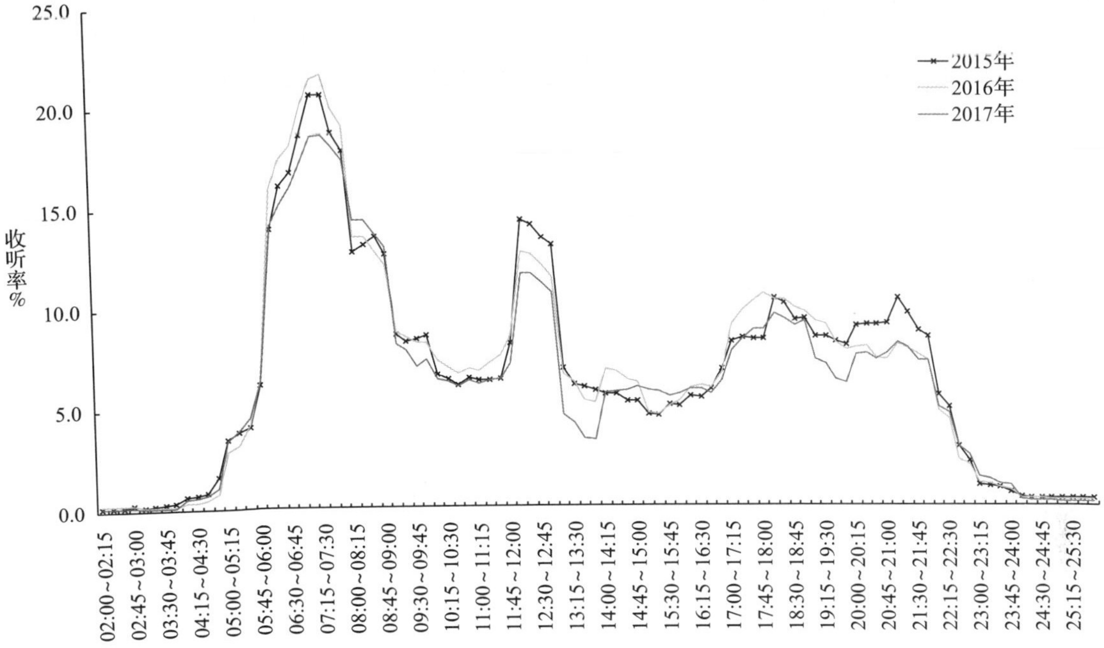

图 3.21.1　2015～2017 年沈阳听众全天收听率走势

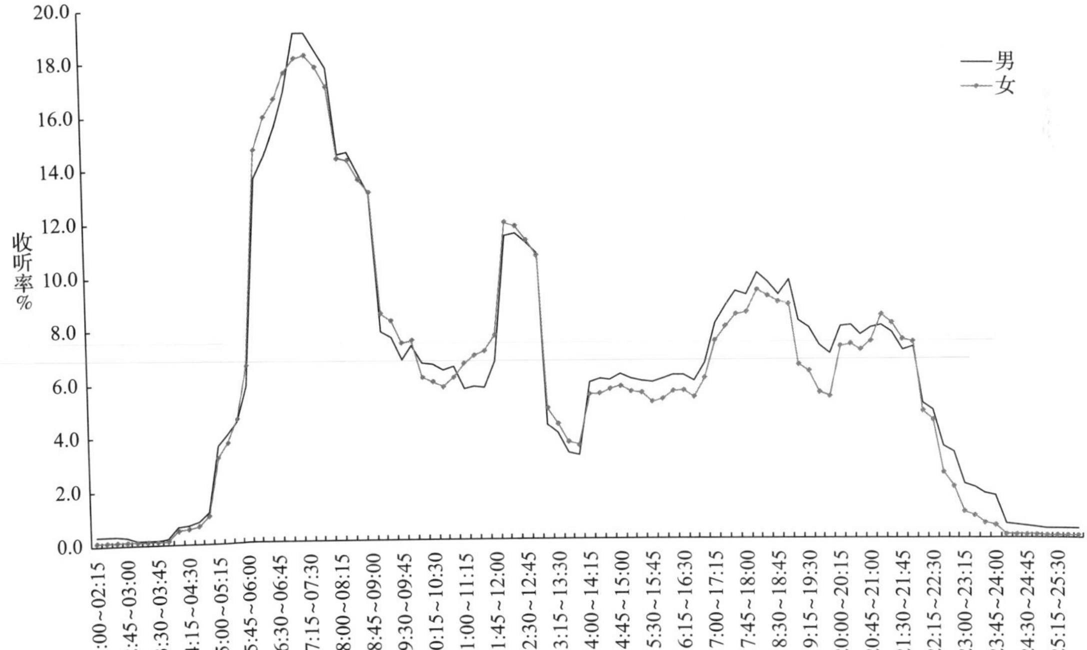

图 3.21.2　2017 年沈阳不同性别听众全天收听率走势

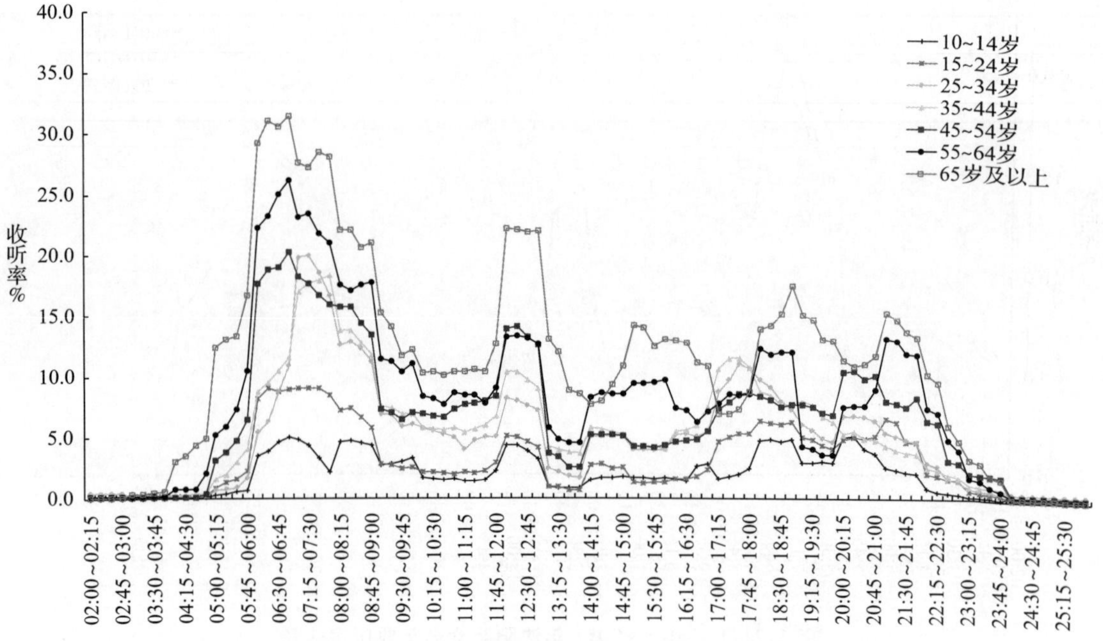

图 3.21.3　2017 年沈阳不同年龄听众全天收听率走势

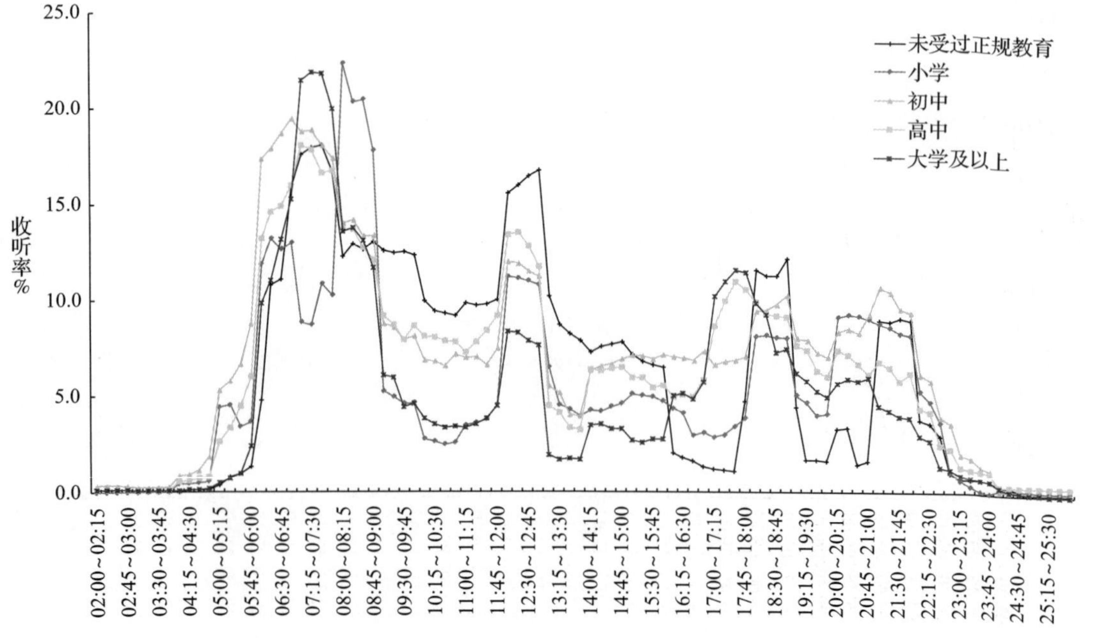

图 3.21.4　2017 年沈阳不同文化程度听众全天收听率走势

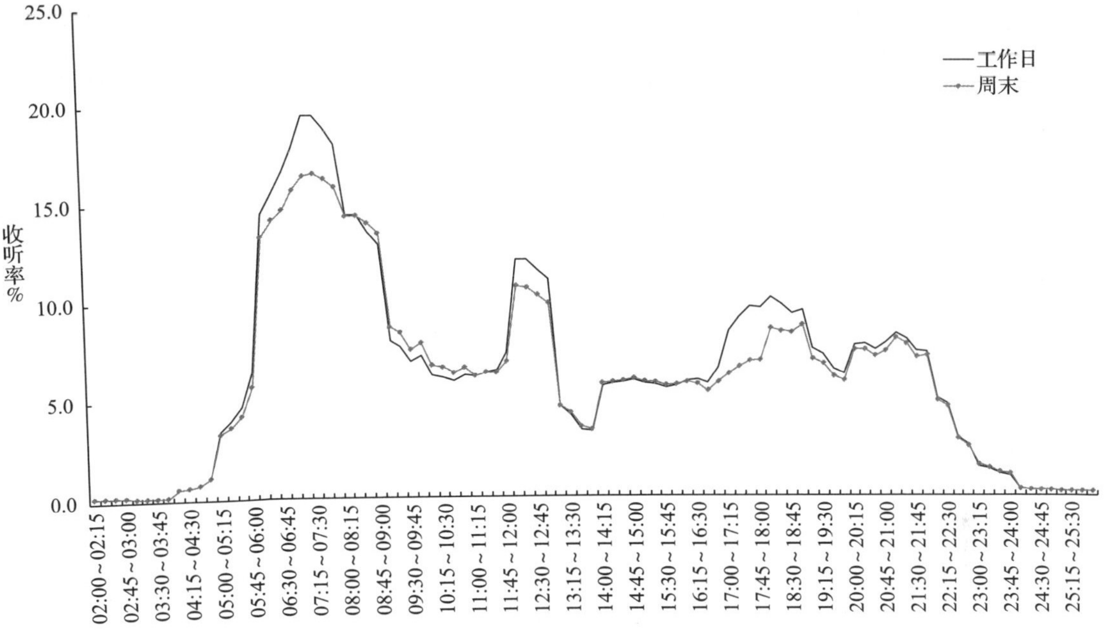

图 3.21.5　2017 年沈阳听众工作日与周末全天收听率走势

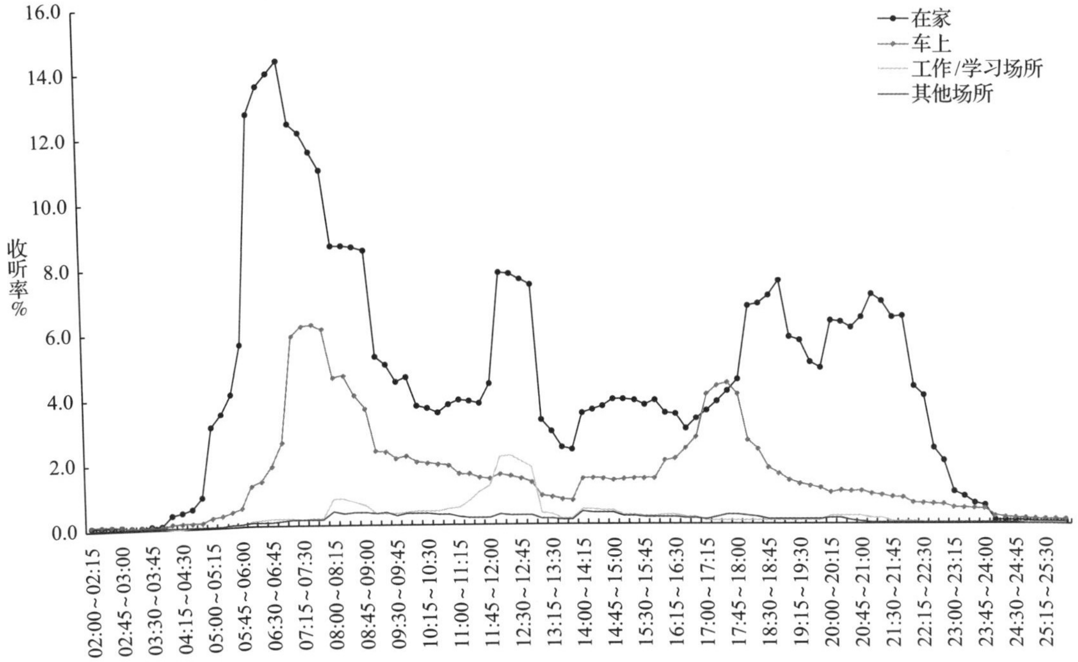

图 3.21.6　2017 年沈阳听众在不同收听地点全天收听率走势

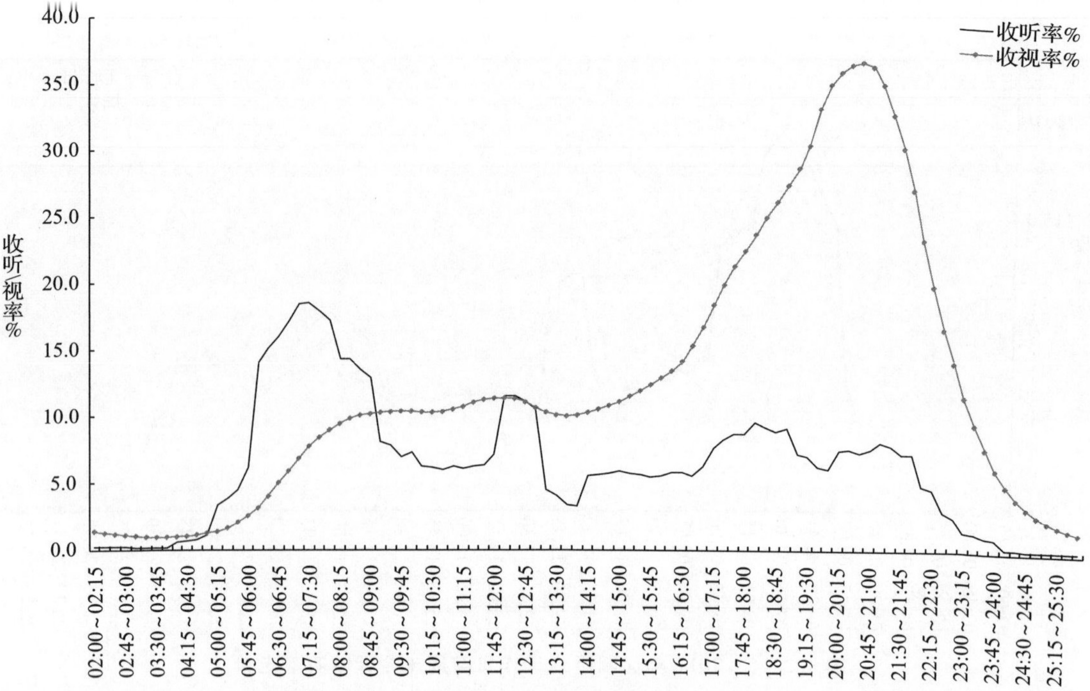

图 3.21.7　2017 年沈阳受众全天收听率、收视率走势比较(目标受众为 10 岁及以上所有人)

表 3.21.3 2017 年沈阳市场听众构成(%)

目标听众		听众构成(%)
10 岁及以上所有人		100.0
性别	男	50.4
	女	49.6
年龄	10~14 岁	0.9
	15~24 岁	6.7
	25~34 岁	15.1
	35~44 岁	15.9
	45~54 岁	19.9
	55~64 岁	19.8
	65 岁及以上	21.7
文化程度	未受过正规教育	1.0
	小学	5.4
	初中	47.5
	高中	28.6
	大学及以上	17.5
职业	干部/管理人员	3.0
	初级公务员/雇员	12.2
	个体/私营企业人员	16.7
	工人	20.5
	学生	4.0
	无业(包括退休人员)	43.0
	其他	0.6
个人月收入	没有收入	8.6
	1~2000 元	23.5
	2001~3000 元	44.2
	3001~4000 元	14.4
	4001~5000 元	6.8
	5001~6000 元	1.3
	6001 元及以上	1.2

表 3.21.4 2015~2017 年沈阳市场各广播电台的市场份额(%)

广播电台	2015 年	2016 年	2017 年
中央人民广播电台	10.7	13.7	8.9
中国国际广播电台	0.0	0.0	0.0
辽宁人民广播电台	80.1	48.6	40.4
沈阳人民广播电台	8.9	37.2	50.5
其他广播电台	0.2	0.5	0.2

表 3.21.5　2017 年沈阳市场各广播电台在不同目标听众中的市场份额(%)

目标听众		中央人民广播电台	中国国际广播电台	辽宁人民广播电台	沈阳人民广播电台	其他广播电台
10 岁及以上所有人		8.9	0.0	40.4	50.5	0.2
性别	男	8.0	0.0	42.2	49.6	0.2
	女	9.8	0.0	38.6	51.4	0.2
年龄	10～14 岁	8.0	0.0	35.1	56.9	0.0
	15～24 岁	15.8	0.0	38.1	46.0	0.1
	25～34 岁	9.7	0.0	43.5	46.4	0.4
	35～44 岁	8.2	0.0	45.7	45.8	0.3
	45～54 岁	10.0	0.0	37.2	52.7	0.1
	55～64 岁	5.8	0.0	37.6	56.5	0.1
	65 岁及以上	8.5	0.0	40.8	50.5	0.2
文化程度	未受过正规教育	20.5	0.0	60.7	18.3	0.5
	小学	9.4	0.0	37.2	53.2	0.2
	初中	7.7	0.0	36.9	55.3	0.1
	高中	8.4	0.0	41.8	49.7	0.1
	大学及以上	12.1	0.0	47.8	39.9	0.2
职业	干部/管理人员	7.9	0.0	51.0	41.0	0.1
	初级公务员/雇员	10.2	0.0	48.7	40.7	0.4
	个体/私营企业人员	5.5	0.0	42.5	51.9	0.1
	工人	11.1	0.0	40.3	48.3	0.3
	学生	15.6	0.0	27.0	57.3	0.1
	无业(包括退休人员)	8.0	0.0	37.4	54.4	0.2
	其他	21.7	0.0	61.3	16.9	0.1
个人月收入	没有收入	11.2	0.0	32.7	56.0	0.1
	1～2000 元	11.0	0.0	45.8	42.9	0.3
	2001～3000 元	7.8	0.0	39.1	52.8	0.3
	3001～4000 元	6.6	0.0	41.6	51.6	0.2
	4001～5000 元	8.0	0.0	37.9	54.1	0.0
	5001～6000 元	7.6	0.0	31.3	60.9	0.2
	6001 元及以上	22.4	0.0	43.4	34.0	0.2

表 3.21.6　2017 年沈阳市场份额排名前 5 位的频率

排　名	频率名称	市场份额(%)
1	辽宁广播电视台交通广播 FM97.5	22.2
2	辽宁广播电视台音乐广播(沈阳台)FM98.6	22.0
3	辽宁广播电视台都市广播(沈阳台)FM92.1/AM1341	11.0
4	沈阳广播电视台新闻广播 FM104.5/AM792	10.9
5	辽宁广播电视台经济广播 FM88.8/AM999	6.8

表 3.21.7　2017 年沈阳市场收听率排名前 30 位的节目

排名	节目名称	播出频率	收听率（%）	市场份额（%）
1	新闻麻辣烫	辽宁广播电视台交通广播 FM97.5	5.0	29.8
2	麻辣第七天	辽宁广播电视台交通广播 FM97.5	4.5	28.9
3	阿宝龙哥路路通	辽宁广播电视台交通广播 FM97.5	3.6	27.4
4	向快乐出发－@旅行周日版 07:30	辽宁广播电视台交通广播 FM97.5	3.6	25.3
5	评书大放送（上、中）	辽宁广播电视台音乐广播（沈阳台）FM98.6	3.1	28.2
6	新闻早班车	辽宁广播电视台音乐广播（沈阳台）FM98.6	3.1	17.5
7	沈阳早高峰	辽宁广播电视台音乐广播（沈阳台）FM98.6	2.8	20.3
8	梁辉说法	辽宁广播电视台音乐广播（沈阳台）FM98.6	2.7	18.3
9	星光夜话	沈阳广播电视台新闻广播 FM104.5/AM792	2.6	39.4
10	986 气象周报	辽宁广播电视台音乐广播（沈阳台）FM98.6	2.6	18.4
11	市民您早	沈阳广播电视台新闻广播 FM104.5/AM792	2.5	17.4
12	986 快乐朋友圈	辽宁广播电视台音乐广播（沈阳台）FM98.6	2.4	18.3
13	好书连连听	辽宁广播电视台音乐广播（沈阳台）FM98.6	2.2	33.3
14	汽车俱乐部	辽宁广播电视台音乐广播（沈阳台）FM98.6	2.2	25.4
15	转中央台新闻和报纸摘要	沈阳广播电视台新闻广播 FM104.5/AM792	2.2	13.4
16	986 收藏艺术馆	辽宁广播电视台音乐广播（沈阳台）FM98.6	2.1	25.2
17	大兵说天下	辽宁广播电视台音乐广播（沈阳台）FM98.6	2.0	21.4
18	畅通晚高峰	辽宁广播电视台交通广播 FM97.5	2.0	21.2
19	体坛八卦掌	辽宁广播电视台音乐广播（沈阳台）FM98.6	1.9	20.6
20	靓女伴你行	辽宁广播电视台音乐广播（沈阳台）FM98.6	1.8	24.8
21	921 讲古堂	辽宁广播电视台都市广播（沈阳台）FM92.1/AM1341	1.8	13.2
22	959 书场（录播）07:00	辽宁广播电视台文艺广播 FM95.9/FM101.8/AM1053	1.8	9.7
23	司机奇遇记	辽宁广播电视台音乐广播（沈阳台）FM98.6	1.7	22.7
23	动感车世界（周末版）	辽宁广播电视台交通广播 FM97.5	1.7	22.7
25	921 纪实档案	辽宁广播电视台都市广播（沈阳台）FM92.1/AM1341	1.7	11.8
26	疯狂大闯关	辽宁广播电视台音乐广播（沈阳台）FM98.6	1.6	19.8
27	老林说旧闻	辽宁广播电视台都市广播（沈阳台）FM92.1/AM1341	1.6	9.8
28	小妹说新闻	辽宁广播电视台都市广播（沈阳台）FM92.1/AM1341	1.6	8.5
29	向快乐出发－@旅行周日版 14:00	辽宁广播电视台交通广播 FM97.5	1.5	24.8
30	帮你找律师	辽宁广播电视台音乐广播（沈阳台）FM98.6	1.5	24.7

二十二、深圳收听数据

表 3.22.1　2015～2017 年深圳各目标听众人均收听时间(分钟)

目标听众		2015 年	2016 年	2017 年
10 岁及以上所有人		41	40	36
性别	男	43	41	39
	女	39	38	33
年龄	10～14 岁	13	6	4
	15～24 岁	26	29	25
	25～34 岁	44	41	36
	35～44 岁	47	43	43
	45～54 岁	55	50	49
	55～64 岁	53	62	65
	65 岁及以上	69	83	44
文化程度	未受过正规教育	*	*	*
	小学	31	35	26
	初中	37	36	33
	高中	46	43	38
	大学及以上	41	39	38
职业	干部/管理人员	51	46	43
	初级公务员/雇员	40	40	39
	个体/私营企业人员	48	48	46
	工人	38	39	35
	学生	22	16	13
	无业(包括退休人员)	47	49	39
	其他	57	27	27
个人月收入	没有收入	27	25	18
	1～2000 元	53	53	52
	2001～3000 元	40	65	41
	3001～4000 元	39	40	46
	4001～5000 元	38	38	35
	5001～6000 元	45	32	39
	6001 元及以上	52	48	42

注:深圳为全年连续调查城市。“*”表示该目标听众样本量不足,无法进行统计推断。

表 3.22.2　2015～2017 年深圳听众在不同收听地点的人均收听时间(分钟)

地　　点	2015 年	2016 年	2017 年
在家	18	19	17
车上	17	15	15
工作/学习场所	3	4	3
其他场所	3	2	1

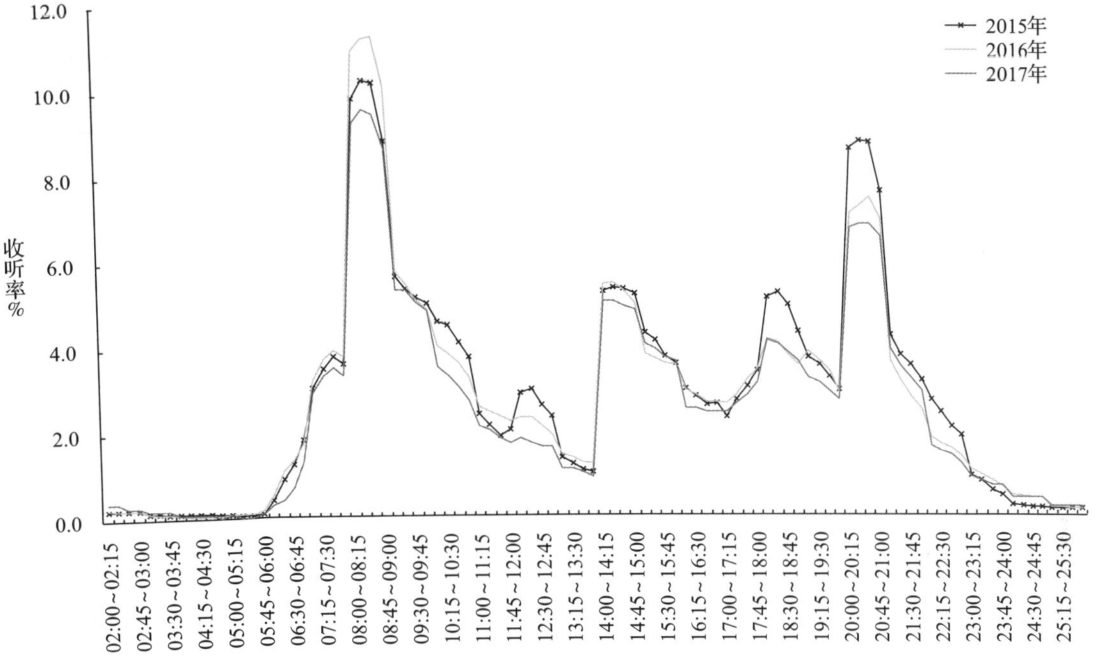

图 3.22.1 2015～2017 年深圳听众全天收听率走势

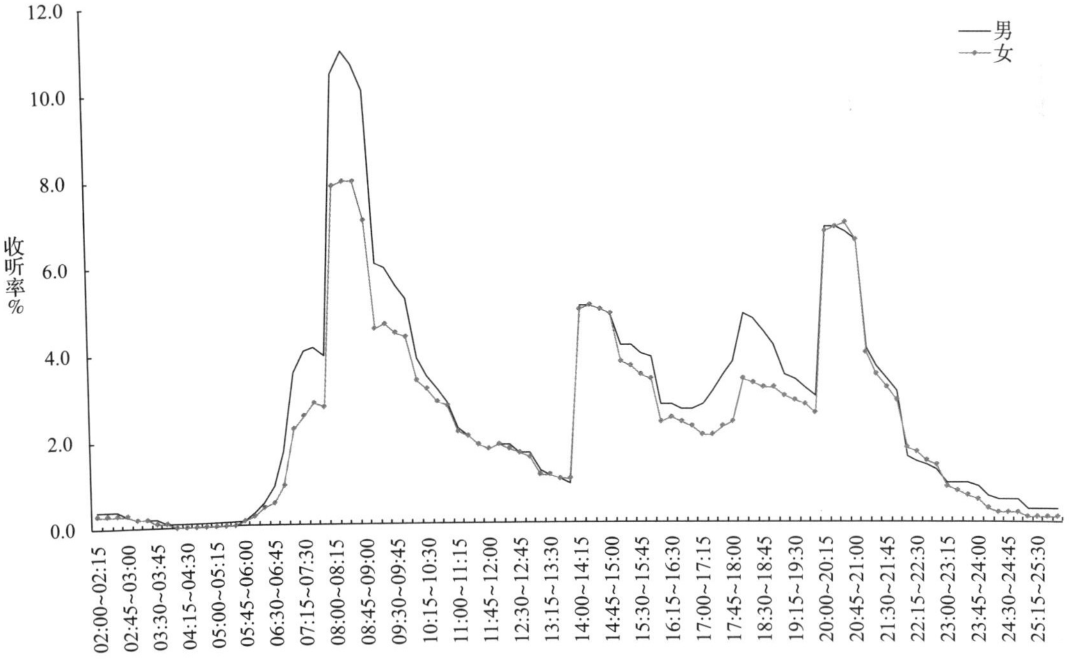

图 3.22.2 2017 年深圳不同性别听众全天收听率走势

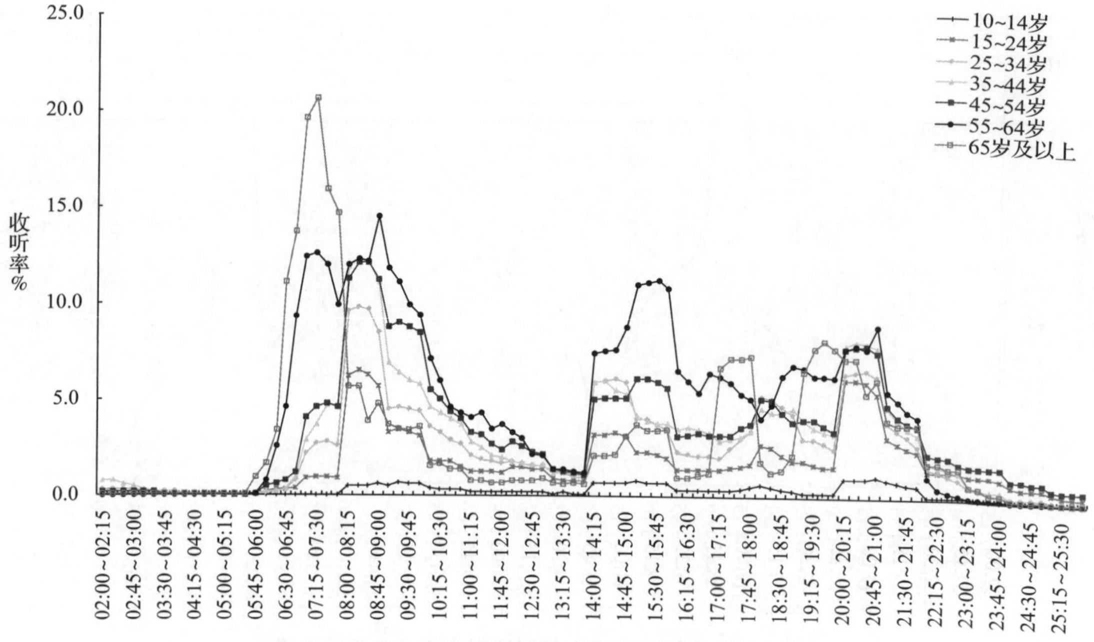

图 3.22.3　2017 年深圳不同年龄听众全天收听率走势

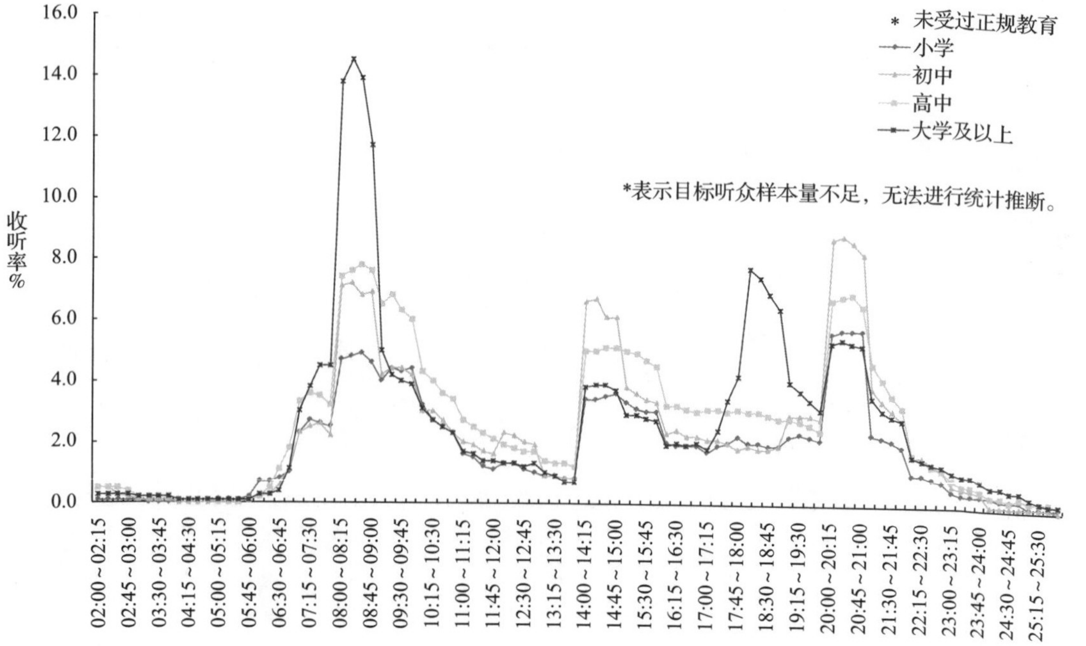

图 3.22.4　2017 年深圳不同文化程度听众全天收听率走势

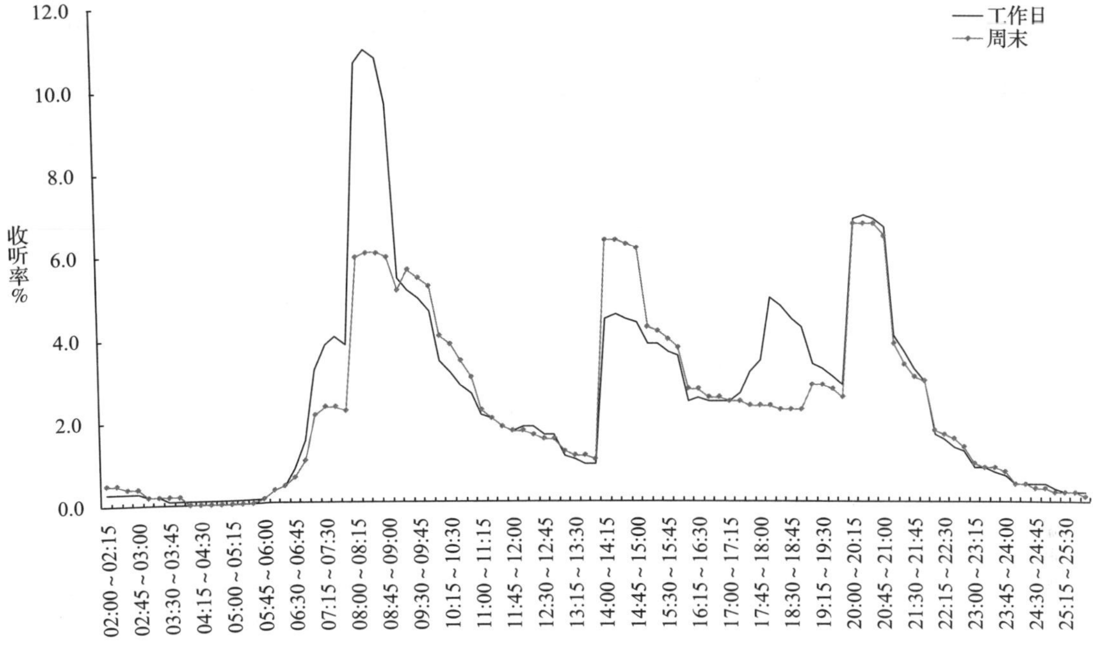

图 3.22.5　2017 年深圳听众工作日与周末全天收听率走势

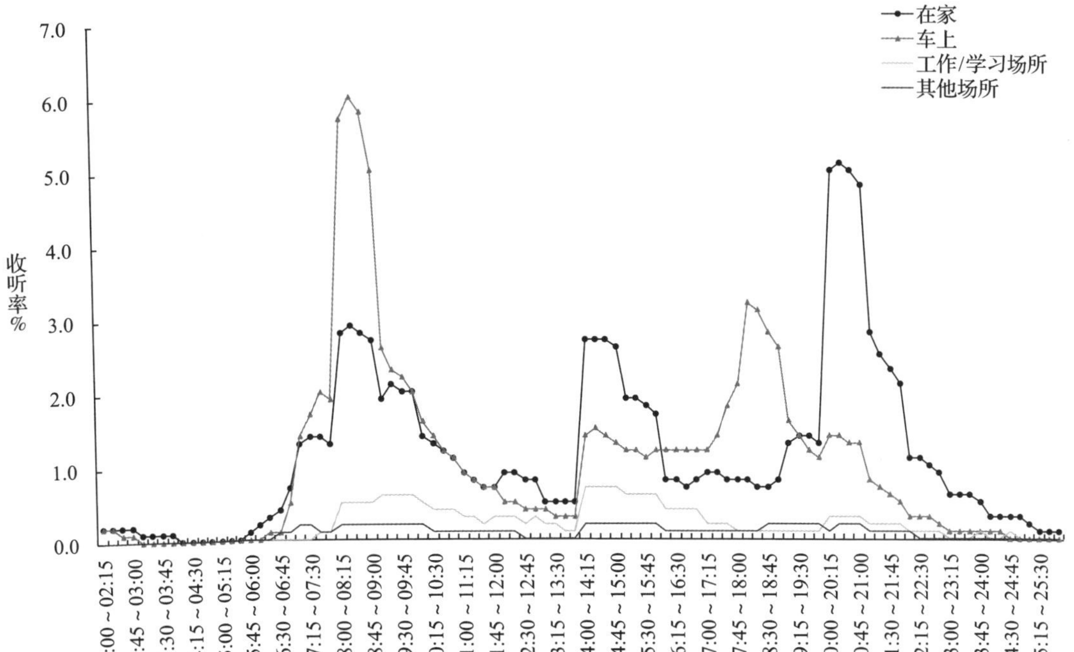

图 3.22.6　2017 年深圳听众在不同收听地点全天收听率走势

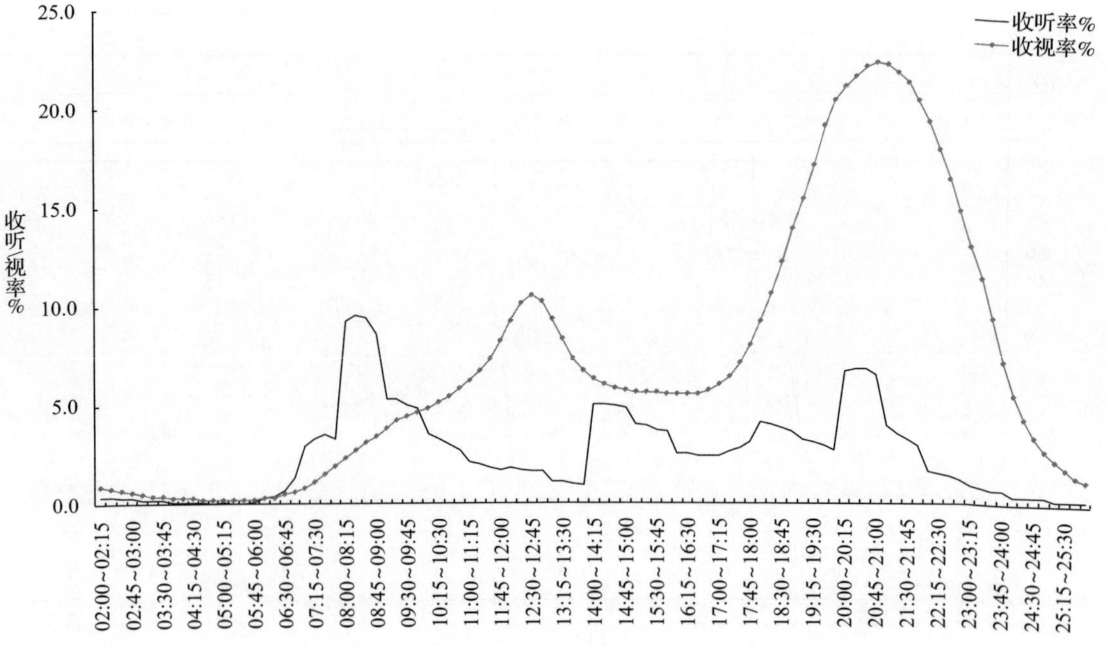

图 3.22.7　2017 年深圳受众全天收听率、收视率走势比较(目标受众为 10 岁及以上所有人)

表 3.22.3　2017 年深圳市场听众构成(%)

目标听众		听众构成(%)
10 岁及以上所有人		100.0
性别	男	58.2
	女	41.8
年龄	10~14 岁	0.3
	15~24 岁	18.1
	25~34 岁	30.4
	35~44 岁	30.8
	45~54 岁	11.4
	55~64 岁	6.3
	65 岁及以上	2.7
文化程度	未受过正规教育	*
	小学	3.4
	初中	23.6
	高中	40.1
	大学及以上	32.9
职业	干部/管理人员	8.8
	初级公务员/雇员	30.0
	个体/私营企业人员	23.3
	工人	19.8
	学生	5.1
	无业(包括退休人员)	12.5
	其他	0.5
个人月收入	没有收入	10.7
	1~2000 元	1.1
	2001~3000 元	4.8
	3001~4000 元	19.7
	4001~5000 元	14.7
	5001~6000 元	10.6
	6001 元及以上	38.4

“*”表示该目标听众样本量不足,无法进行统计推断。

表 3.22.4　2015~2017 年深圳市场各广播电台的市场份额(%)

广播电台	2015 年	2016 年	2017 年
中央人民广播电台	11.7	10.5	9.1
中国国际广播电台	2.8	1.8	3.1
广东广播电视台	20.5	21.0	19.6
深圳广播电影电视集团	60.7	60.2	63.2
其他广播电台	4.3	6.5	5.0

表 3.22.5　2017 年深圳市场各广播电台在不同目标听众中的市场份额(%)

目标听众		中央人民广播电台	中国国际广播电台	广东广播电视台	深圳广播电影电视集团	其他广播电台
10 岁及以上所有人		9.1	3.1	19.6	63.2	5.0
性别	男	8.9	3.6	17.0	64.4	6.1
	女	9.5	2.5	23.2	61.6	3.2
年龄	10～14 岁	3.1	0.4	22.4	73.2	0.9
	15～24 岁	7.2	1.8	24.3	57.7	9.0
	25～34 岁	8.5	2.6	24.1	60.3	4.5
	35～44 岁	8.0	5.0	17.9	66.3	2.8
	45～54 岁	4.9	2.3	14.2	72.0	6.6
	55～64 岁	21.5	2.1	5.9	67.5	3.0
	65 岁及以上	31.2	3.4	12.4	51.2	1.8
文化程度	未受过正规教育	*	*	*	*	*
	小学	7.2	0.7	29.6	59.9	2.6
	初中	12.4	1.9	27.5	54.6	3.6
	高中	8.6	3.9	21.5	61.5	4.5
	大学及以上	7.7	3.4	10.5	71.9	6.5
职业	干部/管理人员	7.8	3.0	17.4	66.7	5.1
	初级公务员/雇员	7.5	2.3	11.5	74.3	4.4
	个体/私营企业人员	5.5	5.1	18.6	65.3	5.5
	工人	14.1	2.1	33.3	43.6	6.9
	学生	5.8	2.4	20.1	69.1	2.6
	无业(包括退休人员)	14.6	3.0	21.0	58.8	2.6
	其他	2.8	7.9	24.8	63.8	0.7
个人月收入	没有收入	3.8	2.2	23.8	67.1	3.1
	1～2000 元	32.5	6.3	32.4	20.4	8.4
	2001～3000 元	23.7	2.1	15.0	54.5	4.7
	3001～4000 元	12.0	1.5	23.2	56.5	6.8
	4001～5000 元	8.7	1.8	25.8	60.5	3.2
	5001～6000 元	9.0	6.4	20.0	60.6	4.0
	6001 元及以上	6.9	3.8	14.3	69.6	5.4

“*”表示该目标听众样本量不足,无法进行统计推断。

表 3.22.6　2017 年深圳市场份额排名前 5 位的频率

排　名	频率名称	市场份额(%)
1	深圳广播电台交通频率 FM106.2	25.8
2	深圳人民广播电台音乐广播 FM97.1	20.1
3	深圳广播电台新闻频率 FM89.8	14.4
4	广东广播电视台音乐之声 FM99.3	7.2
5	广东广播电视台新闻广播 FM91.4/AM648	5.8

表 3.22.7　2017 年深圳市场收听率排名前 30 位的节目

排名	节目名称	播出频率	收听率（%）	市场份额（%）
1	深圳早班车	深圳广播电台交通频率 FM106.2	2.5	32.8
2	一路飞扬	深圳人民广播电台音乐广播 FM97.1	1.7	20.0
3	行走的耳朵	深圳人民广播电台音乐广播 FM97.1	1.6	35.5
4	王薇周末慢生活	深圳广播电台交通频率 FM106.2	1.5	30.8
5	安静看车	深圳广播电台交通频率 FM106.2	1.5	29.0
6	爱乐时光	深圳人民广播电台音乐广播 FM97.1	1.5	18.8
7	伴你同行	深圳广播电台交通频率 FM106.2	1.4	36.6
8	华语原创音乐风	深圳人民广播电台音乐广播 FM97.1	1.4	19.5
9	神游世界	深圳人民广播电台音乐广播 FM97.1	1.3	22.6
10	缤纷车世界	深圳广播电台交通频率 FM106.2	1.2	30.3
11	创意生活家	深圳人民广播电台音乐广播 FM97.1	1.2	26.8
12	傻瓜古典	深圳人民广播电台音乐广播 FM97.1	1.2	20.9
13	赢家联盟	深圳人民广播电台音乐广播 FM97.1	1.2	20.7
14	杨莹的电影时光	深圳人民广播电台音乐广播 FM97.1	1.1	24.0
15	人才驾到	深圳广播电台交通频率 FM106.2	1.1	20.2
16	杜峰激情赛场	深圳广播电台交通频率 FM106.2	1.1	19.3
17	音乐下午茶	深圳人民广播电台音乐广播 FM97.1	1.0	28.4
18	从深圳出发	深圳广播电台交通频率 FM106.2	1.0	20.8
19	乔飞出国攻略	深圳广播电台交通频率 FM106.2	1.0	18.5
20	爱车有道	深圳广播电台交通频率 FM106.2	0.9	22.7
21	张乐生活心理学	深圳广播电台交通频率 FM106.2	0.9	20.5
22	美丽声音	深圳人民广播电台音乐广播 FM97.1	0.9	17.9
23	先锋看天下	深圳广播电台新闻频率 FM89.8	0.9	17.1
24	我爱收藏	深圳人民广播电台音乐广播 FM97.1	0.9	15.1
25	剧透社	深圳广播电台新闻频率 FM89.8	0.9	13.1
26	E 路大玩家	深圳广播电台交通频率 FM106.2	0.8	31.5
27	铿锵麦克风	深圳广播电台新闻频率 FM89.8	0.8	17.8
28	民歌味道	深圳人民广播电台音乐广播 FM97.1	0.8	16.5
29	898 早新闻	深圳广播电台新闻频率 FM89.8	0.8	12.8
30	歌行天下	深圳广播电台交通频率 FM106.2	0.7	28.5

二十三、石家庄收听数据

表 3.23.1　2015～2017 年石家庄各目标听众人均收听时间(分钟)

目标听众		2015 年	2016 年	2017 年
10 岁及以上所有人		77	81	87
性别	男	85	90	94
	女	69	71	80
年龄	10～14 岁	27	35	44
	15～24 岁	39	42	49
	25～34 岁	74	73	76
	35～44 岁	91	91	88
	45～54 岁	94	92	98
	55～64 岁	120	129	144
	65 岁及以上	114	127	140
文化程度	未受过正规教育	*	*	83
	小学	60	68	85
	初中	87	96	99
	高中	81	82	92
	大学及以上	68	66	72
职业	干部/管理人员	100	73	73
	初级公务员/雇员	74	76	74
	个体/私营企业人员	82	91	102
	工人	90	83	96
	学生	28	36	37
	无业(包括退休人员)	110	109	134
	其他	*	*	195
个人月收入	没有收入	38	42	46
	1～2000 元	97	99	108
	2001～3000 元	79	88	103
	3001～4000 元	99	97	94
	4001～5000 元	85	81	78
	5001～6000 元	100	105	92
	6001 元及以上	47	89	91

注:石家庄为全年连续调查城市。“*”表示该目标听众样本量不足,无法进行统计推断。

表 3.23.2　2015～2017 年石家庄听众在不同地点的人均收听时间(分钟)

地　点	2015 年	2016 年	2017 年
在家	47	47	53
车上	22	25	28
工作/学习场所	5	5	4
其他场所	3	4	2

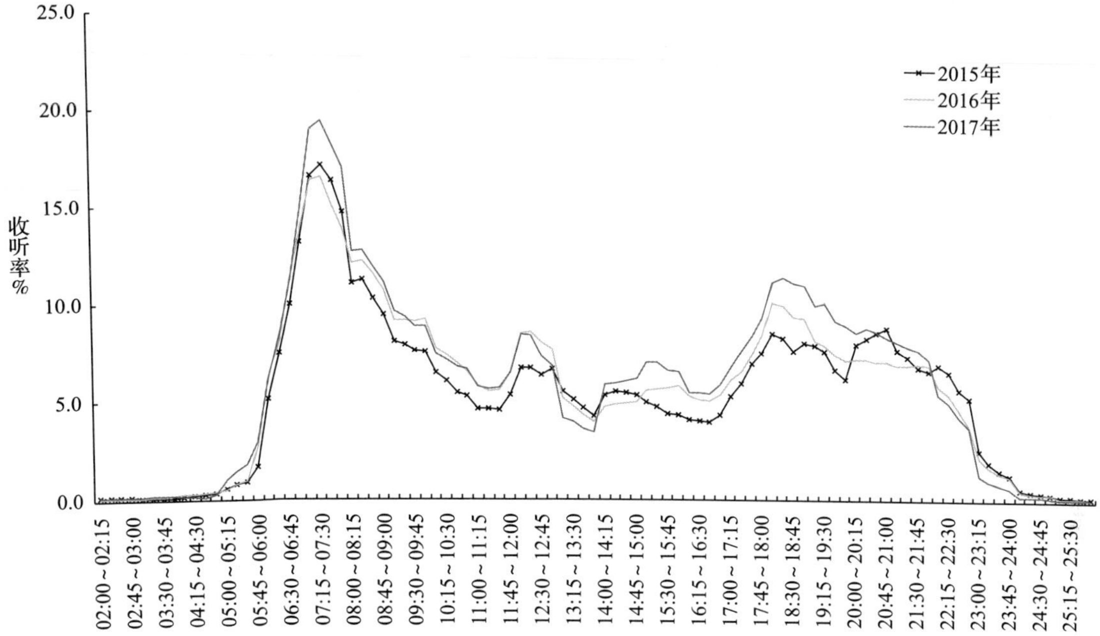

图 3.23.1 2015～2017 年石家庄听众全天收听率走势

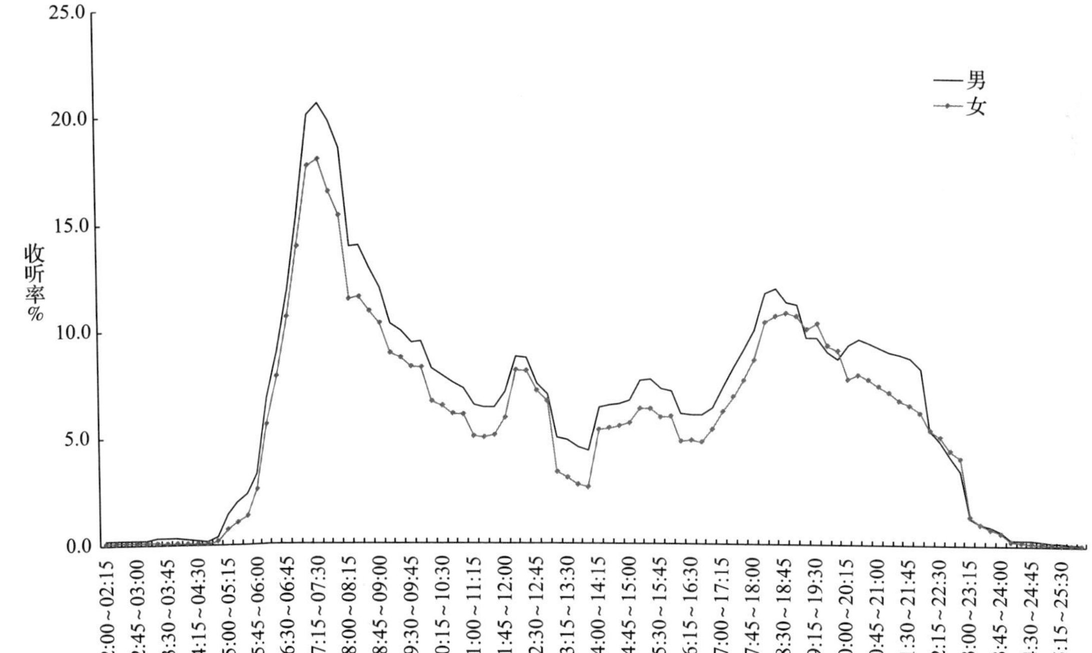

图 3.23.2 2017 年石家庄不同性别听众全天收听率走势

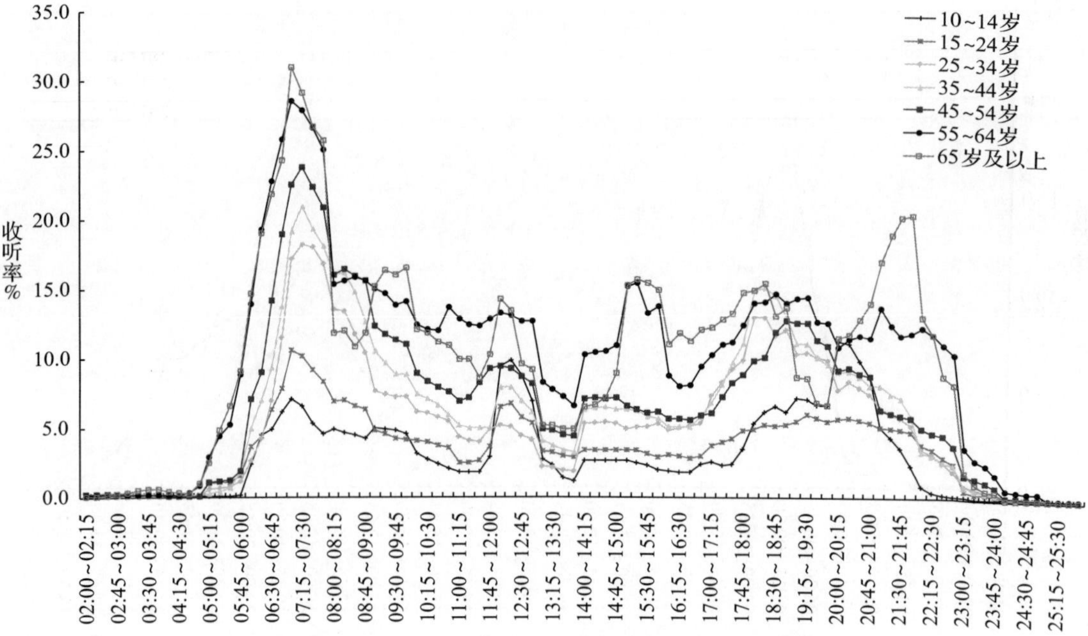

图 3.23.3　2017 年石家庄不同年龄听众全天收听率走势

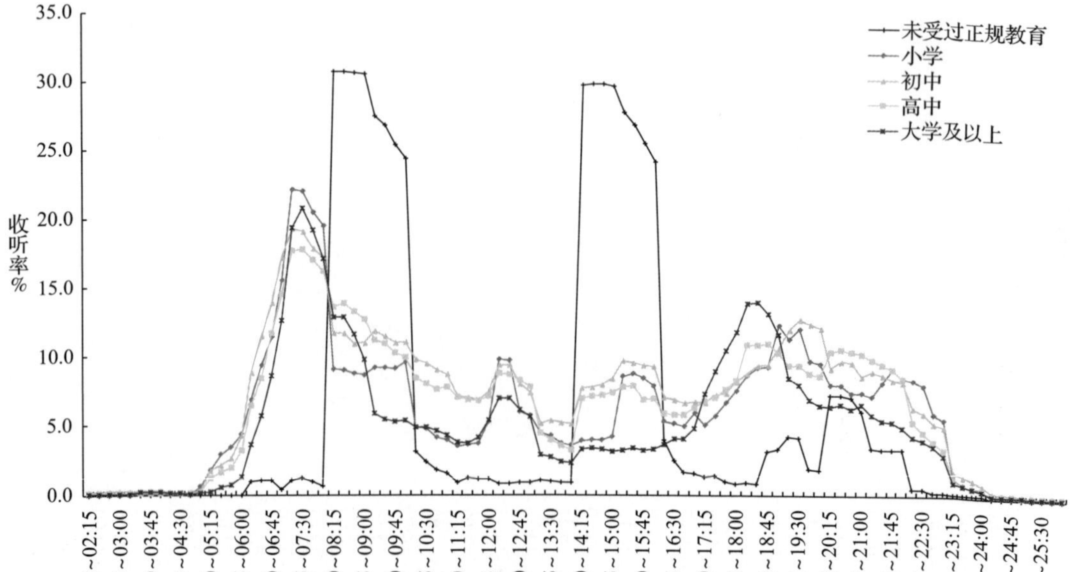

图 3.23.4　2017 年石家庄不同文化程度听众全天收听率走势

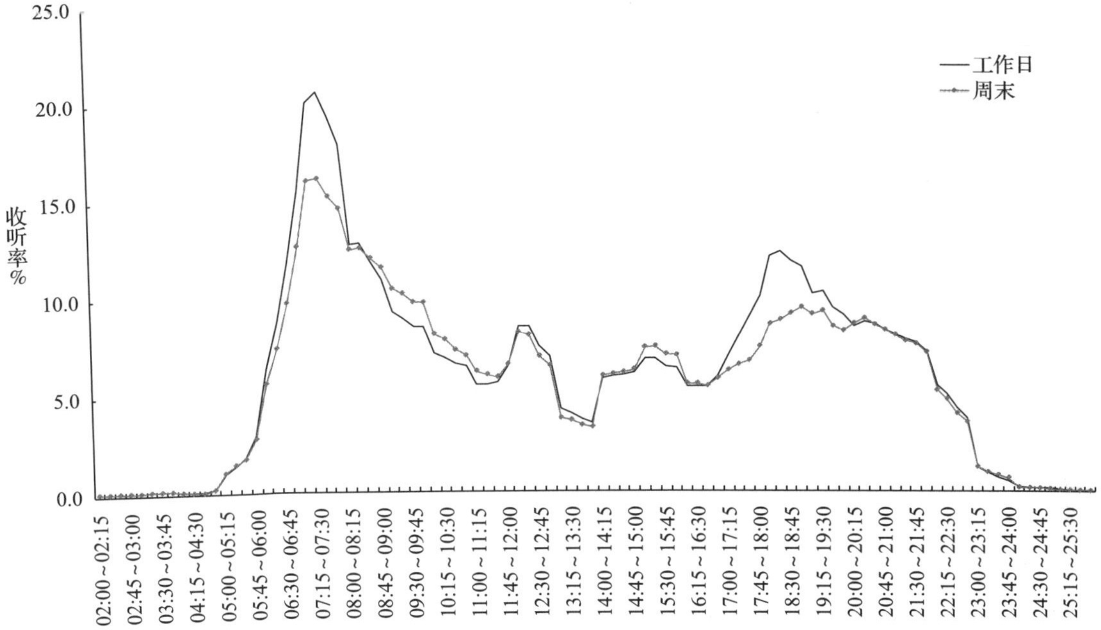

图 3.23.5　2017 年石家庄听众工作日与周末全天收听率走势

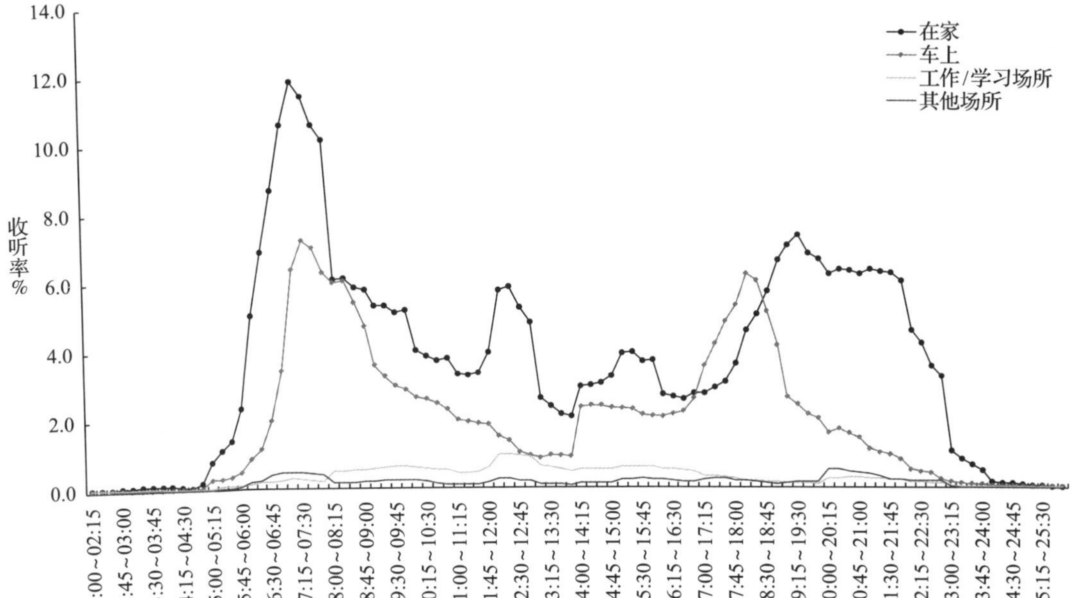

图 3.23.6　2017 年石家庄听众在不同收听地点全天收听率走势

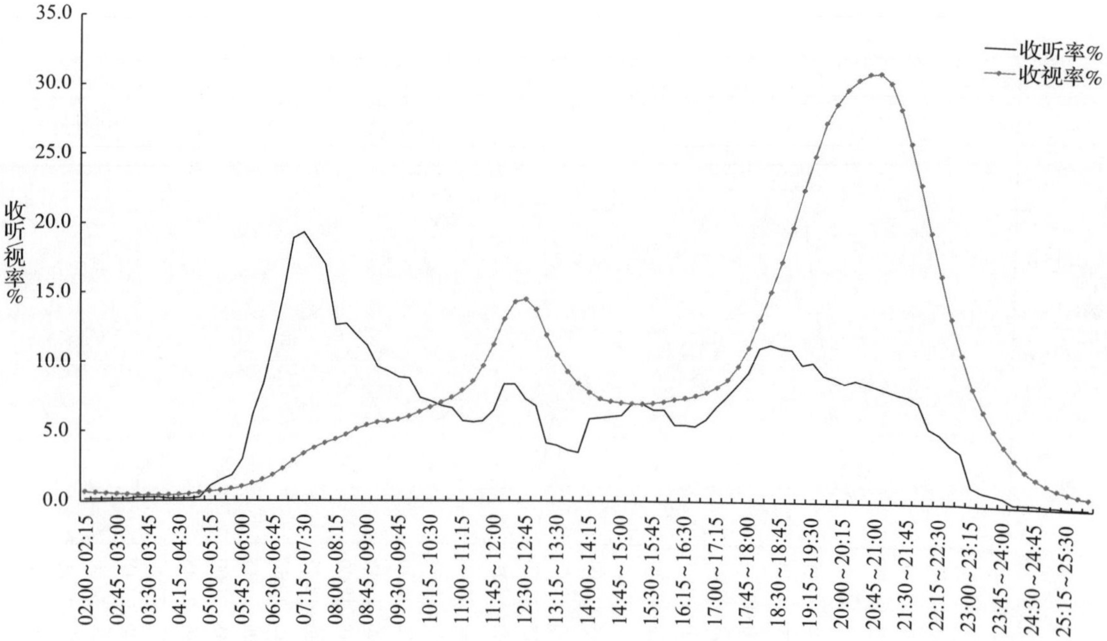

图 3.23.7 2017 年石家庄受众全天收听率、收视率走势比较(目标受众为 10 岁及以上所有人)

表 3.23.3 2017 年石家庄市场听众构成(%)

目标听众		听众构成(%)
10 岁及以上所有人		100.0
性别	男	53.6
	女	46.4
年龄	10~14 岁	1.9
	15~24 岁	12.8
	25~34 岁	17.5
	35~44 岁	20.3
	45~54 岁	16.5
	55~64 岁	17.1
	65 岁及以上	13.9
文化程度	未受过正规教育	0.4
	小学	6.6
	初中	31.5
	高中	34.3
	大学及以上	27.2
职业	干部/管理人员	4.1
	初级公务员/雇员	22.9
	个体/私营企业人员	25.4
	工人	7.4
	学生	7.8
	无业(包括退休人员)	30.6
	其他	1.8
个人月收入	没有收入	12.2
	1~2000 元	17.3
	2001~3000 元	36.6
	3001~4000 元	23.6
	4001~5000 元	5.4
	5001~6000 元	2.9
	6001 元及以上	2.0

表 3.23.4 2015~2017 年石家庄市场各广播电台的市场份额(%)

广播电台	2015 年	2016 年	2017 年
中央人民广播电台	6.7	8.9	11.9
中国国际广播电台	0.0	0.0	0.0
河北人民广播电台	50.3	44.8	43.7
石家庄广播电视台	42.4	45.5	43.8
其他广播电台	0.5	0.8	0.6

表 3.23.5　2017 年石家庄市场各广播电台在不同目标听众中的市场份额(%)

目标听众		中央人民广播电台	中国国际广播电台	河北人民广播电台	石家庄广播电视台	其他广播电台
10 岁及以上所有人		11.9	0.0	43.7	43.8	0.6
性别	男	11.6	0.0	45.2	42.6	0.6
	女	12.2	0.0	42.1	45.3	0.4
年龄	10～14 岁	15.1	0.0	51.1	33.7	0.1
	15～24 岁	11.0	0.0	48.2	40.2	0.6
	25～34 岁	11.3	0.0	50.4	37.9	0.4
	35～44 岁	7.1	0.0	50.4	42.0	0.5
	45～54 岁	13.5	0.0	45.3	40.5	0.7
	55～64 岁	16.2	0.0	31.9	51.1	0.8
	65 岁及以上	12.8	0.0	33.1	53.9	0.2
文化程度	未受过正规教育	8.6	0.0	20.9	70.5	0.0
	小学	18.2	0.0	44.6	37.1	0.1
	初中	10.6	0.0	45.6	43.6	0.2
	高中	13.2	0.0	39.9	46.1	0.8
	大学及以上	10.1	0.0	46.6	42.5	0.8
职业	干部/管理人员	7.2	0.0	55.3	35.3	2.2
	初级公务员/雇员	8.7	0.0	51.3	39.4	0.6
	个体/私营企业人员	11.7	0.0	49.1	38.2	1.0
	工人	18.0	0.0	40.1	41.8	0.1
	学生	10.0	0.0	44.8	44.7	0.5
	无业(包括退休人员)	13.5	0.0	33.0	53.4	0.1
	其他	15.5	0.0	37.0	47.5	0.0
个人月收入	没有收入	13.0	0.0	43.7	43.0	0.3
	1～2000 元	13.0	0.0	41.1	45.6	0.3
	2001～3000 元	11.8	0.0	36.6	51.5	0.1
	3001～4000 元	11.6	0.0	57.9	29.7	0.8
	4001～5000 元	7.4	0.0	40.5	51.1	1.0
	5001～6000 元	1.5	0.0	45.0	48.1	5.4
	6001 元及以上	22.0	0.0	42.6	35.1	0.3

表 3.23.6　2017 年石家庄市场份额排名前 5 位的频率

排　名	频率名称	市场份额(%)
1	河北广播电视台交通广播 FM99.2	18.5
2	石家庄广播电视台新闻广播 AM882/FM88.2	16.8
3	石家庄广播电视台交通广播 FM94.6	12.2
4	中央人民广播电台第一套节目中国之声	8.4
5	石家庄广播电视台音乐广播 FM106.7	7.7

表 3.23.7　2017 年石家庄市场收听率排名前 30 位的节目

排名	节目名称	播出频率	收听率（%）	市场份额（%）
1	转播:新闻和报纸摘要	石家庄广播电视台新闻广播 AM882/FM88.2	3.4	26.1
2	新闻和报纸摘要	中央人民广播电台第一套节目中国之声	2.9	22.4
3	992 早高峰	河北广播电视台交通广播 FM99.2	2.9	19.3
4	新闻 882	石家庄广播电视台新闻广播 AM882/FM88.2	2.8	18.4
5	946 领先早高峰	石家庄广播电视台交通广播 FM94.6	2.5	16.8
6	992 晚高峰	河北广播电视台交通广播 FM99.2	2.4	25.3
7	新闻纵横	中央人民广播电台第一套节目中国之声	2.0	13.2
8	992 大家帮	河北广播电视台交通广播 FM99.2	1.6	19.4
9	你让我心动	石家庄广播电视台新闻广播 AM882/FM88.2	1.5	19.3
10	汽车有话说	河北广播电视台交通广播 FM99.2	1.4	25.3
11	992 的士时间	河北广播电视台交通广播 FM99.2	1.4	24.2
12	汽车魔方假日版	河北广播电视台交通广播 FM99.2	1.4	21.3
13	女人的下午茶	河北广播电视台农民广播 AM558/FM98.1	1.4	17.6
14	转播:全省新闻联播	石家庄广播电视台新闻广播 AM882/FM88.2	1.4	16.7
15	交通热线	石家庄广播电视台交通广播 FM94.6	1.4	15.6
16	小强来了	河北广播电视台交通广播 FM99.2	1.4	14.6
17	946 动感晚高峰	石家庄广播电视台交通广播 FM94.6	1.4	14.3
18	992 车世界	河北广播电视台交通广播 FM99.2	1.3	19.9
19	第一房产	石家庄广播电视台新闻广播 AM882/FM88.2	1.3	18.4
20	国防时空	中央人民广播电台第一套节目中国之声	1.3	17.8
21	992 乐行天下	河北广播电视台交通广播 FM99.2	1.3	15.5
22	畅听 946 周末上午版	石家庄广播电视台交通广播 FM94.6	1.3	14.8
23	转播央视新闻联播	石家庄广播电视台新闻广播 AM882/FM88.2	1.3	13.2
24	老郑说车	河北广播电视台交通广播 FM99.2	1.2	20.5
25	882 城市热线	石家庄广播电视台新闻广播 AM882/FM88.2	1.2	17.6
26	星河梦工厂	石家庄广播电视台新闻广播 AM882/FM88.2	1.2	13.3
27	畅听 946	石家庄广播电视台交通广播 FM94.6	1.2	13.1
28	新闻串串聊	石家庄广播电视台新闻广播 AM882/FM88.2	1.2	12.8
29	992 早班车	河北广播电视台交通广播 FM99.2	1.1	14.9
30	天天氧吧	河北广播电视台农民广播 AM558/FM98.1	1.1	10.5

二十四、苏州收听数据

表 3.24.1 2015~2017 年苏州各目标听众人均收听时间(分钟)

目标听众		2015 年	2016 年	2017 年
10 岁及以上所有人		59	64	61
性别	男	61	66	65
	女	56	61	57
年龄	10~14 岁	13	29	26
	15~24 岁	34	37	35
	25~34 岁	53	53	56
	35~44 岁	64	68	61
	45~54 岁	69	61	64
	55~64 岁	76	105	94
	65 岁及以上	109	134	117
文化程度	未受过正规教育	70	42	34
	小学	65	72	62
	初中	70	75	70
	高中	56	65	61
	大学及以上	51	55	58
职业	干部/管理人员	47	61	71
	初级公务员/雇员	50	58	57
	个体/私营企业人员	77	65	68
	工人	56	60	57
	学生	31	33	31
	无业(包括退休人员)	96	109	96
	其他	59	*	29
个人月收入	没有收入	34	34	33
	1~2000 元	80	76	65
	2001~3000 元	73	79	76
	3001~4000 元	54	67	69
	4001~5000 元	61	65	69
	5001~6000 元	77	78	57
	6001 元以上	66	66	62

注:苏州为全年连续调查城市。“*”表示该目标听众样本量不足,无法进行统计推断。

表 3.24.2 2015~2017 年苏州听众在不同地点的人均收听时间(分钟)

地　点	2015 年	2016 年	2017 年
在家	37	41	35
车上	15	18	21
工作/学习场所	5	4	4
其他场所	1	1	1

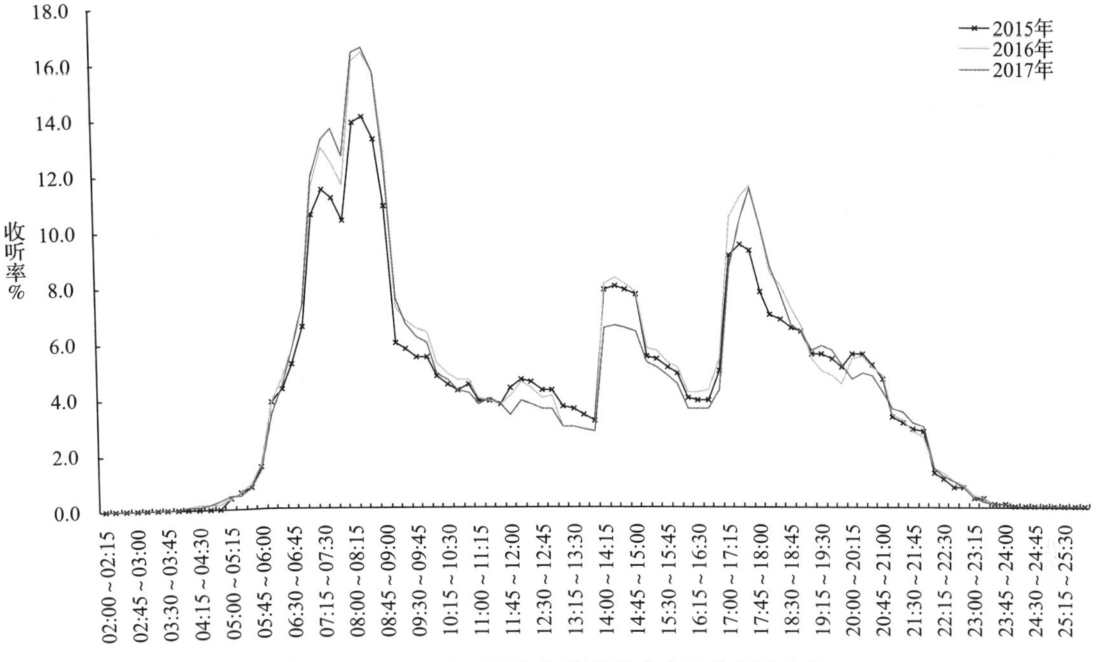

图 3.24.1　2015~2017 年苏州听众全天收听率走势

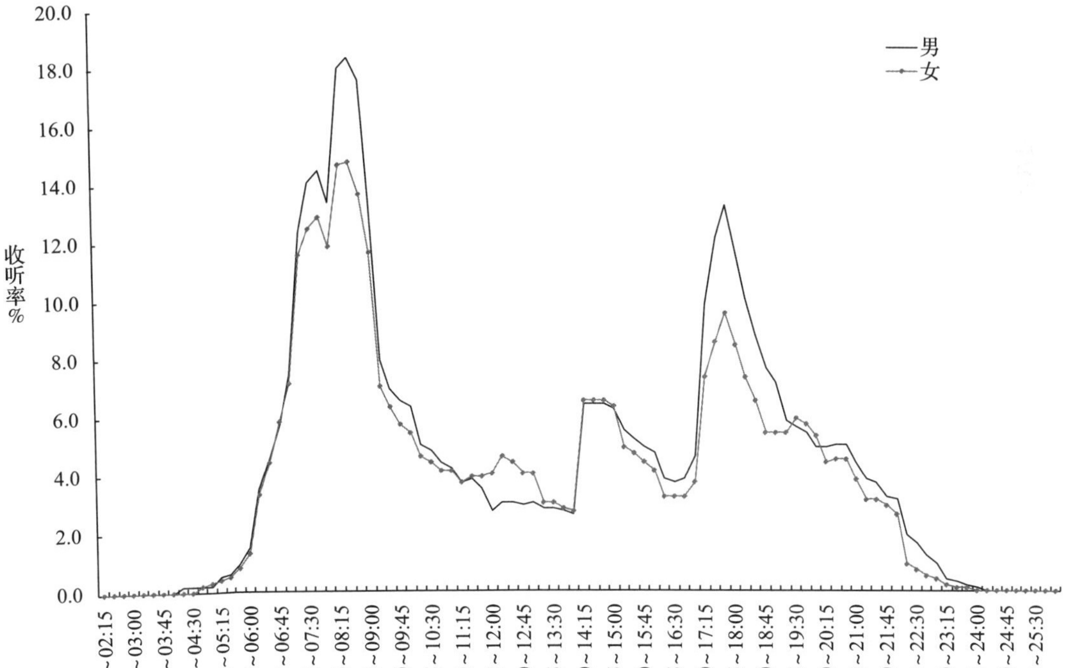

图 3.24.2　2017 年苏州不同性别听众全天收听率走势

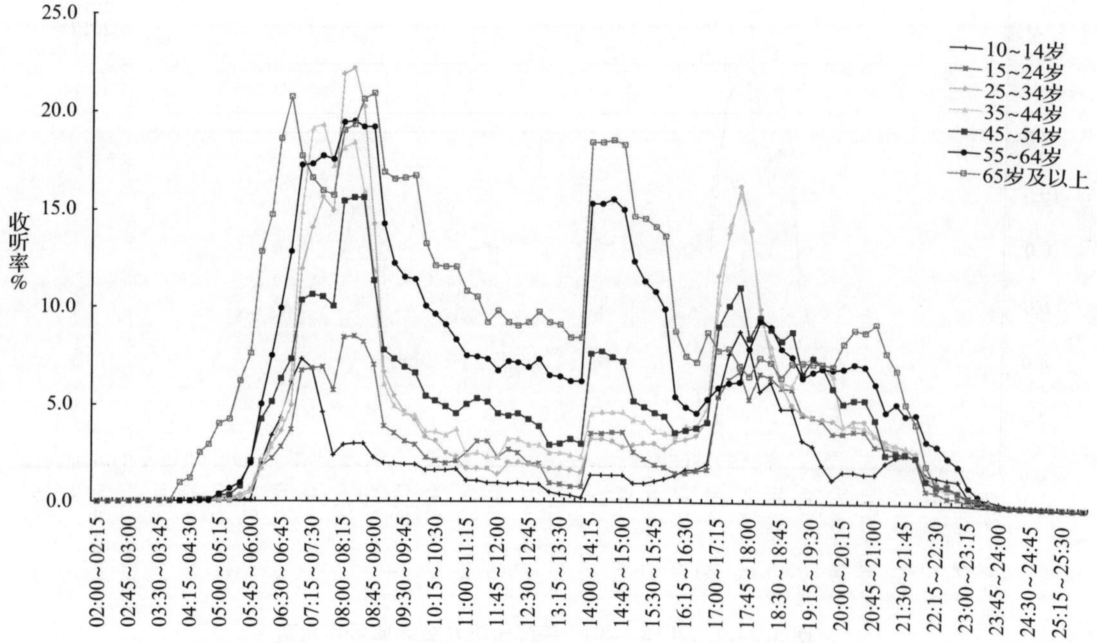

图 3.24.3　2017 年苏州不同年龄听众全天收听率走势

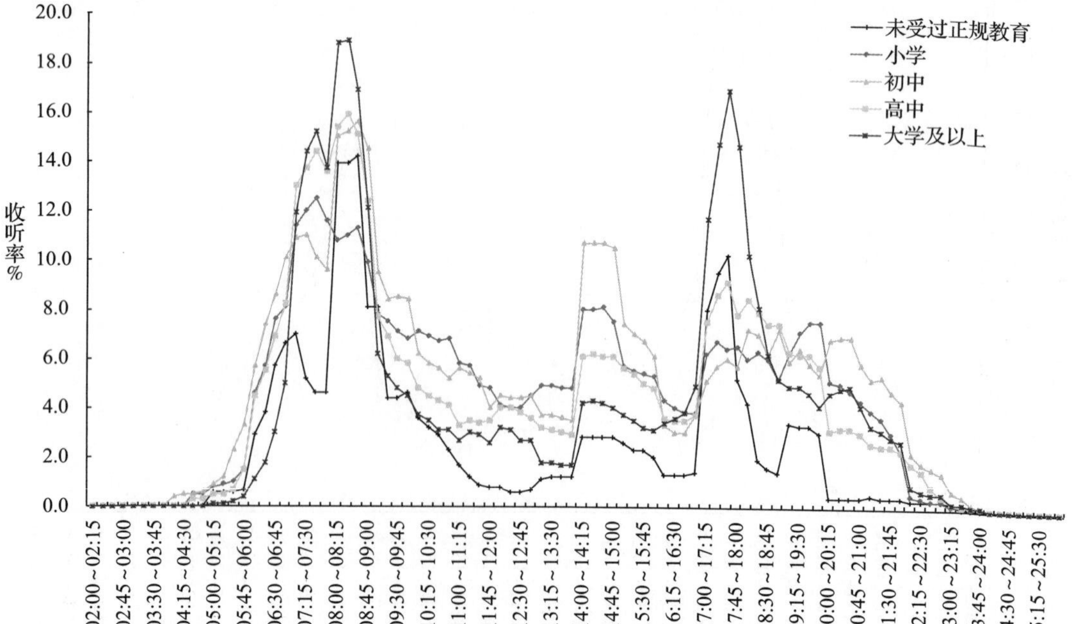

图 3.24.4　2017 年苏州不同文化程度听众全天收听率走势

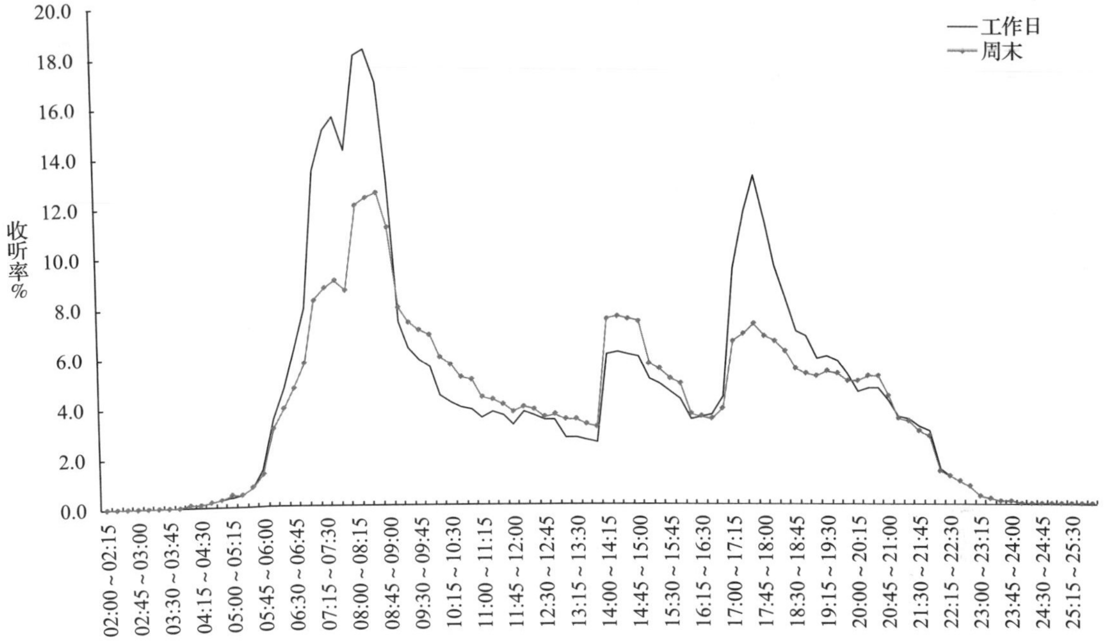

图 3.24.5　2017 年苏州听众工作日与周末全天收听率走势

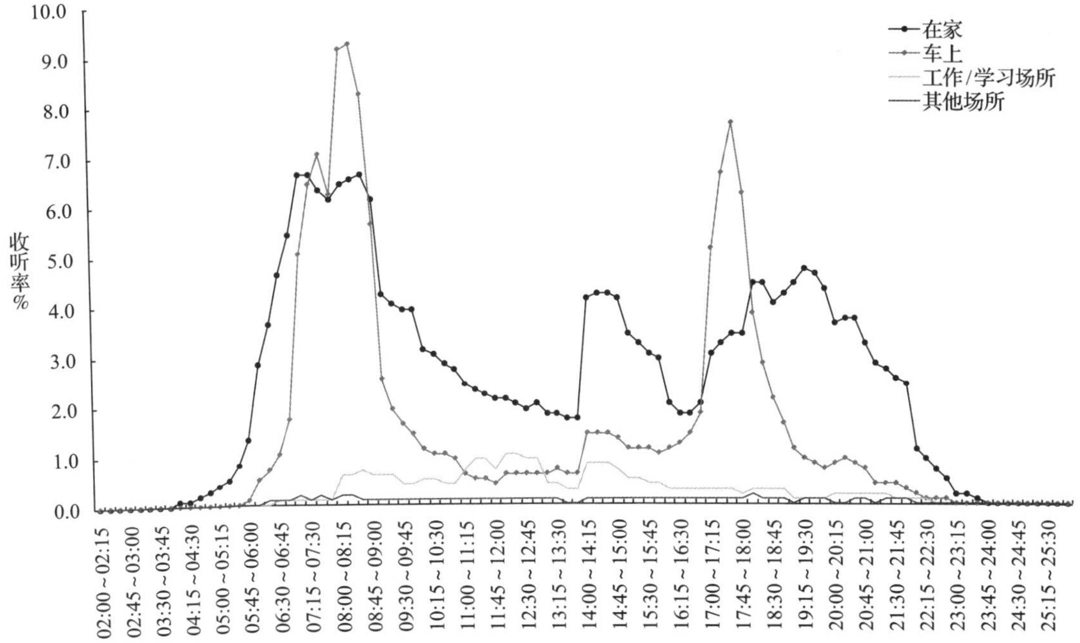

图 3.24.6　2017 年苏州听众在不同地点全天收听率走势

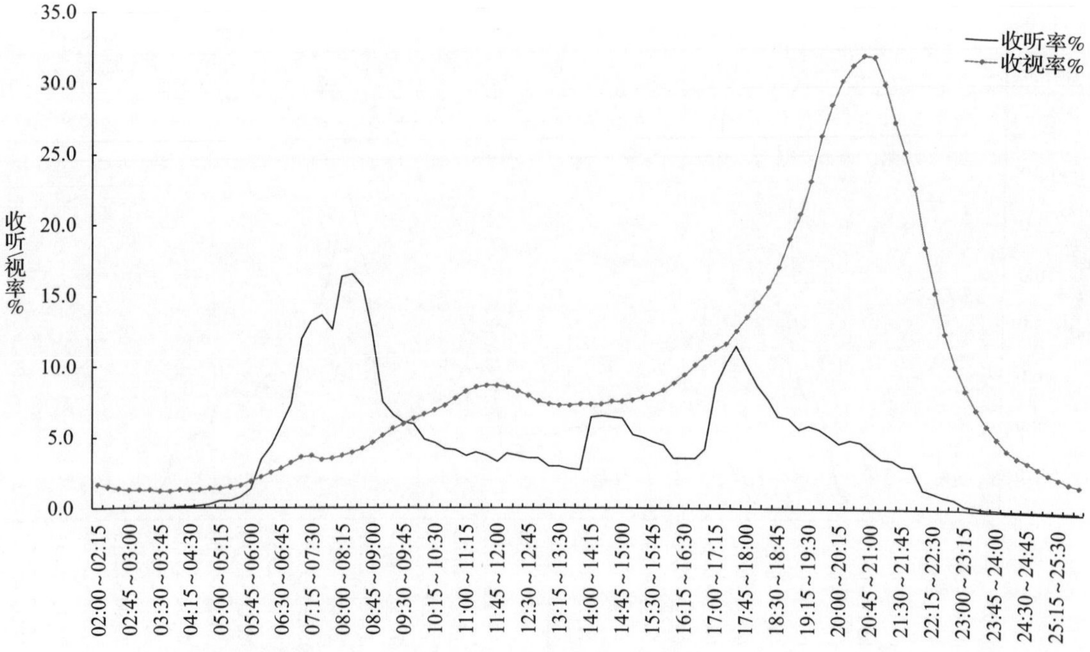

图 3.24.7 2017 年苏州受众全天收听率、收视率走势比较(目标受众为 10 岁及以上所有人)

表 3.24.3 2017 年苏州市场听众构成(%)

目标听众		听众构成(%)
10 岁及以上所有人		100.0
性别	男	53.5
	女	46.5
年龄	10~14 岁	1.4
	15~24 岁	12.5
	25~34 岁	23.4
	35~44 岁	18.5
	45~54 岁	13.7
	55~64 岁	15.3
	65 岁及以上	15.2
文化程度	未受过正规教育	0.5
	小学	8.9
	初中	23.0
	高中	29.7
	大学及以上	37.9
职业	干部/管理人员	7.4
	初级公务员/雇员	29.5
	个体/私营企业人员	10.2
	工人	14.6
	学生	9.1
	无业(包括退休人员)	28.6
	其他	0.6
个人月收入	没有收入	11.9
	1~2000 元	4.2
	2001~3000 元	19.9
	3001~4000 元	30.9
	4001~5000 元	20.4
	5001~6000 元	5.6
	6001 元以上	7.1

表 3.24.4 2015~2017 年苏州市场各广播电台的市场份额(%)

广播电台	2015 年	2016 年	2017 年
中央人民广播电台	4.1	4.9	3.1
中国国际广播电台	0.1	0.1	0.0
江苏广播电视总台	10.7	9.8	9.9
苏州广播电视总台	81.5	82.4	84.8
上海广播电视台	2.9	2.5	2.0
无锡广播电视台	0.3	0.2	0.1
其他广播电台	0.4	0.1	0.1

表 3.24.5　2017 年苏州市场各广播电台在不同目标听众中的市场份额(%)

目标听众		中央人民广播电台	中国国际广播电台	江苏广播电视总台	苏州广播电视总台	上海广播电视台	无锡广播电视台	其他广播电台
10 岁及以上所有人		3.1	0.0	9.9	84.8	2.0	0.1	0.1
性别	男	3.2	0.0	10.3	84.4	1.9	0.1	0.1
	女	3.0	0.0	9.4	85.3	2.0	0.2	0.1
年龄	10~14 岁	1.6	0.0	21.2	77.2	0.0	0.0	0.0
	15~24 岁	1.9	0.0	11.5	82.6	3.5	0.5	0.0
	25~34 岁	0.7	0.1	16.3	81.3	1.5	0.0	0.1
	35~44 岁	1.9	0.0	9.0	88.0	1.0	0.0	0.1
	45~54 岁	2.1	0.0	10.4	85.3	2.0	0.1	0.1
	55~64 岁	4.4	0.0	4.7	87.7	2.8	0.2	0.2
	65 岁及以上	9.0	0.0	3.6	85.1	2.1	0.2	0.0
文化程度	未受过正规教育	2.0	0.0	9.8	79.9	8.1	0.2	0.0
	小学	3.4	0.0	4.5	90.2	1.7	0.0	0.2
	初中	5.9	0.0	6.5	85.7	1.5	0.3	0.1
	高中	3.2	0.0	14.7	79.3	2.5	0.2	0.1
	大学及以上	1.3	0.0	9.4	87.4	1.8	0.1	0.0
职业	干部/管理人员	0.2	0.0	7.2	91.2	1.3	0.0	0.1
	初级公务员/雇员	2.1	0.0	11.1	85.1	1.6	0.1	0.0
	个体/私营企业人员	1.1	0.0	14.0	83.5	1.2	0.1	0.1
	工人	2.1	0.0	16.0	79.3	2.5	0.1	0.0
	学生	1.8	0.0	12.3	82.3	3.0	0.6	0.0
	无业(包括退休人员)	6.6	0.0	4.2	86.7	2.3	0.1	0.1
	其他	0.0	0.0	3.0	96.1	0.9	0.0	0.0
个人月收入	没有收入	2.6	0.0	11.4	81.8	3.7	0.5	0.0
	1~2000 元	1.6	0.0	2.2	92.2	3.4	0.4	0.2
	2001~3000 元	4.2	0.0	7.9	86.2	1.5	0.1	0.1
	3001~4000 元	4.5	0.0	8.8	84.1	2.4	0.0	0.2
	4001~5000 元	1.4	0.0	11.7	85.7	1.2	0.0	0.0
	5001~6000 元	0.8	0.0	10.5	87.3	0.9	0.5	0.0
	6001 元以上	1.9	0.0	16.7	80.6	0.8	0.0	0.0

表 3.24.6　2017 年苏州市场份额排名前 5 位的频率

排　名	频率名称	市场份额(%)
1	苏州广播电视总台交通经济广播 FM104.8	41.5
2	苏州广播电视总台都市音乐广播 FM102.8	15.9
3	苏州广播电视总台综合广播 FM91.1	8.6
4	苏州广播电视总台综合广播 AM1080	7.0
5	江苏交通广播网 FM101.1	4.6

表 3.24.7　2017 年苏州市场收听率排名前 30 位的节目

名次	节目名称	频率名称	收听率（%）	市场份额（%）
1	直播苏州	苏州广播电视总台交通经济广播 FM104.8	8.0	51.4
2	直播苏州·与你同行	苏州广播电视总台交通经济广播 FM104.8	4.1	44.6
3	高峰五六点	苏州广播电视总台交通经济广播 FM104.8	4.1	42.5
4	阿万茶楼	苏州广播电视总台交通经济广播 FM104.8	2.6	47.3
5	与你同行	苏州广播电视总台交通经济广播 FM104.8	2.6	42.5
6	假日高峰	苏州广播电视总台交通经济广播 FM104.8	2.1	38.8
7	音乐快车道·快乐出发	苏州广播电视总台都市音乐广播 FM102.8	2.1	16.6
8	转播中国之声《新闻和报纸摘要》	苏州广播电视总台交通经济广播 FM104.8	1.9	29.7
9	摆渡人的歌	苏州广播电视总台都市音乐广播 FM102.8	1.9	20.1
10	1048 帮帮团	苏州广播电视总台交通经济广播 FM104.9	1.7	46.5
11	音乐不塞车	苏州广播电视总台交通经济广播 FM104.8	1.7	32.0
12	假日汽车音乐时间	苏州广播电视总台交通经济广播 FM104.8	1.6	37.4
13	汽车音乐时间	苏州广播电视总台交通经济广播 FM104.8	1.5	37.4
14	音乐快车道·EMILY 的 FAMILY	苏州广播电视总台都市音乐广播 FM102.8	1.5	13.4
15	快乐连连听	苏州广播电视总台交通经济广播 FM104.8	1.4	43.2
16	有车生活	苏州广播电视总台交通经济广播 FM104.8	1.3	37.1
17	1048 早知道	苏州广播电视总台交通经济广播 FM104.8	1.3	32.6
18	乒乒有李	苏州广播电视总台交通经济广播 FM104.8	1.2	35.0
19	欢乐都市夜	苏州广播电视总台交通经济广播 FM104.8	1.2	27.0
20	开心方向盘 1011（17:00）	江苏交通广播网 FM101.1	1.2	10.1
21	越古典越动听	苏州广播电视总台都市音乐广播 FM102.8	1.1	21.6
22	摆渡人的歌（悠长假日版）	苏州广播电视总台都市音乐广播 FM102.8	1.1	20.2
23	康康最情歌	苏州广播电视总台都市音乐广播 FM102.8	1.1	17.7
24	假日音乐风（日光版）	苏州广播电视总台都市音乐广播 FM102.8	1.1	13.1
25	家在苏州	苏州广播电视总台交通经济广播 FM104.8	1.0	39.1
26	花样百出帮	苏州广播电视总台都市音乐广播 FM102.8	1.0	20.2
27	转播中国之声《新闻和报纸摘要》	苏州广播电视总台综合广播 FM91.1	1.0	15.1
28	苏州新闻	苏州广播电视总台综合广播 FM91.1	1.0	7.7
29	嘀嘀叭叭早上好 A1011（08:00）	江苏交通广播网 FM101.1	1.0	6.3
30	毕口秀	苏州广播电视总台综合广播 FM91.1	1.0	6.1

二十五、太原收听数据

表 3.25.1 2015~2017 年太原各目标听众人均收听时间(分钟)

目标听众		2015 年	2016 年	2017 年
10 岁及以上所有人		69	84	82
性别	男	74	88	84
	女	64	79	79
年龄	10~14 岁	32	49	51
	15~24 岁	42	53	53
	25~34 岁	57	69	79
	35~44 岁	72	92	91
	45~54 岁	83	98	87
	55~64 岁	111	128	116
	65 岁及以上	127	129	124
文化程度	未受过正规教育	*	*	*
	小学	66	65	77
	初中	74	98	89
	高中	67	79	82
	大学及以上	68	77	74
职业	干部/管理人员	65	91	90
	初级公务员/雇员	62	73	75
	个体/私营企业人员	69	84	92
	工人	78	97	101
	学生	32	50	46
	无业(包括退休人员)	111	110	100
	其他	82	161	131
个人月收入	没有收入	44	58	56
	1~2000 元	78	94	92
	2001~3000 元	81	97	100
	3001~4000 元	73	83	82
	4001~5000 元	86	96	86
	5001~6000 元	65	107	101
	6001 元及以上	81	100	109

注:太原为全年连续调查城市,"*"表示该目标听众样本量不足,无法进行统计推断。

表 3.25.2 2015~2017 年太原听众在不同地点的人均收听时间(分钟)

地点	2015 年	2016 年	2017 年
在家	45	55	52
车上	19	23	22
工作/学习场所	3	4	5
其他场所	2	2	2

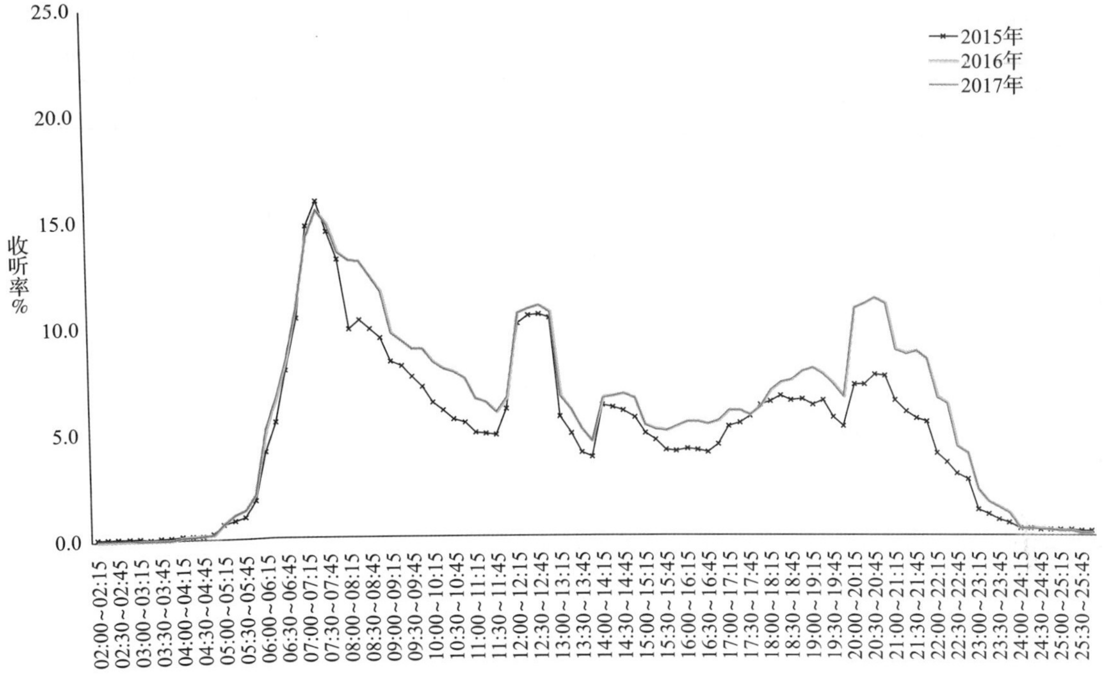

图 3.25.1　2015～2017 年太原听众全天收听率走势

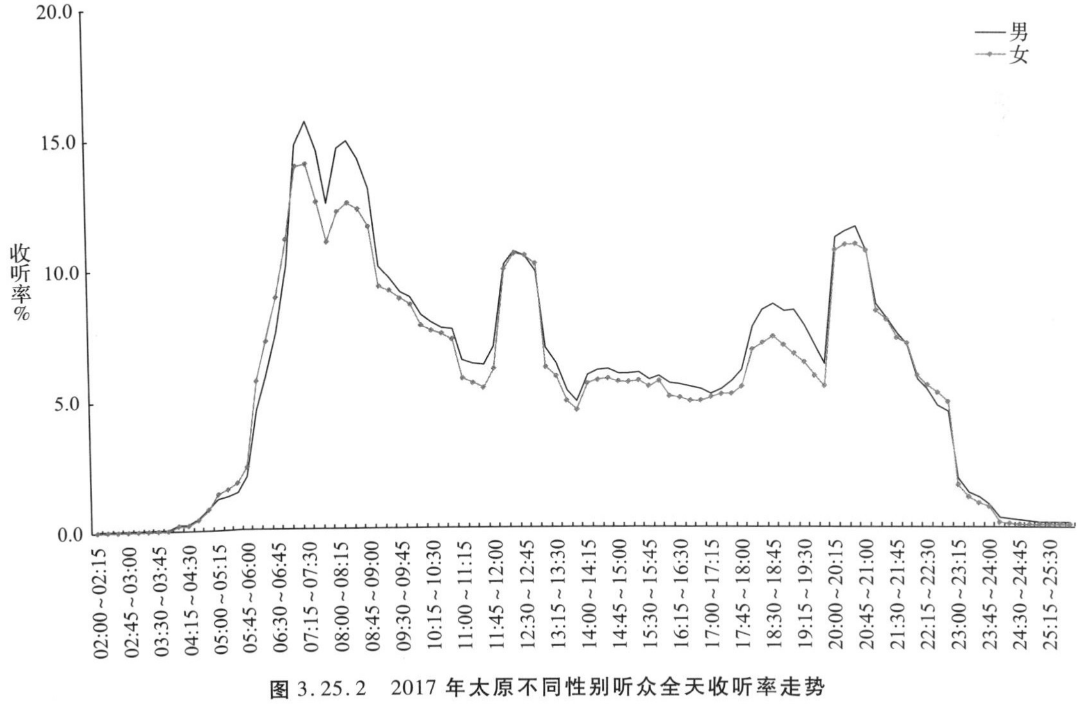

图 3.25.2　2017 年太原不同性别听众全天收听率走势

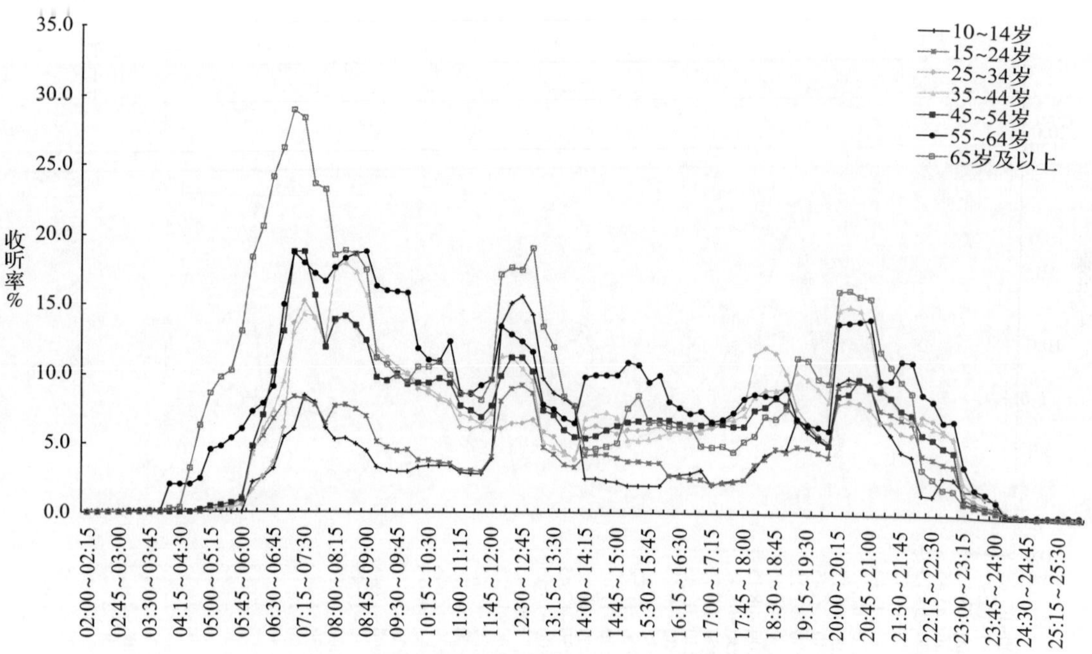

图 3.25.3 2017 年太原不同年龄听众全天收听率走势

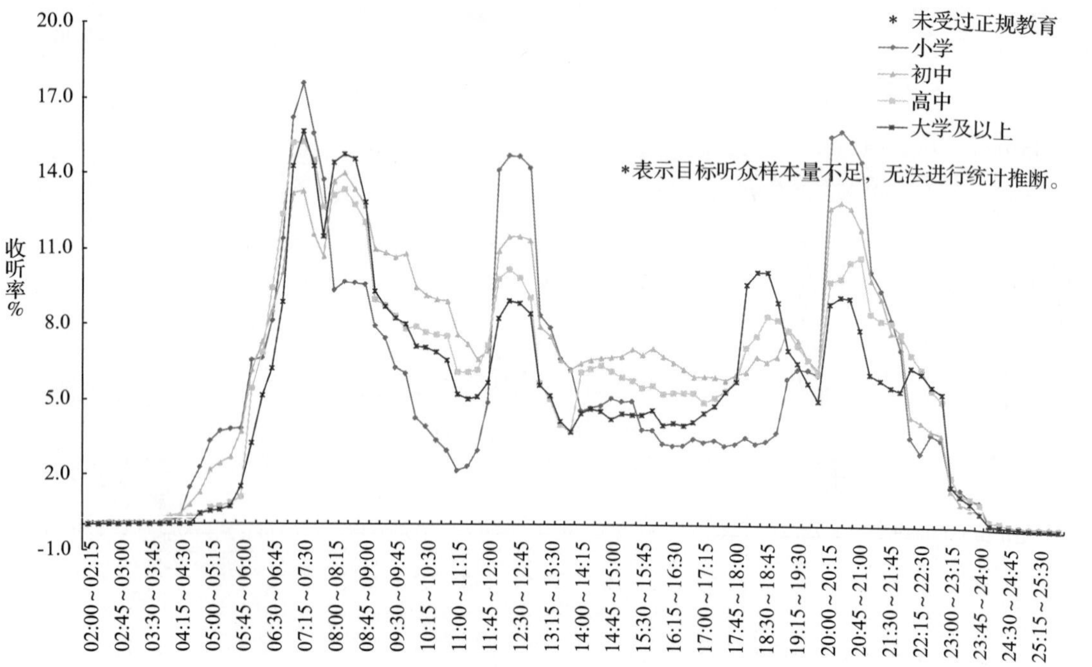

图 3.25.4 2017 年太原不同文化程度听众全天收听率走势

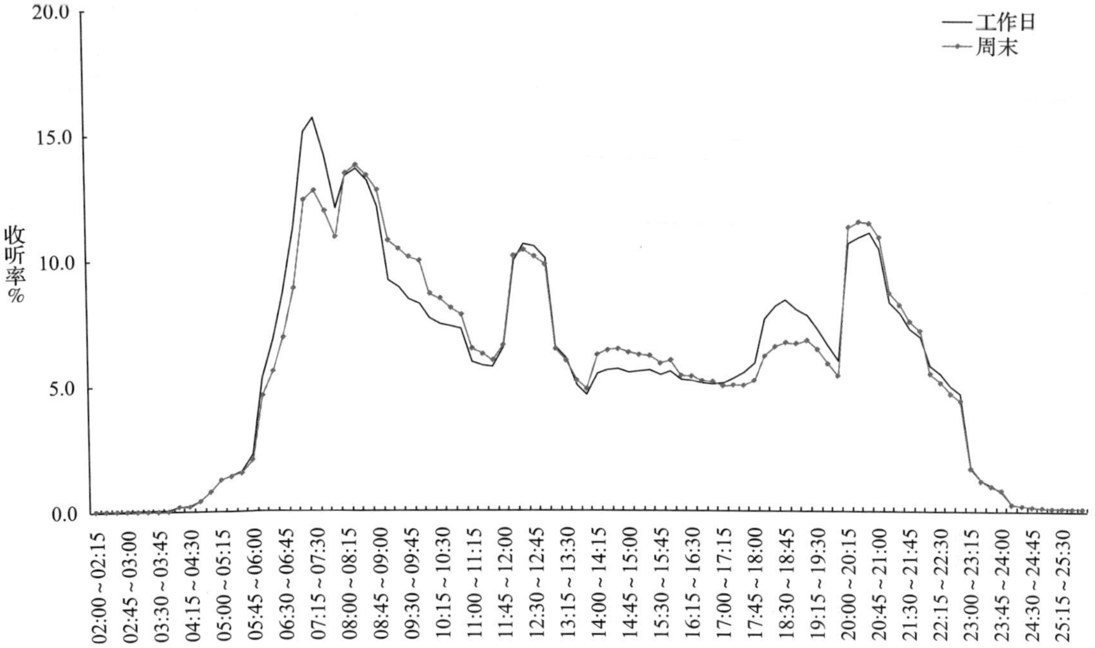

图 3.25.5 2017 年太原听众工作日与周末全天收听率走势

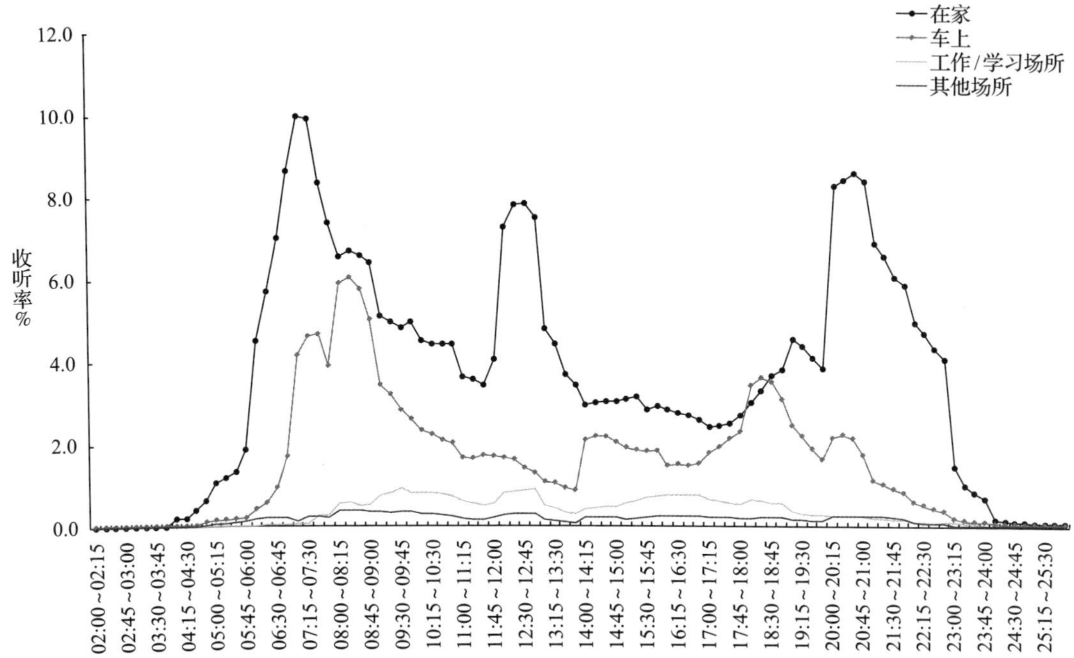

图 3.25.6 2017 年太原听众在不同收听地点全天收听率走势

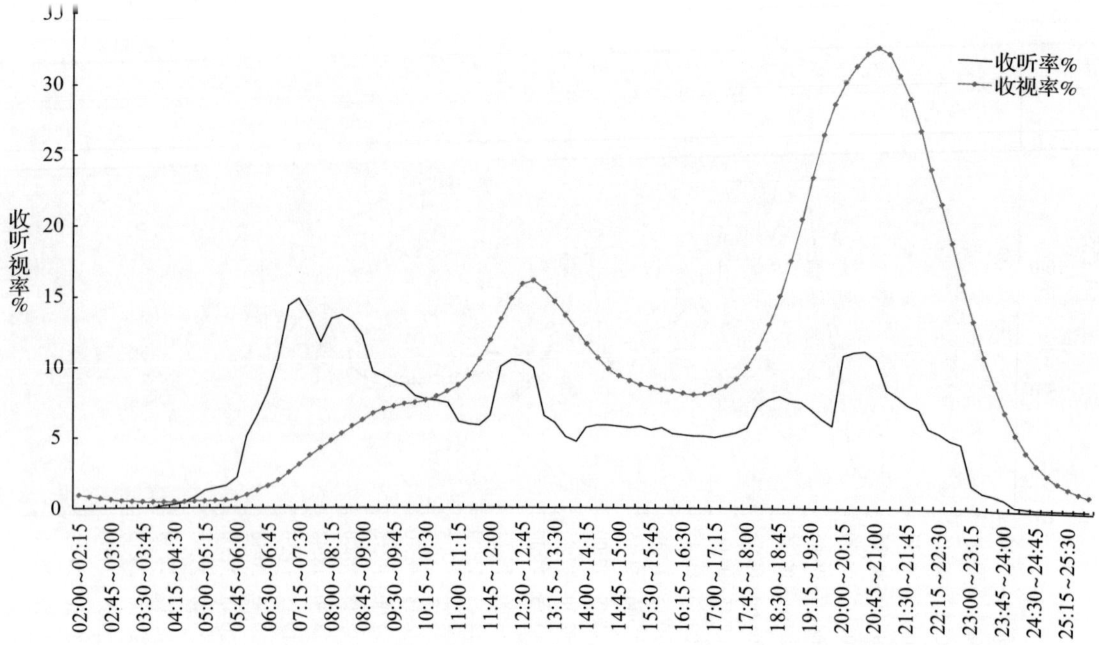

图 3.25.7　2017 年太原受众全天收听率、收视率走势比较(目标受众为 10 岁及以上所有人)

表 3.25.3 2017 年太原市场听众构成(%)

目标听众		听众构成(%)
10 岁及以上所有人		100.0
性别	男	52.8
	女	47.2
年龄	10～14 岁	2.8
	15～24 岁	15.6
	25～34 岁	18.2
	35～44 岁	22.5
	45～54 岁	17.2
	55～64 岁	12.5
	65 岁及以上	11.2
文化程度	未受过正规教育	*
	小学	5.9
	初中	36.1
	高中	33.9
	大学及以上	24.2
职业	干部/管理人员	2.9
	初级公务员/雇员	21.8
	个体/私营企业人员	29.0
	工人	6.9
	学生	11.1
	无业(包括退休人员)	26.2
	其他	2.1
个人月收入	没有收入	19.2
	1～2000 元	13.9
	2001～3000 元	33.7
	3001～4000 元	21.7
	4001～5000 元	6.7
	5001～6000 元	2.9
	6001 元及以上	2.0

“*”表示该目标听众样本量不足,无法进行统计推断。

表 3.25.4 2015～2017 年太原市场各广播电台的市场份额(%)

广播电台	2015 年	2016 年	2017 年
中央人民广播电台	10.2	7.8	9.0
中国国际广播电台	0.0	0.0	0.0
山西广播电视台	54.6	56.7	56.8
太原人民广播电台	34.1	34.7	33.1
其他广播电台	1.1	0.8	1.1

表 3.25.5　2017 年太原市场各广播电台在不同目标听众中的市场份额(%)

目标听众		中央人民广播电台	中国国际广播电台	山西广播电视台	太原人民广播电台	其他广播电台
10 岁及以上所有人		9.0	0.0	56.8	33.1	1.1
性别	男	8.8	0.0	52.5	37.9	0.8
	女	9.3	0.0	61.5	27.8	1.4
年龄	10～14 岁	9.0	0.0	71.0	17.9	2.1
	15～24 岁	9.4	0.0	60.6	28.6	1.4
	25～34 岁	8.4	0.0	51.2	39.8	0.6
	35～44 岁	7.8	0.0	51.5	39.0	1.7
	45～54 岁	7.5	0.0	57.9	34.1	0.5
	55～64 岁	9.4	0.0	59.3	30.1	1.2
	65 岁及以上	14.0	0.0	63.1	22.6	0.3
文化程度	未受过正规教育	*	*	*	*	*
	小学	9.2	0.0	68.6	20.9	1.3
	初中	8.4	0.0	61.4	29.6	0.6
	高中	8.3	0.0	57.9	32.7	1.1
	大学及以上	10.9	0.0	45.2	42.2	1.7
职业	干部/管理人员	16.5	0.0	60.5	21.7	1.3
	初级公务员/雇员	10.0	0.0	42.5	45.5	2.0
	个体/私营企业人员	8.6	0.0	58.7	32.3	0.4
	工人	1.8	0.0	52.6	45.2	0.4
	学生	8.0	0.0	66.3	23.5	2.2
	无业(包括退休人员)	10.5	0.0	60.9	27.8	0.8
	其他	4.4	0.0	88.5	7.1	0.0
个人月收入	没有收入	7.8	0.0	64.6	26.1	1.5
	1～2000 元	10.4	0.0	67.9	21.2	0.5
	2001～3000 元	10.1	0.0	55.9	33.1	0.9
	3001～4000 元	7.9	0.0	48.4	42.2	1.5
	4001～5000 元	10.4	0.0	54.0	34.5	1.1
	5001～6000 元	4.1	0.0	39.2	56.1	0.6
	6001 元及以上	9.5	0.0	45.7	44.6	0.2

“*”表示该目标听众样本量不足,无法进行统计推断。

表 3.25.6　2017 年太原市场份额排名前 5 位的频率

排　名	频率名称	市场份额(%)
1	太原人民广播电台交通频率 FM107	19.8
2	山西广播电视台交通广播 FM88	11.0
3	山西广播电视台健康之声广播 FM105.9	9.7
4	山西广播电视台经济广播 FM95.8	9.3
5	山西广播电视台音乐广播 FM94.0	8.2

表 3.25.7 2017 年太原市场收听率排名前 30 位的节目

排名	节目名称	播出频率	收听率（%）	市场份额（%）
1	107 帮助热线	太原人民广播电台交通频率 FM107	2.8	31.5
2	107 早班车	太原人民广播电台交通频率 FM107	2.6	23.2
3	假日早班车（六、日）	山西广播电视台交通广播 FM88	2.1	15.4
4	107 伴我行	太原人民广播电台交通频率 FM107	2.0	22.5
5	880 早高峰（周一至周五）	山西广播电视台交通广播 FM88	2.0	14.6
6	107 高峰晋行时	太原人民广播电台交通频率 FM107	1.8	27.0
7	律师热线（周六、周日）	山西广播电视台交通广播 FM88	1.8	13.9
8	汽车音乐 CD	太原人民广播电台交通频率 FM107	1.6	17.0
9	新闻和报纸摘要	中央人民广播电台第一套节目中国之声	1.6	16.7
10	王宁听你说	山西广播电视台经济广播 FM95.8	1.5	28.8
11	107 楼市解码	太原人民广播电台交通频率 FM107	1.5	19.9
12	107 交通热线	太原人民广播电台交通频率 FM107	1.3	23.6
13	时尚 107	太原人民广播电台交通频率 FM107	1.3	22.8
14	快乐 107	太原人民广播电台交通频率 FM107	1.2	20.6
15	转角遇到爱	山西广播电视台健康之声广播 FM105.9	1.2	16.3
16	107 畅游天下	太原人民广播电台交通频率 FM107	1.2	14.3
17	“奕”帮到底	山西广播电视台经济广播 FM95.8	1.2	12.2
18	107 榜中榜	太原人民广播电台交通频率 FM107	1.2	12.1
19	吉祥鸟	山西文艺广播 FM101.5	1.1	11.1
20	健广雷达网	山西广播电视台健康之声广播 FM105.9	1.1	7.6
21	汽车门诊	太原人民广播电台交通频率 FM107	1.0	19.4
22	107 在路上	太原人民广播电台交通频率 FM107	1.0	18.8
23	国防时空	中央人民广播电台第一套节目中国之声	1.0	16.7
24	畅通 107	太原人民广播电台交通频率 FM107	1.0	14.0
25	880 帮帮您	山西广播电视台交通广播 FM88	1.0	12.3
26	寻医问药	山西广播电视台健康之声广播 FM105.9	1.0	7.9
27	柠檬 咖啡 Tea（周一至周五）	山西广播电视台音乐广播 FM94.0	1.0	7.3
28	新闻纵横	中央人民广播电台第一套节目中国之声	1.0	7.2
29	二手车	太原人民广播电台交通频率 FM107	0.9	18.7
30	品牌之旅	中央人民广播电台第一套节目中国之声	0.9	16.5

二十六、天津收听数据

表 3.26.1 2015~2017 年天津各目标听众人均收听时间(分钟)

目标听众		2015 年	2016 年	2017 年			
				第一波	第二波	第三波	第四波
10 岁及以上所有人		108	97	90	91	86	89
性别	男	111	95	89	89	83	88
	女	104	101	92	94	89	91
年龄	10~14 岁	33	19	13	27	30	28
	15~24 岁	61	49	41	40	46	46
	25~34 岁	84	74	79	81	69	69
	35~44 岁	94	94	80	81	80	84
	45~54 岁	117	100	85	92	86	96
	55~64 岁	191	176	175	166	136	134
	65 岁及以上	158	146	139	136	147	162
文化程度	未受过正规教育	*	*	*	*	*	*
	小学	94	79	69	68	72	89
	初中	125	116	106	107	102	109
	高中	119	103	94	93	88	88
	大学及以上	87	78	76	78	73	77
职业	干部/管理人员	118	114	106	96	95	79
	初级公务员/雇员	86	70	66	74	77	81
	个体/私营企业人员	105	93	98	87	71	72
	工人	106	103	93	89	82	99
	学生	51	39	32	36	38	37
	无业(包括退休人员)	162	149	137	143	131	136
	其他	*	*	*	*	*	*
个人月收入	没有收入	60	49	38	43	42	39
	1~2000 元	123	111	107	104	92	110
	2001~3000 元	140	128	118	114	107	113
	3001~4000 元	108	91	85	92	94	97
	4001~5000 元	81	94	106	110	92	92
	5001~6000 元	109	87	85	79	82	88
	6001 元及以上	112	106	93	90	87	90

注:天津为四波调查城市。2017 年四波调查日期分别为:第一波 2 月 26 日至 3 月 18 日,第二波 5 月 21 日至 6 月 10 日,第三波 8 月 20 日至 9 月 9 日,第四波 11 月 5 日至 11 月 25 日。“*”表示目标听众样本量不足,无法进行统计推断。

表 3.26.2 2015~2017 年天津听众在不同地点的人均收听时间(分钟)

地　　点	2015 年	2016 年	2017 年
在家	74	67	62
车上	21	20	20
工作/学习场所	9	8	6
其他场所	4	2	1

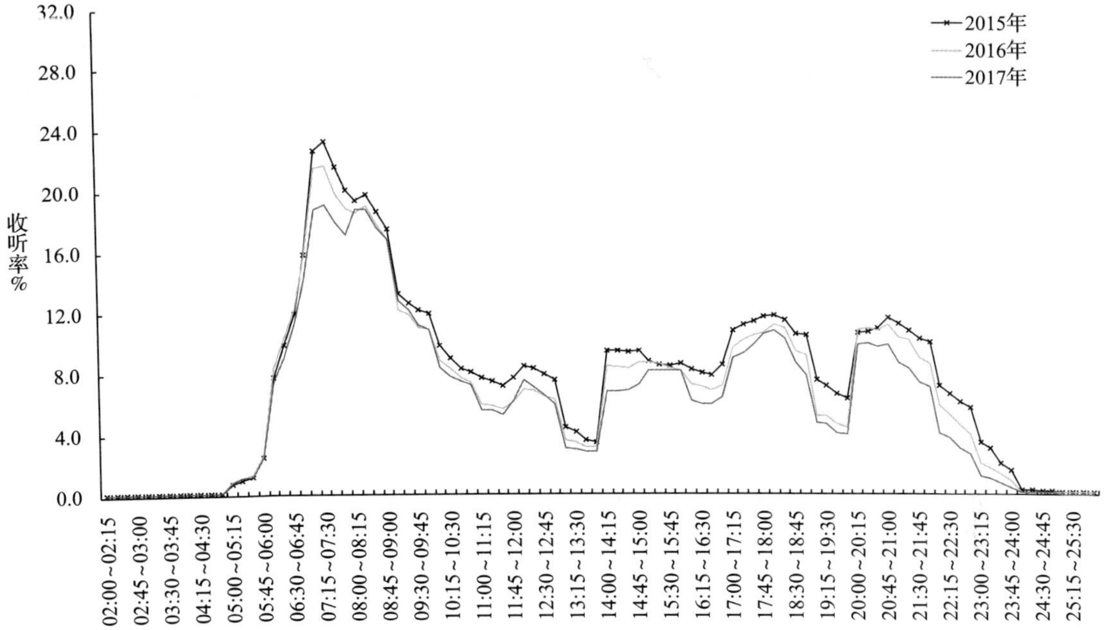

图 3.26.1　2015～2017 年天津听众全天收听率走势

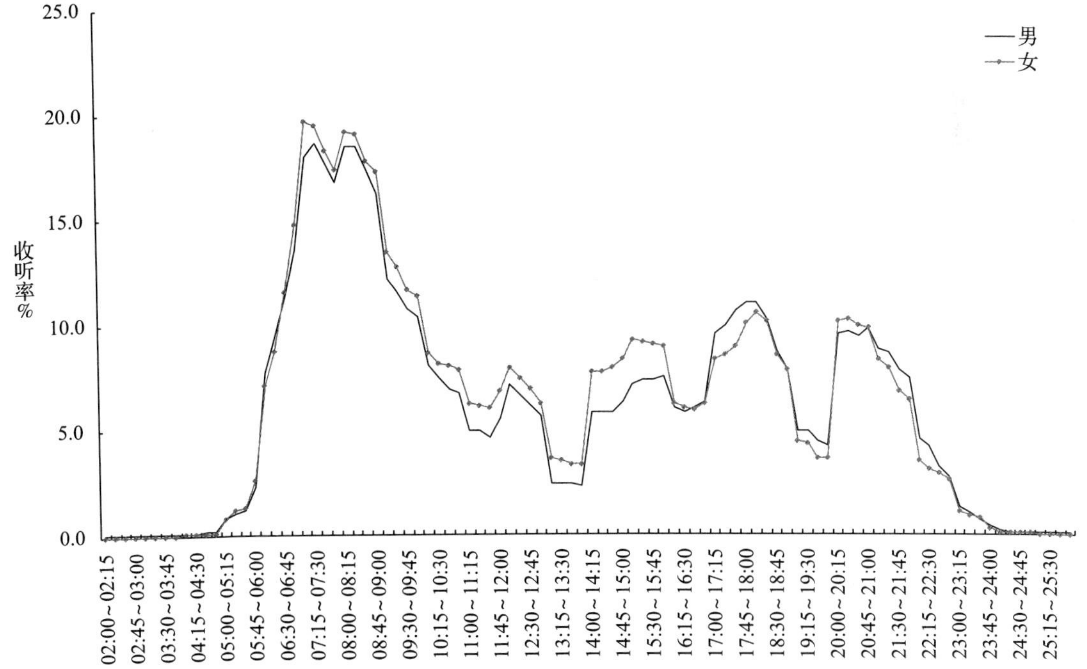

图 3.26.2　2017 年天津不同性别听众全天收听率走势

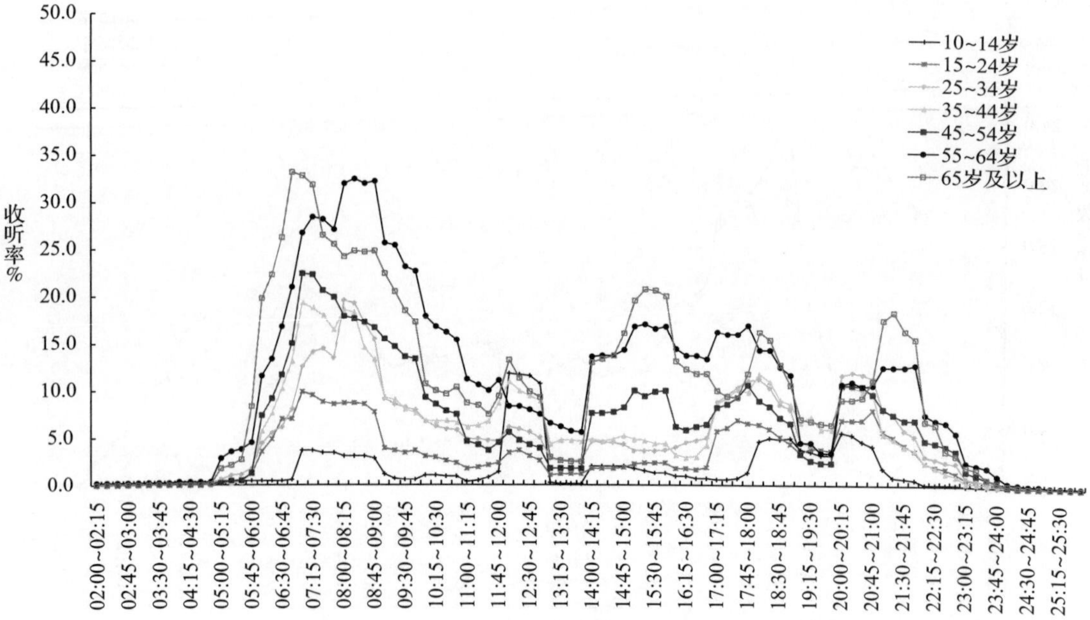

图 3.26.3　2017 年天津不同年龄听众全天收听率走势

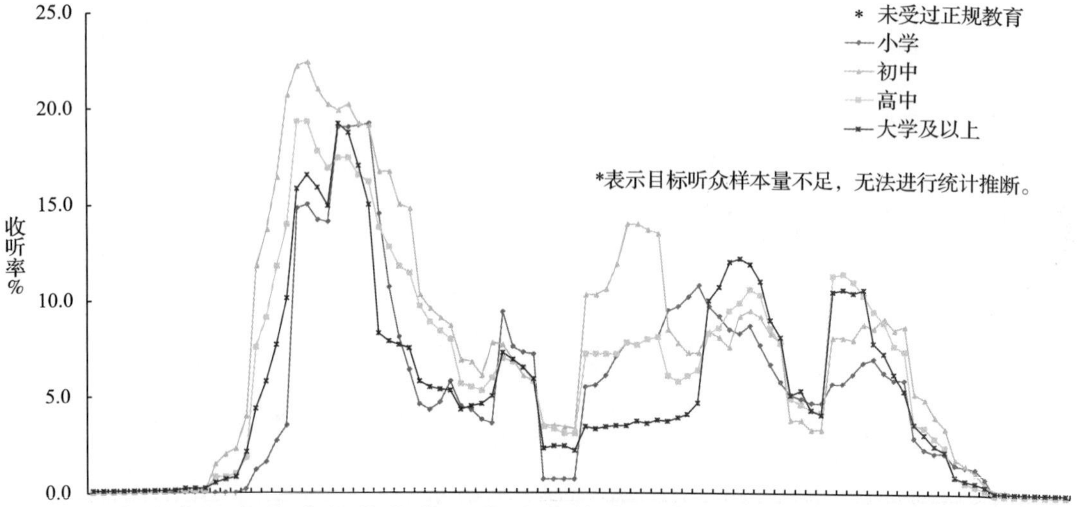

图 3.26.4　2017 年天津不同文化程度听众全天收听率走势

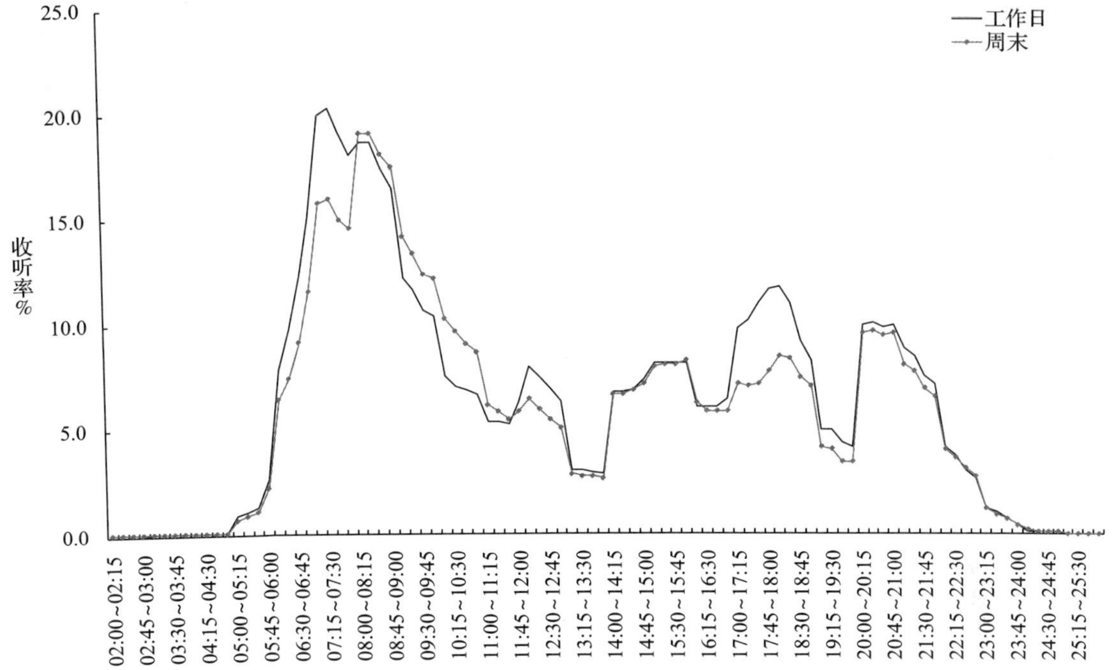

图 3.26.5 2017 年天津听众工作日与周末全天收听率走势

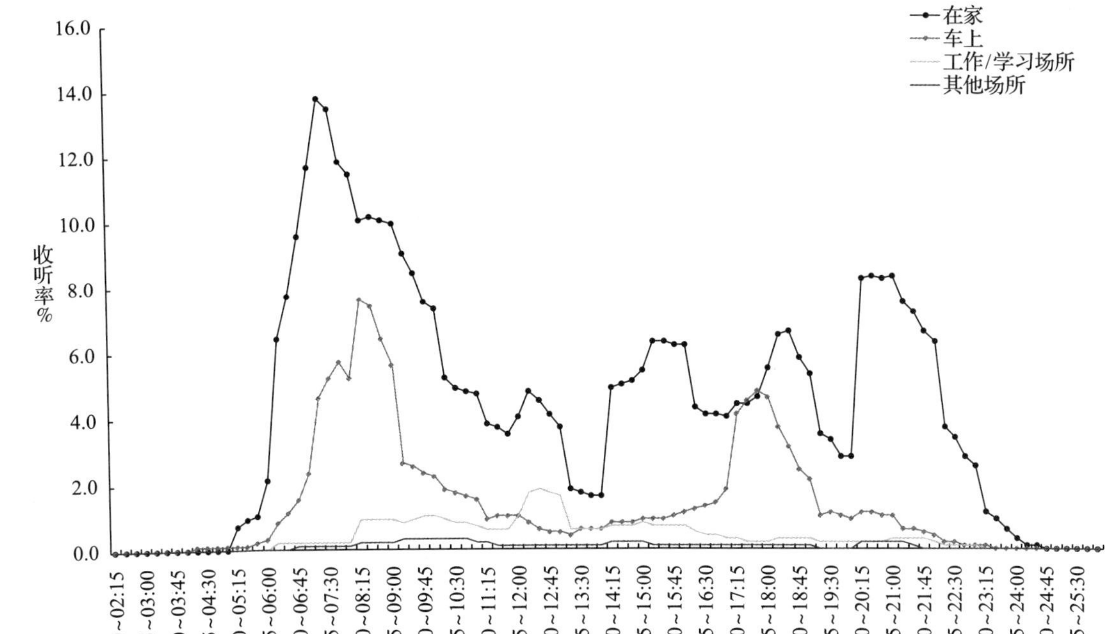

图 3.26.6 2017 年天津听众在不同收听地点全天收听率走势

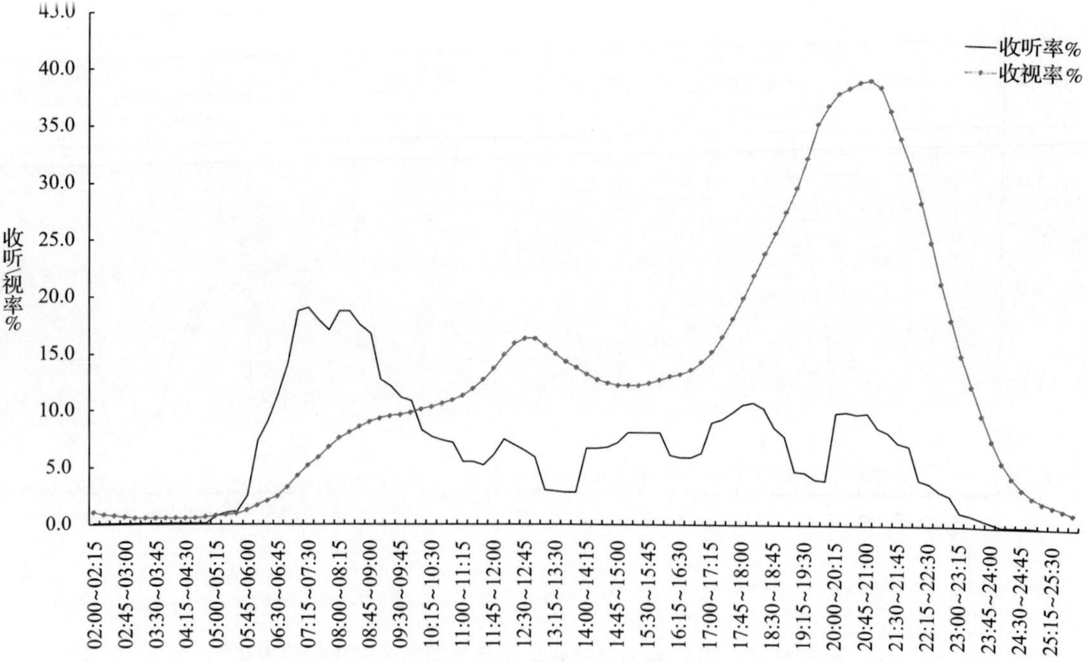

图 3.26.7　2017 年天津受众全天收听率、收视率走势比较(目标受众为 10 岁及以上所有人)

表 3.26.3　2017 年天津市场听众构成(%)

目标听众		听众构成(%)
10 岁及以上所有人		100.0
性别	男	52.1
	女	47.9
年龄	10~14 岁	0.8
	15~24 岁	8.7
	25~34 岁	17.4
	35~44 岁	14.7
	45~54 岁	18.6
	55~64 岁	22.3
	65 岁及以上	17.5
文化程度	未受过正规教育	*
	小学	3.9
	初中	33.8
	高中	32.7
	大学及以上	29.6
职业	干部/管理人员	5.2
	初级公务员/雇员	17.6
	个体/私营企业人员	13.6
	工人	17.4
	学生	6.4
	无业(包括退休人员)	39.8
	其他	*
个人月收入	没有收入	8.9
	1~2000 元	7.3
	2001~3000 元	37.1
	3001~4000 元	19.4
	4001~5000 元	16.3
	5001~6000 元	6.9
	6001 元及以上	4.1

“*”表示该目标听众样本量不足,无法进行统计推断。

表 3.26.4　2015~2017 年天津市场各广播电台的市场份额(%)

广播电台	2015 年	2016 年	2017 年			
			第一波	第二波	第三波	第四波
中央人民广播电台	10.1	8.5	8.3	7.3	6.8	7.1
中国国际广播电台	0.2	0.3	0.2	0.3	0.1	0.2
天津人民广播电台	87.7	90.1	91.2	91.2	92.5	91.8
其他广播电台	2.0	1.1	0.3	1.2	0.6	0.9

表 3.26.5 2017 年天津市场各广播电台在不同目标听众中的市场份额(%)

目标听众		中央人民广播电台	中国国际广播电台	天津人民广播电台	其他广播电台
10 岁及以上所有人		7.4	0.2	91.6	0.8
性别	男	7.1	0.3	91.8	0.8
	女	7.7	0.1	91.4	0.8
年龄	10~14 岁	2.7	0.0	96.5	0.8
	15~24 岁	6.1	0.0	93.2	0.7
	25~34 岁	10.7	0.2	87.7	1.4
	35~44 岁	6.7	0.4	91.4	1.5
	45~54 岁	5.5	0.1	93.8	0.6
	55~64 岁	9.5	0.2	89.9	0.4
	65 岁及以上	4.6	0.2	94.5	0.7
文化程度	未受过正式教育	*	*	*	*
	小学	1.5	0.0	96.4	2.1
	初中	6.0	0.3	93.2	0.5
	高中	7.1	0.2	92.2	0.5
	大学及以上	9.4	0.1	89.2	1.3
职业	干部/管理人员	8.9	0.0	88.9	2.2
	初级公务员/雇员	11.0	0.2	87.4	1.4
	个体/私营企业人员	12.0	0.1	87.3	0.6
	工人	4.4	0.4	94.7	0.5
	学生	3.2	0.0	95.7	1.1
	无业(包括退休人员)	6.0	0.3	93.2	0.5
	其他	*	*	*	*
个人月收入	没有收入	4.6	0.1	93.9	1.4
	1~2000 元	10.8	0.4	88.4	0.4
	2001~3000 元	6.3	0.2	92.9	0.6
	3001~4000 元	8.3	0.1	90.4	1.2
	4001~5000 元	6.8	0.4	91.9	0.9
	5001~6000 元	8.3	0.1	91.0	0.6
	6001 元及以上	12.9	0.0	86.3	0.8

“*”表示该目标听众样本量不足,无法进行统计推断。

表 3.26.6 2017 年天津市场份额排名前 5 位的频率

排 名	频率名称	市场份额(%)
1	天津人民广播电台交通广播 FM106.8	27.1
2	天津人民广播电台音乐广播 FM99	12.7
3	天津人民广播电台新闻广播 FM97.2/AM909	12.1
3	天津人民广播电台相声广播 AM567/FM92.1	12.1
5	天津人民广播电台文艺广播 AM1098/FM104.6	8.9

二十七、乌鲁木齐收听数据

表 3.27.1 2015~2017 年乌鲁木齐各目标听众人均收听时间(分钟)

目标听众		2015 年	2016 年	2017 年
10 岁及以上所有人		120	116	99
性别	男	126	126	106
	女	114	105	92
年龄	10~14 岁	43	50	43
	15~24 岁	77	81	80
	25~34 岁	128	122	81
	35~44 岁	112	110	98
	45~54 岁	139	125	109
	55~64 岁	180	161	149
	65 岁及以上	193	183	170
文化程度	未受过正规教育	182	198	189
	小学	156	150	127
	初中	143	147	118
	高中	116	97	92
	大学及以上	95	87	80
职业	干部/管理人员	87	72	82
	初级公务员/雇员	101	86	84
	个体/私营企业人员	148	154	105
	工人	101	142	132
	学生	59	43	58
	无业(包括退休人员)	174	163	127
	其他	*	*	*
个人月收入	没有收入	78	71	69
	1~2000 元	169	189	168
	2001~3000 元	138	133	109
	3001~4000 元	127	117	98
	4001~5000 元	97	92	81
	5001~6000 元	118	110	134
	6001 元及以上	92	102	84

注:乌鲁木齐为全年连续调查城市。“*”表示该目标听众样本量不足,无法进行统计推断。

表 3.27.2 2015~2017 年乌鲁木齐听众在不同地点的人均收听时间(分钟)

地点	2015 年	2016 年	2017 年
在家	80	75	66
车上	29	30	26
工作/学习场所	9	9	5
其他场所	3	2	2

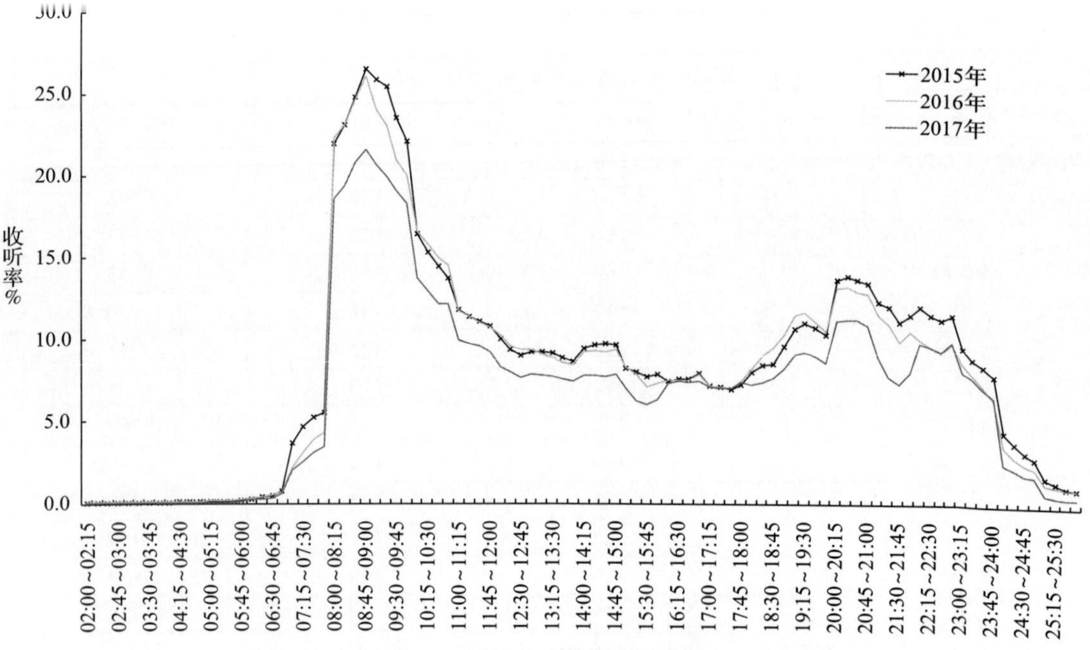

图 3.27.1　2015～2017 年乌鲁木齐听众全天收听率走势

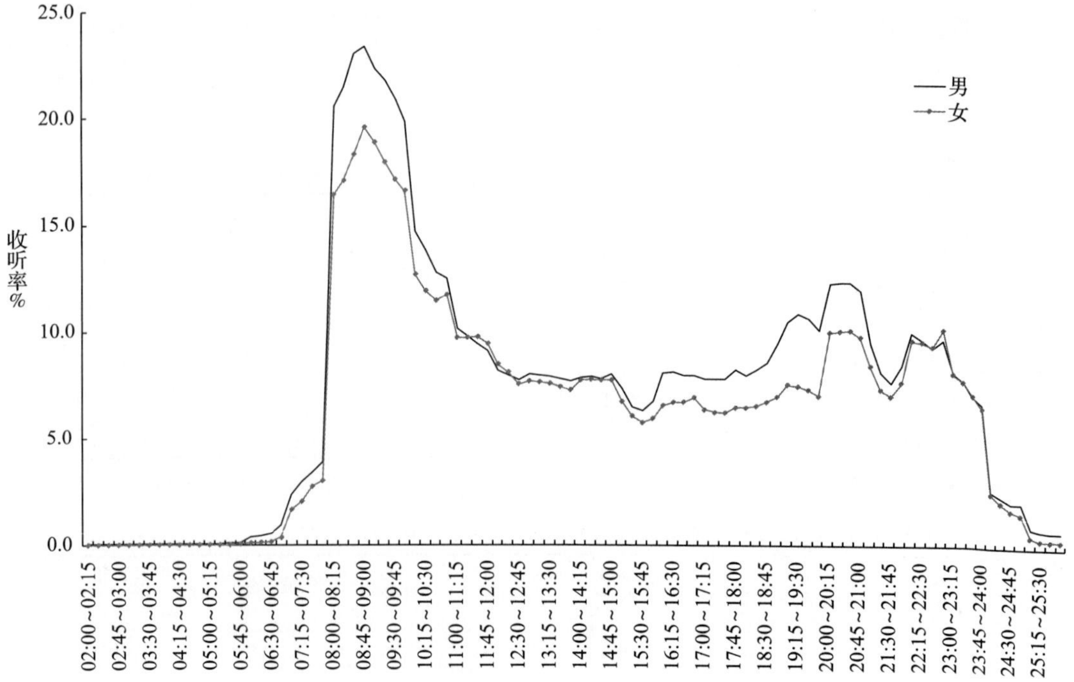

图 3.27.2　2017 年乌鲁木齐不同性别听众全天收听率走势

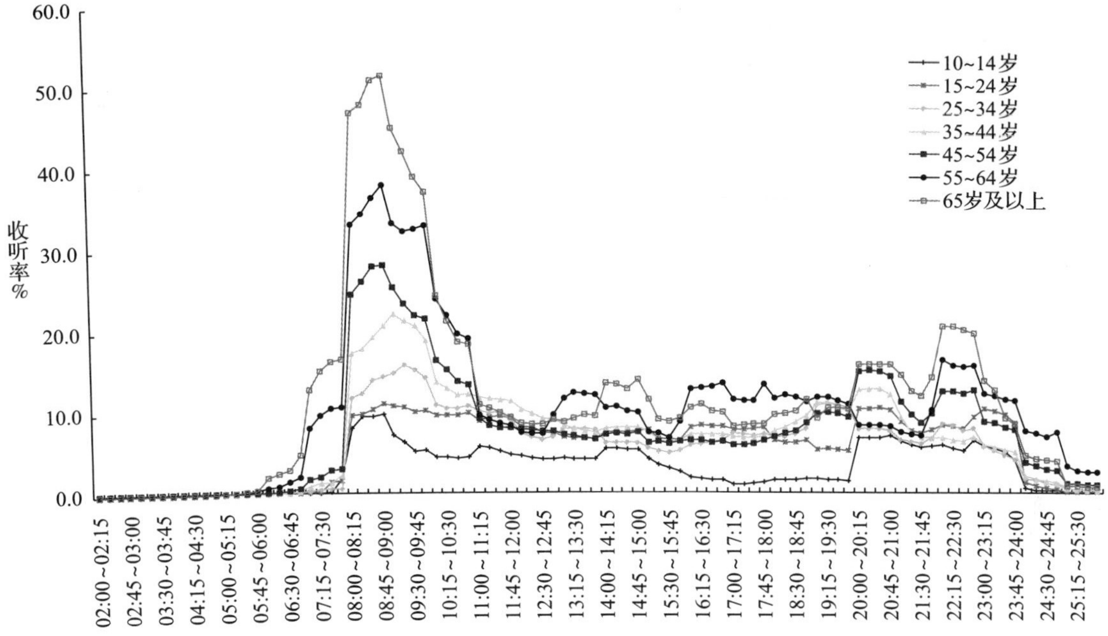

图 3.27.3　2017 年乌鲁木齐不同年龄听众全天收听率走势

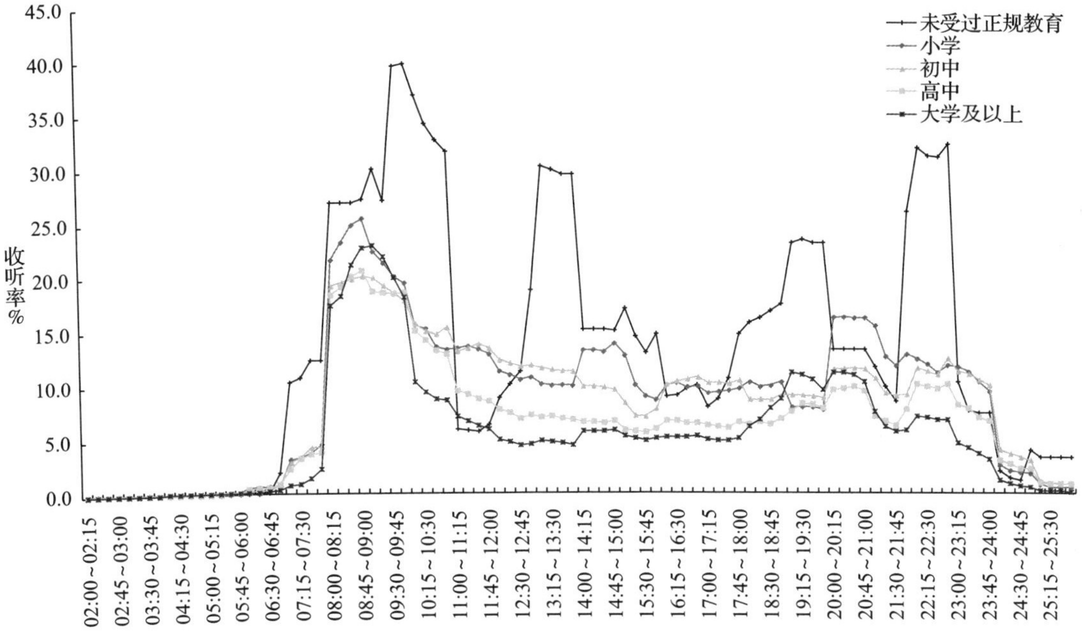

图 3.27.4　2017 年乌鲁木齐不同文化程度听众全天收听率走势

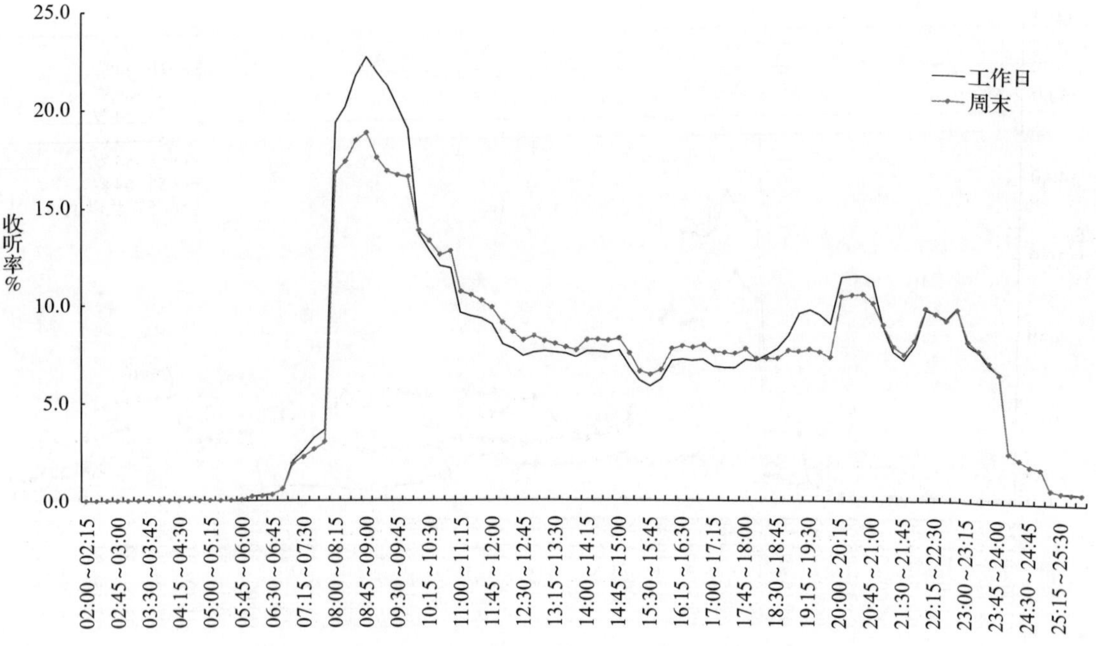

图 3.27.5　2017 年乌鲁木齐听众工作日与周末全天收听率走势

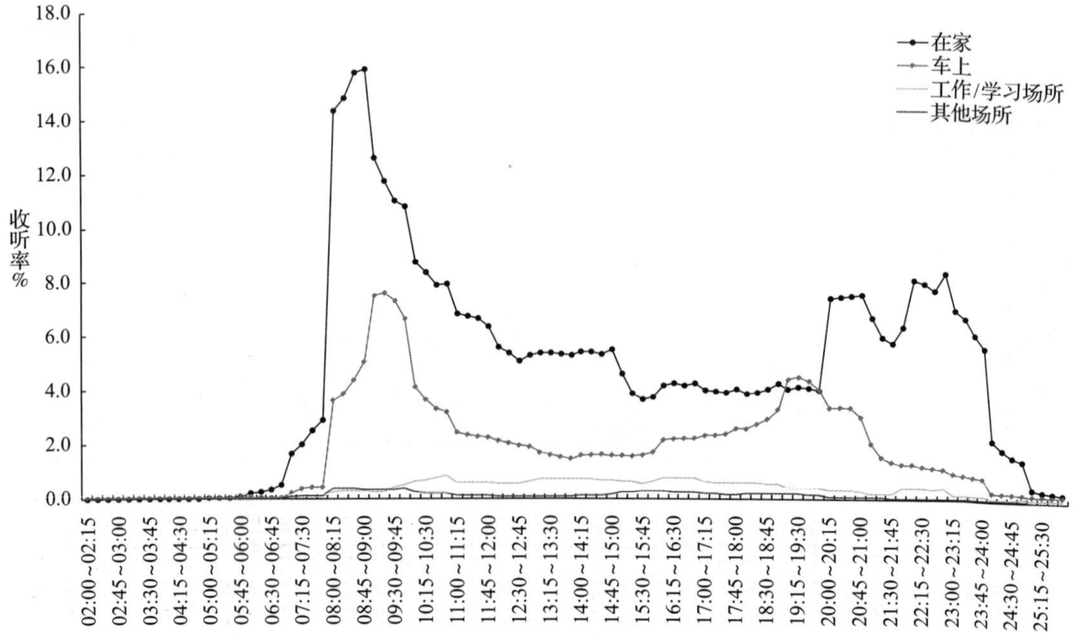

图 3.27.6　2017 年乌鲁木齐听众在不同收听地点全天收听率走势

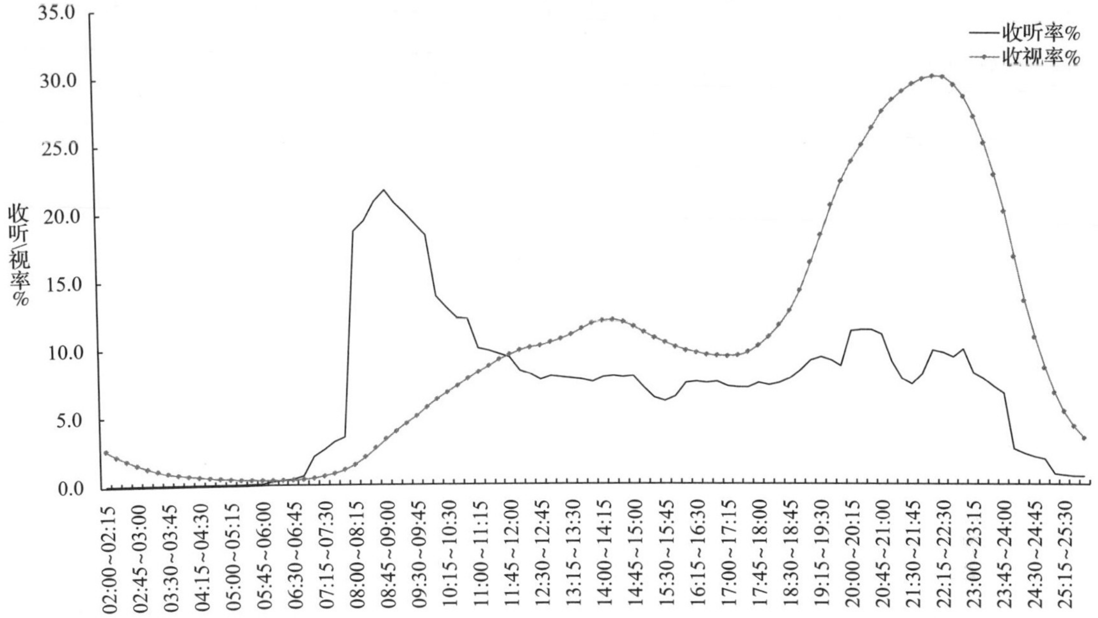

图 3.27.7 2017 年乌鲁木齐受众全天收听率、收视率走势比较(目标受众为 10 岁及以上所有人)

表 3.27.3　2017 年乌鲁木齐市场听众构成(%)

目标听众		听众构成(%)
10 岁及以上所有人		100.0
性别	男	55.6
	女	44.4
年龄	10～14 岁	2.2
	15～24 岁	15.9
	25～34 岁	14.9
	35～44 岁	27.5
	45～54 岁	16.2
	55～64 岁	11.0
	65 岁及以上	12.4
文化程度	未受过正规教育	1.0
	小学	14.0
	初中	29.8
	高中	29.5
	大学及以上	25.7
职业	干部/管理人员	1.5
	初级公务员/雇员	23.1
	个体/私营企业人员	21.8
	工人	13.0
	学生	9.8
	无业(包括退休人员)	30.7
	其他	*
个人月收入	没有收入	17.6
	1～2000 元	15.8
	2001～3000 元	22.2
	3001～4000 元	23.1
	4001～5000 元	9.2
	5001～6000 元	7.7
	6001 元及以上	4.1

注:“*”表示该目标听众样本量不足,无法进行统计推断。

表 3.27.4　2015～2017 年乌鲁木齐市场各广播电台的市场份额(%)

广播电台	2015 年	2016 年	2017 年
中央人民广播电台	9.0	5.4	5.3
中国国际广播电台	0.0	0.0	0.0
新疆人民广播电台	74.4	74.7	73.5
乌鲁木齐人民广播电台	12.7	13.7	13.4
其他广播电台	3.9	6.2	7.8

表 3.27.5　2017 年乌鲁木齐市场各广播电台在不同目标听众中的市场份额(%)

目标听众		中央人民广播电台	中国国际广播电台	新疆人民广播电台	乌鲁木齐人民广播电台	其他广播电台
10 岁及以上所有人		5.3	0.0	73.5	13.4	7.8
性别	男	5.3	0.0	73.6	13.0	8.1
	女	5.2	0.0	73.3	14.0	7.5
年龄	10 ~ 14 岁	1.3	0.0	51.4	21.5	25.8
	15 ~ 24 岁	2.5	0.0	67.9	16.6	13.0
	25 ~ 34 岁	1.1	0.0	75.9	16.9	6.1
	35 ~ 44 岁	3.5	0.0	73.5	12.9	10.1
	45 ~ 54 岁	6.0	0.0	77.5	11.5	5.0
	55 ~ 64 岁	6.9	0.0	79.9	9.7	3.5
	65 岁及以上	16.0	0.0	70.4	10.6	3.0
文化程度	未受过正规教育	6.9	0.0	76.3	8.7	8.1
	小学	3.6	0.0	67.0	16.2	13.2
	初中	5.3	0.0	70.7	14.4	9.6
	高中	4.6	0.0	77.4	11.7	6.3
	大学及以上	6.8	0.0	75.8	13.1	4.3
职业	干部/管理人员	8.5	0.0	72.4	17.1	2.0
	初级公务员/雇员	4.2	0.0	79.4	13.3	3.1
	个体/私营企业人员	1.5	0.0	76.4	13.2	8.9
	工人	7.7	0.0	65.3	12.4	14.6
	学生	2.1	0.0	65.8	18.8	13.3
	无业(包括退休人员)	8.6	0.0	71.8	12.8	6.8
	其他	*	*	*	*	*
个人月收入	没有收入	1.9	0.0	63.4	19.2	15.5
	1 ~ 2000 元	2.4	0.0	67.1	18.3	12.2
	2001 ~ 3000 元	6.3	0.0	77.2	10.5	6.0
	3001 ~ 4000 元	8.4	0.0	74.8	10.7	6.1
	4001 ~ 5000 元	9.0	0.0	76.6	12.3	2.1
	5001 ~ 6000 元	2.8	0.0	87.6	8.7	0.9
	6001 元及以上	4.0	0.0	83.7	10.8	1.5

“*”表示该目标听众样本量不足,无法进行统计推断。

表 3.27.6　2017 年乌鲁木齐市场份额排名前 5 位的频率

排　名	频率名称	市场份额(%)
1	新疆人民广播电台 949 交通广播 FM94.9	35.6
2	新疆人民广播电台 FM107.4 维吾尔语交通文艺广播	11.2
3	新疆人民广播电台城市广播私家车调频 FM92.9	7.6
4	乌鲁木齐人民广播电台交通文艺广播维吾尔语 FM104.6	6.2
5	中央人民广播电台维吾尔语广播 FM90.6	5.6

表 3.27.7　2017 年乌鲁木齐市场收听率排名前 30 位的节目

排名	节目名称	播出频率	收听率(%)	市场份额(%)
1	新闻快车道	新疆人民广播电台 949 交通广播 FM94.9	9.4	44.6
2	中央台新闻和报纸摘要(转播)	新疆人民广播电台 949 交通广播 FM94.9	7.8	41.2
3	开心路路通	新疆人民广播电台 949 交通广播 FM94.9	5.6	42.3
4	叶文有话要说	新疆人民广播电台 949 交通广播 FM94.9	4.5	47.2
5	安涛在线	新疆人民广播电台 949 交通广播 FM94.9	4.3	34.4
6	心情音乐吧	新疆人民广播电台 FM107.4 维吾尔语交通文艺广播	3.0	40.8
7	车市淘宝	新疆人民广播电台 949 交通广播 FM94.9	2.9	38.5
8	精彩车生活	新疆人民广播电台 949 交通广播 FM94.9	2.9	36.5
9	说法	新疆人民广播电台 949 交通广播 FM94.9	2.5	26.2
10	我要说声谢谢你	新疆人民广播电台 949 交通广播 FM94.9	2.2	30.9
11	生活微观察	新疆人民广播电台 949 交通广播 FM94.9	2.2	28.6
12	一五一十(周末版)	新疆人民广播电台 949 交通广播 FM94.9	2.0	25.4
13	@私家车	新疆人民广播电台 949 交通广播 FM94.9	2.0	25.1
14	劲爆体育	新疆人民广播电台 949 交通广播 FM94.9	1.8	28.9
15	我的朋友圈	新疆人民广播电台 949 交通广播 FM94.9	1.8	24.7
16	美食美客	新疆人民广播电台 949 交通广播 FM94.9	1.7	22.7
17	花儿朵朵	新疆人民广播电台 FM107.4 维吾尔语交通文艺广播	1.5	15.4
18	旅游与文化(重播)	乌鲁木齐人民广播电台交通文艺广播维吾尔语 FM104.6	1.5	14.4
19	妇女世界(重播)	乌鲁木齐人民广播电台交通文艺广播维吾尔语 FM104.6	1.5	13.7
20	科技与教育(重播)	乌鲁木齐人民广播电台交通文艺广播维吾尔语 FM104.6	1.5	13.2
21	社会与法制(重播)	乌鲁木齐人民广播电台交通文艺广播维吾尔语 FM104.6	1.5	12.4
22	消费指南(重播)	乌鲁木齐人民广播电台交通文艺广播维吾尔语 FM104.6	1.5	12.1
23	爱车有话说	新疆人民广播电台城市广播私家车调频 FM92.9	1.5	11.4
24	美食记忆	新疆人民广播电台城市广播私家车调频 FM92.9	1.4	19.2
25	卢汉的倾心上午茶	新疆人民广播电台 102.8 故事广播 FM102.8	1.3	10.6
26	开心时刻	新疆人民广播电台 FM107.4 维吾尔语交通文艺广播	1.2	16.0
27	法律资讯热线节目	乌鲁木齐人民广播电台交通文艺广播维吾尔语 FM104.6	1.2	15.1
27	假日文艺	乌鲁木齐人民广播电台交通文艺广播维吾尔语 FM104.6	1.2	15.1
29	少儿时代(重播)	乌鲁木齐人民广播电台交通文艺广播维吾尔语 FM104.6	1.2	10.1
30	1074 茶馆	新疆人民广播电台 FM107.4 维吾尔语交通文艺广播	1.1	15.4

二十八、武汉收听数据

表 3.28.1 2015~2017 年武汉各目标听众人均收听时间(分钟)

目标听众		2015 年	2016 年	2017 年
10 岁及以上所有人		47	41	27
性别	男	49	44	27
	女	45	39	28
年龄	10~14 岁	22	19	4
	15~24 岁	33	30	17
	25~34 岁	39	37	26
	35~44 岁	52	49	30
	45~54 岁	51	42	31
	55~64 岁	64	58	42
	65 岁及以上	74	52	35
文化程度	未受过正规教育	*	*	*
	小学	44	41	20
	初中	57	44	29
	高中	48	44	31
	大学及以上	37	36	21
职业	干部/管理人员	46	38	20
	初级公务员/雇员	40	38	22
	个体/私营企业人员	43	40	24
	工人	58	54	42
	学生	30	22	10
	无业(包括退休人员)	58	46	36
	其他	*	*	*
个人月收入	没有收入	31	23	12
	1~2000 元	55	51	38
	2001~3000 元	55	48	31
	3001~4000 元	45	47	32
	4001~5000 元	45	38	30
	5001~6000 元	33	31	16
	6001 元及以上	46	46	32

注:武汉自 2015 年 3 月 1 日起改为连续调查,表中 2015 年数据为 2015 年 3 月 1 日至 12 月 31 日数据。“*”表示该目标听众样本量不足,无法进行统计推断。

表 3.28.2 2015~2017 年武汉听众在不同地点的人均收听时间(分钟)

地　点	2015 年	2016 年	2017 年
在家	34	26	16
车上	9	11	8
工作/学习场所	3	3	2
其他场所	2	2	1

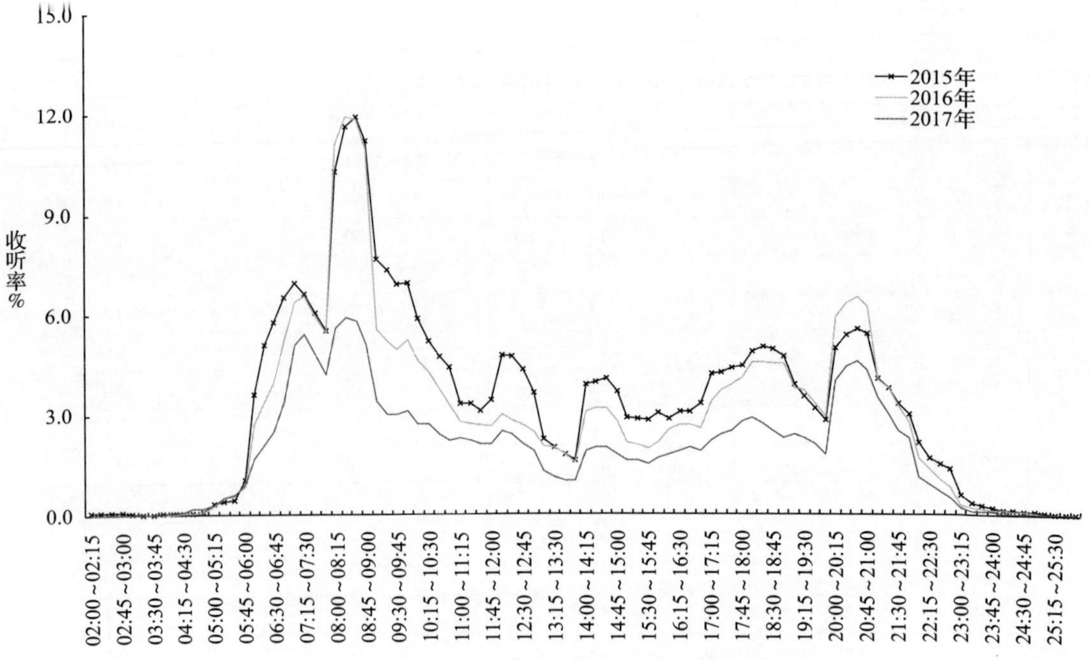

图 3.28.1　2015～2017 年武汉听众全天收听率走势

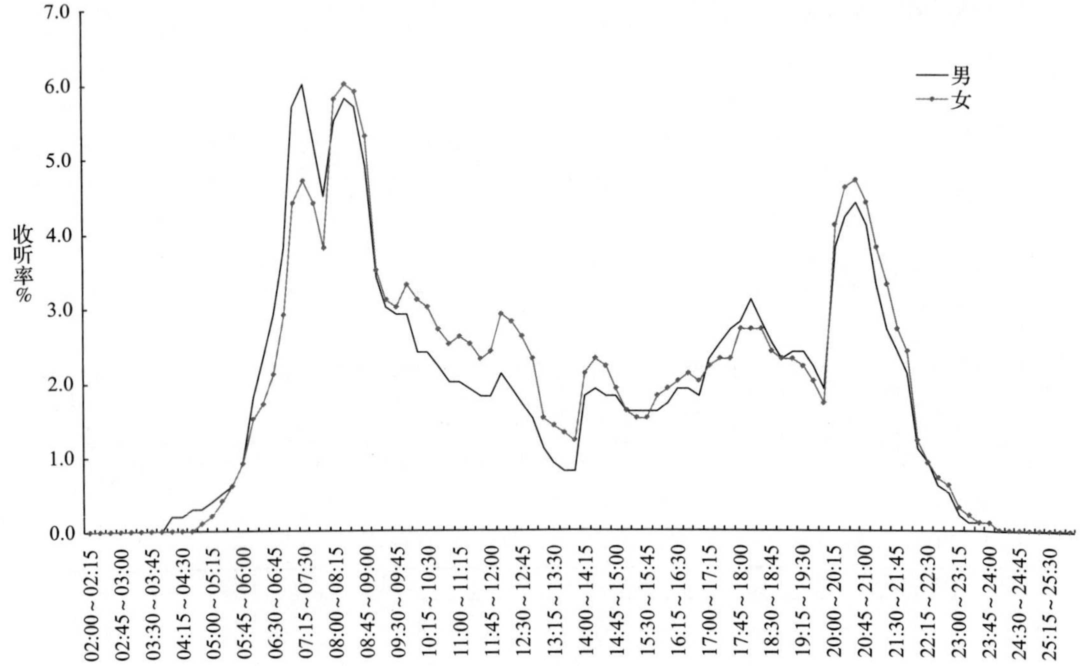

图 3.28.2　2017 年武汉不同性别听众全天收听率走势

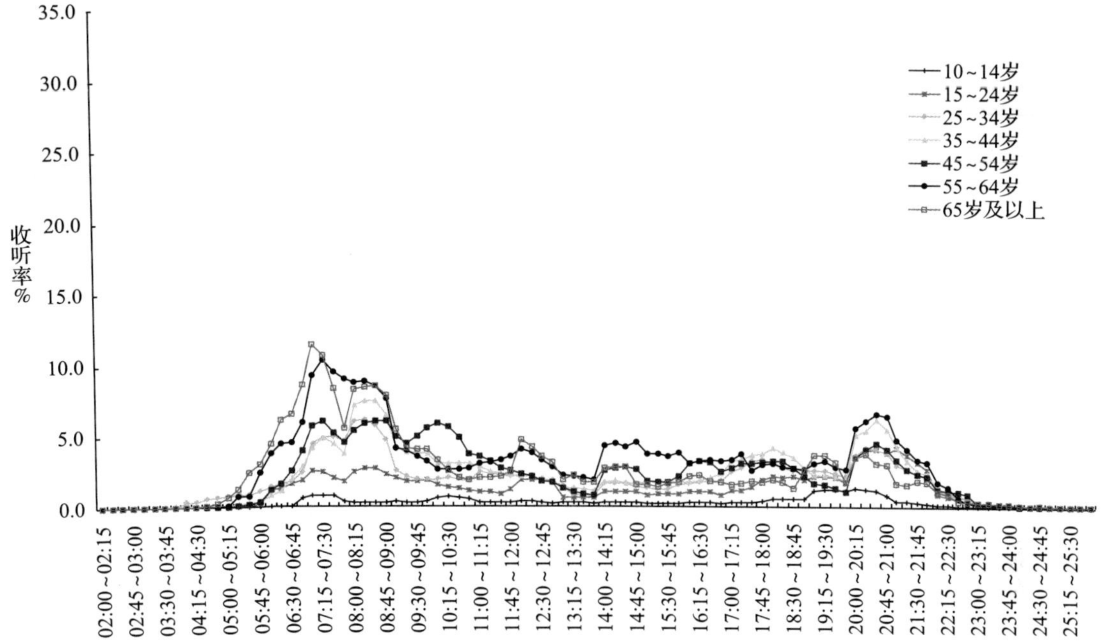

图 3.28.3 2017 年武汉不同年龄听众全天收听率走势

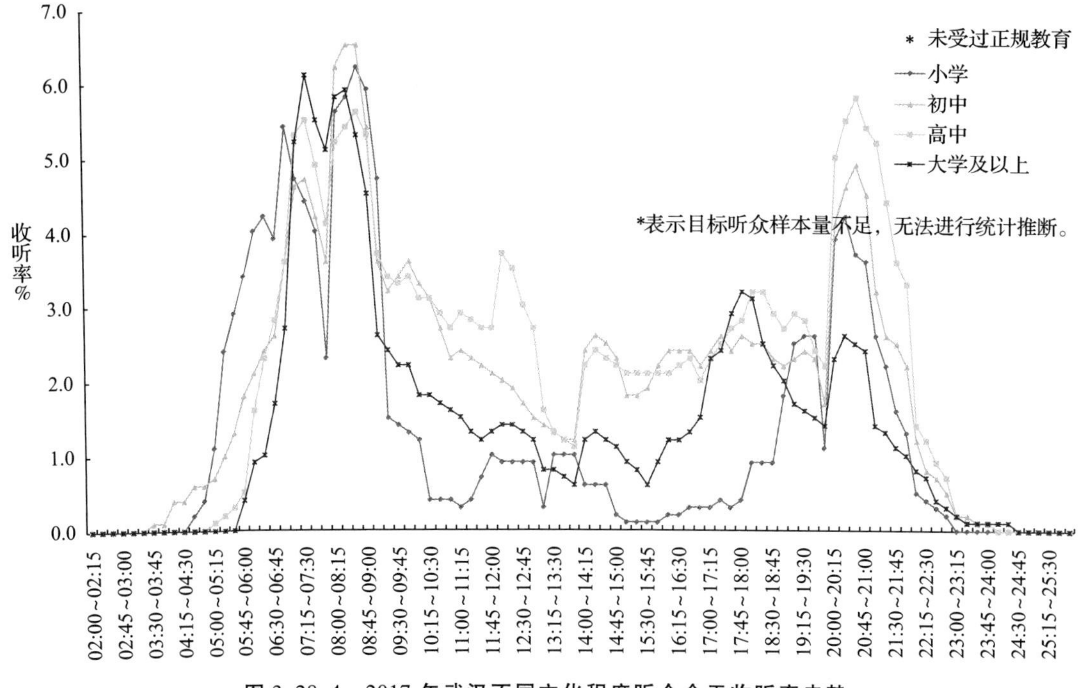

图 3.28.4 2017 年武汉不同文化程度听众全天收听率走势

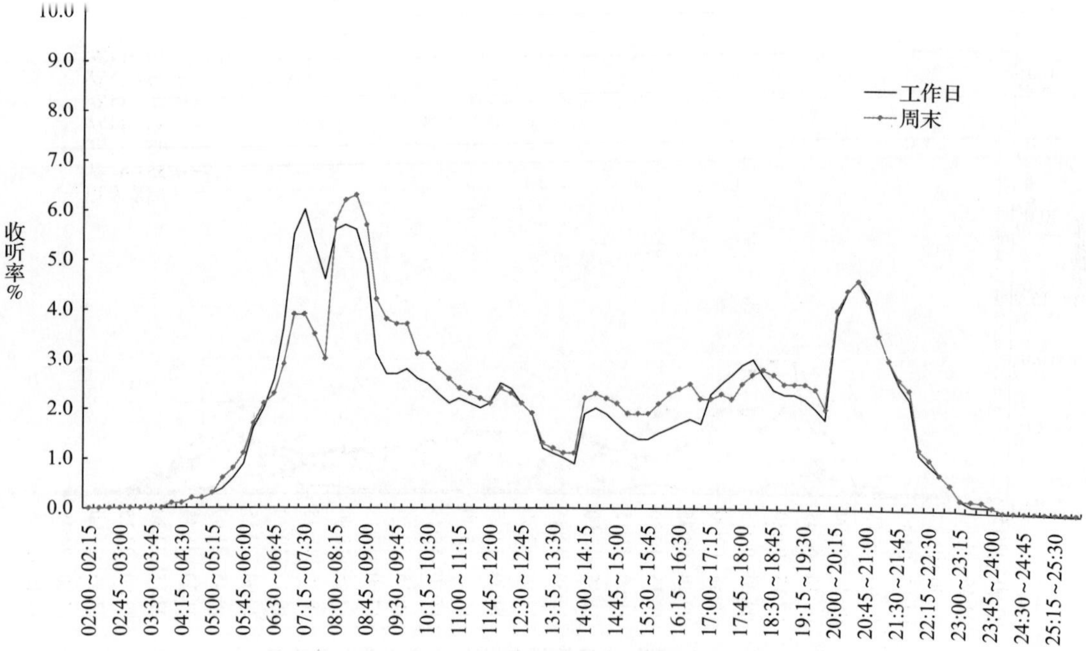

图 3.28.5　2017 年武汉听众工作日与周末全天收听率走势

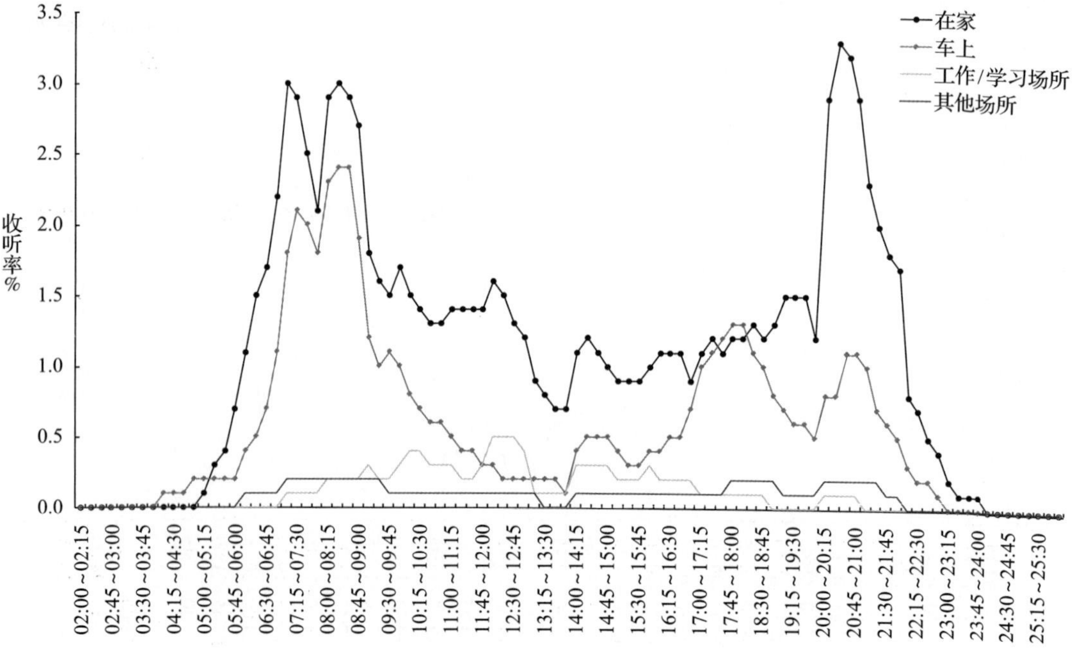

图 3.28.6　2017 年武汉听众在不同收听地点全天收听率走势

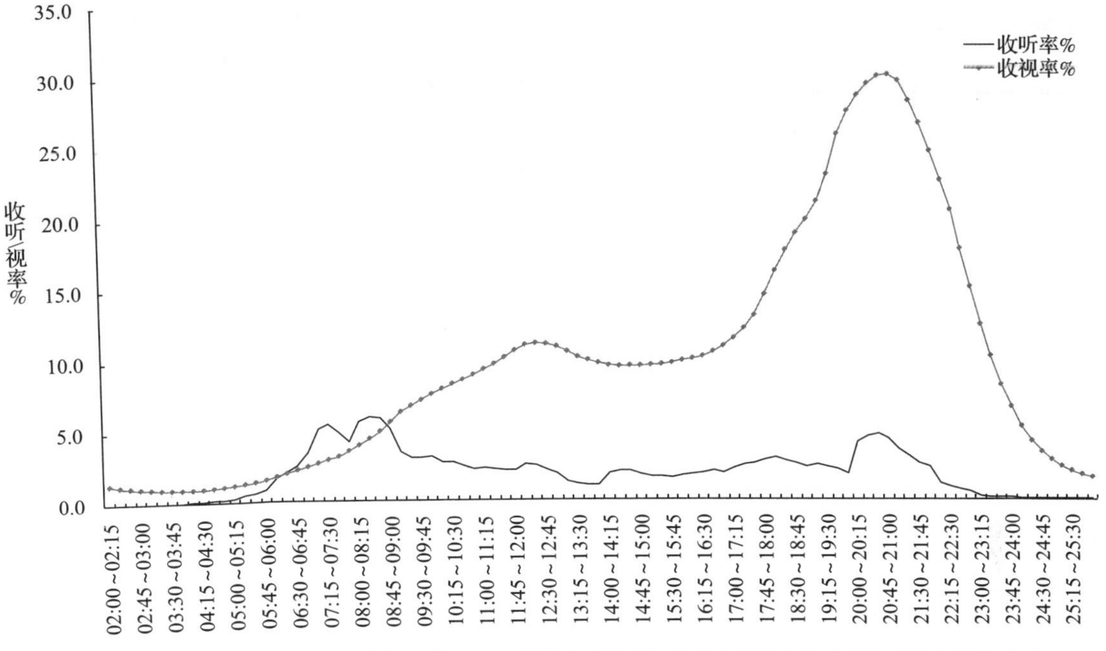

图 3.28.7 2017 年武汉受众全天收听率、收视率走势比较(目标受众为 10 岁及以上所有人)

表 3.28.3　2017 年武汉市场听众构成(%)

目标听众		听众构成(%)
10 岁及以上所有人		100.0
性别	男	52.2
	女	47.8
年龄	10～14 岁	0.5
	15～24 岁	14.2
	25～34 岁	19.2
	35～44 岁	22.2
	45～54 岁	16.7
	55～64 岁	16.3
	65 岁及以上	10.9
文化程度	未受过正规教育	*
	小学	3.0
	初中	28.1
	高中	48.0
	大学及以上	20.9
职业	干部/管理人员	3.0
	初级公务员/雇员	9.8
	个体/私营企业人员	26.6
	工人	26.6
	学生	4.9
	无业(包括退休人员)	29.1
	其他	*
个人月收入	没有收入	8.4
	1～2000 元	5.7
	2001～3000 元	31.0
	3001～4000 元	29.8
	4001～5000 元	15.1
	5001～6000 元	3.0
	6001 元及以上	7.0

“*”表示该目标听众样本量不足,无法进行统计推断。

表 3.28.4　2015～2017 年武汉市场各广播电台的市场份额(%)

广播电台	2015 年	2016 年	2017 年
中央人民广播电台	20.4	23.6	24.9
中国国际广播电台	0.0	0.0	0.0
湖北省广播电视总台	49.1	48.5	47.5
武汉广播电视总台	30.4	27.9	27.6
其他广播电台	0.1	0.0	0.0

表 3.28.5 2017 年武汉市场各广播电台在不同目标听众中的市场份额(%)

目标听众		中央人民广播电台	中国国际广播电台	湖北省广播电视总台	武汉广播电视总台	其他广播电台
10 岁及以上所有人		24.9	0.0	47.5	27.6	0.0
性别	男	26.2	0.0	46.9	26.9	0.0
	女	23.4	0.0	48.3	28.3	0.0
年龄	10~14 岁	20.3	0.0	49.8	29.9	0.0
	15~24 岁	19.1	0.0	48.3	32.6	0.0
	25~34 岁	22.9	0.0	50.6	26.5	0.0
	35~44 岁	22.6	0.0	51.6	25.7	0.1
	45~54 岁	18.5	0.0	54.5	27.0	0.0
	55~64 岁	36.5	0.0	38.7	24.8	0.0
	65 岁及以上	33.4	0.0	35.3	31.2	0.1
文化程度	未受过正规教育	*	*	*	*	*
	小学	41.7	0.0	24.4	33.9	0.0
	初中	24.3	0.0	48.6	27.1	0.0
	高中	24.6	0.0	48.3	27.1	0.0
	大学及以上	23.7	0.0	48.3	28.0	0.0
职业	干部/管理人员	3.0	0.0	55.0	42.0	0.0
	初级公务员/雇员	22.5	0.0	48.6	28.9	0.0
	个体/私营企业人员	15.6	0.0	56.8	27.6	0.0
	工人	29.1	0.0	45.1	25.7	0.1
	学生	16.0	0.0	50.1	33.9	0.0
	无业(包括退休人员)	33.7	0.0	39.7	26.6	0.0
	其他	*	*	*	*	*
个人月收入	没有收入	20.5	0.0	47.7	31.7	0.1
	1~2000 元	16.1	0.0	53.8	30.1	0.0
	2001~3000 元	34.1	0.0	37.4	28.5	0.0
	3001~4000 元	21.4	0.0	53.0	25.5	0.1
	4001~5000 元	25.4	0.0	47.7	26.9	0.0
	5001~6000 元	21.1	0.0	51.9	27.0	0.0
	6001 元及以上	12.8	0.0	60.5	26.7	0.0

“*”表示该目标听众样本量不足,无法进行统计推断。

表 3.28.6 2017 年武汉市场份额排名前 5 位的频率

排名	频率名称	市场份额(%)
1	中央人民广播电台第一套节目中国之声	14.5
2	湖北省广播电视总台经典音乐广播频道 FM103.8	14.1
3	楚天交通广播 FM92.7	12.8
4	中央人民广播电台第二套节目经济之声	9.1
5	武汉广播电视台新闻综合广播 AM873/FM88.4	8.5

表 3.28.7　2017 年武汉市场收听率排名前 30 位的节目

排名	节目名称	播出频率	收听率（%）	市场份额（%）
1	城市新干线	楚天交通广播 FM92.7	1.0	16.7
2	小喇叭	中央人民广播电台第一套节目中国之声	0.9	21.8
3	直播中国	中央人民广播电台第一套节目中国之声	0.9	19.6
4	新闻和报纸摘要	中央人民广播电台第一套节目中国之声	0.8	28.7
5	听说邓丽君	湖北省广播电视总台经典音乐广播频道 FM103.8	0.8	26.4
6	新闻纵横	中央人民广播电台第一套节目中国之声	0.8	15.4
7	军事风云录	武汉广播电视台新闻综合广播 AM873/FM88.4	0.8	13.5
8	中国大舞台	中央人民广播电台第一套节目中国之声	0.7	20.1
9	天下财经(07:30)	中央人民广播电台第二套节目经济之声	0.7	13.0
10	品牌之旅	中央人民广播电台第一套节目中国之声	0.6	28.1
11	央广夜新闻(21:00)	中央人民广播电台第一套节目中国之声	0.6	20.9
12	政务直通	中央人民广播电台第一套节目中国之声	0.6	20.7
13	应急之声	楚天交通广播 FM92.7	0.6	16.5
14	103.8 音乐早上好	湖北省广播电视总台经典音乐广播频道 FM103.8	0.6	14.9
15	103.8 音乐自由行	湖北省广播电视总台经典音乐广播频道 FM103.8	0.6	13.9
16	事事关心	楚天交通广播 FM92.7	0.6	13.3
17	行风连线	武汉广播电视台新闻综合广播 AM873/FM88.4	0.6	10.7
18	湖北新闻	湖北之声 AM774/FM104.6	0.6	10.6
19	转央视国际频道《今日关注》	武汉广播电视台音乐广播 FM101.8	0.6	7.8
20	残疾人之友	中央人民广播电台第一套节目中国之声	0.5	30.4
21	国防时空	中央人民广播电台第一套节目中国之声	0.5	25.9
22	103.8 音乐好享受	湖北省广播电视总台经典音乐广播频道 FM103.8	0.5	17.8
23	那些年	中央人民广播电台第二套节目经济之声	0.5	16.9
24	的哥乐园	楚天交通广播 FM92.7	0.5	16.4
25	朝闻快报	武汉广播电视台新闻综合广播 AM873/FM88.4	0.5	11.0
26	世纪回音	武汉广播电视台音乐广播 FM101.8	0.5	9.0
27	早安武汉	武汉广播电视台交通广播 FM89.6/AM603	0.5	8.7
28	环球旅行家	湖北省广播电视总台经典音乐广播频道 FM103.8	0.4	19.6
29	好吃佬	楚天交通广播 FM92.7	0.4	16.7
30	103.8 假日经典	湖北省广播电视总台经典音乐广播频道 FM103.8	0.4	13.4

二十九、无锡收听数据

表 3.29.1 2015～2017 年无锡各目标听众人均收听时间(分钟)

目标听众		2015 年	2016 年	2017 年
10 岁及以上所有人		60	61	62
性别	男	61	64	66
	女	59	59	57
年龄	10～14 岁	25	28	15
	15～24 岁	31	29	23
	25～34 岁	49	45	48
	35～44 岁	57	67	62
	45～54 岁	67	77	69
	55～64 岁	89	82	98
	65 岁及以上	109	107	120
文化程度	未受过正规教育	92	27	18
	小学	61	49	65
	初中	66	70	68
	高中	60	65	65
	大学及以上	53	52	52
职业	干部/管理人员	40	42	50
	初级公务员/雇员	54	60	54
	个体/私营企业人员	66	73	66
	工人	55	55	55
	学生	29	27	19
	无业(包括退休人员)	97	89	99
	其他	35	46	79
个人月收入	没有收入	37	31	24
	1～2000 元	55	59	66
	2001～3000 元	74	80	86
	3001～4000 元	61	57	63
	4001～5000 元	61	63	59
	5001～6000 元	53	59	75
	6001 元及以上	72	83	65

注:无锡为全年连续调查城市。

表 3.29.2 2015～2017 年无锡听众在不同地点的人均收听时间(分钟)

地　点	2015 年	2016 年	2017 年
在家	38	36	36
车上	18	20	20
工作/学习场所	4	5	4
其他场所	0	1	1

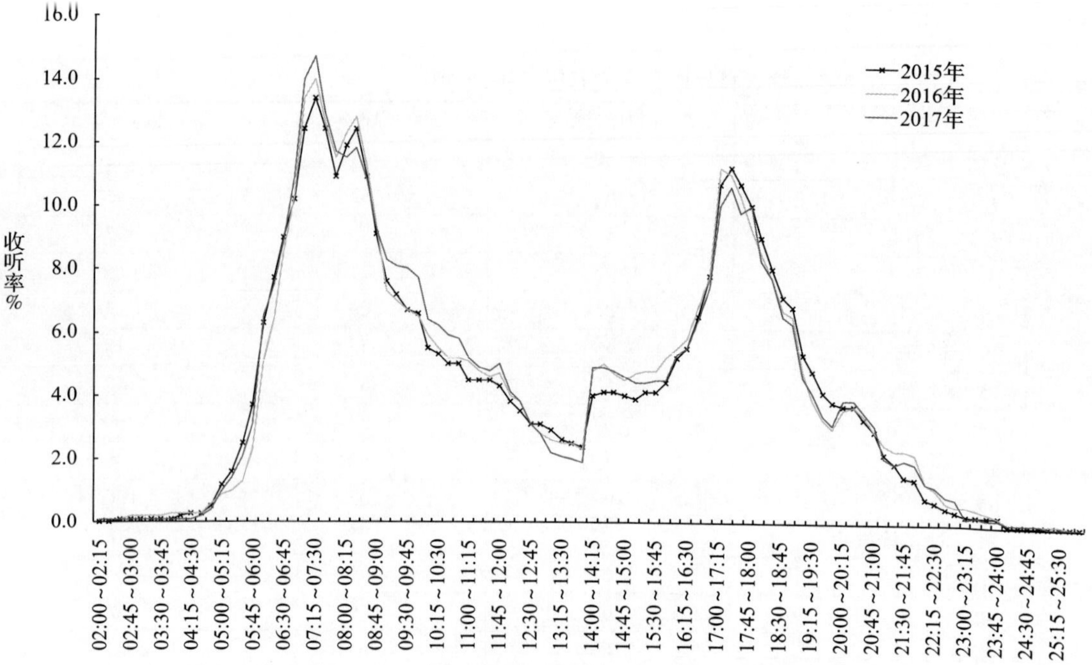

图 3.29.1 2015~2017 年无锡听众全天收听率走势

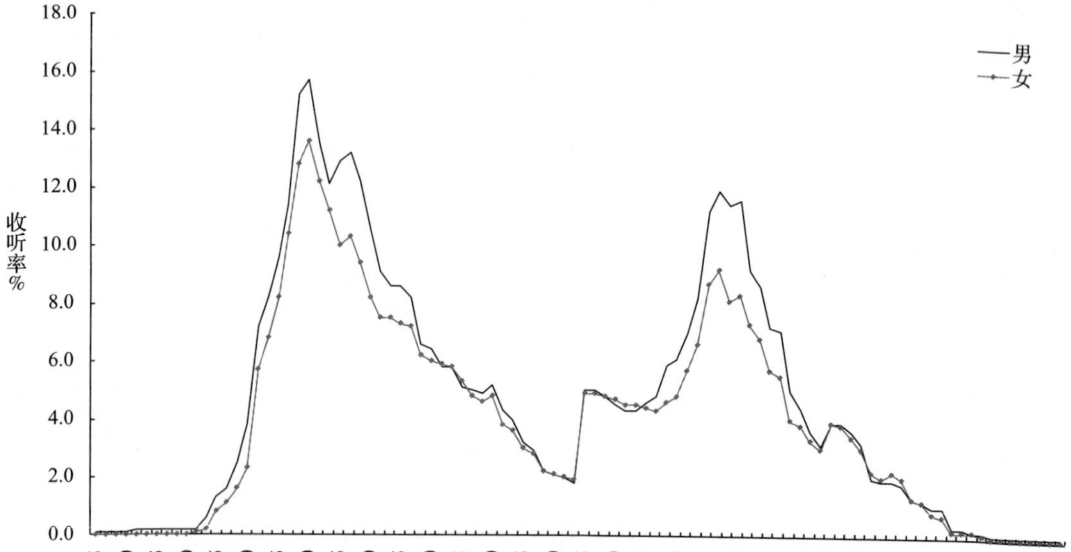

图 3.29.2 2017 年无锡不同性别听众全天收听率走势

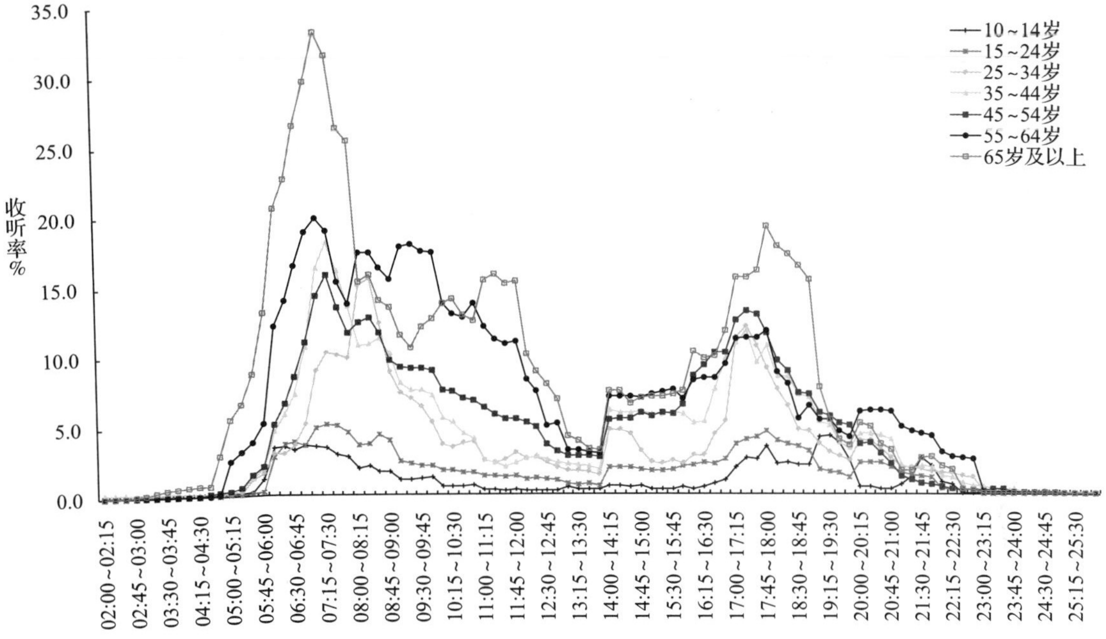

图 3.29.3　2017 年无锡不同年龄听众全天收听率走势

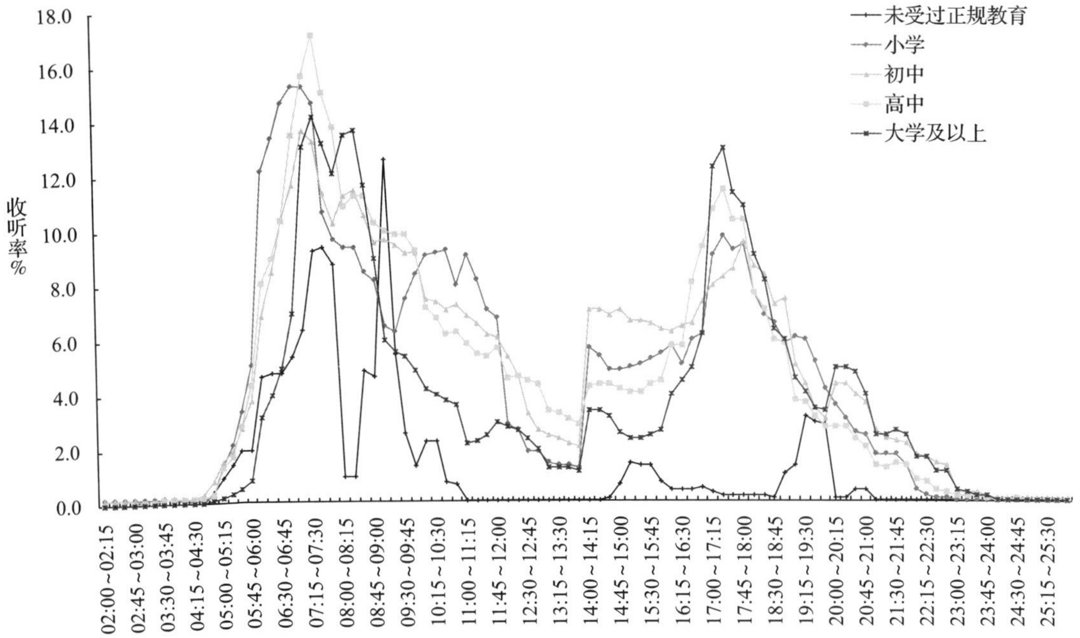

图 3.29.4　2017 年无锡不同文化程度听众全天收听率走势

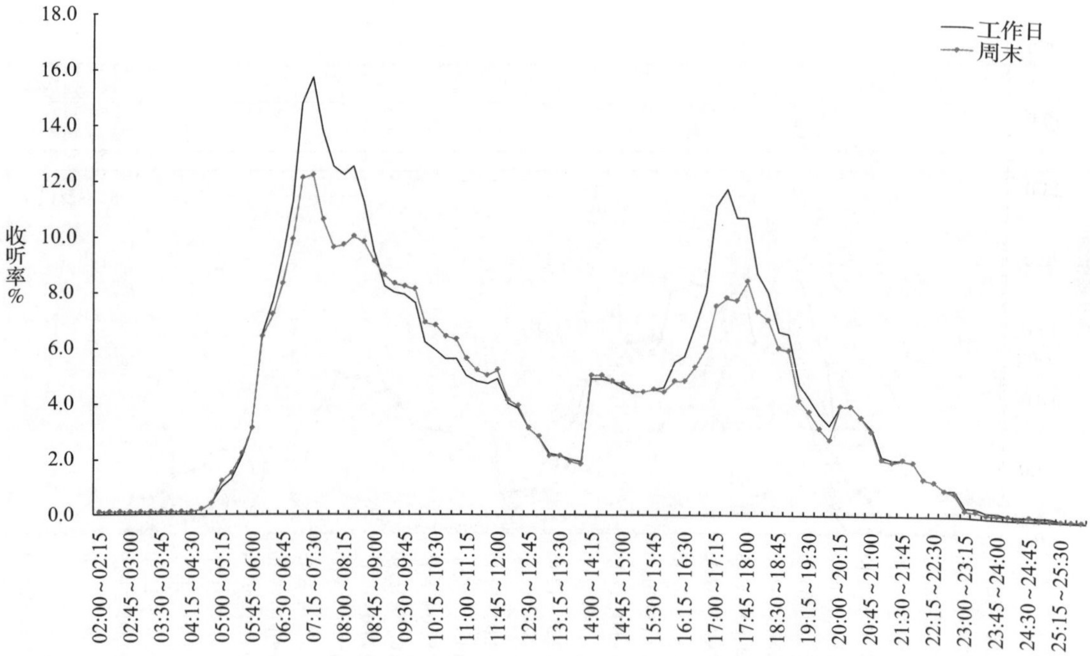

图 3.29.5　2017 年无锡听众工作日与周末全天收听率走势

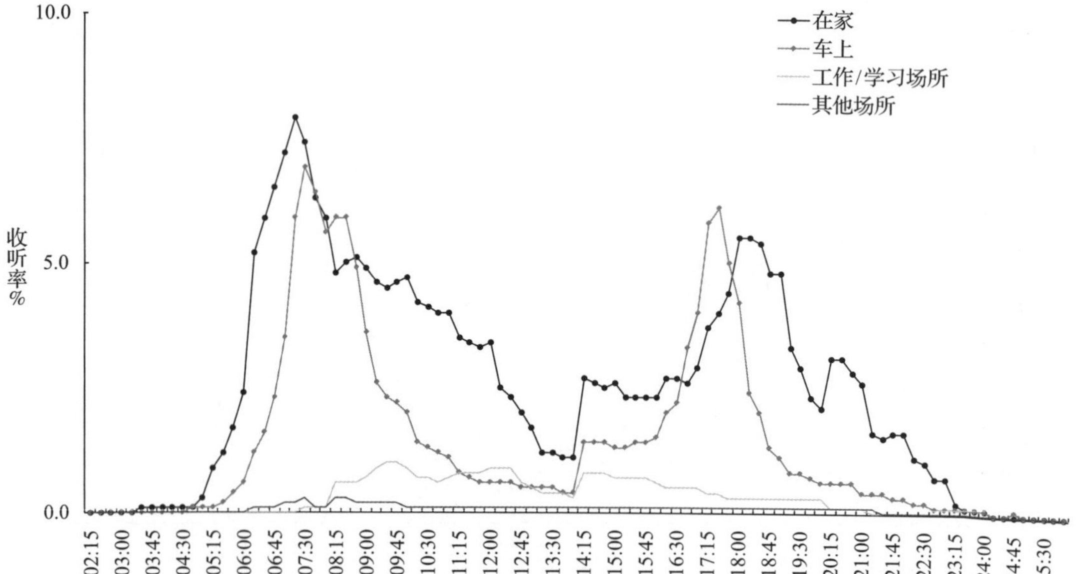

图 3.29.6　2017 年无锡听众在不同收听地点全天收听率走势

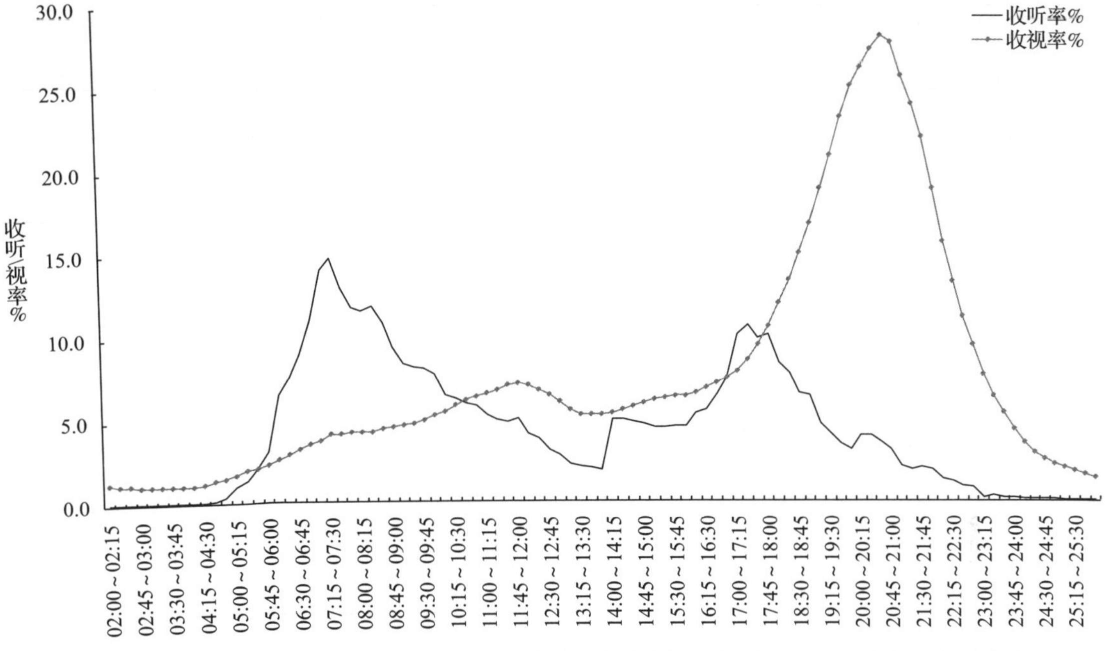

图 3.29.7　2017 年无锡受众全天收听率、收视率走势比较(目标受众为 10 岁及以上所有人)

表 3.29.3 2017 年无锡市场听众构成(%)

目标听众		听众构成(%)
10 岁及以上所有人		100.0
性别	男	55.7
	女	44.3
年龄	10~14 岁	0.8
	15~24 岁	6.7
	25~34 岁	16.0
	35~44 岁	21.5
	45~54 岁	16.4
	55~64 岁	19.8
	65 岁及以上	18.8
文化程度	未受过正规教育	0.3
	小学	7.9
	初中	36.2
	高中	30.1
	大学及以上	25.5
职业	干部/管理人员	2.3
	初级公务员/雇员	16.1
	个体/私营企业人员	14.7
	工人	22.6
	学生	4.5
	无业(包括退休人员)	37.2
	其他	2.6
个人月收入	没有收入	6.8
	1~2000 元	9.4
	2001~3000 元	29.4
	3001~4000 元	19.2
	4001~5000 元	15.3
	5001~6000 元	11.6
	6001 元及以上	8.3

表 3.29.4 2015~2017 年无锡市场各广播电台的市场份额(%)

广播电台	2015 年	2016 年	2017 年
中央人民广播电台	2.6	2.7	2.4
中国国际广播电台	0.0	0.0	0.0
江苏广播电视总台	9.5	9.2	8.0
上海广播电视台	0.3	0.3	0.3
无锡广播电视台	85.8	85.5	84.9
苏州广播电视总台	1.2	1.0	1.1
其他广播电台	0.6	1.3	3.3

表 3.29.5 2017 年无锡市场各广播电台在不同目标听众中的市场份额(%)

目标听众		中央人民广播电台	中国国际广播电台	江苏广播电视总台	上海广播电视台	无锡广播电视台	苏州广播电视总台	其他广播电台
10 岁及以上所有人		2.4	0.0	8.0	0.3	84.9	1.1	3.3
性别	男	2.6	0.0	8.0	0.3	84.8	1.1	3.2
	女	2.1	0.0	8.0	0.4	85.1	1.2	3.2
年龄	10～14 岁	1.4	0.0	3.6	0.5	87.7	1.6	5.2
	15～24 岁	0.9	0.0	10.9	0.3	85.6	0.8	1.5
	25～34 岁	1.7	0.0	7.2	0.0	84.1	1.5	5.5
	35～44 岁	1.9	0.0	10.0	0.1	83.5	1.5	3.0
	45～54 岁	1.1	0.0	9.5	0.4	88.0	0.1	0.9
	55～64 岁	1.3	0.0	8.7	0.4	82.0	2.1	5.5
	65 岁及以上	6.4	0.0	3.5	0.8	87.4	0.5	1.4
文化程度	未受过正规教育	0.0	0.0	4.6	0.0	95.2	0.0	0.2
	小学	5.6	0.0	7.4	0.1	84.7	1.2	1.0
	初中	3.0	0.0	4.8	0.7	85.8	1.4	4.3
	高中	2.0	0.0	10.5	0.2	85.6	0.5	1.2
	大学及以上	0.8	0.0	9.8	0.1	83.0	1.6	4.7
职业	干部/管理人员	0.2	0.0	0.8	0.0	98.4	0.1	0.5
	初级公务员/雇员	1.6	0.0	9.3	0.0	79.3	2.3	7.5
	个体/私营企业人员	1.4	0.0	9.2	0.0	87.9	0.6	0.9
	工人	1.4	0.0	9.9	0.4	86.5	0.6	1.2
	学生	1.3	0.0	8.5	0.4	86.1	0.8	2.9
	无业(包括退休人员)	4.0	0.0	5.8	0.5	84.5	1.3	3.9
	其他	0.3	0.0	13.2	2.1	81.1	1.0	2.3
个人月收入	没有收入	2.1	0.0	6.3	0.3	87.6	0.7	3.0
	1～2000 元	2.3	0.0	6.9	1.2	87.2	0.7	1.7
	2001～3000 元	4.0	0.0	9.0	0.5	80.4	1.5	4.6
	3001～4000 元	1.7	0.0	6.4	0.1	90.1	0.9	0.8
	4001～5000 元	2.3	0.0	8.5	0.1	84.0	1.0	4.1
	5001～6000 元	0.6	0.0	8.9	0.1	82.4	2.5	5.5
	6001 元及以上	0.6	0.0	10.1	0.0	88.7	0.0	0.6

表 3.29.6 2017 年无锡市场份额排名前 5 位的频率

排　名	频率名称	市场份额(%)
1	无锡广播电视台交通广播 FM106.9/AM1008	25.4
2	无锡广播电视台新闻综合广播 FM93.7	15.5
3	无锡广播电视台梁溪之声广播 FM92.6	12.9
4	无锡广播电视台音乐广播 FM91.4/AM900	9.6
5	无锡广播电视台新闻综合广播 AM1161	7.0

表 3.29.7　2017 年无锡市场收听率排名前 30 位的节目

排名	节目名称	播出频率	收听率(%)	市场份额(%)
1	新闻与报纸摘要(转播)	无锡广播电视台新闻综合广播 FM93.7	1.8	17.8
2	梁溪早班车	无锡广播电视台梁溪之声广播 FM92.6	1.8	12.7
3	直通 937	无锡广播电视台新闻综合广播 FM93.7	1.6	28.4
4	无锡晚高峰	无锡广播电视台新闻综合广播 FM93.7	1.6	17.1
5	政风面对面	无锡广播电视台新闻综合广播 FM93.7	1.5	26.0
6	经典私藏	无锡广播电视台梁溪之声广播 FM92.6	1.5	15.6
7	快乐任我行(早高峰版)	无锡广播电视台梁溪之声广播 FM92.6	1.5	13.7
8	汪涛读报	无锡广播电视台新闻综合广播 FM93.7	1.4	21.7
9	无锡早高峰	无锡广播电视台新闻综合广播 FM93.7	1.4	10.7
10	叶文有话要说(叶文)	无锡广播电视台梁溪之声广播 FM92.6	1.3	26.1
11	周末生活(重播)	无锡广播电视台新闻综合广播 FM93.7	1.3	21.6
12	健康专题	无锡广播电视台新闻综合广播 FM93.7	1.3	17.9
13	一炮双响	无锡广播电视台梁溪之声广播 FM92.6	1.3	16.2
14	萧萧新闻	无锡广播电视台新闻综合广播 FM93.7	1.3	11.1
15	专题(07:45～08:00)	无锡广播电视台梁溪之声广播 FM92.6	1.3	10.7
16	早安无锡	无锡广播电视台音乐广播 FM91.4/AM900	1.3	10.0
17	健康山海经	无锡广播电视台新闻综合广播 FM93.7	1.2	20.0
18	经典私藏(重播)	无锡广播电视台梁溪之声广播 FM92.6	1.2	18.6
19	全诚热恋	无锡广播电视台梁溪之声广播 FM92.6	1.2	18.4
20	一炮双响(法制版)	无锡广播电视台梁溪之声广播 FM92.6	1.2	14.9
21	快乐星期天	无锡广播电视台梁溪之声广播 FM92.6	1.2	14.6
21	新闻非常道	无锡广播电视台新闻综合广播 FM93.7	1.2	14.6
23	926 早点到	无锡广播电视台梁溪之声广播 FM92.6	1.2	12.1
24	快乐任我行(晚高峰版)	无锡广播电视台梁溪之声广播 FM92.6	1.2	11.0
25	新闻早报	无锡广播电视台新闻综合广播 FM93.7	1.1	17.5
26	虎妈猫爸(重播)	无锡广播电视台梁溪之声广播 FM92.6	1.1	14.8
27	兰兰的童话兰兰的歌	无锡广播电视台新闻综合广播 FM93.7	1.1	12.9
28	周末生活	无锡广播电视台新闻综合广播 FM93.7	1.1	11.7
29	一路唱行	无锡广播电视台音乐广播 FM91.4/AM900	1.1	11.4
30	萧萧新闻(周末版)	无锡广播电视台新闻综合广播 FM93.7	1.1	11.0

三十、厦门收听数据

表 3.30.1　2015～2017 年厦门各目标听众人均收听时间(分钟)

目标听众		2015 年	2016 年	2017 年			
				第一波	第二波	第三波	第四波
10 岁及以上所有人		43	36	34	33	33	35
性别	男	46	39	38	37	38	40
	女	39	34	30	28	27	30
年龄	10～14 岁	17	11	7	6	11	8
	15～24 岁	29	23	24	20	20	20
	25～34 岁	42	38	38	38	37	38
	35～44 岁	40	33	27	31	34	39
	45～54 岁	60	57	54	50	46	46
	55～64 岁	56	48	48	49	49	62
	65 岁及以上	106	79	60	30	29	40
文化程度	未受过正规教育	9	13	16	24	12	13
	小学	39	29	29	16	14	21
	初中	42	37	35	28	30	30
	高中	42	36	32	35	35	38
	大学及以上	45	39	37	39	38	41
职业	干部/管理人员	46	44	46	56	43	44
	初级公务员/雇员	48	40	40	40	42	43
	个体/私营企业人员	43	35	29	33	35	36
	工人	46	37	33	29	33	35
	学生	23	20	15	14	17	14
	无业(包括退休人员)	52	46	43	32	28	41
	其他	*	*	*	*	*	*
个人月收入	没有收入	25	24	21	18	18	18
	1～2000 元	53	61	61	37	27	24
	2001～3000 元	52	41	38	32	36	34
	3001～4000 元	47	41	41	39	40	43
	4001～5000 元	44	37	34	37	43	45
	5001～6000 元	51	40	35	34	33	36
	6001 元及以上	49	42	37	45	42	47

注:厦门为四波调查城市。2017 年四波调查时间分别为:第一波 2 月 26 日至 3 月 18 日;第二波 5 月 21 日至 6 月 10 日;第三波 8 月 20 日至 9 月 9 日;第四波 11 月 5 日至 11 月 25 日。

“*”表示目标听众样本量不足,无法进行统计推断。

表 3.30.2　2015～2017 年厦门听众在不同地点的人均收听时间(分钟)

地　点	2015 年	2016 年	2017 年
在家	20	17	13
车上	18	17	19
工作/学习场所	3	2	1
其他场所	1	1	1

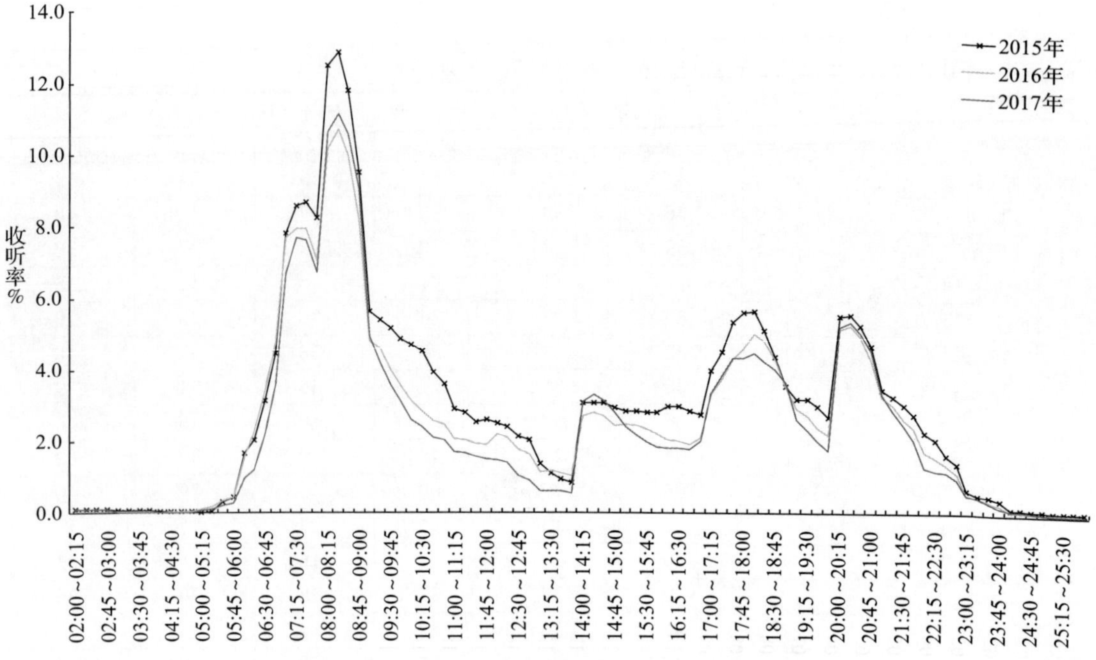

图 3.30.1　2015～2017 年厦门听众全天收听率走势

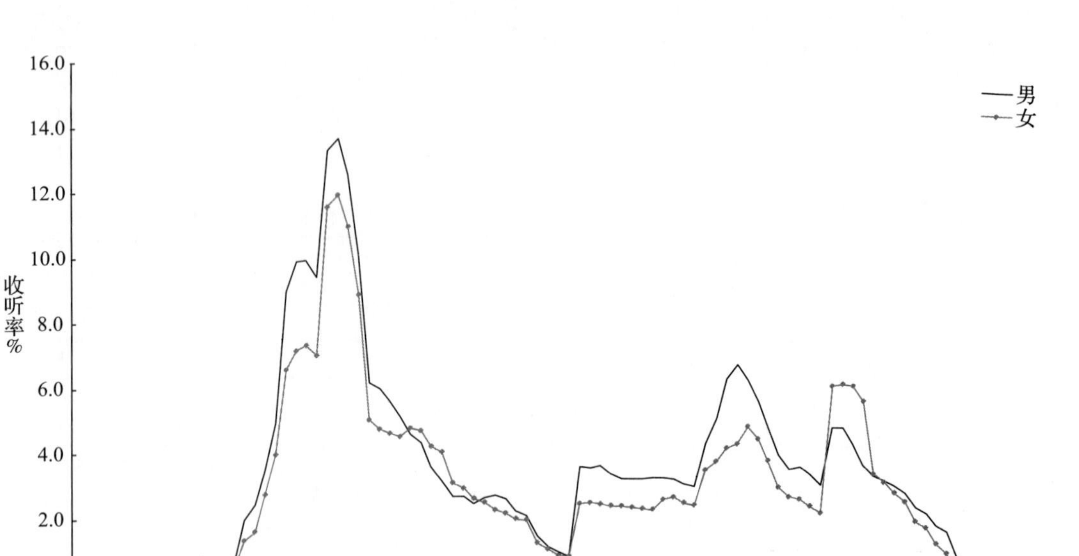

图 3.30.2　2017 年厦门不同性别听众全天收听率走势

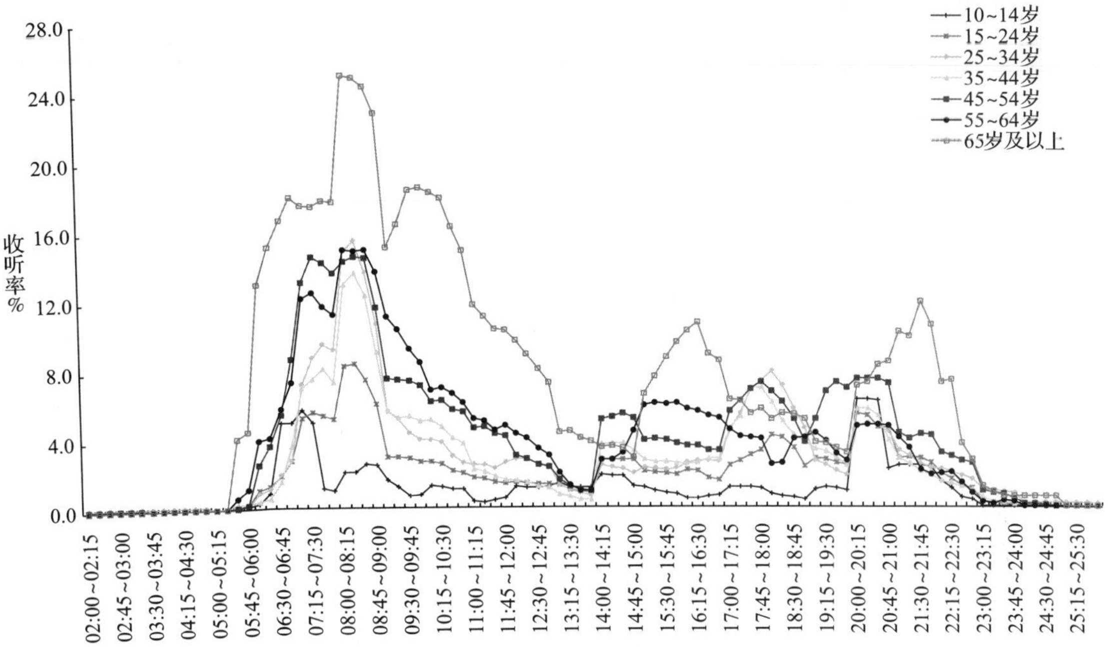

图 3.30.3　2017 年厦门不同年龄听众全天收听率走势

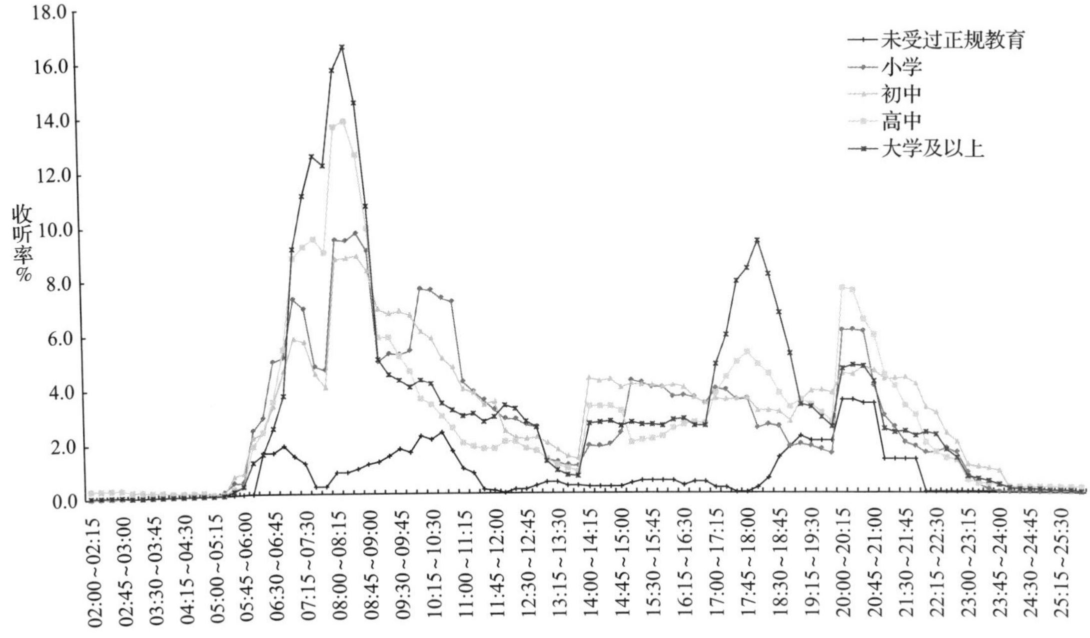

图 3.30.4　2017 年厦门不同文化程度听众全天收听率走势

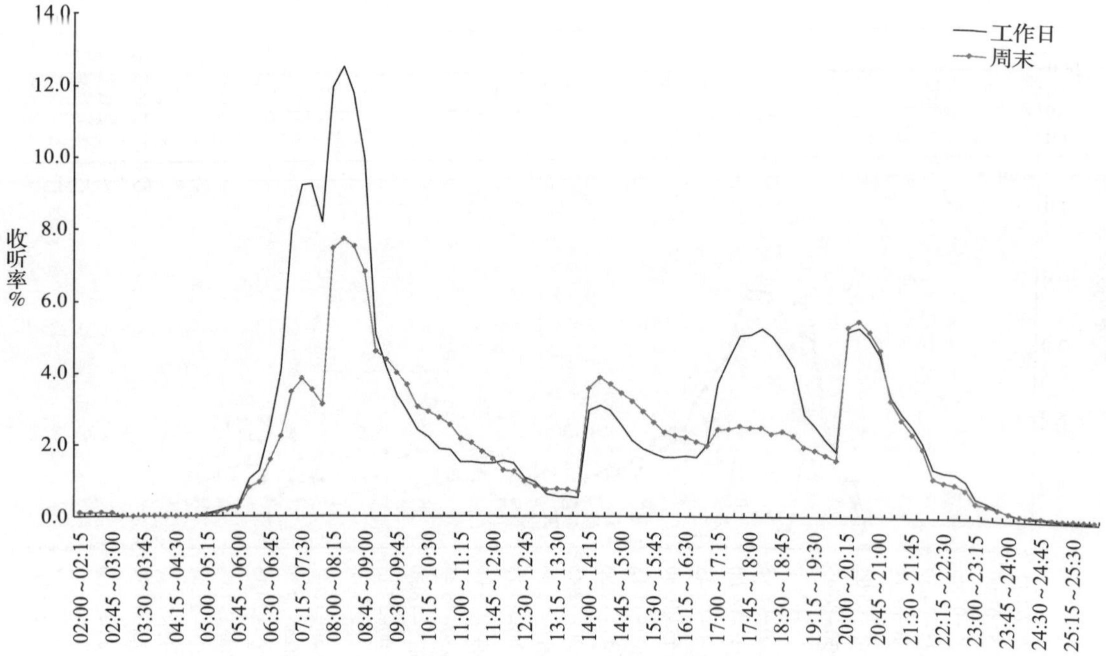

图 3.30.5　2017 年厦门听众工作日与周末全天收听率走势

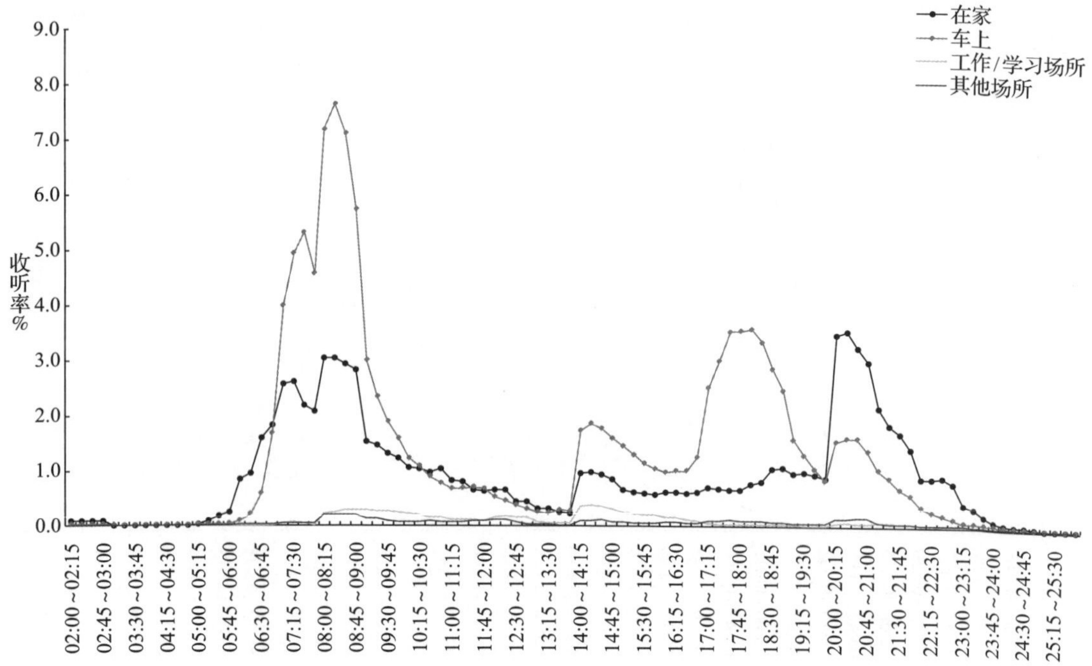

图 3.30.6　2017 年厦门听众在不同收听地点全天收听率走势

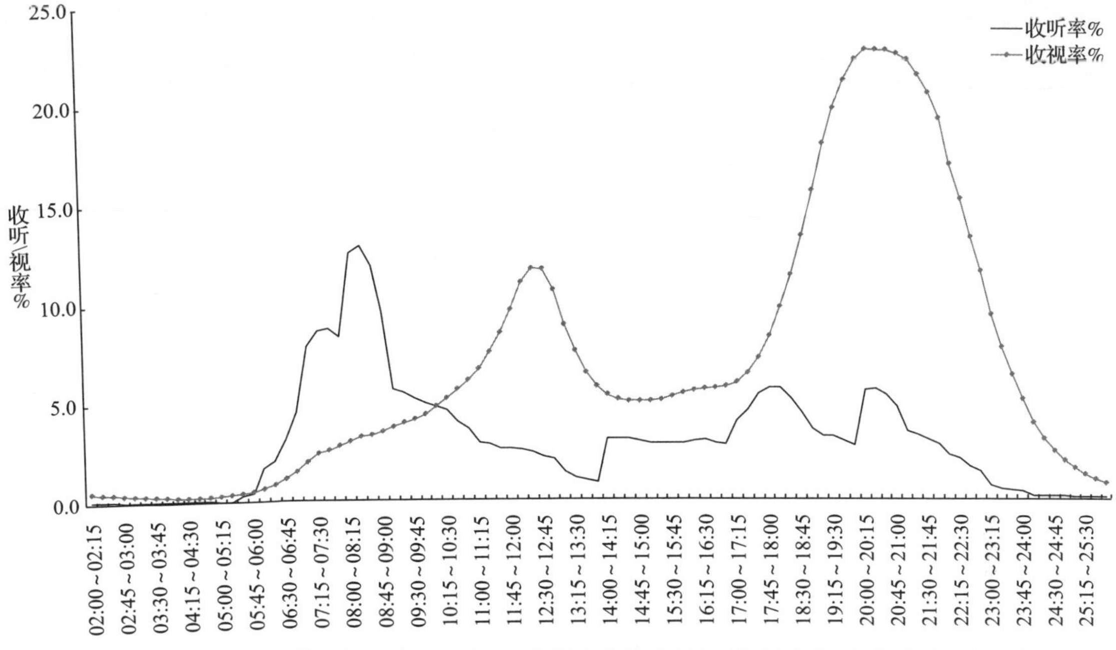

图 3.30.7　2017 年厦门受众全天收听率、收视率走势比较(目标受众为 10 岁及以上所有人)

表 3.30.3　2017 年厦门市场听众构成(%)

目标听众		听众构成(%)
10 岁及以上所有人		100.0
性别	男	58.9
	女	41.1
年龄	10～14 岁	1.0
	15～24 岁	14.0
	25～34 岁	33.2
	35～44 岁	23.0
	45～54 岁	14.3
	55～64 岁	9.8
	65 岁及以上	4.7
文化程度	未受过正规教育	0.6
	小学	5.2
	初中	23.1
	高中	28.5
	大学及以上	42.6
职业	干部/管理人员	9.7
	初级公务员/雇员	37.8
	个体/私营企业人员	17.8
	工人	9.9
	学生	8.2
	无业(包括退休人员)	16.4
	其他	*
个人月收入	没有收入	15.6
	1～2000 元	3.6
	2001～3000 元	10.4
	3001～4000 元	22.4
	4001～5000 元	15.3
	5001～6000 元	9.7
	6001 元及以上	23.0

“*”表示该目标听众样本量不足,无法进行统计推断。

表 3.30.4　2015～2017 年厦门市场各广播电台的市场份额(%)

广播电台	2015 年	2016 年	2017 年			
			第一波	第二波	第三波	第四波
中央人民广播电台	9.3	8.4	6.7	7.4	7.2	7.1
中国国际广播电台	3.3	3.1	2.7	3.2	1.8	2.4
福建广播影视集团	8.9	8.4	10.3	6.7	8.3	9.7
海峡之声广播电台	2.7	2.0	2.1	2.6	3.5	3.0
厦门广播电视集团	64.0	66.8	67.6	70.3	70.3	69.0
其他广播电台	11.8	11.3	10.6	9.8	8.9	8.8

表 3.30.5 2017 年厦门市场各广播电台在不同目标听众中的市场份额(%)

目标听众		中央人民广播电台	中国国际广播电台	福建广播影视集团	海峡之声电台	厦门广播电视集团	其他广播电台
10 岁及以上所有人		7.1	2.5	8.8	2.8	69.3	9.5
性别	男	6.6	2.9	9.7	2.6	70.4	7.8
	女	7.8	2.0	7.5	3.1	67.7	11.9
年龄	10~14 岁	20.5	1.7	9.4	0.0	64.7	3.7
	15~24 岁	5.8	2.2	9.8	3.6	71.6	7.0
	25~34 岁	3.3	2.8	8.2	2.2	74.0	9.5
	35~44 岁	9.4	3.8	10.2	1.8	70.3	4.5
	45~54 岁	7.3	2.8	7.7	5.8	65.7	10.7
	55~64 岁	10.0	0.0	5.3	1.9	63.8	19.0
	65 岁及以上	16.9	0.7	13.8	2.8	48.0	17.8
文化程度	未受过正规教育	3.5	2.1	5.5	10.4	49.9	28.6
	小学	7.1	1.5	12.8	2.3	54.5	21.8
	初中	7.0	1.3	11.4	3.5	65.8	11.0
	高中	8.3	2.1	8.6	3.1	70.2	7.7
	大学及以上	6.4	3.6	7.1	2.2	72.7	8.0
职业	干部/管理人员	2.8	3.7	7.4	1.5	80.7	3.9
	初级公务员/雇员	8.5	3.0	7.2	1.8	71.0	8.5
	个体/私营企业人员	2.3	1.2	9.5	5.3	74.8	6.9
	工人	9.4	4.7	12.6	3.0	61.0	9.3
	学生	8.3	2.9	6.7	1.7	76.2	4.2
	无业(包括退休人员)	9.9	1.0	10.9	3.6	54.4	20.2
	其他	*	*	*	*	*	*
个人月收入	没有收入	5.3	2.3	8.8	2.8	68.4	12.4
	1~2000 元	3.7	0.8	7.5	6.1	51.2	30.7
	2001~3000 元	7.9	0.2	7.3	3.5	67.1	14.0
	3001~4000 元	8.0	3.1	8.6	3.7	66.9	9.7
	4001~5000 元	7.4	1.5	7.1	2.9	74.4	6.7
	5001~6000 元	8.4	0.6	8.4	1.4	75.0	6.2
	6001 元及以上	6.8	5.0	11.1	1.7	70.2	5.2

“*”表示该目标听众样本量不足,无法进行统计推断。

表 3.30.6 2017 年厦门市场份额排名前 5 位的频率

排名	频率名称	市场份额(%)
1	厦门音乐广播 FM90.9	35.1
2	厦门经济交通广播 FM107/AM1278	22.5
3	厦门人民广播电台综合广播 FM99.6/AM1107	10.4
4	福建人民广播电台交通广播 FM100.7	4.1
4	中央人民广播电台第一套节目中国之声	4.1

表 3.30.7　2017 年厦门市场收听率排名前 30 位的节目

排名	节目名称	播出频率	收听率(%)	市场份额(%)
1	音乐老朋友	厦门音乐广播 FM90.9	3.9	39.1
2	古典也疯狂	厦门音乐广播 FM90.9	3.1	42.6
3	听众专电	厦门经济交通广播 FM107/AM1278	2.3	29.9
4	早班直通车	厦门经济交通广播 FM107/AM1278	2.1	23.7
5	中国歌曲排行榜	厦门音乐广播 FM90.9	1.7	34.6
6	风铃叮当	厦门音乐广播 FM90.9	1.6	39.3
7	经典回响	厦门音乐广播 FM90.9	1.5	43.1
8	交通现场	厦门经济交通广播 FM107/AM1278	1.5	33.0
9	天下父母	厦门经济交通广播 FM107/AM1278	1.3	17.2
10	美食转转转	厦门音乐广播 FM90.9	1.2	29.7
11	超级星期天	厦门音乐广播 FM90.9	1.1	38.9
12	走遍八闽	厦门音乐广播 FM90.9	1.1	37.7
13	一路欢畅	厦门音乐广播 FM90.9	1.1	35.7
14	天天运动会	厦门音乐广播 FM90.9	1.1	32.6
15	全城大点播	厦门音乐广播 FM90.9	0.9	38.7
16	绝对影响	厦门音乐广播 FM90.9	0.9	34.0
17	CATCHFM	厦门音乐广播 FM90.9	0.9	32.6
18	我爱我车	厦门经济交通广播 FM107/AM1278	0.9	30.4
19	转播《新闻和报纸摘要》	厦门人民广播电台综合广播 FM99.6/AM1107	0.9	29.5
20	下班快乐	厦门音乐广播 FM90.9	0.9	24.6
21	运动自由行	厦门经济交通广播 FM107/AM1278	0.9	21.4
22	八点欢乐会	厦门经济交通广播 FM107/AM1278	0.9	18.4
23	新闻招手停	厦门人民广播电台综合广播 FM99.6/AM1107	0.9	9.3
24	韩日音乐放送	厦门音乐广播 FM90.9	0.8	37.1
25	明星大牌档(1)	厦门音乐广播 FM90.9	0.8	30.9
26	娱乐七点	厦门经济交通广播 FM107/AM1278	0.8	20.9
27	909 音乐教室	厦门音乐广播 FM90.9	0.7	38.9
28	文化厦门	厦门音乐广播 FM90.9	0.7	36.8
29	房地产广场	厦门经济交通广播 FM107/AM1278	0.7	22.6
30	法庭内外	厦门经济交通广播 FM107/AM1278	0.7	17.5

三十一、郑州收听数据

表 3.31.1　2015～2017 年郑州各目标听众人均收听时间(分钟)

目标听众		2015 年	2016 年	2017 年
10 岁及以上所有人		50	50	51
性别	男	49	52	50
	女	51	48	53
年龄	10～14 岁	9	10	10
	15～24 岁	17	17	20
	25～34 岁	42	59	56
	35～44 岁	62	52	60
	45～54 岁	71	69	66
	55～64 岁	97	84	73
	65 岁及以上	103	106	108
文化程度	未受过正规教育	59	50	*
	小学	42	38	49
	初中	49	51	57
	高中	58	55	51
	大学及以上	41	46	48
职业	干部/管理人员	49	68	61
	初级公务员/雇员	48	52	47
	个体/私营企业人员	65	57	61
	工人	45	57	56
	学生	12	11	12
	无业(包括退休人员)	78	71	80
	其他	52	*	*
个人月收入	没有收入	26	23	29
	1～2000 元	67	75	75
	2001～3000 元	62	62	65
	3001～4000 元	57	64	52
	4001～5000 元	41	50	62
	5001～6000 元	56	60	56
	6001 元及以上	86	59	59

注:郑州为全年连续调查城市。"*"表示目标听众样本量不足,无法进行统计推断

表 3.31.2　2015～2017 年郑州听众在不同地点的人均收听时间(分钟)

地　点	2015 年	2016 年	2017 年
在家	32	29	33
车上	10	14	13
工作/学习场所	4	4	3
其他场所	3	2	2

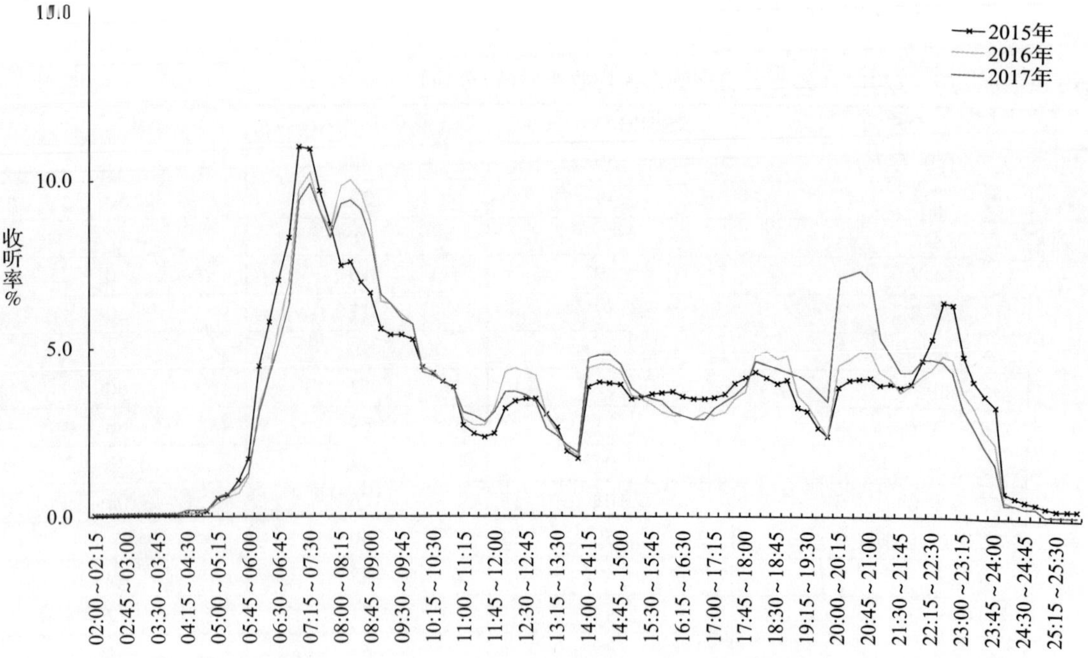

图 3.31.1　2015~2017 年郑州听众全天收听率走势

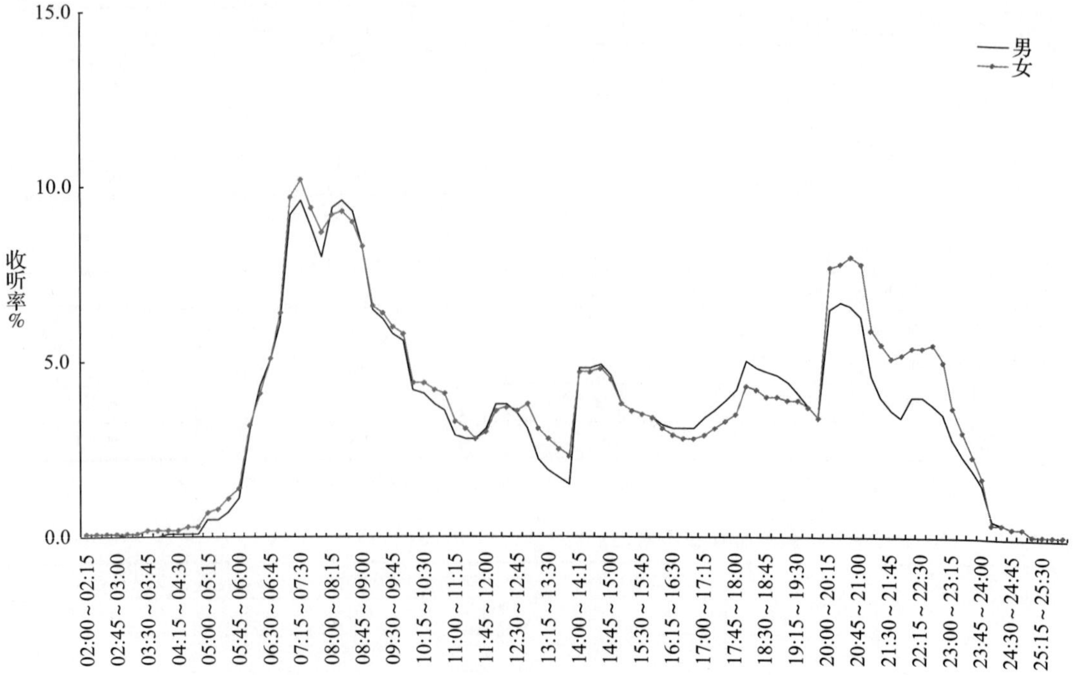

图 3.31.2　2017 年郑州不同性别听众全天收听率走势

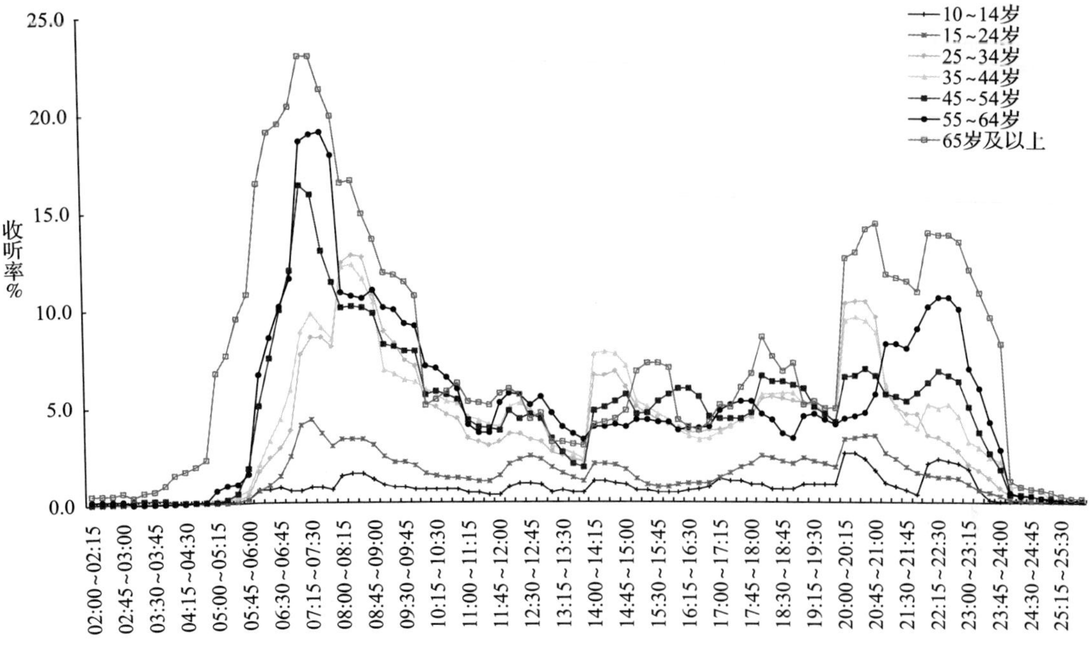

图 3.31.3　2017 年郑州不同年龄听众全天收听率走势

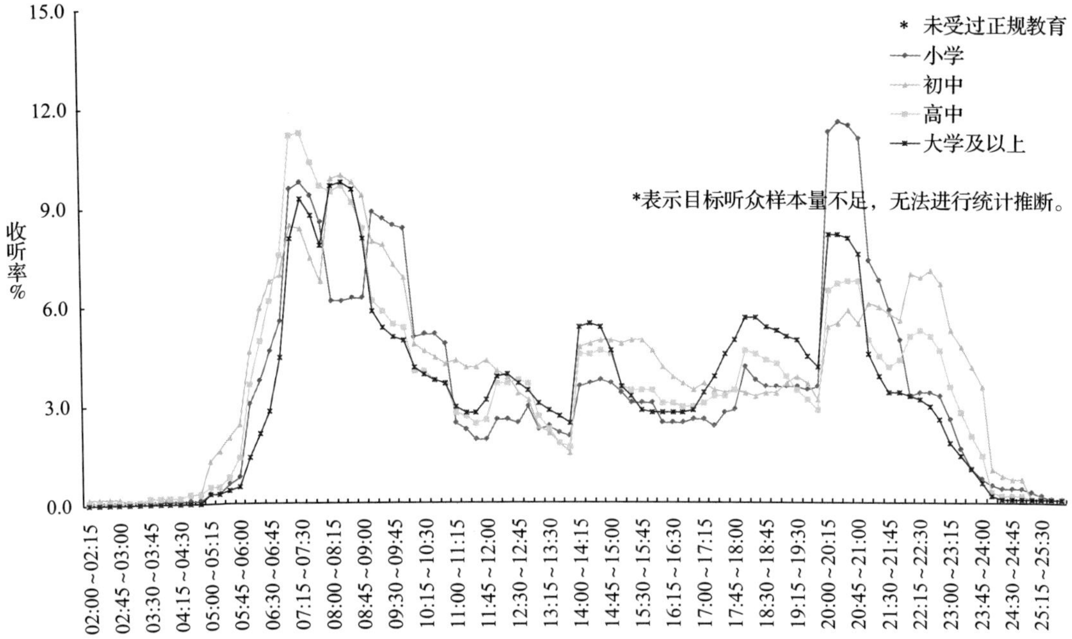

图 3.31.4　2017 年郑州不同文化程度听众全天收听率走势

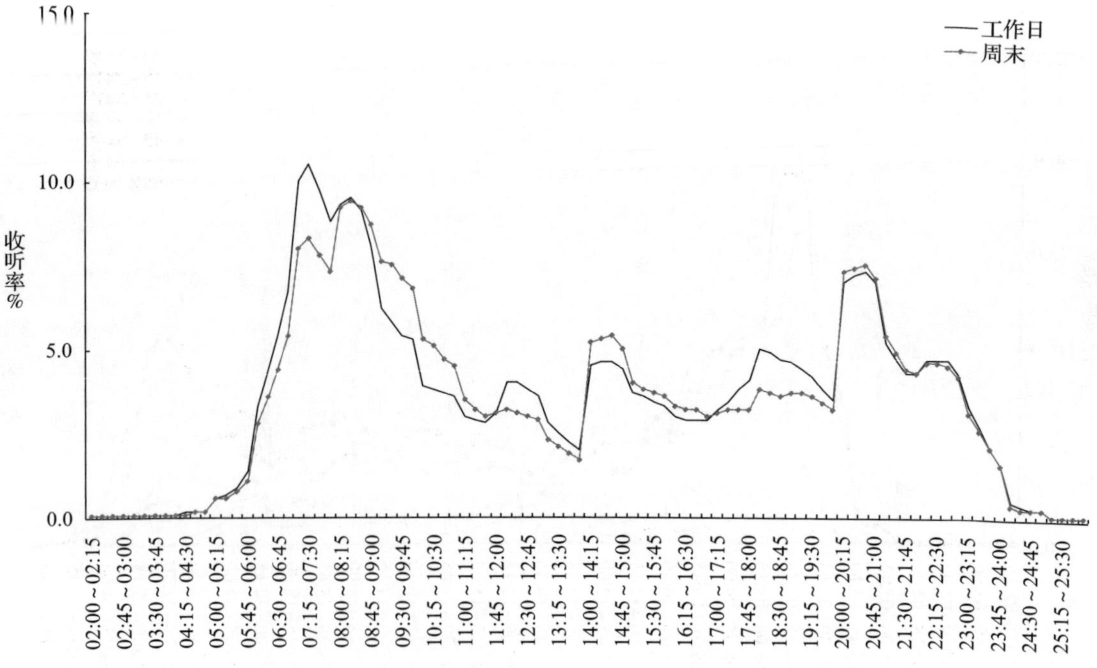

图 3.31.5 2017 年郑州听众工作日与周末全天收听率走势

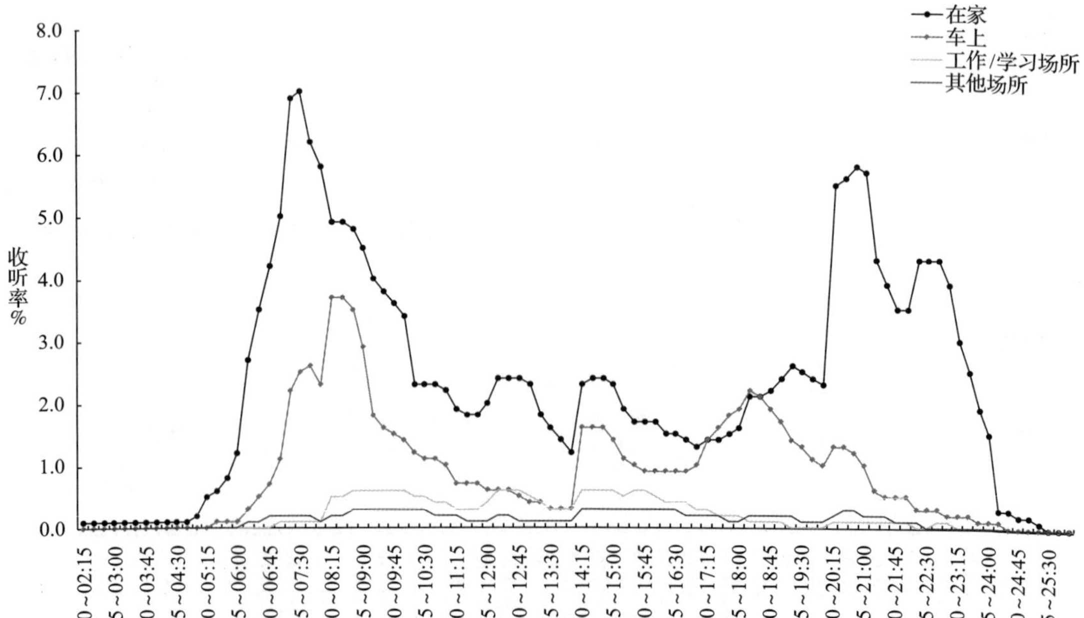

图 3.31.6 2017 年郑州听众在不同收听地点全天收听率走势

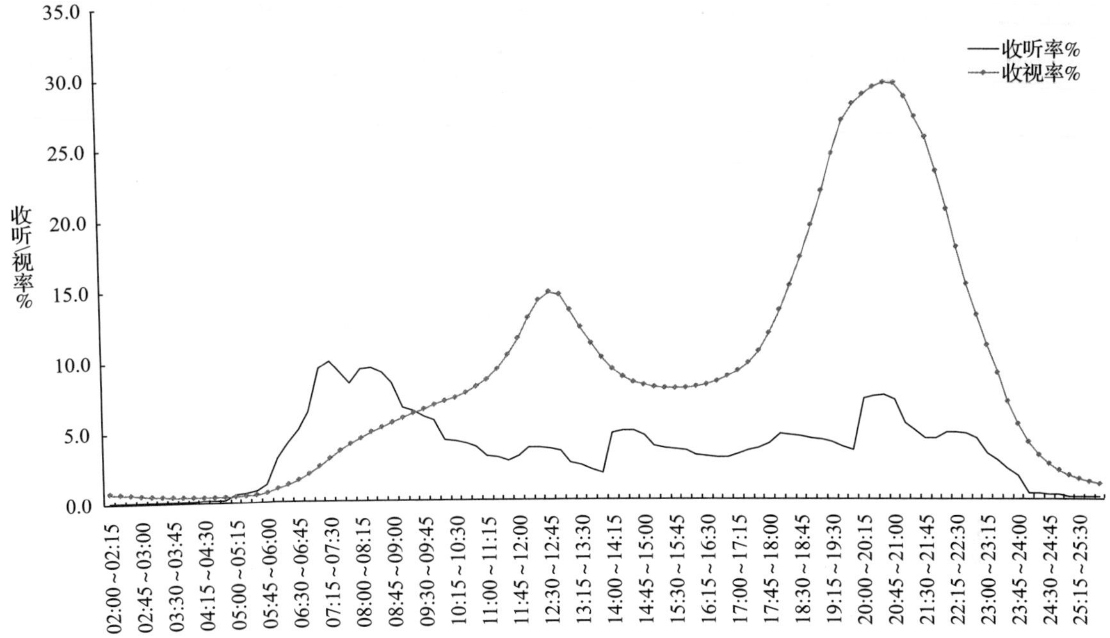

图 3.31.7　2017 年郑州受众全天收听率、收视率走势比较(目标受众为 10 岁及以上所有人)

表 3.31.3 2017 年郑州市场听众构成(%)

目标听众		听众构成(%)
10 岁及以上所有人		100.0
性别	男	49.5
	女	50.5
年龄	10~14 岁	0.9
	15~24 岁	10.1
	25~34 岁	24.7
	35~44 岁	24.5
	45~54 岁	15.3
	55~64 岁	11.0
	65 岁及以上	13.4
文化程度	未受过正规教育	*
	小学	6.9
	初中	25.4
	高中	37.1
	大学及以上	30.6
职业	干部/管理人员	8.5
	初级公务员/雇员	23.5
	个体/私营企业人员	18.4
	工人	12.3
	学生	4.6
	无业(包括退休人员)	32.8
	其他	*
个人月收入	没有收入	16.2
	1~2000 元	10.2
	2001~3000 元	33.8
	3001~4000 元	19.8
	4001~5000 元	9.3
	5001~6000 元	6.8
	6001 元及以上	3.8

注:"*"表示目标听众样本量不足,无法统计推断

表 3.31.4 2015~2017 年郑州市场各广播电台的市场份额(%)

广播电台	2015 年	2016 年	2017 年
中央人民广播电台	4.9	5.3	5.6
中国国际广播电台	0.0	0.0	0.0
河南人民广播电台	44.9	44.7	49.4
郑州人民广播电台	49.8	49.5	44.1
其他广播电台	0.4	0.5	0.9

表 3.31.5 2017 年郑州市场各广播电台在不同目标听众中的市场份额(%)

目标听众		中央人民广播电台	中国国际广播电台	河南人民广播电台	郑州人民广播电台	其他广播电台
10 岁及以上所有人		5.6	0.0	49.4	44.1	0.9
性别	男	5.8	0.0	50.5	42.9	0.8
	女	5.5	0.0	48.4	45.3	0.4
年龄	10~14 岁	8.1	0.0	55.7	35.0	1.2
	15~24 岁	5.2	0.0	55.7	38.1	1.0
	25~34 岁	3.1	0.0	55.1	41.2	0.6
	35~44 岁	5.7	0.0	48.9	44.1	1.3
	45~54 岁	5.5	0.0	47.8	46.0	0.7
	55~64 岁	4.3	0.0	38.0	57.0	0.7
	65 岁及以上	11.6	0.0	46.1	41.8	0.5
文化程度	未受过正规教育	*	*	*	*	*
	小学	5.5	0.0	56.9	37.1	0.5
	初中	5.9	0.0	43.8	49.7	0.6
	高中	6.1	0.0	47.8	45.2	0.9
	大学及以上	4.5	0.0	54.3	40.0	1.2
职业	干部/管理人员	6.1	0.0	57.9	34.7	1.3
	初级公务员/雇员	5.0	0.0	54.3	39.8	0.9
	个体/私营企业人员	3.5	0.0	50.4	45.6	0.5
	工人	4.4	0.0	47.0	47.9	0.7
	学生	8.9	0.0	56.1	33.7	1.3
	无业(包括退休人员)	7.3	0.0	42.2	49.7	0.8
	其他	*	*	*	*	*
个人月收入	没有收入	4.9	0.0	51.1	42.8	1.2
	1~2000 元	7.7	0.0	46.7	45.1	0.5
	2001~3000 元	6.6	0.0	46.9	45.9	0.6
	3001~4000 元	4.7	0.0	53.1	41.3	0.9
	4001~5000 元	6.6	0.0	51.1	41.1	1.2
	5001~6000 元	2.0	0.0	51.9	45.2	0.9
	6001 元及以上	3.0	0.0	46.4	49.6	1.0

* 表示目标听众样本量不足,无法进行统计推断

表 3.31.6 2017 年郑州市场份额排名前 5 位的频率

排名	频率名称	市场份额(%)
1	郑州人民广播电台新闻广播 AM549/FM98.8	18.7
2	河南音乐广播 FM88.1	14.2
3	郑州都市广播 FM91.2	9.9
4	河南交通广播 FM104.1/FM92.4	9.3
5	河南新闻广播 FM95.4	8.4

表 3.31.7　2017 年郑州市场收听率排名前 30 位的节目

排名	节目名称	播出频率	收听率(%)	市场份额(%)
1	今夜不寂寞	郑州人民广播电台新闻广播 AM549/FM98.6	2.1	67.1
2	986 夜新闻	郑州人民广播电台新闻广播 AM549/FM98.6	2.1	46.8
3	郑州早新闻	郑州人民广播电台新闻广播 AM549/FM98.6	2.0	20.5
4	河南新闻	河南人民广播电台新闻广播 AM657/FM95.4/FM102.3	1.7	16.2
5	与你同行(上午版)	河南人民广播电台新闻广播 AM657/FM95.4/FM102.3	1.5	15.8
6	魅力新鲜行	河南人民广播电台音乐广播 FM88.1	1.4	14.5
7	转播《新闻与报纸摘要》	郑州人民广播电台新闻广播 AM549/FM98.6	1.3	22.8
8	986 整点播报(20:00)	郑州人民广播电台新闻广播 AM549/FM98.6	1.1	16.8
9	百姓热线	郑州人民广播电台新闻广播 AM549/FM98.6	1.1	12.8
10	交通互联网	郑州都市广播 FM91.2	1.1	12.1
11	一路听天下	河南人民广播电台交通广播 FM104.1/FM92.4	1.1	11.6
12	新闻早六点	郑州人民广播电台新闻广播 AM549/FM98.6	0.8	20.9
13	河南你早	河南人民广播电台新闻广播 AM657/FM95.4/FM102.3	0.8	20.1
14	986 听世界	郑州人民广播电台新闻广播 AM549/FM98.6	0.7	16.6
15	魅力快乐 song	河南人民广播电台音乐广播 FM88.1	0.7	15.7
16	魅力动情歌	河南人民广播电台音乐广播 FM88.1	0.7	13.4
17	专题讲座 20:00 ~ 21:00	河南人民广播电台娱乐 976 AM1143/FM97.6	0.7	9.3
18	931 郑州早新闻	郑州经济广播 AM711/FM93.1	0.7	6.8
19	986 整点播报(13:00)	郑州人民广播电台新闻广播 AM549/FM98.6	0.6	22.8
20	魅力漫步 melody	河南人民广播电台音乐广播 FM88.1	0.6	17.5
21	魅力左岸	河南人民广播电台音乐广播 FM88.1	0.6	16.4
22	交通互联网 · 欢乐晚高峰	郑州都市广播 FM91.2	0.6	15.7
23	986 整点播报(10:00)	郑州人民广播电台新闻广播 AM549/FM98.6	0.6	15.0
24	马路欢乐派	河南人民广播电台交通广播 FM104.1/FM92.4	0.6	14.9
24	豫广新闻	河南人民广播电台新闻广播 AM657/FM95.4/FM102.3	0.6	14.9
26	转播《新闻联播》	郑州人民广播电台新闻广播 AM549/FM98.6	0.6	14.6
27	快乐掌门人	郑州都市广播 FM91.2	0.6	13.4
28	金色方向盘 online	郑州都市广播 FM91.2	0.6	10.9
29	986 理财时间	郑州人民广播电台新闻广播 AM549/FM98.6	0.6	10.3
30	重播《郑州早新闻》	郑州人民广播电台新闻广播 AM549/FM98.6	0.6	9.6

三十二、安徽收听数据

表 3.32.1 2015~2017 年安徽各目标听众人均收听时间(分钟)

目标听众		2015 年	2016 年	2017 年			
				第一波	第二波	第三波	第四波
10 岁及以上所有人		31	28	28	29	28	26
城乡	城市	41	39	39	36	32	30
	农村	24	21	22	24	25	23
性别	男	35	33	32	32	31	28
	女	25	23	24	25	24	23
年龄	10~14 岁	13	5	5	6	8	6
	15~24 岁	11	12	12	11	11	10
	25~34 岁	25	24	25	24	23	22
	35~44 岁	30	32	32	33	31	27
	45~54 岁	36	32	35	40	39	36
	55~64 岁	52	43	45	41	39	41
	65 岁及以上	73	52	44	45	46	42
文化程度	未受过正规教育	31	26	19	19	16	20
	小学	30	28	28	29	29	30
	初中	33	30	29	31	30	26
	高中	27	24	25	24	25	22
	大学及以上	31	33	37	32	29	27
职业	干部/管理人员	38	38	48	43	43	45
	初级公务员/雇员	28	28	32	25	22	21
	个体/私营企业人员	36	31	35	33	32	27
	工人	36	35	33	41	38	36
	农民/渔民/牧民	20	16	15	18	21	23
	学生	11	8	7	8	10	8
	无业(包括退休人员)	48	46	46	44	40	37
	其他	101	63	58	59	51	60
个人月收入	没有收入	15	15	15	15	16	14
	1~1000 元	29	21	18	21	28	26
	1001~2000 元	37	36	35	34	29	28
	2001~3000 元	40	37	39	37	31	30
	3001~4000 元	34	31	34	32	31	31
	4001~5000 元	37	38	36	50	51	36
	5001 元及以上	26	25	30	30	40	36

注:安徽为四波调查省网。2017 年四波调查时间分别为:第一波 2 月 26 日至 3 月 18 日,第二波 5 月 21 日至 6 月 10 日,第三波 8 月 20 日至 9 月 9 日,第四波 11 月 5 日至 11 月 25 日。

表 3.32.2 2015~2017 年安徽听众在不同地点的人均收听时间(分钟)

地点	2015 年	2016 年	2017 年
在家	21	19	17
车上	6	6	7
工作/学习场所	2	2	2
其他场所	1	2	2

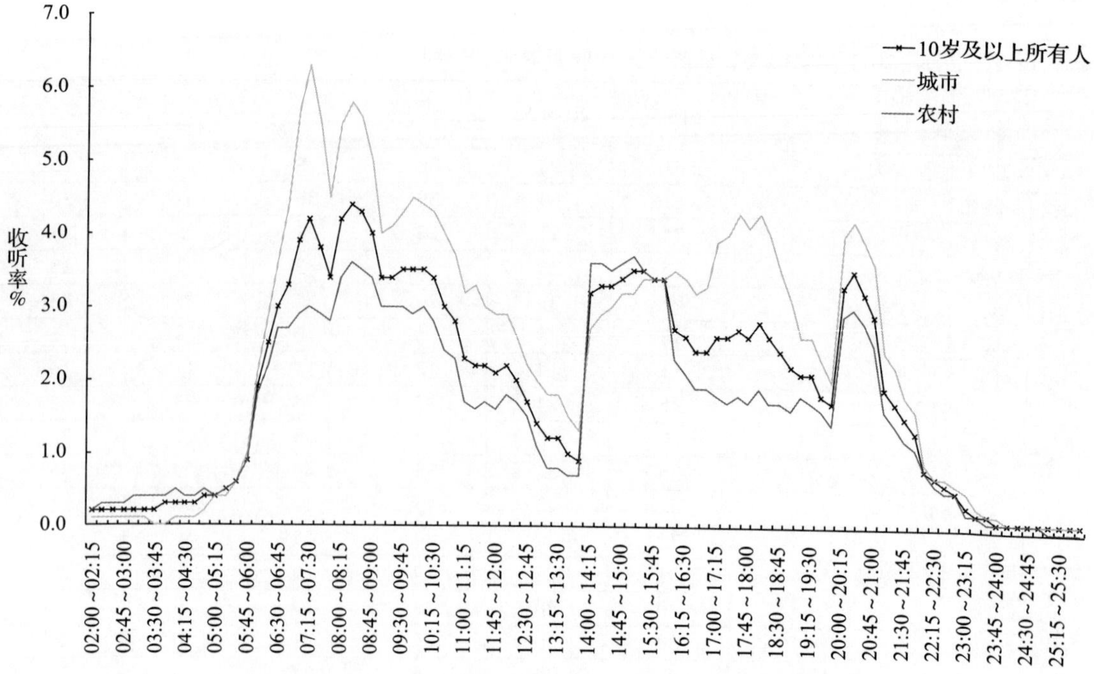

图 3.32.1　2017 年安徽听众全体及分城乡全天收听率走势

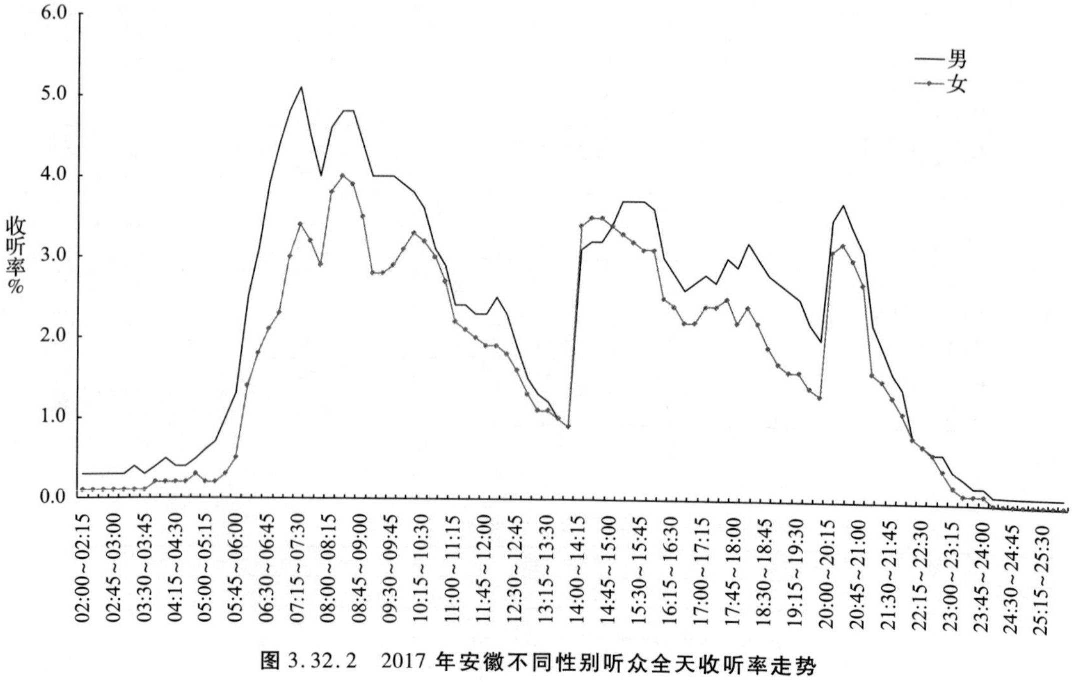

图 3.32.2　2017 年安徽不同性别听众全天收听率走势

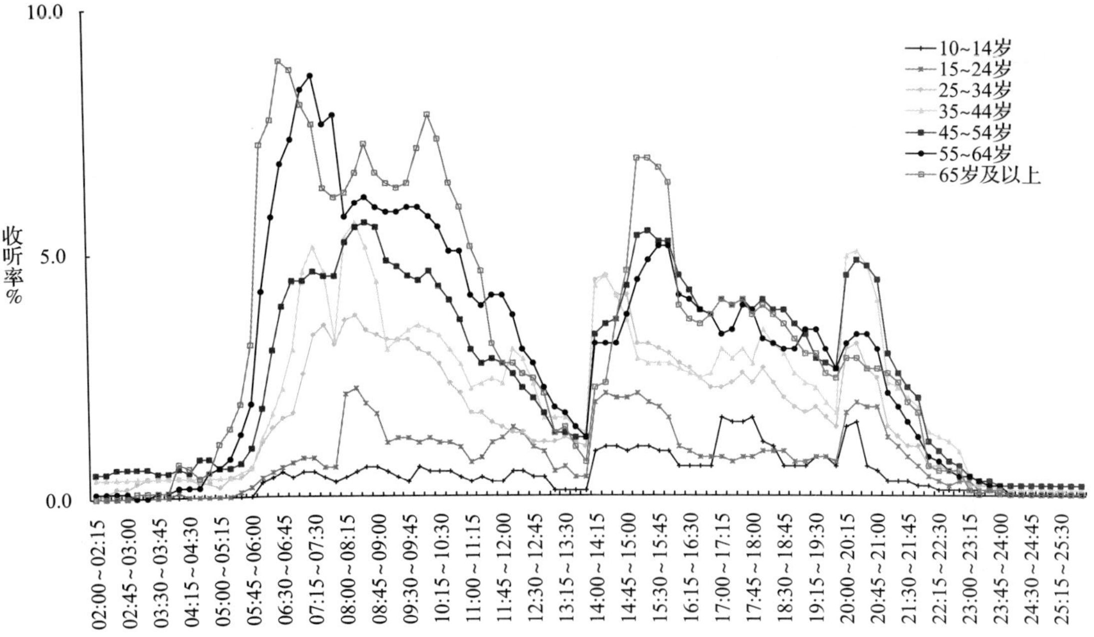

图 3.32.3　2017 年安徽不同年龄听众全天收听率走势

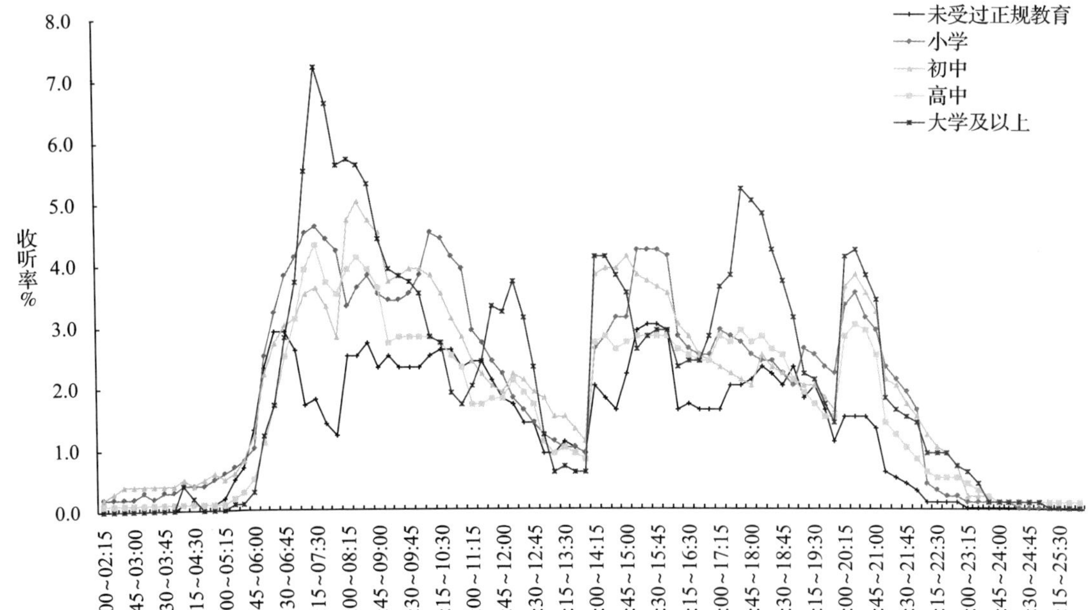

图 3.32.4　2017 年安徽不同文化程度听众全天收听率走势

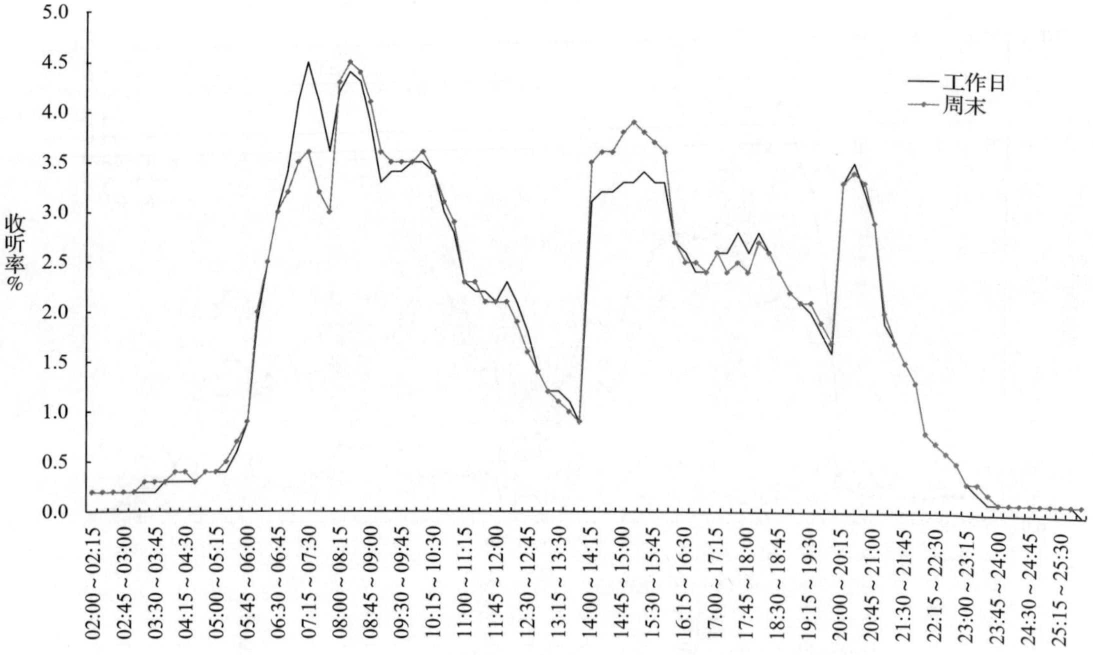

图 3.32.5　2017 年安徽听众工作日与周末全天收听率走势

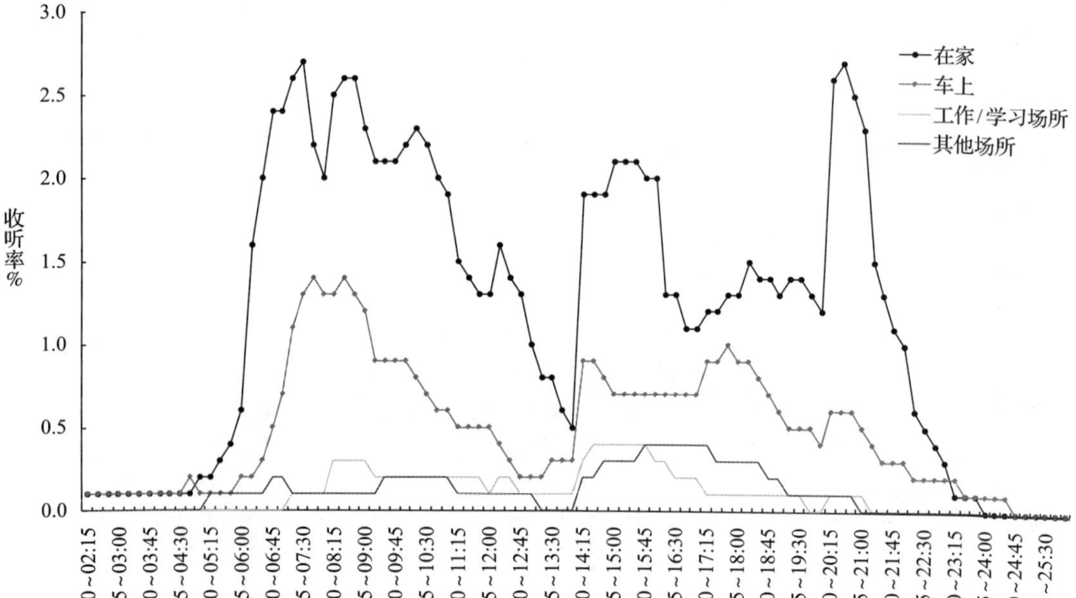

图 3.32.6　2017 年安徽听众在不同地点全天收听率走势

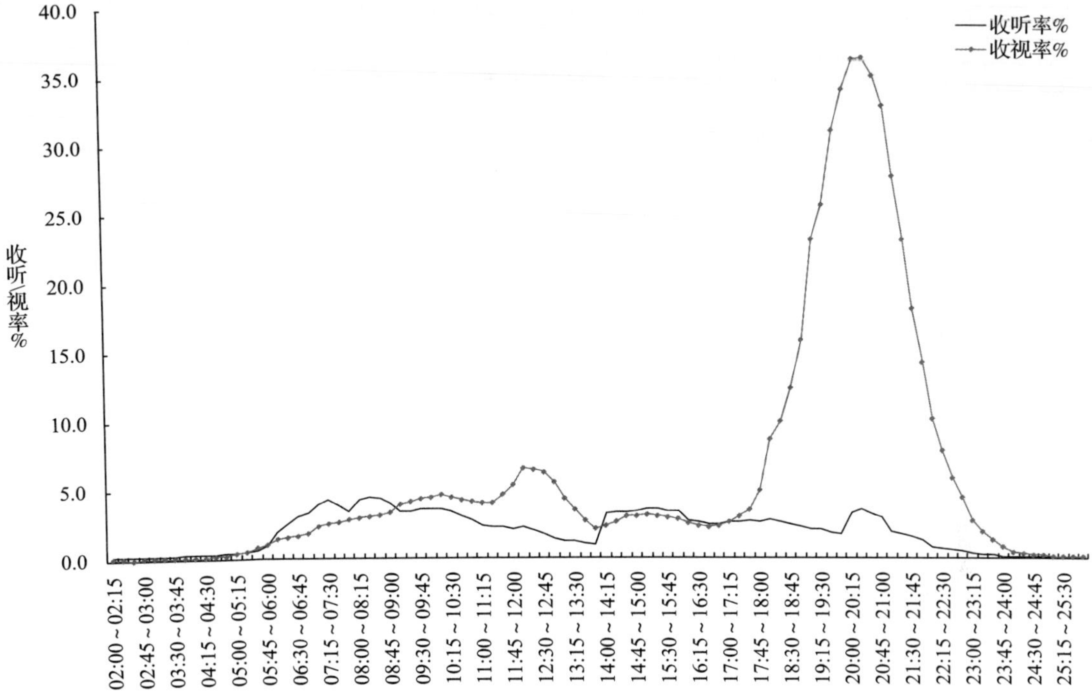

图 3.32.7　2017 年安徽受众全天收听率、收视率走势比较(目标受众为 10 岁及以上所有人)

表 3.32.3　2017 年安徽市场听众构成(%)

目标听众		听众构成(%)
10 岁及以上所有人		100.0
城乡	城市	47.0
	农村	53.0
性别	男	57.1
	女	42.9
年龄	10～14 岁	1.3
	15～24 岁	7.6
	25～34 岁	15.1
	35～44 岁	26.7
	45～54 岁	18.8
	55～64 岁	15.6
	65 岁及以上	14.9
文化程度	未受过正规教育	3.5
	小学	22.6
	初中	43.2
	高中	19.6
	大学及以上	11.1
职业	干部/管理人员	2.3
	个体/私营企业人员	10.2
	初级公务员/雇员	23.4
	工人	21.2
	农民/渔民/牧民	12.0
	学生	5.1
	无业(包括退休人员)	23.9
	其他	1.9
个人月收入	没有收入	14.3
	1～1000 元	10.6
	1001～2000 元	18.3
	2001～3000 元	24.9
	3001～4000 元	17.7
	4001～5000 元	9.9
	5001 元及以上	4.3

表 3.32.4　2015～2017 年安徽市场各广播电台的市场份额(%)

广播电台	2015 年	2016 年	2017 年			
			第一波	第二波	第三波	第四波
中央人民广播电台	16.4	14.8	16.4	15.1	14.9	14.9
中国国际广播电台	0.1	0.2	0.1	0.1	0.2	0.0
安徽广播电视总台	60.3	61.3	62.1	62.9	61.4	57.7
其他广播电台	23.2	23.7	21.4	21.9	23.5	27.4

表 3.32.5　2017 年安徽市场各广播电台在不同目标听众中的市场份额(%)

目标听众		中央人民广播电台	中国国际广播电台	安徽广播电视总台	其他广播电台
10 岁及以上所有人		15.3	0.1	61.1	23.5
城乡	城市	17.6	0.2	56.1	26.1
	农村	13.3	0.0	65.6	21.1
性别	男	17.5	0.1	59.7	22.7
	女	12.4	0.0	63.1	24.5
年龄	10～14 岁	12.1	0.0	57.3	30.6
	15～24 岁	10.3	0.0	66.7	23.0
	25～34 岁	8.8	0.1	65.7	25.4
	35～44 岁	9.1	0.1	68.3	22.5
	45～54 岁	13.7	0.1	62.0	24.2
	55～64 岁	26.1	0.1	48.1	25.7
	65 岁及以上	26.6	0.1	53.4	19.9
文化程度	未受过正规教育	23.9	0.0	41.7	34.4
	小学	18.5	0.1	58.2	23.2
	初中	14.6	0.1	61.2	24.1
	高中	10.6	0.1	67.2	22.1
	大学及以上	17.2	0.3	62.1	20.4
职业	干部/管理人员	2.2	1.1	74.1	22.6
	个体/私营企业人员	18.1	0.2	60.0	21.7
	初级公务员/雇员	11.5	0.0	70.2	18.3
	工人	11.4	0.0	66.7	21.9
	农民/渔民/牧民	12.4	0.0	51.7	35.9
	学生	13.0	0.1	59.6	27.3
	无业(包括退休人员)	20.6	0.1	56.7	22.6
	其他	23.6	0.0	64.7	11.7
个人月收入	没有收入	14.8	0.0	59.1	26.1
	1～1000 元	13.4	0.0	53.5	33.1
	1001～2000 元	18.6	0.1	59.7	21.6
	2001～3000 元	20.2	0.1	57.3	22.4
	3001～4000 元	14.9	0.1	63.9	21.1
	4001～5000 元	4.4	0.0	76.6	19.0
	5001 元及以上	6.6	0.6	68.4	24.4

表 3.32.6　2017 年安徽市场份额排名前 5 位的频率

排　名	频率名称	市场份额(%)
1	安徽交通广播	17.5
2	安徽音乐广播	15.8
3	中央人民广播电台第一套节目中国之声	12.7
4	安徽新闻综合广播	6.5
5	安徽小说评书广播	5.1

表 3.32.7 2017 年安徽市场收听率排名前 30 位的节目

排名	节目名称	播出频率	收听率（%）	市场份额（%）
1	新闻和报纸摘要	中央人民广播电台第一套节目中国之声	1.3	40.5
2	品牌之旅	中央人民广播电台第一套节目中国之声	1.1	44.9
3	残疾人之友	中央人民广播电台第一套节目中国之声	0.9	44.1
4	国防时空	中央人民广播电台第一套节目中国之声	0.9	41.0
5	金曲大本营	安徽音乐广播	0.8	25.7
6	中国歌曲排行榜（直播北京音乐台）	安徽音乐广播	0.7	20.2
7	新闻纵横	中央人民广播电台第一套节目中国之声	0.7	16.7
8	音乐随心聊	安徽音乐广播	0.6	18.8
9	音乐晨飞扬	安徽音乐广播	0.6	14.4
10	音乐爱假日	安徽音乐广播	0.5	17.7
11	老信件旧时光	安徽音乐广播	0.5	17.1
12	一路微微笑	安徽音乐广播	0.5	16.1
13	小喇叭	中央人民广播电台第一套节目中国之声	0.5	14.2
14	全省新闻联播	安徽新闻综合广播	0.5	11.4
15	星星梦工厂	安徽音乐广播	0.4	17.4
16	嘻哈二人行	安徽音乐广播	0.4	14.7
17	名家教唱	安徽戏曲广播	0.4	8.2
18	老信件旧时光（重播）	安徽音乐广播	0.3	17.7
19	895 读书会	安徽音乐广播	0.3	16.2
20	央广新闻晚高峰（19:00）	中央人民广播电台第一套节目中国之声	0.3	15.1
21	早听天下	安徽新闻综合广播	0.3	14.9
22	全国新闻联播	中央人民广播电台第一套节目中国之声	0.3	13.6
23	895 金曲串流行	安徽音乐广播	0.3	13.1
24	音乐任我行	安徽音乐广播	0.3	12.8
25	中国大舞台	中央人民广播电台第一套节目中国之声	0.3	11.6
26	直播中国	中央人民广播电台第一套节目中国之声	0.3	11.1
27	央广新闻(09:00)	中央人民广播电台第一套节目中国之声	0.3	10.0
28	今天我是角儿	安徽戏曲广播	0.3	9.2
29	908 体育圈	安徽小说评书广播	0.3	7.9
30	古今传奇	安徽小说评书广播	0.3	7.7

三十三、福建收听数据

表 3.33.1　2015～2017 年福建各目标听众人均收听时间(分钟)

目标听众		2015 年	2016 年	2017 年			
				第一波	第二波	第三波	第四波
10 岁及以上所有人		41	41	40	41	40	42
城乡	城市	47	46	45	46	46	48
	农村	36	38	36	37	35	37
性别	男	43	44	43	46	43	45
	女	39	38	36	36	37	38
年龄	10～14 岁	16	12	10	10	12	10
	15～24 岁	20	19	18	20	18	20
	25～34 岁	34	36	37	38	38	39
	35～44 岁	41	43	42	41	42	44
	45～54 岁	47	43	42	41	42	45
	55～64 岁	62	71	63	71	62	67
	65 岁及以上	99	87	80	81	77	77
文化程度	未受过正规教育	61	56	54	43	39	46
	小学	46	46	37	44	44	45
	初中	35	36	35	36	35	37
	高中	42	44	43	42	41	41
	大学及以上	40	43	46	52	48	51
职业	干部/管理人员	46	41	51	56	54	54
	初级公务员/雇员	39	39	41	43	41	41
	个体/私营企业人员	45	44	44	42	45	45
	工人	38	40	37	35	37	41
	农民/渔民/牧民	49	46	37	36	38	39
	学生	17	14	12	12	15	16
	无业(包括退休人员)	58	61	57	62	54	58
	其他	*	*	*	*	55	*
个人月收入	没有收入	27	28	27	27	25	26
	1～1000 元	65	61	55	59	62	61
	1001～2000 元	50	54	49	52	49	56
	2001～3000 元	37	40	42	42	40	40
	3001～4000 元	45	43	44	43	46	49
	4001～5000 元	39	42	40	40	37	38
	5001 元及以上	55	49	43	51	50	53

注:福建为四波调查省网。2017 年四波调查时间分别为:第一波 2 月 26 日至 3 月 18 日;第二波 5 月 21 日至 6 月 10 日;第三波 8 月 20 日至 9 月 9 日;第四波 11 月 5 日至 11 月 25 日

“*”表示目标听众样本量不足,无法进行统计推断

表 3.33.2　2015～2017 年福建听众在不同地点的人均收听时间(分钟)

地　　点	2015 年	2016 年	2017 年
在家	26	26	24
车上	10	11	13
工作/学习场所	3	3	2
其他场所	1	1	1

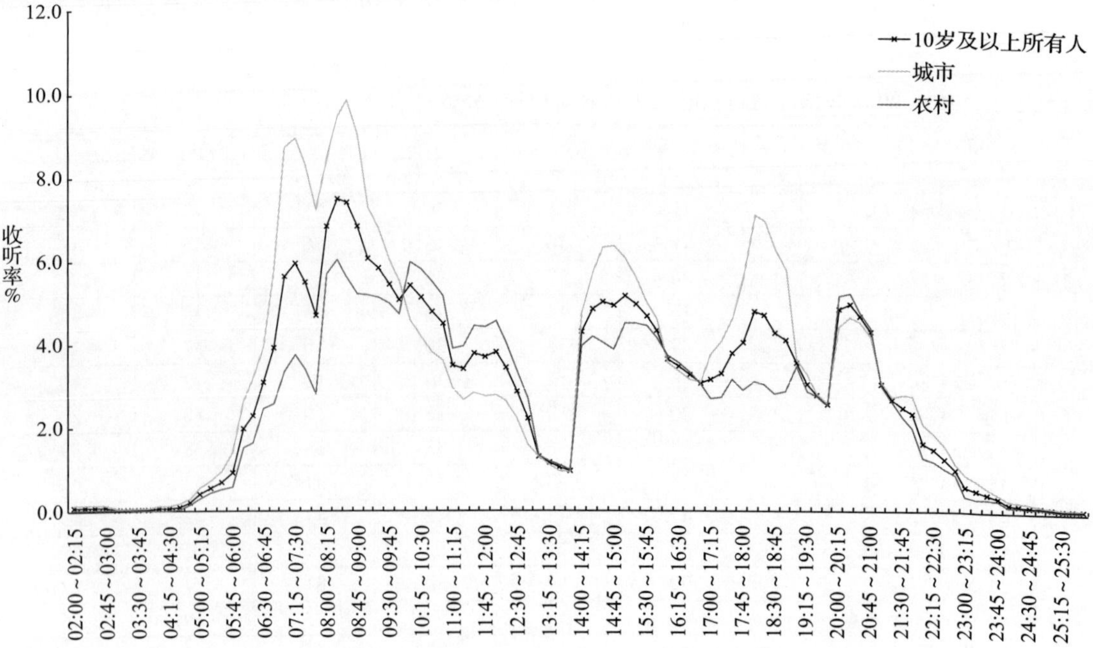

图 3.33.1 2017 年福建听众全体及分城乡全天收听率走势

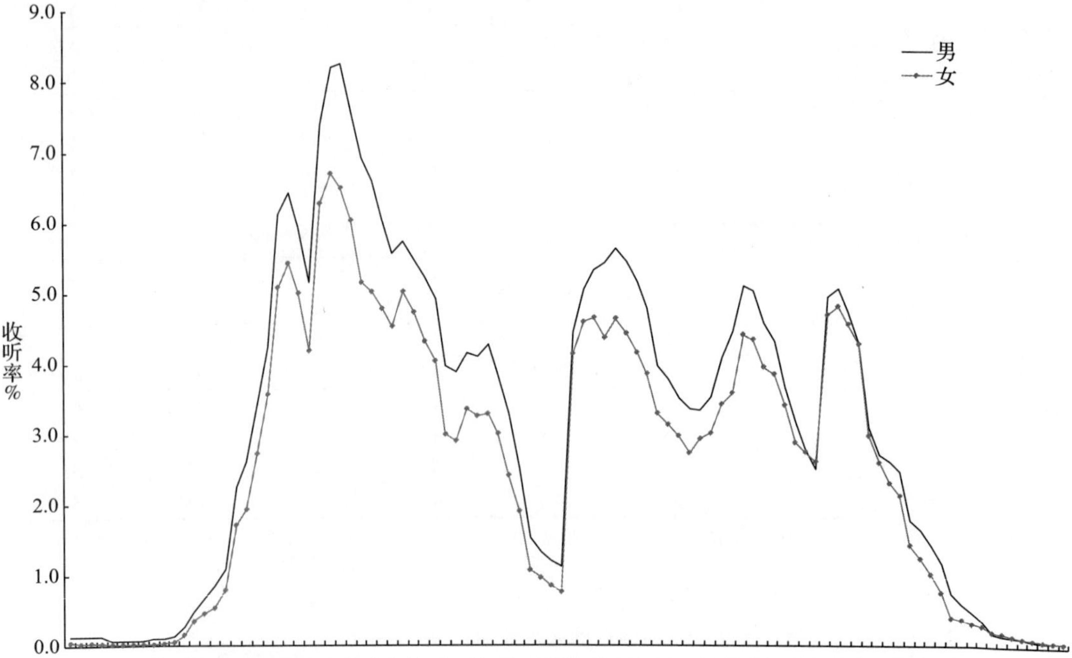

图 3.33.2 2017 年福建不同性别听众全天收听率走势

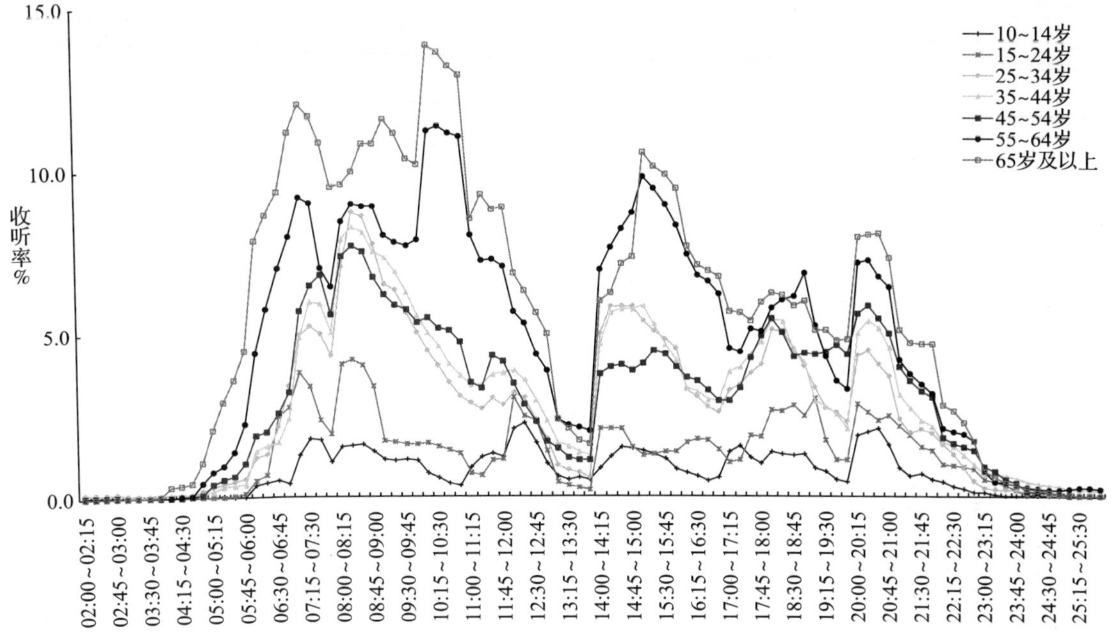

图 3.33.3　2017 年福建不同年龄听众全天收听率走势

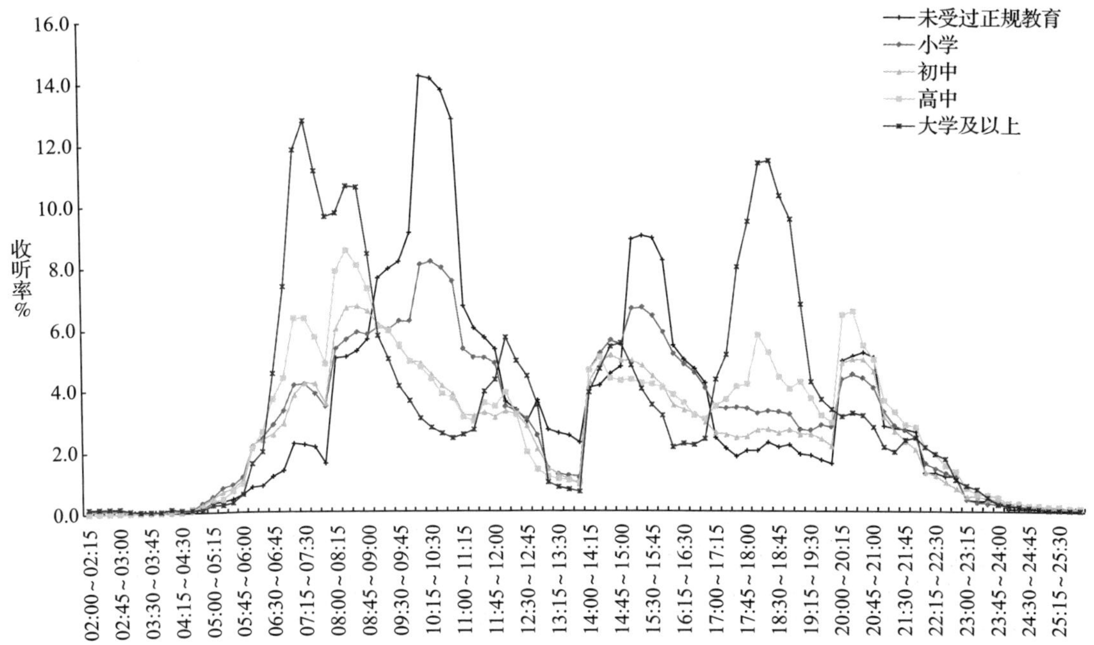

图 3.33.4　2017 年福建不同文化程度听众全天收听率走势

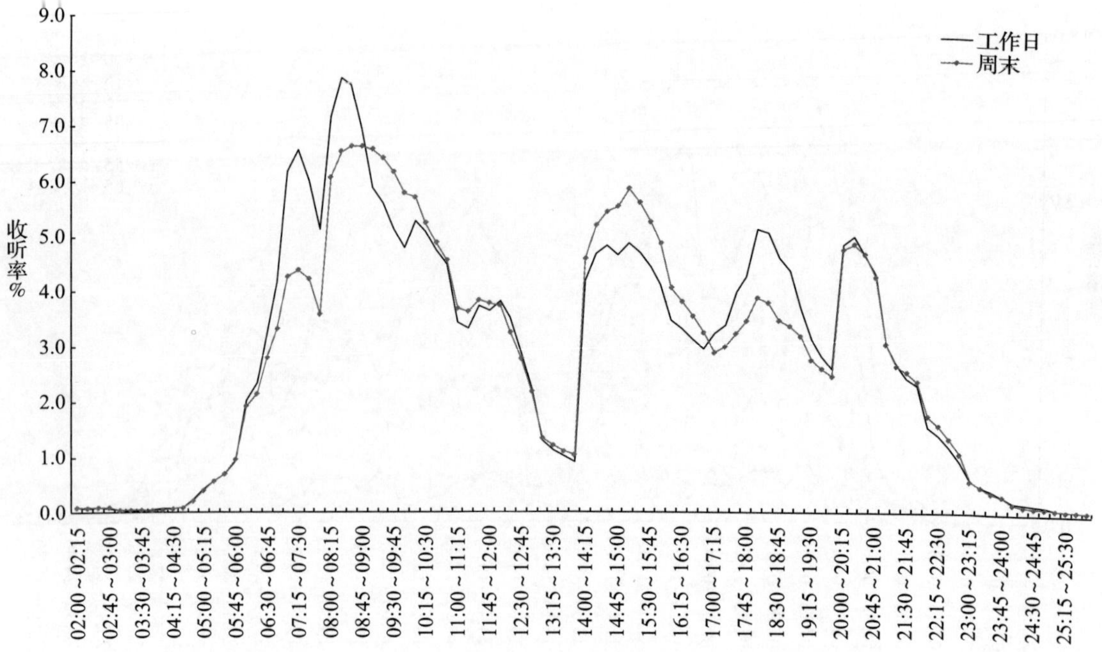

图 3.33.5　2017 年福建听众工作日与周末全天收听率走势

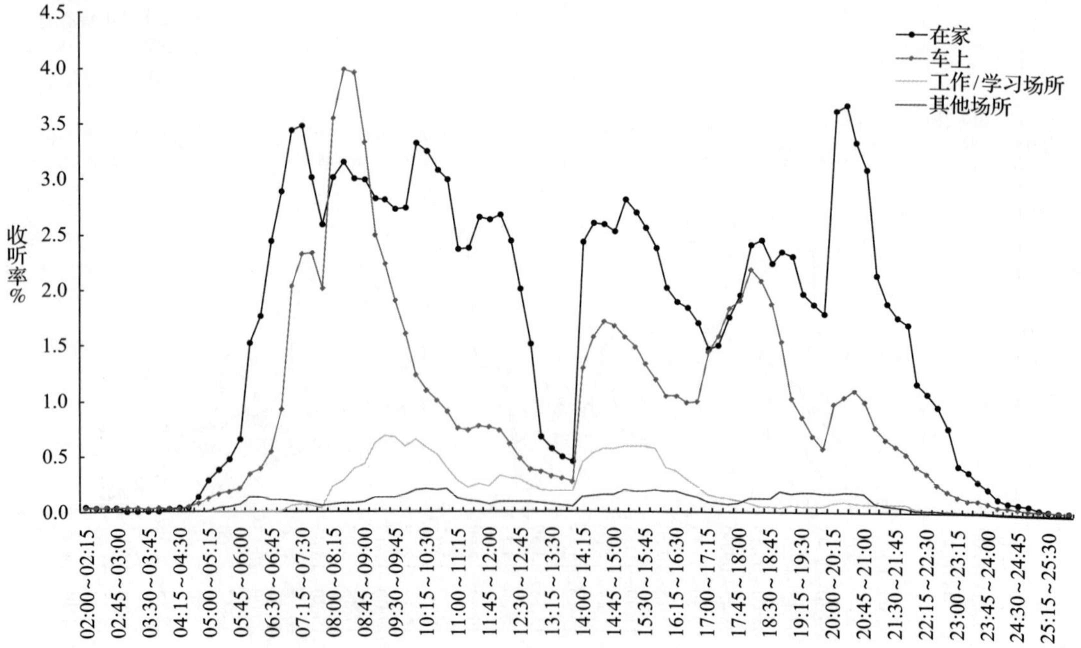

图 3.33.6　2017 年福建听众在不同地点全天收听率走势

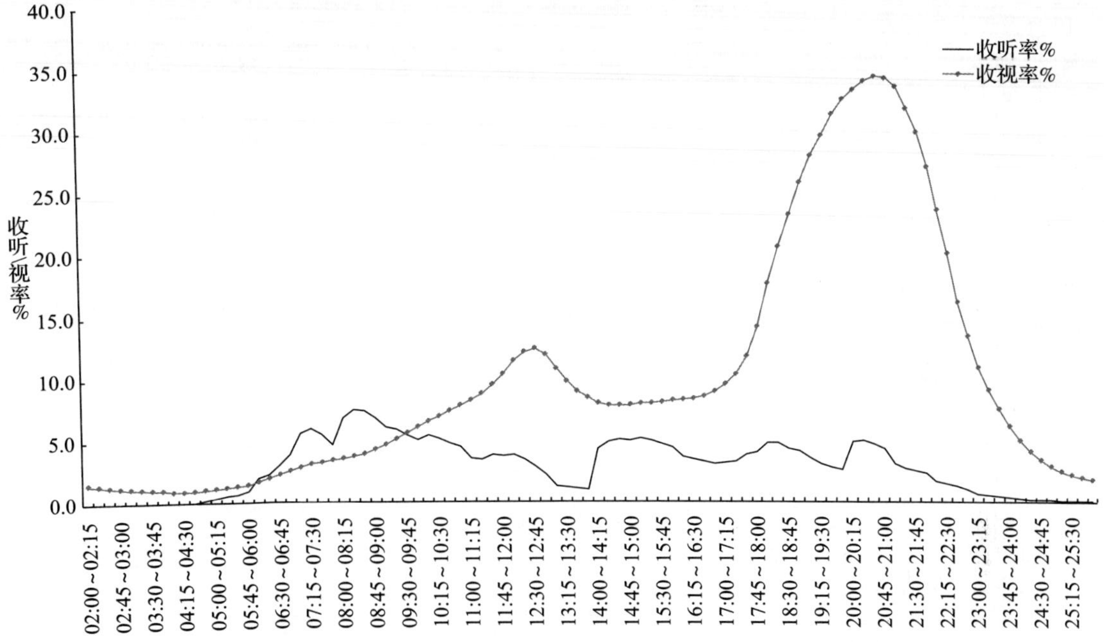

图 3.33.7　2017 年福建受众全天收听率、收视率走势比较(目标受众为 10 岁及以上所有人)

表 3.33.3　2017 年福建市场听众构成(%)

目标听众		听众构成(%)
10 岁及以上所有人		100.0
城乡	城市	48.6
	农村	51.4
性别	男	56.9
	女	43.1
年龄	10~14 岁	0.9
	15~24 岁	8.8
	25~34 岁	22.2
	35~44 岁	23.5
	45~54 岁	15.6
	55~64 岁	14.5
	65 岁及以上	14.6
文化程度	未受过正规教育	4.6
	小学	16.5
	初中	36.1
	高中	23.8
	大学及以上	19.1
职业	干部/管理人员	3.5
	初级公务员/雇员	19.8
	个体/私营企业人员	22.3
	工人	12.4
	农民/渔民/牧民	10.7
	学生	4.6
	无业(包括退休人员)	26.6
	其他	*
个人月收入	没有收入	16.2
	1~1000 元	8.5
	1001~2000 元	11.9
	2001~3000 元	23.2
	3001~4000 元	18.6
	4001~5000 元	8.3
	5001 元及以上	13.3

注:“*”表示目标听众样本量不足,无法进行统计推断

表 3.33.4　2015~2017 年福建市场各广播电台的市场份额(%)

广播电台	2015 年	2016 年	2017 年			
			第一波	第二波	第三波	第四波
中央人民广播电台	24.0	23.5	20.3	20.6	22.6	21.2
中国国际广播电台	0.7	0.4	0.3	0.2	0.1	0.2
福建广播影视集团	24.1	25.9	31.7	32.7	30.9	31.9
海峡之声广播电台	6.8	6.5	8.4	7.4	6.7	6.8
其他广播电台	44.4	43.7	39.3	39.1	39.7	39.9

表 3.33.5 2017 年福建市场各广播电台在不同目标听众中的市场份额(%)

目标听众		中央人民广播电台	中国国际广播电台	福建广播影视集团	海峡之声广播电台	其他广播电台
10 岁及以上所有人		21.2	0.2	31.8	7.3	39.5
城乡	城市	14.9	0.4	20.4	3.7	60.6
	农村	27.1	0.0	42.6	10.8	19.5
性别	男	20.7	0.1	33.5	7.1	38.6
	女	21.8	0.3	29.5	7.7	40.7
年龄	10~14 岁	34.2	0.0	33.4	2.8	29.6
	15~24 岁	16.4	0.6	40.0	6.9	36.1
	25~34 岁	16.4	0.4	38.4	3.9	40.9
	35~44 岁	18.2	0.1	36.9	4.7	40.1
	45~54 岁	25.3	0.2	28.7	7.3	38.5
	55~64 岁	23.6	0.0	26.6	9.8	40.0
	65 岁及以上	28.4	0.0	17.1	15.0	39.5
文化程度	未受过正规教育	9.3	0.0	13.7	27.1	49.9
	小学	23.2	0.0	21.6	14.3	40.9
	初中	23.7	0.1	36.9	5.8	33.5
	高中	21.7	0.2	32.2	3.8	42.1
	大学及以上	16.8	0.5	34.9	3.7	44.1
职业	干部/管理人员	14.9	0.3	23.7	7.0	54.1
	初级公务员/雇员	14.4	0.3	39.8	5.2	40.3
	个体/私营企业人员	21.7	0.1	35.4	2.6	40.2
	工人	16.6	0.1	30.2	5.8	47.3
	农民/渔民/牧民	30.5	0.0	21.7	19.7	28.1
	学生	23.2	1.0	28.4	8.3	39.1
	无业(包括退休人员)	24.4	0.2	29.8	8.2	37.4
	其他	*	*	*	*	*
个人月收入	没有收入	22.1	0.6	34.9	6.6	35.8
	1~1000 元	19.8	0.0	16.2	26.6	37.4
	1001~2000 元	33.1	0.1	32.0	8.0	26.8
	2001~3000 元	22.9	0.0	35.8	6.0	35.3
	3001~4000 元	22.3	0.2	33.3	3.1	41.1
	4001~5000 元	14.5	0.3	33.3	6.4	45.5
	5001 元及以上	9.8	0.2	27.5	4.3	58.2

“*”表示目标听众样本量不足,无法进行统计推断

表 3.33.6 2017 年福建市场份额排名前 5 位的频率

排 名	频率名称	市场份额(%)
1	中央人民广播电台第一套节目中国之声	15.8
2	福建人民广播电台交通广播 FM100.7	8.6
3	福建人民广播电台新闻综合广播 FM103.6/AM882	7.8
4	海峡之声广播电台闽南话频道 AM783	5.2
5	福建人民广播电台经济广播 FM96.1/AM1404	3.8

表 3.33.7　2017 年福建市场收听排名前 30 位的节目

排名	节目名称	播出频率	收听率（%）	市场份额（%）
1	交广早班车	福建人民广播电台交通广播 FM100.7	1.0	15.7
2	民情关注	福建人民广播电台新闻综合广播 FM103.6/AM882	0.9	13.0
3	新闻和报纸摘要	中央人民广播电台第一套节目中国之声	0.8	22.2
4	福建新闻	福建人民广播电台新闻综合广播 FM103.6/AM882	0.8	13.8
5	新闻纵横	中央人民广播电台第一套节目中国之声	0.8	13.3
6	央广新闻晚高峰（19:00）	中央人民广播电台第一套节目中国之声	0.7	21.9
7	新闻在线	福建人民广播电台新闻综合广播 FM103.6/AM882	0.7	15.7
8	方言故事	海峡之声广播电台闽南话频道 AM783	0.7	14.3
9	司机之友	福建人民广播电台交通广播 FM100.7	0.7	13.2
10	783 新闻快报	海峡之声广播电台闽南话频道 AM783	0.7	12.6
11	爱车有道	福建人民广播电台交通广播 FM100.7	0.6	16.7
12	一路畅通	福建人民广播电台交通广播 FM100.7	0.6	14.4
13	八闽新闻专递	福建人民广播电台新闻综合广播 FM103.6/AM882	0.6	14.0
14	全国新闻联播	中央人民广播电台第一套节目中国之声	0.6	13.7
15	汽车俱乐部	福建人民广播电台交通广播 FM100.7	0.6	12.7
15	小喇叭	中央人民广播电台第一套节目中国之声	0.6	12.7
17	快乐加油站	福建人民广播电台交通广播 FM100.7	0.6	11.9
18	残疾人之友	中央人民广播电台第一套节目中国之声	0.5	27.8
19	国防时空	中央人民广播电台第一套节目中国之声	0.5	24.8
20	品牌之旅	中央人民广播电台第一套节目中国之声	0.5	24.7
21	全球华语广播网	中央人民广播电台第一套节目中国之声	0.5	15.8
22	戏曲大世界	海峡之声广播电台闽南话频道 AM783	0.5	13.8
23	音乐节目	福建人民广播电台交通广播 FM100.7	0.5	13.6
24	中国大舞台	中央人民广播电台第一套节目中国之声	0.5	13.3
25	汽车小喇叭	福建人民广播电台交通广播 FM100.7	0.5	13.2
26	LIFE 生活秀	福建人民广播电台交通广播 FM100.7	0.5	12.7
27	央广新闻（09:00）	中央人民广播电台第一套节目中国之声	0.5	11.4
28	娱乐强强滚	海峡之声广播电台闽南话频道 AM783	0.5	11.1
29	直播中国	中央人民广播电台第一套节目中国之声	0.5	11.0
30	媒体精粹	福建人民广播电台新闻综合广播 FM103.6/AM882	0.5	9.2

三十四、辽宁收听数据

表 3.34.1 2015～2017 年辽宁各目标听众人均收听时间(分钟)

目标听众		2015 年	2016 年	2017 年
10 岁及以上所有人		56	57	57
城乡	城市	78	78	74
	农村	27	27	29
性别	男	58	57	60
	女	55	57	54
年龄	10～14 岁	15	14	10
	15～24 岁	28	24	25
	25～34 岁	44	40	41
	35～44 岁	51	51	54
	45～54 岁	71	70	65
	55～64 岁	83	86	80
	65 岁及以上	88	98	113
文化程度	未受过正规教育	30	65	56
	小学	50	43	49
	初中	50	56	58
	高中	78	67	62
	大学及以上	56	57	53
职业	干部/管理人员	79	93	55
	初级公务员/雇员	52	55	61
	个体/私营企业人员	61	47	51
	工人	58	55	54
	农民/渔民/牧民	52	50	48
	学生	22	19	19
	无业(包括退休人员)	71	83	84
	其他	*	*	*
个人月收入	没有收入	30	32	32
	1～1000 元	54	47	45
	1001～2000 元	67	68	66
	2001～3000 元	64	66	61
	3001～4000 元	61	61	64
	4001～5000 元	64	64	73
	5001 元及以上	82	57	79

注:辽宁省网为全年连续调查省网。“*”表示目标听众样本量不足,无法进行统计推断。

表 3.34.2 2015～2017 年辽宁听众在不同地点的人均收听时间(分钟)

地点	2015 年	2016 年	2017 年
在家	41	44	40
车上	9	8	12
工作/学习场所	5	4	4
其他场所	1	1	1

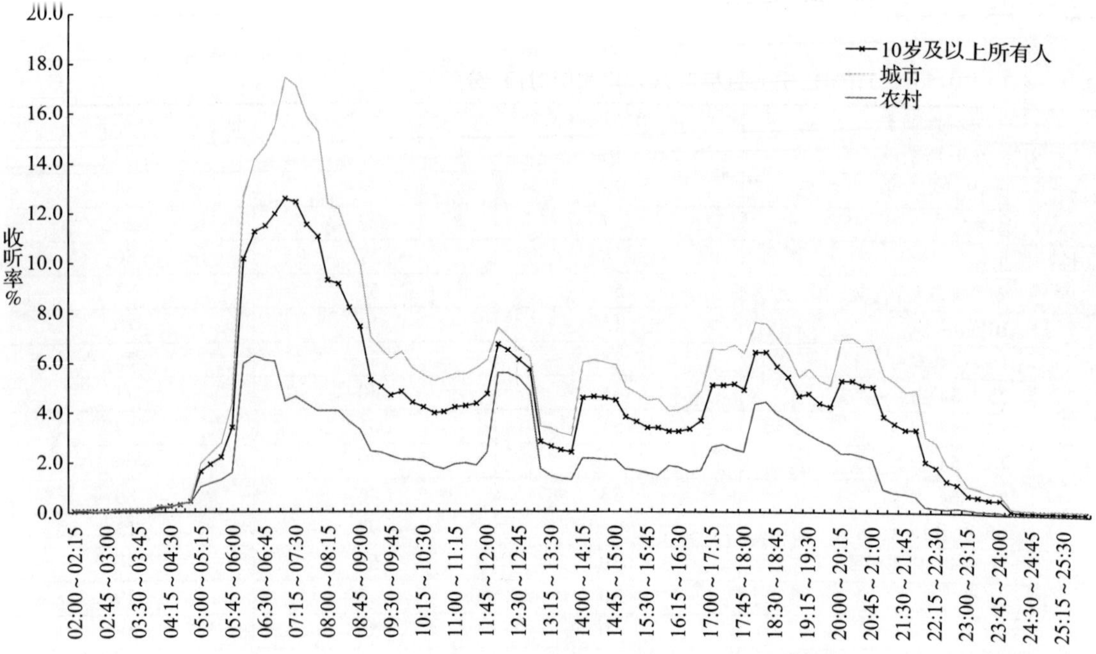

图 3.34.1　2017 年辽宁听众全体及分城乡全天收听率走势

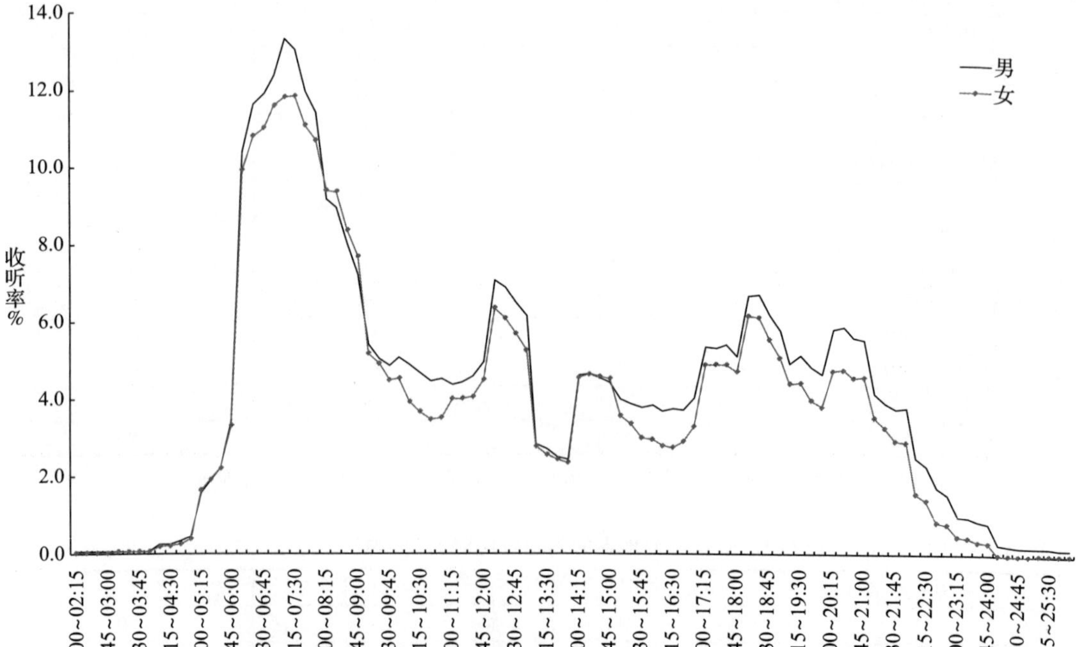

图 3.34.2　2017 年辽宁不同性别听众全天收听率走势

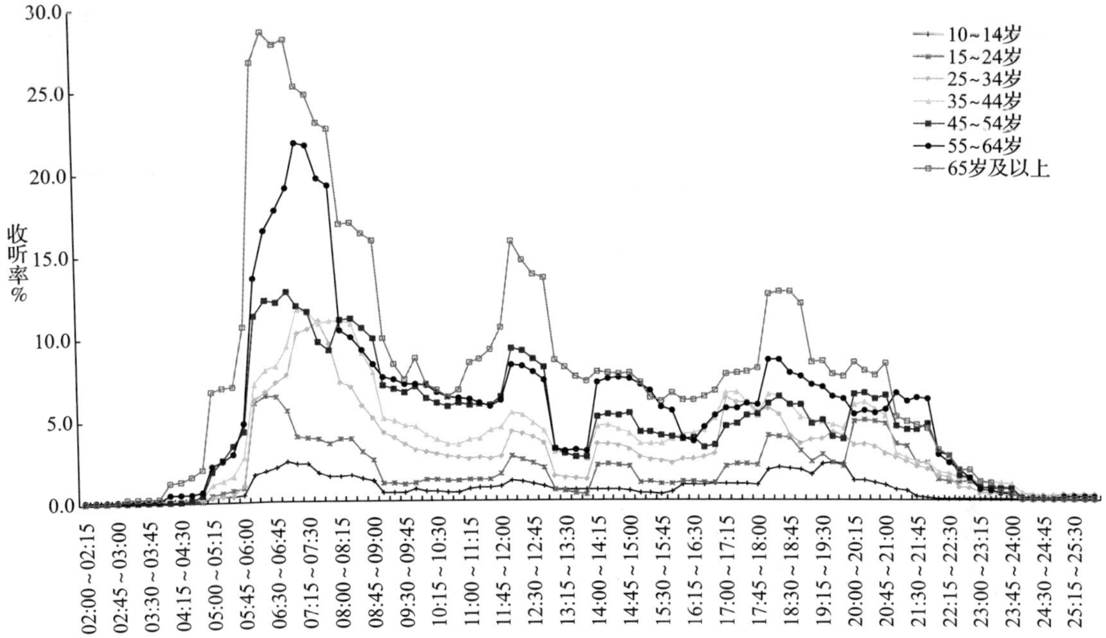

图 3.34.3　2017 年辽宁不同年龄听众全天收听率走势

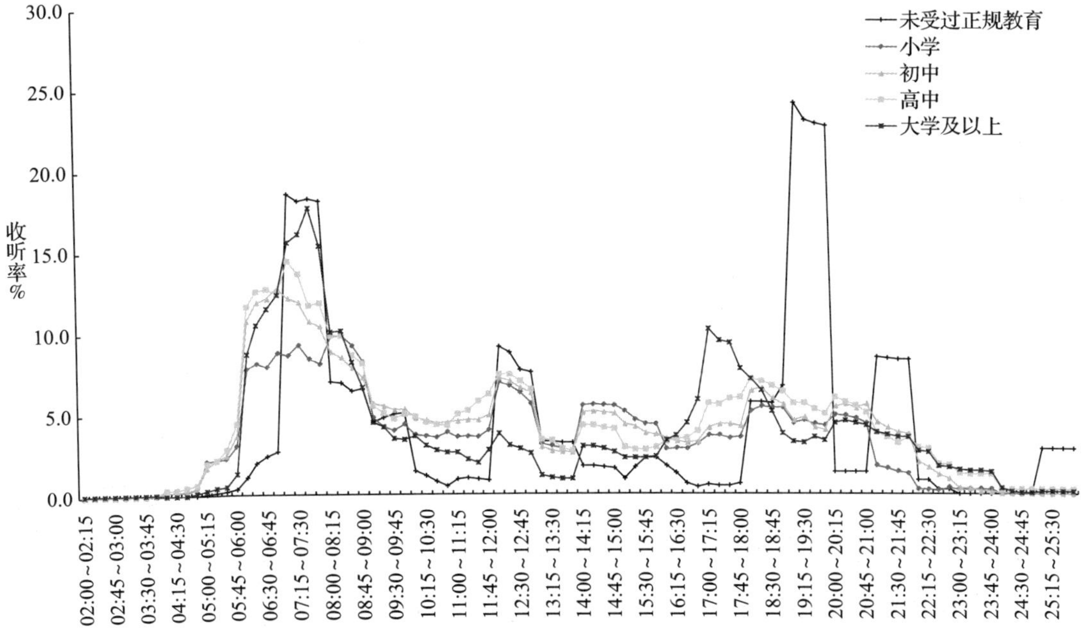

图 3.34.4　2017 年辽宁不同文化程度听众全天收听率走势

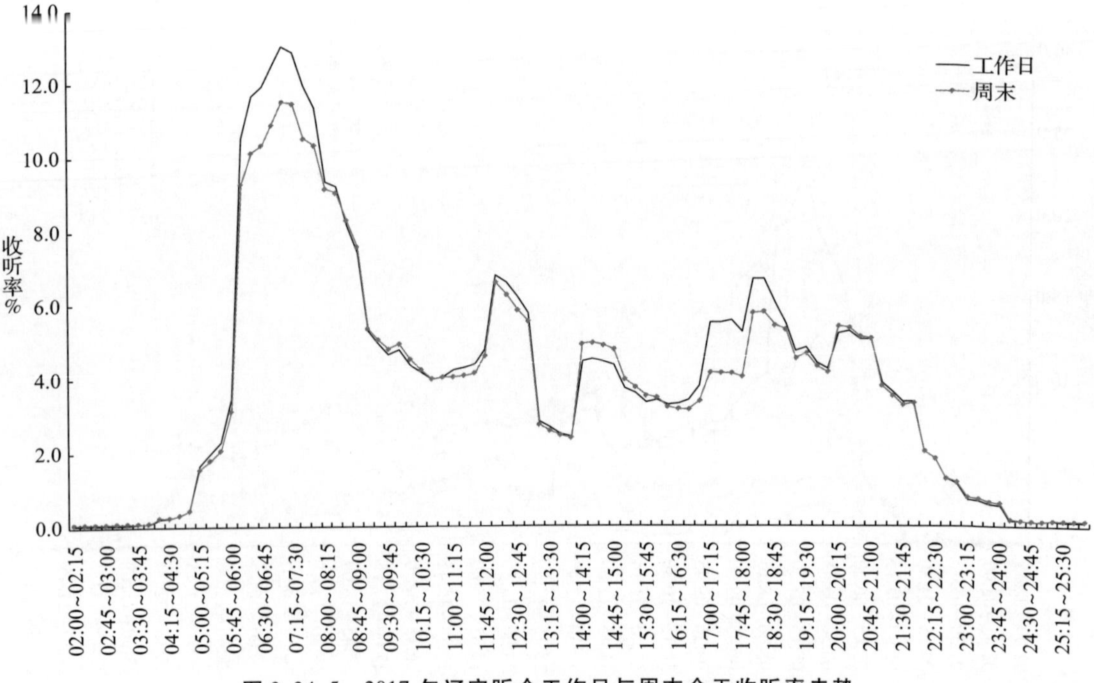

图 3.34.5　2017 年辽宁听众工作日与周末全天收听率走势

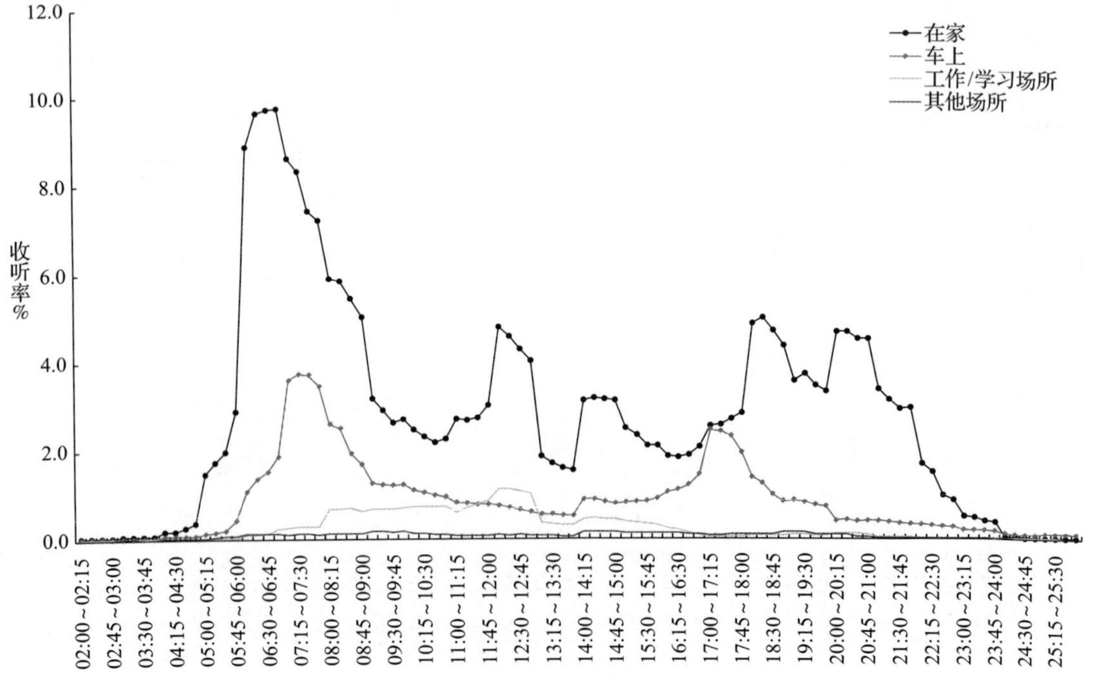

图 3.34.6　2017 年辽宁听众在不同收听地点全天收听率走势

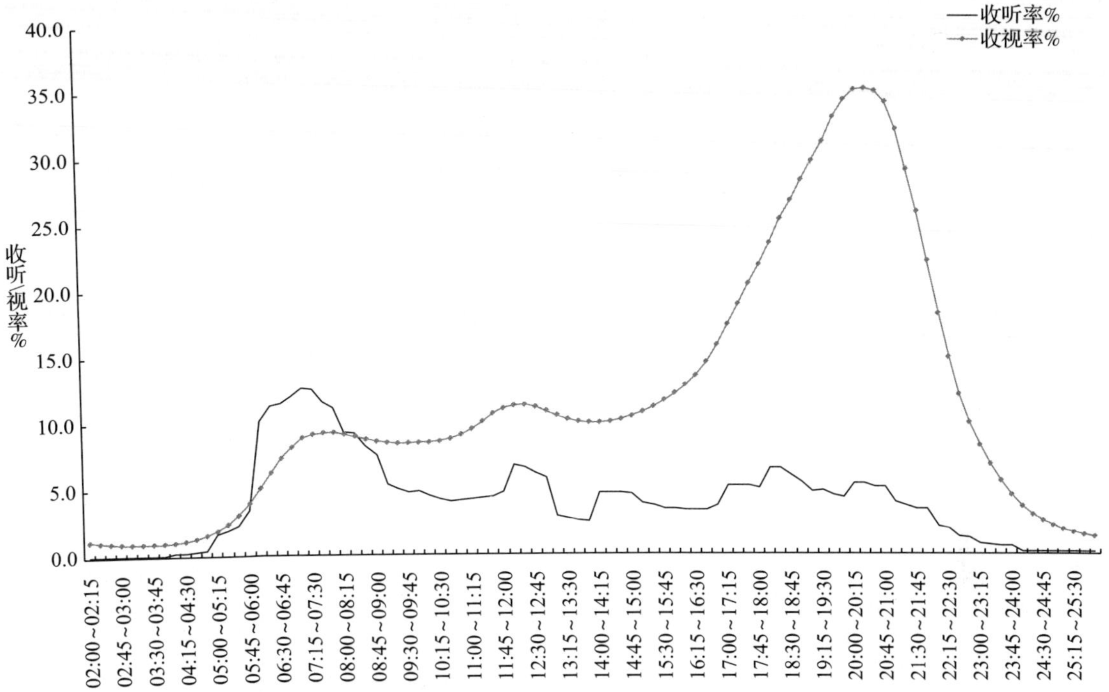

图 3.34.7　2017 年辽宁受众全天收听率、收视率走势比较(目标受众为 10 岁及以上所有人)

表 3.34.3　2017 年辽宁市场听众构成(%)

目标听众		听众构成(%)
10 岁及以上所有人		100.0
城乡	城市	81.2
	农村	18.8
性别	男	53.4
	女	46.6
年龄	10～14 岁	0.6
	15～24 岁	6.8
	25～34 岁	13.4
	35～44 岁	17.6
	45～54 岁	23.6
	55～64 岁	19.7
	65 岁及以上	18.3
文化程度	未受过正规教育	0.6
	小学	12.2
	初中	50.9
	高中	23.8
	大学及以上	12.5
职业	干部/管理人员	1.4
	初级公务员/雇员	9.6
	个体/私营企业人员	15.2
	工人	23.7
	农民/渔民/牧民	12.0
	学生	3.4
	无业(包括退休人员)	34.7
	其他	*
个人月收入	没有收入	10.8
	1～1000 元	5.4
	1001～2000 元	24.0
	2001～3000 元	33.1
	3001～4000 元	15.9
	4001～5000 元	7.1
	5001 元及以上	3.7

“*”表示目标听众样本量不足,无法进行统计推断。

表 3.34.4　2015～2017 年辽宁市场各广播电台的市场份额(%)

广播电台	2015 年	2016 年	2017 年
中央人民广播电台	16.4	17.4	17.4
中国国际广播电台	0.0	0.0	0.0
辽宁广播电视台	40.4	27.4	25.1
其他广播电台	43.2	55.2	57.5

表 3.34.5 2017 年辽宁市场各广播电台在不同目标听众中的市场份额(%)

目标听众		中央人民广播电台	中国国际广播电台	辽宁广播电视台	其他广播电台
10 岁及以上所有人		17.4	0.0	25.1	57.5
城乡	城市	14.9	0.0	24.9	60.2
	农村	28.6	0.0	26.1	45.3
性别	男	16.5	0.0	25.0	58.5
	女	18.4	0.0	25.3	56.3
年龄	10~14 岁	29.1	0.0	29.3	41.6
	15~24 岁	20.6	0.0	29.6	49.8
	25~34 岁	13.2	0.0	24.3	62.5
	35~44 岁	14.1	0.0	30.6	55.3
	45~54 岁	21.2	0.0	19.3	59.5
	55~64 岁	15.2	0.0	22.4	62.4
	65 岁及以上	19.6	0.0	28.9	51.5
文化程度	未受过正规教育	15.7	0.0	13.0	71.3
	小学	19.6	0.0	20.4	60.0
	初中	17.7	0.0	25.9	56.4
	高中	15.2	0.0	23.8	61.0
	大学及以上	18.3	0.0	29.7	52.0
职业	干部/管理人员	11.0	0.0	46.5	42.5
	初级公务员/雇员	10.9	0.0	41.3	47.8
	个体/私营企业人员	18.4	0.0	20.0	61.6
	工人	15.5	0.0	21.7	62.8
	农民/渔民/牧民	27.3	0.0	30.4	42.3
	学生	28.6	0.0	25.4	46.0
	无业(包括退休人员)	15.8	0.0	22.3	61.9
	其他	*	*	*	*
个人月收入	没有收入	17.8	0.0	22.1	60.1
	1~1000 元	24.6	0.0	21.2	54.2
	1001~2000 元	22.3	0.0	27.4	50.3
	2001~3000 元	14.9	0.0	28.7	56.4
	3001~4000 元	12.6	0.0	20.6	66.8
	4001~5000 元	14.9	0.0	19.5	65.6
	5001 元及以上	23.7	0.0	20.3	56.0

“*”表示目标听众样本量不足,无法进行统计推断。

表 3.34.6 2017 年辽宁市场份额排名前 5 位的频率

排　名	频率名称	市场份额(%)
1	中央人民广播电台第一套节目中国之声	13.3
2	辽宁广播电视台交通广播 FM97.5	10.5
3	辽宁广播电视台音乐广播(沈阳台)FM98.6	7.7
4	辽宁广播电视台辽宁之声 AM1089/FM102.9	4.6
5	辽宁广播电视台经济广播 FM88.8/AM999	4.5

表 3.34.7　2017 年辽宁市场收听率排名前 30 位的节目

排名	节目名称	播出频率	收听率（%）	市场份额（%）
1	品牌之旅	中央人民广播电台第一套节目中国之声	2.5	24.4
2	新闻和报纸摘要	中央人民广播电台第一套节目中国之声	2.4	20.7
3	国防时空	中央人民广播电台第一套节目中国之声	2.3	21.2
4	残疾人之友	中央人民广播电台第一套节目中国之声	2.2	23.7
5	新闻纵横	中央人民广播电台第一套节目中国之声	1.5	14.4
6	新闻麻辣烫	辽宁广播电视台交通广播 FM97.5	1.4	11.8
7	麻辣第七天	辽宁广播电视台交通广播 FM97.5	1.2	11.4
8	阿宝龙哥路路通	辽宁广播电视台交通广播 FM97.5	1.0	11.9
9	向快乐出发 07:30	辽宁广播电视台交通广播 FM97.5	0.9	11.1
10	直播中国	中央人民广播电台第一套节目中国之声	0.8	15.8
11	小喇叭	中央人民广播电台第一套节目中国之声	0.8	15.2
12	信不信由你	辽宁广播电视台交通广播 FM97.5	0.7	13.1
13	畅通晚高峰	辽宁广播电视台交通广播 FM97.5	0.7	11.5
14	全球华语广播网	中央人民广播电台第一套节目中国之声	0.7	10.7
14	评书大放送(上、中)	辽宁广播电视台音乐广播(沈阳台)FM98.6	0.7	10.7
16	959 书场(录播)07:00	辽宁广播电视台文艺广播 FM95.9/FM101.8/AM1053	0.7	6.2
17	中国大舞台	中央人民广播电台第一套节目中国之声	0.6	13.2
18	全国新闻联播	中央人民广播电台第一套节目中国之声	0.6	9.8
18	959 书场(录播)12:00	辽宁广播电视台文艺广播 FM95.9/FM101.8/AM1053	0.6	9.8
20	心有千千结	辽宁广播电视台经济广播 FM88.8/AM999	0.6	9.4
21	新闻早班车	辽宁广播电视台音乐广播(沈阳台)FM98.6	0.6	5.1
21	梁辉说法	辽宁广播电视台音乐广播(沈阳台)FM98.6	0.6	5.1
23	SUNDAY 音乐吧	辽宁广播电视台交通广播 FM97.5	0.5	12.3
24	哎呀！女司机	辽宁广播电视台交通广播 FM97.5	0.5	12.0
25	红牛能量音乐(录播)	辽宁广播电视台文艺广播 FM95.9/FM101.8/AM1053	0.5	11.8
26	央广新闻	中央人民广播电台第一套节目中国之声	0.5	10.7
27	今日黑土地	辽宁广播电视台辽宁之声 AM1089/FM102.9	0.5	10.3
28	央广新闻晚高峰	中央人民广播电台第一套节目中国之声	0.5	10.2
29	汽车俱乐部	辽宁广播电视台音乐广播(沈阳台)FM98.6	0.5	9.7
30	民生热线	辽宁广播电视台辽宁之声 AM1089/FM102.9	0.5	9.5

第四部分
Part Four

附　录　Appendix

附　录

CSM 各收听率调查网概况

表 4.1　2017 年各城市收听率调查网样本规模及推及人口

城　　市	固定样组规模(户,人)	推及户数(千户)	推及人口(千人)
北京(M)	1200	-	5334
成都	300	690	1907
大连	300	933	2316
佛山	300	949	2829
福州	300	430	1313
广州(M)	500	-	2749
哈尔滨	300	1231	3096
杭州	300	2048	5454
合肥	300	776	2098
济南	300	1080	3000
昆明	300	787	1996
南昌	300	378	1224
南京(M)	500	-	3591
南宁	300	649	1686
宁波	300	786	2026
泉州	300	185	513
厦门	300	532	1513
上海(M)	600	-	9222
深圳	300	2244	5289
沈阳	300	1280	3192
石家庄	300	675	1840
苏州	300	586	1673
太原	300	839	2225
天津	300	2019	5157
乌鲁木齐	300	887	2101
无锡	300	535	1521
武汉	300	1155	3254
长春	300	1023	2719
长沙	300	734	2020
郑州	300	1357	3483
重庆	300	475	1361

注:标注(M)的城市为采用虚拟测量仪调查城市,固定样组规模单位为人,调查样本及推及总体为 15 岁及以上人口。

表 4.2　2017 年各城市收听率调查网家庭规模结构(%)

城　　市	1 人户	2 人户	3 人户	4 人及以上户
北京(M)	–	–	–	–
成都	12.2	32.5	33.8	21.5
大连	7.6	41.1	37.7	13.6
佛山	3.4	37.5	27.9	31.2
福州	5.7	30.3	34.3	29.7
广州(M)	–	–	–	–
哈尔滨	10.2	35.3	37.8	16.7
杭州	5.5	42.2	29.2	23.1
合肥	12.5	29.9	39.4	18.2
济南	5.4	31.2	38.6	24.8
昆明	9.8	39.3	31.5	19.4
南昌	5.1	23.3	32.5	39.1
南京(M)	–	–	–	–
南宁	12.3	36.1	29.3	22.3
宁波	6.5	40.0	41.1	12.4
泉州	5.9	39.7	28.2	26.2
厦门	8.9	40.4	30.6	20.1
上海(M)	–	–	–	–
深圳	10.3	44.3	25.5	19.9
沈阳	10.3	37.6	35.2	16.9
石家庄	5.0	31.2	40.4	23.4
苏州	9.2	31.2	33.2	26.4
太原	4.1	36.5	37.6	21.8
天津	4.5	36.3	45.1	14.1
乌鲁木齐	10.0	41.2	33.0	15.8
无锡	6.2	33.7	35.3	24.8
武汉	6.4	33.8	39.3	20.5
长春	8.6	32.5	40.4	18.5
长沙	6.4	31.9	40.4	21.3
郑州	10.4	35.5	32.3	21.8
重庆	8.9	30.8	33.6	26.7

注:标注(M)的城市为采用虚拟测量仪调查城市,调查样本及推及总体为 15 岁及以上人口。

表 4.3　2017 年各城市收听率调查网性别与年龄结构(%)

城市	性别		年　龄						
	男性	女性	10～14 岁	15～24 岁	25～34 岁	35～44 岁	45～54 岁	55～64 岁	65 岁及以上
北京(M)	50.2	49.8	–	16.0	27.0	22.8	16.6	9.5	8.1
成都	50.2	49.8	3.3	19.8	21.9	25.5	13.4	8.2	7.9
大连	50.4	49.6	4.4	17.0	19.5	21.0	16.0	11.6	10.5
佛山	53.5	46.5	3.6	21.2	26.2	23.9	11.5	7.7	5.9
福州	51.0	49.0	4.6	19.5	23.5	22.2	12.6	10.3	7.3
广州(M)	60.3	39.7	–	19.0	29.5	27.0	8.8	8.4	7.3
哈尔滨	51.1	48.9	4.0	17.1	17.1	20.3	18.9	12.1	10.5
杭州	51.5	48.5	3.0	21.3	20.9	20.0	16.0	10.3	8.5
合肥	52.8	47.2	4.0	23.7	24.0	20.5	12.8	8.3	6.7
济南	50.1	49.9	4.4	19.6	21.1	19.9	15.2	11.0	8.8
昆明	50.5	49.5	4.2	18.6	24.0	21.8	13.7	10.2	7.5
南昌	50.1	49.9	5.1	23.2	20.4	18.7	14.9	10.5	7.2
南京(M)	54.9	45.1	–	20.1	24.4	20.6	14.2	10.6	10.1
南宁	50.8	49.2	3.9	23.7	23.8	20.6	11.9	9.0	7.1
宁波	51.1	48.9	4.4	16.8	23.0	26.1	14.8	9.9	5.0
泉州	51.6	48.4	4.0	22.1	27.4	22.6	11.3	7.3	5.3
厦门	51.2	48.8	4.4	23.3	29.2	22.3	10.4	6.2	4.2
上海(M)	53.7	46.3	–	13.9	24.2	20.5	17.9	12.4	11.1
深圳	54.0	46.0	2.7	26.4	30.5	26.3	8.4	3.5	2.2
沈阳	49.6	50.4	2.9	14.0	20.0	18.9	18.9	14.2	11.1
石家庄	49.3	50.7	3.6	22.9	21.2	19.4	14.3	9.8	8.8
苏州	50.6	49.4	3.0	22.4	24.6	20.0	11.9	10.2	7.9
太原	50.9	49.1	4.6	23.5	19.9	19.5	16.3	9.0	7.2
天津	53.6	46.4	2.3	16.8	21.0	18.2	17.9	13.3	10.5
乌鲁木齐	52.0	48.0	4.5	17.6	19.9	28.5	15.0	7.3	7.2
无锡	51.9	48.1	3.4	17.6	20.5	21.6	14.5	12.7	9.7
武汉	52.5	47.5	2.2	22.9	21.6	18.9	15.1	10.9	8.4
长春	50.0	50.0	3.6	21.3	19.1	19.6	17.3	11.0	8.1
长沙	49.8	50.2	3.6	22.7	20.6	22.0	14.3	10.0	6.8
郑州	51.0	49.0	3.9	27.6	21.6	20.2	12.3	7.7	6.7
重庆	55.1	44.9	3.4	18.8	20.0	23.4	16.6	8.9	8.9

注:标注(M)的城市为采用虚拟测量仪调查城市,调查样本及推及总体为 15 岁及以上人口。

表 4.4　2017 年各城市收听率调查网人均月收入结构(%)

城市	没有收入	1～2000 元	2001～3000 元	3001～4000 元	4001～5000 元	5001～6000 元	6001 元及以上
北京(M)	9.1	0.8	3.1	14.3	16.8	20.6	35.3
成都	23.0	5.1	14.9	21.0	19.2	11.8	5.0
大连	25.0	4.9	20.4	18.3	11.4	10.7	9.3
佛山	16.3	9.3	9.4	24.4	13.1	12.9	14.6
福州	21.6	3.0	13.4	19.0	16.9	11.7	14.4
广州(M)	16.6	5.9	13.4	15.9	17.3	14.6	16.3
哈尔滨	18.2	6.3	31.5	22.8	12.2	5.6	3.4
杭州	18.6	5.9	7.9	13.6	17.6	17.2	19.2
合肥	28.8	6.2	13.5	18.7	14.1	9.8	8.9
济南	22.9	12.7	12.4	22.9	14.0	9.0	6.1
昆明	18.6	10.7	17.9	20.2	15.5	9.7	7.4
南昌	21.4	4.3	17.6	21.7	19.6	12.1	3.3
南京(M)	18.0	6.0	15.0	25.7	12.7	12.7	9.9
南宁	18.3	16.4	25.3	20.5	8.4	6.0	5.1
宁波	16.5	2.3	7.0	16.9	23.2	16.4	17.7
泉州	37.4	1.7	9.8	15.8	16.2	10.9	8.2
厦门	30.1	3.0	4.8	15.1	10.9	15.2	20.9
上海(M)	7.7	2.8	7.2	19.3	17.7	14.1	31.2
深圳	35.7	0.1	1.9	5.0	8.1	12.3	36.9
沈阳	16.1	9.6	32.0	22.2	9.6	6.1	4.4
石家庄	27.2	6.4	21.7	25.5	8.7	6.1	4.4
苏州	16.4	6.8	8.3	18.0	17.2	12.2	21.1
太原	26.7	7.9	22.9	24.0	10.9	4.9	2.7
天津	19.9	1.5	23.0	24.5	15.6	12.0	3.5
乌鲁木齐	23.1	5.3	8.9	21.1	23.1	13.1	5.4
无锡	25.7	8.5	12.8	20.1	13.2	10.9	8.8
武汉	20.1	1.8	18.0	20.5	13.5	13.6	12.5
长春	22.4	6.0	20.4	24.9	13.6	9.5	3.2
长沙	27.0	7.0	15.2	16.7	16.2	9.0	8.9
郑州	32.5	2.5	16.6	18.8	10.8	12.3	6.5
重庆	14.9	8.6	15.4	22.5	19.6	13.3	5.7

表 4.5 2017 年各省级收听率调查网样本规模及推及人口

省份	固定样组规模(户)	推及户数(千户)	推及人口(千人)
安徽省	300	6718	20174
福建省	300	3587	11633
辽宁省	300	6913	18600

表 4.6 2017 年各省级收听率调查网家庭规模结构(%)

省份	1 人户	2 人户	3 人户	4 人及以上户
安徽省	4.6	30.6	33.8	31.0
福建省	6.7	26.8	28.4	38.1
辽宁省	6.4	35.6	36.4	21.6

表 4.7 2017 年各省级收听率调查网性别与年龄结构(%)

省份	性别		年龄						
	男性	女性	10~14 岁	15~24 岁	25~34 岁	35~44 岁	45~54 岁	55~64 岁	65 岁及以上
安徽省	51.3	48.7	5.1	20.1	18.3	23.2	13.7	10.2	9.4
福建省	52.4	47.6	3.3	19.0	23.8	22.6	14.9	8.9	7.5
辽宁省	50.6	49.4	4.2	13.0	19.8	21.7	18.4	12.0	10.9

表 4.8 2017 年各省级收听率调查网人均月收入结构(%)

省份	没有收入	1~1000 元	1001~2000 元	2001~3000 元	3001~4000 元	4001~5000 元	5001 元及以上
安徽省	30.2	12.4	8.9	15.2	13.7	8.9	10.7
福建省	27.9	3.7	6.7	12.4	16.3	13.1	19.9
辽宁省	23.1	9.8	14.2	25.7	14.8	5.9	6.5

图书在版编目（CIP）数据

中国广播收听年鉴 2018 / 丁迈主编 .—北京：中国传媒大学出版社，2018.11
ISBN 978-7-5657-2412-1

Ⅰ.①中… Ⅱ.①丁… Ⅲ.①广播工作—抽样调查统计—中国—2018—年鉴 Ⅳ.①G229.2-54

中国版本图书馆 CIP 数据核字（2018）第 236909 号

中国广播收听年鉴 2018
Zhongguo Guangbo Shouting Nianjian 2018

主　　编　丁　迈
策划编辑　欣　雯
责任编辑　程　平
责任印制　曹　辉
封面制作　大鹏设计

出版发行　中国传媒大学出版社
社　　址　北京市朝阳区定福庄东街 1 号　邮编 100024
电　　话　86-10-65450532 65450528　传真：65779405
网　　址　http://www.cucp.com.cn
经　　销　全国新华书店

印　　刷　艺堂印刷（天津）有限公司
开　　本　787mm×1092mm　1/16
印　　刷　30.5
字　　数　680 千字
版　　次　2018 年 11 月第 1 版
印　　次　2018 年 11 月第 1 次印刷

书　　号　ISBN 978-7-5657-2412-1 / G·2412　　定　价　138.00 元